D1874855

Rainer Maria

RILKE

Gedichte und Prosa

Rainer Maria

RILKE

Gedichte und Prosa

NIKOL
VERLAG

© 2010 Nikol Verlagsgesellschaft mbH & Co. KG,
Hamburg

Alle Rechte, auch das der fotomechanischen Wiedergabe
(einschließlich Fotokopie) oder der Speicherung auf
elektronischen Systemen, vorbehalten.
All rights reserved.

Satz & Layout: Bernhard Henn, Riedstadt
Titelabbildung: bridgeman art library, Berlin
Covergestaltung: Thomas Jarzina, Holzkirchen
Printed in the Czech Republic
ISBN: 978-3-86820-073-7

www.nikol-verlag.de

Erster Teil

PROSA

Ewald Tragy

I

Ewald Tragy geht neben seinem Vater am ›Graben‹. Man muß wissen, daß es Sonntagmittag ist und Korso. Die Kleider verraten die Jahreszeit: so Anfang September, abgetragener, mühseliger Sommer. Für manche Toiletten war es nichteinmal der erste. Zum Beispiel für die modegrüne der Frau von Ronay und dann für die von Frau Wanka, blau Foulard; wenn die ein wenig überarbeitet und aufgefrischt wird, denkt der junge Tragy, hält sie gewiß noch ein Jahr aus. Dann kommt ein junges Mädchen und lächelt. Sie trägt blaßrosa Crêpe de Chine, – aber geputzte Handschuhe. Die Herren hinter ihr schwimmen alle durch lauter Benzin. Und Tragy verachtet sie. Er verachtet überhaupt alle diese Leute. Aber er grüßt sehr höflich mit etwas altmodisch betonter Artigkeit.

Nur wenn sein Vater dankt oder grüßt – allerdings. Er hat keine Bekannten für sich. Umso öfter muß er den Hut mitabnehmen; denn sein Vater ist vornehm, geachtet, eine sogenannte Persönlichkeit. Er sieht sehr aristokratisch aus, und junge Offiziere und Beamte sind fast stolz, wenn sie ihn begrüßen dürfen. Der alte Herr sagt dann mitten aus einer langen Schweigsamkeit heraus: »Ja« und dankt großmütig. Dieses laute ›Ja‹ hat den Irrtum verbreiten helfen, daß der Herr Inspektor mit seinem Sohn mitten im Durcheinander des Sonntagskorso tiefe und bedeutsame Gespräche hätte und daß eine seltene Übereinstimmung zwischen den beiden bestünde. Mit den Gesprächen aber ist es so:

»Ja«, sagt Herr von Tragy und belohnt damit gleichsam die ideale Frage, welche in einem ergebenen Gruß sich ausprägt und etwa lautet: ›Bin ich nicht artig?‹ »Ja«, sagt der Herr Inspektor, und das ist wie eine Absolution.

Manchmal nimmt Tragy, der Sohn, dieses ›Ja‹ wirklich fest und hängt rasch die Frage daran: »Wer war das, Papa?« Und dann steht das arme ›Ja‹ mit der Frage dahinter, wie eine Lokomotive mit vier Waggons auf falschem Geleise, und kann nicht vor und nicht zurück.

Herr von Tragy, der Ältere, sieht sich um nach dem letzten Gruß, hat gar keine Ahnung, wer das gewesen sein könnte, denkt aber doch drei Schritte lang nach und sagt dann zum Erbarmen hilflos: »Jaaa?«.

Gelegentlich fügt er hinzu: »Dein Hut ist wirklich ganz staubig«.

»So«, meint der junge Mensch, gottergeben. Und sie sind beide einen Augenblick traurig. Nach zehn Schritten ist die Vorstellung des staubigen Hutes in den Gedanken von Vater und Sohn abnorm gewachsen.

›Alle Leute schauen her, es ist ein Skandal‹, denkt der Ältere, und der junge Mensch strengt sich an, sich zu erinnern, wie denn der unglückselige Hut etwa aussieht und wo der Staub sitzen mag. An der Krempe, fällt ihm ein, und er denkt: ›Man kann ja nie dazu. Es müßte eine Bürste erfunden werden …‹

Da sieht er seinen Hut körperhaft vor sich. Er ist entsetzt: Herr von Tragy hat ihm den Hut einfach vom Kopf gehoben und knipst aufmerksam mit den rotbehandschuhten Fingern drüber hin. Ewald sieht eine Weile barhaupt zu. Dann reißt er mit einem empörten Griff das schmachvolle Ding aus den behutsamen Händen des alten Herrn und stülpt den Filz wild und ungestüm über. Als ob seine Haare in Flammen stünden: »Aber Papaa – und er will noch sagen:

›Ich bin achtzehn Jahre alt geworden, – dazu also. Daß du mir hier den Hut vom Kopf nimmst, – am Sonntag, Mittag unter allen Leuten.‹

Aber er bringt nicht ein Wort heraus und würgt etwas. Gedemütigt ist er, klein, wie in ausgewachsenen Kleidern.

Und der Herr Inspektor geht auf einmal fern drüben am anderen Rande des Bürgersteigs, steif und feierlich. Er kennt keinen Sohn. Und der ganze Sonntag flutet zwischen ihnen. Allein es ist nicht einer in der Menge, der nicht wüßte, daß die beiden zusammengehören, und jeder bedauert den rücksichtslosen und brutalen Zufall, der sie soweit voneinanderschob. Man weicht einander voll Teilnahme und Verständnis aus und ist erst befriedigt, als man den Vater und den Sohn wieder nebeneinander sieht. Man konstatiert gelegentlich eine gewisse zunehmende Ähnlichkeit im Gang und in den Gesten der beiden und freut sich darüber. Früher war der junge Mensch nämlich außerhalb des Hauses, man sagt, in der Militärerziehung. Von dort kam er eines Tages – wer weiß weshalb – sehr entfremdet zurück.

Jetzt aber: »Bitte, sehen Sie«, sagt ein gutmütiger alter Herr, der von dem Inspektor eben ein ›Ja‹ geschenkt bekommen hat, »er trägt schon den Kopf ein wenig nach links – wie der Vater –«, und der alte Herr strahlt vor Vergnügen über diese Entdeckung.

Auch ältere Damen nehmen Interesse an dem jungen Herrn. Sie legen ihn im Vorübergehn eine Weile auf ihre breiten Blicke, wägen ihn ab; sie urteilen: Sein Vater war ein schöner Mann. Er ist es noch. Das wird Ewald nicht. Nein. Weiß Gott wem er ähnlich sieht. Vielleicht seiner Mutter – (wo die übrigens stecken mag). Aber er hat Gestalt, wenn er ein guter Tänzer wird ... und die ältere Dame sagt zu der Tochter in Rosa: »Hast du Herrn Tragy auch freundlich gedankt, Elly?«

Aber eigentlich ist das alles überflüssig, – die Freude des alten Herrn und die kluge Fürsorge von Ellys Mutter. Denn als die Männer von dem Korso in die leere enge Herrengasse einbiegen, atmet der junge auf:

»Der letzte Sonntag.«

Er hat ziemlich laut Atem geholt. Trotzdem hat der alte Herr nicht vor, etwas zu antworten. Diese Schweigsamkeit, denkt Ewald. Wie eine Zelle für Tobsüchtige ist sie, taub und so unerbittlich gepolstert auf allen Seiten.

So gehen sie bis zum Deutschen Theater.

Dort fragt Tragy, der Vater, unvermittelt: »Was?«

Und Tragy, der Sohn, wiederholt geduldig: »Der letzte Sonntag.«

»Ja,« entgegnet der Inspektor kurz, »wem nicht zu raten ist ...« Pause. Dann fügt er an: »Geh dir nur die Flügel verbrennen, du wirst schon sehn, was das heißt, sich auf die eigenen Füße stellen. Gut, mach deine Erfahrungen. Ich hab nichts dagegen.«

»Aber Papa,« sagt der junge Mensch etwas heftig, »ich glaube, wir haben doch das alles schon oft genug besprochen.«

»Aber ich weiß immer noch nicht, was du eigentlich willst. Man geht doch nicht so fort, ins Blaue hinein. Sag mir nur mal, was wirst du denn in München tun?«

»Arbeiten –« hat Ewald rasch bereit.

»Sooo – als ob du hier nicht arbeiten könntest!« »Hier«, und der junge Herr lächelt überlegen.

Herr von Tragy bleibt ganz ruhig: »Was fehlt dir denn hier? Du hast dein Zimmer, dein Essen, alle wollen dir wohl. Und schließlich man ist bekannt hier, und wenn du die Leute richtig behandelst, stehen dir die ersten Häuser offen.«

»Immer die Leute, die Leute,« fährt der Sohn in demselben

spöttischen Ton fort, »als ob das Alles wäre. Ich kümmer mich den Teufel um die Leute –« (bei dieser stolzen Phrase fällt ihm die Geschichte mit dem Hut ein, und er fühlt, daß er lügt), deshalb betont er nochmals: »sollen mich gern haben – die Leute. Was sind sie denn, bitte? Menschen – vielleicht?«

Jetzt ist es an dem alten Herrn, zu lächeln, so ganz eigentümlich lächelt es irgendwo in seinem feinen Gesicht, man kann nicht sagen, ob es um seine Lippen unter dem weißen Schnurrbart oder bei den Augen war.

Es ist auch gleich wieder vorbei. Aber der Achtzehnjährige kann es nicht vergessen; er schämt sich und stellt lauter große Worte vor seine Scham. »Überhaupt,« sagt er endlich und macht einen ungeduldigen Schnörkel mit der Hand durch die Luft, »du scheinst nur zwei Dinge zu kennen, die Leute und das Geld. Um die dreht sich Alles bei dir. Man liegt vor den Leuten auf dem Bauch, das ist der Weg. Und man kriecht auf dem Bauch zum Geld, das ist das Ziel. Nicht?«

»Du wirst beides noch brauchen, mein Kind,« sagt der alte Herr geduldig, »und man muß nicht zum Geld kriechen, wenn mans nur immer hat.«

»Und wenn mans auch nicht hat, dann –« der junge Tragy zögert ein wenig.

»Dann?« fragt der Vater und wartet.

»Ooh«, macht der andere sorglos und winkt ab. Es scheint ihm gut, einen neuen Satz zu beginnen. Aber der alte Herr beharrt: »dann« – beendet er rücksichtslos – »wird man ein Lump und macht dem guten, ehrlichen Namen Schande.«

»O ihr habt Begriffe –« der junge Herr tut ganz entrüstet.

»Wir sind eben nicht von heute«, sagt der alte Herr, »basta.«

»Das ist es ja gerade –« triumphiert Tragy, der Sohn, »von irgendwann, von anno olim seid ihr, verstaubt, vertrocknet, überhaupt –«

»Schrei nicht«, kommandiert der Inspektor, und man merkt ihm den alten Offizier an.

»Ich habe doch wohl das Recht«

»Ruhig!«

»Ich darf reden –«

»Red du –«, wirft Herr von Tragy verächtlich hin. Wie ein Schlag ins Gesicht ist dieses kurze: ›Red du!‹ Und dann geht der Vater Tragy steif und feierlich hinüber auf die andere Seite der Straße. Weil die Straße ganz leer ist, kommen die beiden nicht sobald wieder zusammen, und es ist, als würde die heiße sonnige Fahrbahn immer breiter zwischen ihnen. Sie sehen einander gar nichtmehr ähnlich. Der alte Herr wird immer tadelloser in Gang und Haltung, und seine Stiefel schleudern Glanzlichter vor sich her. Der drüben verändert sich auch. Alles an ihm kräuselt und sträubt sich wie verkohlendes Papier. Sein Anzug hat auf einmal eine Menge Falten, seine Krawatte schwillt an, und seinem Hut scheint die Krempe zu wachsen. Den knappen Modeüberzieher hat er wie einen Wettermantel gepackt und trägt ihn gegen irgend einen Sturm. Seine Schritte kämpfen. Er ist wie ein altes Bild mit der lithographierten Unterschrift: ›1848‹ oder: *›Der Revolutionär‹*.

Gleichwohl sieht er vorsichtig von Zeit zu Zeit hinüber. Es hat etwas Beunruhigendes für ihn, den alten Mann so ganz verlassen auf dem endlos öden Bürgersteig zu sehen. Wie allein er ist, denkt er –, und: wenn ihm etwas geschieht …

Seine Augen lassen den Vater nichtmehr los, begleiten ihn und werden fast wund vor Anstrengung.

Endlich stehen die beiden Menschen vor demselben Haus. Als sie in den Flur treten, bittet Ewald: »Papa!« Er ist eine Weile verwirrt und überstürzt sich dann: »Den Kragen mußt du aufschlagen, Papa – es ist immer so kalt jetzt im Treppenhaus.«

Seine Stimme ist zaghaft und fragt zum Schluß, obwohl das doch gar keine Frage ist.

Und der Vater antwortet auch nicht, er befiehlt: »Richt dir deine Krawatte.«

»Ja«, bestätigt Ewald pedantisch und richtet die Krawatte.

Dann steigen sie hinauf, bedächtig, wie es sich gehört vom hygienischen Standpunkt aus.

Eine Treppe rechts wohnt Frau von Wallbach, genannt Tante Karoline, und bei ihr speist an jedem Sonntag die Familie – Stunde halb zwei.

Die Herren Tragy, Vater und Sohn, sind pünktlich. Trotzdem ist Alles schon da. Denn das Wort ›pünktlich‹ läßt sich steigern, wie man weiß.

Ewald zögert einen Augenblick im Vorzimmer vor dem Spiegel. Er setzt das Gesicht ›der letzte Sonntag‹ auf und tritt so hinter dem Vater in den gelben Salon.

»Ah –«

Die Gesellschaft ist maßlos erstaunt, einer immer über das Erstaunen des anderen. Der Eintritt der beiden Tragys wird so auf billige Weise Ereignis. Man muß eben verstehen, sich das Leben reich zu machen – irgendwie. Große Begrüßung. Die Übung eines Setzers gehört dazu, aus diesen verschiedenen Schooßen die richtigen Hände zu holen und sie ohne Druckfehler loszulassen. Ewald leistet heute mit dem Gesicht ›der letzte Sonntag‹ Großartiges. Während der alte Herr erst bei seiner Schwester Johanna angekommen ist, hat der Jüngling drei Tanten, vier Kusinen, den kleinen Egon und ›das Fräulein‹ überwältigt, ohne daß man die geringste Müdigkeit an ihm bemerkt.

Endlich ist auch Herr von Tragy, der Ältere, am Ziel, und nun sitzt man einander gegenüber und hungert sich an. Die vier Kusinen finden allerdings, man müsse etwas reden. Sie versuchen auch da und dort an ein Ding – zum Beispiel an das Barometer, an die Azaleen, die im Fenster stehen, an die Kupferdruckprämie über dem Kanapee ein Wort zu heften. Aber alle diese Gegenstände sind von unglaublicher Glätte, und die Worte fallen von ihnen wie satte Blutegel. Ein Schweigen bricht herein. Es legt sich um Alle wie lange, lange Fäden gebleichten Garnes. Und die Älteste der Familie, die verwitwete Majorin Eleonore Richter, regt ihre harten Finger sachte im Schooße, als wickelte sie die endlose Langeweile sorgsam zu einem Knäuel auf. Man sieht: sie stammt noch aus jener trefflichen Zeit, da die Frauen nicht müßig sein konnten.

Doch auch das Geschlecht, welches die verwitwete Majorin ›jung‹ nennt, erweist sich in diesem Augenblick nicht als träge. Die vier Fräulein sagen fast gleichzeitig: »Lora?«

Hinter diesem Wohlklang lächeln Alle wie beschenkt. Und Tante Karoline, die Hausfrau, eröffnet die Diskussion: »Wie macht der Hund?«

»Wau, Wau« – bellen die vier Fräulein.

Und der kleine Egon kommt aus irgend einem Winkel gekrochen und beteiligt sich lebhaft an dem Gespräche.

Aber die Hausfrau glaubt dieses Thema erschöpft und schlägt vor: »und die Katze?«

Und nun ist man allgemein beschäftigt zu miauen, zu krähen, zu meckern und zu brüllen, je nach Verdienst und Neigung. Es ist schwer zu sagen, wer das tiefste Talent bewies, denn über diesem Gewühle von rollenden und kreischenden und gleitenden Lauten bleibt nur das gackernde Organ der verwitweten Majorin, und sie wird ordentlich jung dabei.

»Die Tante gackert«, sagt jemand ehrfurchtsvoll.

Doch man hält sich nicht lange dabei auf. Man ist hingerissen von der Fülle der Möglichkeiten, macht immer kühnere Versuche, giebt immer mehr Eigenes in den seltsam stilisierten Klangsilben. Und es ist rührend, zu erwähnen, daß bei allem Individualisieren doch eine feine Familienähnlichkeit in den Stimmen blieb, der gemeinsame Grundton der Herzen, auf dem allein echte, sorglose Fröhlichkeit entstehen kann.

Plötzlich beginnt ein graugrüner Sittich hinter seinen gelben Gitterstäben sich zu rühren und, man kann sagen, es ist eine gewisse, vornehme Anerkennung in dem stummen, bedächtigen Neigen seines Kopfes. Alle empfinden es so, werden leiser und lächeln dankbar.

Und der Papagei hat die Miene eines jüdischen Musiklehrers und verneigt sich noch ein paarmal gegen seine Schüler; Tatsache ist: seit Lora Hausgenosse wurde, haben Alle in der Familie eine Anzahl klangvoller Worte, von denen sie sich früher nie träumen ließen, zugelernt und so ihren Sprachschatz bedeutend vermehrt. Bei dem schweigsamen Lob des Vogels kommt dieser Umstand einem jeden zum Bewußtsein und macht ihn stolz und froh. Man geht also in bester Stimmung zu Tisch.

Jeden Sonntag wartet Ewald, bis die dritte der Tanten, Fräulein Auguste, lächelt: »Das Essen ist doch kein leerer Wahn« – worauf jemand in guter Gewohnheit bestätigen muß: »nein, es ist nicht ohne.«

Das kommt gewöhnlich nach dem zweiten Gang. Und Ewald weiß ganz genau, was nach dem dritten kommt, und so fort. Während aufgetragen wird, spricht man wenig, einmal der ›Dienstleute‹ wegen, dann weil das Zwiegespräch mit dem eigenen Teller einen jeden genügend beansprucht.

Man verhindert höchstens den kleinen Egon, der nur reden darf, wenn er gefragt wurde, durch eine zärtliche Teilnahme daran, satt zu werden oder auch nur seine Bissen fertigzukauen. So kommt es, daß der Kleine immer zuerst das unbehagliche Gefühl des Übervollseins bekommt und ›das Fräulein‹, das langsam rot wird, zur Vertrauten seiner intimsten Empfindungen macht. Die andern sind lange nicht so diskret. Niemand füllt seinen Teller, ohne leise zu stöhnen, und als das Mädchen mit einer süßen Crême eintritt, seufzen alle laut und schmerzlich auf. Die eisgekühlte Sünde drängt sich an jeden heran, und wer kann widerstehen? Der Herr Inspektor denkt: ›wenn ich nachher Soda nehme ...‹ und Fräulein Auguste wendet sich an die Hausfrau: »Ist Magenbitter zuhaus, Karoline?« Mit schelmischem Lächeln zieht Frau von Wallbach ein kleines Tischchen heran, darauf viele Schachteln und Büchsen neben seltsam geformten Flaschen bereitstehen. Man lächelt, es beginnt nach Apotheke zu riechen, und die Crême kann nocheinmal herumgehen.

Plötzlich geschieht eine unerwartete Störung. Die Älteste steht wie eine Ahnfrau und ruft warnend: »Und du, Ewald?«

Ewalds Teller ist rein.

›Und du?‹ fragen alle Augen, und die Hausfrau denkt: ›wie immer, dieses Absondern von der Familie. Wir sind morgen Alle elend und – er? Schickt sich das?‹

»Danke –« sagt der junge Mensch kurz und stößt den Teller ein wenig fort. Das will heißen: damit ist diese Sache abgetan – bitte.

Allein niemand versteht das. Man ist froh ein Thema zu haben und bemüht sich um weitere Aufklärung.

»Du weißt nicht, was gut ist –« sagt jemand.

»Danke.«

Dann strecken die vier Kusinen, alle zugleich, ihre Löffelchen her: »Kost mal.«

»Danke –« wiederholt Ewald und bringt es zustande, vier junge Mädchen zugleich unglücklich zu machen. Die Stimmung wird bang. Bis Tante Auguste zitiert: »Die Großmutter hat immer gesagt: ›Was man essen … nein – wie man leiden …‹«

»Nein«, bessert Tante Karoline aus: »Leiden was man –«.

Aber auch so stimmt es nicht.

Die vier Kusinen sind ratlos.

Herr von Tragy nickt seinem Sohn zu: ›Zeig dich jetzt, imponier ihnen – vorwärts.‹

Tragy, der Jüngere, schweigt. Er weiß: Alle erwarten Hilfe von ihm, und weil der letzte Sonntag ist, entschließt er sich endlich:

»Essen was man mag und leiden was man kann«, wirft er voll Verachtung vor sich hin.

Da sind Alle Bewunderung. Man reicht sich das Wort weiter, betrachtet, erwägt es – nimmt es in den Mund wie zu besserer Verdauung und nützt es so ab, daß es schon wieder ganz dunkel ist, als es zu Ewald, die Tischrunde entlang, zurückkehrt.

Er läßt es im Munde ›des Fräuleins‹, einer bleichsüchtigen Französin, die es als Sprachübung betrachtet und zu dem kleinen Egon geneigt wiederholt: »Was man mack essen …«

Eine Weile bleibt Ewald der geistige Mittelpunkt der Familie. Man staunt sein bereites Gedächtnis an, bis Tante Karoline geringschätzig die Lippen kräuselt: »Hm – wenn man so jung ist …«

Freilich, denken die vier Kusinen: wenn man so jung ist…

Und sogar auf dem blassen Gesichtchen des kleinen Egon ist diese verächtliche Ahnung: wenn man so jung ist, – so daß der Achtzehnjährige fühlt: Was ist denn nun wieder los? Sie erwarten hier demnächst meine Geburt, wahrscheinlich.

Er ist ohnehin gereizt, und es scheint ihm gelegen, daß Tante Auguste zwischen zwei Bissen die Geschichte ihrer Zähne – Glück und Ende – erzählt; er sagt an der spannendsten Stelle in den weitoffenen Mund der Tante hinein: »Ich denke, bei Tisch ...« und hofft, man wird ihm erwidern: ›Du mußts ja nicht lange mehr mitmachen, du kannst ja gehen, wenn es dir nicht recht ist.‹ Aber Alle bleiben gekränkt und stumm. –

Später, als man mit ›Cantenac‹ verschiedene Hoch ausbringt, denkt der junge Mensch: Jetzt wird doch jemand sein Glas heben: ›Also Ewald ...‹ Doch man trinkt einander zu, der Reihe nach, ohne daß irgendwem einfällt zu beginnen: ›Also Ewald –‹

Dann entsteht eine lange Pause, und Ewald hat Zeit zu bangen Gedanken; er empfindet plötzlich, wie die Blicke Aller in Gleichgültigkeit oder Bosheit an ihm haften, und müht sich mit scheuen Gesten sie abzustreifen. Aber mit jeder Bewegung verwirrt er nur noch mehr diese unsichtbaren Netze, wird erst heftig, dann hilflos, und denkt beständig im Kreise; denn durch Unmut und Ungeduld kommt er immer wieder bei diesem an: man müßte euch etwas Ungeheures, Unerhörtes sagen, mit einem breiten Wort euch die Augen tatschlagen, damit sie loslassen, das müßte man. Aber das bleibt Wunsch; denn er liebt selbst Vieles aus dieser bequemen, armsäligen Alltäglichkeit, in der sie ihn haben aufwachsen lassen, und ist wie das Kind von Dieben, das das Handwerk seiner Eltern verachtet und doch langsam stehlen lernt.

Mitten in seine Sorgen hinein sagt Tante Auguste harmlos: »Wenn dem jungen Herrn da drüben keines von unseren

Gesprächen paßt, sollte er doch wenigstens für eine Unterhaltung nach seinem Geschmack aufkommen. Da würde man ja gleich sehen … nun, Ewald, du kommst ja wohl viel herum?«

Ewald, der kaum hingehört hat, sieht auf und lächelt traurig: Oh ich …

Er vernimmt auch nur wie von fern, daß die vier Kusinen ihn erinnern: »Du hast vor vier oder fünf Wochen einmal eine Geschichte zu erzählen begonnen –« und er will sich schnell besinnen, was für eine Geschichte das gewesen sein mag. Aufmerksam erkundigt er sich: »Was war das doch, bitte?«

Die vier Kusinen denken nach.

Indessen wendet sich die Hausfrau an ihn: »Dichtest du noch? –«

Ewald wird blaß und sagt zu den Kusinen: »Also wißt ihr nicht …?« Und er hört, wie die verwitwete Majorin staunt: »Waaas, er dichtet?« und sie schüttelt den Kopf: »Zu meiner Zeit …«

Aber trotzalledem will er sich seiner Geschichte, die er vor fünf oder sechs Wochen begonnen hat, entsinnen … Er hofft: es wird sich irgendwo anbringen lassen, daß heute der letzte Sonntag ist, und dann kann man aufatmen. Allein plötzlich unterbricht ihn Frau von Wallbach:

»Dichter sind immer zerstreut. Ich denke, wir sind Alle fertig in den Salon zu gehen«, und zu Ewald: »Das mit der Geschichte hat ja wohl Zeit am nächsten Sonntag, nichtwahr?«

Sie lächelt geistreich und erhebt sich. Der junge Mann ist wie ein Verurteilter. Er fühlt: Es wird also immer wieder ein ›nächster‹ Sonntag sein und Alles ist umsonst. »Umsonst« stöhnt etwas aus ihm.

Allein das hört schon niemand mehr. Man rückt die Stühle, streckt sich, sagt sich mit fetter, zufriedener Stimme, die über vieles Schlucken wie über schlechtes Pflaster rollt, »Mahlzeit« – und zieht sich an den schweißigen Händen in den Salon. Dort ist es wie vorher. Nur sitzt man jetzt weiter voneinander, und das Gefühl der Zusammengehörigkeit ist nichtmehr so lebhaft wie vor Tisch.

Die verwitwete Majorin wandert vor dem Klavier auf und ab und knackt sich die Gichtfinger gerade. Die Hausfrau sagt: »Die Tante spielt Alles nach dem Gehör – es ist staunenswert.«

»Wirklich« – staunt Tante Auguste – »auswendig?«

»Auswendig«, beteuern die vier Kusinen und wenden sich an die Majorin: »bitte, spiel.«

Lange läßt sich die verwitwete Richter bitten, ehe sie großmütig fragt: »Was wollt ihr denn?«

»Mascagni«, träumen die vier Kusinen – denn das ist gerade modern.

»Ja«, sagt Frau Eleonore Richter und probt die Tasten. »Cavalleria?«

»Ja«, sagen einige.

»Ja«, nickt die alte Dame und denkt nach.

»Die Tante spielt Alles nach dem Gehör –« sagt Tante Auguste, die leise eingeschlafen war, und jemand fügt mit tiefem Atemholen an: »Ja, es ist staunenswert –«

»Ja –«, zögert die Majorin und probt die Tasten: »es muß mirs einer pfeifen.«

Der Herr Inspektor pfeift: »So such ich den Humor –« – Mikado.

»Richtig« – lächelt die Tante: »Cavalleria«, und lächelt, als ob das ihre ›Jugend‹ wäre.

Sie beginnt also mit ›Mikado‹ und spielt dann, wundersam

versöhnt: ›Der Bettelstudent‹ und ›Die Glocken von Corneville‹.

Die andern schlafen darüber dankbar ein, und die Majorin selbst kommt ihnen nach.

Da hält es Ewald nicht länger aus, er muß es aussprechen um jeden Preis, und als ob das die selbstverständliche Folge der ›Glocken von Corneville‹ wäre, sagt er: »Der letzte Sonntag.«

Niemand hat das gehört als Fräulein Jeanne. Sie geht lautlos über den tiefen Teppich und setzt sich dem jungen Mann gegenüber ans Fenster.

Eine Weile betrachten sich die beiden.

Dann fragt die Französin leise: »Est-ce que vous partirez, monsieur?«

»Ja,« giebt ihr Ewald deutsch, »ich reise fort, Fräulein. Ich reise – fort«, wiederholt er gedehnt und freut sich an der Breite seiner Worte. Er spricht eigentlich zum erstenmal mit Jeanne und ist erstaunt. Er fühlt unvermittelt, daß sie nicht einfach ›das Fräulein‹ ist, wie die andern meinen, und denkt: Merkwürdig, daß ich das nie erkannt habe. Sie ist eine, vor der man sich neigen muß – eine Fremde. Und obwohl er still und beobachtend bleibt, verneigt sich etwas in ihm vor der Fremden – tief – so übertrieben tief, daß sie lächeln muß. Das ist ein graziöses Lächeln, welches sich mit Barockschnörkel um die feinen Lippen schreibt und nicht bis an die Traurigkeit ihrer schattigen Augen reicht, die immer wie nach einem Weinen sind. Also irgendwo lächelt man so – erfährt Tragy, der Jüngere.

Und gleich danach hat er das Bedürfnis, ihr etwas Dankbares zu sagen, das ihr Freude machen muß. Ihm ist, als sollte er sie an etwas erinnern, was ihnen gemeinsam war, zum Beispiel sagen: ›Gestern‹ und verständig aussehen dabei.

Aber es giebt ja in aller Welt nichts Gemeinschaftliches für sie. Da fragt sie ihn mitten in diese Verwirrung hinein in ihrem filigranen Deutsch:

»Warum? Warum reisen Sie fort?«

Ewald stemmt die Ellbogen auf die Kniee und legt das Kinn in die hohlen Hände.

»Sie sind ja auch fortgegangen von Hause«, antwortet er. Und Jeanne warnt schnell:

»Sie werden Heimweh haben.«

»Ich habe Sehnsucht«, gesteht Ewald, und so reden sie eine Weile aneinander vorbei.

Dann kehren beide um und kommen sich entgegen; denn Jeanne beichtet leise: »Ich habe weg müssen, wir sind acht Geschwister zuhaus, da können Sie sich vorstellen – aber mir ist sehr bang. Freilich, – Alle sind ja gut hier –«, fügt sie ängstlich an – und dann bittet das Mädchen: »Und Sie?«

»Ich?«, der junge Mensch ist zerstreut, »ich? – nein, ich muß nicht fort, weiß Gott, im Gegenteil. Sie sehen ja: ein jeder hier weiß, daß ich den letzten Sonntag hier bin, und tut jemand was dergleichen? Aber trotzdem – Warum lächeln Sie?« unterbricht er sich.

Sie zögert, und dann:

»Sind Sie ein Dichter, bitte?« Ganz rot ist sie und erschrocken wie ein Kind.

»Das ist es eben, Fräulein,« erklärt er – »ich weiß nicht. Und einmal muß man es doch wissen, nicht? So oder so. *Hier* kommt man zu keiner Klarheit darüber. Man kann nicht forttreten von sich, es fehlt die Ruhe, der Raum fehlt, die Perspektive.

Verstehen Sie das, Fräulein?«

»Vielleicht – nickt die Französin, »aber – – ich meine – Ihr Herr Vater muß doch Freude haben und dann Ihre – – –«

»Meine Mutter, wollen Sie sagen. Hm. Ja, das hat schon so mancher behauptet. Wissen Sie, meine Mutter ist krank. Sie werden ja wohl gehört haben – obwohl man vermeidet, hier ihren Namen zu brauchen. Sie hat meinen Vater verlassen. Sie reist. Sie hat immer nur soviel mit, als sie unterwegs braucht, auch von Liebe – Ich weiß lange nichts von ihr, denn wir schreiben uns seit einem Jahr nichtmehr. Aber gewiß erzählt sie zwischen zwei Stationen im Coupé: ›Mein Sohn ist ein Dichter –‹«

Pause. –

»Ja, und dann mein Vater. Er ist ein trefflicher Mensch. Ich hab ihn lieb. Er ist so vornehm und hat ein goldechtes Herz. Aber die Leute fragen ihn: ›Was ist Ihr Sohn?‹ Und da schämt er sich und wird verlegen. Was soll man sagen? Nur Dichter? Das ist einfach lächerlich. Selbst wenn es möglich wäre – das ist ja kein Stand. Er trägt nichts, man gehört in keine Rangsklasse, hat keine Pensionsberechtigung, kurz: man steht in keinem Zusammenhang mit dem Leben.

Deshalb darf man das nicht unterstützen und zu nichts ›Gut‹ und ›Amen‹ sagen. Begreifen Sie jetzt, daß ich meinem Vater nie etwas zeige – überhaupt niemandem hier; denn man beurteilt meine Versuche nicht, man haßt sie von vornherein, und man haßt mich in ihnen. Und ich habe selbst soviel Zweifel. Wirklich: ganze Nächte lieg ich mit gefalteten Händen wach und quäle mich: ›Bin ich würdig?‹«

Ewald bleibt traurig und still.

Die anderen sind indessen wach geworden und gehen zwei und zwei in die Nebenzimmer, wo die Whisttische bereit stehen.

Der Inspektor ist guter Laune. Er klopft seinem Sohn leise auf die Schulter: »Na, Alter?«

Und Ewald versucht zu lächeln und küßt ihm die Hand.

Er wird *doch* bleiben, – denkt der Inspektor: das ist vernünftig. Und so geht er den anderen nach.

Der junge Tragy vergißt sofort sein Lächeln und klagt: »Sehen Sie, so hält er mich. So leise, nicht mit Gewalt oder Einfluß, fast nur mit einer Erinnerung, als ob er sagte: ›Du warst einmal klein, und ich habe dir einen Christbaum angezündet jedes Jahr – bedenke –‹ Er macht mich ganz schwach damit. Aus seiner Güte ist kein Ausgang, und hinter seinem Zorn ist ein Abgrund. Zu diesem Sprung hab ich nicht Mut genug.

Ich bin wahrscheinlich überhaupt feige, Sie können mir glauben, feige und unbedeutend. Es wäre mir ganz gut hier zu bleiben, so wie alle es sich denken, brav und bescheiden zu sein und einen und denselben armseligen Tag so hinzuleben immer und immer wieder...«

»Nein,« sagte Jeanne entschieden – »jetzt lügen Sie...«

»Oh ja, vielleicht. Sie müssen nämlich wissen: ich lüge sehr oft. Je nach Bedürfnis, einmal nach oben, einmal nach unten; in der Mitte sollte *ich* sein, aber manchmal mein ich, es ist gar nichts dazwischen. Ich komme zum Beispiel zu Besuch zu Tante Auguste. Es ist licht, und die urväterliche Wohnstube ist gerade so recht heimlich. Und ich setze mich ohneweiters in den besten Stuhl, lege die Beine übereinander und sage: ›Liebe Tante,‹ sag ich ungefähr –, ›ich bin müde, und deshalb werde ich meine staubigen Füße auf dein Kanapee, gerade auf die netten Schutzdecken legen – erlaube.‹ Und damit die gute Tante durch ihre Freude über diesen Scherz mich nicht unnötig aufhält, tue ich also ohneweiters; denn ich habe noch viel zu erzählen, zum Beispiel dieses: ›Das ist ja alles recht schön und gut; ich weiß, es giebt Gesetze und Sitten, und die Menschen pflegen sich mehr oder minder daran zu halten. Aber mich darfst du nicht zu diesen ehrsamen Staatsbürgern zählen, beste Tante. Ich bin mein eigener Gesetzgeber und König, über mir ist niemand, nicht einmal Gott –‹

Ja, Fräulein, so ungefähr sag ich zu meiner Tante, und sie ist rot vor Entrüstung. Sie zittert: ›Es haben schon andere sich fügen gelernt …‹ ›Mag sein‹, antworte ich gleichgültig. ›Du bist nicht der Erste, und für Leute von diesen Ansichten giebt es Narrenhäuser und Zuchthäuser, Gott sei Dank –‹, meine Tante weint schon – ›von der Art giebt es Hunderte.‹ Aber da bin ich empört: ›Nein,‹ schrei ich sie an, ›es giebt keinen wie ich, hat nie einen Solchen gegeben …‹ Schrei und schrei, denn ich muß mich selbst Überschreien mit dieser Phrase. Bis ich plötzlich bemerke, daß ich in einer fremden Stube vor einer hilflosen alten Dame stehe und irgendeine Rolle spiele. Dann schleiche ich scheu davon, laufe die Gasse entlang und tret in meine Stube im letzten Augenblick eh mir die Tränen aus den Augen brechen. Und dann –« Ewald Tragy schüttelt heftig mit dem Kopf, als wollte er die Gedanken, die sich immer weiter bauen, zum Einsturz bringen. Er weiß: ich weine dann, freilich, weil ich mich verraten habe. Aber wie soll ich das erklären und wozu? Das ist ja wieder ein Verrat.

Und er versichert hastig: »Unsinn, Fräulein – Sie dürfen nicht glauben, daß ich wirklich weine –«

Und schon tut ihm die Lüge weh.

Es hat so wohlgetan sich anzuvertrauen und nun ist wieder Alles verdorben. Man muß nicht immer wieder anfangen, denkt Tragy und bleibt verstimmt und stumm.

Das Fräulein schweigt auch.

Sie horchen: die Karten fallen auf die Spieltische, wie Tropfen von Bäumen, die jemand schüttelt. Und von Zeit zu Zeit mit großer Wichtigkeit:

»Die Tante giebt«
oder: »wer meliert?«
oder: »Treff ist atout«,
und: das Kichern der vier Kusinen.

Jeanne denkt nach. Sie will etwas Liebes sagen, also für ihn: etwas Deutsches. Aber sie weiß nicht, wie sie die fremden Worte erwärmen soll, darum bittet sie endlich: »Sei nicht traurig« ... Und schämt sich.

Der junge Mensch blickt auf und sieht ihr ernst und sinnend ins Gesicht, solange bis sie aufgehört hat, zu glauben: ich habe sicher Unsinn gesagt. Dann nickt er ein wenig und nimmt ganz ernst ihre Hand, die er vorsichtig zwischen seine beiden legt. Es ist wie ein Versuch, und er weiß nicht, was tun mit dieser Mädchenhand, denn er giebt sie frei, läßt sie einfach fallen, der junge Mensch.

Indessen hat Jeanne einen zweiten deutschen Satz gefunden, auf den sie sehr stolz ist: »Sie haben doch noch nichts verloren?«

Da faltet Ewald die Hände im Schooß und sieht zum Fenster hinaus.

Pause.

»Sie sind so jung –«, tröstet ihn das Mädchen zaghaft.

»Oh« macht er. Er ist wirklich überzeugt, daß das Leben für ihn eigentlich abgetan ist; nicht, daß er mittendurch gegangen wäre, aber ein für allemal vorbei. Er lügt also jetzt nicht und ist wahrhaft traurig: »Jung? Ist es *das*, bitte? Ich habe Alles verloren ...«

Pause.

»auch Gott«, und er bemüht sich, jedes Pathos zu vermeiden. Da lächelt sie; sie ist fromm.

Er versteht dieses Lächeln nicht, gerade jetzt stört es ihn, und er ist ein wenig verletzt. Allein sie kommt um Verzeihung bitten, steht auf und sagt:

»Ewald,« sie spricht es aus mit falscher Betonung auf dem *a* und mit einem dunkeln stummen *e* am Ende, das geheimnisvoll und wie eine Verheißung klingt, »ich glaube, Sie werden Alles erst finden –«

Und dabei steht sie so hoch und feierlich vor ihm.

Er senkt die Stirne tiefer und will prahlen: ›Kind‹ – so recht wehmütig überlegen, und ist doch so leise dankbar gleich darauf und möchte jubeln dürfen: ›Ich weiß.‹ Und er tut weder das eine, noch das andere.

Da bemerkt jemand im Spielzimmer, daß es so schweigsam geworden sei nebenan. Frau von Wallbach runzelt die Stirn und befiehlt gleich: »Jeanne!«

Jeanne zögert.

Die Hausfrau ist wirklich besorgt, und die vier Kusinen helfen ihr: »Fräulein!«

Da neigt sich die Französin und man weiß nicht, ist das Frage oder Befehl: »Und – Sie reisen?!«

»Ja«, flüstert Ewald rasch. Er fühlt dabei eine Sekunde lang ihre Hand im Haar und verspricht einem fremden jungen Mädchen, in die Welt zu gehen, und weiß gar nicht, wie seltsam das alles ist.

II

Man wird es kaum glauben: Ewald Tragy schläft volle vierzehn Stunden. Und das ist ein fremdes elendes Hotelbett, und auf dem Bahnhofplatz giebt es Lärm und Sonne seit fünf Uhr früh. Er hat sogar vergessen zu träumen, trotzdem er weiß, daß ›erste‹ Träume besondere Bedeutung haben. Er tröstet sich damit, daß sich jetzt Alles erfüllen könne, gleichviel, ob man es träume oder nicht, und zieht diesen leeren Schlaf hinter allem Gestrigen aus wie einen langen, langen Gedankenstrich. Fertig. So, und jetzt? Und jetzt kann es beginnen – das Leben, oder das, was eben zu beginnen hat der Reihe nach.

Der junge Mensch streckt sich behaglich in den Kissen aus. Vielleicht will er so, in dieser wohligen Wärme, die Ereignisse empfangen? Er wartet noch eine halbe Stunde, aber das Leben kommt nicht. Da steht er denn auf und beschließt, ihm entgegenzugehen. Und daß man dies müsse, ist die Erkenntnis des ersten Morgens.

Sie befriedigt ihn, giebt ihm Bewegung und Zweck und treibt ihn hinaus in die neue lichte Stadt. Er weiß zunächst nur, daß die Gassen unendlich lang und die Trambahnen lächerlich klein sind, und ist ohneweiters geneigt, jede dieser beiden Erscheinungen durch die andere zu erklären, was ihn ungemein beruhigt. Alle Dinge interessieren ihn, die großen und bedeutenden nicht zuletzt. Aber je tiefer in den Tag hinein, desto mehr verliert alles an Wert den Regenrinnen gegenüber, vor welchen Tragy immer nachdenklicher stehen bleibt. Er lächelt nichtmehr über die darangeklebten kleinen Zettel und ihre Versprechungen und hat keine Zeit mehr, sich über die seltsame Sprache zu wundern, in der sie abgefaßt sind. Er übersetzt sie mit krampfhafter Geschäftigkeit und schreibt viele Namen und Nummern in sein Taschenbuch.

Endlich macht er den ersten Versuch. Im Flur schiebt er seine Krawatte zurecht und nimmt sich vor: Ich werde sehr höflich sagen: ›Verzeihen Sie, hier ist wohl ein Zimmer für einen Herrn, nichtwahr?‹ Er läutet, wartet und sagt es höflich, hochdeutsch und mit bescheidener Betonung. Eine große breite Frau drängt ihn gleich links in eine Tür, ehe er mit seiner Frage zuende ist.

»Wissen S' ich sags gleich wie es is. Sauber is's. Und wenn S' sonst noch was brauchen …« Und damit erwartet sie, die Hände in die Hüften gestemmt, seine Entscheidung.

Das ist eine kleine Stube, zweifensterig mit alten umständlichen Möbeln und schon ganz voll Dämmerung, so daß man das Gefühl hat, eine Menge Dinge mit zu mieten, von denen man sich nicht träumen läßt.

Und wie nun der junge Mann so gar nichts sagt und sich kaum umsieht in dem dunklen Zimmer, fügt die Frau zögernd an: »Und 's macht halt zwanzig Mark im Monat samt Frühstück, soviel haben wir halt immer bekommen –« Tragy nickt ein paar Mal. Dann tritt er näher an den alten Sekretär heran, der in einer Ecke steht, prüft die breite aufgeklappte Schreibplatte und lächelt, zieht zwei oder drei von den kleinen Schubläden im Hintergrund auf und lächelt wieder: »Der bleibt doch hier stehn, der Schreibtisch?« erkundigt er sich und ist ganz entschlossen: ich bleibe auch. Aber dann fällt ihm die lange Reihe von Nummern in seinem Taschenbuch ein, wie eine Pflicht, und er meint schnell: »Das heißt, bis morgen darf ich mirs wohl überlegen?«

»Ja wegen meiner –«

Und Tragy merkt sich gut das Haus und schreibt in sein Taschenbuch: ›Frau Schuster, Finkenstraße 17 Hinterhaus,

Parterre, Schreibtisch.‹ Hinter ›Schreibtisch‹ drei Rufzeichen. Dann ist er sehr zufrieden mit sich und versucht nichts mehr an diesem Tage.

Aber am nächsten Morgen beginnt er ganz früh seinem Taschenbuch nachzugehen. Und das ist keine Kleinigkeit. Vormittags, solang die Leute noch ausgeschlafen und die Stuben gut gelüftet sind, freut ihn seine Wanderung noch einigermaßen. Er notiert pünktlich alle Vorzüge – dort einen Erker mit Aussicht, gegenüber ein Kanapee, und ein Badezimmer in Nummer 23, zwei Treppen, nirgends mehr ein Schreibtisch, allerdings. Dafür bringt er da und dort kleine Warnungen an, zum Beispiel: ›kleine Kinder‹ oder: ›Klavier‹ oder: ›Wirtshaus‹. Dann werden die Notizen immer karger und hastiger; seine Eindrücke verändern sich ganz seltsam. In gleichem Maße mit der Unfähigkeit seiner Augen wächst die Empfindlichkeit seiner Geruchsnerven, und um Mittag hat er diesen vernachlässigten Sinn soweit ausgebildet, daß ihm die Außenwelt einzig durch ihn mehr zum Bewußtsein kommt. Er denkt: Aha, Linsen, oder: Sauerkohl, und wendet sich schon auf der Schwelle um, wenn ihm irgendwo ein Wäschetag entgegenqualmt. Er vergißt ganz den Zweck seiner Besuche und beschränkt sich, einfach die Eigenart der einzelnen Atmosphären festzustellen, welche ihm aus den lächerlich kleinen Küchen, gleich losgelassenen Hunden, entgegenstürzen. Dabei rennt er heulende kleine Kinder um, lächelt den erzürnten Müttern dankbar ins Gesicht und versichert stumme Greise, die er irgendwo in einem Stubenwinkel aufstört, seiner besonderen Hochachtung.

Schließlich dunkeln alle Flure, und da kommt ihm in jeder Tür, wo immer er läuten mag, immer dieselbe breite Frau entgegen, dieselben Kinder heulen ihn überall an, und im Hintergrund ist immer wieder dieser gestörte alte Herr mit den erschreckten verständnislosen Augen.

Da flieht Ewald Tragy, atemlos. Als er sich erholt, findet er sich vor dem uralten Schreibtisch mit den vielen Schubladen und hat just begonnen zu schreiben:

›Lieber Papa, meine Wohnung ist also: Finkenstraße 17 bei Frau Schuster.‹ Dann denkt er lange nach und beschließt endlich, den Brief erst morgen weiterzuschreiben.

Und später braucht er den Sekretär selten. Er lebt die ersten Wochen so hin, den ganzen Tag außer Haus, ohne rechten Plan, stets in dem Gefühl: Ja, was wollt ich denn eigentlich? Er geht in die Galerien, und die Bilder enttäuschen ihn. Er kauft sich einen ›Führer durch München‹ und wird müde dabei. Endlich sucht er sich so zu benehmen, als ob er jahrelang hier leben würde, und das ist nicht leicht. Er sitzt am Sonntag mitten unter den Philistern in einem Brauhausgarten und wandert hinaus auf die Oktoberwiese, wo die Buden und Ringelspiele aufgeschlagen sind, und fährt nachmittags in einer Droschke in den ›Englischen Garten‹. Da giebt es manchmal eine Stunde, die er nicht vergessen möchte. So zwischen fünf und sechs, wenn die Wolken auf dem hohen Himmel so phantastisch werden in Form und Farbe und sich plötzlich wie Berge hinter den flachen Wiesen des ›Englischen Gartens‹ aufbauen, so daß man denken muß: Morgen will ich auf diese Gipfel steigen. Und morgen ist dann ein Regentag und der Nebel liegt dicht und schwer über den endlosen Gassen. Immer wieder kommt so ein Morgen, das einem die Dinge aus den Händen nimmt, und der junge Mensch wartet, bis es anders wird. Er hat niemanden, den er fragen könnte, was man tut in seinem Fall. Mit der Hausfrau spricht er, wenn sie ihm das Frühstück bringt, zehn Worte, und an jedem Abend begegnet er ihrem Mann, dem gräflichen Herrschaftskutscher, und grüßt ihn sehr höflich. Er weiß, daß die beiden eine Tochter haben, und hört oft, wenn das

Haus ganz stille geworden ist, durch die Wand: »Mama –« und eine feine Mädchenstimme. Sie liest etwas vor, und man kann manchmal meinen, daß es Verse sind.

Das macht, daß Ewald jetzt früher nachhause kommt, seinen Tee trinkt und über einer Arbeit oder einem Buch wachbleibt weit in die Nacht hinein. Jedesmal, wenn die Stimme nebenan beginnt, lächelt er, und so wird ihm seine Stube langsam lieb. Er beschäftigt sich mehr mit ihr, bringt Blumen nachhause und spricht tagsüber oft laut, als hätte er kein Geheimnis mehr vor diesen vier Wänden.

Aber so sehr er sich darum bemüht, es bleibt etwas Kaltes, Ablehnendes an den Dingen, und er hat oft am Abend das Gefühl, als wohnte jemand hier neben ihm, der alle Gegenstände, unbeschadet seiner Anwesenheit, gebraucht und dem sie auch willig zu Gebote sind. Das wird noch verstärkt in ihm durch folgenden Vorfall.

»Merkwürdig,« sagt Ewald eines Morgens, gerade als Frau Schuster den Kaffee hinstellt, »sehen Sie mal, bitte, diese beiden Schubladen des Schreibtisches wollen nicht aufgehen. Haben Sie vielleicht einen Schlüssel? Sonst könnte man ja einen machen lassen –?« Und er rüttelt an den beiden heimlichsten Laden des Schrankes.

»Sie müssen schon verzeihen –« zögert Frau Schuster, und sie spricht hochdeutsch in ihrer Verlegenheit, »aber ich darf diese beiden Laden nicht aufmachen, nämlich –«

Tragy blickt erstaunt auf.

»Sie müssen nämlich wissen, Herr, das is so: mal haben wir ein' Herrn ghabt, dems sehr schlecht gangen is. Und weil er uns nicht hat zahlen können, hat er uns die Kommode dagelassen und hat gsagt: da in den zwei Laden laß ich Ihnen wichtige Papiere zum Pfand, – hat er gsagt und hat den Schlüssel mitg'nommen ...«

»So, so« macht Tragy und sieht gleichgültig aus. »Das ist schon lang?«

»Mna«, überlegt die Frau, »so sieben Jahr oder Jahr acht könntens schon sein, wohl, wohl – daß wir nichts mehr von ihm ghört haben; aber leicht kommt er doch mal und holts. Nicht? Man kann nicht wissen...«

»Freilich, freilich –«, sagt Tragy obenhin, nimmt den Hut und geht fort. Er hat ganz vergessen zu frühstücken.

Seither arbeitet Tragy an dem ovalen Sofatisch, den er quer vor das andere Fenster geschoben hat; denn der Oktober macht Fortschritte, und der Sekretär steht viel zu nah an den Scheiben. So erklärt sich diese Veränderung auf die allernatürlichste Weise.

Und der junge Mensch findet noch manches zugunsten des neuen Platzes, zum Beispiel: daß man so geradezu ins Fenster sieht. Wie ein Bild ist es. Dieser Hof, in dem so langsam die Kastanien welk werden. (Es sind doch Kastanien?) Ein alter Steinbrunnen, ganz im Hintergrund, rinnt und rinnt wie ein Lied, wie eine Begleitung zu Allem. Und es ist sogar etwas wie ein Relief auf dem Sockel. Ja, wenn man nur sehen könnte, was es darstellt. Ach, wie bald es doch dunkel wird, man wird gleich die Lampe anzünden müssen. Übrigens: wenn draußen gar kein Wind ist, wie jetzt, wie dann die Blätter langsam fallen, lächerlich langsam. Da bleibt eines fast stehen in der dicken feuchten Luft und schaut herein und schaut herein – wie Gesichter, wie Gesichter, wie Gesichter ... denkt Tragy und sitzt ruhig und reglos und läßt es geschehen, daß jemand sich ans Fenster lehnt und hereinstiert, so nah, daß die Nase sich an den Scheiben eindrückt und die Züge etwas Breites, Vampyrhaftes, Gieriges bekommen. Ewalds Blicke folgen, ganz verloren, den Linien dieses Gesichtes, bis sie plötzlich in die lauernden fremden Augen stürzen, wie in Abgründe. Das bringt ihn zum Bewußtsein. Er springt auf und ist schon am Fenster. Die Riegel geben seinen zitternden Händen nicht gleich nach, und der draußen ist schon weit, als Tragy sich in den Nebel hinauslehnt.

Offenbar hat die kühle Luft ihn beruhigt; denn er tut gar nichts Außergewöhnliches weiter. Er zündet die Lampe an, bereitet seinen Tee wie an jedem anderen Tage und man kann meinen, daß das Buch vor ihm ihn interessiere.

Nur das Eine ist seltsam: er geht nicht schlafen. Er wartet bis die Lampe verlischt; das ist etwa um halb zwei. Da brennt er die Kerze an und sieht geduldig zu, bis sie, ganz im Leuchter, schmilzt. Und da ist auch schon ein scheues Licht hinter den Scheiben. Eine kurze Nacht, nicht? Ewald denkt nicht etwa darüber nach, ob er ausziehen soll. Das ist natürlich. Er überlegt nur, wie er das sagen wird: ›Es tut mir leid, Frau Schuster‹, oder: ›Ich bin wirklich zufrieden gewesen bei Ihnen, aber …‹ Und er baut und baut an diesem armsäligen Satz.

Und mit Morgen ist er überzeugt, daß man nicht daran denken kann, zu kündigen, weil sich das überhaupt in keiner Art ausdrücken läßt. Man bleibt also. Man muß sich eben einrichten. Es ist eben so mit diesen Stuben; die, welche vorher hier gewohnt haben, sind noch nicht ganz draußen, und die, welche nach Ewald Tragy kommen, warten schon. Was bleibt da übrig, als verträglich sein. Und an diesem Sonntag beschließt Ewald, sich so klein wie möglich zu machen, um keinen von seinen unbekannten Zimmergenossen zu stören, und einfach so mitzuleben als der Geringste in diesem Massenquartier in der Finkenstraße.

Und sieh: das geht. Es giebt ein paar ganz erträgliche Wochen und man kommt so sachte in den November hinein und erhält für den kurzen, traurigen Tag eine lange Nacht geschenkt, in der alles mögliche Raum hat.

Gleich mal zunächst: ›Das Luitpold‹. Das ist doch etwas. Man setzt sich zu einem der kleinen Marmortischchen und legt einen Stoß Zeitungen neben sich und sieht gleich furchtbar beschäftigt aus. Dann kommt das Fräulein in Schwarz und gießt so im Vorübergehen die Tasse mit dem dünnen Kaffee voll, o Gott, so voll, daß man sich gar nicht traut, auch noch den Zucker hineinzuwerfen. Dabei sagt man: »Mittel« oder »Schwarz«, und es wird ganz nach Wunsch und Wink: ›mittel‹ oder ›schwarz‹. Zum Überfluß sagt man doch noch etwas Scherzhaftes, wenn man es gerade bei der Hand hat, und dann lächelt die Minna oder Bertha etwas müde ins Unbestimmte hinein und schwenkt die Nickelkannen in der Rechten her und hin.

Tragy sieht das nur an anderen Tischen. Er beschränkt sich auf ein Danke, denn ihm sind diese schwarzen Damen, die am Tage so welk aussehen, sehr unsympathisch; nur die kleine Betty, die ihm das Wasser bringt, bedauert er. Weiß der Himmel warum er ihr etwas Liebes tun möchte, aber, es ist Tatsache, er drückt ihr einmal außer dem Trinkgeld ein klein zusammengefaltetes Papier in die Hand und freut sich; daß ihr die Augen glänzen. Das ist ein Los irgendeiner Wohltätigkeitslotterie und man kann 50000 Mark gewinnen damit. Aber die kleine Betty sieht sehr enttäuscht aus, als sie nach einer Weile hinter der Säule hervorkommt, und sagt gar nicht: Danke.

Das sind so kleine Zufälle, die den jungen Menschen tiefer berühren, als er selber meint. Sie geben ihm das Gefühl, ausgeschlossen zu sein, gleichsam die Sitten eines fernen Landes fortzuleben unter allen diesen Menschen, die sich mit einem Lächeln und im Vorübergehen verstehen. Er möchte so gern einer von ihnen sein, irgendeiner im Strome, und dann und wann glaubt er es fast. Bis eine Kleinigkeit geschieht, welche beweist, daß sich nichts an dem Verhältnis geändert hat: er auf der einen Seite und alle Welt drüben. Und da lebe nun einer.

Gerade zu dieser Zeit, da Tragy das Bedürfnis hat, jemanden kennen zu lernen, empfängt er einen Brief. Der lautet:

»Ich höre durch Zufall, daß Sie in München sind. Ich habe manches von Ihnen gelesen und stelle es mir schön vor, wenn wir uns sehen würden, bei Ihnen, bei mir oder an einem dritten Ort, wie Sie wollen und – *wenn* Sie wollen.«

Und Tragy will nicht. Er kennt den Namen, welcher unter dem Brief steht, längst aus Zeitschriften und Gedichtanthologieen und hat gar nichts gegen Wilhelm von Kranz, durchaus nicht. Aber im Augenblick, da dieser Herr ihn anrührt, kriecht er wie eine Schnecke in sich zusammen. Was er noch gestern gewünscht hat, wird eine Gefahr im Moment, da es sich erfüllen kann, und es scheint ihm unerhört, daß da jemand ist, der so ohneweiters, mit den staubigen Schuhen sozusagen, in seine Einsamkeit will, darin er selber nur ganz leise aufzutreten wagt. So giebt er nichtnur keine Antwort, sondern meidet sogar vorsichtig jeden ›dritten Ort‹, ist oft zuhause und bekommt so gelegentlich auch die Haustochter zu Gesicht, von der er bislang nur die Stimme kannte.

Er sagt ihr einmal, als sie ihm den Kaffee bringt: »Und was lesen Sie immer abends, Fräulein Sophie?«

»Oh, was wir gerade haben. Viel Bücher haben wir nicht – aber, hört man es denn hier?«

»Wort für Wort«, übertreibt Ewald.

»Stört es Sie sehr?«

Und Tragy sagt nur: »Nein, es stört mich nicht. Aber wenn Sie gern lesen, will ich Ihnen geben, was ich mithabe. Es ist nicht vieles, aber viel.« Und er reicht ihr einen Band Goethe.

Das ist ein ganz kleiner Verkehr zwischen ihnen, aber er füllt bei Tragy etwas aus, wird ein steter Gedanke mitten in dem Vielen, das durch seine Seele strömt, und er ruht gerne aus darin. Jemandem solche Bücher leihen ist schließlich dasselbe wie ihm ein Los schenken. Aber diesmal erhält Tragy einen sympathischen Dank dafür. Das macht ihn froh.

Er war guter Laune auch an dem Nachmittag, da er so unerwartet nachhause kommt und in seiner Stube Stimmen hört. Er zögert und horcht. Rasche, halblaute Worte, die vor seinen Schritten zu flüchten scheinen, und dann steht ein junger Mensch mit einem breiten dicken Gesicht vor der Tür und pfeift, pfeift so in den Tag hinein, mir nichts und dir nichts. Und eben da Ewald ihn zu Rede stellen will, tritt Sophie aus seiner Tür, sehr blaß, und tut als ob das alles selbstverständlich wäre. Dann sagt sie unsicher: »Es ist der Herr hier, – der ... er wollte das Zimmer sehen, Herr Tragy.«

Die beiden jungen Leute sehen sich ins Gesicht. Der Fremde hört auf zu pfeifen und grüßt. Und da er höflich lächelt dabei, wird das Gesicht breit und verschwommen, und Tragy muß an etwas Häßliches denken. Trotzdem dankt er flüchtig, so mit der Hand an der Krempe, und tritt in seine Stube.

Er bemerkt erst nach einer Weile, daß Sophie hinten an der Tür steht, hat plötzlich fürchterlich viel zu tun, trägt Dinge ganz überflüssiger Weise von einem Tisch zum andern und bückt sich gelegentlich, um etwas aufzuheben. Aber endlich ist er doch fertig mit diesem unseligen Aufräumen und er muß nun wahrscheinlich das Mädchen fragen: Was wollen Sie? Denn so kann sie doch nicht stehen bleiben wollen ohne Grund.

Plötzlich fallt ihm etwas ein und er spricht nach der andern Seite hin, irgendwohin in eine Ecke: »Sie können beruhigt sein, ich werde nichts sagen. Das wollen Sie ja doch hören, nichtwahr? Also gut. Aber ich ziehe aus im nächsten Monat; ich habe ohnehin die Absicht gehabt –«

Und da sitzt er schon am Tisch und schreibt, tief, als ob er seit zwei Stunden schriebe. Es wird aber nur ein ganz kurzer Brief an Herrn von Kranz, darin er ihn bittet, morgen um vier im ›Luitpold‹ zu sein, wenn es ihm passe. Erst nachdem er die Adresse beendet hat, sieht er sich vorsichtig um. Es ist niemand mehr da, und Ewald wechselt Schuhe und Anzug, denn er hat vor, auswärts zur Nacht zu essen.

Herrn von Kranz paßt die Stunde, wie ihm eine jede Stunde gepaßt haben würde. Er ist nicht übermäßig beschäftigt, nämlich. Er schreibt etwas Großes, ein Epos oder etwas über das Epos hinaus, jedenfalls etwas ganz Neues, etwas ›in Höhepunkten‹, so hat er dem neuen Bekannten versichert in der ersten halben Stunde. Eine solche Arbeit hängt aber, wie man weiß, einzig von der Inspiration ab, von der tiefen Begeisterung, welche (nach Herrn von Kranz) »den Traum des dunklen Mittelalters erfüllt und es versteht, aus allen Dingen Gold zu machen«. So etwas geschieht freilich mitten in der Nacht oder sonst unglaublich wann, nicht um vier Uhr nachmittags, zu einer Zeit, da sich bekanntlich die allergewöhnlichsten Dinge ereignen können. Und deshalb ist Herr von Kranz frei und sitzt im ›Luitpold‹, Tragy gegenüber. Er ist sehr beredt, denn Ewald schweigt viel, und Kranz liebt das Schweigen nicht, scheint es. Er hält das für das Vorrecht der Einsamen, wo aber zwei oder drei beisammen sind, da hat es tatsächlich keinen Sinn, wenigstens keinen, den man auf den ersten Blick begreift. Und nur nichts Dunkles und Unverständliches, im Leben wenigstens. In der Kunst? Ah das ist etwas anderes, da hat man ja das Symbol, nichtwahr?

Dunkle Umrisse vor lichtem Hintergrund, nichtwahr? Verschleierte Bilder – nicht? Aber im Leben – Symbole, oh – lächerlich.

Manchmal sagt Ewald: »Ja« und wundert sich, woher in aller Welt er diese Unmenge unverbrauchter ›Ja‹ in sich hat. Und wundert sich über die großen Worte und über das kleine Leben irgendwo tief unten. Denn er lernt in diesem Nachmittag die ganze Weltanschauung des Herrn von Kranz, diese Weltanschauung aus der Vogelperspektive, kennen und – und wundert sich eben. Er ist jung, nimmt die Dinge wie Tatsachen und die Sensationen für Schicksale hin und hat dann und wann das Bedürfnis, etwas von diesen glänzenden Konfessionen aufzuschreiben, weil ihr ganzer Zusammenhang, weithin, ihm unübersehbar scheint. Was ihn aber am meisten überrascht, das ist das Fertige aller dieser Überzeugungen, die sorglose Leichtigkeit, womit Kranz eine Erkenntnis neben die andere setzt, lauter Eier des Kolumbus: wenn eines nicht gleich aufrecht bleiben will, ein Schlag auf die Tischplatte und – es steht.

Ob das Geschicklichkeit ist oder Kraft – wer mag das entscheiden? Herr von Kranz ist aufrichtig bei der Sache. Er spricht sehr laut und hat offenbar den Ort der Handlung ganz vergessen. Wie ein Sturm, der fremden Stuben die Fenster aufreißt, bricht seine Rede in alle Gespräche, so daß man endlich nachgiebt und allenthalben die Fenster offen läßt. Und da ist eben der Sturm obenauf. Sogar die schöne Minna vergißt einzuschenken, bleibt an einer Säule lehnen und hört zu. Nur leider mit ganz impertinenten Augen. Und plötzlich fangt sie mit diesen großen, grünen Augen die blitzenden Blicke des Dichters auf und bändigt sie, macht sie klein, unbedeutend, nichtswürdig und läßt sie mit einem infamen Lächeln einfach fallen.

Herr von Kranz verliert einen Moment die Fassung. Er wankt im Sattel, tut aber gleich, als sei das eine beabsichtigte Schwenkung gewesen und wirft der Schönen ein Wort zu, so ein klebriges, mehr Frosch als Blume. Dann ist er gleich wieder bei der Sache und ist sogar an einem Höhepunkt, an der Stelle nämlich: »Wie ich Nietzsche überwand.«

Aber Ewald Tragy hört aufeinmal nichtmehr zu. Er entdeckt das erst viel später, als Kranz an irgendeinem Ende ist und wartet. Dieses Warten bedeutet: Und Sie? Sie haben doch auch so etwas wie eine Meinung von Alledem, hoffentlich. Weltanschauung um Weltanschauung, bitte?

Tragy begreift das nicht gleich, und als er es schließlich versteht, gerät er in unbeschreibliche Verwirrung. Er steht so mitten in allem, wie tief im Wald, und sieht nichts als Stämme, Stämme, Stämme und weiß kaum, ob Tag oder Nacht ist über ihnen. Und doch soll er genau die Stunde nennen, auf die Minute genau, so daß gar kein Zweifel möglich ist. Er fürchtet durch sein Schweigen Herrn von Kranz zu verletzen; aber der wird immer milder, teilnahmsvoller, väterlich fast. Und er befiehlt rasch: »zahlen!« So feinfühlig ist er.

In den nächsten Tagen aber empfindet Tragy immer deutlicher, daß er dem neuen Bekannten etwas geben müsse von sich, nicht aus Sympathie, sondern weil er doch nach jenem freimütigen Nachmittag sein Schuldner geworden ist im Vertrauen. Und als die beiden einmal im ›Englischen Garten‹ gehen – es ist wieder so eine Dämmerung mit Wolkenbergen am Horizont –, sagt er unvermittelt: »Immer war ich so ganz allein. Mit zehn Jahren kam ich aus dem Haus in die Militärerziehung unter fünfhundert Kameraden und – trotzdem … Ich war sehr unglücklich dort – fünf Jahre. Und dann steckten sie mich wieder in eine Schule, und dann wieder in eine, und so fort. Ich war immer allein, wissen Sie …«

Wenn es weiter nichts ist, denkt Herr von Kranz, dem läßt sich abhelfen. Und seither ist er jeden Augenblick bei Ewald, früh, Vormittag, oft bis weit in die Nacht. Und er tut das so selbstverständlich, daß Tragy nichtmehr wagt, seine Einsamkeit zu verriegeln; er lebt bei offenen Türen, sozusagen. Und Herr von Kranz kommt und geht und kommt und geht. Er hat ein Recht dazu, denn: »Wir haben ganz das gleiche Los, lieber Freund Tragy –« behauptet er. »Auch mich verstehn sie nicht zuhaus, natürlich. Sie nennen mich überspannt, verrückt, als ob –«; er vergißt bei diesem Anlaß nie anzufügen, daß sein Vater Hofmarschall ist an einem kleinen deutschen Hofe und daß man in diesen Kreisen – er schätzt sie offenbar sehr gering – die bekannten konservativ vornehmen Ansichten habe. Eben diesen Ansichten hat er es ja auch zu danken, daß er Lieutenant, man bedenke, Lieutenant bei der Garde werden mußte, und er versichert, daß es arge Mühe kostete nach einem Jahr in die Reserve zurückzutreten, gleichsam über die Sympathieen der Vorgesetzten und der Untergebenen weg. Und vollends, daß man zuhause auf Schloß Seewies-Kranz mit seiner neuen Berufswahl nicht, aber ganz und gar nicht einverstanden sei und ihm die Prügel nur so vor die Füße werfe, das brauche er wohl kaum noch zu versichern. Aber trotzalledem gebe er den Kampf nicht auf. Im Gegenteil. Er habe sich verlobt, ja, ganz regelrecht verlobt, mit gedruckten Anzeigen verlobt. Sie ist aus den besten Familien, natürlich, vornehm, gut erzogen, nicht reich, aber beinahe adelig. (Ihre Mutter ist eine Gräfin Soundso.) Nun und dieser Schritt, den er ohneweiters unternahm, ist doch ein Beweis seiner Freiheit, gewissermaßen. Auch soll es nicht zu lange dauern bis zur Hochzeit, und dahinter kommt erst der Haupterfolg, nämlich: »Mein Austritt aus der Kirche –« Kranz zwirbelt seinen blonden Schnurrbart auf und lächelt.

»Ja –« sagt er, ungemein zufrieden mit sich und mit Tragys Erstaunen, »das ist ein Schlag, was? Ich entsage dabei meiner Offiziers-charge, natürlich – ich opfere sie auf für meine Überzeugung. Einer Gemeinschaft anzugehören, deren Gesetze man nicht erfüllt, ist eine Untreue gegen sich selbst…«

›Untreue gegen sich selbst‹, fallt Tragy einmal mitten in der Nacht ein, wie fertig das wieder ist, wie klar, wie überwunden. Und er erinnert sich seither fast jede Nacht an irgend eine Stelle aus seinen Gesprächen mit Kranz, und sie scheinen ihm alle gleich trefflich und bezeichnend. Die Folgen bleiben nicht aus.

Eines Morgens, im November noch, erwacht Tragy und hat eine Weltanschauung. Wirklich. Sie läßt sich gar nicht leugnen, sie ist da, alle Anzeichen sprechen dafür. Er weiß nicht recht, wem sie gehört, aber da er sie doch nun mal bei sich gefunden hat, nimmt er an, daß es die seine sei. Selbstverständlich bringt er sie nächstens mit ins ›Luitpold‹. Und kaum hat er sie gezeigt, besitzt er schon eine Menge Bekannte, die fast wie Freunde sind, ihm von seinen Gedichten erzählen, die sie Alle kennen, und ihm alle fünf Minuten Zigaretten anbieten: »Aber nehmen Sie doch.« Fehlt nur noch, daß sie ihn auf die Schulter klopfen und Du sagen. Aber Tragy raucht nicht, obwohl er fühlt, daß dies zu seiner Weltanschauung gehört, so gut wie der Sherry, den er vor sich stehen hat, und die Absicht, den Abend in den Blumensälen zuzubringen, wo die berühmte Branicka singt.

Und da behauptet gerade jemand, Kranz kenne sie wohl sehr genau, die Branicka. »Wie?«

Kranz hebt die Achseln hoch und dreht den Schnurrbart; er ist auf einmal ganz Lieutenant, ist ›von‹ Kranz. Und es witzelt einer: »Ja nach den Stunden, die er bei seiner Braut verbringt, braucht er doch – eine Ableitung.« Und großes

Gelächter; denn das finden alle treffend, ›fein‹, wie der technische Ausdruck lautet, und Kranz selber nennt es so.

Er fühlt sich überhaupt herzlich wohl unter diesen jungen Leuten, die zum Überfluß auch Namen haben, obgleich es genügt hätte, sie zur Unterscheidung zu numerieren. Eine hohe Meinung hat Kranz allerdings nicht von seinen täglichen Genossen, sie sind ihm so eine Art Hintergrund für die eigene Persönlichkeit, und wenn Tragy mal nach einem von ihnen fragt, giebt er obenhin: »Der? Na man kann noch nicht wissen, ob er Talent hat, vielleicht –« und wählt das zum Anlaß eines längeren Gespräches über die ›Aufgaben der Kunst‹, über die ›technischen Forderungen des Dramas‹ oder das ›Epos der Zukunft‹.

Auch hier fühlt sich Tragy ganz unerfahren, und es kann zu keiner gerechten Erörterung kommen, weil er nur selten etwas zu entgegnen weiß. Aber wenn ihn seine Unwissenheit in den anderen Fällen beunruhigt, diesen Dingen gegenüber empfindet er sie wie einen Schild, hinter dem er irgendwas Liebes, Tiefes – er vermag nicht zu denken was – bergen kann, vor irgendeiner fremden Gefahr, und er weiß nicht zu sagen – vor welcher. Er scheut sich auch manches, was ihm in einer leisen Stunde gelingt, dem Genossen zu zeigen und liest ihm nur ganz selten mit halber, unbewußt klagender Stimme ein paar blasse Verse vor und bereut es gleich darauf und schämt sich vor dem bereiten Beifall des anderen, der so laut und rücksichtslos ist. Seine Verse sind eben krank, und man soll nicht laut sprechen in ihrer Gegenwart.

Im übrigen bleibt Tragy nicht viel Zeit für solche Heimlichkeiten. Es stehen mit einem Male soviel Dinge in seinen Tagen, und trotzdem kommt er jetzt: leichter durch als früher, da sie leer waren und man sich nirgends halten konnte. Es giebt eine Menge kleiner Pflichten, tägliche Verabredungen mit Kranz und seinem Kreis, ein stetes Beschäftigtsein ohne eigentlichen Sinn und Gespräche, die man überall enden konnte, an jeder beliebigen Stelle. Dafür fehlt jede Erregung und Unruhe; es ist ein immerwährendes Mitgehen, und der eigene Wille hat nichts zu tun. Eine einzige wirkliche Gefahr besteht noch: das Alleinsein – und davor weiß jeder den andern zu behüten.

So ist Alles bis zu jenem Nachmittag, da Herr von Kranz, bedeutender als je, im ›Luitpold‹ sitzt und Tragy erklärt:

»Solange wir das nicht erreichen, – ist nichts. Wir brauchen eine Höhenkunst, lieber Freund, so etwas über Tausende hin. Zeichen, die auf allen Bergen flammen von Land zu Land – eine Kunst wie ein Aufruf, eine Signalkunst –«

»Quatsch«, sagt jemand hinter ihm, und das fällt wie nasser Mörtel auf die glänzende Beredsamkeit des Dichters und deckt sie zu.

Dieses ›Quatsch‹ gehört einem kleinen schwarzen Mann, der einen langen Zug tut aus einem unglaublich verbrauchten Zigarettenrest, und zugleich mit der Asche glimmen seine großen schwarzen Augen auf und verlöschen mit ihr. Dann geht er ruhig weiter, und Herr von Kranz ruft geärgert hinter ihm her: »Natürlich, Thalmann –«

Und fügt für Ewald hinzu: »Er ist ein Flegel. Man müßte ihn einmal zu Rede stellen. Aber er hat ja keine Art. Er zählt überhaupt nicht mit. Ihn nicht beachten, das ist das beste – a, und er hat gute Lust, seine Erörterungen über die Höhenkunst wieder aufzunehmen. Allein Tragy wehrt sich mit ungewohnter Energie dagegen und fragt unbeirrt: »Wer ist das?«

»Ein Jude aus irgendeinem kleinen Nest, schreibt Romane, glaub ich. Eine von den zweifelhaften Existenzen, wie es hier Dutzende giebt, Dutzende. Das kommt heute man weiß nicht woher und geht übermorgen und man weiß nicht wohin, und es bleibt nichts zurück als ein wenig Schmutz. Sie dürfen sich nicht täuschen lassen durch diese Gesten, lieber Tragy …«

Seine Stimme wird ungeduldig und das heißt: ein für alle Mal und genug davon. Und Tragy ist auch ganz einverstanden und bereit, sich nicht täuschen zu lassen.

Aber es ist doch ein Abschnitt, dieser Nachmittag. Er kann dieses lächerliche ›Quatsch‹ nicht vergessen, das so schwer und breit auf die Begeisterung des Propheten fiel und, was das Schlimmere ist, er hört es noch immer fallen – hinter jedem großen Geständnis des Herrn von Kranz klatscht es herunter, und er sieht irgendwo in der Erinnerung den kleinen schwarzen Mann mit den breiten Schultern und dem schäbigen Rock stehen und lächeln.

Und ganz so findet er ihn eine Woche später abends in den Blumensälen. Es ist ihm natürlich, auf ihn zuzugehen und ihn zu begrüßen. Gott weiß warum. Der andere ist auch nicht erstaunt darüber, er fragt nur: »Sind Sie mit Kranz hier?«

»Kranz wollte nachkommen.«

Pause, und dann: »Ist Ihnen Kranz nicht sympathisch?«

Thalmann nickt jemandem im Parterre zu und antwortet nebenbei: »Sympathisch, machen Sie doch nicht solche Worte. Er langweilt mich.«

»Und sonst langweilen Sie sich nie? –« Tragy ist gereizt durch die geringschätzige Art des andern.

»Nein, ich habe nicht Zeit dazu.«

»Merkwürdig, daß man Sie dann hier findet?« »Wieso?«

»Hier geht man doch nur aus Langweile her?« »Vielleicht andere, ich nicht.«

Tragy staunt über seine eigene Hartnäckigkeit. Er giebt nicht nach:

»Dann haben Sie also Interesse ...?«

»Nein«, macht der Schwarze und geht weiter. Tragy hinter ihm: »Sondern?«

Thalmann wendet sich kurz: »Mitleid.« »Mit wem?«

»Mit Ihnen zunächst.« So läßt er Tragy zurück und geht, wie damals im ›Luitpold‹, ruhig weiter. Und Ewald ist schon um elf zuhaus und schläft schlecht in dieser Nacht.

Am nächsten Tag ist Schnee gefallen. Alle Welt ist froh über das Ereignis, und die einander in den weißen Straßen begegnen, lächeln sich zu: »Er bleibt liegen«, und freuen sich. Ewald findet Thalmann an der Ecke der Theresienstraße, und sie gehen ein Stück weit zusammen. Lange still, bis Ewald beginnt: »Sie schreiben, nichtwahr?«

»Ja, auch das, gelegentlich.«

»Auch? So ist das nicht Ihre eigentliche Beschäftigung?«

»Nein –« Pause.

»Was tun Sie denn also, bitte?« »Schauen.«

»Wie?«

»Schauen und das andere – Essen, Trinken, Schlafen, dann und wann, nichts Besonderes.«

»Man sollte meinen, daß Sie sich in einem fort lustig machen.«

»So, worüber?«

»Über Alles, über Gott und die Welt.«

Da antwortet Thalmann nicht, sondern lächelt so: »Und Sie, Sie machen wohl viele Gedichte?«

Tragy wird ganz rot und schweigt. Er kann kein Wort hervorbringen.

Und Thalmann lächelt nur.

»Halten Sie das für eine Schande?« zwingt Tragy endlich heraus und friert.

»Nein. Ich halte überhaupt nichts für – etwas. Es ist nur –

überflüssig. Doch, ich muß da hinauf.« Und im Tor: »Adieu, und Sie können recht haben mit dem Lustigmachen.«

Und nun ist Tragy wieder allein. Er muß an die Zeit denken, da er zehnjährig und verzärtelt aus dem Haus kam, unter lauter Roheit und Gleichgültigkeit, und er fühlt sich ganz so wie damals, erschrocken, hilflos, unfähig. Es ist immer dasselbe. Als ob ihm etwas fehlte zum Leben, irgend ein wichtiges Organ, ohne welches man eben nicht vorwärts kommt. Wozu immer wieder diese Versuche?

Er kommt müde nachhause wie von einem weiten Weg und weiß nicht, was er mit sich beginnen soll. Er stöbert in alten Briefen und Erinnerungen und liest auch die Gedichte durch, jene letzten, leisesten, welche selbst Herr von Kranz nicht kennt. Und da findet er sich und erkennt sich wieder, langsam Zug für Zug, als ob er lange fern gewesen wäre. Und in der ersten Freude schreibt er einen Brief an Thalmann und strömt über von Dankbarkeit:

»Sie haben ganz recht,« heißt es darin, »ich war ja so falsch und phrasenhaft geworden. Jetzt sehe ich Alles ein und begreife Alles. Sie haben mich geweckt aus einem bösen Traum. Wie soll ich Ihnen danken dafür? Ich kann nicht anders, als indem ich Ihnen diese Lieder, das Teuerste und Heimlichste, was ich besitze, übersende –«

Und dann trägt Tragy Brief und Gedichte selber an die Adresse, weil die Post ihm plötzlich unsicher scheint. Es ist spät, und er muß im Dunkel vier Treppen aufwärts tasten bis zu dem Atelier in der Giselastraße, welches Thalmann bewohnt. Er trifft ihn in dem lächerlich kleinen Loch, das eigentlich nur wie ein Rahmen ist um das schräge ungeheure Nordfenster, schreibend. Eine alte verbogene Lampe brennt hier, hoch in der Nacht, und hat nicht die Kraft, die vielen Dinge, die ohne Sinn durcheinander liegen, zu unterscheiden.

Thalmann hält sie dem Eintretenden vors Gesicht: »Ach, Sie sinds?« Und er schiebt ihm den eigenen Sessel hin. »Rauchen Sie?«

»Nein, danke.«

»Kaffee kann ich Ihnen keinen mehr machen. Ich hab keinen Spiritus mehr. Aber wenn Sie wollen, können Sie mittrinken.« Und er stellt einen alten henkellosen Topf zwischen sie beide.

Er steht mit verschränkten Armen da, rauchend, ruhig beobachtend, vollkommen gleichgültig.

Tragy kann sich nicht entschließen.

»Sie wollen mir etwas sagen?« Thalmann trinkt einen Schluck Kaffee und wischt sich mit dem Handrücken den Mund.

»Ich habe Ihnen etwas gebracht –« traut sich Ewald.

Der andere rührt sich nicht: »So? Legen Sie's nur daher. Ich werds gelegentlich mal durchsehn. Was ist es denn?«

»Ein Brief –«, zögert Tragy, »und – – aber vielleicht lesen Sie ihn gleich, bitte.«

Thalmann hat das Kuvert schon aufgerissen, so, nachlässig mit einem Griff. Er behält die Zigarette zwischen den Zähnen und liest flüchtig, blinzelnd durch den Rauch durch. Ewald ist aufgestanden vor Erregung und wartet. Aber nichts verändert sich in dem blassen Gesicht des Schwarzen, nur der Rauch scheint ihn heftig zu stören. Am Ende nickt er: »Naja, und so weiter.« Und zu Tragy: »Ich will Ihnen mal gelegentlich schreiben, was ich von den Dingen halte, reden mag ich nicht über sowas.« Und er trinkt den Kaffee aus auf einen Zug.

Tragy fällt auf den Sessel zurück und sitzt und will den Tränen nicht nachgeben. Er fühlt auf seiner Stirne den Sturm, der sich breit durch die Riesenscheiben hereinpreßt aus der Nacht.

Schweigen.

Dann fragt Thalmann: »Ist Ihnen kalt, Sie frösteln so?« Ewald schüttelt den Kopf.

Und wieder Schweigen.

Dann und wann krachen die Scheiben leise, heimlich, wenn der Wind sich anlehnt, wie Schollen vor dem Eisgang. Und endlich sagt Tragy: »Warum behandeln Sie mich so?« Er sieht ungewöhnlich krank und traurig aus.

Thalmann raucht eifrig: »Behandeln? Nennen Sie das behandeln? Sie sind wirklich bescheiden. Ich zeige Ihnen doch deutlich genug, daß ich gar nicht vorhabe, Sie irgendwie zu behandeln. Wenn Sie wollen, daß ich mich zu Ihnen stelle, so oder so, müssen Sie sich erst mal die Worte abgewöhnen, die großen Worte; die will ich nicht.«

»Aber wer sind Sie denn?« schreit Tragy und springt an den Schwarzen heran, nah, als ob er ihm ins Gesicht schlagen wollte. Er zittert vor Wut. »Wer giebt Ihnen denn das Recht mir Alles zu zertreten?«

Aber da rütteln schon die Tränen an seiner Stimme und überwältigen sie und machen ihn blind, schwach, lösen ihm die Fäuste.

Der andere drängt ihn sanft zu dem Stuhl zurück und wartet. In einer Weile sieht er auf die Uhr und sagt: »Lassen Sie das jetzt. Sie müssen nachhause, und ich muß schreiben; es ist Mitternacht. Sie fragen wer ich bin: Ein Arbeiter bin ich, sehen Sie, einer mit wunden Händen, ein Eindringling, einer, der die Schönheit liebt und viel zu arm ist dazu. Einer, der fühlen muß, daß man ihn haßt, um zu wissen, daß man ihn nicht bemitleidet... Unsinn übrigens.«

Und Tragy hebt die Augen, die heiß und trocken sind, und starrt in die Lampe. Sie wird gleich auslöschen, denkt er und steht auf und geht.

Thalmann leuchtet ihm die enge Treppe hinunter. Und es will Tragy scheinen, daß sie kein Ende nimmt.

Tragy ist krank. Er kann nicht ausziehen deshalb und behält bis zum ersten Januar seine Stube in der Finkenstraße. Er liegt auf dem unbequemen Sofa und denkt an diesen Garten mit den weiten blassen Wiesen und den Hügeln, zu denen still und schlicht die Birken hinansteigen. Wohin? In den Himmel. Und plötzlich kommt es ihm unerhört komisch vor, sich eine Birke, eine junge, dünne Birke anderswo zu denken, als im Himmel. Gewiß, es giebt nur im Himmel Birken, gewiß. Was sollten die denn unten? Man denke nur neben diesen breiten braunen Stämmen – ebensogut könnte es Sterne geben an der Zimmerdecke. Aber plötzlich fragt er: »Was pflücken Sie, Jeanne?« »Sterne.« Er überlegt einen Augenblick und sagt dann: »Das ist gut, Jeanne, das ist sehr gut.« Und er fühlt ein Wohlbehagen im ganzen Körper, bis ein heftiger Schmerz im Kreuz es zerstört. Ich hab mich zu sehr angestrengt, ich habe ja den ganzen Vormittag Blumen gepflückt. Wie kann man auch? Vormittag? Lächerlich: zwei Tage, vierzehn Tage, ooh überhaupt. Aber da kommt ja Jeanne durch die Allee, durch diese lange Allee von Pappeln. Endlich ist sie nahe. Mohn! sagt Ewald enttäuscht. Mohn! wer wird denn Mohn holen? Ein Sturm, und alles ist fort. Sie werden sehen. Und was dann? ja, was dann? …

Auf einmal setzt sich Tragy auf, hat ein dunkles Gefühl von einem Garten und will sich besinnen: Wann war das doch, gestern? Und er quält sich: vor einem Jahr? Und allmählich fällt ihm ein, daß es ein Traum war, bloß ein Traum, also überhaupt nicht. Das giebt ihm keine Ruhe. »Wann sind Träume?« fragt er sich ganz laut. Und er erzählt Herrn von Kranz, der ihn in der Dämmerung besucht, dieses: »Das Leben ist so weit und es stehen doch nur ganz wenig Dinge drin, alle Ewigkeit eines. Das macht bang und müd, diese Übergänge. Als Kind war ich einmal in Italien. Ich weiß nicht viel davon. Aber wenn man dort auf dem Lande einen Bauer fragt unterwegs: ›Wie weit ist es bis ins Dorf?‹ – ›un' mezz' ora‹ sagt er. Und der Nächste dasselbe und der Dritte auch, wie auf Verabredung. Und man geht den ganzen Tag und ist immer noch nicht im Dorf. So ist es im Leben. Aber im Traum ist Alles ganz nah. Da hat man gar keine Angst. Wir sind eigentlich für den Traum gemacht, wir haben gar nicht die Organe für das Leben, aber wir sind eben Fische, die durchaus fliegen wollen. Was ist da zu machen?«

Herr von Kranz sieht das ganz genau ein und stimmt zu: »Famos« lacht er, »wirklich ganz famos. Das müssen Sie in Versen sagen, es verlohnt sich. Das ist ganz Ihre Eigenart –«. Dann geht er bald; er fühlt sich nicht behaglich bei solchen Gesprächen und kommt immer seltener. Tragy ist ihm dankbar dafür. Er lebt jetzt wirklich im Traum und wird nicht gerne gestört; denn dann muß er den traurigen grauen Tag draußen anschauen und die fremde, feuchte Stube, die nicht warm werden will, und ist doch so verwöhnt jetzt durch Farben und Feste. Nur die Nächte sind schlecht und schrecklich. Da kommen ganz alte Qualen, die aus den vielen Fiebernächten der Kindheit stammen, über ihn und machen ihn matt: Stein ist unter seinen Gliedern, und in seine tastenden Hände drängt sich grauer Granit, kalt, hart, rücksichtslos. Sein armer heißer Körper bohrt sich in diesen Felsen, und seine Füße sind Wurzeln und saugen den Frost auf, der langsam durch die erstarrenden Adern steigt ... Oder: das mit dem Fenster. Ein kleines Fenster hoch hinter dem Ofen. Hoch hinter dem Ofen ein kleines Fenster. Oh, wie man es auch sagt, es kann keiner begreifen, wie furchtbar dieses Fenster ist. Hinter dem Ofen ein Fenster, ich bitte. Ist es nicht entsetzlich zu denken, daß dahinter noch etwas ist. Eine Kammer? Ein Saal? Ein Garten? Wer weiß das? – »Wenn *das* nur nicht wiederkommt, Herr Doktor.«

»Wir sind nervös –« lächelt der Arzt und ist im allgemeinen ganz zufrieden. »Wir dürfen uns nicht unnütz aufregen. Es ist ein kleines Fieber, mit dem werden wir schon fertig werden; und dann kräftig essen –«

Ewald lächelt hinter dem alten Herrn her. Er fühlt sich so krank, so von ganzem Herzen krank, und es paßt Alles so gut dazu. Diese trüben Traumtage, die sich so schwer an die Scheiben lehnen, und diese Stube, in der die Dämmerung wie alter Staub auf allen Dingen bleibt, und dieser feine welke Duft, der aus den Möbeln und aus den Dielen strömt, immer und immer.

Und manchmal läuten große Glocken irgendwo, die er früher nie gehört hat, und dann faltet er die Hände über der Brust und schließt die Augen und träumt, daß Kerzen brennen zu seinen Häupten, sieben hohe Kerzen mit ruhigen, roten Flammen, die wie Blüten stehn in dieser festlichen Traurigkeit.

Aber der alte Herr hat recht: Das Fieber vergeht, und Tragy trifft auf einmal das Träumen nichtmehr. Die ausgeruhte neue Kraft rührt sich ungeduldig in seinen Gliedern und treibt ihn aus dem Bett, fast gegen seinen Willen. Er spielt noch eine Weile Kranksein, aber gelegentlich findet er sich lächelnd, und aus keinem andern Grund, als weil ein Zufall den Wintertag einen Augenblick in die Sonne hält, so daß er glitzert und flimmert auf allen Seiten. Und das ist ein Symptom, dieses Lächeln.

Er soll noch nicht an die Luft, und so sitzt er denn in der Stube und wartet. Jetzt ist Alles geeignet, ihm Freude zu machen; jeder Laut, der von draußen kommt, wird wie ein fahrender Sänger empfangen und muß erzählen. Und einen Brief erhofft Tragy, irgendeinen Brief. Und daß Herr von Kranz einmal anpocht. Aber Tage gehen hin. Es schneit draußen ein, und der Lärm verliert sich im tiefen Schnee. Kein Brief, kein Besuch. Und die Abende sind ohne Ende. Tragy kommt sich vor wie einer, den man vergessen hat, und er beginnt unwillkürlich sich zu rühren, zu rufen, sich bemerkbar zu machen. Er schreibt: nachhause, an Herrn von Kranz, an alle, die ihm zufällig bekannt sind, ja er sendet sogar ein paar aus der Heimat mitgebrachte Anempfehlungsbriefe aus, die er bislang nicht benutzt hat, und erwartet, man werde mit Einladungen erwidern. Umsonst. Er bleibt vergessen. Er mag rufen und Zeichen geben. Seine Stimme reicht nirgends hin.

Und gerade in diesen Tagen ist sein Bedürfnis nach Teilnahme so groß; es wächst in ihm fort und wird ein ungestümer trockener Durst, der ihn nicht demütigt, sondern ihn bitter und trotzig macht. Er überlegt plötzlich, ob er nicht das, was er umsonst erbittet von aller Welt, fordern kann von irgendwem, wie ein Recht, wie eine alte Schuld, die man einzieht mit allen Mitteln, rücksichtslos. Und er verlangt von seiner Mutter: »Komm, gieb mir, was mir gehört.«

Das wird ein langer, langer Brief, und Ewald schreibt weit in die Nacht hinein, immer rascher und mit immer heißeren Wangen. Er hat damit begonnen, eine Pflicht zu fordern und, ehe er es weiß, bittet er um eine Gnade, um ein Geschenk, um Wärme und Zärtlichkeit. »Noch ist es Zeit –« schreibt er, »noch bin ich weich und kann wie Wachs sein in Deinen Händen. Nimm mich, gieb mir eine Form, mach mich fertig ...«

Es ist ein Schrei nach Mütterlichkeit, der weit über ein

Weib hinausreicht, bis zu jener ersten Liebe hin, in welcher der Frühling froh und sorglos wird. Diese Worte gehen niemandem mehr entgegen, mit ausgebreiteten Armen stürmen sie in die Sonne hinein. – Und so ist es gar nicht erstaunlich, wenn Tragy zum Schluß erkennt, daß es niemanden giebt, dem er diesen Brief schicken kann, und daß niemand ihn verstünde, am wenigsten diese schlanke nervöse Dame. Sie ist ja stolz, daß man sie ›Fräulein‹ nennt in der Fremde, denkt Ewald und weiß: Man muß den Brief rasch verbrennen.

Er wartet.

Aber der Brief verbrennt ganz langsam in lauter kleinen zitternden Flammen.

Die Turnstunde
(Endgültige Fassung)

In der Militärschule zu Sankt Severin. Turnsaal. Der Jahrgang steht in den hellen Zwillichblusen, in zwei Reihen geordnet, unter den großen Gaskronen. Der Turnlehrer, ein junger Offizier mit hartem braunen Gesicht und höhnischen Augen, hat Freiübungen kommandiert und verteilt nun die Riegen. »Erste Riege Reck, zweite Riege Barren, dritte Riege Bock, vierte Riege Klettern! Abtreten!« Und rasch, auf den leichten, mit Kolophonium isolierten Schuhen, zerstreuen sich die Knaben. Einige bleiben mitten im Saale stehen, zögernd, gleichsam unwillig. Es ist die vierte Riege, die schlechten Turner, die keine Freude haben an der Bewegung bei den Geräten und schon müde sind von den zwanzig Kniebeugen und ein wenig verwirrt und atemlos.

Nur Einer, der sonst der Allerletzte blieb bei solchen Anlässen, Karl Gruber, steht schon an den Kletterstangen, die in einer etwas dämmerigen Ecke des Saales, hart vor den Nischen, in denen die abgelegten Uniformröcke hängen, angebracht sind. Er hat die nächste Stange erfaßt und zieht sie mit ungewöhnlicher Kraft nach vorn, so daß sie frei an dem zur Übung geeigneten Platze schwankt. Gruber läßt nicht einmal die Hände von ihr, er springt auf und bleibt, ziemlich hoch, die Beine ganz unwillkürlich im Kletterschluß verschränkt, den er sonst niemals begreifen konnte, an der Stange hängen. So erwartet er die Riege und betrachtet – wie es scheint – mit besonderem Vergnügen den erstaunten Ärger des kleinen polnischen Unteroffiziers, der ihm zuruft, abzuspringen. Aber Gruber ist diesmal sogar ungehorsam und

Jastersky, der blonde Unteroffizier, schreit endlich: »Also, entweder Sie kommen herunter oder Sie klettern hinauf, Gruber! Sonst melde ich dem Herrn Oberlieutenant ...« Und da beginnt Gruber, zu klettern, erst heftig mit Überstürzung, die Beine wenig aufziehend und die Blicke aufwärts gerichtet, mit einer gewissen Angst das unermeßliche Stück Stange abschätzend, das noch bevorsteht. Dann verlangsamt sich seine Bewegung; und als ob er jeden Griff genösse, wie etwas Neues, Angenehmes, zieht er sich höher, als man gewöhnlich zu klettern pflegt. Er beachtet nicht die Aufregung des ohnehin gereizten Unteroffiziers, klettert und klettert, die Blicke immerfort aufwärts gerichtet, als hätte er einen Ausweg in der Decke des Saales entdeckt und strebte danach, ihn zu erreichen. Die ganze Riege folgt ihm mit den Augen. Und auch aus den anderen Riegen richtet man schon da und dort die Aufmerksamkeit auf den Kletterer, der sonst kaum das erste Dritteil der Stange keuchend, mit rotem Gesicht und bösen Augen erklomm. »Bravo, Gruber!« ruft jemand aus der ersten Riege herüber. Da wenden viele ihre Blicke aufwärts, und es wird eine Weile still im Saal, – aber gerade in diesem Augenblick, da alle Blicke an der Gestalt Grubers hängen, macht er hoch oben unter der Decke eine Bewegung, als wollte er sie abschütteln; und da ihm das offenbar nicht gelingt, bindet er alle diese Blicke oben an den nackten eisernen Haken und saust die glatte Stange herunter, so daß alle immer noch hinaufsehen, als er schon längst, schwindelnd und heiß, unten steht und mit seltsam glanzlosen Augen in seine glühenden Handflächen schaut. Da fragt ihn der eine oder der andere der ihm zunächst stehenden Kameraden, was denn heute in ihn gefahren sei. »Willst wohl in die erste Riege kommen?« Gruber lacht und scheint etwas antworten zu wollen, aber er überlegt es sich und senkt schnell die Augen. Und dann, als das (Geräusch und Getöse wieder seinen Fortgang hat, zieht er sich leise in die Nische zurück, setzt sich nieder, schaut ängstlich um sich und holt Atem, zweimal rasch, und lacht wieder und will was sagen ... aber schon achtet niemand mehr seiner. Nur Jerome, der auch in der vierten Riege ist, sieht, daß er wieder seine Hände betrachtet, ganz darüber gebückt wie einer, der bei wenig Licht einen Brief entziffern will. Und er tritt nach einer Weile zu ihm hin und fragt: »Hast du dir weh getan?« Gruber erschrickt. »Was?« macht er mit seiner gewöhnlichen, in Speichel watenden Stimme. »Zeig mal!« Jerome nimmt die eine Hand Grubers und neigt sie gegen das Licht. Sie ist am Ballen ein wenig abgeschürft. »Weißt du, ich habe etwas dafür,« sagt Jerome, der immer Englisches Pflaster von zu Hause geschickt bekommt, »komm dann nachher zu mir.« Aber es ist, als hätte Gruber nicht gehört, er schaut geradeaus in den Saal hinein, aber so, als sähe er etwas Unbestimmtes, vielleicht nicht im Saal, draußen vielleicht, vor den Fenstern, obwohl es dunkel ist, spät und Herbst.

In diesem Augenblick schreit der Unteroffizier in seiner hochfahrenden Art: »Gruber!« Gruber bleibt unverändert, nur seine Füße, die vor ihm ausgestreckt sind, gleiten, steif und ungeschickt, ein wenig auf dem glatten Parkett vorwärts. »Gruber!« brüllt der Unteroffizier und die Stimme schlägt ihm über. Dann wartet er eine Weile und sagt rasch und heiser, ohne den Gerufenen anzusehen: »Sie melden sich nach der Stunde. Ich werde Ihnen schon ...« Und die Stunde geht weiter. »Gruber,« sagt Jerome und neigt sich zu dem Kameraden, der sich immer tiefer in die Nische zurücklehnt, »es war schon wieder an dir, zu klettern, auf dem Strick, geh mal, versuchs, sonst macht dir der Jastersky irgend eine Geschichte, weißt du...« Gruber nickt. Aber statt aufzustehen, schließt er plötzlich die Augen und gleitet unter den Worten Jeromes durch, als ob eine Welle ihn trüge, fort, gleitet langsam und lautlos tiefer, tiefer, gleitet vom Sitz, und Jerome weiß erst, was geschieht, als er hört, wie der Kopf Grubers hart an das Holz des Sitzes prallt und dann vornüberfällt... »Gruber!« ruft er heiser. Erst merkt es niemand. Und Jerome steht ratlos mit hängenden Händen und ruft: »Gruber, Gruber!« Es fällt ihm nicht ein, den anderen aufzurichten. Da erhält er einen Stoß, jemand sagt ihm: »Schaf«, ein anderer schiebt ihn fort, und er sieht, wie sie den Reglosen aufheben. Sie tragen ihn vorbei, irgend wohin, wahrscheinlich in die Kammer nebenan. Der Oberlieutenant springt herzu. Er giebt mit harter, lauter Stimme sehr kurze Befehle. Sein Kommando schneidet das Summen der vielen schwatzenden Knaben scharf ab. Stille. Man sieht nur da und dort noch Bewegungen, ein Ausschwingen am Gerät, einen leisen Absprung, ein verspätetes Lachen von einem, der nicht weiß, um was es sich handelt. Dann hastige Fragen: »Was? Was? Wer? Der Gruber? Wo?« Und immer mehr Fragen. Dann sagt jemand laut: »Ohnmächtig.« Und der Zugführer Jastersky lauft mit rotem Kopf hinter dem Oberlieutenant her und schreit mit seiner boshaften Stimme, zitternd vor Wut: »Ein Simulant, Herr Oberlieutenant, ein Simulant!« Der Oberlieutenant beachtet ihn gar nicht. Er sieht geradeaus, nagt an seinem Schnurrbart, wodurch das harte Kinn noch eckiger und energischer vortritt, und giebt von Zeit zu Zeit eine knappe Weisung. Vier Zöglinge, die Gruber tragen, und der Oberlieutenant verschwinden in der Kammer. Gleich darauf kommen die vier Zöglinge zurück. Ein Diener läuft durch den Saal. Die vier werden groß angeschaut und mit Fragen bedrängt: »Wie sieht er aus? Was ist mit ihm? Ist er schon zu sich gekommen?« Keiner von ihnen weiß eigentlich was. Und da ruft auch schon der Oberlieutenant herein, das Turnen möge weitergehen, und übergiebt dem Feldwebel Goldstein das Kommando. Also wird wieder geturnt, beim Barren, beim Reck, und die kleinen dicken Leute der dritten Riege kriechen mit weitgekretschten Beinen über den hohen Bock. Aber doch sind alle Bewegungen anders als vorher; als hätte ein Horchen sich über sie gelegt. Die Schwingungen am Reck brechen so plötzlich ab und am Barren werden nur lauter kleine Übungen gemacht. Die Stimmen sind weniger verworren und ihre Summe summt feiner, als ob alle immer nur ein Wort sagten: »*Ess, Ess, Ess* …« Der kleine schlaue Krix horcht inzwischen an der Kammertür. Der Unteroffizier der zweiten Riege jagt ihn davon, indem er zu einem Schlage auf seinen Hintern ausholt. Krix springt zurück, katzenhaft, mit hinterlistig blitzenden Augen. Er weiß schon genug. Und nach einer Weile, als ihn niemand betrachtet, giebt er dem Pawlowitsch weiter: »Der Regimentsarzt ist gekommen.« Nun, man kennt ja den Pawlowitsch; mit seiner ganzen Frechheit geht er, als hätte ihm irgendwer einen Befehl gegeben, quer durch den Saal von Riege zu Riege und sagt ziemlich laut: »Der Regimentsarzt ist drin.« Und es scheint, auch die Unteroffiziere interessieren sich für diese Nachricht. Immer häufiger wenden sich die Blicke nach der Tür, immer langsamer werden die Übungen; und ein Kleiner mit schwarzen Augen ist oben auf dem Bock hocken geblieben und starrt mit offenem Mund nach der Kammer. Etwas Lähmendes scheint in der Luft zu liegen. Die Stärksten bei der ersten Riege machen zwar noch einige Anstrengungen, gehen dagegen an, kreisen mit den Beinen; und Pombert, der kräftige Tiroler, biegt seinen Arm und betrachtet seine Muskeln, die sich durch den

Zwillich hindurch breit und straff ausprägen. Ja, der kleine, gelenkige Baum schlägt sogar noch einige Armwellen, – und plötzlich ist diese heftige Bewegung die einzige im ganzen Saal, ein großer flimmernder Kreis, der etwas Unheimliches hat inmitten der allgemeinen Ruhe. Und mit einem Ruck bringt sich der kleine Mensch zum Stehen, läßt sich einfach unwillig in die Knie fallen und macht ein Gesicht, als ob er alle verachte. Aber auch seine kleinen stumpfen Augen bleiben schließlich an der Kammertür hängen.

Jetzt hört man das Singen der Gasflammen und das Gehen der Wanduhr. Und dann schnarrt die Glocke, die das Stundenzeichen giebt. Fremd und eigentümlich ist heute ihr Ton; sie hört auch ganz unvermittelt auf, unterbricht sich mitten im Wort. Feldwebel Goldstein aber kennt seine Pflicht. Er ruft: »Antreten!« Kein Mensch hört ihn. Keiner kann sich erinnern, welchen Sinn dieses Wort besaß, – vorher. Wann vorher? »Antreten!« krächzt der Feldwebel böse und gleich schreien jetzt die anderen Unteroffiziere ihm nach: »Antreten!« Und auch mancher von den Zöglingen sagt wie zu sich selbst, wie im Schlaf: »Antreten! Antreten!« Aber im Grunde wissen alle, daß sie noch etwas abwarten müssen. Und da geht auch schon die Kammertür auf; eine Weile nichts; dann tritt Oberlieutenant Wehl heraus und seine Augen sind groß und zornig und seine Schritte fest. Er marschiert wie beim Defilieren und sagt heiser: »Antreten!« Mit unbeschreiblicher Geschwindigkeit findet sich alles in Reihe und Glied. Keiner rührt sich. Als wenn ein Feldzeugmeister da wäre. Und jetzt das Kommando: »Achtung!« Pause und dann, trocken und hart: »Euer Kamerad Gruber ist soeben gestorben. Herzschlag. Abmarsch!« Pause.

Und erst nach einer Weile die Stimme des diensttuenden Zöglings, klein und leise: »Links um! Marschieren: Compagnie, Marsch!« Ohne Schritt und langsam wendet sich der Jahrgang zur Tür. Jerome als der letzte. Keiner sieht sich um. Die Luft aus dem Gang kommt, kalt und dumpfig, den Knaben entgegen. Einer meint, es rieche nach Karbol. Pombert macht laut einen gemeinen Witz in Bezug auf den Gestank. Niemand lacht. Jerome fühlt sich plötzlich am Arm gefaßt, so angesprungen. Krix hängt daran. Seine Augen glänzen und seine Zähne schimmern, als ob er beißen wollte. »Ich hab ihn gesehen«, flüstert er atemlos und preßt Jeromes Arm und ein Lachen ist innen in ihm und rüttelt ihn hin und her. Er kann kaum weiter: »Ganz nackt ist er und eingefallen und ganz lang. Und an den Fußsohlen ist er versiegelt …«

Und dann kichert er, spitz und kitzlich, kichert und beißt sich in den Ärmel Jeromes hinein.

Geschichten vom lieben Gott

Wie der Verrat nach Rußland kam

Ich habe noch einen Freund hier in der Nachbarschaft. Das ist ein blonder, lahmer Mann, der seinen Stuhl, winters wie sommers, hart am Fenster hat. Er kann sehr jung aussehen, ja in seinem lauschenden Gesicht ist manchmal etwas Knabenhaftes. Aber es giebt auch Tage, da er altert, die Minuten gehen wie Jahre über ihn, und plötzlich ist er ein Greis, dessen matte Augen das Leben fast schon losgelassen haben. Wir kennen uns lang. Erst haben wir uns immer angesehen, später lächelten wir unwillkürlich, ein Jahr lang grüßten wir einander, und seit Gott weiß wann erzählen wir uns das Eine und das Andere, wahllos, wie es eben passiert. »Guten Tag«, rief er, als ich vorüberkam und sein Fenster war noch offen in den reichen und stillen Herbst hinaus. »Ich habe Sie lange nicht gesehen.«

»Guten Tag, Ewald –.« Ich trat an sein Fenster, wie ich immer zu tun pflegte, im Vorübergehen. »Ich war verreist.« »Wo waren Sie?« fragte er mit ungeduldigen Augen. »In Rußland.« »Oh so weit –« er lehnte sich zurück, und dann: »Was ist das für ein Land, Rußland? Ein sehr großes, nicht wahr?« »Ja,« sagte ich, »groß ist es und außerdem –« »Habe ich dumm gefragt?« lächelte Ewald und wurde rot. »Nein, Ewald, im Gegenteil. Da Sie fragen: was ist das für ein Land? wird mir verschiedenes klar. Zum Beispiel woran Rußland grenzt.« »Im Osten?« warf mein Freund ein. Ich dachte nach: »Nein.« »Im Norden?« forschte der Lahme. »Sehen Sie,« fiel mir ein, »das Ablesen von der Landkarte hat die

Leute verdorben. Dort ist alles plan und eben, und wenn sie die vier Weltgegenden bezeichnet haben, scheint ihnen alles getan. Ein Land ist doch aber kein Atlas. Es hat Berge und Abgründe. Es muß doch auch oben und unten an etwas stoßen.« »Hm –« überlegte mein Freund, »Sie haben recht. Woran könnte Rußland an diesen beiden Seiten grenzen?« Plötzlich sah der Kranke wie ein Knabe aus. »Sie wissen es,« rief ich. »Vielleicht an Gott?« »Ja,« bestätigte ich, »an Gott.« »So« – nickte mein Freund ganz verständnisvoll. Erst dann kamen ihm einzelne Zweifel: »Ist denn Gott ein Land?« »Ich glaube nicht,« erwiderte ich, »aber in den primitiven Sprachen haben viele Dinge denselben Namen. Es ist da wohl ein Reich, das heißt Gott, und der es beherrscht, heißt auch Gott. Einfache Völker können ihr Land und ihren Kaiser oft nicht unterscheiden; beide sind groß und gütig, furchtbar und groß.«

»Ich verstehe«, sagte langsam der Mann am Fenster. »Und merkt man in Rußland diese Nachbarschaft?« »Man merkt sie bei allen Gelegenheiten. Der Einfluß Gottes ist sehr mächtig. Wie viel man auch aus Europa bringen mag, die Dinge aus dem Westen sind Steine, sobald sie über die Grenze sind. Mitunter kostbare Steine, aber eben nur für die Reichen, die sogenannten ›Gebildeten‹, während von drüben aus dem anderen Reich das Brot kommt, wovon das Volk lebt.« »Das hat das Volk wohl in Überfluß?« Ich zögerte: »Nein, das ist nicht der Fall, die Einfuhr aus Gott ist durch gewisse Umstände erschwert –« Ich suchte ihn von diesem Gedanken abzubringen. »Aber man hat vieles aus den Gebräuchen jener breiten Nachbarschaft angenommen. Das ganze Zeremoniell beispielsweise. Man spricht zu dem Zaren ähnlich wie zu Gott.« »So, man sagt also nicht: Majestät?« »Nein, man nennt beide Väterchen.« »Und man kniet vor beiden?« »Man wirft sich vor beiden nieder, fühlt mit der Stirn den Boden und weint und sagt: ›Ich bin sündig, verzeih mir, Väterchen.‹ Die Deutschen, welche das sehen, behaupten: eine ganz unwürdige Sklaverei. Ich denke anders darüber. Was soll das Knien bedeuten? Es hat den Sinn zu erklären: Ich habe Ehrfurcht. Dazu genügt es auch, das Haupt zu entblößen, meint der Deutsche. Nun ja, der Gruß, die Verbeugung, gewissermaßen sind auch sie Ausdrücke dafür, Abkürzungen, die entstanden sind in den Ländern, wo nicht soviel Raum war, daß jeder sich hätte niederlegen können auf der Erde. Aber Abkürzungen gebraucht man bald mechanisch und ohne sich ihres Sinnes mehr bewußt zu werden. Deshalb ist es gut, wo noch Raum und Zeit dafür ist, die Gebärde auszuschreiben, das ganze schöne und wichtige Wort: Ehrfurcht.«

»Ja, wenn ich könnte, würde ich auch niederknien –« träumte der Lahme. »Aber es kommt« – fuhr ich nach einer Pause fort – »in Rußland auch vieles andere von Gott. Man hat das Gefühl, jedes Neue wird von ihm eingeführt, jedes Kleid, jede Speise, jede Tugend und sogar jede Sünde muß erst von ihm bewilligt werden, ehe sie in Gebrauch kommt.« Der Kranke sah mich fast erschrocken an. »Es ist nur ein Märchen, auf welches ich mich berufe,« eilte ich ihn zu beruhigen, »eine sogenannte Bylina, ein Gewesenes zu deutsch. Ich will Ihnen kurz den Inhalt erzählen. Der Titel ist: ›Wie der Verrat nach Rußland kam›.« Ich lehnte mich ans Fenster, und der Gelähmte schloß die Augen, wie er gerne tat, wenn irgendwo eine Geschichte begann.

»Der schreckliche Zar Iwan wollte den benachbarten Fürsten Tribut auferlegen und drohte ihnen mit einem großen Krieg, falls sie nicht (Gold nach Moskau, in die weiße Stadt, schicken würden. Die Fürsten sagten, nachdem sie Rat gepflogen hatten,wie ein Mann: ›Wir geben dir drei Rätselfragen auf. Komm an dem Tage, den wir dir bestimmen, in den Orient, zu dem weißen Stein, wo wir versammelt sein werden, und sage uns die drei Lösungen. Sobald sie richtig sind, geben wir dir die zwölf Tonnen Goldes, die du von uns verlangst. Zuerst dachte der Zar Iwan Wassiljewitsch nach, aber es störten ihn die vielen Glocken seiner weißen Stadt Moskau. Da rief er seine Gelehrten und Räte vor sich, und jeden, der die Fragen nicht beantworten konnte, ließ er auf den großen, roten Platz fahren, wo gerade die Kirche für Wassilij, den Nackten, gebaut wurde, und einfach köpfen. Bei einer solchen Beschäftigung verging ihm die Zeit so rasch, daß er sich plötzlich auf der Reise fand nach dem Orient, zu dem weißen Stein, bei welchem die Fürsten warteten. Er wußte auf keine der drei Fragen etwas zu erwidern, aber der Ritt war lang, und es war immer noch die Möglichkeit, einem Weisen zu begegnen; denn damals waren viele Weise unterwegs auf der Flucht, da alle Könige die Gewohnheit hatten, ihnen den Kopf abschneiden zu lassen, wenn sie ihnen nicht weise genug schienen. Ein solcher kam ihm nun allerdings nicht zu Gesicht, aber an einem Morgen sah er einen alten, bärtigen Bauer, welcher an einer Kirche baute. Er war schon dabei angelangt, den Dachstuhl zu zimmern und die kleinen Latten darüberzulegen. Da war es nun recht verwunderlich, daß der alte Bauer immer wieder von der Kirche herunterstieg, um von den schmalen Latten, welche unten aufgeschichtet waren, jede einzeln zu holen, statt viele auf einmal in seinem langen Kaftan mitzunehmen. Er mußte so beständig auf- und niederklettern, und es war garnicht abzusehen, daß er auf diese Weise überhaupt jemals alle vielhundert Latten an ihren Ort bringen würde. Der Zar wurde deshalb ungeduldig: ›Dummkopf,‹ schrie er (so nennt man in

Rußland meistens die Bauern), ›du solltest dich tüchtig beladen mit deinem Holz und dann auf die Kirche kriechen, das wäre bei weitem einfacher.‹ Der Bauer, der gerade unten war, blieb stehen, hielt die Hand über die Augen und antwortete: ›Das mußt du schon mir überlassen, Zar Iwan Wassiljewitsch, jeder versteht sein Handwerk am besten; indessen, weil du schon hier vorüberreitest, will ich dir die Lösung der drei Rätsel sagen, welche du am weißen Stein im Orient, gar nicht weit von hier, wirst wissen müssen.‹ Und er schärfte ihm die drei Antworten der Reihe nach ein. Der Zar konnte vor Erstaunen kaum dazu kommen, zu danken. ›Was soll ich dir geben zum Lohne?‹ fragte er endlich. ›Nichts‹, machte der Bauer, holte eine Latte und wollte auf die Leiter steigen. ›Halt,‹ befahl der Zar, ›das geht nicht an, du mußt dir etwas wünschen.‹ ›Nun, Väterchen, wenn du befiehlst, gieb mir eine von den zwölf Tonnen Goldes, welche du von den Fürsten im Orient erhalten wirst.‹ ›Gut –,‹nickte der Zar. ›Ich gebe dir eine Tonne Goldes.‹ Dann ritt er eilends davon, um die Lösungen nicht wieder zu vergessen.

Später, als der Zar mit den zwölf Tonnen zurückgekommen war aus dem Orient, schloß er sich in Moskau in seinen Palast, mitten im fünftorigen Kreml ein und schüttete eine Tonne nach der anderen auf die glänzenden Dielen des Saales aus, so daß ein wahrer Berg aus Gold entstand, der einen großen schwarzen Schatten über den Boden warf. In Vergeßlichkeit hatte der Zar auch die zwölfte Tonne ausgeleert. Er wollte sie wieder füllen, aber es tat ihm leid, soviel Gold von dem herrlichen Haufen wieder fortnehmen zu müssen. In der Nacht ging er in den Hof hinunter, schöpfte feinen Sand in die Tonne, bis sie zu drei Vierteilen voll war, kehrte leise in seinen Palast zurück, legte Gold über den Sand und schickte die Tonne mit dem nächsten Morgen durch einen

Boten in die Gegend des weiten Rußland, wo der alte Bauer seine Kirche baute. Als dieser den Boten kommen sah, stieg er von dem Dach, welches noch lange nicht fertig war, und rief: ›Du mußt nicht näher kommen, mein Freund, reise zurück samt deiner Tonne, welche drei Vierteile Sand und ein knappes Viertel Gold enthält; ich brauche sie nicht. Sage deinem Herrn, bisher hat es keinen Verrat in Rußland gegeben. Er aber ist selbst daran schuld, wenn er bemerken sollte, daß er sich auf keinen Menschen verlassen kann; denn er hat nunmehr gezeigt, wie man verrät, und von Jahrhundert zu Jahrhundert wird sein Beispiel in ganz Rußland viele Nachahmer finden. Ich brauche nicht das Gold, ich kann ohne Gold leben. Ich erwartete nicht Gold von ihm, sondern Wahrheit und Rechtlichkeit. Er aber hat mich getäuscht. Sage das deinem Herrn, dem schrecklichen Zaren Iwan Wasiljewitsch, der in seiner weißen Stadt Moskau sitzt mit seinem bösen Gewissen und in einem goldenen Kleid.‹

Nach einer Weile Reitens wandte sich der Bote nochmals um: der Bauer und seine Kirche waren verschwunden. Und auch die aufgeschichteten Latten lagen nichtmehr da, es war alles leeres, flaches Land. Da jagte der Mann entsetzt zurück nach Moskau, stand atemlos vor dem Zaren und erzählte ihm ziemlich unverständlich, was sich begeben hatte, und daß der vermeintliche Bauer niemand anderes gewesen sei, als Gott selbst.«

»Ob er wohl recht gehabt hat damit?« meinte mein Freund leise, nachdem meine Geschichte verklungen war.

»Vielleicht –,« entgegnete ich, »aber, wissen Sie, das Volk ist – abergläubisch – indessen, ich muß jetzt gehen, Ewald.« »Schade,« sagte der Lahme aufrichtig. »Wollen Sie mir nicht bald wieder eine Geschichte erzählen?« »Gerne –, aber unter einer Bedingung.« Ich trat noch einmal ans Fenster heran.

»Nämlich?« staunte Ewald. »Sie müssen alles gelegentlich den Kindern in der Nachbarschaft weitererzählen«, bat ich. »Oh, die Kinder kommen jetzt so selten zu mir.« Ich vertröstete ihn: »Sie werden schon kommen. Offenbar haben Sie in der letzten Zeit nicht Lust gehabt, ihnen etwas zu erzählen, und vielleicht auch keinen Stoff, oder zu viel Stoffe. Aber wenn einer eine wirkliche Geschichte weiß, glauben Sie, das kann verborgen bleiben? Bewahre, das spricht sich herum, besonders unter den Kindern!« »Auf Wiedersehen.« Damit ging ich.

Und die Kinder haben die Geschichte noch an demselben Tage gehört.

Eine Geschichte, dem Dunkel erzählt

Ich wollte den Mantel umnehmen und zu meinem Freunde Ewald gehen. Aber ich hatte mich über einem Buche versäumt, einem *alten* Buche übrigens, und es war Abend geworden, wie es in Rußland Frühling wird. Noch vor einem Augenblick war die Stube bis in die fernsten Ecken klar, und nun taten alle Dinge, als ob sie nie etwas anderes gekannt hätten als Dämmerung; überall gingen große dunkle Blumen auf, und wie auf Libellenflügeln glitt Glanz um ihre samtenen Kelche.

Der Lahme war gewiß nichtmehr am Fenster. Ich blieb also zu Haus. Was hatte ich ihm doch erzählen wollen? Ich wußte es nichtmehr. Aber eine Weile später fühlte ich, daß jemand diese verlorene Geschichte von mir verlangte, irgend ein einsamer Mensch vielleicht, der fern am Fenster seiner finstern Stube stand, oder vielleicht dieses Dunkel selbst, das mich und ihn und die Dinge umgab. So geschah es, daß ich dem Dunkel erzählte. Und es neigte sich immer näher zu mir, so daß ich immer leiser sprechen konnte, ganz, wie es zu meiner Geschichte paßt. Sie handelt übrigens in der Gegenwart und beginnt:

»Nach langer Abwesenheit kehrte Doktor Georg Laßmann in seine enge Heimat zurück. Er hatte nie viel dort besessen, und jetzt lebten ihm nurmehr zwei Schwestern in der Vaterstadt, beide verheiratet, wie es schien, gut verheiratet; diese nach zwölf Jahren wiederzusehen, war der Grund seines Besuchs. So glaubte er selbst. Aber nachts, während er im überfüllten Zuge nicht schlafen konnte, wurde ihm klar, daß er eigentlich um seiner Kindheit willen kam und hoffte, in den alten Gassen irgend etwas wieder zu finden: ein Tor, einen Turm, einen Brunnen, irgend einen Anlaß zu einer Freude oder zu einer Traurigkeit, an welcher er sich wieder erkennen konnte. Man verliert sich ja so im Leben. Und da fiel ihm verschiedenes ein: Die kleine Wohnung in der Heinrichsgasse mit den glänzenden Türklinken und den dunkelgestrichenen Dielen, die geschonten Möbel und seine Eltern, diese beiden abgenutzten Menschen, fast ehrfürchtig neben ihnen; die schnellen gehetzten Wochentage und die Sonntage, die wie ausgeräumte Säle waren, die seltenen Besuche, die man lachend und in Verlegenheit empfing, das verstimmte Klavier, der alte Kanarienvogel, der ererbte Lehnstuhl, auf dem man nicht sitzen durfte, ein Namenstag, ein Onkel, der aus Hamburg kommt, ein Puppentheater, ein Leierkasten, eine Kindergesellschaft und jemand ruft: ›Klara‹. Der Doktor wäre fast eingeschlafen. Man steht in einer Station, Lichter laufen vorüber, und der Hammer geht horchend durch die klingenden Räder. Und das ist wie: Klara, Klara. Klara, überlegt der Doktor, jetzt ganz wach, wer war das doch?

Und gleich darauf fühlt er ein Gesicht, ein Kindergesicht mit blondem, glattem Haar. Nicht daß er es schildern könnte, aber er hat die Empfindung von etwas Stillem, Hilflosem, Ergebenem, von ein paar schmalen Kinderschultern, durch ein verwaschenes Kleidchen noch mehr zusammengeprellt, und er dichtet dazu ein Gesicht – aber da weiß er auch schon, er muß es nicht dichten. Es ist da – oder vielmehr es *war* da – damals. So erinnert sich Doktor Laßmann an seine einzige Gespielin Klara, nicht ohne Mühe. Bis zur Zeit, da er in eine Erziehungsanstalt kam, etwa zehn Jahre alt, hat er alles mit ihr geteilt, was ihm begegnete, das Wenige (oder das Viele?). Klara hatte keine Geschwister, und er hatte so gut wie keine; denn seine älteren Schwestern kümmerten sich nicht um ihn. Aber seither hat er niemanden je nach ihr gefragt. Wie war das doch möglich? Er lehnte sich zurück. Sie war ein frommes Kind, erinnerte er sich noch, und dann fragte er sich: Was mag aus ihr geworden sein? Eine Zeitlang ängstigte ihn der Gedanke, sie könnte gestorben sein. Eine unermeßliche Bangigkeit überfiel ihn in dem engen gedrängten Coupé; alles schien diese Annahme zu bestätigen: sie war ein kränkliches Kind, sie hatte es zu Hause nicht besonders gut, sie weinte oft, unzweifelhaft: sie ist tot. Der Doktor ertrug es nicht länger; er störte einzelne Schlafende und schob sich zwischen ihnen durch in den Gang des Waggons. Dort öffnete er ein Fenster und schaute hinaus in das Schwarz mit den tanzenden Funken. Das beruhigte ihn. Und als er später in das Coupé zurückkehrte, schlief er trotz der unbequemen Lage bald ein.

Das Wiedersehen mit den beiden verheirateten Schwestern verlief nicht ohne Verlegenheiten. Die drei Menschen hatten vergessen, wie weit sie einander, trotz ihrer engen Verwandtschaft, doch immer geblieben waren, und versuchten eine Weile, sich wie Geschwister zu benehmen. Indessen kamen sie bald stillschweigend überein, zu dem höflichen Mittelton ihre Zuflucht zu nehmen, den der gesellschaftliche Verkehr für alle Fälle geschaffen hat.

Es war bei der jüngeren Schwester, deren Mann in besonders günstigen Verhältnissen war, Fabrikant mit dem Titel Kaiserlicher Rat, und es war nach dem vierten Gange des Diners, als der Doktor fragte: ›Sag mal, Sophie, was ist denn aus Klara geworden?‹ ›Welcher Klara?‹ ›Ich kann mich ihres Familiennamens nicht erinnern. Der Kleinen, weißt du, der Nachbarstochter, mit der ich als Kind gespielt habe?‹ ›Ach, Klara Söllner meinst du?‹ ›Söllner, richtig, Söllner. Jetzt fällt mir erst ein: Der alte Söllner, das war ja dieser gräßliche Alte – – aber was ist mit Klara?‹ Die Schwester zögerte: ›Sie hat geheiratet – Übrigens lebt sie jetzt ganz zurückgezogen.‹ ›Ja‹, machte der Herr Rat, und sein Messer glitt kreischend über den Teller, ›ganz zurückgezogen.‹ ›Du kennst sie auch?‹ wandte sich der Doktor an seinen Schwager. ›Ja-a-a – so flüchtig; sie ist ja hier ziemlich bekannt.‹ Die beiden Gatten wechselten einen Blick des Einverständnisses. Der Doktor merkte, daß es ihnen aus irgend einem Grunde unangenehm war, über diese Angelegenheit zu reden, und fragte nicht weiter.

Umsomehr Lust zu diesem Thema bewies der Herr Rat, als die Hausfrau die Herren beim schwarzen Kaffee zurückgelassen hatte. ›Diese Klara‹, fragte er mit listigem Lächeln und betrachtete die Asche, die von seiner Zigarre in den silbernen Becher fiel. ›Sie soll doch ein stilles und überdies häßliches Kind gewesen sein?‹ Der Doktor schwieg. Der Herr Rat rückte vertraulich näher: ›Das war eine Geschichte! – Hast du nie davon gehört?‹ ›Aber ich habe ja mit niemandem gesprochen.‹ ›Was, gesprochen,‹ lächelte der Rat fein, ›man hat es ja in den Zeitungen lesen können.‹ ›Was?‹ fragte der Doktor nervös.

›Also, sie ist ihm durchgegangen‹ – hinter einer Wolke Rauches her schickte der Fabrikant diesen überraschenden Satz und wartete in unendlichem Behagen die Wirkung desselben ab. Aber diese schien ihm nicht zu gefallen. Er nahm eine geschäftliche Miene an, setzte sich gerade und begann in anderem berichtenden Ton, gleichsam gekränkt. ›Hm. Man hatte sie verheiratet an den Baurat Lehr. Du wirst ihn nichtmehr gekannt haben. Kein alter Mann, in meinem Alter. Reich, durchaus anständig, weißt du, durchaus anständig. Sie hatte keinen Groschen und war obendrein nicht schön, ohne Erziehung usw. Aber der Baurat wünschte ja auch keine große Dame, eine bescheidene Hausfrau. Aber die Klara – sie wurde überall in der Gesellschaft aufgenommen, man brachte ihr allgemein Wohlwollen entgegen, – wirklich – man benahm sich – also sie hätte sich eine Position schaffen können mit Leichtigkeit, weißt du – aber die Klara, eines Tages – kaum zwei Jahre nach der Hochzeit: fort ist sie. Kannst du dir denken: fort. Wohin? Nach Italien. Eine kleine Vergnügungsreise, natürlich nicht allein. Wir haben sie schon im ganzen letzten Jahr nicht eingeladen gehabt, – als ob wir geahnt hätten! Der Baurat, mein guter Freund, ein Ehrenmann, ein Mann –‹

›Und Klara?‹ unterbrach ihn der Doktor und erhob sich. ›Ach so – ja, na die Strafe des Himmels hat sie erreicht. Also der Betreffende – man sagt ein Künstler, weißt du – ein leichter Vogel, natürlich nur so – Also wie sie aus Italien zurück waren, in München: adieu und ward nichtmehr gesehen. Jetzt sitzt sie mit ihrem Kind!‹

Doktor Laßmann ging erregt auf und nieder: ›In München?‹ ›Ja, in München‹, antwortete der Rat und erhob sich gleichfalls. ›Es soll ihr übrigens recht elend gehen –‹ ›Was heißt elend? –‹ ›Nun,‹ der Rat betrachtete seine Zigarre, ›pekuniär und dann überhaupt – Gott – so eine Existenz – – –‹ Plötzlich legte er seine gepflegte Hand dem Schwager auf die Schulter, seine Stimme gluckste vor Vergnügen: ›weißt du, übrigens erzählte man sich, sie lebe von –‹ Der Doktor drehte sich kurz um und ging aus der Tür. Der Herr Rat, dem die Hand von der Schulter des Schwagers gefallen war, brauchte zehn Minuten, um sich von seinem Staunen zu erholen. Dann ging er zu seiner Frau hinein und sagte ärgerlich: ›Ich hab es immer gesagt, dein Bruder ist ein Sonderling.‹ Und diese, die eben eingenickt war, gähnte träge: ›Ach Gott ja.‹

Vierzehn Tage später reiste der Doktor ab. Er wußte mit einemmal, daß er seine Kindheit anderswo suchen müsse. In München fand er im Adreßbuch: Klara Söllner, Schwabing, Straße und Nummer. Er meldete sich an und fuhr hinaus. Eine schlanke Frau begrüßte ihn in einer Stube voll Licht und Güte.

›Georg, und Sie erinnern sich meiner?‹

Der Doktor staunte. Endlich sagte er: ›Also das sind Sie, Klara.‹ Sie hielt ihr stilles Gesicht mit der reinen Stirn ganz ruhig, als wollte sie ihm Zeit geben, sie zu erkennen. Das dauerte lange. Schließlich schien der Doktor etwas gefunden zu haben, was ihm bewies, daß seine alte Spielgefährtin wirklich vor ihm stünde. Er suchte noch einmal ihre Hand und drückte sie; dann ließ er sie langsam los und schaute in der Stube umher. Diese schien nichts Überflüssiges zu enthalten. Am Fenster ein Schreibtisch mit Schriften und Büchern, an welchem Klara eben mußte gesessen haben. Der Stuhl war noch zurückgeschoben. ›Sie haben geschrieben?‹… und der Doktor fühlte, wie dumm diese Frage war. Aber Klara antwortete unbefangen: ›Ja, ich übersetze.‹ ›Für den Druck?‹ ›Ja‹, sagte Klara einfach, ›für einen Verlag.‹ Georg bemerkte an den Wänden einige italienische Photographien. Darunter das ›Konzert‹ des Giorgione. ›Sie lieben das?‹ Er trat nahe an das Bild heran. ›Und Sie?‹ ›Ich habe das Original nie gesehen; es ist in Florenz, nicht wahr?‹ ›Im Pitti. Sie müssen hinreisen.‹ ›Zu diesem Zweck?‹ ›Zu diesem Zweck.‹ Eine freie und einfache Heiterkeit war über ihr. Der Doktor sah nachdenklich aus.

›Was haben Sie, Georg. Wollen Sie sich nicht setzen?‹ ›Ich bin traurig‹, zögerte er. ›Ich habe gedacht – aber Sie sind ja gar nicht elend –‹ fuhr es plötzlich heraus. Klara lächelte: ›Sie haben meine Geschichte gehört?‹ ›Ja, das heißt –‹ ›Oh,‹ unterbrach ihn Klara schnell, als sie merkte, daß seine Stirn sich verdunkelte, ›es ist nicht die Schuld der Menschen, daß sie *anders* davon reden. Die Dinge, die wir erleben, lassen sich oft nicht ausdrücken, und wer sie dennoch erzählt, muß notwendig Fehler begehen –‹ Pause. Und der Doktor: ›Was hat Sie so gütig gemacht?‹ ›Alles‹, sagte sie leise und warm. ›Aber warum sagen Sie: gütig?‹ ›Weil – weil Sie eigentlich hätten hart werden müssen. Sie waren ein so schwaches, hilfloses Kind; solche Kinder werden später entweder hart oder –‹ ›Oder sie sterben – wollen Sie sagen. Nun, ich bin auch gestorben. Oh, ich bin viele Jahre gestorben. Seit ich Sie zum letztenmal gesehen habe, zu Haus, bis –‹ Sie langte etwas vom Tische her: ›Sehen Sie, das ist sein Bild. Es ist etwas geschmeichelt. Sein Gesicht ist nicht so klar, aber – lieber, einfacher. Ich werde Ihnen dann gleich unser Kind zeigen, es schläft jetzt nebenan. Es ist ein Bub. Heißt Angelo, wie er. Er ist jetzt fort, auf Reisen, weit.‹

›Und Sie sind ganz allein?‹ fragte der Doktor zerstreut, immer noch über dem Bilde.

›Ja, ich und das Kind. Ist das nicht genug? Ich will Ihnen

erzählen, wie das kommt. Angelo ist Maler. Sein Name ist wenig bekannt, Sie werden ihn nie gehört haben. Bis in die letzte Zeit hat er gerungen mit der Welt, mit seinen Plänen, mit sich und mit mir. Ja, auch mit mir; denn ich bat ihn seit einem Jahr: du mußt reisen. Ich fühlte, wie sehr ihm das not tat. Einmal sagte er scherzend: ‚Mich oder ein Kind?' ‚Ein Kind', sagte ich, und dann reiste er.‹

›Und wann wird er zurückkehren?‹

›Bis das Kind seinen Namen sagen kann, so ist es abgemacht.‹ Der Doktor wollte etwas bemerken. Aber Klara lachte: ›Und da es ein schwerer Name ist, wird es noch eine Weile dauern. Angelino wird im Sommer erst zwei Jahre.‹

›Seltsam‹, sagte der Doktor. ›Was, Georg?‹ ›Wie gut Sie das Leben verstehen. Wie groß Sie geworden sind, wie jung. Wo haben Sie Ihre Kindheit hingetan? – wir waren doch beide so – so hilflose Kinder. Das läßt sich doch nicht ändern oder ungeschehen machen.‹ ›Sie meinen also, wir hätten an unserer Kindheit *leiden* müssen, von rechtswegen?‹ ›Ja, gerade das meine ich. An diesem schweren Dunkel hinter uns, zu dem wir so schwache, so ungewisse Beziehungen behalten. Da ist eine Zeit: wir haben unsere Erstlinge hineingelegt, allen Anfang, alles Vertrauen, die Keime zu alledem, was vielleicht einmal werden sollte. Und plötzlich wissen wir: Alles das ist versunken in einem Meer, und wir wissen nicht einmal genau wann. Wir haben es gar nicht bemerkt. Als ob jemand sein ganzes Geld zusammensuchte, sich dafür eine Feder kaufte und sie auf den Hut steckte, hui: der nächste Wind wird sie mitnehmen. Natürlich kommt er zu Hause ohne Feder an, und ihm bleibt nichts übrig, als nachzudenken, wann sie wohl könnte davongeflogen sein.‹

›Sie denken daran, Georg?‹

›Schon nichtmehr. Ich habe es aufgegeben. Ich beginne irgendwo hinter meinem zehnten Jahr, dort, wo ich aufgehört habe zu beten. Das andere gehört nicht mir.‹

›Und wie kommt es dann, daß Sie sich an *mich* erinnert haben?‹

›Darum komme ich ja zu Ihnen. Sie sind der einzige Zeuge jener Zeit. Ich glaubte, ich könnte in Ihnen wiederfinden, – was ich in mir *nicht* finden kann. Irgend eine Bewegung, ein Wort, einen Namen, an dem etwas hängt – eine Aufklärung –‹ Der Doktor senkte den Kopf in seine kalten, unruhigen Hände.

Frau Klara dachte nach: ›Ich erinnere mich an so weniges aus meiner Kindheit, als wären tausend Leben dazwischen. Aber jetzt, wie Sie mich so daran mahnen, fällt mir etwas ein. Ein Abend. Sie kamen zu uns, unerwartet; Ihre Eltern waren ausgegangen, ins Theater oder so. Bei uns war alles hell. Mein Vater erwartete einen Gast, einen Verwandten, einen entfernten reichen Verwandten, wenn ich mich recht entsinne. Er sollte kommen aus, aus – ich weiß nicht woher, jedenfalls von weit. Bei uns wartete man schon seit zwei Stunden auf ihn. Die Türen waren offen, die Lampen brannten, die Mutter ging von Zeit zu Zeit und glättete eine Schutzdecke auf dem Sofa, der Vater stand am Fenster. Niemand wagte sich zu setzen, um keinen Stuhl zu verrücken. Da Sie gerade kamen, warteten Sie mit uns. Wir Kinder horchten an der Tür. Und je später es wurde, einen desto wunderbarern Gast erwarteten wir. Ja wir zitterten sogar, er könnte kommen, ehe er jenen letzten Grad von Herrlichkeit erreicht haben würde, dem er mit jeder Minute seines Ausbleibens näher kam. Wir fürchteten nicht, er könnte überhaupt nicht erscheinen; wir wußten bestimmt: er kommt, aber wir wollten ihm Zeit lassen, groß und mächtig zu werden.‹

Plötzlich hob der Doktor den Kopf und sagte traurig: ›Das also wissen wir beide, daß er *nicht* kam – Ich habe es auch nicht vergessen gehabt.‹ ›Nein,‹ – bestätigte Klara, ›er kam nicht –‹ Und nach einer Pause: ›Aber es war doch schön!‹ ›Was?‹ ›Nun so – das Warten, die vielen Lampen, – die Stille – das Feiertägliche.‹

Etwas rührte sich im Nebenzimmer. Frau Klara entschuldigte sich für einen Augenblick; und als sie hell und heiter zurückkam, sagte sie: ›Wir können dann hineingehen. Er ist jetzt wach und lächelt. – Aber was wollten Sie eben sagen?‹

›Ich habe mir eben überlegt, was Ihnen könnte geholfen haben zu – zu sich selbst, zu diesem ruhigen Sichbesitzen. Das Leben hat es Ihnen doch nicht leicht gemacht. Offenbar half Ihnen etwas, was mir fehlt?‹ ›Was sollte das sein Georg?‹ Klara setzte sich neben ihn.

›Es ist seltsam; als ich mich zum erstenmal wieder Ihrer erinnerte, vor drei Wochen nachts, auf der Reise, da fiel mir ein: sie war ein frommes Kind. Und jetzt, seit ich Sie gesehen habe, trotzdem Sie so ganz anders sind, als ich erwartete – trotzdem, ich möchte fast sagen, nur noch desto sicherer, empfinde ich: was Sie geführt hat, mitten durch alle Gefahren, war Ihre – Ihre Frömmigkeit.‹

›Was nennen Sie Frömmigkeit?‹

›Nun, Ihr Verhältnis zu Gott, Ihre Liebe zu ihm, Ihr Glauben.‹ –

Frau Klara schloß die Augen: ›Liebe zu Gott? Lassen Sie mich nachdenken.‹ Der Doktor betrachtete sie gespannt. Sie schien ihre Gedanken langsam auszusprechen, so wie sie ihr kamen: ›Als Kind – Hab ich da Gott geliebt? Ich glaube nicht. Ja ich habe nicht einmal – es hätte mir wie eine wahnsinnige Überhebung – das ist nicht das richtige Wort – wie die größte Sünde geschienen, zu denken: Er ist. Als ob ich ihn damit gezwungen hätte *in mir*, in diesem schwachen Kind mit den lächerlich langen Armen, zu sein, in unserer armen Wohnung, in der alles unecht und lügnerisch war, von den Bronzewandtellern aus Papiermaché bis zum Wein in den Flaschen, die so teure Etiketten trugen. Und später –‹ Frau Klara machte eine abwehrende Bewegung mit den Händen, und ihre Augen schlossen sich fester, als fürchteten sie, durch die Lider etwas Furchtbares zu sehen – ›ich hätte ihn ja hinausdrängen müssen aus mir, wenn er in mir gewohnt hätte damals. Aber ich wußte nichts von ihm. Ich hatte ihn ganz vergessen. Ich hatte *alles* vergessen. – Erst in Florenz: Als ich zum erstenmal in meinem Leben sah, hörte, fühlte, erkannte und zugleich danken lernte für alles das, da dachte ich wieder an ihn. Überall waren Spuren von ihm. In allen Bildern fand ich Reste von seinem Lächeln, die Glokken lebten noch von seiner Stimme, und an den Statuen erkannte ich Abdrücke seiner Hände.‹

›Und da fanden Sie ihn?‹

Klara schaute den Doktor mit großen, glücklichen Augen an: ›Ich fühlte, daß er *war*, irgendwann einmal *war* … warum hätte ich *mehr* empfinden sollen? Das war ja schon Überfluß.‹

Der Doktor stand auf und ging ans Fenster. Man sah ein Stück Feld und die kleine, alte Schwabinger Kirche, darüber Himmel, nichtmehr ganz ohne Abend. Plötzlich fragte Doktor Laßmann, ohne sich umzuwenden: ›Und jetzt?‹ Als keine Antwort kam, kehrte er leise zurück.

›Jetzt –,‹ zögerte Klara, als er gerade vor ihr stand, und hob die Augen voll zu ihm auf: ›jetzt denke ich manchmal: Er wird sein.‹

Der Doktor nahm ihre Hand und behielt sie einen Augenblick. Er schaute so ins Unbestimmte.

›Woran denken Sie, Georg?‹

›Ich denke, daß das wieder wie an jenem Abend ist: Sie warten wieder auf den Wunderbaren, auf Gott, und wissen, daß er kommen wird – Und ich komme zufällig dazu –.‹

Frau Klara erhob sich leicht und heiter. Sie sah sehr jung aus. ›Nun, diesmal wollen wirs aber auch abwarten.‹ Sie sagte das so froh und einfach, daß der Doktor lächeln mußte. So führte sie ihn in das andere Zimmer, zu ihrem Kind. –«

In dieser Geschichte ist nichts, was Kinder nicht wissen dürfen. Indessen, die Kinder haben sie *nicht* erfahren. Ich habe sie nur dem Dunkel erzählt, sonst niemandem. Und die Kinder haben Angst vor dem Dunkel, laufen ihm davon, und müssen sie einmal drinnen bleiben, so pressen sie die Augen zusammen und halten sich die Ohren zu. Aber auch für sie wird einmal die Zeit kommen, da sie das Dunkel lieb haben. Sie werden von ihm meine Geschichte empfangen und dann werden sie sie auch besser verstehen.

Die Weise von Liebe und Tod des Cornets Christoph Rilke

»… den 24. November 1663 wurde Otto von Rilke / auf Langenau / Gränitz und Ziegra / zu Linda mit seines in Ungarn gefallenen Bruders Christoph hinterlassenem Antheile am Gute Linda beliehen; doch mußte er einen Revers ausstellen / nach welchem die Lebensreichung null und nichtig sein sollte / im Falle sein Bruder Christoph (der nach beigebrachtem Totenschein als Cornet in der Compagnie des Freiherrn von Pirovano des kaiserl. oesterr. Heysterschen Regiments zu Roß … verstorben war) zurückkehrt …«

Reiten, reiten, reiten, durch den Tag, durch die Nacht, durch den Tag.

Reiten, reiten, reiten

Und der Mut ist so müde geworden und die Sehnsucht so groß. Es giebt keine Berge mehr, kaum einen Baum. Nichts wagt aufzustehen. Fremde Hütten hocken durstig an versumpften Brunnen. Nirgends ein Turm. Und immer das gleiche Bild. Man hat zwei Augen zuviel. Nur in der Nacht manchmal glaubt man den Weg zu kennen. Vielleicht kehren wir nächtens immer wieder das Stück zurück, das wir in der fremden Sonne mühsam gewonnen haben? Es kann sein. Die Sonne ist schwer, wie bei uns tief im Sommer. Aber wir haben im Sommer Abschied genommen. Die Kleider der Frauen leuchteten lang aus dem Grün. Und nun reiten wir lang. Es muß also Herbst sein. Wenigstens dort, wo traurige Frauen von uns wissen.

Der von Langenau rückt im Sattel und sagt: »Herr Marquis ...«

Sein Nachbar, der kleine feine Franzose, hat erst drei Tage lang gesprochen und gelacht. Jetzt weiß er nichts mehr. Er ist wie ein Kind, das schlafen möchte. Staub bleibt auf seinem feinen weißen Spitzenkragen liegen; er merkt es nicht. Er wird langsam welk in seinem samtenen Sattel.

Aber der von Langenau lächelt und sagt: »Ihr habt seltsame Augen, Herr Marquis. Gewiß seht Ihr Eurer Mutter ähnlich –«

Da blüht der Kleine noch einmal auf und stäubt seinen Kragen ab und ist wie neu.

Jemand erzählt von seiner Mutter. Ein Deutscher offenbar. Laut und langsam setzt er seine Worte. Wie ein Mädchen, das Blumen bindet, nachdenklich Blume um Blume probt und noch nicht weiß, was aus dem Ganzen wird –: so fügt er seine Worte. Zu Lust? Zu Leide? Alle lauschen. Sogar das Spucken hört auf. Denn es sind lauter Herren, die wissen, was sich gehört. Und wer das Deutsche nicht kann in dem Haufen, der versteht es auf einmal, fühlt einzelne Worte: »Abends« ... »Klein war ...«

Da sind sie alle einander nah, diese Herren, die aus Frankreich kommen und aus Burgund, aus den Niederlanden, aus Kärntens Tälern, von den böhmischen Burgen und vom Kaiser Leopold. Denn was der Eine erzählt, das haben auch sie erfahren und gerade so. Als ob es nur *eine* Mutter gäbe ...

So reitet man in den Abend hinein, in irgend einen Abend. Man schweigt wieder, aber man hat die lichten Worte mit. Da hebt der Marquis den Helm ab. Seine dunklen Haare sind weich und, wie er das Haupt senkt, dehnen sie sich frauenhaft auf seinem Nacken. Jetzt erkennt auch der von Langenau: Fern ragt etwas in den Glanz hinein, etwas Schlankes, Dunkles. Eine einsame Säule, halbverfallen. Und wie sie lange vorüber sind, später, fällt ihm ein, daß das eine Madonna war.

Wachtfeuer. Man sitzt rundumher und wartet. Wartet, daß einer singt. Aber man ist so müd. Das rote Licht ist schwer. Es liegt auf den staubigen Schuhn. Es kriecht bis an die Kniee, es schaut in die gefalteten Hände hinein. Es hat keine Flügel. Die Gesichter sind dunkel. Dennoch leuchten eine Weile die Augen des kleinen Franzosen mit eigenem Licht. Er hat eine kleine Rose geküßt, und nun darf sie weiterwelken an seiner Brust. Der von Langenau hat es gesehen, weil er nicht schlafen kann. Er denkt: Ich habe keine Rose, keine.

Dann singt er. Und das ist ein altes trauriges Lied, das zu Hause die Mädchen auf den Feldern singen, im Herbst, wenn die Ernten zu Ende gehen.

Sagt der kleine Marquis: »Ihr seid sehr jung, Herr?«

Und der von Langenau, in Trauer halb und halb in Trotz: »Achtzehn.« Dann schweigen sie. Später fragt der Franzose: »Habt Ihr auch eine Braut daheim, Herr Junker?«

»Ihr?« giebt der von Langenau zurück. »Sie ist blond wie Ihr.«

Und sie schweigen wieder, bis der Deutsche ruft: »Aber zum Teufel, warum sitzt Ihr denn dann im Sattel und reitet durch dieses giftige Land den türkischen Hunden entgegen?«

Der Marquis lächelt. »Um wiederzukehren.«

Und der von Langenau wird traurig. Er denkt an ein blondes Mädchen, mit dem er spielte. Wilde Spiele. Und er möchte nach Hause, für einen Augenblick nur, nur für so lange, als es braucht, um die Worte zu sagen: »Magdalena, – daß ich immer so *war*, verzeih!«

Wie – war? denkt der junge Herr. – Und sie sind weit.

Einmal, am Morgen, ist ein Reiter da, und dann ein zweiter, vier, zehn. Ganz in Eisen, groß. Dann tausend dahinter: Das Heer.

Man muß sich trennen.

»Kehrt glücklich heim, Herr Marquis. –«

»Die Maria schützt Euch, Herr Junker.«

Und sie können nicht voneinander. Sie sind Freunde auf einmal, Brüder. Haben einander mehr zu vertrauen; denn sie wissen schon so viel Einer vom Andern. Sie zögern. Und ist Hast und Hufschlag um sie. Da streift der Marquis den großen rechten Handschuh ab. Er holt die kleine Rose hervor, nimmt ihr ein Blatt. Als ob man eine Hostie bricht.

»Das wird Euch beschirmen. Lebt wohl.«

Der von Langenau staunt. Lange schaut er dem Franzosen nach. Dann schiebt er das fremde Blatt unter den Waffenrock. Und es treibt auf und ab auf den Wellen seines Herzens. Hornruf. Er reitet zum Heer, der Junker. Er lächelt traurig: ihn schützt eine fremde Frau.

Ein Tag durch den Troß. Flüche, Farben, Lachen – : davon blendet das Land. Kommen bunte Buben gelaufen. Raufen und Rufen. Kommen Dirnen mit purpurnen Hüten im flutenden Haar. Winken. Kommen Knechte, schwarzeisern wie wandernde Nacht. Packen die Dirnen heiß, daß ihnen die Kleider zerreißen. Drücken sie an den Trommelrand. Und von der wilderen Gegenwehr hastiger Hände werden die Trommeln wach, wie im Traum poltern sie, poltern –. Und

Abends halten sie ihm Laternen her, seltsame: Wein, leuchtend in eisernen Hauben. Wein? Oder Blut? – Wer kanns unterscheiden?

Endlich vor Spork. Neben seinem Schimmel ragt der Graf. Sein langes Haar hat den Glanz des Eisens.

Der von Langenau hat nicht gefragt. Er erkennt den General, schwingt sich vom Roß und verneigt sich in einer Wolke Staub. Er bringt ein Schreiben mit, das ihn empfehlen soll beim Grafen. Der aber befiehlt: »Lies mir den Wisch.« Und seine Lippen haben sich nicht bewegt. Er braucht sie nicht dazu; sind zum Fluchen gerade gut genug. Was drüber hinaus ist, redet die Rechte. Punktum. Und man sieht es ihr an. Der junge Herr ist längst zu Ende. Er weiß nichtmehr, wo er steht. Der Spork ist vor Allem. Sogar der Himmel ist fort. Da sagt Spork, der große General:

»Cornet.«

Und das ist viel.

Die Kompagnie liegt jenseits der Raab. Der von Langenau reitet hin, allein. Ebene. Abend. Der Beschlag vorn am Sattel glänzt durch den Staub. Und dann steigt der Mond. Er sieht es an seinen Händen.

Er träumt.
Aber da schreit es ihn an.
Schreit, schreit,
zerreißt ihm den Traum.
Das ist keine Eule. Barmherzigkeit:
der einzige Baum
schreit ihn an:
Mann!
Und er schaut: es bäumt sich. Es bäumt sich ein Leib

den Baum entlang, und ein junges Weib,
blutig und bloß,
fällt ihn an: Mach mich los!

Und er springt hinab in das schwarze Grün
und durchhaut die heißen Stricke;
und er sieht ihre Blicke glühn
und ihre Zähne beißen.

Lacht sie?

Ihn graust.
Und er sitzt schon zu Roß
und jagt in die Nacht. Blutige Schnüre fest in der Faust.

Der von Langenau schreibt einen Brief, ganz in Gedanken. Langsam malt er mit großen, ernsten, aufrechten Lettern:

»Meine gute Mutter,
seid stolz: Ich trage die Fahne,
seid ohne Sorge: Ich trage die Fahne,
habt mich lieb: Ich trage die Fahne –«

Dann steckt er den Brief zu sich in den Waffenrock, an die heimlichste Stelle, neben das Rosenblatt. Und denkt: er wird bald duften davon. Und denkt: vielleicht findet ihn einmal Einer ... Und denkt: ...; denn der Feind ist nah.

Sie reiten über einen erschlagenen Bauer. Er hat die Augen weit offen und Etwas spiegelt sich drin; kein Himmel. Später heulen Hunde. Es kommt also ein Dorf, endlich. Und über den Hütten steigt steinern ein Schloß. Breit hält sich ihnen die Brücke hin. Groß wird das Tor. Hoch willkommt das Horn. Horch: Poltern, Klirren und Hundegebell! Wiehern im Hof, Hufschlag und Ruf.

Rast! Gast sein einmal. Nicht immer selbst seine Wünsche bewirten mit kärglicher Kost. Nicht immer *feindlich* nach allem fassen; einmal sich alles geschehen lassen und wissen: was geschieht, ist gut. Auch der Mut muß einmal sich strecken und sich am Saume seidener Decken in sich selber überschlagen. Nicht immer Soldat sein. Einmal die Locken offen tragen und den weiten offenen Kragen und in seidenen Sesseln sitzen und bis in die Fingerspitzen so: nach dem Bad sein. Und wieder erst lernen, was Frauen sind. Und wie die weißen tun und wie die blauen sind; was für Hände sie haben, wie sie ihr Lachen singen, wenn blonde Knaben die schönen Schalen bringen, von saftigen Früchten schwer.

Als Mahl beganns. Und ist ein Fest geworden, kaum weiß man wie. Die hohen Flammen flackten, die Stimmen schwirrten, wirre Lieder klirrten aus Glas und Glanz, und endlich aus den reifgewordnen Takten: entsprang der Tanz. Und alle riß er hin. Das war ein Wellenschlagen in den Sälen, ein Sich-Begegnen und ein Sich-Erwählen, ein Abschiednehmen und ein Wiederfinden, ein Glanzgenießen und ein Lichterblinden und ein Sich-Wiegen in den Sommerwinden, die in den Kleidern warmer Frauen sind.

Aus dunklem Wein und tausend Rosen rinnt die Stunde rauschend in den Traum der Nacht.

Und Einer steht und staunt in diese Pracht. Und er ist so geartet, daß er wartet, ob er erwacht. Denn nur im Schlafe schaut man solchen Staat und solche Feste solcher Frauen:

ihre kleinste Geste ist eine Falte, fallend in Brokat. Sie bauen Stunden auf aus silbernen Gesprächen, und manchmal heben sie die Hände so –, und du mußt meinen, daß sie irgendwo, wo du nicht hinreichst, sanfte Rosen brächen, die du nicht siehst. Und da träumst du: Geschmückt sein mit ihnen und anders beglückt sein und dir eine Krone verdienen für deine Stirne, die leer ist.

Einer, der weiße Seide trägt, erkennt, daß er nicht erwachen kann; denn er ist wach und verwirrt von Wirklichkeit. So flieht er bange in den Traum und steht im Park, einsam im schwarzen Park. Und das Fest ist fern. Und das Licht lügt. Und die Nacht ist nahe um ihn und kühl. Und er fragt eine Frau, die sich zu ihm neigt:

»Bist Du die Nacht?«

Sie lächelt. Und da schämt er sich für sein weißes Kleid. Und möchte weit und allein und in Waffen sein. Ganz in Waffen.

»Hast Du vergessen, daß Du mein Page bist für diesen Tag? Verlässest Du mich? Wo gehst Du hin? Dein weißes Kleid giebt mir Dein Recht –.«

– –

»Sehnt es Dich nach Deinem rauhen Rock?«

– –

»Frierst Du? – Hast Du Heimweh?« Die Gräfin lächelt.

Nein. Aber das ist nur, weil das Kindsein ihm von den Schultern gefallen ist, dieses sanfte dunkle Kleid. Wer hat es fortgenommen? »Du?« fragt er mit einer Stimme, die er noch nicht gehört hat. »Du!«

Und nun ist nichts an ihm. Und er ist nackt wie ein Heiliger. Hell und schlank.

Langsam lischt das Schloß aus. Alle sind schwer: müde oder verliebt oder trunken. Nach so vielen leeren, langen Feldnächten: Betten. Breite eichene Betten. Da betet sichs anders als in der lumpigen Furche unterwegs, die, wenn man einschlafen will, wie ein Grab wird.

»Herrgott, wie Du willst!«

Kürzer sind die Gebete im Bett.

Aber inniger.

Die Turmstube ist dunkel.

Aber sie leuchten sich ins Gesicht mit ihrem Lächeln. Sie tasten vor sich her wie Blinde und finden den Andern wie eine Tür. Fast wie Kinder, die sich vor der Nacht ängstigen, drängen sie sich in einander ein. Und doch fürchten sie sich nicht. Da ist nichts, was gegen sie wäre: kein Gestern, kein Morgen; denn die Zeit ist eingestürzt. Und sie blühen aus ihren Trümmern.

Er fragt nicht: »Dein Gemahl?« Sie fragt nicht: »Dein Namen?« Sie haben sich ja gefunden, um einander ein neues Geschlecht zu sein.

Sie werden sich hundert neue Namen geben und einander alle wieder abnehmen, leise, wie man einen Ohrring abnimmt.

Im Vorsaal über einem Sessel hängt der Waffenrock, das Bandelier und der Mantel von dem von Langenau. Seine Handschuhe liegen auf dem Fußboden. Seine Fahne steht steil, gelehnt an das Fensterkreuz. Sie ist schwarz und schlank. Draußen jagt ein Sturm über den Himmel hin und macht Stücke aus der Nacht, weiße und schwarze. Der Mondschein geht wie ein langer Blitz vorbei, und die reglose Fahne hat unruhige Schatten. Sie träumt.

War ein Fenster offen? Ist der Sturm im Haus? Wer schlägt die Türen zu? Wer geht durch die Zimmer? – Laß. Wer es auch sei. Ins Turmgemach findet er nicht. Wie hinter hundert Türen ist dieser große Schlaf, den zwei Menschen gemeinsam haben; so gemeinsam wie *eine* Mutter oder *einen* Tod.

Ist das der Morgen? Welche Sonne geht auf? Wie groß ist die Sonne. Sind das Vögel? Ihre Stimmen sind überall.

Alles ist hell, aber es ist kein Tag.

Alles ist laut, aber es sind nicht Vogelstimmen.

Das sind die Balken, die leuchten. Das sind die Fenster, die schrein. Und sie schrein, rot, in die Feinde hinein, die draußen stehn im flackernden Land, schrein: Brand.

Und mit zerrissenem Schlaf im Gesicht drängen sich alle, halb Eisen, halb nackt, von Zimmer zu Zimmer, von Trakt zu Trakt und suchen die Treppe.

Und mit verschlagenem Atem stammeln Hörner im Hof:
Sammeln, sammeln!
Und bebende Trommeln.

Aber die Fahne ist nicht dabei.
Rufe: Cornet!
Rasende Pferde, Gebete, Geschrei,
Flüche: Cornet!
Eisen an Eisen, Befehl und Signal;
Stille: Cornet!
Und noch ein Mal: Cornet!
Und heraus mit der brausenden Reiterei.

– –

Aber die Fahne ist nicht dabei.

Er läuft um die Wette mit brennenden Gängen, durch Türen, die ihn glühend umdrängen, über Treppen, die ihn versengen, bricht er aus aus dem rasenden Bau. Auf seinen Armen trägt er die Fahne wie eine weiße, bewußtlose Frau. Und er findet ein Pferd, und es ist wie ein Schrei: über alles dahin und an allem vorbei, auch an den Seinen. Und da kommt auch die Fahne wieder zu sich und niemals war sie so königlich; und jetzt sehn sie sie alle, fern voran, und erkennen den hellen, helmlosen Mann und erkennen die Fahne …

Aber da fängt sie zu scheinen an, wirft sich hinaus und wird groß und rot …

Da brennt ihre Fahne mitten im Feind, und sie jagen ihr nach.

Der von Langenau ist tief im Feind, aber ganz allein. Der Schrecken hat um ihn einen runden Raum gemacht, und er hält, mitten drin, unter seiner langsam verlodernden Fahne.

Langsam, fast nachdenklich, schaut er um sich. Es ist viel Fremdes, Buntes vor ihm. Gärten – denkt er und lächelt. Aber da fühlt er, daß Augen ihn halten und erkennt Männer und weiß, daß es die heidnischen Hunde sind – : und wirft sein Pferd mitten hinein. Aber, als es jetzt hinter ihm zusammenschlägt, sind es doch wieder Gärten, und die sechzehn runden Säbel, die auf ihn zuspringen, Strahl um Strahl, sind ein Fest. Eine lachende Wasserkunst.

Der Waffenrock ist im Schlosse verbrannt, der Brief und das Rosenblatt einer fremden Frau. – Im nächsten Frühjahr (es kam traurig und kalt) ritt ein Kurier des Freiherrn von Pirovano langsam in Langenau ein. Dort hat er eine alte Frau weinen sehen.

Die Aufzeichnungen des Malte Laurids Brigge

11. September, rue Toullier.

So, also hierher kommen die Leute, um zu leben, ich würde eher meinen, es stürbe sich hier. Ich bin ausgewesen. Ich habe gesehen: Hospitäler. Ich habe einen Menschen gesehen, welcher schwankte und umsank. Die Leute versammelten sich um ihn, das ersparte mir den Rest. Ich habe eine schwangere Frau gesehen. Sie schob sich schwer an einer hohen, warmen Mauer entlang, nach der sie manchmal tastete, wie um sich zu überzeugen, ob sie noch da sei. Ja, sie war noch da. Dahinter? Ich suchte auf meinem Plan: Maison d'Accouchement. Gut. Man wird sie entbinden – man kann das. Weiter, rue Saint-Jacques, ein großes Gebäude mit einer Kuppel. Der Plan gab an Val-de-grâce, Hôpital militaire. Das brauchte ich eigentlich nicht zu wissen, aber es schadet nicht. Die Gasse begann von allen Seiten zu riechen. Es roch, soviel sich unterscheiden ließ, nach Jodoform, nach dem Fett von pommes frites, nach Angst. Alle Städte riechen im Sommer. Dann habe ich ein eigentümlich starblindes Haus gesehen, es war im Plan nicht zu finden, aber über der Tür stand noch ziemlich leserlich: Asyle de nuit. Neben dem Eingang waren die Preise. Ich habe sie gelesen. Es war nicht teuer.

Und sonst? ein Kind in einem stehenden Kinderwagen: es war dick, grünlich und hatte einen deutlichen Ausschlag auf der Stirn. Er heilte offenbar ab und tat nicht weh. Das Kind schlief, der Mund war offen, atmete Jodoform, pommes frites, Angst. Das war nun mal so. Die Hauptsache war, daß man lebte. Das war die Hauptsache.

Daß ich es nicht lassen kann, bei offenem Fenster zu schlafen. Elektrische Bahnen rasen läutend durch meine Stube. Automobile gehen über mich hin. Eine Tür fällt zu. Irgendwo klirrt eine Scheibe herunter, ich höre ihre großen Scherben lachen, die kleinen Splitter kichern. Dann plötzlich dumpfer, eingeschlossener Lärm von der anderen Seite, innen im Hause. Jemand steigt die Treppe. Kommt, kommt unaufhörlich. Ist da, ist lange da, geht vorbei. Und wieder die Straße. Ein Mädchen kreischt: Ah tais-toi, je ne veux plus. Die Elektrische rennt ganz erregt heran, darüber fort, fort über alles. Jemand ruft. Leute laufen, überholen sich. Ein Hund bellt. Was für eine Erleichterung: ein Hund. Gegen Morgen kräht sogar ein Hahn, und das ist Wohltun ohne Grenzen. Dann schlafe ich plötzlich ein.

Das sind die Geräusche. Aber es gilbt hier etwas, was furchtbarer ist: die Stille. Ich glaube, bei großen Bränden tritt manchmal so ein Augenblick äußerster Spannung ein, die Wasserstrahlen fallen ab, die Feuerwehrleute klettern nichtmehr, niemand rührt sich. Lautlos schiebt sich ein schwarzes Gesimse vor oben, und eine hohe Mauer, hinter welcher das Feuer auffährt, neigt sich, lautlos. Alles steht und wartet mit hochgeschobenen Schultern, die Gesichter über die Augen zusammengezogen, auf den schrecklichen Schlag. So ist hier die Stille.

Ich lerne sehen. Ich weiß nicht, woran es liegt, es geht alles tiefer in mich ein und bleibt nicht an der Stelle stehen, wo es sonst immer zu Ende war. Ich habe ein Inneres, von dem ich nicht wußte. Alles geht jetzt dorthin. Ich weiß nicht, was dort geschieht.

Ich habe heute einen Brief geschrieben, dabei ist es mir

aufgefallen, daß ich erst drei Wochen hier bin. Drei Wochen anderswo, auf dem Lande zum Beispiel, das konnte sein wie ein Tag, hier sind es Jahre. Ich will auch keinen Brief mehr schreiben. Wozu soll ich jemandem sagen, daß ich mich verändere? Wenn ich mich verändere, bleibe ich ja doch nicht der, der ich war, und bin ich etwas anderes als bisher, so ist klar, daß ich keine Bekannten habe. Und an fremde Leute, an Leute, die mich nicht kennen, kann ich unmöglich schreiben.

Habe ich es schon gesagt? Ich lerne sehen. Ja, ich fange an. Es geht noch schlecht. Aber ich will meine Zeit ausnutzen.

Daß es mir zum Beispiel niemals zum Bewußtsein gekommen ist, wieviel Gesichter es giebt. Es giebt eine Menge Menschen, aber noch viel mehr Gesichter, denn jeder hat mehrere. Da sind Leute, die tragen ein Gesicht jahrelang, natürlich nutzt es sich ab, es wird schmutzig, es bricht in den Falten, es weitet sich aus wie Handschuhe, die man auf der Reise getragen hat. Das sind sparsame, einfache Leute; sie wechseln es nicht, sie lassen es nicht einmal reinigen. Es sei gut genug, behaupten sie, und wer kann ihnen das Gegenteil nachweisen? Nun fragt es sich freilich, da sie mehrere Gesichter haben, was tun sie mit den andern? Sie heben sie auf. Ihre Kinder sollen sie tragen. Aber es kommt auch vor, daß ihre Hunde damit ausgehen. Weshalb auch nicht? Gesicht ist Gesicht.

Andere Leute setzen unheimlich schnell ihre Gesichter auf, eins nach dem andern, und tragen sie ab. Es scheint ihnen zuerst, sie hätten für immer, aber sie sind kaum vierzig; da ist schon das letzte. Das hat natürlich seine Tragik. Sie sind nicht gewohnt, Gesichter zu schonen, ihr letztes ist in acht Tagen durch, hat Löcher, ist an vielen Stellen dünn wie

Papier, und da kommt dann nach und nach die Unterlage heraus, das Nichtgesicht, und sie gehen damit herum.

Aber die Frau, die Frau: sie war ganz in sich hineingefallen, vornüber in ihre Hände. Es war an der Ecke rue Notre-Dame-des-Champs. Ich fing an, leise zu gehen, sowie ich sie gesehen hatte. Wenn arme Leute nachdenken, soll man sie nicht stören. Vielleicht fällt es ihnen doch ein …

Die Straße war zu leer, ihre Leere langweilte sich und zog mir den Schritt unter den Füßen weg und klappte mit ihm herum, drüben und da, wie mit einem Holzschuh. Die Frau erschrak und hob sich aus sich ab, zu schnell, zu heftig, so daß das Gesicht in den zwei Händen blieb. Ich konnte es darin liegen sehen, seine hohle Form. Es kostete mich unbeschreibliche Anstrengung, bei diesen Händen zu bleiben und nicht zu schauen, was sich aus ihnen abgerissen hatte. Mir graute, ein Gesicht von innen zu sehen, aber ich fürchtete mich doch noch viel mehr vor dem bloßen wunden Kopf ohne Gesicht.

Ich fürchte mich. Gegen die Furcht muß man etwas tun, wenn man sie einmal hat. Es wäre sehr häßlich, hier krank zu werden, und fiele es jemandem ein, mich ins Hôtel-Dieu zu schaffen, so würde ich dort gewiß sterben. Dieses Hôtel ist ein angenehmes Hôtel, ungeheuer besucht. Man kann kaum die Fassade der Kathedrale von Paris betrachten ohne Gefahr, von einem der vielen Wagen, die so schnell wie möglich über den freien Plan dort hinein müssen, überfahren zu werden. Das sind kleine Omnibusse, die fortwährend läuten, und selbst der Herzog von Sagan müßte sein Gespann halten lassen, wenn so ein kleiner Sterbender es sich in den Kopf gesetzt hat, geradenwegs in Gottes Hôtel zu wollen. Sterbende sind starrköpfig, und ganz Paris stockt, wenn Madame Legrand, brocanteuse aus der rue des Martyrs, nach einem gewissen Platz der Cité gefahren kommt. Es ist zu bemerken, daß diese verteufelten kleinen Wagen ungemein anregende Milchglasfenster haben, hinter denen man sich die herrlichsten Agonien vorstellen kann; dafür genügt die Phantasie einer Concierge. Hat man noch mehr Einbildungskraft und schlägt sie nach anderen Richtungen hin, so sind die Vermutungen geradezu unbegrenzt. Aber ich habe auch offene Droschken ankommen sehen, Zeitdroschken mit aufgeklapptem Verdeck, die nach der üblichen Taxe fuhren: Zwei Francs für die Sterbestunde.

Dieses ausgezeichnete Hôtel ist sehr alt, schon zu König Chlodwigs Zeiten starb man darin in einigen Betten. Jetzt wird in 559 Betten gestorben. Natürlich fabrikmäßig. Bei so enormer Produktion ist der einzelne Tod nicht so gut ausgeführt, aber darauf kommt es auch nicht an. Die Masse macht es. Wer giebt heute noch etwas für einen gut ausgearbeiteten Tod? Niemand. Sogar die Reichen, die es sich doch leisten könnten, ausführlich zu sterben, fangen an, nachlässig und gleichgültig zu werden; der Wunsch, einen eigenen Tod zu haben, wird immer seltener. Eine Weile noch, und er wird ebenso selten sein wie ein eigenes Leben. Gott, das ist alles da. Man kommt, man findet ein Leben, fertig, man hat es nur anzuziehen. Man will gehen oder man ist dazu gezwungen: nun, keine Anstrengung: Voilà votre mort, monsieur. Man stirbt, wie es gerade kommt; man stirbt den Tod, der zu der Krankheit gehört, die man hat (denn seit man alle Krankheiten kennt, weiß man auch, daß die verschiedenen letalen Abschlüsse zu den Krankheiten gehören und nicht zu den Menschen; und der Kranke hat sozusagen nichts zu tun).

In den Sanatorien, wo ja so gern und mit so viel Dankbarkeit gegen Ärzte und Schwestern gestorben wird, stirbt man einen von den an der Anstalt angestellten Toden; das wird gerne gesehen. Wenn man aber zu Hause stirbt, ist es natürlich, jenen höflichen Tod der guten Kreise zu wählen, mit dem gleichsam das Begräbnis erster Klasse schon anfängt und die ganze Folge seiner wunderschönen Gebräuche. Da stehen dann die Armen vor so einem Haus und sehen sich satt. Ihr Tod ist natürlich banal, ohne alle Umstände. Sie sind froh, wenn sie einen finden, der ungefähr paßt. Zu weit darf er sein: man wächst immer noch ein bißchen. Nur wenn er nicht zugeht über der Brust oder würgt, dann hat es seine Not.

Wenn ich nach Hause denke, wo nun niemand mehr ist, dann glaube ich, das muß früher anders gewesen sein. Früher wußte man (oder vielleicht man ahnte es), daß man den Tod in sich hatte wie die Frucht den Kern. Die Kinder hatten einen kleinen in sich und die Erwachsenen einen großen. Die Frauen hatten ihn im Schoß und die Männer in der Brust. Den hatte man, und das gab einem eine eigentümliche Würde und einen stillen Stolz.

Meinem Großvater noch, dem alten Kammerherrn Brigge, sah man es an, daß er einen Tod in sich trug. Und was war das für einer: zwei Monate lang und so laut, daß man ihn hörte bis aufs Vorwerk hinaus.

Das lange, alte Herrenhaus war zu klein für diesen Tod, es schien, als müßte man Flügel anbauen, denn der Körper des Kammerherrn wurde immer größer, und er wollte fortwährend aus einem Raum in den anderen getragen sein und geriet in fürchterlichen Zorn, wenn der Tag noch nicht zu Ende war und es gab kein Zimmer mehr, in dem er nicht schon gelegen hatte. Dann ging es mit dem ganzen Zuge von

Dienern, Jungfern und Hunden, die er immer um sich hatte, die Treppe hinauf und, unter Vorantritt des Haushofmeisters, in seiner hochseligen Mutter Sterbezimmer, das ganz in dem Zustande, in dem sie es vor dreiundzwanzig Jahren verlassen hatte, erhalten worden war und das sonst nie jemand betreten durfte. Jetzt brach die ganze Meute dort ein. Die Vorhänge wurden zurückgezogen, und das robuste Licht eines Sommernachmittags untersuchte alle die scheuen, erschrockenen Gegenstände und drehte sich ungeschickt um in den aufgerissenen Spiegeln. Und die Leute machten es ebenso. Es gab da Zofen, die vor Neugierde nicht wußten, wo ihre Hände sich gerade aufhielten, junge Bediente, die alles anglotzten, und ältere Dienstleute, die herumgingen und sich zu erinnern suchten, was man ihnen von diesem verschlossenen Zimmer, in dem sie sich nun glücklich befanden, alles erzählt hatte.

Vor allem aber schien den Hunden der Aufenthalt in einem Raum, wo alle Dinge rochen, ungemein anregend. Die großen, schmalen russischen Windhunde liefen beschäftigt hinter den Lehnstühlen hin und her, durchquerten in langem Tanzschritt mit wiegender Bewegung das Gemach, hoben sich wie Wappenhunde auf und schauten, die schmalen Pfoten auf das weißgoldene Fensterbrett gestützt, mit spitzem, gespanntem Gesicht und zurückgezogener Stirn nach rechts und nach links in den Hof. Kleine, handschuhgelbe Dachshunde saßen, mit Gesichtern, als wäre alles ganz in der Ordnung, in dem breiten, seidenen Polstersessel am Fenster, und ein stichelhaariger, mürrisch aussehender Hühnerhund rieb seinen Rücken an der Kante eines goldbeinigen Tisches, auf dessen gemalter Platte die Sèvrestassen zitterten.

Ja, es war für diese geistesabwesenden, verschlafenen Dinge eine schreckliche Zeit. Es passierte, daß aus Büchern, die irgend eine hastige Hand ungeschickt geöffnet hatte, Rosenblätter heraustaumelten, die zertreten wurden; kleine, schwächliche Gegenstände wurden ergriffen und, nachdem sie sofort zerbrochen waren, schnell wieder hingelegt, manches Verbogene auch unter Vorhänge gesteckt oder gar hinter das goldene Netz des Kamingitters geworfen. Und von Zeit zu Zeit fiel etwas, fiel verhüllt auf Teppich, fiel hell auf das harte Parkett, aber es zerschlug da und dort, zersprang scharf oder brach fast lautlos auf, denn diese Dinge, verwöhnt wie sie waren, vertrugen keinerlei Fall.

Und wäre es jemandem eingefallen zu fragen, was die Ursache von alledem sei, was über dieses ängstlich gehütete Zimmer alles Untergangs Fülle herabgerufen habe, – so hätte es nur *eine* Antwort gegeben: der Tod.

Der Tod des Kammerherrn Christoph Detlev Brigge auf Ulsgaard. Denn dieser lag, groß über seine dunkelblaue Uniform hinausquellend, mitten auf dem Fußboden und rührte sich nicht. In seinem großen, fremden, niemandem mehr bekannten Gesicht waren die Augen zugefallen: er sah nicht, was geschah. Man hatte zuerst versucht, ihn auf das Bett zu legen, aber er hatte sich dagegen gewehrt, denn er haßte Betten seit jenen ersten Nächten, in denen seine Krankheit gewachsen war. Auch hatte sich das Bett da oben als zu klein erwiesen, und da war nichts anderes übrig geblieben, als ihn so auf den Teppich zu legen; denn hinunter hatte er nicht gewollt.

Da lag er nun, und man konnte denken, daß er gestorben sei. Die Hunde hatten sich, da es langsam zu dämmern begann, einer nach dem anderen durch die Türspalte gezogen, nur der Harthaarige mit dem mürrischen Gesicht saß bei seinem Herrn, und eine von seinen breiten, zottigen Vorderpfoten lag auf Christoph Detlevs großer, grauer Hand. Auch von der Dienerschaft standen jetzt die meisten draußen in dem weißen Gang, der heller war als das Zimmer; die aber, welche noch drinnen geblieben waren, sahen manchmal heimlich nach dem großen, dunkelnden Haufen in der Mitte, und sie wünschten, daß das nichts mehr wäre als ein großer Anzug über einem verdorbenen Ding.

Aber es war noch etwas. Es war eine Stimme, die Stimme, die noch vor sieben Wochen niemand gekannt hatte: denn es war nicht die Stimme des Kammerherrn. Nicht Christoph Detlev war es, welchem diese Stimme gehörte, es war Christoph Detlevs Tod.

Christoph Detlevs Tod lebte nun schon seit vielen, vielen Tagen auf Ulsgaard und redete mit allen und verlangte. Verlangte, getragen zu werden, verlangte das blaue Zimmer, verlangte den kleinen Salon, verlangte den Saal. Verlangte die Hunde, verlangte, daß man lache, spreche, spiele und still sei und alles zugleich. Verlangte Freunde zu sehen, Frauen und Verstorbene, und verlangte selber zu sterben: verlangte. Verlangte und schrie.

Denn, wenn die Nacht gekommen war und die von den übermüden Dienstleuten, welche nicht Wache hatten, einzuschlafen versuchten, dann schrie Christoph Detlevs Tod, schrie und stöhnte, brüllte so lange und anhaltend, daß die Hunde, die zuerst mitheulten, verstummten und nicht wagten sich hinzulegen und, auf ihren langen, schlanken, zitternden Beinen stehend, sich fürchteten. Und wenn sie es durch die weite, silberne, dänische Sommernacht im Dorfe hörten, daß er brüllte, so standen sie auf wie beim Gewitter, kleideten sich an und blieben ohne ein Wort um die Lampe sitzen, bis es vorüber war. Und die Frauen, welche nahe vor dem Niederkommen waren, wurden in die entlegensten Stuben gelegt und in die dichtesten Bettverschläge; aber sie hörten es, sie hörten es, als ob es in ihrem eigenen Leibe wäre, und sie flehten, auch aufstehen zu dürfen, und kamen, weiß und weit, und setzten sich zu den andern mit ihren verwischten Gesichtern. Und die Kühe, welche kalbten in dieser Zeit, waren hülflos und verschlossen, und einer riß man die tote Frucht mit allen Eingeweiden aus dem Leibe, als sie gar nicht kommen wollte. Und alle taten ihr Tagwerk schlecht und vergaßen das Heu hereinzubringen, weil sie sich bei Tage ängstigten vor der Nacht und weil sie vom vielen Wachsein und vom erschreckten Aufstehen so ermattet waren, daß sie sich auf nichts besinnen konnten. Und wenn sie am Sonntag in die weiße, friedliche Kirche gingen, so beteten sie, es möge keinen Herrn mehr auf Ulsgaard geben. denn dieser war ein schrecklicher Herr. Und was sie alle dachten und beteten, das sagte der Pfarrer laut von der Kanzel herab, denn auch er hatte keine Nächte mehr und konnte Gott nicht begreifen. Und die Glocke sagte es, die einen furchtbaren Rivalen bekommen hatte, der die ganze Nacht dröhnte und gegen den sie, selbst wenn sie aus allem Metall zu läuten begann, nichts vermochte. Ja, alle sagten es, und es gab einen unter den jungen Leuten, der geträumt hatte, er wäre ins Schloß gegangen und hätte den gnädigen Herrn erschlagen mit seiner Mistforke, und so aufgebracht war man, so zu Ende, so überreizt, daß alle zuhörten, als er seinen Traum erzählte, und ihn, ganz ohne es zu wissen, daraufhin ansahen, ob er solcher Tat wohl gewachsen sei. So fühlte und sprach man in der ganzen Gegend, in der man den Kammerherrn noch vor einigen Wochen geliebt und bedauert hatte. Aber obwohl man so sprach, veränderte sich nichts. Christoph Detlevs Tod, der auf Ulsgaard wohnte, ließ sich nicht drängen. Er war für zehn Wochen gekommen, und die blieb er. Und während dieser Zeit war er mehr Herr, als Christoph

Detlev Brigge es je gewesen war, er war wie ein König, den man den Schrecklichen nennt, später und immer.

Das war nicht der Tod irgendeines Wassersüchtigen, das war der böse, fürstliche Tod, den der Kammerherr sein ganzes Leben lang in sich getragen und aus sich genährt hatte. Alles Übermaß an Stolz, Willen und Herrenkraft, das er selbst in seinen ruhigen Tagen nicht hatte verbrauchen können, war in seinen Tod eingegangen, in den Tod, der nun auf Ulsgaard saß und vergeudete.

Wie hätte der Kammerherr Brigge den angesehen, der von ihm verlangt hätte, er solle einen anderen Tod sterben als diesen. Er starb seinen schweren Tod.

Und wenn ich an die andern denke, die ich gesehen oder von denen ich gehört habe: es ist immer dasselbe. Sie alle haben einen eigenen Tod gehabt. Diese Männer, die ihn in der Rüstung trugen, innen, wie einen Gefangenen, diese Frauen, die sehr alt und klein wurden und dann auf einem ungeheueren Bett, wie auf einer Schaubühne, vor der ganzen Familie, dem Gesinde und den Hunden diskret und herrschaftlich hinübergingen. Ja die Kinder, sogar die ganz kleinen, hatten nicht irgendeinen Kindertod, sie nahmen sich zusammen und starben das, was sie schon waren, und das, was sie geworden wären.

Und was gab das den Frauen für eine wehmütige Schönheit, wenn sie schwanger waren und standen, und in ihrem großen Leib, auf welchem die schmalen Hände unwillkürlich liegen blieben, waren zwei Früchte: ein Kind und ein Tod. Kam das dichte, beinah nahrhafte Lächeln in ihrem ganz ausgeräumten Gesicht nicht davon her, daß sie manchmal meinten, es wüchsen beide?

Ich habe etwas getan gegen die Furcht. Ich habe die ganze Nacht gesessen und geschrieben, und jetzt bin ich so gut müde wie nach einem weiten Weg über die Felder von Ulsgaard. Es ist doch schwer zu denken, daß alles das nichtmehr ist, daß fremde Leute wohnen in dem alten langen Herrenhaus. Es kann sein, daß in dem weißen Zimmer oben im Giebel jetzt die Mägde schlafen, ihren schweren, feuchten Schlaf schlafen von Abend bis Morgen.

Und man hat niemand und nichts und fährt in der Welt herum mit einem Koffer und mit einer Bücherkiste und eigentlich ohne Neugierde. Was für ein Leben ist das eigentlich: ohne Haus, ohne ererbte Dinge, ohne Hunde. Hätte man doch wenigstens seine Erinnerungen. Aber wer hat die? Wäre die Kindheit da, sie ist wie vergraben. Vielleicht muß man alt sein, um an das alles heranreichen zu können. Ich denke es mir gut, alt zu sein.

Heute war ein schöner, herbstlicher Morgen. Ich ging durch die Tuilerien. Alles, was gegen Osten lag, vor der Sonne, blendete. Das Angeschienene war vom Nebel verhangen wie von einem lichtgrauen Vorhang. Grau im Grauen sonnten sich die Statuen in den noch nicht enthüllten Gärten. Einzelne Blumen in den langen Beeten standen auf und sagten: Rot, mit einer erschrockenen Stimme. Dann kam ein sehr großer, schlanker Mann um die Ecke, von den Champs-Elysées her; er trug eine Krücke, aber nichtmehr unter die Schulter geschoben, – er hielt sie vor sich her, leicht, und von Zeit zu Zeit stellte er sie fest und laut auf wie einen Heroldstab. Er konnte ein Lächeln der Freude nicht unterdrücken und lächelte, an allem vorbei, der Sonne, den Bäumen zu. Sein Schritt war schüchtern wie der eines Kindes, aber ungewöhnlich leicht, voll von Erinnerung an früheres Gehen.

Was so ein kleiner Mond alles vermag. Da sind Tage, wo alles um einen licht ist, leicht, kaum angegeben in der hellen Luft und doch deutlich. Das Nächste schon hat Töne der Ferne, ist weggenommen und nur gezeigt, nicht hergereicht; und was Beziehung zur Weite hat: der Fluß, die Brücken, die langen Straßen und die Plätze, die sich verschwenden, das hat diese Weite eingenommen hinter sich, ist auf ihr gemalt wie auf Seide. Es ist nicht zu sagen, was dann ein lichtgrüner Wagen sein kann auf dem Pont-neuf oder irgendein Rot, das nicht zu halten ist, oder auch nur ein Plakat an der Feuermauer einer perlgrauen Häusergruppe. Alles ist vereinfacht, auf einige richtige, helle plans gebracht wie das Gesicht in einem Manetschen Bildnis. Und nichts ist gering und überflüssig. Die Bouquinisten am Quai tun ihre Kästen auf, und das frische oder vernutzte Gelb der Bücher, das violette Braun der Bände, das größere Grün einer Mappe: alles stimmt, gilt, nimmt teil und bildet eine Vollzähligkeit, in der nichts fehlt.

Unten ist folgende Zusammenstellung: ein kleiner Handwagen, von einer Frau geschoben; vorn darauf ein Leierkasten, der Länge nach. Dahinter quer ein Kinderkorb, in dem ein ganz Kleines auf festen Beinen steht, vergnügt in seiner Haube, und sich nicht mag setzen lassen. Von Zeit zu Zeit dreht die Frau am Orgelkasten. Das ganz Kleine stellt sich dann sofort stampfend in seinem Korbe wieder auf, und ein kleines Mädchen in einem grünen Sonntagskleid tanzt und schlägt Tamburin zu den Fenstern hinauf.

Ich glaube, ich müßte anfangen, etwas zu arbeiten, jetzt, da ich sehen lerne. Ich bin achtundzwanzig, und es ist so gut wie nichts geschehen. Wiederholen wir: ich habe eine Studie über Carpaccio geschrieben, die schlecht ist, ein Drama, das ›Ehe‹ heißt und etwas Falsches mit zweideutigen Mitteln beweisen will, und Verse. Ach, aber mit Versen ist so wenig getan, wenn man sie früh schreibt. Man sollte warten damit und Sinn und Süßigkeit sammeln ein ganzes Leben lang und ein langes womöglich, und dann, ganz zum Schluß, vielleicht könnte man dann zehn Zeilen schreiben, die gut sind. Denn Verse sind nicht, wie die Leute meinen, Gefühle (die hat man früh genug), – es sind Erfahrungen. Um eines Verses willen muß man viele Städte sehen, Menschen und Dinge, man muß die Tiere kennen, man muß fühlen, wie die Vögel fliegen, und die Gebärde wissen, mit welcher die kleinen Blumen sich auftun am Morgen. Man muß zurückdenken können an Wege in unbekannten Gegenden, an unerwartete Begegnungen und an Abschiede, die man lange kommen sah, – an Kindheitstage, die noch unaufgeklärt sind, an die Eltern, die man kränken mußte, wenn sie einem eine Freude brachten und man begriff sie nicht (es war eine Freude für einen anderen –), an Kinderkrankheiten, die so seltsam anheben mit so vielen tiefen und schweren Verwandlungen, an Tage in stillen, verhaltenen Stuben und an Morgen am Meer, an das Meer überhaupt, an Meere, an Reisenächte, die hoch dahinrauschten und mit allen Sternen flogen, – und es ist noch nicht genug, wenn man an alles das denken darf. Man muß Erinnerungen haben an viele Liebesnächte, von denen keine der andern glich, an Schreie von Kreißenden und an leichte, weiße, schlafende Wöchnerinnen, die sich schließen. Aber auch bei Sterbenden muß man gewesen sein, muß bei Toten gesessen haben in der Stube mit dem offenen Fenster und den stoßweisen Geräuschen. Und es genügt auch noch nicht, daß man Erinnerungen hat. Man muß sie vergessen können, wenn es viele sind, und man muß die große Geduld haben, zu warten, daß sie wiederkommen. Denn die Erinnerungen selbst *sind* es noch nicht. Erst wenn sie Blut werden in uns, Blick und Gebärde, namenlos und nichtmehr zu unterscheiden von uns selbst, erst dann kann es geschehen, daß in einer sehr seltenen Stunde das erste Wort eines Verses aufsteht in ihrer Mitte und aus ihnen ausgeht.

Alle meine Verse aber sind anders entstanden, also sind es keine. – Und als ich mein Drama schrieb, wie irrte ich da. War ich ein Nachahmer und Narr, daß ich eines Dritten bedurfte, um von dem Schicksal zweier Menschen zu erzählen, die es einander schwer machten? Wie leicht ich in die Falle fiel. Und ich hätte doch wissen müssen, daß dieser Dritte, der durch alle Leben und Literaturen geht, dieses Gespenst eines Dritten, der nie gewesen ist, keine Bedeutung hat, daß man ihn leugnen muß. Er gehört zu den Vorwänden der Natur, welche immer bemüht ist, von ihren tiefsten Geheimnissen die Aufmerksamkeit der Menschen abzulenken. Er ist der Wandschirm, hinter dem ein Drama sich abspielt. Er ist der Lärm am Eingang zu der stimmlosen Stille eines wirklichen Konfliktes. Man möchte meinen, es wäre allen bisher zu schwer gewesen, von den Zweien zu reden, um die es sich handelt; der Dritte, gerade weil er so unwirklich ist, ist das Leichte der Aufgabe, ihn konnten sie alle. Gleich am Anfang ihrer Dramen merkt man die Ungeduld, zu dem Dritten zu kommen, sie können ihn kaum erwarten. Sowie er da ist, ist alles gut. Aber wie langweilig, wenn er sich verspätet, es kann rein nichts geschehen ohne ihn, alles steht, stockt, wartet. Ja und wie, wenn es bei diesem Stauen und Anstehn bliebe? Wie, Herr Dramatiker, und du, Publikum, welches das Leben kennt, wie, wenn er verschollen wäre, dieser beliebte Lebemann oder dieser anmaßende junge Mensch, der in allen Ehen schließt wie ein Nachschlüssel? Wie, wenn ihn, zum Beispiel, der Teufel geholt hätte? Nehmen wirs an. Man merkt auf einmal die künstliche Leere der Theater, sie werden vermauert wie gefährliche Löcher, nur die Motten aus den Logenrändern taumeln durch den haltlosen Hohlraum. Die Dramatiker genießen nichtmehr ihre Villenviertel. Alle öffentlichen Aufpassereien suchen für sie in entlegenen Weltteilen nach dem Unersetzlichen, der die Handlung selbst war.

Und dabei leben sie unter den Menschen, nicht diese ›Dritten‹, aber die Zwei, von denen so unglaublich viel zu sagen wäre, von denen noch nie etwas gesagt worden ist, obwohl sie leiden und handeln und sich nicht zu helfen wissen.

Es ist lächerlich. Ich sitze hier in meiner kleinen Stube, ich, Brigge, der achtundzwanzig Jahre alt geworden ist und von dem niemand weiß. Ich sitze hier und bin nichts. Und dennoch, dieses Nichts fangt an zu denken und denkt, fünf Treppen hoch, an einem grauen Pariser Nachmittag diesen Gedanken:

Ist es möglich, denkt es, daß man noch nichts Wirkliches und Wichtiges gesehen, erkannt und gesagt hat? Ist es möglich, daß man Jahrtausende Zeit gehabt hat, zu schauen, nachzudenken und aufzuzeichnen, und daß man die Jahrtausende hat vergehen lassen wie eine Schulpause, in der man sein Butterbrot ißt und einen Apfel?

Ja, es ist möglich.

Ist es möglich, daß man trotz Erfindungen und Fortschritten, trotz Kultur, Religion und Weltweisheit an der Oberfläche des Lebens geblieben ist? Ist es möglich, daß man sogar diese Oberfläche, die doch immerhin etwas gewesen wäre, mit einem unglaublich langweiligen Stoff überzogen hat, so daß sie aussieht wie die Salonmöbel in den Sommerferiern?

Ja, es ist möglich.

Ist es möglich, daß die ganze Weltgeschichte mißverstanden worden ist? Ist es möglich, daß die Vergangenheit falsch ist, weil man immer von ihren Massen gesprochen hat, gerade, als ob man von einem Zusammenlauf vieler Menschen erzählte, statt von dem Einen zu sagen, um den sie herumstanden, weil er fremd war und starb?

Ja, es ist möglich.

Ist es möglich, daß man glaubte, nachholen zu müssen, was sich ereignet hat, ehe man geboren war? Ist es möglich, daß man jeden einzelnen erinnern müßte, er sei ja aus allen Früheren entstanden, wüßte es also und sollte sich nichts einreden lassen von den anderen, die anderes wüßten? Ja, es ist möglich. Ist es möglich, daß alle diese Menschen eine Vergangenheit, die nie gewesen ist, ganz genau kennen? Ist es möglich, daß alle Wirklichkeiten nichts sind für sie; daß ihr Leben abläuft, mit nichts verknüpft, wie eine Uhr in einem leeren Zimmer –?

Ja, es ist möglich.

Ist es möglich, daß man von den Mädchen nichts weiß, die doch leben? Ist es möglich, daß man ›die Frauen‹ sagt, ›die Kinder‹, ›die Knaben‹ und nicht ahnt (bei aller Bildung nicht ahnt), daß diese Worte längst keine Mehrzahl mehr haben, sondern nur unzählige Einzahlen?

Ja, es ist möglich.

Ist es möglich, daß es Leute giebt, welche ›Gott‹ sagen und meinen, das wäre etwas Gemeinsames? – Und sieh nur zwei Schulkind er: es kauft sich der eine ein Messer, und sein Nachbar kauft sich ein ganz gleiches am selben Tag. Und sie zeigen einander nach einer Woche die beiden Messer, und es ergiebt sich, daß sie sich nur noch ganz entfernt ähnlich sehen, – so verschieden haben sie sich in verschiedenen Händen entwickelt. (Ja, sagt des einen Mutter dazu: wenn ihr auch gleich immer alles abnutzen müßt. –) Ach so: Ist es möglich, zu glauben, man könne einen Gott haben, ohne ihn zu gebrauchen?

Ja, es ist möglich.

Wenn aber dieses alles möglich ist, auch nur einen Schein von Möglichkeit hat, – dann muß ja, um alles in der Welt, etwas geschehen. Der Nächstbeste, der, welcher diesen beunruhigenden Gedanken gehabt hat, muß anfangen, etwas von dem Versäumten zu tun; wenn es auch nur irgend einer ist, durchaus nicht der Geeignetste: es ist eben kein anderer da. Dieser junge, belanglose Ausländer, Brigge, wird sich fünf Treppen hoch hinsetzen müssen und schreiben, Tag und Nacht, ja er wird schreiben müssen, das wird das Ende sein:

Zwölf Jahre oder höchstens dreizehn muß ich damals gewesen sein. Mein Vater hatte mich nach Urnekloster mitgenommen. Ich weiß nicht, was ihn veranlaßte, seinen Schwiegervater aufzusuchen. Die beiden Männer hatten sich jahrelang, seit dem Tode meiner Mutter, nicht gesehen, und mein Vater selbst war noch nie in dem alten Schlosse gewesen, in welches der Graf Brahe sich erst spät zurückgezogen hatte. Ich habe das merkwürdige Haus später nie wiedergesehen, das, als mein Großvater starb, in fremde Hände kam. So wie ich es in meiner kindlich gearbeiteten Erinnerung wiederfinde, ist es kein Gebäude; es ist ganz aufgeteilt in mir; da ein Raum, dort ein Raum und hier ein Stück Gang, das diese beiden Räume nicht verbindet, sondern für sich, als Fragment, aufbewahrt ist. In dieser Weise ist alles in mir verstreut, – die Zimmer, die Treppen, die mit so großer Umständlichkeit sich niederließen, und andere enge, rundgebaute Stiegen, in deren Dunkel man ging wie das Blut in den

Adern; die Turmzimmer, die hoch aufgehängten Balkone, die unerwarteten Altane, auf die man von einer kleinen Tür hinausgedrängt wurde: – alles das ist noch in mir und wird nie aufhören, in mir zu sein. Es ist, als wäre das Bild dieses Hauses aus unendlicher Höhe in mich hineingestürzt und auf meinem Grunde zerschlagen.

Ganz erhalten ist in meinem Herzen, so scheint es mir, nur jener Saal, in dem wir uns zum Mittagessen zu versammeln pflegten, jeden Abend um sieben Uhr. Ich habe diesen Raum niemals bei Tage gesehen, ich erinnere mich nicht einmal, ob er Fenster hatte und wohin sie aussahen; jedesmal, sooft die Familie eintrat, brannten die Kerzen in den schweren Armleuchtern, und man vergaß in einigen Minuten die Tageszeit und alles, was man draußen gesehen hatte. Dieser hohe, wie ich vermute, gewölbte Raum war stärker als alles; er saugte mit seiner dunkelnden Höhe, mit seinen niemals ganz aufgeklärten Ecken alle Bilder aus einem heraus, ohne einem einen bestimmten Ersatz dafür zu geben. Man saß da wie aufgelöst; völlig ohne Willen, ohne Besinnung, ohne Lust, ohne Abwehr. Man war wie eine leere Stelle. Ich erinnere mich, daß dieser vernichtende Zustand mir zuerst fast Übelkeit verursachte, eine Art Seekrankheit, die ich nur dadurch überwand, daß ich mein Bein ausstreckte, bis ich mit dem Fuß das Knie meines Vaters berührte, der mir gegenübersaß. Erst später fiel es mir auf, daß er dieses merkwürdige Benehmen zu begreifen oder doch zu dulden schien, obwohl zwischen uns ein fast kühles Verhältnis bestand, aus dem ein solches Gebaren nicht erklärlich war. Es war indessen jene leise Berührung, welche mir die Kraft gab, die langen Mahlzeiten auszuhalten. Und nach einigen Wochen krampfhaften Ertragens hatte ich, mit der fast unbegrenzten Anpassung des Kindes, mich so sehr an das Unheimliche jener Zusammenkünfte gewöhnt, daß es mich keine Anstrengung mehr kostete, zwei Stunden bei Tische zu sitzen; jetzt vergingen sie sogar verhältnismäßig schnell, weil ich mich damit beschäftigte, die Anwesenden zu beobachten.

Mein Großvater nannte es die Familie, und ich hörte auch die andern diese Bezeichnung gebrauchen, die ganz willkürlich war. Denn obwohl diese vier Menschen miteinander in entfernten verwandtschaftlichen Beziehungen standen, so gehörten sie doch in keiner Weise zusammen. Der Oheim, welcher neben mir saß, war ein alter Mann, dessen hartes und verbranntes Gesicht einige schwarze Flecke zeigte, wie ich erfuhr, die Folgen einer explodierten Pulverladung; mürrisch und malkontent wie er war, hatte er als Major seinen Abschied genommen, und nun machte er in einem mir unbekannten Raum des Schlosses alchymistische Versuche, war auch, wie ich die Diener sagen hörte, mit einem Stockhause in Verbindung, von wo man ihm ein- oder zweimal jährlich Leichen zusandte, mit denen er sich Tage und Nächte einschloß und die er zerschnitt und auf eine geheimnisvolle Art zubereitete, so daß sie der Verwesung widerstanden. Ihm gegenüber war der Platz des Fräuleins Mathilde Brahe. Es war das eine Person von unbestimmtem Alter, eine entfernte Cousine meiner Mutter, von der nichts bekannt war, als daß sie eine sehr rege Korrespondenz mit einem österreichischen Spiritisten unterhielt, der sich Baron Nolde nannte und dem sie vollkommen ergeben war, so daß sie nicht das geringste unternahm, ohne vorher seine Zustimmung oder vielmehr etwas wie seinen Segen einzuholen. Sie war zu jener Zeit außerordentlich stark, von einer weichen, trägen Fülle, die gleichsam achtlos in ihre losen, hellen Kleider hineingegossen war; ihre Bewegungen waren müde und unbestimmt, und ihre Augen flossen beständig über. Und trotzdem war etwas in ihr, das mich an meine zarte und schlanke Mutter erinnerte. Ich fand, je länger ich sie betrachtete, alle die feinen und leisen Züge in ihrem Gesichte, an die ich mich seit meiner Mutter Tode nie mehr recht hatte erinnern können; nun erst, seit ich Mathilde Brahe täglich sah, wußte ich wieder, wie die Verstorbene ausgesehen hatte; ja, ich wußte es vielleicht zum erstenmal. Nun erst setzte sich aus hundert und hundert Einzelheiten ein Bild der Toten in mir zusammen, jenes Bild, das mich überall begleitet. Später ist es mir klar geworden, daß in dem Gesicht des Fräuleins Brahe wirklich alle Einzelheiten vorhanden waren, die die Züge meiner Mutter bestimmten, – sie waren nur, als ob ein fremdes Gesicht sich dazwischen geschoben hatte, auseinandergedrängt, verbogen und nichtmehr in Verbindung miteinander.

Neben dieser Dame saß der kleine Sohn einer Cousine, ein Knabe, etwa gleichaltrig mit mir, aber kleiner und schwächlicher. Aus einer gefältelten Krause stieg sein dünner, blasser Hals und verschwand unter einem langen Kinn. Seine Lippen waren schmal und fest geschlossen, seine Nasenflügel zitterten leise, und von seinen schönen dunkelbraunen Augen war nur das eine beweglich. Es blickte manchmal ruhig und traurig zu mir herüber, während das andere immer in dieselbe Ecke gerichtet blieb, als wäre es verkauft und käme nichtmehr in Betracht.

Am oberen Ende der Tafel stand der ungeheure Lehnsessel meines Großvaters, den ein Diener, der nichts anderes zu tun hatte, ihm unterschob und in dem der Greis nur einen geringen Raum einnahm. Es gab Leute, die diesen schwerhörigen und herrischen alten Herrn Exzellenz und Hofmarschall nannten, andere gaben ihm den Titel General. Und er besaß gewiß auch alle diese Würden, aber es war so lange her, seit er Ämter bekleidet hatte, daß diese Benennungen kaum mehr verständlich waren. Mir schien es überhaupt, als ob an seiner in gewissen Momenten so scharfen und doch immer wieder aufgelösten Persönlichkeit kein bestimmter Name haften könne. Ich konnte mich nie entschließen, ihn Großvater zu nennen, obwohl er bisweilen freundlich zu mir war, ja mich sogar zu sich rief, wobei er meinem Namen eine scherzhafte Betonung zu geben versuchte. Übrigens zeigte die ganze Familie ein aus Ehrfurcht und Scheu gemischtes Benehmen dem Grafen gegenüber, nur der kleine Erik lebte in einer gewissen Vertraulichkeit mit dem greisen Hausherrn; sein bewegliches Auge hatte zuzeiten rasche Blicke des Einverständnisses mit ihm, die ebensorasch von dem Großvater erwidert wurden; auch konnte man sie zuweilen in den langen Nachmittagen am Ende der tiefen Galerie auftauchen sehen und beobachten, wie sie, Hand in Hand, die dunklen alten Bildnisse entlang gingen, ohne zu sprechen, offenbar auf eine andere Weise sich verständigend.

Ich befand mich fast den ganzen Tag im Parke und draußen in den Buchenwäldern oder auf der Heide; und es gab zum Glück Hunde auf Urnekloster, die mich begleiteten; es gab da und dort ein Pächterhaus oder einen Meierhof, wo ich Milch und Brot und Früchte bekommen konnte, und ich glaube, daß ich meine Freiheit ziemlich sorglos genoß, ohne mich, wenigstens in den folgenden Wochen, von dem Gedanken an die abendlichen Zusammenkünfte ängstigen zu lassen. Ich sprach fast mit niemandem, denn es war meine Freude, einsam zu sein; nur mit den Hunden hatte ich kurze Gespräche dann und wann: mit ihnen verstand ich mich ausgezeichnet. Schweigsamkeit war übrigens eine Art Familieneigenschaft; ich kannte sie von meinem Vater her, und es wunderte mich nicht, daß während der Abendtafel fast nichts gesprochen wurde.

In den ersten Tagen nach unserer Ankunft allerdings benahm sich Mathilde Brahe äußerst gesprächig. Sie fragte den Vater nach früheren Bekannten in ausländischen Städten, sie erinnerte sich entlegener Eindrücke, sie rührte sich selbst bis zu Tränen, indem sie verstorbener Freundinnen und eines gewissen jungen Mannes gedachte, von dem sie andeutete, daß er sie geliebt habe, ohne daß sie seine inständige und hoffnungslose Neigung hätte erwidern mögen. Mein Vater hörte höflich zu, neigte dann und wann zustimmend sein Haupt und antwortete nur das Nötigste. Der Graf, oben am Tisch, lächelte beständig mit herabgezogenen Lippen, sein Gesicht erschien größer als sonst, es war, als trüge er eine Maske. Er ergriff übrigens selbst manchmal das Wort, wobei seine Stimme sich auf niemanden bezog, aber, obwohl sie sehr leise war, doch im ganzen Saal gehört werden konnte; sie hatte etwas von dem gleichmäßigen unbeteiligten Gang einer Uhr; die Stille um sie schien eine eigene leere Resonanz zu haben, für jede Silbe die gleiche.

Graf Brahe hielt es für eine besondere Artigkeit meinem Vater gegenüber, von dessen verstorbener Gemahlin, meiner Mutter, zu sprechen. Er nannte sie Gräfin Sibylle, und alle seine Sätze schlossen, als fragte er nach ihr. Ja es kam mir, ich weiß nicht weshalb, vor, als handle es sich um ein ganz junges Mädchen in Weiß, das jeden Augenblick bei uns eintreten könne. In demselben Tone hörte ich ihn auch von ›unserer kleinen Anna Sophie‹ reden. Und als ich eines Tages nach diesem Fräulein fragte, das dem Großvater besonders lieb zu sein schien, erfuhr ich, daß er des Großkanzlers Conrad Reventlow Tochter meinte, weiland Friedrichs des Vierten Gemahlin zur linken Hand, die seit nahezu anderthalb hundert Jahren zu Roskilde ruhte. Die Zeitfolgen spielten durchaus keine Rolle für ihn, der Tod war ein kleiner Zwischenfall, den er vollkommen ignorierte, Personen, die er einmal in seine Erinnerung aufgenommen hatte, existierten, und daran konnte ihr Absterben nicht das geringste ändern. Mehrere Jahre später, nach dem Tode des alten Herrn, erzählte man sich, wie er auch das Zukünftige mit demselben Eigensinn als gegenwärtig empfand. Er soll einmal einer gewissen jungen Frau von ihren Söhnen gesprochen haben, von den Reisen eines dieser Söhne insbesondere, während die junge Dame, eben im dritten Monate ihrer ersten Schwangerschaft, fast besinnungslos vor Entsetzen und Furcht neben dem unablässig redenden Alten saß.

Aber es begann damit, daß ich lachte. Ja ich lachte laut und ich konnte mich nicht beruhigen. Eines Abends fehlte nämlich Mathilde Brahe. Der alte, fast ganz erblindete Bediente hielt, als er zu ihrem Platze kam, dennoch die Schussel anbietend hin. Eine Weile verharrte er so; dann ging er befriedigt und würdig und als ob alles in Ordnung wäre weiter. Ich hatte diese Szene beobachtet, und sie kam mir, im Augenblick da ich sie sah, durchaus nicht komisch vor. Aber eine Weile später, als ich eben einen Bissen in den Mund steckte, stieg mir das Gelächter mit solcher Schnelligkeit in den Kopf, daß ich mich verschluckte und großen Lärm verursachte. Und trotzdem diese Situation mir selber lästig war, trotzdem ich mich auf alle mögliche Weise anstrengte, ernst zu sein, kam das Lachen stoßweise immer wieder und behielt völlig dic Herrschaft über mich.

Mein Vater, gleichsam um mein Benehmen zu verdecken, fragte mit seiner breiten gedämpften Stimme: »Ist Mathilde krank?« Der Großvater lächelte in seiner Art und antwortete dann mit einem Satze, auf den ich, mit mir selber beschäftigt, nicht achtgab und der etwa lautete: Nein, sie wünscht nur, Christinen nicht zu begegnen. Ich sah es also auch nicht als die Wirkung dieser Worte an, daß mein Nachbar, der braune Major, sich erhob und, mit einer undeutlich gemurmelten Entschuldigung und einer Verbeugung gegen den Grafen hin, den Saal verließ. Es fiel mir nur auf, daß er sich hinter dem Rücken des Hausherrn in der Tür nochmals umdrehte und dem kleinen Erik und zu meinem größten Erstaunen plötzlich auch mir winkende und nickende Zeichen machte, als forderte er uns auf, ihm zu folgen. Ich war so überrascht, daß mein Lachen aufhörte, mich zu bedrängen. Im übrigen schenkte ich dem Major weiter keine Aufmerksamkeit; er war mir unangenehm, und ich bemerkte auch, daß der kleine Erik ihn nicht beachtete.

Die Mahlzeit schleppte sich weiter wie immer, und man war gerade beim Nachtisch angelangt, als meine Blicke von einer Bewegung ergriffen und mitgenommen wurden, die im Hintergrund des Saales, im Halbdunkel, vor sich ging. Dort war nach und nach eine, wie ich meinte, stets verschlossene Türe, von welcher man mir gesagt hatte, daß sie in das Zwischengeschoß führe, aufgegangen, und jetzt, während ich mit einem mir ganz neuen Gefühl von Neugier und Bestürzung hinsah, trat in das Dunkel der Türöffnung eine schlanke, hellgekleidete Dame und kam langsam auf uns zu. Ich weiß nicht, ob ich eine Bewegung machte oder einen Laut von mir gab, der Lärm eines umstürzenden Stuhles zwang mich, meine Blicke von der merkwürdigen Gestalt abzureißen, und ich sah meinen Vater, der aufgesprungen war und nun, totenbleich im Gesicht, mit herabhängenden geballten Händen, auf die Dame zuging. Sie bewegte sich indessen, von dieser Szene ganz unberührt, auf uns zu, Schritt für Schritt, und sie war schon nichtmehr weit von dem Platze des Grafen, als dieser sich mit einem Ruck erhob, meinen Vater beim Arme faßte, ihn an den Tisch zurückzog und festhielt, während die fremde Dame, langsam und teilnahmlos, durch den nun freigewordenen Raum vorüberging, Schritt für Schritt, durch unbeschreibliche Stille, in der nur irgendwo ein Glas zitternd klirrte, und in einer Tür der gegenüberliegenden Wand des Saales verschwand. In diesem Augenblick bemerkte ich, daß es der kleine Erik war, der mit einer tiefen Verbeugung diese Türe hinter der Fremden schloß.

Ich war der einzige, der am Tische sitzengeblieben war; ich hatte mich so schwer gemacht in meinem Sessel, mir schien, ich könnte allein nie wieder auf. Eine Weile sah ich, ohne zu sehen. Dann fiel mir mein Vater ein, und ich gewahrte, daß der Alte ihn noch immer am Arme festhielt. Das Gesicht meines Vaters war jetzt zornig, voller Blut, aber der Großvater, dessen Finger wie eine weiße Kralle meines Vaters Arm umklammerten, lächelte sein maskenhaftes Lächeln. Ich hörte dann, wie er etwas sagte, Silbe für Silbe, ohne daß ich den Sinn seiner Worte verstehen konnte. Dennoch fielen sie mir tief ins Gehör, denn vor etwa zwei Jahren fand ich sie eines Tages unten in meiner Erinnerung, und seither weiß ich sie. Er sagte: »Du bist heftig, Kammerherr, und unhöflich. Was läßt du die Leute nicht an ihre Beschäftigungen gehn?« »Wer ist das?« schrie mein Vater dazwischen. »Jemand, der wohl das Recht hat, hier zu sein. Keine Fremde. Christine Brahe.« – Da entstand wieder jene merkwürdig dünne Stille, und wieder fing das Glas an zu zittern. Dann aber riß sich mein Vater mit einer Bewegung los und stürzte aus dem Saale.

Ich hörte ihn die ganze Nacht in seinem Zimmer auf und ab gehen; denn auch ich konnte nicht schlafen. Aber plötzlich gegen Morgen erwachte ich doch aus irgend etwas Schlafähnlichem und sah mit einem Entsetzen, das mich bis ins Herz hinein lähmte, etwas Weißes, das an meinem Bette saß. Meine Verzweiflung gab mir schließlich die Kraft, den Kopf unter die Decke zu stecken, und dort begann ich aus Angst und Hülflosigkeit zu weinen. Plötzlich wurde es kühl und hell über meinen weinenden Augen; ich drückte sie, um nichts sehen zu müssen, über den Tränen zu. Aber die Stimme, die nun von ganz nahe auf mich einsprach, kam lau und süßlich an mein Gesicht, und ich erkannte sie: es war Fräulein Mathildes Stimme. Ich beruhigte mich sofort und ließ mich trotzdem, auch als ich schon ganz ruhig war, immer noch weiter trösten; ich fühlte zwar, daß diese Güte zu weichlich sei, aber ich genoß sie dennoch und meinte sie irgendwie verdient zu haben. »Tante«, sagte ich schließlich und versuchte in ihrem zerflossenen Gesicht die Züge meiner Mutter zusammenzufassen: »Tante, wer war die Dame?«

»Ach«, antwortete das Fräulein Brahe mit einem Seufzer, der mir komisch vorkam, »eine Unglückliche, mein Kind, eine Unglückliche.«

Am Morgen dieses Tages bemerkte ich in einem Zimmer einige Bediente, die mit Packen beschäftigt waren. Ich dachte, daß wir reisen würden, ich fand es ganz natürlich, daß wir nun reisten. Vielleicht war das auch meines Vaters Absicht. Ich habe nie erfahren, was ihn bewog, nach jenem Abend noch auf Urnekloster zu bleiben. Aber wir reisten nicht. Wir hielten uns noch acht Wochen oder neun in diesem Hause auf, wir ertrugen den Druck seiner Seltsamkeiten, und wir sahen noch dreimal Christine Brahe.

Ich wußte damals nichts von ihrer Geschichte. Ich wußte nicht, daß sie vor langer, langer Zeit in ihrem zweiten Kindbett gestorben war, einen Knaben gebärend, der zu einem bangen und grausamen Schicksal heranwuchs, – ich wußte nicht, daß sie eine Gestorbene war. Aber mein Vater wußte es. Hatte er, der leidenschaftlich war und auf Konsequenz und Klarheit angelegt, sich zwingen wollen, in Fassung und ohne zu fragen, dieses Abenteuer auszuhalten? Ich sah, ohne zu begreifen, wie er mit sich kämpfte, ich erlebte es, ohne zu verstehen, wie er sich endlich bezwang.

Das war, als wir Christine Brahe zum letztenmal sahen. Dieses Mal war auch Fräulein Mathilde zu Tische erschienen; aber sie war anders als sonst. Wie in den ersten Tagen nach unserer Ankunft sprach sie unaufhörlich ohne bestimmten Zusammenhang und fortwährend sich verwirrend, und dabei war eine körperliche Unruhe in ihr, die sie nötigte, sich beständig etwas am Haar oder am Kleide zu richten, – bis sie unvermutet mit einem hohen klagenden Schrei aufsprang und verschwand.

In demselben Augenblick wandten sich meine Blicke unwillkürlich nach der gewissen Türe, und wirklich: Christine Brahe trat ein. Mein Nachbar, der Major, machte eine heftige, kurze Bewegung, die sich in meinen Körper fortpflanzte, aber er hatte offenbar keine Kraft mehr, sich zu erheben. Sein braunes, altes, fleckiges Gesicht wendete sich von einem zum andern, sein Mund stand offen, und die Zunge wand sich hinter den verdorbenen Zähnen; dann auf einmal war dieses Gesicht fort, und sein grauer Kopf lag auf dem Tische, und seine Arme lagen wie in Stücken darüber und darunter, und irgendwo kam eine welke, fleckige Hand hervor und bebte.

Und nun ging Christine Brahe vorbei, Schritt für Schritt, langsam wie eine Kranke, durch unbeschreibliche Stille, in die nur ein einziger wimmernder Laut hineinklang wie eines alten Hundes. Aber da schob sich links von dem großen silbernen Schwan, der mit Narzissen gefüllt war, die große Maske des Alten hervor mit ihrem grauen Lächeln. Er hob sein Weinglas meinem Vater zu. Und nun sah ich, wie mein Vater, gerade als Christine Brahe hinter seinem Sessel vorüberkam, nach seinem Glase griff und es wie etwas sehr Schweres eine Handbreit über den Tisch hob.

Und noch in dieser Nacht reisten wir.

Bibliothèque Nationale.

Ich sitze und lese einen Dichter. Es sind viele Leute im Saal, aber man spürt sie nicht. Sie sind in den Büchern. Manchmal bewegen sie sich in den Blättern, wie Menschen, die schlafen und sich umwenden zwischen zwei Träumen. Ach, wie gut ist es doch, unter lesenden Menschen zu sein. Warum sind sie nicht immer so? Du kannst hingehen zu einem und ihn leise anrühren: er fühlt nichts. Und stößt du einen Nachbar beim Aufstehen ein wenig an und entschuldigst dich, so nickt er nach der Seite, auf der er deine Stimme hört, sein Gesicht wendet sich dir zu und sieht dich nicht, und sein Haar ist wie das Haar eines Schlafenden. Wie wohl das tut. Und ich sitze und habe einen Dichter. Was für ein Schicksal. Es sind jetzt vielleicht dreihundert Leute im Saale, die lesen; aber es ist unmöglich, daß sie jeder einzelne einen Dichter haben. (Weiß Gott, was sie haben.) Dreihundert Dichter giebt es nicht. Aber sieh nur, was für ein Schicksal, ich, vielleicht der armsäligste von diesen Lesenden, ein Ausländer: ich habe einen Dichter. Obwohl ich arm bin. Obwohl mein Anzug, den ich täglich trage, anfängt, gewisse Stellen zu bekommen, obwohl gegen meine Schuhe sich das und jenes einwenden ließe. Zwar mein Kragen ist rein, meine Wäsche auch, und ich könnte, wie ich bin, in eine beliebige Konditorei gehen, womöglich auf den großen Boulevards, und könnte mit meiner Hand getrost in einen Kuchenteller greifen und etwas nehmen. Man würde nichts Auffälliges darin finden und mich nicht schelten und hinausweisen, denn es ist immerhin eine Hand aus den guten Kreisen, eine Hand, die vier- bis fünfmal täglich gewaschen wird ... Ja, es ist nichts hinter den Nägeln, der Schreibfinger ist ohne Tinte, und besonders die Gelenke sind tadellos. Bis dorthin waschen arme Leute sich nicht, das ist eine bekannte Tatsache. Man kann also aus ihrer Reinlichkeit gewisse Schlüsse ziehen. Man zieht sie auch. In den Geschäften zieht man sie. Aber es giebt doch ein paar Existenzen, auf dem Boulevard Saint-Michel zum Beispiel und in der rue Racine, die lassen sich nicht irremachen, die pfeifen auf die Gelenke. Die sehen mich an und wissen es. Die wissen, daß ich eigentlich zu ihnen gehöre, daß ich nur ein bißchen Komödie spiele. Es ist ja Fasching. Und sie wollen mir den Spaß nicht verderben; sie grinsen nur so ein bißchen und zwinkern mit den Augen. Kein Mensch hats gesehen. Im übrigen behandeln sie mich wie einen Herrn. Es muß nur jemand in der Nähe sein, dann tun sie sogar untertänig. Tun, als ob ich einen Pelz anhätte und mein Wagen hinter mir herführe. Manchmal gebe ich ihnen zwei Sous und zittere, sie könnten sie abweisen; aber sie nehmen sie an. Und es wäre alles in Ordnung, wenn sie nicht wieder ein wenig gegrinst und gezwinkert hätten. Wer sind diese Leute? Was wollen sie von mir? Warten sie auf mich? Woran erkennen sie mich? Es ist wahr, mein Bart sieht etwas vernachlässigt aus, und ein ganz, ganz klein wenig erinnert er an ihre kranken, alten, verblichenen Bärte, die mir immer Eindruck gemacht haben. Aber habe ich nicht das Recht, meinen Bart zu vernachlässigen? Viele beschäftigte Menschen tun das, und es fällt doch niemandem ein, sie deshalb gleich zu den Fortgeworfenen zu zählen. Denn das ist mir klar, daß das die Fortgeworfenen sind, nicht nur Bettler; nein, es sind eigentlich keine Bettler, man muß Unterschiede machen. Es sind Abfälle, Schalen von Menschen, die das Schicksal ausgespieen hat. Feucht vom Speichel des Schicksals kleben sie an einer Mauer, an einer Laterne, an einer Plakatsäule, oder sie rinnen langsam die Gasse herunter mit einer dunklen, schmutzigen Spur hinter sich her. Was in aller Welt wollte diese Alte von mir, die, mit einer Nachttischschublade, in der einige Knöpfe und Nadeln herumrollten, aus irgendeinem Loch herausgekrochen war? Weshalb ging sie immer neben mir und beobachtete mich? Als ob sie versuchte, mich zu erkennen mit ihren Triefaugen, die aussahen, als hätte ihr ein Kranker grünen Schleim in die blutigen Lider gespuckt. Und wie kam damals jene graue, kleine Frau dazu, eine Viertelstunde lang vor einem Schaufenster an meiner Seite zu stehen, während sie mir einen alten, langen Bleistift zeigte, der unendlich langsam aus ihren schlechten, geschlossenen Händen sich herausschob. Ich tat, als betrachtete ich die ausgelegten Sachen und merkte nichts. Sie aber wußte, daß ich sie gesehen hatte, sie wußte, daß ich stand und nachdachte, was sie eigentlich täte. Denn daß es sich nicht um den Bleistift handeln konnte, begriff ich wohl: ich fühlte, daß das ein Zeichen war, ein Zeichen für Eingeweihte, ein Zeichen, das die Fortgeworfenen kennen; ich ahnte, sie bedeutete mir, ich müßte irgendwohin kommen oder etwas tun. Und das Seltsamste war, daß ich immerfort das Gefühl nicht los wurde, es bestünde tatsächlich eine gewisse Verabredung, zu der dieses Zeichen gehörte, und diese Szene wäre im Grunde etwas, was ich hätte erwarten müssen.

Das war vor zwei Wochen. Aber nun vergeht fast kein Tag ohne eine solche Begegnung. Nicht nur in der Dämmerung, am Mittag in den dichtesten Straßen geschieht es, daß plötzlich ein kleiner Mann oder eine alte Frau da ist, nickt, mir etwas zeigt und wieder verschwindet, als wäre nun alles

Nötige getan. Es ist möglich, daß es ihnen eines Tages einfällt, bis in meine Stube zu kommen, sie wissen bestimmt, wo ich wohne, und sie werden es schon einrichten, daß der Concierge sie nicht aufhält. Aber hier, meine Lieben, hier bin ich sicher vor euch. Man muß eine besondere Karte haben, um in diesen Saal eintreten zu können. Diese Karte habe ich vor euch voraus. Ich gehe ein wenig scheu, wie man sich denken kann, durch die Straßen, aber schließlich stehe ich vor einer Glastür, öffne sie, als ob ich zuhause wäre, weise an der nächsten Tür meine Karte vor (ganz genau wie ihr mir eure Dinge zeigt, nur mit dem Unterschiede, daß man mich versteht und begreift, was ich meine –), und dann bin ich zwischen diesen Büchern, bin euch weggenommen, als ob ich gestorben wäre, und sitze und lese einen Dichter.

Ihr wißt nicht, was das ist, ein Dichter? – Verlaine ... Nichts? Keine Erinnerung? Nein. Ihr habt ihn nicht unterschieden unter denen, die ihr kanntet? Unterschiede macht ihr keine, ich weiß. Aber es ist ein anderer Dichter, den ich lese, einer, der nicht in Paris wohnt, ein ganz anderer. Einer, der ein stilles Haus hat im Gebirge. Der klingt wie eine Glocke in reiner Luft. Ein glücklicher Dichter, der von seinem Fenster erzählt und von den Glastüren seines Bücherschrankes, die eine liebe, einsame Weite nachdenklich spiegeln. Gerade der Dichter ist es, der ich hätte werden wollen; denn er weiß von den Mädchen so viel, und ich hätte auch viel von ihnen gewußt. Er weiß von Mädchen, die vor hundert Jahren gelebt haben; es tut nichts mehr, daß sie tot sind, denn er weiß alles. Und das ist die Hauptsache. Er spricht ihre Namen aus, diese leisen, schlankgeschriebenen Namen mit den altmodischen Schleifen in den langen Buchstaben und die erwachsenen Namen ihrer älteren Freundinnen, in denen schon ein klein wenig Schicksal mitklingt, ein klein wenig Enttäuschung und Tod. Vielleicht liegen in einem Fach seines Mahagonischreibtisches ihre verblichenen Briefe und die gelösten Blätter ihrer Tagebücher, in denen Geburtstage stehen, Sommerpartien, Geburtstage. Oder es kann sein, daß es in der bauchigen Kommode im Hintergrunde seines Schlafzimmers eine Schublade giebt, in der ihre Frühjahrskleider aufgehoben sind; weiße Kleider, die um Ostern zum erstenmal angezogen wurden, Kleider aus getupftem Tüll, die eigentlich in den Sommer gehören, den man nicht erwarten konnte. O was für ein glückliches Schicksal, in der stillen Stube eines ererbten Hauses zu sitzen unter lauter ruhigen, seßhaften Dingen und draußen im leichten, lichtgrünen Garten die ersten Meisen zu hören, die sich versuchen, und in der Ferne die Dorfuhr. Zu sitzen und auf einen warmen Streifen Nachmittagssonne zu sehen und vieles von vergangenen Mädchen zu wissen und ein Dichter zu sein. Und zu denken, daß ich auch so ein Dichter geworden wäre, wenn ich irgendwo hätte wohnen dürfen, irgendwo auf der Welt, in einem von den vielen verschlossenen Landhäusern, um die sich niemand bekümmert. Ich hätte ein einziges Zimmer gebraucht (das lichte Zimmer im Giebel). Da hätte ich drinnen gelebt mit meinen alten Dingen, den Familienbildern, den Büchern. Und einen Lehnstuhl hätte ich gehabt und Blumen und Hunde und einen starken Stock für die steinigen Wege. Und nichts sonst. Nur ein Buch in gelbliches, elfenbeinfarbiges Leder gebunden mit einem alten blumigen Muster als Vorsatz: dahinein hatte ich geschrieben. Ich hätte viel geschrieben, denn ich hätte viele Gedanken gehabt und Erinnerungen von Vielen.

Aber es ist anders gekommen, Gott wird wissen, warum. Meine alten Möbel faulen in einer Scheune, in die ich sie habe stellen dürfen, und ich selbst, ja, mein Gott, ich habe kein Dach über mir, und es regnet mir in die Augen.

Manchmal gehe ich an kleinen Läden vorbei in der rue de Seine etwa. Händler mit Altsachen oder kleine Buchantiquare oder Kupferstichverkäufer mit überfüllten Schaufenstern. Nie tritt jemand bei ihnen ein, sie machen offenbar keine Geschäfte. Sieht man aber hinein, so sitzen sie, sitzen und lesen, unbesorgt; sorgen nicht um morgen, ängstigen sich nicht um ein Gelingen, haben einen Hund, der vor ihnen sitzt, gut aufgelegt, oder eine Katze, die die Stille noch größer macht, indem sie die Bücherreihen entlang streicht, als wischte sie die Namen von den Rücken.

Ach, wenn das genügte: ich wünschte manchmal, mir so ein volles Schaufenster zu kaufen und mich mit einem Hund dahinterzusetzen für zwanzig Jahre.

Es ist gut, es laut zu sagen: »Es ist nichts geschehen.« Noch einmal: »Es ist nichts geschehen.« Hilft es?

Daß mein Ofen wieder einmal geraucht hat und ich ausgehen mußte, das ist doch wirklich kein Unglück. Daß ich mich matt und erkältet fühle, hat nichts zu bedeuten. Daß ich den ganzen Tag in den Gassen umhergelaufen bin, ist meine eigene Schuld. Ich hätte ebensogut im Louvre sitzen können. Oder nein, das hätte ich nicht. Dort sind gewisse Leute, die sich wärmen wollen. Sie sitzen auf den Samtbänken, und ihre Füße stehen wie große leere Stiefel nebeneinander auf den Gittern der Heizungen. Es sind äußerst bescheidene Männer, die dankbar sind, wenn die Diener in den dunklen Uniformen mit den vielen Orden sie dulden. Aber wenn ich eintrete, so grinsen sie. Grinsen und nicken ein wenig. Und dann, wenn ich vor den Bildern hin und her gehe, behalten sie mich im Auge, immer im Auge, immer in diesem umgerührten, zusammengeflossenen Auge. Es war also gut, daß ich nicht ins Louvre gegangen bin. Ich bin immer unterwegs gewesen. Weiß der Himmel in wie vielen Städten, Stadtteilen, Friedhöfen, Brücken und Durchgängen. Irgendwo habe ich einen Mann gesehen, der einen Gemüsewagen vor sich herschob. Er schrie: Chou-fleur, Chou-fleur, das fleur mit eigentümlich trübem eu. Neben ihm ging eine eckige, häßliche Frau, die ihn von Zeit zu Zeit anstieß. Und wenn sie ihn anstieß, so schrie er. Manchmal schrie er auch von selbst, aber dann war es umsonst gewesen, und er mußte gleich darauf wieder schreien, weil man vor einem Hause war, welches kaufte. Habe ich schon gesagt, daß er blind war? Nein? Also er war blind. Er war blind und schrie. Ich fälsche, wenn ich das sage, ich unterschlage den Wagen, den er schob, ich tue, als hätte ich nicht bemerkt, daß er Blumenkohl ausrief. Aber ist das wesentlich? Und wenn es auch wesentlich wäre, kommt es nicht darauf an, was die ganze Sache für mich gewesen ist? Ich habe einen alten Mann gesehen, der blind war und schrie. Das habe ich gesehen. Gesehen.

Wird man es glauben, daß es solche Häuser giebt? Nein, man wird sagen, ich fälsche. Diesmal ist es Wahrheit, nichts weggelassen, natürlich auch nichts hinzugetan. Woher sollte ich es nehmen? Man weiß, daß ich arm bin. Man weiß es. Häuser? Aber, um genau zu sein, es waren Häuser, die nichtmehr da waren. Häuser, die man abgebrochen hatte von oben bis unten. Was da war, das waren die anderen Häuser, die danebengestanden hatten, hohe Nachbarhäuser. Offenbar waren sie in Gefahr, umzufallen, seit man nebenan alles weggenommen hatte; denn ein ganzes Gerüst von langen, geteerten Mastbäumen war schräg zwischen den Grund des Schuttplatzes und die bloßgelegte Mauer gerammt. Ich weiß nicht, ob ich schon gesagt habe, daß ich diese Mauer meine. Aber es war sozusagen nicht die erste Mauer der vorhandenen Häuser (was man doch hätte annehmen müssen), sondern die letzte der früheren. Man sah ihre Innenseite. Man sah in den verschiedenen Stockwerken Zimmerwände, an denen noch die Tapeten klebten, da und dort den Ansatz des Fußbodens oder der Decke. Neben den Zimmerwänden blieb die ganze Mauer entlang noch ein schmutzigweißer Raum, und durch diesen kroch in unsäglich widerlichen, wurmweichen, gleichsam verdauenden Bewegungen die offene, rostfleckige Rinne der Abortröhre. Von den Wegen, die das Leuchtgas gegangen war, waren graue, staubige Spuren am Rande der Decken geblieben, und sie bogen da und dort, ganz unerwartet, rund um und kamen in die farbige Wand hineingelaufen und in ein Loch hinein, das schwarz und rücksichtslos ausgerissen war. Am unvergeßlichsten aber waren die Wände selbst. Das zähe Leben dieser Zimmer hatte sich nicht zertreten lassen. Es war noch da, es hielt sich an den Nägeln, die geblieben waren, es stand auf dem handbreiten Rest der Fußböden, es war unter den Ansätzen der Ecken, wo es noch ein klein wenig Innenraum gab, zusammengekrochen. Man konnte sehen, daß es in der Farbe war, die es langsam, Jahr um Jahr, verwandelt hatte: Blau in schimmliches Grün, Grün in Grau und Gelb in ein altes, abgestandenes Weiß, das fault. Aber es war auch in den frischeren Stellen, die sich hinter Spiegeln, Bildern und Schränken erhalten hatten; denn es hatte ihre Umrisse gezogen und nachgezogen und war mit Spinnen und Staub auch auf diesen versteckten Plätzen gewesen, die jetzt bloßlagen. Es war in jedem Streifen, der abgeschunden war, es war in den feuchten Blasen am unteren Rande der Tapeten, es schwankte in den abgerissenen Fetzen, und aus den garstigen Flekken, die vor langer Zeit entstanden waren, schwitzte es aus. Und aus diesen blau, grün und gelb gewesenen Wänden, die eingerahmt waren von den Bruchbahnen der zerstörten Zwischenmauern, stand die Luft dieser Leben heraus, die zähe, träge, stockige Luft, die kein Wind noch zerstreut hatte. Da standen die Mittage und die Krankheiten und das Ausgeatmete und der jahrealte Rauch und der Schweiß, der unter den Schultern ausbricht und die Kleider schwer macht, und das Fade aus den Munden und der Fuselgeruch gärender Füße. Da stand das Scharfe vom Urin und das Brennen vom Ruß und grauer Kartoffeldunst und der schwere, glatte Gestank von alterndem Schmalze. Der süße, lange Geruch von vernachlässigten Säuglingen war da und der Angstgeruch der Kinder, die in die Schule gehen, und das Schwüle aus den Betten mannbarer Knaben. Und vieles hatte sich dazugesellt, was von unten gekommen war, aus dem Abgrund der Gasse, die verdunstete, und anderes war von oben herabgesickert mit dem Regen, der über den Städten nicht rein ist. Und manches hatten die schwachen, zahm gewordenen Hauswinde, die immer in derselben Straße bleiben, zugetragen, und es war noch vieles da, wovon man den Ursprung nicht wußte. Ich habe doch gesagt, daß man alle Mauern abgebrochen hatte bis auf die letzte –? Nun von dieser Mauer spreche ich fortwährend. Man wird sagen, ich hätte lange davorgestanden; aber ich will einen Eid geben dafür, daß ich zu laufen begann, sobald ich die Mauer erkannt hatte. Denn das ist das Schreckliche, daß ich sie erkannt habe. Ich erkenne das alles hier, und darum geht es so ohne weiteres in mich ein: es ist zu Hause in mir.

Ich war etwas erschöpft nach alledem, man kann wohl sagen angegriffen, und darum war es zuviel für mich, daß auch er noch auf mich warten mußte. Er wartete in der kleinen

Crémerie, wo ich zwei Spiegeleier essen wollte; ich war hungrig, ich war den ganzen Tag nicht dazu gekommen zu essen. Aber ich konnte auch jetzt nichts zu mir nehmen; ehe die Eier noch fertig waren, trieb es mich wieder hinaus in die Straßen, die ganz dickflüssig von Menschen mir entgegenrannen. Denn es war Fasching und Abend, und die Leute hatten alle Zeit und trieben umher und rieben sich einer am andern. Und ihre Gesichter waren voll von dem Licht, das aus den Schaubuden kam, und das Lachen quoll aus ihren Munden wie Eiter aus offenen Stellen. Sie lachten immer mehr und drängten sich immer enger zusammen, je ungeduldiger ich versuchte vorwärts zu kommen. Das Tuch eines Frauenzimmers hakte sich irgendwie an mir fest, ich zog sie hinter mir her, und die Leute hielten mich auf und lachten, und ich fühlte, daß ich auch lachen sollte, aber ich konnte es nicht. Jemand warf mir eine Hand Confetti in die Augen, und es brannte wie eine Peitsche. An den Ecken waren die Menschen festgekeilt, einer in den andern geschoben, und es war keine Weiterbewegung in ihnen, nur ein leises, weiches Auf und Ab, als ob sie sich stehend paarten. Aber obwohl sie standen und ich am Rande der Fahrbahn, wo es Risse im Gedränge gab, hinlief wie ein Rasender, war es in Wahrheit doch so, daß sie sich bewegten und ich mich nicht rührte. Denn es veränderte sich nichts; wenn ich aufsah, gewahrte ich immer noch dieselben Häuser auf der einen Seite und auf der anderen die Schaubuden. Vielleicht auch stand alles fest, und es war nur ein Schwindel in mir und ihnen, der alles zu drehen schien. Ich hatte keine Zeit, darüber nachzudenken, ich war schwer von Schweiß, und es kreiste ein betäubender Schmerz in mir, als ob in meinem Blute etwas zu Großes mittriebe, das die Adern ausdehnte, wohin es kam. Und dabei fühlte ich, daß die Luft längst zu Ende war und daß ich nur mehr Ausgeatmetes einzog, das meine Lungen stehen ließen.

Aber nun ist es vorbei; ich habe es überstanden. Ich sitze in meinem Zimmer bei der Lampe; es ist ein wenig kalt, denn ich wage es nicht, den Ofen zu versuchen; was, wenn er rauchte und ich müßte wieder hinaus? Ich sitze und denke: wenn ich nicht arm wäre, würde ich mir ein anderes Zimmer mieten, ein Zimmer mit Möbeln, die nicht so aufgebraucht sind, nicht so voll von früheren Mietern wie diese hier. Zuerst war es mir wirklich schwer, den Kopf in diesen Lehnstuhl zu legen; es ist da nämlich eine gewisse schmierig-graue Mulde in seinem grünen Bezug, in die alle Köpfe zu passen scheinen. Längere Zeit gebrauchte ich die Vorsicht, ein Taschentuch unter meine Haare zu legen, aber jetzt bin ich zu müde dazu; ich habe gefunden, daß es auch so geht und daß die kleine Vertiefung genau für meinen Hinterkopf gemacht ist, wie nach Maß. Aber ich würde mir, wenn ich nicht arm wäre, vor allem einen guten Ofen kaufen, und ich würde das reine, starke Holz heizen, welches aus dem Gebirge kommt, und nicht diese trostlosen têtes-de-moineau, deren Dunst das Atmen so bangmacht und den Kopf so wirr. Und dann müßte jemand da sein, der ohne grobes Geräusch aufräumt und der das Feuer besorgt, wie ich es brauche; denn oft, wenn ich eine Viertelstunde vor dem Ofen knien muß und rütteln, die Stirnhaut gespannt von der nahen Glut und mit Hitze in den offenen Augen, gebe ich alles aus, was ich für den Tag an Kraft habe, und wenn ich dann unter die Leute komme, haben sie es natürlich leicht. Ich würde manchmal, wenn großes Gedränge ist, einen Wagen nehmen, vorbeifahren, ich würde täglich in einem Duval essen… und nichtmehr in die Crémerien kriechen … Ob er wohl auch in einem Duval gewesen wäre?

Nein. Dort hätte er nicht auf mich warten dürfen. Sterbende läßt man nicht hinein. Sterbende? Ich sitze ja jetzt in meiner Stube; ich kann ja versuchen, ruhig über das nachzudenken, was mir begegnet ist. Es ist gut, nichts im Ungewissen zu lassen. Also ich trat ein und sah zuerst nur, daß der Tisch, an dem ich öfters zu sitzen pflegte, von jemandem anderen eingenommen war. Ich grüßte nach dem kleinen Buffet hin, bestellte und setzte mich nebenan. Aber da fühlte ich ihn, obwohl er sich nicht rührte. Gerade seine Regungslosigkeit fühlte ich und begriff sie mit einem Schlage. Die Verbindung zwischen uns war hergestellt, und ich wußte, daß er erstarrt war vor Entsetzen. Ich wußte, daß das Entsetzen ihn gelähmt hatte, Entsetzen über etwas, was in ihm geschah. Vielleicht brach ein Gefäß in ihm, vielleicht trat ein Gift, das er lange gefürchtet hatte, gerade jetzt in seine Herzkammer ein, vielleicht ging ein großes Geschwür auf in seinem Gehirn wie eine Sonne, die ihm die Welt verwandelte. Mit unbeschreiblicher Anstrengung zwang ich mich, nach ihm hinzusehen, denn ich hoffte noch, daß alles Einbildung sei. Aber es geschah, daß ich aufsprang und hinausstürzte; denn ich hatte mich nicht geirrt. Er saß da in einem dicken, schwarzen Wintermantel, und sein graues, gespanntes Gesicht hing tief in ein wollenes Halstuch. Sein Mund war geschlossen, als wäre er mit großer Wucht zugefallen, aber es war nicht möglich zu sagen, ob seine Augen noch schauten: beschlagene, rauchgraue Brillengläser lagen davor und zitterten ein wenig. Seine Nasenflügel waren aufgerissen, und das lange Haar über seinen Schläfen, aus denen alles weggenommen war, welkte wie in zu großer Hitze. Seine Ohren waren lang, gelb, mit großen Schatten hinter sich. Ja, er wußte, daß er sich jetzt von allem entfernte nicht nur von den Menschen. Ein Augenblick noch, und alles wird seinen Sinn verloren haben, und dieser Tisch und die Tasse und der Stuhl, an den er sich klammert, alles Tägliche und Nächste wird unverständlich geworden sein, fremd und schwer. So saß er da und wartete, bis es geschehen sein würde. Und wehrte sich nichtmehr.

Und ich wehre mich noch. Ich wehre mich, obwohl ich weiß, daß mir das Herz schon heraushängt und daß ich doch nichtmehr leben kann, auch wenn meine Quäler jetzt von mir abließen. Ich sage mir: es ist nichts geschehen, und doch habe ich jenen Mann nur begreifen können, weil auch in mir etwas vor sich geht, das anfängt, mich von allem zu entfernen und abzutrennen. Wie graute mir immer, wenn ich von einem Sterbenden sagen hörte: er konnte schon niemanden mehr erkennen. Dann stellte ich mir ein einsames Gesicht vor, das sich aufhob aus Kissen und suchte, nach etwas Bekanntem suchte, nach etwas schon einmal Gesehenem suchte, aber es war nichts da. Wenn meine Furcht nicht so groß wäre, so würde ich mich damit trösten, daß es nicht unmöglich ist, alles anders zu sehen und doch zu leben. Aber ich fürchte mich, ich fürchte mich namenlos vor dieser Veränderung. Ich bin ja noch gar nicht in dieser Welt eingewöhnt gewesen, die mir gut scheint. Was soll ich in einer anderen? Ich würde so gerne unter den Bedeutungen bleiben, die mir lieb geworden sind, und wenn schon etwas sich verändern muß, so möchte ich doch wenigstens unter den Hunden leben dürfen, die eine verwandte Welt haben und dieselben Dinge.

Noch eine Weile kann ich das alles aufschreiben und sagen. Aber es wird ein Tag kommen, da meine Hand weit von mir sein wird, und wenn ich sie schreiben heißen werde, wird sie Worte schreiben, die ich nicht meine. Die Zeit der anderen Auslegung wird anbrechen, und es wird kein Wort auf dem anderen bleiben, und jeder Sinn wird wie

Wolken sich auflösen und wie Wasser niedergehen. Bei aller Furcht bin ich schließlich doch wie einer, der vor etwas Großem steht, und ich erinnere mich, daß es früher oft ähnlich in mir war, eh ich zu schreiben begann. Aber diesmal werde ich geschrieben werden. Ich bin der Eindruck, der sich verwandeln wird. Oh, es fehlt nur ein kleines, und ich könnte das alles begreifen und gutheißen. Nur ein Schritt, und mein tiefes Elend würde Seligkeit sein. Aber ich kann diesen Schritt nicht tun, ich bin gefallen und kann mich nichtmehr aufheben, weil ich zerbrochen bin. Ich habe ja immer noch geglaubt, es könnte eine Hülfe kommen. Da liegt es vor mir in meiner eigenen Schrift, was ich gebetet habe, Abend für Abend. Ich habe es mir aus den Büchern, in denen ich es fand, abgeschrieben, damit es mir ganz nahe wäre und aus meiner Hand entsprungen wie Eigenes. Und ich will es jetzt noch einmal schreiben, hier vor meinem Tisch kniend will ich es schreiben; denn so habe ich es länger, als wenn ich es lese, und jedes Wort dauert an und hat Zeit zu verhallen.

›Mécontent de tous et mécontent de moi, je voudrais bien me racheter et m'enorgueillir un peu dans le silence et la solitude de la nuit. Âmes de ceux que j'ai aimés, âmes de ceux que j'ai chantés, fortifiez-moi, soutenez-moi, éloignez de moi le mensonge et les vapeurs corruptrices du monde; et vous, Seigneur mon Dieu! accordez-moi la grâce de produire quelques beaux vers qui me prouvent a moi-même que je ne suis pas le dernier des hommes, que je ne suis pas inférieur à ceux que je méprise.‹

›Die Kinder loser und verachteter Leute, die die Geringsten im Lande waren. Nun bin ich ihr Saitenspiel worden und muß ihr Märlein sein.

… sie haben über mich einen Weg gemacht…

… es war ihnen so leicht, mich zu beschädigen, daß sie keiner Hülfe dazu durften.

… nun aber geußet sich aus meine Seele über mich, und mich hat ergriffen die elende Zeit.

Des Nachts wird mein Gebein durchbohret allenthalben; und die mich jagen, legen sich nicht schlafen.

Durch die Menge der Kraft werde ich anders und anders gekleidet; und man gürtet mich damit wie mit dem Loch meines Rocks …

Meine Eingeweide sieden und hören nicht auf; mich hat überfallen die elende Zeit…

Meine Harfe ist eine Klage worden, und meine Pfeife ein Weinen.‹

Der Arzt hat mich nicht verstanden. Nichts. Es war ja auch schwer zu erzählen. Man wollte einen Versuch machen mit dem Elektrisieren. Gut. Ich bekam einen Zettel: ich sollte um ein Uhr in der Salpêtrière sein. Ich war dort. Ich mußte lange an verschiedenen Baracken vorüber, durch mehrere Höfe gehen, in denen da und dort Leute mit weißen Hauben wie Sträflinge unter den leeren Bäumen standen. Endlich kam ich in einen langen, dunklen, gangartigen Raum, der auf der einen Seite vier Fenster aus mattem, grünlichem Glase hatte, eines vom anderen durch eine breite, schwarze Zwischenwand getrennt. Davor lief eine Holzbank hin, an allem vorbei, und auf dieser Bank saßen sie, die mich kannten, und warteten. Ja, sie waren alle da. Als ich mich an die Dämmerung des Raumes gewöhnt hatte, merkte ich, daß unter denen, welche Schulter an Schulter in endloser Reihe dasaßen, auch einige andere Leute sein konnten, kleine Leute, Handwerker, Bedienerinnen und Lastkutscher. Unten an der Schmalseite des

Ganges auf besonderen Stühlen hatten sich zwei dicke Frauen ausgebreitet, die sich unterhielten, vermutlich Conciergen. Ich sah nach der Uhr; es war fünf Minuten vor Eins. Nun in fünf, sagen wir in zehn Minuten, mußte ich drankommen; es war also nicht so schlimm. Die Luft war schlecht, schwer, voll Kleider und Atem. An einer gewissen Stelle schlug die starke, steigernde Kühle von Äther aus einer Türspalte. Ich begann auf und ab zu gehen. Es kam mir in den Sinn, daß man mich hierher gewiesen hatte, unter diese Leute, in diese überfüllte, allgemeine Sprechstunde. Es war sozusagen die erste öffentliche Bestätigung, daß ich zu den Fortgeworfenen gehörte; hatte der Arzt es mir angesehen? Aber ich hatte meinen Besuch in einem leidlich guten Anzuge gemacht, ich hatte meine Karte hineingeschickt. Trotzdem, er mußte es irgendwie erfahren haben, vielleicht hatte ich mich selbst verraten. Nun, da es einmal Tatsache war, fand ich es auch gar nicht so arg; die Leute saßen still und achteten nicht auf mich. Einige hatten Schmerzen und schwenkten ein wenig das eine Bein, um sie leichter auszuhalten. Verschiedene Männer hatten den Kopf in die flachen Hände gelegt, andere schliefen tief mit schweren, verschütteten Gesichtern. Ein dicker Mann mit rotem, angeschwollenem Halse saß vorübergebeugt da, stierte auf den Fußboden und spie von Zeit zu Zeit klatschend auf einen Fleck, der ihm dazu passend schien. Ein Kind schluchzte in einer Ecke; die langen magern Beine hatte es zu sich auf die Bank gezogen, und nun hielt es sie umfaßt und an sich gepreßt, als müßte es von ihnen Abschied nehmen. Eine kleine, blasse Frau, der ein mit runden, schwarzen Blumen geputzter Krepphut schief auf den Haaren saß, hatte die Grimasse eines Lächelns um die dürftigen Lippen, aber ihre wunden Lider gingen beständig über. Nicht weit von ihr hatte man ein Mädchen hingesetzt mit rundem glatten Gesicht und herausgedrängten Augen, die ohne Ausdruck waren; sein Mund stand offen, so daß man das weiße, schleimige Zahnfleisch sah mit den alten, verkümmerten Zähnen. Und viele Verbände gab es. Verbände, die den ganzen Kopf Schichte um Schichte umzogen, bis nur noch ein einziges Auge da war, das niemandem mehr gehörte. Verbände, die verbargen, und Verbände, die zeigten, was darunter war. Verbände, die man geöffnet hatte und in denen nun, wie in einem schmutzigen Bett, eine Hand lag, die keine mehr war; und ein eingebundenes Bein, das aus der Reihe herausstand, groß wie ein ganzer Mensch. Ich ging auf und ab und gab mir Mühe, ruhig zu sein. Ich beschäftigte mich viel mit der gegenüberliegenden Wand. Ich bemerkte, daß sie eine Anzahl einflügeliger Türen enthielt und nicht bis an die Decke reichte, so daß dieser Gang von den Räumen, die daneben liegen mußten, nicht ganz abgetrennt war. Ich sah nach der Uhr; ich war eine Stunde auf und ab gegangen. Eine Weile später kamen die Ärzte. Zuerst ein paar junge Leute, die mit gleichgültigen Gesichtern vorbeigingen, schließlich der, bei dem ich gewesen war, in lichten Handschuhen, Chapeau à huit reflets, tadellosem Überzieher. Als er mich sah, hob er ein wenig den Hut und lächelte zerstreut. Ich hatte nun Hoffnung, gleich gerufen zu werden, aber es verging wieder eine Stunde. Ich kann mich nicht erinnern, womit ich sie verbrachte. Sie verging. Ein alter Mann kam in einer fleckigen Schürze, eine Art Wärter, und berührte mich an der Schulter. Ich trat in eines der Nebenzimmer. Der Arzt und die jungen Leute saßen um einen Tisch und sahen mich an, man gab mir einen Stuhl. So. Und nun sollte ich erzählen, wie das eigentlich mit mir wäre. Möglichst kurz, s'il vous plaît. Denn viel Zeit hätten die Herren nicht. Mir war seltsam zumut. Die jungen Leute saßen und sahen mich an mit jener überlegenen, fachlichen Neugier, die sie gelernt hatten. Der Arzt, den ich kannte, strich seinen schwarzen Spitzbart und lächelte zerstreut. Ich dachte, daß ich in Weinen ausbrechen würde, aber ich hörte mich französisch sagen: »Ich hatte bereits die Ehre, Ihnen, mein Herr, alle Auskünfte zu geben, die ich geben kann. Halten Sie es für nötig, daß diese Herren eingeweiht werden, so sind Sie nach unserer Unterredung gewiß imstande, dies mit einigen Worten zu tun, während es mir sehr schwer fällt.« Der Arzt erhob sich mit höflichem Lächeln, trat mit den Assistenten ans Fenster und sagte ein paar Worte, die er mit einer waagerechten, schwankenden Handbewegung begleitete. Nach drei Minuten kam einer von den jungen Leuten, kurzsichtig und fahrig, an den Tisch zurück und sagte, indem er versuchte, mich strenge anzusehen: »Sie schlafen gut, mein Herr?« »Nein, schlecht.« Worauf er wieder zu der Gruppe zurücksprang. Dort verhandelte man noch eine Weile, dann wandte sich der Arzt an mich und teilte mir mit, daß man mich rufen lassen würde. Ich erinnerte ihn, daß ich auf ein Uhr bestellt worden sei. Er lächelte und machte ein paar schnelle, sprunghafte Bewegungen mit seinen kleinen weißen Händen, die bedeuten wollten, daß er ungemein beschäftigt sei. Ich kehrte also in meinen Gang zurück, in dem die Luft viel lastender geworden war, und fing wieder an, hin und her zu gehen, obwohl ich mich todmüde fühlte. Schließlich machte der feuchte, angehäufte Geruch mich schwindlig; ich blieb an der Eingangstür stehen und öffnete sie ein wenig. Ich sah, daß draußen noch Nachmittag und etwas Sonne war, und das tat mir unsagbar wohl. Aber ich hatte kaum eine Minute so gestanden, da hörte ich, daß man mich rief. Eine Frauenperson, die zwei Schritte entfernt bei einem kleinen Tische saß, zischte mir etwas zu. Wer mich geheißen hätte, die Türe öffnen. Ich sagte, ich könnte die Luft nicht vertragen. Gut, das sei meine Sache, aber die Türe müsse geschlossen bleiben. Ob es denn nicht anginge, ein Fenster aufzumachen. Nein, das sei verboten. Ich beschloß, das Aufundabgehen wieder aufzunehmen, weil es schließlich eine Art Betäubung war und niemanden kränkte. Aber der Frau an dem kleinen Tische mißfiel jetzt auch das. Ob ich denn keinen Platz hätte. Nein, den hätte ich nicht. Das Herumgehen sei aber nicht gestattet; ich müßte mir einen Platz suchen. Es würde schon noch einer da sein. Die Frau hatte recht. Es fand sich wirklich sogleich ein Platz neben dem Mädchen mit den herausdrängenden Augen. Da saß ich nun in dem Gefühle, daß dieser Zustand unbedingt auf etwas Fürchterliches vorbereiten müsse. Links war also das Mädchen mit dem faulenden Zahnfleisch; was rechts von mir war, konnte ich erst nach einer Weile erkennen. Es war eine ungeheuere, unbewegliche Masse, die ein Gesicht hatte und eine große, schwere, reglose Hand. Die Seite des Gesichtes, die ich sah, war leer, ganz ohne Züge und ohne Erinnerungen, und es war unheimlich, daß der Anzug wie der einer Leiche war, die man für den Sarg angekleidet hatte. Die schmale, schwarze Halsbinde war in derselben losen unpersönlichen Weise um den Kragen geschnallt, und dem Rock sah man es an, daß er von anderen über diesen willenlosen Körper gezogen worden war. Die Hand hatte man auf diese Hose gelegt, dorthin wo sie lag, und sogar das Haar war wie von Leichenwäscherinnen gekämmt und war, wie das Haar ausgestopfter Tiere, steif geordnet. Ich betrachtete das alles mit Aufmerksamkeit, und es fiel mir ein, daß dies also der Platz sei, der für mich bestimmt gewesen war, denn ich glaubte nun endlich an diejenige Stelle meines Lebens gekommen zu sein, an der ich bleiben würde. Ja, das Schicksal geht wunderbare Wege.

Plötzlich erhoben sich ganz in der Nähe rasch hintereinander die erschreckten, abwehrenden Schreie eines Kindes, denen ein leises, zugehaltenes Weinen folgte. Während ich mich anstrengte, herauszufinden, wo das könnte gewesen sein, verzitterte wieder ein kleiner, unterdrückter Schrei, und ich hörte Stimmen, die fragten, eine Stimme, die halblaut befahl, und dann schnurrte irgend eine gleichgültige Maschine los und kümmerte sich um nichts. Jetzt erinnerte ich mich jener halben Wand, und es war mir klar, daß das alles von jenseits der Türen kam und daß man dort an der Arbeit war. Wirklich erschien von Zeit zu Zeit der Wärter mit der fleckigen Schürze und winkte. Ich dachte gar nichtmehr daran, daß er mich meinen könnte. Galt es mir? Nein. Zwei Männer waren da mit einem Rollstuhl; sie hoben die Masse hinein, und ich sah jetzt, daß es ein alter, lahmer Mann war, der noch eine andere, kleinere, vom Leben abgenutzte Seite hatte mit einem offenen, trüben, traurigen Auge. Sie fuhren ihn hinein, und neben mir entstand eine Menge Platz. Und ich saß und dachte, was sie wohl dem blöden Mädchen tun wollten und ob es auch schreien würde. Die Maschinen dahinten schnurrten so angenehm fabrikmäßig, es hatte gar nichts Beunruhigendes.

Plötzlich aber war alles still, und in die Stille sagte eine überlegene, selbstgefällige Stimme, die ich zu kennen glaubte:

»Riez!« Pause. »Riez. Mais riez, riez.« Ich lachte schon. Es war unerklärlich, weshalb der Mann da drüben nicht lachen wollte. Eine Maschine ratterte los, verstummte aber sofort wieder, Worte wurden gewechselt, dann erhob sich wieder dieselbe energische Stimme und befahl: »Dites-nous le mot: avant.« Buchstabierend: »a-v-a-n-t« ... Stille. »On n'entend rien. Encore une fois: ...«

Und da, als es drüben so warm und schwammig lallte: da zum erstenmal seit vielen, vielen Jahren war es wieder da. Das, was mir das erste, tiefe Entsetzen eingejagt hatte, wenn ich als Kind im Fieber lag: das Große. Ja, so hatte ich immer gesagt, wenn sie alle um mein Bett standen und mir den Puls fühlten und mich fragten, was mich erschreckt habe: Das Große. Und wenn sie den Doktor holten und er war da und redete mir zu, so bat ich ihn, er möchte nur machen, daß das Große wegginge, alles andere wäre nichts. Aber er war wie die andern. Er konnte es nicht fortnehmen, obwohl ich damals doch klein war und mir leicht zu helfen gewesen wäre. Und jetzt war es wieder da. Es war später einfach ausgeblieben, auch in Fiebernächten war es nicht wiedergekommen, aber jetzt war es da, obwohl ich kein Fieber hatte. Jetzt war es da. Jetzt wuchs es aus mir heraus wie eine Geschwulst, wie ein zweiter Kopf, und war ein Teil von mir, obwohl es doch gar nicht zu mir gehören konnte, weil es so groß war. Es war da, wie ein großes totes Tier, das einmal, als es noch lebte, meine Hand gewesen war oder mein Arm. Und mein Blut ging durch mich und durch es, wie durch einen und denselben Körper. Und mein Herz mußte sich sehr anstrengen, um das Blut in das Große zu treiben: es war fast nicht genug Blut da. Und das Blut trat ungern ein in das Große und kam krank und schlecht zurück. Aber das Große schwoll an und wuchs mir vor das Gesicht wie eine warme bläuliche Beule und wuchs mir vor den Mund, und über meinem letzten Auge war schon der Schatten von seinem Rande.

Ich kann mich nicht erinnern, wie ich durch die vielen Höfe hinausgekommen war. Es war Abend, und ich verirrte mich in der fremden Gegend und ging Boulevards mit endlosen Mauern in einer Richtung hinauf und, wenn dann kein

Ende da war, in der entgegengesetzten Richtung zurück bis an irgendeinen Platz. Dort begann ich eine Straße zu gehen, und es kamen andere Straßen, die ich nie gesehen hatte, und wieder andere. Elektrische Bahnen rasten manchmal überhell und mit hartem, klopfendem Geläute heran und vorbei. Aber auf ihren Tafeln standen Namen, die ich nicht kannte. Ich wußte nicht, in welcher Stadt ich war und ob ich hier irgendwo eine Wohnung hatte und was ich tun mußte, um nichtmehr gehen zu müssen.

Und jetzt auch noch diese Krankheit, die mich immer schon so eigentümlich berührt hat. Ich bin sicher, daß man sie unterschätzt. Genau wie man die Bedeutung anderer Krankheiten übertreibt. Diese Krankheit hat keine bestimmten Eigenheiten, sie nimmt die Eigenheiten dessen an, den sie ergreift. Mit einer somnambulen Sicherheit holt sie aus einem jeden seine tiefste Gefahr heraus, die vergangen schien, und stellt sie wieder vor ihn hin, ganz nah, in die nächste Stunde. Männer, die einmal in der Schulzeit das hülflose Laster versucht haben, dessen betrogene Vertraute die armen, harten Knabenhände sind, finden sich wieder darüber, oder es fangt eine Krankheit, die sie als Kinder überwunden haben, wieder in ihnen an; oder eine verlorene Gewohnheit ist wieder da, ein gewisses zögerndes Wenden des Kopfes, das ihnen vor Jahren eigen war. Und mit dem, was kommt, hebt sich ein ganzes Gewirr irrer Erinnerungen, das daranhängt wie nasser Tang an einer versunkenen Sache. Leben, von denen man nie erfahren hätte, tauchen empor und mischen sich unter das, was wirklich gewesen ist, und verdrängen Vergangenes, das man zu kennen glaubte: denn in dem, was aufsteigt, ist eine ausgeruhte, neue Kraft, das aber, was immer da war, ist müde von zu oftem Erinnern.

Ich liege in meinem Bett, fünf Treppen hoch, und mein Tag, den nichts unterbricht, ist wie ein Zifferblatt ohne Zeiger. Wie ein Ding, das lange verloren war, eines Morgens auf seiner Stelle liegt, geschont und gut, neuer fast als zur Zeit des Verlustes, ganz als ob es bei irgend jemandem in Pflege gewesen wäre –: so liegt da und da auf meiner Bettdecke Verlorenes aus der Kindheit und ist wie neu. Alle verlorenen Ängste sind wieder da.

Die Angst, daß ein kleiner Wollfaden, der aus dem Saum der Decke heraussteht, hart sei, hart und scharf wie eine stählerne Nadel; die Angst, daß dieser kleine Knopf meines Nachthemdes größer sei als mein Kopf, groß und schwer; die Angst, daß dieses Krümchen Brot, das jetzt von meinem Bette fällt, gläsern und zerschlagen unten ankommen würde, und die drückende Sorge, daß damit eigentlich alles zerbrochen sei, alles für immer; die Angst, daß der Streifen Rand eines aufgerissenen Briefes etwas Verbotenes sei, das niemand sehen dürfe, etwas unbeschreiblich Kostbares, für das keine Stelle in der Stube sicher genug sei; die Angst, daß ich, wenn ich einschliefe, das Stück Kohle verschlucken würde, das vor dem Ofen liegt; die Angst, daß irgendeine Zahl in meinem Gehirn zu wachsen beginnt, bis sie nichtmehr Raum hat in mir; die Angst, daß das Granit sei, worauf ich liege, grauer Granit; die Angst, daß ich schreien könnte und daß man vor meiner Türe zusammenliefe und sie schließlich aufbräche, die Angst, daß ich mich verraten könnte und alles das sagen, wovor ich mich fürchte, und die Angst, daß ich nichts sagen könnte, weil alles unsagbar ist, – und die anderen Ängste … die Ängste.

Ich habe um meine Kindheit gebeten, und sie ist wiedergekommen, und ich fühle, daß sie immer noch so schwer ist wie damals und daß es nichts genützt hat, älter zu werden.

Gestern war mein Fieber besser, und heute fängt der Tag wie Frühling an, wie Frühling in Bildern. Ich will versuchen, auszugehen in die Bibliothèque Nationale zu meinem Dichter, den ich so lange nicht gelesen habe, und vielleicht kann ich später langsam durch die Gärten gehen. Vielleicht ist Wind über dem großen Teich, der so wirkliches Wasser hat, und es kommen Kinder, die ihre Schiffe mit den roten Segeln hineinlassen und zuschauen.

Heute habe ich es nicht erwartet, ich bin so mutig ausgegangen, als wäre das das Natürlichste und Einfachste. Und doch, es war wieder etwas da, das mich nahm wie Papier, mich zusammenknüllte und fortwarf, es war etwas Unerhörtes da.

Der Boulevard St-Michel war leer und weit, und es ging sich leicht auf seiner leisen Neigung. Fensterflügel oben öffneten sich mit gläsernem Aufklang, und ihr Glänzen flog wie ein weißer Vogel über die Straße. Ein Wagen mit hellroten Rädern kam vorüber, und weiter unten trug jemand etwas Lichtgrünes. Pferde liefen in blinkernden Geschirren auf dem dunkel gespritzten Fahrdamm, der rein war. Der Wind war erregt, neu, mild, und alles stieg auf: Gerüche, Rufe, Glocken.

Ich kam an einem der Caféhäuser vorbei, in denen am Abend die falschen roten Zigeuner spielen. Aus den offenen Fenstern kroch mit schlechtem Gewissen die übernächtige Luft. Glattgekämmte Kellner waren dabei, vor der Türe zu scheuern. Der eine stand gebückt und warf, handvoll nach handvoll, gelblichen Sand unter die Tische. Da stieß ihn einer von den Vorübergehenden an und zeigte die Straße hinunter. Der Kellner, der ganz rot im Gesicht war, schaute eine Weile scharf hin, dann verbreitete sich ein Lachen auf seinen bartlosen Wangen, als wäre es darauf verschüttet worden. Er winkte den andern Kellnern, drehte das lachende Gesicht ein paarmal schnell von rechts nach links, um alle herbeizurufen und selbst nichts zu versäumen. Nun standen alle und blickten hinuntersehend oder – suchend, lächelnd oder ärgerlich, daß sie noch nicht entdeckt hatten, was Lächerliches es gäbe.

Ich fühlte, daß ein wenig Angst in mir anfing. Etwas drängte mich auf die andere Seite hinüber; aber ich begann nur schneller zu gehen und überblickte unwillkürlich die wenigen Leute vor mir, an denen ich nichts Besonderes bemerkte. Doch ich sah, daß der eine, ein Laufbursche mit einer blauen Schürze und einem leeren Henkelkorb über der einen Schulter, jemandem nachschaute. Als er genug hatte, drehte er sich auf derselben Stelle nach den Häusern um und machte zu einem lachenden Kommis hinüber die schwankende Bewegung vor der Stirne, die allen geläufig ist. Dann blitzte er mit den schwarzen Augen und kam mir befriedigt und sich wiegend entgegen.

Ich erwartete, sobald mein Auge Raum hatte, irgendeine ungewöhnliche und auflallende Figur zu sehen, aber es zeigte sich, daß vor mir niemand ging, als ein großer hagerer Mann in einem dunklen Überzieher und mit einem weichen, schwarzen Hut auf dem kurzen, fahlblonden Haar. Ich vergewisserte mich, daß weder an der Kleidung, noch in dem Benehmen dieses Mannes etwas Lächerliches sei, und versuchte schon, an ihm vorüber den Boulevard hinunter zu schauen, als er über irgend etwas stolperte. Da ich nahe hinter ihm folgte, nahm ich mich in acht, aber als die Stelle kam, war da nichts, rein nichts. Wir gingen beide weiter, er und ich, der Abstand zwischen uns blieb derselbe. Jetzt kam ein Straßenübergang, und da geschah es, daß der Mann vor mir mit ungleichen Beinen die Stufen des Gangsteigs hinunterhüpfte in der Art etwa, wie Kinder manchmal während des

Gehens aufhüpfen oder springen, wenn sie sich freuen. Auf den jenseitigen Gangsteig kam er einfach mit einem langen Schritt hinauf. Aber kaum war er oben, zog er das eine Bein ein wenig an und hüpfte auf dem anderen einmal hoch und gleich darauf wieder und wieder. Jetzt konnte man diese plötzliche Bewegung wieder ganz gut für ein Stolpern halten, wenn man sich einredete, es wäre da eine Kleinigkeit gewesen, ein Kern, die glitschige Schale einer Frucht, irgend etwas; und das Seltsame war, daß der Mann selbst an das Vorhandensein eines Hindernisses zu glauben schien, denn er sah sich jedesmal mit jenem halb ärgerlichen, halb vorwurfsvollen Blick, den die Leute in solchen Augenblicken haben, nach der lästigen Stelle um. Noch einmal rief mich etwas Warnendes auf die andere Seite der Straße, aber ich folgte nicht und blieb immerfort hinter diesem Manne, indem ich meine ganze Aufmerksamkeit auf seine Beine richtete. Ich muß gestehen, daß ich mich merkwürdig erleichtert fühlte, als etwa zwanzig Schritte lang jenes Hüpfen nicht wiederkam, aber da ich nun meine Augen aufhob, bemerkte ich, daß dem Manne ein anderes Ärgernis entstanden war. Der Kragen seines Überziehers hatte sich aufgestellt; und wie er sich auch, bald mit einer Hand, bald mit beiden umständlich bemühte, ihn niederzulegen, es wollte nicht gelingen. Das kam vor. Es beunruhigte mich nicht. Aber gleich darauf gewahrte ich mit grenzenloser Verwunderung, daß in den beschäftigten Händen dieses Menschen zwei Bewegungen waren: eine heimliche, rasche, mit welcher er den Kragen unmerklich hochklappte, und jene andere ausführliche, anhaltende, gleichsam übertrieben buchstabierte Bewegung, die das Umlegen des Kragens bewerkstelligen sollte. Diese Beobachtung verwirrte mich so sehr, daß zwei Minuten vergingen, ehe ich erkannte, daß im Halse des Mannes, hinter dem hochgeschobenen Überzieher und den nervös agierenden Händen dasselbe schreckliche, zweisilbige Hüpfen war, das seine Beine eben verlassen hatte. Von diesem Augenblick an war ich an ihn gebunden. Ich begriff, daß dieses Hüpfen in seinem Körper herumirrte, daß es versuchte, hier und da auszubrechen. Ich verstand seine Angst vor den Leuten, und ich begann selber vorsichtig zu prüfen, ob die Vorübergehenden etwas merkten. Ein kalter Stich fuhr mir durch den Rücken, als seine Beine plötzlich einen kleinen, zuckenden Sprung machten, aber niemand hatte es gesehen, und ich dachte mir aus, daß auch ich ein wenig stolpern wollte, im Falle jemand aufmerksam wurde. Das wäre gewiß ein Mittel, Neugierige glauben zu machen, es hätte da doch ein kleines, unscheinbares Hindernis im Wege gelegen, auf das wir zufällig beide getreten hätten. Aber während ich so auf Hülfe sann, hatte er selbst einen neuen, ausgezeichneten Ausweg gefunden. Ich habe vergessen zu sagen, daß er einen Stock trug; nun, es war ein einfacher Stock, aus dunklem Holze mit einem schlichten, rund gebogenen Handgriff. Und es war ihm in seiner suchenden Angst in den Sinn gekommen, diesen Stock zunächst mit einer Hand (denn wer weiß, wozu die zweite noch nötig sein würde) auf den Rücken zu halten, gerade über die Wirbelsäule, ihn fest ins Kreuz zu drücken und das Ende der runden Krücke in den Kragen zu schieben, so daß man es hart und wie einen Halt hinter dem Halswirbel und dem ersten Rückenwirbel spürte. Das war eine Haltung, die nicht auffällig, höchstens ein wenig übermütig war; der unerwartete Frühlingstag konnte das entschuldigen. Niemandem fiel es ein, sich umzusehen, und nun ging es. Es ging vortrefflich. Freilich beim nächsten Straßenübergange kamen zwei Hüpfer aus, zwei kleine, halbunterdrückte Hüpfer, die vollkommen belanglos waren; und der eine, wirklich sichtbare Sprung war so geschickt angebracht (es lag gerade ein Spritzschlauch quer über dem Weg), daß nichts zu befürchten war. Ja, noch ging alles gut; von Zeit zu Zeit griff auch die zweite Hand an den Stock und preßte ihn fester an, und die Gefahr war gleich wieder überstanden. Ich konnte nichts dagegen tun, daß meine Angst dennoch wuchs. Ich wußte, daß, während er ging und mit unendlicher Anstrengung versuchte, gleichgültig und zerstreut auszusehen, das furchtbare Zucken in seinem Körper sich anhäufte; auch in mir war die Angst, mit der er es wachsen und wachsen fühlte, und ich sah, wie er sich an den Stock klammerte, wenn es innen in ihm zu rütteln begann. Dann war der Ausdruck dieser Hände so unerbittlich und streng, daß ich alle Hoffnung in seinen Willen setzte, der groß sein mußte. Aber was war da ein Wille. Der Augenblick mußte kommen, da seine Kraft zu Ende war, er konnte nicht weit sein. Und ich, der ich hinter ihm herging mit stark schlagendem Herzen, ich legte mein bißchen Kraft zusammen wie Geld, und indem ich auf seine Hände sah, bat ich ihn, er möchte nehmen, wenn er es brauchte.

Ich glaube, daß er es genommen hat; was konnte ich dafür, daß es nichtmehr war.

Auf der Place St-Michel waren viele Fahrzeuge und hin und her eilende Leute, wir waren oft zwischen zwei Wagen, und dann holte er Atem und ließ sich ein wellig gehen, wie um auszuruhen, und ein wenig hüpfte es und nickte ein wenig. Vielleicht war das die List, mit der die gefangene Krankheit ihn überwinden wollte. Der Wille war an zwei Stellen durchbrochen, und das Nachgeben hatte in den besessenen Muskeln einen leisen, lockenden Reiz zurückgelassen und den zwingenden Zweitakt. Aber der Stock war noch an seinem Platz, und die Hände sahen böse und zornig aus; so betraten wir die Brücke, und es ging. Es ging. Nun kam etwas Unsicheres in den Gang, nun lief er zwei Schritte, und nun stand er. Stand. Die linke Hand löste sich leise vom Stock ab und hob sich so langsam empor, daß ich sie vor der Luft zittern sah; er schob den Hut ein wenig zurück und strich sich über die Stirn. Er wandte ein wenig den Kopf, und sein Blick schwankte über Himmel, Häuser und Wasser hin, ohne zu fassen, und dann gab er nach. Der Stock war fort, er spannte die Arme aus, als ob er auffliegen wollte, und es brach aus ihm aus wie eine Naturkraft und bog ihn vor und riß ihn zurück und ließ ihn nicken und neigen und schleuderte Tanzkraft aus ihm heraus unter die Menge. Denn schon waren viele Leute um ihn, und ich sah ihn nichtmehr.

Was hätte es für einen Sinn gehabt, noch irgendwohin zu gehen, ich war leer. Wie ein leeres Papier trieb ich an den Häusern entlang, den Boulevard wieder hinauf.

*Ich versuche es, Dir zu schreiben, obwohl es eigentlich nichts giebt nach einem notwendigen Abschied. Ich versuche es dennoch, ich glaube, ich muß es tun, weil ich die Heilige gesehen habe im Pantheon, die einsame, heilige Frau und das Dach und die Tür und drin die Lampe mit dem bescheidnen Lichtkreis und drüben die schlafende Stadt und den Fluß und die Ferne im Mondschein. Die Heilige wacht über der schlafenden Stadt. Ich habe geweint. Ich habe geweint, weil das alles auf einmal so unerwartet da war. Ich habe davor geweint, ich wußte mir nicht zu helfen.

Ich bin in Paris, die es hören freuen sich, die meisten beneiden mich. Sie haben recht. Es ist eine große Stadt, groß, voll merkwürdiger Versuchungen. Was mich betrifft, ich

* Ein Briefentwurf

muß zugeben, daß ich ihnen in gewisser Beziehung erlegen bin. Ich glaube, es läßt sich nicht anders sagen. Ich bin diesen Versuchungen erlegen, und das hat gewisse Veränderungen zur Folge gehabt, wenn nicht in meinem Charakter, so doch in meiner Weltanschauung, jedenfalls in meinem Leben. Eine vollkommen andere Auffassung aller Dinge hat sich unter diesen Einflüssen in mir herausgebildet, es sind gewisse Unterschiede da, die mich von den Menschen mehr als alles Bisherige abtrennen. Eine veränderte Welt. Ein neues Leben voll neuer Bedeutungen. Ich habe es augenblicklich etwas schwer, weil alles zu neu ist. Ich bin ein Anfänger in meinen eigenen Verhältnissen.

Ob es nicht möglich wäre, einmal das Meer zu sehen?

Ja, aber denke nur, ich bildete mir ein, Du könntest kommen. Hättest Du mir vielleicht sagen können, ob es einen Arzt giebt? Ich habe vergessen, mich danach zu erkundigen. Übrigens brauche ich es jetzt nichtmehr.

Erinnerst Du Dich an Baudelaires unglaubliches Gedicht ›Une Charogne‹? Es kann sein, daß ich es jetzt verstehe. Abgesehen von der letzten Strophe war er im Recht. Was sollte er tun, da ihm das widerfuhr? Es war seine Aufgabe, in diesem Schrecklichen, scheinbar nur Widerwärtigen das Seiende zu sehen, das unter allem Seienden gilt. Auswahl und Ablehnung giebt es nicht. Hältst Du es für einen Zufall, daß Flaubert seinen Saint Julien-l'Hospitalier geschrieben hat? Es kommt mir vor, als wäre das das Entscheidende: ob einer es über sich bringt, sich zu dem Aussätzigen zu legen und ihn zu erwärmen mit der Herzwärme der Liebesnächte, das kann nicht anders als gut ausgehen.

Glaube nur nicht, daß ich hier an Enttäuschungen leide, im Gegenteil. Es wundert mich manchmal, wie bereit ich alles Erwartete aufgebe für das Wirkliche, selbst wenn es arg ist.

Mein Gott, wenn etwas davon sich teilen ließe. Aber *wäre* es dann, *wäre* es dann? Nein, es *ist* nur um den Preis des Alleinseins.

Die Existenz des Entsetzlichen in jedem Bestandteil der Luft. Du atmest es ein mit Durchsichtigem; in dir aber schlägt es sich nieder, wird hart, nimmt spitze, geometrische Formen an zwischen den Organen; denn alles, was sich an Qual und Grauen begeben hat auf den Richtplätzen, in den Folterstuben, den Tollhäusern, den Operationssälen, unter den Brückenbögen im Nachherbst: alles das ist von einer zähen Unvergänglichkeit, alles das besteht auf sich und hängt, eifersüchtig auf alles Seiende, an seiner schrecklichen Wirklichkeit. Die Menschen möchten vieles davon vergessen dürfen; ihr Schlaf feilt sanft über solche Furchen im Gehirn, aber Träume drängen ihn ab und ziehen die Zeichnungen nach. Und sie wachen auf und keuchen und lassen einer Kerze Schein sich auflösen in der Finsternis und trinken, wie gezuckertes Wasser, die halbhelle Beruhigung. Aber, ach, auf welcher Kante hält sich diese Sicherheit. Nur eine geringste Wendung, und schon wieder steht der Blick über Bekanntes und Freundliches hinaus, und der eben noch so tröstliche Kontur wird deutlicher als ein Rand von Grauen. Hüte dich vor dem Licht, das den Raum hohler macht; sieh dich nicht um, ob nicht vielleicht ein Schatten hinter deinem Aufsitzen aufsteht wie dein Herr. Besser vielleicht, du wärest in der Dunkelheit geblieben und dein unabgegrenztes Herz hätte versucht, all des Ununterscheidbaren schweres Herz zu sein. Nun hast du dich zusammengenommen in dich, siehst dich vor dir aufhören in deinen Händen, ziehst von Zeit zu Zeit mit einer ungenauen Bewegung dein Gesicht nach. Und in dir ist beinah kein Raum; und fast stillt es dich, daß in dieser

Engheit in dir unmöglich sehr Großes sich aufhalten kann; daß auch das Unerhörte binnen werden muß und sich beschränken den Verhältnissen nach. Aber draußen, draußen ist es ohne Absehen; und wenn es da draußen steigt, so füllt es sich auch in dir, nicht in den Gefäßen, die teilweis in deiner Macht sind, oder im Phlegma deiner gleichmütigeren Organe: im Kapillaren nimmt es zu, röhrig aufwärts gesaugt in die äußersten Verästelungen deines zahlloszweigigen Daseins. Dort hebt es sich, dort übersteigt es dich, kommt höher als dein Atem, auf den du dich hinaufflochtest wie auf deine letzte Stelle. Ach, und wohin dann, wohin dann? Dein Herz treibt dich aus dir hinaus, dein Herz ist hinter dir her, und du stehst fast schon außer dir und kannst nichtmehr zurück. Wie ein Käfer, auf den man tritt, so quillst du aus dir hinaus, und dein bißchen obere Härte und Anpassung ist ohne Sinn.

O Nacht ohne Gegenstände. O stumpfes Fenster hinaus, o sorgsam verschlossene Türen; Einrichtungen von alters her, übernommen, beglaubigt, nie ganz verstanden. O Stille im Stiegenhaus, Stille aus den Nebenzimmern, Stille hoch oben an der Decke. O Mutter: o du Einzige, die alle diese Stille verstellt hat, einst in der Kindheit. Die sie auf sich nimmt, sagt: erschrick nicht, ich bin es. Die den Mut hat, ganz in der Nacht diese Stille zu sein für das, was sich fürchtet, was verkommt vor Furcht. Du zündest ein Licht an, und schon das Geräusch bist du. Und du hältst es vor dich und sagst: ich bin es, erschrick nicht. Und du stellst es hin, langsam, und es ist kein Zweifel: du bist es, du bist das Licht um die gewohnten herzlichen Dinge, die ohne Hintersinn da sind, gut, einfältig, eindeutig. Und wenn es unruhig ist in der Wand irgendwo, oder einen Schritt macht in den Dielen: so lächelst du nur, lächelst, lächelst durchsichtig auf hellem

Grund in das bangsame Gesicht, das an dir forscht, als wärst du eins und unterm Geheimnis mit jedem Halblaut, abgeredet mit ihm und einverstanden. Gleicht eine Macht deiner Macht in der irdischen Herrschaft? Sieh, Könige liegen und starren, und der Geschichtenerzähler kann sie nicht ablenken. An den seligen Brüsten ihrer Lieblingin überkriecht sie das Grauen und macht sie schlottrig und lustlos. Du aber kommst und hältst das Ungeheuere hinter dir und bist ganz und gar vor ihm; nicht wie ein Vorhang, den es da oder da aufschlagen kann. Nein, als hättest du es überholt auf den Ruf hin, der dich bedurfte. Als wärest du weit allem zuvorgekommen, was kommen kann, und hättest im Rücken nur dein Hereilen, deinen ewigen Weg, den Flug deiner Liebe.

Der Mouleur, an dem ich jeden Tag vorüberkomme, hat zwei Masken neben seiner Tür ausgehändigt. Das Gesicht der jungen Ertränkten, das man in der Morgue abnahm, weil es schön war, weil es lächelte, weil es so täuschend lächelte, als wüßte es. Und darunter sein wissendes Gesicht. Diesen harten Knoten aus fest zusammengezogenen Sinnen. Diese unerbittliche Selbstverdichtung fortwährend ausdampfen wollender Musik. Das Antlitz dessen, dem ein Gott das Gehör verschlossen hat, damit es keine Klänge gäbe, außer seinen. Damit er nicht beirrt würde durch das Trübe und Hinfällige der Geräusche. Er, in dem ihre Klarheit und Dauer war; damit nur die tonlosen Sinne ihm Welt eintrügen, lautlos, eine gespannte, wartende Welt, unfertig, vor der Erschaffung des Klanges.

Weltvollendender: wie, was als Regen fällt über die Erde und an die Gewässer, nachlässig niederfällt, zufällig fallend, – unsichtbarer und froh von Gesetz wieder aufsteht aus allem und steigt und schwebt und die Himmel bildet: so erhob sich aus dir der Aufstieg unserer Niederschläge und umwölbte die Welt mit Musik.

Deine Musik: daß sie hätte um die Welt sein dürfen; nicht um uns. Daß man dir ein Hammerklavier erbaut hätte in der Thebaïs; und ein Engel hätte dich hingeführt vor das einsame Instrument, durch die Reihen der Wüstengebirge, in denen Könige ruhen und Hetären und Anachoreten. Und er hätte sich hoch geworfen und fort, ängstlich, daß du begännest.

Und dann hättest du ausgeströmt, Strömender, ungehört; an das All zurückgebend, was nur das All erträgt. Die Beduinen wären in der Ferne vorbeigejagt, abergläubisch; die Kaufleute aber hätten sich hingeworfen am Rand deiner Musik, als wärst du der Sturm. Einzelne Löwen nur hätten dich weit bei Nacht umkreist, erschrocken vor sich selbst, von ihrem bewegten Blute bedroht.

Denn wer holt dich jetzt aus den Ohren zurück, die lüstern sind? Wer treibt sie aus den Musiksälen, die Käuflichen mit dem unfruchtbaren Gehör, das hurt und niemals empfängt? da strahlt Samen aus, und sie halten sich unter wie Dirnen und spielen damit, oder er fällt, während sie daliegen in ihren ungetanen Befriedigungen, wie Samen Onans zwischen sie alle.

Wo aber, Herr, ein Jungfräulicher unbeschlafenen Ohrs läge bei deinem Klang: er stürbe an Seligkeit oder er trüge Unendliches aus und sein befruchtetes Hirn müßte bersten an lauter Geburt.

Ich unterschätze es nicht. Ich weiß, es gehört Mut dazu. Aber nehmen wir für einen Augenblick an, es hätte ihn einer, diesen Courage de luxe, ihnen nachzugehen, um dann für immer (denn wer könnte das wieder vergessen oder verwechseln?) zu wissen, wo sie hernach hineinkriechen und was sie den vielen übrigen Tag beginnen und ob sie schlafen bei Nacht. Dies ganz besonders wäre festzustellen: ob sie schlafen. Aber mit dem Mut ist es noch nicht getan. Denn sie kommen und gehen nicht wie die übrigen Leute, denen zu folgen eine Kleinigkeit wäre. Sie sind da und wieder fort, hingestellt und weggenommen wie Bleisoldaten. Es sind ein wenig abgelegene Stellen, wo man sie findet, aber durchaus nicht versteckte. Die Büsche treten zurück, der Weg wendet sich ein wenig um den Rasenplatz herum: da stehen sie und haben eine Menge durchsichtigen Raumes um sich, als ob sie unter einem Glassturz stünden. Du könntest sie für nachdenkliche Spaziergänger halten, diese unscheinbaren Männer von kleiner, in jeder Beziehung bescheidener Gestalt. Aber du irrst. Siebst du die linke Hand, wie sie nach etwas greift in der schiefen Tasche des alten Überziehers; wie sie es findet und herausholt und den kleinen Gegenstand linkisch und auffällig in die Luft hält? Es dauert keine Minute, so sind zwei, drei Vögel da, Spatzen, die neugierig heranhüpfen. Und wenn es dem Manne gelingt, ihrer sehr genauen Auffassung von Unbeweglichkeit zu entsprechen, so ist kein Grund, warum sie nicht noch näher kommen sollen. Und schließlich steigt der erste und schwirrt eine Weile nervös in der Höhe jener Hand, die (weiß Gott) ein kleines Stück abgenutzten süßen Brotes mit anspruchslosen, ausdrücklich verzichtenden Fingern hinbietet. Und je mehr Menschen sich um ihn sammeln, in entsprechendem Abstand natürlich, desto weniger hat er mit ihnen gemein. Wie ein Leuchter steht er da, der ausbrennt, und leuchtet mit dem Rest von Docht und ist ganz warm davon und hat sich nie gerührt. Und wie er lockt, wie er anlockt, das können die vielen, kleinen, dummen Vögel gar nicht beurteilen. Wenn die Zuschauer nicht wären und man ließe ihn lange genug dastehn, ich bin sicher, daß auf einmal ein Engel käme und überwände sich und äße den alten, süßlichen Bissen aus der verkümmerten Hand. Dem sind nun, wie immer, die Leute im Wege. Sie sorgen dafür, daß nur Vögel kommen; sie finden das reichlich, und sie behaupten, er erwarte sich nichts anderes. Was sollte sie auch erwarten, diese alte, verregnete Puppe, die ein wenig schräg in der Erde steckt wie die Schiffsfiguren in den kleinen Gärten zuhause; kommt auch bei ihr diese Haltung davon her, daß sie einmal irgendwo vorne gestanden hat auf ihrem Leben, wo die Bewegung am größten ist? Ist sie nun so verwaschen, weil sie einmal bunt war? Willst du sie fragen?

Nur die Frauen frag nichts, wenn du eine füttern siehst. Denen könnte man sogar folgen; sie tun es so im Vorbeigehen; es wäre ein Leichtes. Aber laß sie. Sie wissen nicht, wie es kam. Sie haben auf einmal eine Menge Brot in ihrem Handsack, und sie halten große Stücke hinaus aus ihrer dünnen Mantille, Stücke, die ein bißchen gekaut sind und feucht. Das tut ihnen wohl, daß ihr Speichel ein wenig in die Welt kommt, daß die kleinen Vögel mit diesem Beigeschmack herumfliegen, wenn sie ihn natürlich auch gleich wieder vergessen.

Da saß ich an deinen Büchern, Eigensinniger, und versuchte sie zu meinen wie dic andern, die dich nicht beisammen lassen und sich ihren Anteil genommen haben, befriedigt. Denn da begriff ich noch nicht den Ruhm, diesen öffentlichen Abbruch eines Werdenden, in dessen Bauplatz die Menge einbricht, ihm die Steine verschiebend.

Junger Mensch irgendwo, in dem etwas aufsteigt, was ihn erschauern macht, nütz es, daß dich keiner kennt. Und wenn sie dir widersprechen, die dich für nichts nehmen, und wenn sie dich ganz aufgeben, die, mit denen du umgehst, und wenn sie dich ausrotten wollen, um deiner lieben Gedanken willen, was ist diese deutliche Gefahr, die dich zusammenhält in dir, gegen die listige Feindschaft später des Ruhms, die dich unschädlich macht, indem sie dich ausstreut.

Bitte keinen, daß er von dir spräche, nicht einmal verächtlich. Und wenn die Zeit geht und du merkst, wie dein Name herumkommt unter den Leuten, nimm ihn nicht ernster als alles, was du in ihrem Munde findest. Denk: er ist schlecht geworden, und tu ihn ab. Nimm einen andern an, irgendeinen, damit Gott dich rufen kann in der Nacht. Und verbirg ihn vor allen.

Du Einsamster, Abseitiger, wie haben sie dich eingeholt auf deinem Ruhm. Wie lang ist es her, da waren sie wider dich von Grund aus, und jetzt gehen sie mit dir um, wie mit ihresgleichen. Und deine Worte führen sie mit sich in den Käfigen ihres Dünkels und zeigen sie auf den Plätzen und reizen sie ein wenig von ihrer Sicherheit aus. Alle deine schrecklichen Raubtiere.

Da las ich dich erst, da sie mir ausbrachen und mich anfielen in meiner Wüste, die Verzweifelten. Verzweifelt, wie du selber warst am Schluß, du, dessen Bahn falsch eingezeichnet steht in allen Karten. Wie ein Sprung geht sie durch die Himmel, diese hoffnungslose Hyperbel deines Weges, die sich nur einmal heranbiegt an uns und sich entfernt voll Entsetzen. Was lag dir daran, ob eine Frau bleibt oder fortgeht und ob einen der Schwindel ergreift und einen der Wahnsinn und ob Tote lebendig sind und Lebendige scheintot: was lag dir daran? Dies alles war so natürlich für dich; da gingst du durch, wie man durch einen Vorraum geht, und hieltst dich nicht auf. Aber dort weiltest du und warst gebückt, wo unser Geschehen kocht und sich niederschlägt und die Farbe verändert, innen. Innerer als dort, wo je einer war; eine Tür war dir aufgesprungen, und nun warst du bei den Kolben im Feuerschein. Dort, wohin du nie einen mitnahmst, Mißtrauischer, dort saßest du und unterschiedest Übergänge. Und dort, weil das Aufzeigen dir im Blute war und nicht das Bilden oder das Sagen, dort faßtest du den ungeheuren Entschluß, dieses Winzige, das du selber zuerst nur durch Gläser gewahrtest, ganz allein gleich so zu vergrößern, daß es vor Tausenden sei, riesig, vor allen. Dein Theater entstand. Du konntest nicht warten, daß dieses fast raumlose von den Jahrhunderten zu Tropfen zusammengepreßte Leben von den anderen Künsten gefunden und allmählich versichtbart werde für einzelne, die sich nach und nach zusammenfinden zur Einsicht und die endlich verlangen, gemeinsam die erlauchten Gerüchte bestätigt zu sehen im Gleichnis der vor ihnen aufgeschlagenen Szene. Dies konntest du nicht abwarten, du warst da, du mußtest das kaum Meßbare: ein Gefühl, das um einen halben Grad stieg, den Ausschlagswinkel eines von fast nichts beschwerten Willens, den du ablasest von ganz nah, die leichte Trübung in einem Tropfen Sehnsucht und dieses Nichts von Farbenwechsel in einem Atom von Zutrauen: dieses mußtest du feststellen und aufbehalten; denn in solchen Vorgängen war jetzt das Leben, unser Leben, das in uns hineingeglitten war, das sich nach innen zurückgezogen hatte, so tief, daß es kaum noch Vermutungen darüber gab.

So wie du warst, auf das Zeigen angelegt, ein zeitlos tragischer Dichter, mußtest du dieses Kapillare mit einem Schlag umsetzen in die überzeugendsten Gebärden, in die vorhandensten Dinge. Da gingst du an die beispiellose Gewalttat deines Werkes, das immer ungeduldiger, immer verzweifelter unter dem Sichtbaren nach den Äquivalenten suchte für das innen Gesehene. Da war ein Kaninchen, ein Bodenraum, ein Saal, in dem einer auf und nieder geht: da war ein Glasklirren im Nebenzimmer, ein Brand vor den Fenstern, da war die Sonne. Da war eine Kirche und ein Felsental, das einer Kirche glich. Aber das reichte nicht aus; schließlich mußten die Türme herein und die ganzen Gebirge; und die Lawinen, die die Landschaften begraben, verschütteten die mit Greifbarem überladene Bühne um des Unfaßlichen willen. Da konntst du nichtmehr. Die beiden Enden, die du zusammengebogen hattest, schnellten auseinander; deine wahnsinnige Kraft entsprang aus dem elastischen Stab, und dein Werk war wie nicht.

Wer begriffe es sonst, daß du zum Schluß nicht vom Fenster fortwolltest, eigensinnig wie du immer warst. Die Vorübergehenden wolltest du sehen; denn es war dir der Gedanke gekommen, ob man nicht eines Tages etwas machen könnte aus ihnen, wenn man sich entschlösse anzufangen.

Damals zuerst fiel es mir auf, daß man von einer Frau nichts sagen könne; ich merkte, wenn sie von ihr erzählten, wie sie sie aussparten, wie sie die anderen nannten und beschrieben, die Umgebungen, die Örtlichkeiten, die Gegenstände bis an eine bestimmte Stelle heran, wo das alles aufhörte, sanft und gleichsam vorsichtig aufhörte mit dem leichten, niemals nachgezogenen Kontur, der sie einschloß. Wie war sie? fragte ich dann. »Blond, ungefähr wie du«, sagten sie und zählten allerhand auf, was sie sonst noch wußten; aber darüber wurde sie wieder ganz ungenau, und ich konnte mir nichts mehr vorstellen. *Sehen* eigentlich konnte ich sie nur, wenn Maman mir die Geschichte erzählte, die ich immer wieder verlangte –.

– Dann pflegte sie jedesmal, wenn sie zu der Szene mit dem Hunde kam, die Augen zu schließen und das ganz verschlossene, aber überall durchscheinende Gesicht irgendwie inständig zwischen ihre beiden Hände zu halten, die es kalt an den Schläfen berührten. »Ich hab es gesehen, Malte«, beschwor sie: »Ich hab es gesehen.« Das war schon in ihren letzten Jahren, da ich dies von ihr gehört habe. In der Zeit, wo sie niemanden mehr sehen wollte und wo sie immer, auch auf Reisen, das kleine, dichte, silberne Sieb bei sich hatte, durch das sie alle Getränke seihte. Speisen von fester Form nahm sie nie mehr zu sich, es sei denn etwas Biskuit oder Brot, das sie, wenn sie allein war, zerbröckelte und Krümel für Krümel aß, wie Kinder Krümel essen. Ihre Angst vor Nadeln beherrschte sie damals schon völlig. Zu den anderen sagte sie nur, um sich zu entschuldigen: »Ich vertrage rein nichts mehr, aber es muß euch nicht stören, ich befinde mich ausgezeichnet dabei.« Zu mir aber konnte sie sich plötzlich hinwenden (denn ich war schon ein bißchen erwachsen) und mit einem Lächeln, das sie sehr anstrengte, sagen: »Was es doch für viele Nadeln giebt, Malte, und wo sie überall herumliegen, und wenn man bedenkt, wie leicht sie herausfallen ...« Sie hielt darauf, es recht scherzend zusagen; aber das Entsetzen schüttelte sie bei dem Gedanken an alle die schlecht befestigten Nadeln, die jeden Augenblick irgendwo hineinfallen konnten.

Wenn sie aber von Ingeborg erzählte, dann konnte ihr nichts geschehen; dann schonte sie sich nicht; dann sprach sie lauter, dann lachte sie in der Erinnerung an Ingeborgs Lachen, dann sollte man sehen, wie schön Ingeborg gewesen war. »Sie machte uns alle froh«, sagte sie, »deinen Vater auch, Malte, buchstäblich froh. Aber dann, als es hieß, daß sie sterben würde, obwohl sie doch nur ein wenig krank schien, und wir gingen alle herum und verbargen es, da setzte sie sich einmal im Bette auf und sagte so vor sich hin, wie einer, der hören will, wie etwas klingt: ›Ihr müßt euch nicht so zusammennehmen; wir wissen es alle, und ich kann euch beruhigen, es ist gut so wie es kommt, ich mag nichtmehr.‹ Stell dir vor, sie sagte: ›Ich mag nichtmehr‹; sie, die uns alle froh machte. Ob du das einmal verstehen wirst, wenn du groß bist, Malte? Denk daran später, vielleicht fällt es dir ein. Es wäre ganz gut, wenn es jemanden gäbe, der solche Sachen versteht.«

›Solche Sachen‹ beschäftigten Maman, wenn sie allein war, und sie war immer allein diese letzten Jahre.

»Ich werde ja nie darauf kommen, Malte«, sagte sie manchmal mit ihrem eigentümlich kühnen Lächeln, das von niemandem gesehen sein wollte und seinen Zweck ganz erfüllte, indem es gelächelt ward. »Aber daß es keinen reizt, das herauszufinden; wenn ich ein Mann wäre, ja gerade wenn ich ein Mann wäre, würde ich darüber nachdenken, richtig der Reihe und Ordnung nach und von Anfang an. Denn einen Anfang muß es doch geben, und wenn man ihn zu fassen bekäme, das wäre immer schon etwas. Ach Malte, wir gehen so hin, und mir kommt vor, daß alle zerstreut sind und beschäftigt und nicht recht achtgeben, wenn wir hingehen. Als ob eine Sternschnuppe fiele und es sieht sie keiner und keiner hat sich etwas gewünscht. Vergiß nie, dir etwas zu wünschen Malte. Wünschen, das soll man nicht aufgeben. Ich glaube, es giebt keine Erfüllung, aber es giebt Wünsche, die lange vorhalten, das ganze Leben lang, so daß man die Erfüllung doch gar nicht abwarten könnte.«

Maman hatte Ingeborgs kleinen Sekretär hinauf in ihr Zimmer stellen lassen, davor fand ich sie oft, denn ich durfte ohne weiteres bei ihr eintreten. Mein Schritt verging völlig in dem Teppich, aber sie fühlte mich und hielt mir eine ihrer Hände über die andere Schulter hin. Diese Hand war ganz ohne Gewicht, und sie küßte sich fast wie das elfenbeinerne Kruzifix, das man mir abends vor dem Einschlafen reichte. An diesem niederen Schreibschrank, der mit einer Platte sich vor ihr aufschlug, saß sie wie an einem Instrument. »Es ist so viel Sonne drin«, sagte sie, und wirklich, das Innere war merkwürdig hell, von altem, gelbem Lack, auf dem Blumen gemalt waren, immer eine rote und eine blaue Und wo drei nebeneinanderstanden, gab es eine violette zwischen ihnen, die die beiden anderen trennte. Diese Farben und das Grün des schmalen, waagerechten Rankenwerks waren ebenso verdunkelt in sich, wie der Grund strahlend war, ohne eigentlich klar zu sein. Das ergab ein seltsam gedämpftes Verhältnis von Tönen, die in innerlichen gegenseitigen Beziehungen standen, ohne sich über sie auszusprechen.

Maman zog die kleinen Laden heraus, die alle leer waren.

»Ach, Rosen«, sagte sie und hielt sich ein wenig vor in den trüben Geruch hinein, der nicht alle wurde. Sie hatte dabei immer die Vorstellung, es könnte sich plötzlich noch etwas finden in einem geheimen Fach, an das niemand gedacht hatte und das nur dem Druck irgendeiner versteckten Feder nachgab. »Auf einmal springt es vor, du sollst sehen«, sagte sie ernst und ängstlich und zog eilig an allen Laden. Was aber wirklich an Papieren in den Fächern zurückgeblieben war, das hatte sie sorgfältig zusammengelegt und eingeschlossen, ohne es zu lesen. »Ich verstünde es doch nicht, Malte, es wäre sicher zu schwer für mich.« Sie hatte die Überzeugung, daß alles zu kompliziert für sie sei. »Es giebt keine Klassen im Leben für Anfänger, es ist immer gleich das Schwierigste, was von einem verlangt wird.« Man versicherte mir, daß sie erst seit dem schrecklichen Tode ihrer Schwester so geworden sei, der Gräfin Öllegaard Skeel, die verbrannte, da sie sich vor einem Balle am Leuchterspiegel die Blumen im Haar anders anstecken wollte. Aber in letzter Zeit schien ihr doch Ingeborg das, was am schwersten zu begreifen war.

Und nun will ich die Geschichte aufschreiben, so wie Maman sie erzählte, wenn ich darum bat.

Es war mitten im Sommer, am Donnerstag nach Ingeborgs Beisetzung. Von dem Platze auf der Terrasse, wo der Tee genommen wurde, konnte man den Giebel des Erbbegräbnisses sehen zwischen den riesigen Ulmen hin. Es war so gedeckt worden, als ob nie eine Person mehr an diesem Tisch gesessen hätte, und wir saßen auch alle recht ausgebreitet herum. Und jeder hatte etwas mitgebracht, ein Buch oder einen Arbeitskorb, so daß wir sogar einwenig beengt waren. Abelone (Mamans jüngste Schwester) verteilte den Tee, und alle waren beschäftigt, etwas herumzureichen, nur dein Großvater sah von seinem Sessel aus nach dem Hause hin. Es war die Stunde, da man die Post erwartete, und es fügte sich meistens so, daß Ingeborg sie brachte, die mit den Anordnungen für das Essen länger drin zurückgehalten war. In den Wochen ihrer Krankheit hatten wir nun reichlich Zeit gehabt, uns ihres Kommens zu entwöhnen; denn wir wußten ja, daß sie nicht kommen könne. Aber an diesem Nachmittag, Malte, da sie wirklich nichtmehr kommen konnte –: da kam sie. Vielleicht war es unsere Schuld; vielleicht haben wir sie gerufen. Denn ich erinnere mich, daß ich auf einmal dasaß und angestrengt war, mich zu besinnen, was denn eigentlich nun anders sei. Es war mir plötzlich nicht möglich zu sagen, *was;* ich hatte es völlig vergessen. Ich blickte auf und sah alle andern dem Hause zugewendet, nicht etwa auf eine besondere, auffällige Weise, sondern so recht ruhig und alltäglich in ihrer Erwartung. Und da war ich daran – (mir wird ganz kalt, Malte, wenn ich es denke) aber, Gott behüt mich, ich war daran zu sagen: »Wo bleibt nur –« Da schoß schon Cavalier, wie er immer tat, unter dem Tisch hervor und lief ihr entgegen. Ich hab es gesehen, Malte, ich hab es gesehen. Er lief ihr entgegen, obwohl sie nicht kam; für ihn kam sie. Wir begriffen, daß er ihr entgegenlief. Zweimal sah er sich nach uns um, als ob er fragte. Dann raste er auf sie zu, wie immer, Malte, genau wie immer, und erreichte sie; denn er begann rund herum zu springen, Malte, um etwas, was nicht da war, und dann hinauf an ihr, um sie zu lecken, gerade hinauf. Wir hörten ihn winseln vor Freude, und wie er so in die Höhe schnellte, mehrmals rasch hintereinander, hätte man wirklich meinen können, er verdecke sie uns mit seinen Sprüngen. Aber da heulte es auf einmal, und er drehte sich von seinem eigenen Schwunge in der Luft um und stürzte zurück, merkwürdig ungeschickt, und lag ganz eigentümlich flach da und rührte sich nicht. Von der andern Seite trat der Diener aus dem Hause mit den Briefen. Er zögerte eine Weile; offenbar war es nicht ganz leicht, auf unsere Gesichter zuzugehen. Und dein Vater winkte ihm auch schon, zu bleiben. Dein Vater, Malte, liebte keine Tiere; aber nun ging er doch hin, langsam, wie mir schien, und bückte sich über den Hund. Er sagte etwas zu dem Diener, irgend etwas Kurzes, Einsilbiges. Ich sah, wie der Diener hinzusprang, um Cavalier aufzuheben. Aber da nahm dein Vater selbst das Tier und ging damit, als wüßte er genau wohin, ins Haus hinein.

Einmal als es über dieser Erzählung fast dunkel geworden war, war ich nahe daran, Maman von der ›Hand‹ zu erzählen: in diesem Augenblick hätte ich es gekonnt. Ich atmete schon auf, um anzufangen, aber da fiel mir ein, wie gut ich den Diener begriffen hatte, daß er nicht hatte kommen können auf ihre Gesichter zu. Und ich fürchtete mich trotz der Dunkelheit vor Mamans Gesicht, wenn es sehen würde, was ich gesehen habe. Ich holte rasch noch einmal Atem, damit es den Anschein habe, als hätte ich nichts anderes gewollt. Ein paar Jahre hernach, nach der merkwürdigen Nacht in der Galerie auf Urnekloster, ging ich tagelang damit um, mich dem kleinen Erik anzuvertrauen. Aber er hatte sich nach unserem nächtlichen Gespräch wieder ganz vor mir zugeschlossen, er vermied mich; ich glaube, daß er mich verachtete. Und gerade deshalb wollte ich ihm von der ›Hand‹ erzählen. Ich bildete mir ein, ich würde in seiner Meinung gewinnen (und das wünschte ich dringend aus irgendeinem Grunde), wenn ich ihm begreiflich machen könnte, daß ich das wirklich erlebt hatte. Erik aber war so geschickt im Ausweichen, daß es nicht dazu kam. Und dann reisten wir ja auch gleich. So ist es, wunderlich genug, das erstemal, daß ich (und schließlich auch nur mir selber) eine Begebenheit erzähle, die nun weit zurückliegt in meiner Kindheit.

Wie klein ich damals noch gewesen sein muß, sehe ich daran, daß ich auf dem Sessel kniete, um bequem auf den Tisch hinaufzureichen, auf dem ich zeichnete. Es war am Abend, im Winter, wenn ich nicht irre, in der Stadtwohnung. Der Tisch stand in meinem Zimmer, zwischen den Fenstern, und es war keine Lampe im Zimmer, als die, die auf meine Blätter schien und auf Mademoiselles Buch; denn Mademoiselle saß neben mir, etwas zurückgerückt, und las. Sie war weit weg, wenn sie las, ich weiß nicht, ob sie im Buche war; sie konnte lesen, stundenlang, sie blätterte selten um, und ich hatte den Eindruck, als würden die Seiten immer voller unter ihr, als schaute sie Worte hinzu, bestimmte Worte, die sie nötig hatte und die nicht da waren. Das kam mir so vor, während ich zeichnete. Ich zeichnete langsam, ohne sehr entschiedene Absicht, und sah alles, wenn ich nicht weiter wußte, mit ein wenig nach rechts geneigtem Kopfe an; so fiel mir immer am raschesten ein, was noch fehlte. Es waren Offiziere zu Pferd, die in die Schlacht ritten, oder sie waren mitten drin, und das war viel einfacher, weil dann fast nur der Rauch zu machen war, der alles einhüllte. Maman freilich behauptet nun immer, daß es Inseln gewesen waren, was ich malte; Inseln mit großen Bäumen und einem Schloß und einer Treppe und Blumen am Rand, die sich spiegeln sollten im Wasser. Aber ich glaube, das erfindet sie, oder es muß später gewesen sein.

Es ist ausgemacht, daß ich an jenem Abend einen Ritter zeichnete, einen einzelnen, sehr deutlichen Ritter auf einem merkwürdig bekleideten Pferd. Er wurde so bunt, daß ich oft die Stifte wechseln mußte, aber vor allem kam doch der rote in Betracht, nach dem ich immer wieder griff. Nun hatte ich ihn noch einmal nötig; da rollte er (ich sehe ihn noch) quer über das beschienene Blatt an den Rand und fiel, ehe ichs verhindern konnte, an mir vorbei hinunter und war fort. Ich brauchte ihn wirklich dringend, und es war recht ärgerlich, ihm nun nachzuklettern. Ungeschickt, wie ich war, kostete es mich allerhand Veranstaltungen, hinunterzukommen; meine Beine schienen mir viel zu lang, ich konnte sie nicht unter mir hervorziehen; die zu lange eingehaltene knieende Stellung hatte meine Glieder dumpf gemacht; ich wußte nicht, was zu mir und was zum Sessel gehörte. Endlich kam ich doch, etwas konfus, unten an und befand mich auf einem Fell, das sich unter dem Tisch bis gegen die Wand hinzog. Aber da ergab sich eine neue Schwierigkeit. Eingestellt auf die Helligkeit da oben und noch ganz begeistert für die Farben auf dem weißen Papier, vermochten meine Augen nicht das geringste unter dem Tisch zu erkennen, wo mir das Schwarze so zugeschlossen schien, daß ich bange war, daran zu stoßen. Ich verließ mich also auf mein Gefühl und kämmte, knieend und auf die linke gestützt, mit der andern Hand in dem kühlen, langhaarigen Teppich herum, der sich recht vertraulich anfühlte; nur daß kein Bleistift zu spüren war. Ich bildete mir ein, eine Menge Zeit zu verlieren, und wollte eben schon Mademoiselle anrufen und sie bitten, mir die Lampe zu halten, als ich merkte, daß für meine unwillkürlich angestrengten Augen das Dunkel nach und nach durchsichtiger wurde. Ich konnte schon hinten die Wand unterscheiden, die mit einer hellen Leiste abschloß; ich orientierte mich über die Beine des Tisches; ich erkannte vor allem meine eigene, ausgespreizte Hand, die sich ganz allein, ein bißchen wie ein Wassertier, da unten bewegte und den Grund untersuchte. Ich sah ihr, weiß ich noch, fast neugierig zu; es kam mir vor, als könnte sie Dinge, die ich sie nicht gelehrt hatte, wie sie da unten so eigenmächtig herumtastete mit Bewegungen, die ich nie an ihr beobachtet hatte. Ich verfolgte sie, wie sie vordrang, es interessierte mich, ich war auf allerhand vorbereitet. Aber wie hätte ich darauf gefaßt sein sollen, daß ihr mit einem Male aus der Wand eine andere Hand entgegenkam, eine größere, ungewöhnlich magere Hand, wie ich noch nie eine gesehen hatte. Sie suchte in ähnlicher Weise von der anderen Seite her, und die beiden gespreizten Hände bewegten sich blind aufeinander zu. Meine Neugierde war noch nicht aufgebraucht, aber plötzlich war sie zu Ende, und es war nur Grauen da. Ich fühlte, daß die eine von den Händen mir gehörte und daß sie sich da in etwas einließ, was nicht wieder gutzumachen war. Mit allem Recht, das ich auf sie hatte, hielt ich sie an und zog sie flach und langsam zurück, indem ich die andere nicht aus den Augen ließ, die weitersuchte. Ich begriff, daß sie es nicht aufgeben würde, ich kann nicht sagen, wie ich wieder hinaufkam. Ich saß ganz tief im Sessel, die Zähne schlugen mir aufeinander, und ich hatte so wenig Blut im Gesicht, daß mir schien, es wäre kein Blau mehr in meinen Augen. Mademoiselle –, wollte ich sagen und konnte es nicht, aber da erschrak sie von selbst, sie warf ihr Buch hin und kniete sich neben den Sessel und rief meinen Namen; ich glaube, daß sie mich rüttelte. Aber ich war ganz bei Bewußtsein. Ich schluckte ein paarmal; denn nun wollte ich es erzählen.

Aber wie? Ich nahm mich unbeschreiblich zusammen, aber es war nicht auszudrücken, so daß es einer begriff. Gab es Worte für dieses Ereignis, so war ich zu klein, welche zu finden. Und plötzlich ergriff mich die Angst, sie könnten doch, über mein Alter hinaus, auf einmal da sein, diese Worte, und es schien mir fürchterlicher als alles, sie dann sagen zu müssen. Das Wirkliche da unten noch einmal durchzumachen, anders, abgewandelt, von Anfang an; zu hören, wie ich es zugebe, dazu hatte ich keine Kraft mehr.

Es ist natürlich Einbildung, wenn ich nun behaupte, ich hätte in jener Zeit schon gefühlt, daß da etwas in mein Leben gekommen sei, geradeaus in meines, womit ich allein würde herumgehen müssen, immer und immer. Ich sehe mich in meinem kleinen Gitterbett liegen und nicht schlafen und irgendwie ungenau voraussehen, daß so das Leben sein würde voll lauter besonderer Dinge, die nur für *Einen* gemeint sind und die sich nicht sagen lassen. Sicher ist, daß sich nach und nach ein trauriger und schwerer Stolz in mir erhob. Ich stellte mir vor, wie man herumgehen würde, voll von Innerem und schweigsam. Ich empfand eine ungestüme Sympathie für die Erwachsenen; ich bewunderte sie, und ich nahm mir vor, ihnen zu sagen, daß ich sie bewunderte.

Ich nahm mir vor, es Mademoiselle zu sagen bei der nächsten Gelegenheit.
Und dann kam eine von diesen Krankheiten, die darauf ausgingen, mir zu beweisen, daß dies nicht das erste eigene Erlebnis war. Das Fieber wühlte in mir und holte von ganz unten Erfahrungen, Bilder, Tatsachen heraus, von denen ich nicht gewußt hatte; ich lag da, überhäuft mit mir, und wartete auf den Augenblick, da mir befohlen würde, dies alles wieder in mich hineinzuschichten, ordentlich, der Reihe nach. Ich begann, aber es wuchs mir unter den Händen, es sträubte sich, es war viel zu viel. Dann packte mich die Wut, und ich warf alles in Haufen in mich hinein und preßte es zusammen; aber ich ging nicht wieder darüber zu. Und da schrie ich, halb offen wie ich war, schrie ich und schrie. Und wenn ich anfing hinauszusehen aus mir, so standen sie seit lange um mein Bett und hielten mir die Hände, und eine Kerze war da, und ihre großen Schatten rührten sich hinter ihnen. Und mein Vater befahl mir, zu sagen, was es gäbe. Es war ein freundlicher, gedämpfter Befehl, aber ein Befehl war es immerhin. Und er wurde ungeduldig, wenn ich nicht antwortete.

Maman kam nie in der Nacht –, oder doch, einmal kam sie. Ich hatte geschrieen und geschrieen, und Mademoiselle war gekommen und Sieversen, die Haushälterin, und Georg, der Kutscher; aber das hatte nichts genutzt. Und da hatten sie endlich den Wagen nach den Eltern geschickt, die auf einem großen Balle waren, ich glaube beim Kronprinzen. Und auf einmal hörte ich ihn hereinfahren in den Hof, und ich wurde still, saß und sah nach der Tür. Und da rauschte es ein wenig in den anderen Zimmern, und Maman kam herein in der großen Hofrobe, die sie gar nicht in acht nahm, und lief beinah und ließ ihren weißen Pelz hinter sich fallen und nahm mich in die bloßen Arme. Und ich befühlte, erstaunt und entzückt wie nie, ihr Haar und ihr kleines, gepflegtes Gesicht und die kalten Steine an ihren Ohren und die Seide am Rand ihrer Schultern, die nach Blumen dufteten. Und wir blieben so und weinten zärtlich und küßten uns, bis wir fühlten, daß der Vater da war und daß wir uns trennen mußten. »Er hat hohes Fieber«, hörte ich Maman schüchtern sagen, und der Vater griff nach meiner Hand und zählte den Puls. Er war in der Jägermeisteruniform mit dem schönen, breiten, gewässerten blauen Band des Elefanten. »Was für ein Unsinn, uns zu rufen«, sagte er ins Zimmer hinein, ohne mich anzusehen. Sie hatten versprochen, zurückzukehren, wenn es nichts Ernstliches wäre. Und Ernstliches war es ja nichts. Auf meiner Decke aber fand ich Mamans Tanzkarte und weiße Kamelien, die ich noch nie gesehen hatte und die ich mir auf die Augen legte, als ich merkte, wie kühl sie waren.

Aber was lang war, das waren die Nachmittage in solchen Krankheiten. Am Morgen nach der schlechten Nacht kam man immer in Schlaf, und wenn man erwachte und meinte, nun wäre es wieder früh, so war es Nachmittag und blieb Nachmittag und hörte nicht auf Nachmittag zu sein. Da lag man so in derm aufgeräumten Bett und wuchs vielleicht ein wenig in den Gelenken und war viel zu müde, um sich irgend etwas vorzustellen. Der Geschmack vom Apfelmus hielt lange vor, und das war schon alles mögliche, wenn man ihn irgendwie auslegte, unwillkürlich, und die reinliche Säure an Stelle von Gedanken in sich herumgehen ließ. Später, wenn die Kräfte wiederkamen, wurden die Kissen hinter einem aufgebaut, und man konnte aufsitzen und mit Soldaten spielen; aber sie fielen so leicht um auf dem schiefen

Bett-Tisch und dann immer gleich die ganze Reihe; und man war doch noch nicht so ganz im Leben drin, um immer wieder von vorn anzufangen. Plötzlich war es zuviel, und man bat, alles recht rasch fortzunehmen, und es tat wohl, wieder nur die zwei Hände zu sehen, ein bißchen weiter hin auf der leeren Decke.

Wenn Maman mal eine halbe Stunde kam und Märchen vorlas (zum richtigen, langen Vorlesen war Sieversen da), so war das nicht um der Märchen willen. Denn wir waren einig darüber, daß wir Märchen nicht liebten. Wir hatten einen anderen Begriff vom Wunderbaren. Wir fanden, wenn alles mit natürlichen Dingen zuginge, so wäre das immer am wunderbarsten. Wir gaben nicht viel darauf, durch die Luft zu fliegen, die Feen enttäuschten uns, und von den Verwandlungen in etwas anderes erwarteten wir uns nur eine sehr oberflächliche Abwechslung. Aber wir lasen doch ein bißchen, um beschäftigt auszusehen; es war uns nicht angenehm, wenn irgend jemand eintrat, erst erklären zu müssen, was wir gerade taten; besonders Vater gegenüber waren wir von einer übertriebenen Deutlichkeit.

Nur wenn wir ganz sicher waren, nicht gestört zu sein, und es dämmerte draußen, konnte es geschehen, daß wir uns Erinnerungen hingaben, gemeinsamen Erinnerungen, die uns beiden alt schienen und über die wir lächelten; denn wir waren beide groß geworden seither. Es fiel uns ein, daß es eine Zeit gab, wo Maman wünschte, daß ich ein kleines Mädchen wäre und nicht dieser Junge, der ich nun einmal war. Ich hatte das irgendwie erraten, und ich war auf den Gedanken gekommen, manchmal nachmittags an Mamans Türe zu klopfen. Wenn sie dann fragte, wer da wäre, so war ich glücklich, draußen »Sophie« zu rufen, wobei ich meine kleine Stimme so zierlich machte, daß sie mich in der Kehle kitzelte. Und wenn ich dann eintrat (in dem kleinen, mädchenhaften Hauskleid, das ich ohnehin trug, mit ganz hinaufgerollten Ärmeln), so war ich einfach Sophie, Mamans kleine Sophie, die sich häuslich beschäftigte und der Maman einen Zopf flechten mußte, damit keine Verwechslung stattfinde mit dem bösen Malte, wenn er je wiederkäme. Erwünscht war dies durchaus nicht; es war sowohl Maman wie Sophie angenehm, daß er fort war, und ihre Unterhaltungen (die Sophie immerzu mit der gleichen, hohen Stimme fortsetzte) bestanden meistens darin, daß sie Maltes Unarten aufzählten und sich über ihn beklagten. »Ach ja, dieser Malte«, seufzte Maman. Und Sophie wußte eine Menge über die Schlechtigkeit der Jungen im allgemeinen, als kennte sie einen ganzen Haufen.

»Ich möchte wohl wissen, was aus Sophie geworden ist«, sagte Maman dann plötzlich bei solchen Erinnerungen.

Darüber konnte nun Malte freilich keine Auskunft geben. Aber wenn Maman vorschlug, daß sie gewiß gestorben sei, dann widersprach er eigensinnig und beschwor sie, dies nicht zu glauben, so wenig sich sonst auch beweisen ließe.

Wenn ich das jetzt überdenke, kann ich mich wundern, daß ich aus der Welt dieser Fieber doch immer wieder ganz zurückkam und mich hineinfand in das überaus gemeinsame Leben, wo jeder im Gefühl unterstützt sein wollte, bei Bekanntem zu sein, und wo man sich so vorsichtig im Verständlichen vertrug. Da wurde etwas erwartet, und es kam oder es kam nicht, ein Drittes war ausgeschlossen. Da gab es Dinge, die traurig waren, ein für allemal, es gab angenehme Dinge und eine ganze Menge nebensächlicher. Wurde aber einem eine Freude bereitet, so war es eine Freude, und er hatte sich danach zu benehmen. Im Grunde war das alles sehr einfach, und wenn man es erst heraus hatte, so machte es sich wie von selbst. In diese verabredeten Grenzen ging denn auch alles hinein; die langen, gleichmäßigen Schulstunden, wenn draußen der Sommer war; die Spaziergänge, von denen man französisch erzählen mußte; die Besuche, für die man hereingerufen wurde und die einen drollig fanden, wenn man gerade traurig war, und sich an einem belustigten wie an dem betrübten Gesicht gewisser Vögel, die kein anderes haben. Und die Geburtstage natürlich, zu denen man Kinder eingeladen bekam, die man kaum kannte, verlegene Kinder, die einen verlegen machten, oder dreiste, die einem das Gesicht zerkratzten, und zerbrachen, was man gerade bekommen hatte, und die dann plötzlich fortfuhren, wenn alles aus Kästen und Laden herausgerissen war und zu Haufen lag. Wenn man aber allein spielte, wie immer, so konnte es doch geschehen, daß man diese vereinbarte, im ganzen harmlose Welt unversehens überschritt und unter Verhältnisse geriet, die völlig verschieden waren und gar nicht abzusehen.

Mademoiselle hatte zuzeiten ihre Migräne, die ungemein heftig auftrat, und das waren die Tage, an denen ich schwer zu finden war. Ich weiß, der Kutscher wurde dann in den Park geschickt, wenn es Vater einfiel, nach mir zu fragen, und ich war nicht da. Ich konnte oben von einem der Gastzimmer aus sehen, wie er hinauslief und am Anfang der langen Allee nach mir rief. Diese Gastzimmer befanden sich, eines neben dem anderen, im Giebel von Ulsgaard und standen, da wir in dieser Zeit sehr selten Hausbesuch hatten, fast immer leer. Anschließend an sie aber war jener große Eckraum, der eine so starke Verlockung für mich hatte. Es war nichts darin zu finden als eine alte Büste, die, ich glaube, den Admiral Juel darstellte, aber die Wände waren ringsum mit tiefen, grauen Wandschränken verschalt, derart, daß sogar das Fenster erst über den Schränken angebracht war in der leeren, geweißten Wand. Den Schlüssel hatte ich an einer der Schranktüren entdeckt, und er schloß alle anderen. So hatte ich in kurzem alles untersucht: die Kammerherrenfräcke aus dem achtzehnten Jahrhundert, die ganz kalt waren von den eingewebten Silberfäden, und die schön gestickten Westen dazu; die Trachten des Dannebrog- und des Elefantenordens, die man erst für Frauenkleider hielt, so reich und umständlich waren sie und so sanft im Futter anzufühlen. Dann wirkliche Roben, die, von ihren Unterlagen auseinander gehalten, steif dahingen wie die Marionetten eines zu großen Stückes, das so endgültig aus der Mode war, daß man ihre Köpfe anders verwendet hatte. Daneben aber waren Schränke, in denen es dunkel war, wenn man sie aufmachte, dunkel von hochgeschlossenen Uniformen, die viel gebrauchter aussahen als alles das andere und die eigentlich wünschten, nicht erhalten zu sein.

Niemand wird es verwunderlich finden, daß ich das alles herauszog und ins Licht neigte; daß ich das und jenes an mich hielt oder umnahm; daß ich ein Kostüm, welches etwa passen konnte, hastig anzog und darin, neugierig und aufgeregt, in das nächste Fremdenzimmer lief, vor den schmalen Pfeilerspiegel, der aus einzelnen ungleich grünen Glasstücken zusammengesetzt war. Ach, wie man zitterte, drin zu sein, und wie hinreißend war es, wenn man es war. Wenn da etwas aus dem Trüben heraus sich näherte, langsamer als man selbst, denn der Spiegel glaubte es gleichsam nicht und wollte, schläfrig wie er war, nicht gleich nachsprechen, was man ihm vorsagte. Aber schließlich mußte er natürlich. Und nun war es etwas sehr Überraschendes, Fremdes, ganz anders, als man es sich gedacht hatte, etwas Plötzliches, Selbständiges, das man rasch überblickte, um sich im nächsten Augenblick doch zu erkennen, nicht ohne eine gewisse Ironie, die um ein Haar das ganze Vergnügen zerstören konnte. Wenn man aber sofort zu reden begann, sich zu verbeugen, wenn man sich zuwinkte, sich, fortwährend zurückblickend, entfernte und dann entschlossen und angeregt wiederkam, so hatte man die Einbildung auf seiner Seite, solang es einem gefiel.

Ich lernte damals den Einfluß kennen, der unmittelbar von einer bestimmten Tracht ausgehen kann. Kaum hatte ich einen dieser Anzüge angelegt, mußte ich mir eingestehen, daß er mich in seine Macht bekam; daß er mir meine Bewegungen, meinen Gesichtsausdruck, ja sogar meine Einfälle vorschrieb; meine Hand, über die die Spitzenmanschette fiel und wieder fiel, war durchaus nicht meine gewöhnliche Hand; sie bewegte sich wie ein Akteur, ja, ich möchte sagen, sie sah sich selber zu, so übertrieben das auch klingt. Diese Verstellungen gingen indessen nie so weit, daß ich mich mir selber entfremdet fühlte; im Gegenteil, je vielfältiger ich mich abwandelte, desto überzeugter wurde ich von mir selbst. Ich wurde kühner und kühner; ich warf mich immer höher; denn meine Geschicklichkeit im Auffangen war über allen Zweifel. Ich merkte nicht die Versuchung in dieser rasch wachsenden Sicherheit. Zu meinem Verhängnis fehlte nur noch, daß der letzte Schrank, den ich bisher meinte nicht öffnen zu können, eines Tages nachgab, um mir, statt bestimmter Trachten, allerhand vages Maskenzeug auszuliefern, dessen phantastisches Ungefähr mir das Blut in die Wangen trieb. Es läßt sich nicht aufzählen, was da alles war. Außer einer Bautta, deren ich mich entsinne, gab es Dominos in verschiedenen Farben, es gab Frauenröcke, die hell lauteten von den Münzen, mit denen sie benäht waren; es gab Pierrots, die mir albern vorkamen, und faltige, türkische Hosen und persische Mützen, aus denen kleine Kampfersäckchen herausglitten, und Kronreifen mit dummen, ausdruckslosen Steinen. Dies alles verachtete ich ein wenig; es war von so dürftiger Unwirklichkeit und hing so abgebalgt und armsälig da und schlappte willenlos zusammen, wenn man es herauszerrte ans Licht. Was mich aber in eine Art von Rausch versetzte, das waren die geräumigen Mäntel, die Tücher, die Schals, die Schleier, alle diese nachgiebigen, großen, unverwendeten Stoffe, die weich und schmeichelnd waren oder so gleitend, daß man sie kaum zu fassen bekam, oder so leicht, daß sie wie ein Wind an einem vorbeiflogen, oder einfach schwer mit ihrer ganzen Last. In ihnen erst sah ich wirklich freie und unendlich bewegliche Möglichkeiten: eine Sklavin zu sein, die verkauft wird, oder Jeanne d'Arc zu sein oder ein alter König oder ein Zauberer; das alles hatte man jetzt in der Hand, besonders da auch Masken da waren, große drohende oder erstaunte Gesichter mit echten Bärten und vollen oder hochgezogenen Augenbrauen. Ich hatte nie Masken gesehen vorher, aber ich sah sofort ein, daß es Masken geben müsse. Ich mußte lachen, als mir einfiel, daß wir einen Hund hatten, der sich ausnahm, als trüge er eine. Ich stellte mir seine herzlichen Augen vor, die immer wie von hinten hineinsahen in das behaarte Gesicht. Ich lachte noch, während ich mich verkleidete, und ich vergaß darüber völlig, was ich eigentlich vorstellen wollte. Nun, es war neu und spannend, das erst nachträglich vor dem Spiegel zu entscheiden. Das Gesicht, das ich vorband, roch eigentümlich hohl, es legte sich fest über meines, aber ich konnte bequem durchsehen, und ich wählte erst, als die Maske schon saß, allerhand Tücher, die ich in der Art eines Turbans um den Kopf wand, so daß der Rand der Maske, der unten in einen riesigen gelben Mantel hineinreichte, auch oben und seitlich fast ganz verdeckt war. Schließlich, als ich nichtmehr konnte, hielt ich mich für hinreichend vermummt. Ich ergriff noch einen großen Stab, den ich, soweit der Arm reichte, neben mir hergehen ließ, und schleppte so, nicht ohne Mühe, aber, wie mir vorkam, voller Würde, in das Fremdenzimmer hinein auf den Spiegel zu.

Das war nun wirklich großartig, über alle Erwartung. Der Spiegel gab es auch augenblicklich wieder, es war zu überzeugend. Es wäre gar nicht nötig gewesen, sich viel zu bewegen; diese Erscheinung war vollkommen, auch wenn sich nichts tat. Aber es galt zu erfahren, was ich eigentlich sei, und so drehte ich mich ein wenig und erhob schließlich die beiden Arme: große, gleichsam beschwörende Bewegungen, das war, wie ich schon merkte, das einzig Richtige. Doch gerade in diesem feierlichen Moment vernahm ich, gedämpft durch meine Vermummung, ganz in meiner Nähe einen vielfach zusammengesetzten Lärm; sehr erschreckt, verlor ich das Wesen da drüben aus den Augen und war arg verstimmt, zu gewahren, daß ich einen kleinen, runden Tisch umgeworfen hatte mit weiß der Himmel was für, wahrscheinlich sehr zerbrechlichen Gegenständen. Ich bückte mich so gut ich konnte und fand meine schlimmste Erwartung bestätigt: es sah aus, als sei alles entzwei. Die beiden überflüssigen, grün-violetten Porzellanpapageien waren natürlich, jeder auf eine andere boshafte Art, zerschlagen. Eine Dose, aus der Bonbons rollten, die aussahen wie seidig eingepuppte Insekten, hatte ihren Deckel weit von sich geworfen, man sah nur seine eine Hälfte, die andere war überhaupt fort. Das Ärgerlichste aber war ein in tausend winzige Scherben zerschellter Flacon, aus dem der Rest irgendeiner alten Essenz herausgespritzt war, der nun einen Fleck von sehr widerlicher Physiognomie auf dem klaren Parkett bildete. Ich trocknete ihn schnell mit irgendwas auf, das an mir herunterhing, aber er wurde nur schwarzer und unangenehmer. Ich war recht verzweifelt. Ich erhob mich und suchte nach irgendeinem Gegenstand, mit dem ich das alles gutmachen konnte. Aber es fand sich keiner. Auch war ich so behindert im Sehen und in jeder Bewegung, daß die Wut in mir aufstieg gegen meinen unsinnigen Zustand, den ich nichtmehr begriff. Ich zerrte an allem, aber es schloß sich nur noch enger an. Die Schnüre des Mantels würgten mich, und das Zeug auf meinem Kopfe drückte, als käme immer noch mehr hinzu. Dabei war die Luft trübe geworden und wie beschlagen mit dem ältlichen Dunst der verschütteten Flüssigkeit.

Heiß und zornig stürzte ich vor den Spiegel und sah mühsam durch die Maske durch, wie meine Hände arbeiteten. Aber darauf hatte er nur gewartet. Der Augenblick der Vergeltung war für ihn gekommen. Während ich in maßlos zunehmender Beklemmung mich anstrengte, mich irgendwie aus meiner Vermummung hinauszuzwängen, nötigte er mich, ich weiß nicht womit, aufzusehen und diktierte mir ein Bild, nein, eine Wirklichkeit, eine fremde, unbegreifliche monströse Wirklichkeit, mit der ich durchtränkt wurde gegen meinen Willen: denn jetzt war er der Stärkere, und ich war der Spiegel. Ich starrte diesen großen, schrecklichen Unbekannten vor mir an, und es schien mir ungeheuerlich, mit ihm allein zu sein. Aber in demselben Moment, da ich dies dachte, geschah das Äußerste: ich verlor allen Sinn, ich fiel einfach aus. Eine Sekunde lang hatte ich eine unbeschreibliche, wehe und vergebliche Sehnsucht nach mir, dann war nur noch er: es war nichts außer ihm.

Ich rannte davon, aber nun war er es, der rannte. Er stieß überall an, er kannte das Haus nicht, er wußte nicht wohin;

er geriet eine Treppe hinunter, er fiel auf dem Gange über eine Person her, die sich schreiend freimachte. Eine Tür ging auf, es traten mehrere Menschen heraus: Ach, ach, was war das gut, sie zu kennen. Das war Sieversen, die gute Sieversen, und das Hausmädchen und der Silberdiener: nun mußte es sich entscheiden. Aber sie sprangen nicht herzu und retteten; ihre Grausamkeit war ohne Grenzen. Sie standen da und lachten, mein Gott, sie konnten dastehn und lachen. Ich weinte, aber die Maske ließ die Tränen nicht hinaus, sie rannen innen über mein Gesicht und trockneten gleich und rannen wieder und trockneten. Und endlich kniete ich hin vor ihnen, wie nie ein Mensch gekniet hat; ich kniete und hob meine Hände zu ihnen auf und flehte: »Herausnehmen, wenn es noch geht, und behalten«, aber sie hörten es nicht; ich hatte keine Stimme mehr.

Sieversen erzählte bis an ihr Ende, wie ich umgesunken wäre und wie sie immer noch weitergelacht hätten in der Meinung, das gehöre dazu. Sie waren es so gewöhnt bei mir. Aber dann wäre ich doch immerzu liegengeblieben und hätte nicht geantwortet. Und der Schrecken, als sie endlich entdeckten, daß ich ohne Besinnung sei und dalag wie ein Stück in allen den Tüchern, rein wie ein Stück.

Die Zeit ging unberechenbar schnell, und auf einmal war es schon wieder so weit, daß der Prediger Dr. Jespersen geladen werden mußte. Das war dann für alle Teile ein mühsames und langwieriges Frühstück. Gewohnt an die sehr fromme Nachbarschaft, die sich jedesmal ganz auflöste um seinetwillen, war er bei uns durchaus nicht an seinem Platz; er lag sozusagen auf dem Land und schnappte. Die Kiemenatmung, die er an sich ausgebildet hatte, ging beschwerlich vor sich, es bildeten sich Blasen, und das Ganze war nicht ohne Gefahr. Gesprächsstoff war, wenn man genau sein will, überhaupt keiner da; es wurden Reste veräußert zu unglaublichen Preisen, es war eine Liquidation aller Bestände. Dr. Jespersen mußte sich bei uns darauf beschränken, eine Art von Privatmann zu sein; das gerade aber war er nie gewesen. Er war, soweit er denken konnte, im Seelenfach angestellt. Die Seele war eine öffentliche Institution für ihn, die er vertrat, und er brachte es zuwege, niemals außer Dienst zu sein, selbst nicht im Umgang mit seiner Frau, »seiner bescheidenen, treuen, durch Kindergebären seligwerdenden Rebekka«, wie Lavater sich in einem anderen Fall ausdrückte.

*(Was übrigens meinen Vater betraf, so war seine Haltung Gott gegenüber vollkommen korrekt und von tadelloser Höflichkeit. In der Kirche schien es mir manchmal, als wäre er geradezu Jägermeister bei Gott, wenn er dastand und abwartete und sich verneigte. Maman dagegen erschien es fast verletzend, daß jemand zu Gott in einem höflichen Verhältnis stehen konnte. Wäre sie in eine Religion mit deutlichen und ausführlichen Gebräuchen geraten, es wäre eine Seligkeit für sie gewesen, stundenlang zu knien und sich hinzuwerfen und sich recht mit dem großen Kreuz zu gebärden vor der Brust und um die Schultern herum. Sie lehrte mich nicht eigentlich beten, aber es war ihr eine Beruhigung, daß ich gerne kniete und die Hände bald gekrümmt und bald aufrecht faltete, wie es mir gerade ausdrucksvoller schien. Ziemlich in Ruhe gelassen, machte ich frühzeitig eine Reihe von Entwickelungen durch, die ich erst viel später in einer Zeit der Verzweiflung auf Gott bezog, und zwar mit solcher Heftigkeit, daß er sich bildete und zersprang, fast in demselben Augenblick. Es ist klar, daß ich ganz von vorn anfangen

* Im Manuskript an den Rand geschrieben.

mußte hernach. Und bei diesem Anfang meinte ich manchmal, Maman nötig zu haben, obwohl es ja natürlich richtiger war, ihn allein durchzumachen. Und da war sie ja auch schon lange tot.)

Dr. Jespersen gegenüber konnte Maman beinah ausgelassen sein. Sie ließ sich in Gespräche mit ihm ein, die er ernst nahm, und wenn er dann sich reden hörte, meinte sie, das genüge, und vergaß ihn plötzlich, als wäre er schon fort. »Wie kann er nur«, sagte sie manchmal von ihm, »herumfahren und hineingehen zu den Leuten, wenn sie gerade sterben.«

Er kam auch zu ihr bei dieser Gelegenheit, aber sie hat ihn sicher nichtmehr gesehen. Ihre Sinne gingen ein, einer nach dem andern, zuerst das Gesicht. Es war im Herbst, man sollte schon in die Stadt ziehen, aber da erkrankte sie gerade, oder vielmehr, sie fing gleich an zu sterben, langsam und trostlos abzusterben an der ganzen Oberfläche. Die Ärzte kamen, und an einem bestimmten Tag waren sie alle zusammen da und beherrschten das ganze Haus. Es war ein paar Stunden lang, als gehörte es nun dem Geheimrat und seinen Assistenten und als hätten wir nichts mehr zu sagen. Aber gleich danach verloren sie alles Interesse, kamen nur noch einzeln, wie aus purer Höflichkeit, um eine Zigarre anzunehmen und ein Glas Portwein. Und Maman starb indessen.

Man wartete nur noch auf Mamans einzigen Bruder, den Grafen Christian Brahe, der, wie man sich noch erinnern wird, eine Zeitlang in türkischen Diensten gestanden hatte, wo er, wie es immer hieß, sehr ausgezeichnet worden war. Er kam eines Morgens an in Begleitung eines fremdartigen Dieners, und es überraschte mich, zu sehen, daß er größer war als Vater und scheinbar auch älter. Die beiden Herren wechselten sofort einige Worte, die sich, wie ich vermutete, auf

Maman bezogen. Es entstand eine Pause. Dann sagte mein Vater: »Sie ist sehr entstellt.« Ich begriff diesen Ausdruck nicht, aber es fröstelte mich, da ich ihn hörte. Ich hatte den Eindruck, als ob auch mein Vater sich hätte überwinden müssen, ehe er ihn aussprach. Aber es war wohl vor allem sein Stolz, der litt, indem er dies zugab.

Mehrere Jahre später erst hörte ich wieder von dem Grafen Christian reden. Es war auf Urnekloster, und Mathilde Brahe war es, die mit Vorliebe von ihm sprach. Ich bin indessen sicher, daß sie die einzelnen Episoden ziemlich eigenmächtig ausgestaltete, denn das Leben meines Onkels, von dem immer nur Gerüchte in die Öffentlichkeit und selbst in die Familie drangen, Gerüchte, die er nie widerlegte, war geradezu grenzenlos auslegbar. Urnekloster ist jetzt in seinem Besitz. Aber niemand weiß, ob er es bewohnt. Vielleicht reist er immer noch, wie es seine Gewohnheit war; vielleicht ist die Nachricht seines Todes aus irgendeinem äußersten Erdteil unterwegs, von der Hand des fremden Dieners geschrieben in schlechtem Englisch oder in irgendeiner unbekannten Sprache. Vielleicht auch giebt dieser Mensch kein Zeichen von sich, wenn er eines Tages allein zurückbleibt. Vielleicht sind sie beide längst verschwunden und stehen nur noch auf der Schiffsliste eines verschollenen Schiffes unter Namen, die nicht die ihren waren.

Freilich, wenn damals auf Urnekloster ein Wagen einfuhr, so erwartete ich immer, *ihn* eintreten zu sehen, und mein Herz klopfte auf eine besondere Art. Mathilde Brahe behauptete: so käme er, das wäre so seine Eigenheit, plötzlich da zu sein, wenn man es am wenigsten für möglich hielte. Er kam nie, aber meine Einbildungskraft beschäftigte sich wochenlang mit ihm, ich hatte das Gefühl, als wären wir einander eine Beziehung schuldig, und ich hätte gern etwas Wirkliches von ihm gewußt.

Als indessen bald darauf mein Interesse umschlug und infolge gewisser Begebenheiten ganz auf Christine Brahe überging, bemühte ich mich eigentümlicherweise nicht, etwas von ihren Lebensumständen zu erfahren. Dagegen beunruhigte mich der Gedanke, ob ihr Bildnis wohl in der Galerie vorhanden sei. Und der Wunsch, das festzustellen, nahm so einseitig und quälend zu, daß ich mehrere Nächte nicht schlief, bis, ganz unvermutet, diejenige da war, in der ich, weiß Gott, aufstand und hinaufging mit meinem Licht, das sich zu fürchten schien.

Was mich angeht, so dachte ich nicht an Furcht. Ich dachte überhaupt nicht; ich ging. Die hohen Türen gaben so spielend nach vor mir und über mir, die Zimmer, durch die ich kam, hielten sich ruhig. Und endlich merkte ich an der Tiefe, die mich anwehte, daß ich in die Galerie getreten sei. Ich fühlte auf der rechten Seite die Fenster mit der Nacht, und links mußten die Bilder sein. Ich hob mein Licht so hoch ich konnte. Ja: da waren die Bilder.

Erst nahm ich mir vor, nur nach den Frauen zu sehen, aber dann erkannte ich eines und ein anderes, das ähnlich in Ulsgaard hing, und wenn ich sie so von unten beschien, so rührten sie sich und wollten ans Licht, und es schien mir herzlos, das nicht wenigstens abzuwarten. Da war immer wieder Christian der Vierte mit der schön geflochtenen Cadenette neben der breiten, langsam gewölbten Wange. Da waren vermutlich seine Frauen, von denen ich nur Kirstine Munk kannte; und plötzlich sah mich Frau Ellen Marsvin an, argwöhnisch in ihrer Witwentracht und mit derselben Perlenschnur auf der Krempe des hohen Huts. Da waren König Christians Kinder: immer wieder frische aus neuen Frauen, die ›unvergleichliche‹ Eleonore auf einem weißen Paßgänger in ihrer glänzendsten Zeit, vor der Heimsuchung. Die Gyldenlöves: Hans Ulrik, von dem die Frauen in Spanien meinten, daß er sich das Antlitz male, so voller Blut war er, und Ulrik Christian, den man nicht wieder vergaß. Und beinah alle Ulfelds. Und dieser da, mit dem einen schwarzübermalten Auge, konnte wohl Henrik Holck sein, der mit dreiunddreißig Jahren Reichsgraf war und Feldmarschall, und das kam so: ihm träumte auf dem Wege zu Jungfrau Hilleborg Krafse, es würde ihm statt der Braut ein bloßes Schwert gegeben: und er nahm sichs zu Herzen und kehrte um und begann sein kurzes, verwegenes Leben, das mit der Pest endete. Die kannte ich alle. Auch die Gesandten vom Kongreß zu Nimwegen hatten wir auf Ulsgaard, die einander ein wenig glichen, weil sie alle auf einmal gemalt worden waren, jeder mit der schmalen, gestutzten Bartbraue über dem sinnlichen, fast schauenden Munde. Daß ich Herzog Ulrich erkannte, ist selbstverständlich, und Otte Brahe und Claus Daa und Sten Rosensparre, den Letzten seines Geschlechts; denn von ihnen allen hatte ich Bilder im Saal zu Ulsgaard gesehen, oder ich hatte in alten Mappen Kupferstiche gefunden, die sie darstellten.

Aber dann waren viele da, die ich nie gesehen hatte; wenige Frauen, aber es waren Kinder da. Mein Arm war längst müde geworden und zitterte, aber ich hob doch immer wieder das Licht, um die Kinder zu sehen. Ich begriff sie, diese kleinen Mädchen, die einen Vogel auf der Hand trugen und ihn vergaßen. Manchmal saß ein kleiner Hund bei ihnen unten, ein Ball lag da, und auf dem Tisch nebenan gab es Früchte und Blumen; und dahinter an der Säule hing, klein und vorläufig, das Wappen der Grubbe oder der Bille oder der Rosenkrantz. So viel hatte man um sie zusammengetragen, als ob eine Menge gutzumachen wäre. Sie aber standen einfach in ihren Kleidern und warteten; man sah, daß sie warteten. Und da mußte ich wieder an die Frauen denken und an Christine Brahe, und ob ich sie erkennen würde.

Ich wollte rasch bis ganz ans Ende laufen und von dort zurückgehen und suchen, aber da stieß ich an etwas. Ich drehte mich so jäh herum, daß der kleine Erik zurücksprang und flüsterte: »Gieb acht mit deinem Licht.«

»Du bist da?« sagte ich atemlos, und ich war nicht im klaren, ob das gut sei oder ganz und gar schlimm. Er lachte nur, und ich wußte nicht, was weiter. Mein Licht flackerte, und ich konnte den Ausdruck seines Gesichts nicht recht erkennen. Es war doch wohl schlimm, daß er da war. Aber da sagte er, indem er näher kam: »*Ihr* Bild ist nicht da, wir suchen es immer noch oben.« Mit seiner halben Stimme und dem einen beweglichen Auge wies er irgendwie hinauf. Und ich begriff, daß er den Boden meinte. Aber auf einmal kam mir ein merkwürdiger Gedanke.

»Wir?« fragte ich, »ist sie denn oben?«

»Ja«, nickte er und stand dicht neben mir.

»Sie sucht selber mit?«

»Ja, wir suchen.«

»Man hat es also fortgestellt, das Bild?«

»Ja, denk nur«, sagte er empört. Aber ich begriff nicht recht, was sie damit wollte.

»Sie will sich sehen«, flüsterte er ganz nah.

»Ja so«, machte ich, als ob ich verstünde. Da blies er mir das Licht aus. Ich sah, wie er sich vorstreckte, ins Helle hinein, mit ganz hochgezogenen Augenbrauen. Dann wars dunkel. Ich trat unwillkürlich zurück.

»Was machst du denn?« rief ich unterdrückt und war ganz trocken im Halse. Er sprang mir nach und hängte sich an meinen Arm und kicherte.

»Was denn?« fuhr ich ihn an und wollte ihn abschütteln, aber er hing fest. Ich konnte es nicht hindern, daß er den Arm um meinen Hals legte.

»Soll ich es sagen?« zischte er, und ein wenig Speichel spritzte mir ans Ohr.

»Ja, ja, schnell.«

Ich wußte nicht, was ich redete. Er umarmte mich nun völlig und streckte sich dabei.

»Ich hab ihr einen Spiegel gebracht«, sagte er und kicherte wieder.

»Einen Spiegel?«

»Ja, weil doch das Bild nicht da ist.«

»Nein, nein«, machte ich.

Er zog mich auf einmal etwas weiter nach dem Fenster hin und kniff mich so scharf in den Oberarm, daß ich schrie.

»Sie ist nicht drin«, blies er mir ins Ohr.

Ich stieß ihn unwillkürlich von mir weg, etwas knackte an ihm, mir war, als hätte ich ihn zerbrochen.

»Geh, geh«, und jetzt mußte ich selber lachen, »nicht drin, wieso denn nicht drin?«

»Du bist dumm«, gab er böse zurück und flüsterte nichtmehr. Seine Stimme war umgeschlagen, als begänne er nun ein neues, noch ungebrauchtes Stück. »Man ist entweder drin«, diktierte er altklug und strenge, »dann ist man nicht hier; oder wenn man hier ist, kann man nicht drin sein.«

»Natürlich«, antwortete ich schnell, ohne nachzudenken. Ich hatte Angst, er könnte sonst fortgehen und mich allein lassen. Ich griff sogar nach ihm.

»Wollen wir Freunde sein?« schlug ich vor. Er ließ sich bitten. »Mir ists gleich«, sagte er keck.

Ich versuchte unsere Freundschaft zu beginnen, aber ich wagte nicht, ihn zu umarmen. »Lieber Erik«, brachte ich nur heraus und rührte ihn irgendwo ein bißchen an. Ich war auf einmal sehr müde. Ich sah mich um; ich verstand nichtmehr, wie ich hierher gekommen war und daß ich mich nicht gefürchtet hatte. Ich wußte nicht recht, wo die Fenster waren und wo die Bilder. Und als wir gingen, mußte er mich führen.

»Sie tun dir nichts«, versicherte er großmütig und kicherte wieder.

Lieber, lieber Erik; vielleicht bist du doch mein einziger Freund gewesen. Denn ich habe nie einen gehabt. Es ist schade, daß du auf Freundschaft nichts gabst. Ich hätte dir manches erzählen mögen. Vielleicht hätten wir uns vertragen. Man kann nicht wissen. Ich erinnere mich, daß damals dein Bild gemalt wurde. Der Großvater hatte jemanden kommen lassen, der dich malte. Jeden Morgen eine Stunde. Ich kann mich nicht besinnen, wie der Maler aussah, sein Name ist mir entfallen, obwohl Mathilde Brahe ihn jeden Augenblick wiederholte.

Ob er dich gesehen hat, wie ich dich seh? Du trugst einen Anzug von heliotropfarbenem Samt. Mathilde Brahe schwärmte für diesen Anzug. Aber das ist nun gleichgültig. Nur ob er dich gesehen hat, möchte ich wissen. Nehmen wir an, daß es ein wirklicher Maler war. Nehmen wir an, daß er nicht daran dachte, daß du sterben könntest, ehe er fertig würde; daß er die Sache gar nicht sentimental ansah; daß er einfach arbeitete. Daß die Ungleichheit deiner beiden braunen Augen ihn entzückte; daß er keinen Moment sich schämte für das unbewegliche; daß er den Takt hatte, nichts hinzuzulegen auf den Tisch zu deiner Hand, die sich vielleicht ein wenig stützte –. Nehmen wir sonst noch alles Nötige an und lassen es gelten: so ist ein Bild da, dein Bild, in der Galerie auf Urnekloster das letzte.

(Und wenn man geht, und man hat sie alle gesehen, so ist da noch ein Knabe. Einen Augenblick: wer ist das? Ein Brahe. Siehst du den silbernen Pfahl im schwarzen Feld und die Pfauenfedern? Da steht auch der Name: Erik Brahe. War das nicht ein Erik Brahe, der hingerichtet worden ist? Natürlich, das ist bekannt genug. Aber um den kann es sich nicht handeln. Dieser Knabe ist als Knabe gestorben, gleichviel wann. Kannst du das nicht sehen?)

Wenn Besuch da war und Erik wurde gerufen, so versicherte das Fräulein Mathilde Brahe jedesmal, es sei geradezu unglaublich, wie sehr er der alten Gräfin Brahe gliche, meiner Großmutter. Sie soll eine sehr große Dame gewesen sein. Ich habe sie nicht gekannt. Dagegen erinnere ich mich sehr gut an die Mutter meines Vaters, die eigentliche Herrin auf Ulsgaard. Das war sie wohl immer geblieben, wie sehr sie es auch Maman übelnahm, daß sie als des Jägermeisters Frau ins Haus gekommen war. Seither tat sie beständig, als zöge sie sich zurück, und schickte die Dienstleute mit jeder Kleinigkeit weiter zu Maman hinein, während sie in wichtigen Angelegenheiten ruhig entschied und verfügte, ohne irgend jemandem Rechenschaft abzulegen. Maman, glaube ich, wünschte es gar nicht anders. Sie war so wenig gemacht, ein großes Haus zu übersehen, ihr fehlte völlig die Einteilung der Dinge in nebensächliche und wichtige. Alles, wovon man ihr sprach, schien ihr immer das Ganze zu sein, und sie vergaß darüber das andere, das doch auch noch da war. Sie beklagte sich nie über ihre Schwiegermutter. Und bei wem hätte sie sich auch beklagen sollen? Vater war ein äußerst respektvoller Sohn, und Großvater hatte wenig zu sagen.

Frau Margarete Brigge war immer schon, soweit ich denken kann, eine hochgewachsene, unzugängliche Greisin. Ich kann mir nicht anders vorstellen, als daß sie viel älter gewesen sei, als der Kammerherr. Sie lebte mitten unter uns ihr Leben, ohne auf jemanden Rücksicht zu nehmen. Sie war auf keinen von uns angewiesen und hatte immer eine Art Gesellschafterin, eine alternde Komtesse Oxe, um sich, die sie sich durch irgendeine Wohltat unbegrenzt verpflichtet hatte. Dies mußte eine einzelne Ausnahme gewesen sein, denn wohltun war sonst nicht ihre Art. Sie liebte keine Kinder, und Tiere durften nicht in ihre Nähe. Ich weiß nicht, ob sie sonst etwas liebte. Es wurde erzählt, daß sie als ganz junges Mädchen dem schönen Felix Lichnowski verlobt gewesen sei, der dann in Frankfurt so grausam ums Leben kam. Und in der Tat war nach ihrem Tode ein Bildnis des Fürsten da, das, wenn ich nicht irre, an die Familie zurückgegeben worden ist. Vielleicht, denke ich mir jetzt, versäumte sie über diesem eingezogenen ländlichen Leben, das das Leben auf Ulsgaard von Jahr zu Jahr mehr geworden war, ein anderes, glänzendes: ihr natürliches. Es ist schwer zu sagen, ob sie es betrauerte. Vielleicht verachtete sie es dafür, daß es nicht gekommen war, daß es die Gelegenheit verfehlt hatte, mit Geschick und Talent gelebt worden zu sein. Sie hatte alles dies so weit in sich hineingenommen und hatte darüber Schalen angesetzt, viele, spröde, ein wenig metallisch glänzende Schalen, deren jeweilig oberste sich neu und kühl ausnahm. Bisweilen freilich verriet sie sich doch durch eine naive Ungeduld, nicht genügend beachtet zu sein; zu meiner Zeit konnte sie sich dann bei Tische plötzlich verschlucken auf irgendeine deutliche und komplizierte Art, die ihr die Teilnahme aller sicherte und sie, für einen Augenblick wenigstens, so sensationell und spannend erscheinen ließ, wie sie es im Großen hätte sein mögen. Indessen vermute ich, daß mein Vater der einzige war, der diese viel zu häufigen

Zufälle ernst nahm. Er sah ihr, höflich vorübergeneigt, zu, man konnte merken, wie er ihr in Gedanken seine eigene, ordentliche Luftröhre gleichsam anbot und ganz zur Verfügung stellte. Der Kammerherr hatte natürlich gleichfalls zu essen aufgehört; er nahm einen kleinen Schluck Wein und enthielt sich jeder Meinung.

Er hatte bei Tische ein einziges Mal die seinige seiner Gemahlin gegenüber aufrechterhalten. Das war lange her; aber die Geschichte wurde doch noch boshaft und heimlich weitergegeben; es gab fast überall jemanden, der sie noch nicht gehört hatte. Es hieß, daß die Kammerherrin zu einer gewissen Zeit sich sehr über Weinflecke ereifern konnte, die durch Ungeschicklichkeit ins Tischzeug gerieten; daß ein solcher Fleck, bei welchem Anlaß er auch passieren mochte, von ihr bemerkt und unter dem heftigsten Tadel sozusagen bloßgestellt wurde. Dazu wäre es auch einmal gekommen, als man mehrere und namhafte Gaste hatte. Ein paar unschuldige Flecke, die sie übertrieb, wurden der Gegenstand ihrer höhnischen Anschuldigungen, und wie sehr der Großvater sich auch bemühte, sie durch kleine Zeichen und scherzhafte Zurufe zu ermahnen, so wäre sie doch eigensinnig bei ihren Vorwürfen geblieben, die sie dann allerdings mitten im Satze stehen lassen mußte. Es geschah nämlich etwas nie Dagewesenes und völlig Unbegreifliches. Der Kammerherr hatte sich den Rotwein geben lassen, der gerade herumgereicht worden war, und war nun in aller Aufmerksamkeit dabei, sein Glas selber zu füllen. Nur daß er, wunderbarerweise, einzugießen nicht aufhörte, als es längst voll war, sondern unter zunehmender Stille langsam und vorsichtig weitergoß, bis Maman, die nie an sich halten konnte, auflachte und damit die ganze Angelegenheit nach dem Lachen hin in Ordnung brachte. Denn nun stimmten alle erleichtert ein, und der Kammerherr sah auf und reichte dem Diener die Flasche.

Später gewann eine andere Eigenheit die Oberhand bei meiner Großmutter. Sie konnte es nicht ertragen, daß jemand im Hause erkrankte. Einmal, als die Köchin sich verletzt hatte und sie sah sie zufällig mit der eingebundenen Hand, behauptete sie, das Jodoform im ganzen Hause zu riechen, und war schwer zu überzeugen, daß man die Person daraufhin nicht entlassen könne. Sie wollte nicht an das Kranksein erinnert werden. Hatte jemand die Unvorsichtigkeit, vor ihr irgendein kleines Unbehagen zu äußern, so war das nichts anderes als eine persönliche Kränkung für sie, und sie trug sie ihm lange nach.

In jenem Herbst, als Maman starb, schloß sich die Kammerherrin mit Sophie Oxe ganz in ihren Zimmern ein und brach allen Verkehr mit uns ab. Nicht einmal ihr Sohn wurde angenommen. Es ist ja wahr, dieses Sterben fiel recht unpassend. Die Zimmer waren kalt, die Öfen rauchten, und die Mäuse waren ins Haus gedrungen; man war nirgends sicher vor ihnen. Aber das allein war es nicht, Frau Margarete Brigge war empört, daß Maman starb; daß da eine Sache auf der Tagesordnung stand, von der zu sprechen sie ablehnte; daß die junge Frau sich den Vortritt anmaßte vor ihr, die einmal zu sterben gedachte zu einem durchaus noch nicht festgesetzten Termin. Denn daran, daß sie würde sterben müssen, dachte sie oft. Aber sie wollte nicht gedrängt sein. Sie würde sterben, gewiß, wann es ihr gefiel, und dann konnten sie ja alle ruhig sterben, hinterher, wenn sie es so eilig hatten.

Mamans Tod verzieh sie uns niemals ganz. Sie alterte übrigens rasch während des folgenden Winters. Im Gehen war sie immer noch hoch, aber im Sessel sank sie zusammen, und ihr Gehör wurde schwieriger. Man konnte sitzen und sie groß ansehen, stundenlang, sie fühlte es nicht. Sie war irgendwo drinnen; sie kam nur noch selten und nur für Augenblicke in ihre Sinne, die leer waren, die sie nichtmehr bewohnte. Dann sagte sie etwas zu der Komtesse, die ihr die Mantille richtete, und nahm mit den großen, frisch gewaschenen Händen ihr Kleid an sich, als wäre Wasser vergossen oder als wären wir nicht ganz reinlich.

Sie starb gegen den Frühling zu, in der Stadt, eines Nachts. Sophie Oxe, deren Tür offenstand, hatte nichts gekört. Da man sie am Morgen fand, war sie kalt wie Glas.

Gleich darauf begann des Kammerherrn große und schreckliche Krankheit. Es war, als hätte er ihr Ende abgewartet, um so rücksichtslos sterben zu können, wie er mußte.

Es war in dem Jahr nach Mamans Tode, daß ich Abelone zuerst bemerkte. Abelone war immer da. Das tat ihr großen Eintrag. Und dann war Abelone unsympathisch, das hatte ich ganz früher einmal bei irgendeinem Anlaß festgestellt, und es war nie zu einer ernstlichen Durchsicht dieser Meinung gekommen. Zu fragen, was es mit Abelone für eine Bewandtnis habe, das wäre mir bis dahin beinah lächerlich erschienen. Abelone war da, und man nutzte sie ab, wie man eben konnte. Aber auf einmal fragte ich mich: Warum ist Abelone da? Jeder bei uns hatte einen bestimmten Sinn da zu sein, wenn er auch keineswegs immer so augenscheinlich war, wie zum Beispiel die Anwendung des Fräuleins Oxe. Aber weshalb war Abelone da? Eine Zeitlang war davon die Rede gewesen, daß sie sich zerstreuen solle. Aber das geriet in Vergessenheit. Niemand trug etwas zu Abelonens Zerstreuung bei. Es machte durchaus nicht den Eindruck, daß sie sich zerstreue.

Übrigens hatte Abelone ein Gutes: sie sang. Das heißt, es

gab Zeiten, wo sie sang. Es war eine starke, unbeirrbare Musik in ihr. Wenn es wahr ist, daß die Engel männlich sind, so kann man wohl sagen, daß etwas Männliches in ihrer Stimme war: eine strahlende, himmlische Männlichkeit. Ich, der ich schon als Kind der Musik gegenüber so mißtrauisch war (nicht, weil sie mich stärker als alles forthob aus mir, sondern, weil ich gemerkt hatte, daß sie mich nicht wieder dort ablegte, wo sie mich gefunden hatte, sondern tiefer, irgendwo ganz ins Unfertige hinein), ich ertrug diese Musik, auf der man aufrecht aufwärtssteigen konnte, höher und höher, bis man meinte, dies müßte ungefähr schon der Himmel sein seit einer Weile. Ich ahnte nicht, daß Abelone mir noch andere Himmel öffnen sollte.

Zunächst bestand unsere Beziehung darin, daß sie mir von Mamans Mädchenzeit erzählte. Sie hielt viel darauf, mich zu überzeugen, wie mutig und jung Maman gewesen wäre. Es gab damals niemanden nach ihrer Versicherung, der sich im Tanzen oder im Reiten mit ihr messen konnte. »Sie war die Kühnste und unermüdlich, und dann heiratete sie auf einmal«, sagte Abelone, immer noch erstaunt nach so vielen Jahren. »Es kam so unerwartet, niemand konnte es recht begreifen.«

Ich interessierte mich dafür, weshalb Abelone nicht geheiratet hatte. Sie kam mir alt vor verhältnismäßig, und daß sie es noch könnte, daran dachte ich nicht.

»Es war niemand da«, antwortete sie einfach und wurde richtig schön dabei. Ist Abelone schön? fragte ich mich überrascht. Dann kam ich fort von Hause, auf die Adels-Akademie, und es begann eine widerliche und arge Zeit. Aber wenn ich dort zu Sorö, abseits von den andern, im Fenster stand, und sie ließen mich ein wenig in Ruh, so sah ich hinaus in die Bäume, und in solchen Augenblicken und nachts wuchs in mir die Sicherheit, daß Abelone schön sei. Und ich fing an, ihr alle jene Briefe zu schreiben, lange und kurze, viele heimliche Briefe, darin ich von Ulsgaard zu handeln meinte und davon, daß ich unglücklich sei. Aber es werden doch wohl, so wie ich es jetzt sehe, Liebesbriefe gewesen sein. Denn schließlich kamen die Ferien, die erst gar nicht kommen wollten, und da war es wie auf Verabredung, daß wir uns nicht vor den anderen wiedersahen.

Es war durchaus nichts vereinbart zwischen uns, aber da der Wagen einbog in den Park, konnte ich es nicht lassen, auszusteigen, vielleicht nur, weil ich nicht anfahren wollte, wie irgendein Fremder. Es war schon voller Sommer. Ich lief in einen der Wege hinein und auf einen Goldregen zu. Und da war Abelone. Schöne, schöne Abelone.

Ich wills nie vergessen, wie das war, wenn du mich anschautest. Wie du dein Schauen trugst, gleichsam wie etwas nicht Befestigtes es aufhaltend auf zurückgeneigtem Gesicht.

Ach, ob das Klima sich gar nicht verändert hat? Ob es nicht milder geworden ist um Ulsgaard herum von all unserer Wärme? Ob einzelne Rosen nicht länger blühen jetzt im Park, bis in den Dezember hinein?

Ich will nichts erzählen von dir, Abelone. Nicht deshalb, weil wir einander täuschten: weil du Einen liebtest, auch damals, den du nie vergessen hast, Liebende, und ich: alle Frauen; sondern weil mit dem Sagen nur unrecht geschieht.

Es giebt Teppiche hier, Abelone, Wandteppiche. Ich bilde mir ein, du bist da, sechs Teppiche sinds, komm, laß uns langsam vorübergehen. Aber erst tritt zurück und sieh alle zugleich. Wie ruhig sie sind, nicht? Es ist wenig Abwechslung darin. Da ist immer diese ovale blaue Insel, schwebend im zurückhaltend roten Grund, der blumig ist und von kleinen, mit sich beschäftigten Tieren bewohnt. Nur dort, im letzten Teppich, steigt die Insel ein wenig auf, als ob sie leichter geworden sei. Sie trägt immer eine Gestalt, eine Frau in verschiedener Tracht, aber immer dieselbe. Zuweilen ist eine kleinere Figur neben ihr, eine Dienerin, und immer sind die wappentragenden Tiere da, groß, mit auf der Insel, mit in der Handlung. Links ein Löwe, und rechts, hell, das Einhorn; sie halten die gleichen Banner, die hoch über ihnen zeigen: drei silberne Monde, steigend, in blauer Binde auf rotem Feld. – Hast du gesehen, willst du beim ersten beginnen?

Sie füttert den Falken. Wie herrlich ihr Anzug ist. Der Vogel ist auf der gekleideten Hand und rührt sich. Sie sieht ihm zu und langt dabei in die Schale, die ihr die Dienerin bringt, um ihm etwas zu reichen. Rechts unten auf der Schleppe hält sich ein kleiner, seidenhaariger Hund, der aufsieht und hofft, man werde sich seiner erinnern. Und, hast du bemerkt, ein niederes Rosengitter schließt hinten die Insel ab. Die Wappentiere steigen heraldisch hochmütig. Das Wappen ist ihnen noch einmal als Mantel umgegeben. Eine schöne Agraffe hält es zusammen. Es weht.

Geht man nicht unwillkürlich leiser zu dem nächsten Teppich hin, sobald man gewahrt, wie versunken sie ist: sie bindet einen Kranz, eine kleine, runde Krone aus Blumen. Nachdenklich wählt sie die Farbe der nächsten Nelke in dem flachen Becken, das ihr die Dienerin hält, während sie die vorige anreiht. Hinten auf einer Bank steht unbenutzt ein Korb voller Rosen, den ein Affe entdeckt hat. Diesmal sollten es Nelken sein. Der Löwe nimmt nichtmehr teil; aber rechts das Einhorn begreift.

Mußte nicht Musik kommen in diese Stille, war sie nicht schon verhalten da? Schwer und still geschmückt, ist sie (wie langsam, nicht?) an die tragbare Orgel getreten und spielt, stehend, durch das Pfeifenwerk abgetrennt von der Dienerin, die jenseits die Bälge bewegt. So schön war sie noch nie. Wunderlich ist das Haar in zwei Flechten nach vorn genommen und über dem Kopfputz oben zusammengefaßt, so daß es mit seinen Enden aus dem Bund aufsteigt wie ein kurzer Helmbusch. Vorstimmt erträgt der Löwe die Töne, ungern, Geheul verbeißend. Das Einhorn aber ist schön, wie in Wellen bewegt.

Die Insel wird breit. Ein Zelt ist errichtet. Aus blauem Damast und goldgeflammt. Die Tiere raffen es auf, und schlicht beinah in ihrem fürstlichen Kleid tritt sie vor. Denn was sind ihre Perlen gegen sie selbst. Die Dienerin hat eine kleine Truhe geöffnet, und sie hebt nun eine Kette heraus, ein schweres, herrliches Kleinod, das immer verschlossen war. Der kleine Hund sitzt bei ihr, erhöht, auf bereitetem Platz und sieht es an. Und hast du den Spruch entdeckt auf dem Zeltrand oben? da steht: ›A mon seul désir.‹

Was ist geschehen, warum springt das kleine Kaninchen da unten, warum sieht man gleich, daß es springt? Alles ist so befangen. Der Löwe hat nichts zu tun. Sie selbst hält das Banner. Oder hält sie sich dran? Sie hat mit der anderen Hand nach dem Horn des Einhorns gefaßt. Ist das Trauer, kann Trauer so aufrecht sein, und ein Trauerkleid so verschwiegen wie dieser grünschwarze Samt mit den welken Stellen?

Aber es kommt noch ein Fest, niemand ist geladen dazu. Erwartung spielt dabei keine Rolle. Es ist alles da. Alles für immer. Der Löwe sieht sich fast drohend um: es darf niemand kommen. Wir haben sie noch nie müde gesehen; ist sie müde? oder hat sie sich nur niedergelassen, weil sie etwas Schweres hält? Man könnte meinen, eine Monstranz. Aber sie neigt den andern Arm gegen das Einhorn hin, und das Tier bäumt sich geschmeichelt auf und steigt und stützt sich auf ihren Schoß. Es ist ein Spiegel, was sie hält. Siehst du: sie zeigt dem Einhorn sein Bild –.

Abelone, ich bilde mir ein, du bist da. Begreifst du, Abelone? Ich denke, du mußt begreifen.

Nun sind auch die Teppiche der Dame à la Licorne nichtmehr in dem alten Schloß von Boussac. Die Zeit ist da, wo alles aus den Häusern fortkommt, sie können nichts mehr behalten. Die Gefahr ist sicherer geworden als die Sicherheit. Niemand aus dem Geschlecht der Delle Viste geht neben einem her und hat das im Blut. Sie sind alle vorbei. Niemand spricht deinen Namen aus, Pierre d'Aubusson, großer Großmeister aus uraltem Hause, auf dessen Willen hin vielleicht diese Bilder gewebt wurden, die alles preisen und nichts preisgeben. (Ach, daß die Dichter je anders von Frauen geschrieben haben, wörtlicher, wie sie meinten. Es ist sicher, wir durften nichts wissen als das.) Nun kommt man zufällig davor unter Zufälligen und erschrickt fast, nicht geladen zu sein. Aber da sind andere und gehen vorüber, wenn es auch nie viele sind. Die jungen Leute halten sich kaum auf, es sei denn, daß das irgendwie in ihr Fach gehört, diese Dinge einmal gesehen zu haben, auf die oder jene bestimmte Eigenschaft hin.

Junge Mädchen allerdings findet man zuweilen davor. Denn es giebt eine Menge junger Mädchen in den Museen, die fortgegangen sind irgendwo aus den Häusern, die nichts mehr behalten. Sie finden sich vor diesen Teppichen und vergessen sich ein wenig. Sie haben immer gefühlt, daß es dies gegeben hat, solch ein leises Leben langsamer, nie ganz aufgeklärter Gebärden, und sie erinnern sich dunkel, daß sie sogar eine Zeitlang meinten, es würde ihr Leben sein. Aber dann ziehen sie rasch ein Heft hervor und beginnen zu zeichnen, gleichviel was, eine von den Blumen oder ein kleines, vergnügtes Tier. Darauf käme es nicht an, hat man ihnen vorgesagt, was es gerade wäre. Und darauf kommt es wirklich nicht an. Nur daß gezeichnet wird, das ist die Hauptsache; denn dazu sind sie fortgegangen eines Tages, ziemlich gewaltsam. Sie sind aus guter Familie. Aber wenn sie jetzt beim Zeichnen die Arme heben, so ergiebt sich, daß ihr Kleid hinten nicht zugeknöpft ist oder doch nicht ganz. Es sind da ein paar Knöpfe, die man nicht erreichen kann. Denn als dieses Kleid gemacht wurde, war noch nicht davon die Rede gewesen, daß sie plötzlich allein weggehen würden. In der Familie ist immer jemand für solche Knöpfe. Aber hier, lieber Gott, wer sollte sich damit abgeben in einer so großen Stadt. Man müßte schon eine Freundin haben; Freundinnen sind aber in derselben Lage, und da kommt es doch darauf hinaus, daß man sich gegenseitig die Kleider schließt. Das ist lächerlich und erinnert an die Familie, an die man nicht erinnert sein will.

Es läßt sich ja nicht vermeiden, daß man während des Zeichnens zuweilen überlegt, ob es nicht doch möglich gewesen wäre zu bleiben. Wenn man hätte fromm sein können, herzhaft fromm im gleichen Tempo mit den andern. Aber das nahm sich so unsinnig aus, das gemeinsam zu versuchen. Der Weg ist irgendwie enger geworden: Familien können nichtmehr zu Gott. Es blieben also nur verschiedene andere Dinge, die man zur Not teilen konnte. Da kam dann aber, wenn man ehrlich teilte, so wenig auf den einzelnen, daß es eine Schande war. Und betrog man beim Teilen, so entstanden Auseinandersetzungen. Nein, es ist wirklich besser zu zeichnen, gleichviel was. Mit der Zeit stellt sich die Ähnlichkeit schon ein. Und die Kunst, wenn man sie so allmählich hat, ist doch etwas recht Beneidenswertes.

Und über der angestrengten Beschäftigung mit dem, was sie sich vorgenommen haben, diese jungen Mädchen, kommen sie nichtmehr dazu, aufzusehen. Sie merken nicht, wie sie bei allem Zeichnen doch nichts tun, als das unabänderliche Leben in sich unterdrücken, das in diesen gewebten Bildern strahlend vor ihnen aufgeschlagen ist in seiner unendlichen Unsäglichkeit. Sie wollen es nicht glauben. Jetzt, da so vieles anders wird, wollen sie sich verändern. Sie sind ganz nahe daran, sich aufzugeben und so von sich zu denken, wie Männer etwa von ihnen reden könnten, wenn sie nicht da sind. Das scheint ihnen ihr Fortschritt. Sie sind fast schon überzeugt, daß man einen Genuß sucht und wieder einen und einen noch stärkeren Genuß: daß darin das Leben besteht, wenn man es nicht auf eine alberne Art verlieren will. Sie haben schon angefangen, sich umzusehen, zu suchen; sie, deren Stärke immer darin bestanden hat, gefunden zu werden.

Das kommt, glaube ich, weil sie müde sind. Sie haben Jahrhunderte lang die ganze Liebe geleistet, sie haben immer den vollen Dialog gespielt, beide Teile. Denn der Mann hat nur nachgesprochen und schlecht. Und hat ihnen das Erlernen schwer gemacht mit seiner Zerstreutheit, mit seiner Nachlässigkeit, mit seiner Eifersucht, die auch eine Art Nachlässigkeit war. Und sie haben trotzdem ausgeharrt Tag und Nacht und haben zugenommen an Liebe und Elend. Und aus ihnen sind, unter dem Druck endloser Nöte, die gewaltigen Liebenden hervorgegangen, die, während sie ihn riefen, den Mann überstanden; die über ihn hinauswuchsen, wenn er nicht wiederkam, wie Gaspara Stampa oder wie die Portugiesin, die nicht abließen, bis ihre Qual umschlug in eine herbe, eisige Herrlichkeit, die nichtmehr zu halten war. Wir wissen von der und der, weil Briefe da sind, die wie durch ein Wunder sich erhielten, oder Bücher mit anklagenden oder klagenden Gedichten, oder Bilder, die uns anschauen in einer Galerie durch ein Weinen durch, das dem Maler gelang, weil er nicht wußte, was es war. Aber es sind ihrer zahllos mehr gewesen; solche, die ihre Briefe verbrannt haben, und andere, die keine Kraft mehr hatten, sie zu schreiben. Greisinnen, die verhärtet waren, mit einem Kern von Köstlichkeit in sich, den sie verbargen. Formlose, stark gewordene Frauen, die, stark geworden aus Erschöpfung, sich ihren Männern ähnlich werden ließen und die doch innen ganz anders waren, dort, wo ihre Liebe gearbeitet hatte, im Dunkel. Gebärende, die nie gebären wollten, und wenn sie endlich starben an der achten Geburt, so hatten sie die Gesten und das Leichte von Mädchen, die sich auf die Liebe freuen. Und die, die blieben neben Tobenden und Trinkern, weil sie das Mittel gefunden hatten, in sich so weit von ihnen zu sein wie nirgend sonst; und kamen sie unter die Leute, so konnten sies nicht verhalten und schimmerten, als gingen sie immer mit Seligen um. Wer kann sagen, wie viele es waren und welche. Es ist, als hätten sie im voraus die Worte vernichtet, mit denen man sie fassen könnte.

Aber nun, da so vieles anders wird, ist es nicht an uns, uns zu verändern? Könnten wir nicht versuchen, uns ein wenig zu entwickeln, und unseren Anteil Arbeit in der Liebe langsam auf uns nehmen nach und nach? Man hat uns alle ihre Mühsal erspart, und so ist sie uns unter die Zerstreuungen geglitten, wie in eines Kindes Spiellade manchmal ein Stück echter Spitze fällt und freut und nichtmehr freut und endlich daliegt unter Zerbrochenem und Auseinandergenommenem, schlechter als alles. Wir sind verdorben vom leichten Genuß wie alle Dilettanten und stehen im Geruch der Meisterschaft. Wie aber, wenn wir unsere Erfolge verachteten, wie, wenn wir ganz von vorne begännen die Arbeit der Liebe zu lernen, die immer für uns getan worden ist? Wie, wenn wir hingingen und Anfänger würden, nun, da sich vieles verändert.

Nun weiß ich auch, wie es war, wenn Maman die kleinen Spitzenstücke aufrollte. Sie hatte nämlich ein einziges von den Schubfächern in Ingeborgs Sekretär für sich in Gebrauch genommen.

»Wollen wir sie sehen, Malte«, sagte sie und freute sich, als sollte sie eben alles geschenkt bekommen, was in der kleinen gelblackierten Lade war. Und dann konnte sie vor lauter Erwartung das Seidenpapier gar nicht auseinanderschlagen. Ich mußte es tun jedesmal. Aber ich wurde auch ganz aufgeregt, wenn die Spitzen zum Vorschein kamen. Sie waren aufgewunden um eine Holzwelle, die gar nicht zu sehen war vor lauter Spitzen. Und nun wickelten wir sie langsam ab und sahen den Mustern zu, wie sie sich abspielten, und erschraken jedesmal ein wenig, wenn eines zu Ende war. Sie hörten so plötzlich auf.

Da kamen erst Kanten italienischer Arbeit, zähe Stücke mit ausgezogenen Fäden, in denen sich alles immerzu wiederholte, deutlich wie in einem Bauerngarten. Dann war auf einmal eine ganze Reihe unserer Blicke vergittert mit venezianischer Nadelspitze, als ob wir Klöster wären oder Gefängnisse. Aber es wurde wieder frei, und man sah weit in Garten hinein, die immer künstlicher wurden, bis es dicht und lau an den Augen war wie in einem Treibhaus: prunkvolle Pflanzen, die wir nicht kannten, schlugen riesige Blätter auf, Ranken griffen nacheinander, als ob ihnen schwindelte, und die großen offenen Blüten der Points d'Alençon trübten alles mit ihren Pollen. Plötzlich, ganz müde und wirr, trat man hinaus in die lange Bahn der Valenciennes, und es war Winter und früh am Tag und Reif. Und man drängte sich durch das verschneite Gebüsch der Binche und kam an Plätze, wo noch keiner gegangen war; die Zweige hingen so merkwürdig abwärts, es konnte wohl ein Grab darunter sein, aber das verbargen wir voreinander. Die Kälte drang immer dichter an uns heran, und schließlich sagte Maman, wenn die kleinen, ganz feinen Klöppelspitzen kamen: »Oh, jetzt bekommen wir Eisblumen an den Augen«, und so war es auch, denn es war innen sehr warm in uns.

Über dem Wiederaufrollen seufzten wir beide, das war eine lange Arbeit, aber wir mochten es niemandem überlassen.

»Denk nun erst, wenn wir sie machen müßten«, sagte Maman und sah förmlich erschrocken aus. Das konnte ich mir gar nicht vorstellen. Ich ertappte mich darauf, daß ich an kleine Tiere gedacht hatte, die das immerzu spinnen und die man dafür in Ruhe läßt. Nein, es waren ja natürlich Frauen.

»Die sind gewiß in den Himmel gekommen, die das gemacht haben«, meinte ich bewundernd. Ich erinnere, es fiel mir auf, daß ich lange nicht nach dem Himmel gefragt hatte. Maman atmete auf, die Spitzen waren wieder beisammen.

Nach einer Weile, als ich es schon wieder vergessen hatte, sagte sie ganz langsam: »In den Himmel? Ich glaube, sie sind ganz und gar da drin. Wenn man das so sieht: das kann gut eine ewige Seligkeit sein. Man weiß ja so wenig darüber.«

Oft, wenn Besuch da war, hieß es, daß Schulins sich einschränkten. Das große, alte Schloß war abgebrannt vor ein paar Jahren, und nun wohnten sie in den beiden engen Seitenflügeln und schränkten sich ein. Aber das Gästehaben lag ihnen nun einmal im Blut. Das konnten sie nicht aufgeben. Kam jemand unerwartet zu uns, so kam er wahrscheinlich von Schulins; und sah jemand plötzlich nach der Uhr und mußte ganz erschrocken fort, so wurde er sicher auf Lystager erwartet.

Maman ging eigentlich schon nirgends mehr hin, aber so etwas konnten Schulins nicht begreifen; es blieb nichts übrig, man mußte einmal hinüberfahren. Es war im Dezember nach ein paar frühen Schneefällen; der Schlitten war auf drei Uhr befohlen, ich sollte mit. Man fuhr indessen nie pünktlich bei uns. Maman, die es nicht liebte, daß der Wagen gemeldet wurde, kam meistens viel zu früh herunter, und wenn sie niemanden fand, so fiel ihr immer etwas ein, was schon längst hätte getan sein sollen, und sie begann irgendwo oben zu suchen oder zu ordnen, so daß sie kaum wieder zu erreichen war. Schließlich standen alle und warteten. Und saß sie endlich und war eingepackt, so zeigte es sich, daß etwas vergessen sei, und Sieversen mußte geholt werden; denn nur Sieversen wußte, wo es war. Aber dann fuhr man plötzlich los, eh Sieversen wiederkam.

An diesem Tag war es überhaupt nicht recht hell geworden. Die Bäume standen da, als wüßten sie nicht weiter im Nebel, und es hatte etwas Rechthaberisches, dahinein zu fahren. Zwischendurch fing es an, still weiterzuschneien, und nun wars, als würde auch noch das Letzte ausradiert und als führe man in ein weißes Blatt. Es gab nichts als das Geläut, und man konnte nicht sagen, wo es eigentlich war. Es kam ein Moment, da es einhielt, als wäre nun die letzte Schelle ausgegeben; aber dann sammelte es sich wieder und war beisammen und streute sich wieder aus dem Vollen aus.

Den Kirchturm links konnte man sich eingebildet haben. Aber der Parkkontur war plötzlich da, hoch, beinahe über einem, und man befand sich in der langen Allee. Das Geläut fiel nichtmehr ganz ab; es war, als hängte es sich in Trauben rechts und links an die Bäume. Dann schwenkte man und fuhr rund um etwas herum und rechts an etwas vorbei und hielt in der Mitte.

Georg hatte ganz vergessen, daß das Haus nicht da war, und für uns alle war es in diesem Augenblick da. Wir stiegen die Freitreppe hinauf, die auf die alte Terrasse führte, und wunderten uns nur, daß es ganz dunkel sei. Auf einmal ging eine Tür, links unten hinter uns, und jemand rief: »Hierher!« und hoh und schwenkte ein dunstiges Licht. Mein Vater lachte: »Wir steigen hier herum wie die Gespenster«, und er half uns wieder die Stufen zurück.

»Aber es war doch eben ein Haus da«, sagte Maman und konnte sich gar nicht so rasch an Wjera Schulin gewöhnen, die warm und lachend herausgelaufen war. Nun mußte man natürlich schnell hinein, und an das Haus war nichtmehr zu denken. In einem engen Vorzimmer wurde man ausgezogen, und dann war man gleich mitten drin unter den Lampen und der Wärme gegenüber.

Diese Schulins waren ein mächtiges Geschlecht selbständiger Frauen. Ich weiß nicht, ob es Söhne gab. Ich erinnere mich nur dreier Schwestern; der ältesten, die an einen Marchese in Neapel verheiratet gewesen war, von dem sie sich nun langsam unter vielen Prozessen schied. Dann kam Zoë, von der es hieß, daß es nichts gab, was sie nicht wußte. Und vor allem war Wjera da, diese warme Wjera; Gott weiß, was aus ihr geworden ist. Die Gräfin, eine Narischkin, war eigentlich die vierte Schwester und in gewisser Beziehung die jüngste. Sie wußte von nichts und mußte in einem fort von ihren Kindern unterrichtet werden. Und der gute Graf Schulin fühlte sich als ob er mit allen diesen Frauen verheiratet sei, und ging herum und küßte sie, wie es eben kam.

Vor der Hand lachte er laut und begrüßte uns eingehend. Ich wurde unter den Frauen weitergegeben und befühlt und befragt. Aber ich hatte mir fest vorgenommen, wenn das vorüber sei, irgendwie hinauszugleiten und mich nach dem Haus umzusehen. Ich war überzeugt, daß es heute da sei. Das Hinauskommen war nicht so schwierig; zwischen allen den Kleidern kam man unten durch wie ein Hund, und die Tür nach dem Vorraum zu war noch angelehnt. Aber draußen die äußere wollte nicht nachgeben. Da waren mehrere Vorrichtungen, Ketten und Riegel, die ich nicht richtig behandelte in der Eile. Plötzlich ging sie doch auf, aber mit lautem Geräusch, und eh ich draußen war, wurde ich festgehalten und zurückgezogen.

»Halt, hier wird nicht ausgekniffen«, sagte Wjera Schulin belustigt. Sie beugte sich zu mir, und ich war entschlossen, dieser warmen Person nichts zu verraten. Sie aber, als ich nichts sagte, nahm ohne weiters an, eine Nötigung meiner Natur hätte mich an die Tür getrieben; sie ergriff meine Hand und fing schon an zu gehen und wollte mich, halb vertraulich, halb hochmütig, irgendwohin mitziehen. Dieses intime Mißverständnis kränkte mich über die Maßen. Ich riß mich los und sah sie böse an. »Das Haus will ich sehen«, sagte ich stolz. Sie begriff nicht.

»Das große Haus draußen an der Treppe.«

»Schaf«, machte sie und haschte nach mir, »da ist doch gar kein Haus mehr.« Ich bestand darauf.

»Wir gehen einmal bei Tage hin«, schlug sie einlenkend vor, »jetzt kann man da nicht herumkriechen. Es sind Löcher da, und gleich dahinter sind Papas Fischteiche, die nicht zufrieren dürfen. Da fällst du hinein und wirst ein Fisch.«

Damit schob sie mich vor sich her wieder in die hellen Stuben. Da saßen sie alle und sprachen, und ich sah sie mir der Reihe nach an: die gehen natürlich nur hin, wenn es nicht da ist, dachte ich verächtlich; wenn Maman und ich hier wohnten, so wäre es immer da. Maman sah zerstreut aus, während alle zugleich redeten. Sie dachte gewiß an das Haus.

Zoë setzte sich zu mir und stellte mir Fragen. Sie hatte ein gutgeordnetes Gesicht, in dem sich das Einsehen von Zeit zu Zeit erneute, als sähe sie beständig etwas ein. Mein Vater saß etwas nach rechts geneigt und hörte der Marchesin zu, die lachte. Graf Schulin stand zwischen Maman und seiner Frau und erzählte etwas. Aber die Gräfin unterbrach ihn, sah ich, mitten im Satze.

»Nein, Kind, das bildest du dir ein«, sagte der Graf gutmütig, aber er hatte auf einmal dasselbe beunruhigte Gesicht, das er vorstreckte über den beiden Damen. Die Gräfin war von ihrer sogenannten Einbildung nicht abzubringen. Sie sah ganz angestrengt aus, wie jemand, der nicht gestört sein will. Sie machte kleine, abwinkende Bewegungen mit ihren weichen Ringhänden, jemand sagte »sst«, und es wurde plötzlich ganz still.

Hinter den Menschen drängten sich die großen Gegenstande aus dem alten Hause, viel zu nah. Das schwere Familiensilber glänzte und wölbte sich, als sähe man es durch Vergrößerungsgläser. Mein Vater sah sich befremdet um.

»Mama riecht«, sagte Wjera Schulin hinter ihm, »da müssen wir immer alle still sein, sie riecht mit den Ohren«, dabei aber stand sie selbst mit hochgezogenen Augenbrauen da, aufmerksam und ganz Nase.

Die Schulins waren in dieser Beziehung ein bißchen eigen

seit dem Brande. In den engen, überheizten Stuben kam jeden Augenblick ein Geruch auf, und dann untersuchte man ihn, und jeder gab seine Meinung ab. Zoë machte sich am Ofen zu tun, sachlich und gewissenhaft, der Graf ging umher und stand ein wenig in jeder Ecke und wartete; »hier ist es nicht«, sagte er dann. Die Gräfin war aufgestanden und wußte nicht, wo sie suchen sollte. Mein Vater drehte sich langsam um sich selbst, als hätte er den Geruch hinter sich. Die Marchesin, die sofort angenommen hatte, daß es ein garstiger Geruch sei, hielt ihr Taschentuch vor und sah von einem zum andern, ob es vorüber wäre. »Hier, hier«, rief Wjera von Zeit zu Zeit, als hätte sie ihn. Und um jedes Wort herum war es merkwürdig still. Was mich angeht, so hatte ich fleißig mitgerochen. Aber auf einmal (war es die Hitze in den Zimmern oder das viele nahe Licht) überfiel mich zum erstenmal in meinem Leben etwas wie Gespensterfurcht. Es wurde mir klar, daß alle die deutlichen großen Menschen, die eben noch gesprochen und gelacht hatten, gebückt herumgingen und sich mit etwas Unsichtbarem beschäftigten; daß sie zugaben, daß da etwas war, was sie nicht sahen. Und es war schrecklich, daß es stärker war als sie alle.

Meine Angst steigerte sich. Mir war, als könnte das, was sie suchten, plötzlich aus mir ausbrechen wie ein Ausschlag; und dann würden sie es sehen und nach mir zeigen. Ganz verzweifelt sah ich nach Maman hinüber. Sie saß eigentümlich gerade da, mir kam vor, daß sie auf mich wartete. Kaum war ich bei ihr und fühlte, daß sie innen zitterte, so wußte ich, daß das Haus jetzt erst wieder verging.

»Malte, Feigling«, lachte es irgendwo. Es war Wjeras Stimme. Aber wir ließen einander nicht los und ertrugen es zusammen; und wir blieben so, Maman und ich, bis das Haus wieder ganz vergangen war.

Am reichsten an beinah unfaßbaren Erfahrungen waren aber doch die Geburtstage. Man wußte ja schon, daß das Leben sich darin gefiel, keine Unterschiede zu machen; aber zu diesem Tage stand man mit einem Recht auf Freude auf, an dem nicht zu zweifeln war. Wahrscheinlich war das Gefühl dieses Rechts ganz früh in einem ausgebildet worden, zu der Zeit, da man nach allem greift und rein alles bekommt und da man die Dinge, die man gerade festhält, mit unbeirrbarer Einbildungskraft zu der grundfarbigen Intensität des gerade herrschenden Verlangens steigert.

Dann aber kommen auf einmal jene merkwürdigen Geburtstage, da man, im Bewußtsein dieses Rechtes völlig befestigt, die anderen unsicher werden sieht. Man möchte wohl noch wie früher angekleidet werden und dann alles Weitere entgegennehmen. Aber kaum ist man wach, so ruft jemand draußen, die Torte sei noch nicht da; oder man hört, daß etwas zerbricht, während nebenan der Geschenktisch geordnet wird; oder es kommt jemand herein und läßt die Türe offen, und man sieht alles, ehe man es hätte sehen dürfen. Das ist der Augenblick, wo etwas wie eine Operation an einem geschieht. Ein kurzer, wahnsinnig schmerzhafter Eingriff. Aber die Hand, die ihn tut, ist geübt und fest. Es ist gleich vorbei. Und kaum ist es überstanden, so denkt man nichtmehr an sich; es gilt, den Geburtstag zu retten, die anderen zu beobachten, ihren Fehlern zuvorzukommen, sie in ihrer Einbildung zu bestärken, daß sie alles trefflich bewältigen. Sie machen es einem nicht leicht. Es erweist sich, daß sie von einer beispiellosen Ungeschicklichkeit sind, beinahe stupide. Sie bringen es zuwege, mit irgendwelchen Paketen hereinzukommen, die für andere Leute bestimmt sind; man läuft ihnen entgegen und muß hernach tun, als liefe man überhaupt in der Stube herum, um sich Bewegung zu schaffen, auf nichts Bestimmtes zu. Sie wollen einen überraschen und heben mit oberflächlich nachgeahmter Erwartung die unterste Lage in den Spielzeugschachteln auf, wo weiter nichts ist als Holzwolle; da muß man ihnen ihre Verlegenheit erleichtern. Oder wenn es etwas Mechanisches war, so überdrehen sie das, was sie einem geschenkt haben, beim ersten Aufziehen. Es ist deshalb gut, wenn man sich beizeiten übt, eine überdrehte Maus oder dergleichen unauffällig mit dem Fuß weiterzustoßen: auf diese Weise kann man sie oft täuschen und ihnen über die Beschämung forthelfen.

Das alles leistete man schließlich, wie es verlangt wurde, auch ohne besondere Begabung. Talent war eigentlich nur nötig, wenn sich einer Mühe gegeben hatte, und brachte, wichtig und gutmütig, eine Freude, und man sah schon von weitem, daß es eine Freude für einen ganz anderen war, eine vollkommen fremde Freude; man wußte nicht einmal jemanden, dem sie gepaßt hätte: so fremd war sie.

Daß man erzählte, wirklich erzählte, das muß vor meiner Zeit gewesen sein. Ich habe nie jemanden erzählen hören. Damals, als Abelone mir von Mamans Jugend sprach, zeigte es sich, daß sie nicht erzählen könne. Der alte Graf Brahe soll es noch gekonnt haben. Ich will aufschreiben, was sie davon wußte.

Abelone muß als ganz junges Mädchen eine Zeit gehabt haben, da sie von einer eigenen, weiten Bewegtheit war. Brahes wohnten damals in der Stadt, in der Bredgade, unter ziemlicher Geselligkeit. Wenn sie abends spät hinauf in ihr Zimmer kam, so meinte sie müde zu sein wie die anderen. Aber dann fühlte sie auf einmal das Fenster und, wenn ich recht verstanden habe, so konnte sie vor der Nacht stehn, stundenlang, und denken: das geht mich an. »Wie ein Gefangener stand ich da«, sagte sie, »und die Sterne waren die Freiheit.« Sie konnte damals einschlafen, ohne sich schwer zu machen. Der Ausdruck In-den-Schlaf-fallen paßt nicht für dieses Mädchenjahr. Schlaf war etwas, was mit einem stieg, und von Zeit zu Zeit hatte man die Augen offen und lag auf einer neuen Oberfläche, die noch lang nicht die oberste war. Und dann war man auf vor Tag; selbst im Winter, wenn die anderen schläfrig, und spät zum späten Frühstück kamen. Abends, wenn es dunkel wurde, gab es ja immer nur Lichter für alle, gemeinsame Lichter. Aber diese beiden Kerzen ganz früh in der neuen Dunkelheit, mit der alles wieder anfing, die hatte man für sich. Sie standen in ihrem niederen Doppelleuchter und schienen ruhig durch die kleinen, ovalen, mit Rosen bemalten Tüllschirme, die von Zeit zu Zeit nachgerückt werden mußten. Das hatte nichts Störendes; denn einmal war man durchaus nicht eilig, und dann kam es doch so, daß man manchmal aufsehen mußte und nachdenken, wenn man an einem Brief schrieb oder in das Tagebuch, das früher einmal mit ganz anderer Schrift, ängstlich und schön, begonnen war

Der Graf Brahe lebte ganz abseits von seinen Töchtern. Er hielt es für Einbildung, wenn jemand behauptete, das Leben mit andern zu teilen. (»Ja, teilen –«, sagte er.) Aber es war ihm nicht unlieb, wenn die Leute ihm von seinen Töchtern erzählten; er hörte aufmerksam zu, als wohnten sie in einer anderen Stadt.

Es war deshalb etwas ganz Außerordentliches, daß er einmal nach dem Frühstück Abelone zu sich winkte: »Wir haben die gleichen Gewohnheiten, wie es scheint, ich schreibe auch ganz früh. Du kannst mir helfen.« Abelone wußte es noch wie gestern.

Schon am anderen Morgen wurde sie in ihres Vaters Kabinett geführt, das im Rufe der Unzugänglichkeit stand. Sie hatte nicht Zeit, es in Augenschein zu nehmen, denn man setzte sie sofort gegen dem Grafen über an den Schreibtisch, der ihr wie eine Ebene schien mit Büchern und Schriftstößen als Ortschaften.

Der Graf diktierte. Diejenigen, die behaupteten, daß Graf Brahe seine Memoiren schriebe, hatten nicht völlig unrecht. Nur daß es sich nicht um politische oder militärische Erinnerungen handelte, wie man mit Spannung erwartete. »Die vergesse ich«, sagte der alte Herr kurz, wenn ihn jemand auf solche Tatsachen hin anredete. Was er aber nicht vergessen wollte, das war seine Kindheit. Auf die hielt er. Und es war ganz in der Ordnung, seiner Meinung nach, daß jene sehr entfernte Zeit nun in ihm die Oberhand gewann, daß sie, wenn er seinen Blick nach innen kehrte, dalag wie in einer hellen nordischen Sommernacht, gesteigert und schlaflos.

Manchmal sprang er auf und redete in die Kerzen hinein, daß sie flackerten. Oder ganze Sätze mußten wieder durchgestrichen werden, und dann ging er heftig hin und her und wehte mit seinem nilgrünen, seidenen Schlafrock. Während alledem war noch eine Person zugegen, Sten, des Grafen alter, jütländischer Kammerdiener, dessen Aufgabe es war, wenn der Großvater aufsprang, die Hände schnell über die einzelnen losen Blätter zu legen, die, mit Notizen bedeckt, auf dem Tische herumlagen. Seine Gnaden hatten die Vorstellung, daß das heutige Papier nichts tauge, daß es viel zu leicht sei und davonfliege bei der geringsten Gelegenheit. Und Sten, von dem man nur die lange obere Hälfte sah, teilte diesen Verdacht und saß gleichsam auf seinen Händen, lichtblind und ernst wie ein Nachtvogel.

Dieser Sten verbrachte die Sonntag-Nachmittage damit, Swedenborg zu lesen, und niemand von der Dienerschaft hätte je sein Zimmer betreten mögen, weil es hieß, daß er zitiere. Die Familie Stens hatte seit je Umgang mit Geistern gehabt, und Sten war für diesen Verkehr ganz besonders vorausbestimmt. Seiner Mutter war etwas erschienen in der Nacht, da sie ihn gebar. Er hatte große, runde Augen, und das andere Ende seines Blicks kam hinter jeden zu liegen, den er damit ansah. Abelonens Vater fragte ihn oft nach den Geistern, wie man sonst jemanden nach seinen Angehörigen fragt: »Kommen sie, Sten?« sagte er wohlwollend. »Es ist gut, wenn sie kommen.«

Ein paar Tage ging das Diktieren seinen Gang. Aber dann konnte Abelone ›Eckernförde‹ nicht schreiben. Es war ein Eigenname, und sie hatte ihn nie gehört. Der Graf, der im Grunde schon lange einen Vorwand suchte, das Schreiben aufzugeben, das zu langsam war für seine Erinnerungen, stellte sich unwillig.

»Sie kann es nicht schreiben«, sagte er scharf, »und andere werden es nicht lesen können. Und werden sie es überhaupt *sehen,* was ich da sage?« fuhr er böse fort und ließ Abelone nicht aus den Augen.

»Werden sie ihn sehen, diesen Saint-Germain?« schrie er sie an. »Haben wir Saint-Germain gesagt? streich es durch. Schreib: der Marquis von Belmare.«

Abelone strich durch und schrieb. Aber der Graf sprach so schnell weiter, daß man nicht mitkonnte.

»Er mochte Kinder nicht leiden, dieser vortreffliche Belmare, aber mich nahm er auf sein Knie, so klein ich war, und mir kam die Idee, in seine Diamantknöpfe zu beißen. Das freute ihn. Er lachte und hob mir den Kopf, bis wir einander in die Augen sahen: ›Du hast ausgezeichnete Zähne‹, sagte er, ›Zähne, die etwas unternehmen ...‹ – Ich aber merkte mir seine Augen. Ich bin später da und dort herumgekommen.

Ich habe allerhand Augen gesehen, kannst du mir glauben: solche nicht wieder. Für diese Augen hätte nichts da sein müssen, die hattens in sich. Du hast von Venedig gehört? Gut. Ich sage dir, die hätten Venedig hier hereingesehen in dieses Zimmer, daß es da gewesen wäre, wie der Tisch. Ich saß in der Ecke einmal und hörte, wie er meinem Vater von Persien erzählte, manchmal mein ich noch, mir riechen die Hände davon. Mein Vater schätzte ihn, und Seine Hoheit, der Landgraf, war so etwas wie sein Schüler. Aber es gab natürlich genug, die ihm übelnahmen, daß er an die Vergangenheit nur glaubte, wenn sie *in* ihm war. Das konnten sie nicht begreifen, daß der Kram nur Sinn hat, wenn man damit geboren wird.«

»Die Bücher sind leer«, schrie der Graf mit einer wütenden Gebärde nach den Wänden hin, »das Blut, darauf kommt es an, da muß man drin lesen können. Er hatte wunderliche Geschichten drin und merkwürdige Abbildungen, dieser Belmare; er konnte aufschlagen, wo er wollte, da war immer was beschrieben; keine Seite in seinem Blut war überschlagen worden. Und wenn er sich einschloß von Zeit zu Zeit und allein drin blätterte, dann kam er zu den Stellen über das Goldmachen und über die Steine und über die Farben. Warum soll das nicht darin gestanden haben? Es steht sicher irgendwo.«

»Er hätte gut mit einer Wahrheit leben können, dieser Mensch, wenn er allein gewesen wäre. Aber es war keine Kleinigkeit, allein zu sein mit einer solchen. Und er war nicht so geschmacklos, die Leute einzuladen, daß sie ihn bei seiner Wahrheit besuchten; die sollte nicht ins Gerede kommen: dazu war er viel zu sehr Orientale. ›Adieu, Madame‹, sagte er ihr wahrheitsgemäß, ›auf ein anderes Mal. Vielleicht ist man in tausend Jahren etwas kräftiger und ungestörter.

Ihre Schönheit ist ja doch erst im Werden, Madame‹, sagte er, und das war keine bloße Höflichkeit. Damit ging er fort und legte draußen für die Leute seinen Tierpark an, eine Art Jardin d'Acclimatation für die größeren Arten von Lügen, die man bei uns noch nie gesehen hatte, und ein Palmenhaus von Übertreibungen und eine kleine, gepflegte Figuerie falscher Geheimnisse. Da kamen sie von allen Seiten, und er ging herum mit Diamantschnallen an den Schuhen und war ganz für seine Gäste da.«

»Eine oberflächliche Existenz: wie? Im Grunde wars doch eine Ritterlichkeit gegen seine Dame, und er hat sich ziemlich dabei konserviert.«

Seit einer Weile schon redete der Alte nichtmehr auf Abelone ein, die er vergessen hatte. Er ging wie rasend auf und ab und warf herausfordernde Blicke auf Sten, als sollte Sten in einem gewissen Augenblicke sich in den verwandeln, an den er dachte. Aber Sten verwandelte sich noch nicht.

»Man müßte ihn *sehen*«, fuhr Graf Brahe versessen fort. »Es gab eine Zeit, wo er durchaus sichtbar war, obwohl in manchen Städten die Briefe, die er empfing, an niemanden gerichtet waren: es stand nur der Ort darauf, sonst nichts. Aber ich hab ihn gesehen.«

»Er war nicht schön.« Der Graf lachte eigentümlich eilig. »Auch nicht, was die Leute bedeutend nennen oder vornehm: es waren immer Vornehmere neben ihm. Er war reich: aber das war bei ihm nur wie ein Einfall, daran konnte man sich nicht halten. Er war gut gewachsen, obzwar andere hielten sich besser. Ich konnte damals natürlich nicht beurteilen, ob er geistreich war und das und dies, worauf Wert gelegt wird –: aber er *war*.«

Der Graf, bebend, stand und machte eine Bewegung, als stellte er etwas in den Raum hinein, was blieb.

In diesem Moment gewahrte er Abelone.

»Siehst du ihn?« herrschte er sie an. Und plötzlich ergriff er den einen silbernen Armleuchter und leuchtete ihr blendend ins Gesicht.

Abelone erinnerte sich, daß sie ihn gesehen habe.

In den nächsten Tagen wurde Abelone regelmäßig gerufen, und das Diktieren ging nach diesem Zwischenfall viel ruhiger weiter. Der Graf stellte nach allerhand Papieren seine frühesten Erinnerungen an den Bernstorffschen Kreis zusammen, in dem sein Vater eine gewisse Rolle spielte. Abelone war jetzt so gut auf die Besonderheiten ihrer Arbeit eingestellt, daß, wer die beiden sah, ihre zweckdienliche Gemeinsamkeit leicht für ein wirkliches Vertrautsein nehmen konnte.

Einmal, als Abelone sich schon zurückziehen wollte, trat der alte Herr auf sie zu, und es war, als hielte er die Hände mit einer Überraschung hinter sich: »Morgen schreiben wir von Julie Reventlow«, sagte er und kostete seine Worte: »das war eine Heilige.«

Wahrscheinlich sah Abelone ihn ungläubig an.

»Ja, ja, das giebt es alles noch«, bestand er in befehlendem Tone, »es giebt alles, Komtesse Abel.«

Er nahm Abelonens Hände und schlug sie auf wie ein Buch.

»Sie hatte die Stigmata«, sagte er, »hier und hier.« Und er tippte mit seinem kalten Finger hart und kurz in ihre beiden Handflächen.

Den Ausdruck Stigmata kannte Abelone nicht. Es wird sich zeigen, dachte sie; sie war recht ungeduldig, von der Heiligen zu hören, die ihr Vater noch gesehen hatte. Aber sie wurde nichtmehr geholt, nicht am nächsten Morgen und auch später nicht. –

»Von der Gräfin Reventlow ist ja dann oft bei euch gesprochen worden«, schloß Abelone kurz, als ich sie bat, mehr zu erzählen. Sie sah müde aus; auch behauptete sie, das Meiste wieder vergessen zu haben. »Aber die Stellen fühl ich noch manchmal«, lächelte sie und konnte es nicht lassen und schaute beinah neugierig in ihre leeren Hände.

Noch vor meines Vaters Tod war alles anders geworden. Ulsgaard war nichtmehr in unserm Besitz. Mein Vater starb in der Stadt, in einer Etagenwohnung, die mir feindsälig und befremdlich schien. Ich war damals schon im Ausland und kam zu spät.

Er war aufgebahrt in einem Hofzimmer zwischen zwei Reihen hoher Kerzen. Der Geruch der Blumen war unverständlich wie viele gleichzeitige Stimmen. Sein schönes Gesicht, darin die Augen geschlossen worden waren, hatte einen Ausdruck höflichen Erinnerns. Er war eingekleidet in die Jägermeisters-Uniform, aber aus irgendeinem Grunde hatte man das weiße Band aufgelegt, statt des blauen. Die Hände waren nicht gefaltet, sie lagen schräg übereinander und sahen nachgemacht und sinnlos aus. Man hatte mir rasch erzählt, daß er viel gelitten habe: es war nichts davon zu sehen. Seine Züge waren aufgeräumt wie die Möbel in einem Fremdenzimmer, aus dem jemand abgereist war. Mir war zumute, als hatte ich ihn schon öfter tot gesehen: so gut kannte ich das alles.

Neu war nur die Umgebung, auf eine unangenehme Art. Neu war dieses bedrückende Zimmer, das Fenster gegenüber hatte, wahrscheinlich die Fenster anderer Leute. Neu war es, daß Sieversen von Zeit zu Zeit hereinkam und nichts tat. Sieversen war alt geworden. Dann sollte ich frühstücken. Mehrmals wurde mir das Frühstück gemeldet. Mir lag durchaus nichts daran, zu frühstücken an diesem Tage. Ich merkte nicht, daß man mich forthaben wollte; schließlich, da ich nicht ging, brachte Sieversen es irgendwie heraus, daß die Ärzte da waren. Ich begriff nicht, wozu. Es wäre da noch etwas zu tun, sagte Sieversen und sah mich mit ihren roten Augen angestrengt an. Dann traten, etwas überstürzt, zwei Herren herein: das waren die Ärzte. Der vordere senkte seinen Kopf mit einem Ruck, als hätte er Hörner und wollte stoßen, um uns über seine Gläser fort anzusehen: erst Sieversen, dann mich.

Er verbeugte sich mit studentischer Förmlichkeit. »Der Herr Jägermeister hatte noch einen Wunsch«, sagte er genau so, wie er eingetreten war; man hatte wieder das Gefühl, daß er sich überstürzte. Ich nötigte ihn irgendwie, seinen Blick durch seine Gläser zu richten. Sein Kollege war ein voller, dünnschaliger, blonder Mensch; es fiel mir ein, daß man ihn leicht zum Erröten bringen könnte. Darüber entstand eine Pause. Es war seltsam, daß der Jägermeister jetzt noch Wünsche hatte.

Ich blickte unwillkürlich wieder hin in das schöne, gleichmäßige Gesicht. Und da wußte ich, daß er Sicherheit wollte. Die hatte er im Grunde immer gewünscht. Nun sollte er sie bekommen.

»Sie sind wegen des Herzstichs da: bitte.«

Ich verneigte mich und trat zurück. Die beiden Ärzte verbeugten sich gleichzeitig und begannen sofort sich über ihre Arbeit zu verständigen. Jemand rückte auch schon die Kerzen beiseite. Aber der Ältere machte nochmals ein paar Schritte auf mich zu. Aus einer gewissen Nähe streckte er sich vor, um das letzte Stück Weg zu ersparen, und sah mich böse an.

»Es ist nicht nötig«, sagte er, »das heißt, ich meine, es ist vielleicht besser, wenn Sie ...«

Er kam mir vernachlässigt und abgenutzt vor in seiner sparsamen und eiligen Haltung. Ich verneigte mich abermals; es machte sich so, daß ich mich schon wieder verneigte.

»Danke«, sagte ich knapp. »Ich werde nicht stören.«

Ich wußte, daß ich dieses ertragen würde und daß kein Grund da war, sich dieser Sache zu entziehen. Das hatte so kommen müssen. Das war vielleicht der Sinn von dem Ganzen. Auch hatte ich nie gesehen, wie es ist, wenn jemand durch die Brust gestochen wird. Es schien mir in der Ordnung, eine so merkwürdige Erfahrung nicht abzulehnen, wo sie sich zwanglos und unbedingt einstellte. An Enttäuschungen glaubte ich damals eigentlich schon nichtmehr; also war nichts zu befürchten.

Nein, nein, vorstellen kann man sich nichts auf der Welt, nicht das Geringste. Es ist alles aus so viel einzigen Einzelheiten zusammengesetzt, die sich nicht absehen lassen. Im Einbilden geht man über sie weg und merkt nicht, daß sie fehlen, schnell wie man ist. Die Wirklichkeiten aber sind langsam und unbeschreiblich ausführlich.

Wer hätte zum Beispiel an diesen Widerstand gedacht. Kaum war die breite, hohe Brust bloßgelegt, so hatte der eilige kleine Mann schon die Stelle heraus, um die es sich handelte. Aber das rasch angesetzte Instrument drang nicht ein. Ich hatte das Gefühl, als wäre plötzlich alle Zeit fort aus dem Zimmer. Wir befanden uns wie in einem Bilde. Aber dann stürzte die Zeit nach mit einem kleinen, gleitenden Geräusch, und es war mehr da, als verbraucht wurde. Auf einmal klopfte es irgendwo. Ich hatte noch nie so klopfen hören: ein warmes, verschlossenes, doppeltes Klopfen. Mein Gehör gab es weiter, und ich sah zugleich, daß der Arzt auf Grund gestoßen war. Aber es dauerte eine Weile, bevor die beiden Eindrücke in mir zusammenkamen. So, so, dachte ich, nun ist es also durch. Das Klopfen war, was das Tempo betrifft, beinah schadenfroh.

Ich sah mir den Mann an, den ich nun schon so lange kannte. Nein, er war völlig beherrscht: ein rasch und sachlich arbeitender Herr, der gleich weiter mußte. Es war keine Spur von Genuß oder Genugtuung dabei. Nur an seiner linken Schläfe hatten sich ein paar Haare aufgestellt aus irgendeinem alten Instinkt. Er zog das Instrument vorsichtig zurück, und es war etwas wie ein Mund da, aus dem zweimal hintereinander Blut austrat, als sagte er etwas Zweisilbiges. Der junge, blonde Arzt nahm es schnell mit einer eleganten Bewegung in seine Watte auf. Und nun blieb die Wunde ruhig, wie ein geschlossenes Auge.

Es ist anzunehmen, daß ich mich noch einmal verneigte, ohne diesmal recht bei der Sache zu sein. Wenigstens war ich erstaunt, mich allein zu finden. Jemand hatte die Uniform wieder in Ordnung gebracht, und das weiße Band lag darüber wie vorher. Aber nun war der Jägermeister tot, und nicht er allein. Nun war das Herz durchbohrt, unser Herz, das Herz unseres Geschlechts. Nun war es vorbei. Das war also das Helmzerbrechen: »Heute Brigge und nimmermehr«, sagte etwas in mir.

An mein Herz dachte ich nicht. Und als es mir später einfiel, wußte ich zum erstenmal ganz gewiß, daß es hierfür nicht in Betracht kam. Es war ein einzelnes Herz. Es war schon dabei, von Anfang anzufangen.

Ich weiß, daß ich mir einbildete, nicht sofort wieder abreisen zu können. Erst muß alles geordnet sein, wiederholte ich mir. *Was* geordnet sein wollte, war mir nicht klar. Es war so gut wie nichts zu tun. Ich ging in der Stadt umher und konstatierte, daß sie sich verändert hatte. Es war mir angenehm, aus dem Hotel hinauszutreten, in dem ich abgestiegen war, und zu sehen, daß es nun eine Stadt für Erwachsene war, die sich für einen zusammennahm, fast wie für einen Fremden. Ein bißchen klein war alles geworden, und ich promenierte die Langelinie hinaus bis an den Leuchtturm und wieder zurück. Wenn ich in die Gegend der Armaliengade kam, so konnte es freilich geschehen, daß von irgendwo etwas ausging, was man jahrelang anerkannt hatte und was seine Macht noch einmal versuchte. Es gab da gewisse Eckfenster oder Torbogen oder Laternen, die viel von einem wußten und damit drohten. Ich sah ihnen ins Gesicht und ließ sie fahlen, daß ich im Hotel ›Phönix‹ wohnte und jeden Augenblick wieder reisen konnte. Aber mein Gewissen war nicht ruhig dabei. Der Verdacht stieg in mir auf, daß noch keiner dieser Einflüsse und Zusammenhänge wirklich bewältigt worden war. Man hatte sie eines Tages heimlich verlassen, unfertig wie sie waren. Auch die Kindheit würde also gewissermaßen noch zu leisten sein, wenn man sie nicht für immer verloren geben wollte. Und während ich begriff, wie ich sie verlor, empfand ich zugleich, daß ich nie etwas anderes haben würde, mich darauf zu berufen.

Ein paar Stunden täglich brachte ich in Dronningens Twærgade zu, in den engen Zimmern, die beleidigt aussahen wie alle Mietswohnungen, in denen jemand gestorben ist. Ich ging zwischen dem Schreibtisch und dem großen weißen Kachelofen hin und her und verbrannte die Papiere des Jägermeisters. Ich hatte begonnen, die Briefschaften, so wie sie zusammengebunden waren, ins Feuer zu werfen, aber die kleinen Pakete waren zu fest verschnürt und verkohlten nur an den Rändern. Es kostete mich Überwindung, sie zu lockern. Die meisten hatten einen starken, überzeugenden Duft, der auf mich eindrang, als wollte er auch in mir Erinnerungen aufregen. Ich hatte keine. Dann konnte es geschehen, daß Photographien herausglitten, die schwerer waren als das andere; diese Photographien verbrannten unglaublich langsam. Ich weiß nicht, wie es kam, plötzlich bildete ich mir ein, es könnte Ingeborgs Bild darunter sein. Aber sooft ich hinsah, waren es reife, großartige, deutlich schöne Frauen, die mich auf andere Gedanken brachten. Es erwies sich nämlich, daß ich doch nicht ganz ohne Erinnerungen war. Genau solche Augen waren es, in denen ich mich manchmal fand, wenn ich, zur Zeit da ich heranwuchs, mit meinem Vater über die Straße ging. Dann konnten sie von einem Wageninnern aus mich mit einem Blick umgeben, aus dem kaum hinauszukommen war. Nun wußte ich, daß sie mich damals mit ihm verglichen und daß der Vergleich nicht zu meinen Gunsten ausfiel. Gewiß nicht, Vergleiche hatte der Jägermeister nicht zu fürchten.

Es kann sein, daß ich nun etwas weiß, was er gefürchtet hat. Ich will sagen, wie ich zu dieser Annahme komme. Ganz innen in seiner Brieftasche befand sich ein Papier, seit lange gefaltet, mürbe, gebrochen in den Bügen. Ich habe es gelesen, bevor ich es verbrannte. Es war von seiner besten Hand, sicher und gleichmäßig geschrieben, aber ich merkte gleich, daß es nur eine Abschrift war.

»Drei Stunden vor seinem Tod«, so begann es und handelte von Christian dem Vierten. Ich kann den Inhalt natürlich nicht wörtlich wiederholen. Drei Stunden vor seinem Tod begehrte er aufzustehen. Der Arzt und der Kammerdiener Wormius halfen ihm auf die Füße. Er stand ein wenig unsicher, aber er stand, und sie zogen ihm das gesteppte Nachtkleid an. Dann setzte er sich plötzlich vorn an das Bettende und sagte etwas. Es war nicht zu verstehen. Der Arzt behielt immerzu seine linke Hand, damit der König nicht auf das Bett zurücksinke. So saßen sie, und der König sagte von Zeit zu Zeit mühsam und trübe das Unverständliche. Schließlich begann der Arzt ihm zuzusprechen; er hoffte allmählich zu erraten, was der König meinte. Nach einer Weile unterbrach ihn der König und sagte auf einmal ganz klar: »O, Doktor, Doktor, wie heißt er?« Der Arzt hatte Mühe, sich zu besinnen.

»Sperling, Allergnädigster König.«

Aber darauf kam es nun wirklich nicht an. Der König, sobald er hörte, daß man ihn verstand, riß das rechte Auge, das ihm geblieben war, weit auf und sagte mit dem ganzen Gesicht das eine Wort, das seine Zunge seit Stunden formte, das einzige, das es noch gab: »Döden«, sagte er, »Döden.« *

Mehr stand nicht auf dem Blatt. Ich las es mehrere Male, ehe ich es verbrannte. Und es fiel mir ein, daß mein Vater viel gelitten hatte zuletzt. So hatte man mir erzählt.

Seitdem habe ich viel über die Todesfurcht nachgedacht, nicht ohne gewisse eigene Erfahrungen dabei zu berücksichtigen. Ich glaube, ich kann wohl sagen, ich habe sie gefühlt. Sie überfiel mich in der vollen Stadt, mitten unter den Leuten, oft ganz ohne Grund. Oft allerdings häuften sich die Ursachen; wenn zum Beispiel jemand auf einer Bank verging und alle standen herum und sahen ihm zu, und er war schon über das Fürchten hinaus: dann hatte ich seine Furcht. Oder in Neapel damals: da saß diese junge Person mir gegenüber in der Elektrischen Bahn und starb. Erst sah es wie eine Ohnmacht aus, wir fuhren sogar noch eine Weile. Aber dann war kein Zweifel, daß wir stehenbleiben mußten. Und hinter uns standen die Wagen und stauten sich, als ginge es in dieser Richtung nie mehr weiter. Das blasse, dicke Mädchen hätte

---

* Der Tod, der Tod.

so, angelehnt an ihre Nachbarin, ruhig sterben können. Aber ihre Mutter gab das nicht zu. Sie bereitete ihr alle möglichen Schwierigkeiten. Sie brachte ihre Kleider in Unordnung und goß ihr etwas in den Mund, der nichts mehr behielt. Sie verrieb auf ihrer Stirn eine Flüssigkeit, die jemand gebracht hatte, und wenn die Augen dann ein wenig verrollten, so begann sie an ihr zu rütteln, damit der Blick wieder nach vorne käme. Sie schrie in diese Augen hinein, die nicht hörten, sie zerrte und zog das Ganze wie eine Puppe hin und her, und schließlich holte sie aus und schlug mit aller Kraft in das dicke Gesicht, damit es nicht stürbe. Damals fürchtete ich mich.

Aber ich fürchtete mich auch schon früher. Zum Beispiel, als mein Hund starb. Derselbe, der mich ein- für allemal beschuldigte. Er war sehr krank. Ich kniete bei ihm schon den ganzen Tag, da plötzlich bellte er auf, ruckweise und kurz, wie er zu tun pflegte, wenn ein Fremder ins Zimmer trat. Ein solches Bellen war für diesen Fall zwischen uns gleichsam verabredet worden, und ich sah unwillkürlich nach der Tür. Aber es war schon in ihm. Beunruhigt suchte ich seinen Blick, und auch er suchte den meinen; aber nicht um Abschied zu nehmen. Er sah mich hart und befremdet an. Er warf mir vor, daß ich es hereingelassen hatte. Er war überzeugt, ich hätte es hindern können. Nun zeigte es sich, daß er mich immer überschätzt hatte. Und es war keine Zeit mehr, ihn aufzuklären. Er sah mich befremdet und einsam an, bis es zu Ende war.

Oder ich fürchtete mich, wenn im Herbst nach den ersten Nachtfrösten die Fliegen in die Stuben kamen und sich noch einmal in der Wärme erholten. Sie waren merkwürdig vertrocknet und erschraken bei ihrem eigenen Summen; man konnte sehen, daß sie nichtmehr recht wußten, was sie taten.

Sie saßen stundenlang da und ließen sich gehen, bis es ihnen einfiel, daß sie noch lebten; dann warfen sie sich blindlings irgendwohin und begriffen nicht, was sie dort sollten, und man hörte sie weiterhin niederfallen und drüben und anderswo. Und endlich krochen sie überall und bestarben langsam das ganze Zimmer.

Aber sogar wenn ich allein war, konnte ich mich fürchten. Warum soll ich tun, als wären jene Nächte nicht gewesen, da ich aufsaß vor Todesangst und mich daran klammerte, daß das Sitzen wenigstens noch etwas Lebendiges sei: daß Tote nicht saßen. Das war immer in einem von diesen zufälligen Zimmern, die mich sofort im Stich ließen, wenn es mir schlecht ging, als fürchteten sie, verhört und in meine argen Sachen verwickelt zu werden. Da saß ich, und wahrscheinlich sah ich so schrecklich aus, daß nichts den Mut hatte, sich zu mir zu bekennen. Nicht einmal das Licht, dem ich doch eben den Dienst erwiesen hatte, es anzuzünden, wollte von mir wissen. Es brannte so vor sich hin, wie in einem leeren Zimmer. Meine letzte Hoffnung war dann immer das Fenster. Ich bildete mir ein, dort draußen könnte noch etwas sein, was zu mir gehörte, auch jetzt, auch in dieser plötzlichen Armut des Sterbens. Aber kaum hatte ich hingesehen, so wünschte ich, das Fenster wäre verrammelt gewesen, zu, wie die Wand. Denn nun wußte ich, daß es dort hinaus immer gleich teilnahmslos weiterging, daß auch draußen nichts als meine Einsamkeit war. Die Einsamkeit, die ich über mich gebracht hatte und zu deren Größe mein Herz in keinem Verhältnis mehr stand. Menschen fielen mir ein, von denen ich einmal fortgegangen war, und ich begriff nicht, wie man Menschen verlassen konnte.

Mein Gott, mein Gott, wenn mir noch solche Nächte bevorstehen, laß mir doch wenigstens einen von den Gedanken, die ich zuweilen denken konnte. Es ist nicht so unvernünftig, was ich da verlange; denn ich weiß, daß sie gerade aus der Furcht gekommen sind, weil meine Furcht so groß war. Da ich ein Knabe war, schlugen sie mich ins Gesicht und sagten mir, daß ich feige sei. Das war, weil ich mich noch schlecht fürchtete. Aber seitdem habe ich mich fürchten gelernt mit der wirklichen Furcht, die nur zunimmt, wenn die Kraft zunimmt, die sie erzeugt. Wir haben keine Vorstellung von dieser Kraft, außer in unserer Furcht. Denn so ganz unbegreiflich ist sie, so völlig gegen uns, daß unser Gehirn sich zersetzt an der Stelle, wo wir uns anstrengen, sie zu denken. Und dennoch, seit einer Weile glaube ich, daß es *unsere* Kraft ist, alle unsere Kraft, die noch zu stark ist für uns. Es ist wahr, wir kennen sie nicht, aber ist es nicht gerade unser Eigenstes, wovon wir am wenigsten wissen? Manchmal denke ich mir, wie der Himmel entstanden ist und der Tod: dadurch, daß wir unser Kostbarstes von uns fortgerückt haben, weil noch so viel anderes zu tun war vorher und weil es bei uns Beschäftigten nicht in Sicherheit war. Nun sind Zeiten darüber vergangen, und wir haben uns an Geringeres gewöhnt. Wir erkennen unser Eigentum nichtmehr und entsetzen uns vor seiner äußersten Großheit. Kann das nicht sein?

Ich begreife übrigens jetzt gut, daß man ganz innen in der Brieftasche die Beschreibung einer Sterbestunde bei sich trägt durch alle die Jahre. Es müßte nicht einmal eine besonders gesuchte sein; sie haben alle etwas fast Seltenes. Kann man sich zum Beispiel nicht jemanden vorstellen, der sich abschreibt, wie Felix Arvers gestorben ist. Es war im Hospital. Er starb auf eine sanfte und gelassene Weise, und die Nonne meinte vielleicht, daß er damit schon weiter sei, als er in Wirklichkeit war. Sie rief ganz laut irgend eine Weisung hinaus, wo das und das zu finden wäre. Es war eine ziemlich ungebildete Nonne; sie hatte das Wort Korridor, das im Augenblick nicht zu vermeiden war, nie geschrieben gesehen; so konnte es geschehen, daß sie ›Kollidor‹ sagte in der Meinung, es hieße so. Da schob Arvers das Sterben hinaus. Es schien ihm nötig, dieses erst aufzuklären. Er wurde ganz klar und setzte ihr auseinander, daß es ›Korridor‹ hieße. Dann starb er. Er war ein Dichter und haßte das Ungefähre; oder vielleicht war es ihm nur um die Wahrheit zu tun; oder es störte ihn, als letzten Eindruck mitzunehmen, daß die Welt so nachlässig weiterginge. Das wird nichtmehr zu entscheiden sein. Nur soll man nicht glauben, daß es Pedanterie war. Sonst träfe derselbe Vorwurf den heiligen Jean de Dieu, der in seinem Sterben aufsprang und gerade noch zurechtkam, im Garten den eben Erhängten abzuschneiden, von dem auf wunderbare Art Kunde in die verschlossene Spannung seiner Agonie gedrungen war. Auch ihm war es nur um die Wahrheit zu tun.

Es giebt ein Wesen, das vollkommen unschädlich ist, wenn es dir in die Augen kommt, du merkst es kaum und hast es gleich wieder vergessen. Sobald es dir aber unsichtbar auf irgendeine Weise ins Gehör gerät, so entwickelt es sich dort, es kriecht gleichsam aus, und man hat Fälle gesehen, wo es bis ins Gehirn vordrang und in diesem Organ verheerend gedieh, ähnlich den Pneumokokken des Hundes, die durch die Nase eindringen.

Dieses Wesen ist der Nachbar.

Nun, ich habe, seit ich so vereinzelt herumkomme, unzählige Nachbaren gehabt; obere und untere, rechte und linke, manchmal alle vier Arten zugleich. Ich könnte einfach die Geschichte meiner Nachbaren schreiben; das wäre ein

Lebenswerk. Es wäre freilich mehr die Geschichte der Krankheitserscheinungen, die sie in mir erzeugt haben; aber das teilen sie mit allen derartigen Wesen, daß sie nur in den Störungen nachzuweisen sind, die sie in gewissen Geweben hervorrufen.

Ich habe unberechenbare Nachbaren gehabt und sehr regelmäßige. Ich habe gesessen und das Gesetz der ersten herauszufinden versucht; denn es war klar, daß auch sie eines hatten. Und wenn die pünktlichen einmal am Abend ausblieben, so hab ich mir ausgemalt, was ihnen könnte zugestoßen sein, und habe mein Licht brennen lassen und mich geängstigt wie eine junge Frau. Ich habe Nachbaren gehabt, die gerade haßten, und Nachbaren, die in eine heftige Liebe verwickelt waren; oder ich erlebte es, daß bei ihnen eines in das andere umsprang mitten in der Nacht, und dann war natürlich an Schlafen nicht zu denken. Da konnte man überhaupt beobachten, daß der Schlaf durchaus nicht so häufig ist, wie man meint. Meine beiden Petersburger Nachbaren zum Beispiel gaben nicht viel auf Schlaf. Der eine stand und spielte die Geige, und ich bin sicher, daß er dabei hinübersah in die überwachen Häuser, die nicht aufhörten hell zu sein in den unwahrscheinlichen Augustnächten. Von dem anderen zur Rechten weiß ich allerdings, daß er lag; er stand zu meiner Zeit überhaupt nichtmehr auf. Er hatte sogar die Augen geschlossen; aber man konnte nicht sagen, daß er schlief. Er lag und sagte lange Gedichte her, Gedichte von Puschkin und Nekrassow, in dem Tonfall, in dem Kinder Gedichte hersagen, wenn man es von ihnen verlangt. Und trotz der Musik meines linken Nachbars, war es dieser mit seinen Gedichten, der sich in meinem Kopfe einpuppte, und Gott weiß, was da ausgekrochen wäre, wenn nicht der Student, der ihn zuweilen besuchte, sich eines Tages in der Tür geirrt hätte. Er erzählte mir die Geschichte seines Bekannten, und es ergab sich, daß sie gewissermaßen beruhigend war. Jedenfalls war es eine wörtliche, eindeutige Geschichte, an der die vielen Würmer meiner Vermutungen zugrunde gingen.

Dieser kleine Beamte da nebenan war eines Sonntags auf die Idee gekommen, eine merkwürdige Aufgabe zu lösen. Er nahm an, daß er recht lange leben würde, sagen wir noch fünfzig Jahre. Die Großmütigkeit, die er sich damit erwies, versetzte ihn in eine glänzende Stimmung. Aber nun wollte er sich selber übertreffen. Er überlegte, daß man diese Jahre in Tage, in Stunden, in Minuten, ja, wenn man es aushielt, in Sekunden umwechseln könne, und er rechnete und rechnete, und es kam eine Summe heraus, wie er noch nie eine gesehen hatte. Ihn schwindelte. Er mußte sich ein wenig erholen. Zeit war kostbar, hatte er immer sagen hören, und es wunderte ihn, daß man einen Menschen, der eine solche Menge Zeit besaß, nicht geradezu bewachte. Wie leicht konnte er bestohlen werden. Dann aber kam seine gute, beinah ausgelassene Laune wieder, er zog seinen Pelz an, um etwas breiter und stattlicher auszusehen, und machte sich das ganze fabelhafte Kapital zum Geschenk, indem er sich ein bißchen herablassend anredete:

»Nikolaj Kusmitsch«, sagte er wohlwollend und stellte sich vor, daß er außerdem noch, ohne Pelz, dünn und dürftig auf dem Roßhaarsofa säße, »ich hoffe, Nikolaj Kusmitsch«, sagte er, »Sie werden sich nichts auf Ihren Reichtum einbilden. Bedenken Sie immer, daß das nicht die Hauptsache ist, es giebt arme Leute, die durchaus respektabel sind; es giebt sogar verarmte Edelleute und Generalstöchter, die auf der Straße herumgehen und etwas verkaufen.« Und der Wohltäter führte noch allerlei in der ganzen Stadt bekannte Beispiele an.

Der andere Nikolaj Kusmitsch, der auf dem Roßhaarsofa, der Beschenkte, sah durchaus noch nicht übermütig aus, man durfte annehmen, daß er vernünftig sein würde. Er änderte in der Tat nichts an seiner bescheidenen, regelmäßigen Lebensführung, und die Sonntage brachte er nun damit zu, seine Rechnung in Ordnung zu bringen. Aber schon nach ein paar Wochen fiel es ihm auf, daß er unglaublich viel ausgäbe. Ich werde mich einschränken, dachte er. Er stand früher auf, er wusch sich weniger ausführlich, er trank stehend seinen Tee, er lief ins Bureau und kam viel zu früh. Er ersparte überall ein bißchen Zeit. Aber am Sonntag war nichts Erspartes da. Da begriff er, daß er betrogen sei. Ich hätte nicht wechseln dürfen, sagte er sich. Wie lange hat man an so einem Jahr. Aber da, dieses infame Kleingeld, das geht hin, man weiß nicht wie. Und es wurde ein häßlicher Nachmittag, als er in der Sofaecke saß und auf den Herrn im Pelz wartete, von dem er seine Zeit zurückverlangen wollte. Er wollte die Tür verriegeln und ihn nicht fortlassen, bevor er nicht damit herausgerückt war. »In Scheinen«, wollte er sagen, »meinetwegen zu zehn Jahren.« Vier Scheine zu zehn und einer zu fünf, und den Rest sollte er behalten, in des Teufels Namen. Ja, er war bereit, ihm den Rest zu schenken, nur damit keine Schwierigkeiten entstünden. Gereizt saß er im Roßhaarsofa und wartete, aber der Herr kam nicht. Und er, Nikolaj Kusmitsch, der sich vor ein paar Wochen mit Leichtigkeit so hatte dasitzen sehen, er konnte sich jetzt, da er wirklich saß, den andern Nikolaj Kusmitsch, den im Pelz, den Großmütigen, nicht vorstellen. Weiß der Himmel, was aus ihm geworden war, wahrscheinlich war man seinen Betrügereien auf die Spur gekommen, und er saß nun schon irgendwo fest. Sicher hatte er nicht ihn allein ins Unglück gebracht. Solche Hochstapler arbeiten immer im großen.

Es fiel ihm ein, daß es eine staatliche Behörde geben müsse, eine Art Zeitbank, wo er wenigstens einen Teil seiner lumpigen Sekunden umwechseln könne. Echt waren sie doch schließlich. Er hatte nie von einer solchen Anstalt gehört, aber im Adreßbuch würde gewiß etwas Derartiges zu finden sein, unter Z, oder vielleicht auch hieß es ›Bank für Zeit‹; man konnte leicht unter B nachsehen. Eventuell war auch der Buchstabe K zu berücksichtigen, denn es war anzunehmen, daß es ein kaiserliches Institut war; das entsprach seiner Wichtigkeit.

Später versicherte Nikolaj Kusmitsch immer, daß er an jenem Sonntag Abend, obwohl er sich begreiflicherweise in recht gedrückter Stimmung befand, nichts getrunken habe. Er war also völlig nüchtern, als das Folgende passierte, soweit man überhaupt sagen kann, was da geschah. Vielleicht, daß er einbißchen in seiner Ecke eingeschlummert war, das ließe sich immerhin denken. Dieser kleine Schlaf verschaffte ihm zunächst lauter Erleichterung. Ich habe mich mit den Zahlen eingelassen, redete er sich zu. Nun, ich verstehe nichts von Zahlen. Aber es ist klar, daß man ihnen keine zu große Bedeutung einräumen darf; sie sind doch sozusagen nur eine Einrichtung von Staats wegen, um der Ordnung willen. Niemand hatte doch je anderswo als auf dem Papier eine gesehen. Es war ausgeschlossen, daß einem zum Beispiel in einer Gesellschaft eine Sieben oder eine Fünfundzwanzig begegnete. Da gab es die einfach nicht. Und dann war da diese kleine Verwechslung vorgefallen, aus purer Zerstreutheit: Zeit und Geld, als ob sich das nicht auseinanderhalten ließe. Nikolaj Kusmitsch lachte beinah. Es war doch gut, wenn man sich so auf die Schliche kam, und rechtzeitig, das war das Wichtige, rechtzeitig. Nun sollte es anders werden. Die Zeit, ja, das war eine peinliche Sache. Aber betraf es etwa ihn allein, ging sie nicht auch den andern so, wie er es herausgefunden hatte, in Sekunden, auch wenn sie es nicht wußten?

Nikolaj Kusmitsch war nicht ganz frei von Schadenfreude: Mag sie immerhin –, wollte er eben denken, aber da geschah etwas Eigentümliches. Es wehte plötzlich an seinem Gesicht, es zog ihm an den Ohren vorbei, er fühlte es an den Händen. Er riß die Augen auf. Das Fenster war fest verschlossen. Und wie er da so mit weiten Augen im dunkeln Zimmer saß, da begann er zu verstehen, daß das, was er nun verspürte, die wirkliche Zeit sei, die vorüberzog. Er erkannte sie förmlich, alle diese Sekündchen, gleich lau, eine wie die andere, aber schnell, aber schnell. Weiß der Himmel, was sie noch vorhatten. Daß gerade *ihm* das widerfahren mußte, der jede Art von Wind als Beleidigung empfand. Nun würde man dasitzen, und es würde immer so weiterziehen, das ganze Leben lang. Er sah alle die Neuralgien voraus, die man sich dabei holen würde, er war außer sich vor Wut. Er sprang auf, aber die Überraschungen waren noch nicht zu Ende. Auch unter seinen Füßen war etwas wie eine Bewegung, nicht nur eine, mehrere, merkwürdig durcheinanderschwankende Bewegungen. Er erstarrte vor Entsetzen: konnte das die Erde sein? Gewiß, das war die Erde. Sie bewegte sich ja doch. In der Schule war davon gesprochen worden, man war etwas eilig darüber weggegangen, und später wurde es gern vertuscht; es galt nicht für passend, davon zu sprechen. Aber nun, da er einmal empfindlich geworden war, bekam er auch das zu fühlen. Ob die anderen es fühlten? Vielleicht, aber sie zeigten es nicht. Wahrscheinlich machte es ihnen nichts aus, diesen Seeleuten. Nikolaj Kusmitsch aber war ausgerechnet in diesem Punkt etwas delikat, er vermied sogar die Straßenbahnen. Er taumelte im Zimmer umher wie auf Deck und mußte sich rechts und links halten. Zum Unglück fiel ihm noch etwas von der schiefen Stellung der Erdachse ein. Nein, er konnte alle diese Bewegungen nicht vertragen. Er fühlte sich elend. Liegen und ruhig halten, hatte er einmal irgendwo gelesen. Und seither lag Nikolaj Kusmitsch.

Er lag und hatte die Augen geschlossen. Und es gab Zeiten, weniger bewegte Tage sozusagen, wo es ganz erträglich war. Und dann hatte er sich das ausgedacht mit den Gedichten. Man sollte nicht glauben, wie das half. Wenn man so ein Gedicht langsam hersagte, mit gleichmäßiger Betonung der Endreime, dann war gewissermaßen etwas Stabiles da, worauf man sehen konnte, innerlich versteht sich. Ein Glück, daß er alle diese Gedichte wußte. Aber er hatte sich immer ganz besonders für Literatur interessiert. Er beklagte sich nicht über seinen Zustand, versicherte mir der Student, der ihn lange kannte. Nur hatte sich mit der Zeit eine übertriebene Bewunderung für die in ihm herausgebildet, die, wie der Student, herumgingen und die Bewegung der Erde vertrugen.

Ich erinnere mich dieser Geschichte so genau, weil sie mich ungemein beruhigte. Ich kann wohl sagen, ich habe nie wieder einen so angenehmen Nachbar gehabt, wie diesen Nikolaj Kusmitsch, der sicher auch mich bewundert hätte.

Ich nahm mir nach dieser Erfahrung vor, in ähnlichen Fällen immer gleich auf die Tatsachen loszugehen. Ich merkte, wie einfach und erleichternd sie waren, den Vermutungen gegenüber. Als ob ich nicht gewußt hätte, daß alle unsere Einsichten nachträglich sind, Abschlüsse, nichts weiter. Gleich dahinter fängt eine neue Seite an mit etwas ganz anderem, ohne Übertrag. Was halfen mir jetzt im gegenwärtigen Falle die paar Tatsachen, die sich spielend feststellen ließen. Ich will sie gleich aufzählen, wenn ich gesagt haben werde, was mich augenblicklich beschäftigt: daß sie eher dazu beigetragen haben, meine Lage, die (wie ich jetzt eingestehe) recht schwierig war, noch lästiger zu gestalten.

Es sei zu meiner Ehre gesagt, daß ich viel geschrieben habe in diesen Tagen; ich habe krampfhaft geschrieben. Allerdings, wenn ich ausgegangen war, so dachte ich nicht gerne an das Nachhausekommen. Ich machte sogar kleine Umwege und verlor auf diese Art eine halbe Stunde, während welcher ich hätte schreiben können. Ich gebe zu, daß dies eine Schwäche war. War ich aber einmal in meinem Zimmer, so hatte ich mir nichts vorzuwerfen. Ich schrieb, ich hatte *mein* Leben, und das da nebenan war ein ganz anderes Leben, mit dem ich nichts teilte: das Leben eines Studenten der Medizin, der für sein Examen studierte. Ich hatte nichts Ähnliches vor mir, schon das war ein entscheidender Unterschied. Und auch sonst waren unsere Umstände so verschieden wie möglich. Das alles leuchtete mir ein. Bis zu dem Moment, da ich wußte, daß es kommen würde; da vergaß ich, daß es zwischen uns keine Gemeinsamkeit gab. Ich horchte so, daß mein Herz ganz laut wurde. Ich ließ alles und horchte. Und dann kam es: ich habe mich nie geirrt.

Beinah jeder kennt den Lärm, den irgendein blechernes, rundes Ding, nehmen wir an, der Deckel einer Blechbüchse, verursacht, wenn er einem entglitten ist. Gewöhnlich kommt er gar nicht einmal sehr laut unten an, er fällt kurz auf, rollt auf dem Rande weiter und wird eigentlich erst unangenehm, wenn der Schwung zu Ende geht und er nach allen Seiten taumelnd aufschlägt, eh er ins Liegen kommt. Nun also: das ist das Ganze; so ein blecherner Gegenstand fiel nebenan, rollte, blieb liegen, und dazwischen, in gewissen Abständen, stampfte es. Wie alle Geräusche, die sich wiederholt durchsetzen, hatte auch dieses sich innerlich organisiert; es wandelte sich ab, es war niemals genau dasselbe. Aber gerade das sprach für seine Gesetzmäßigkeit. Es konnte heftig sein oder milde oder melancholisch; es konnte gleichsam überstürzt vorübergehen oder unendlich lange hingleiten, eh es zu Ruhe kam. Und das letzte Schwanken war immer überraschend. Dagegen hatte das Aufstampfen, das hinzukam, etwas fast Mechanisches. Aber es teilte den Lärm immer anders ab, das schien seine Aufgabe zu sein. Ich kann diese Einzelheiten jetzt viel besser übersehen; das Zimmer neben mir ist leer. Er ist nach Hause gereist, in die Provinz. Er sollte sich erholen. Ich wohne im obersten Stockwerk. Rechts ist ein anderes Haus, unter mir ist noch niemand eingezogen: ich bin ohne Nachbar.

In dieser Verfassung wundert es mich beinah, daß ich die Sache nicht leichter nahm. Obwohl ich doch jedesmal im voraus gewarnt war durch mein Gefühl. Das wäre auszunutzen gewesen. Erschrick nicht, hätte ich mir sagen müssen, jetzt kommt es; ich wußte ja, daß ich mich niemals täuschte. Aber das lag vielleicht gerade an den Tatsachen, die ich mir hatte sagen lassen; seit ich sie wußte, war ich noch schreckhafter geworden. Es berührte mich fast gespenstisch, daß das, was diesen Lärm auslöste, jene kleine, langsame, lautlose Bewegung war, mit der sein Augenlid sich eigenmächtig über sein rechtes Auge senkte und schloß, während er las. Dies war das Wesentliche an seiner Geschichte, eine Kleinigkeit. Er hatte schon ein paar Mal die Examen vorbeigehen lassen müssen, sein Ehrgeiz war empfindlich geworden, und die Leute daheim drängten wahrscheinlich, sooft sie schrieben. Was blieb also übrig, als sich zusammenzunehmen. Aber da hatte sich, ein paar Monate vor der Entscheidung, diese Schwäche eingestellt; diese kleine, unmögliche Ermüdung, die so lächerlich war, wie wenn ein Fenstervorhang nicht oben bleiben will. Ich bin sicher, daß er wochenlang der Meinung war, man müßte das beherrschen können. Sonst wäre ich nicht auf die Idee verfallen, ihm meinen Willen anzubieten. Eines Tages begriff ich nämlich, daß der seine zu Ende sei. Und seither, wenn ich es kommen fühlte, stand ich da auf meiner Seite der Wand und bat ihn, sich zu bedienen. Und mit der Zeit wurde mir klar, daß er darauf einging. Vielleicht hätte er das nicht tun dürfen, besonders wenn man bedenkt, daß es eigentlich nichts half. Angenommen sogar, daß wir die Sache ein wenig hinhielten, so bleibt es doch fraglich, ob er wirklich imstande war, die Augenblicke, die wir so gewannen, auszunutzen. Und was meine Ausgaben betrifft, so begann ich sie zu fühlen. Ich weiß, ich fragte mich, ob das so weitergehen dürfe, gerade an dem Nachmittag, als jemand in unserer Etage ankam. Dies ergab bei dem engen Aufgang immer viel Unruhe in dem kleinen Hotel. Eine Weile später schien es mir, als trete man bei meinem Nachbar ein. Unsere Türen waren die letzten im Gang, die seine quer und dicht neben der meinen. Ich wußte indessen, daß er zuweilen Freunde bei sich sah, und, wie gesagt, ich interessierte mich durchaus nicht für seine Verhältnisse. Es ist möglich, daß seine Tür noch mehrmals geöffnet wurde, daß man draußen kam und ging. Dafür war ich wirklich nicht verantwortlich.

Nun an diesem selben Abend war es ärger denn je. Es war noch nicht sehr spät, aber ich war aus Müdigkeit schon zu Bett gegangen; ich hielt es für wahrscheinlich, daß ich schlafen würde. Da fuhr ich auf, als hätte man mich berührt. Gleich darauf brach es los. Es sprang und rollte und rannte irgendwo an und schwankte und klappte. Das Stampfen war fürchterlich. Dazwischen klopfte man unten, einen Stock tiefer, deutlich und böse gegen die Decke. Auch der neue Mieter war natürlich gestört. Jetzt: das mußte seine Türe sein. Ich war so wach, daß ich seine Türe zu hören meinte, obwohl er erstaunlich vorsichtig damit umging. Es kam mir vor, als nähere er sich. Sicher wollte er wissen, in welchem Zimmer es sei. Was mich befremdete, war seine wirklich übertriebene Rücksicht. Er hatte doch eben bemerken können, daß es auf Ruhe nicht ankam in diesem Hause. Warum in aller Welt unterdrückte er seinen Schritt? Eine Weile glaubte ich ihn an meiner Tür; und dann vernahm ich, darüber war kein Zweifel, daß er nebenan eintrat. Er trat ohne weiters nebenan ein.

Und nun (ja, wie soll ich das beschreiben?), nun wurde es still. Still, wie wenn ein Schmerz aufhört. Eine eigentümlich fühlbare, prickelnde Stille, als ob eine Wunde heilte. Ich hätte sofort schlafen können; ich hätte Atem holen können und einschlafen. Nur mein Erstaunen hielt mich wach. Jemand sprach nebenan, aber auch das gehörte mit in die Stille. Das muß man erlebt haben, wie diese Stille war, wiedergeben läßt es sich nicht. Auch draußen war alles wie ausgeglichen. Ich saß auf, ich horchte, es war wie auf dem Lande. Lieber Gott, dachte ich, seine Mutter ist da. Sie saß neben dem Licht, sie redete ihm zu, vielleicht hatte er den Kopf ein wenig gegen ihre Schulter gelegt. Gleich würde sie ihn zu Bett bringen. Nun begriff ich das leise Gehen draußen auf dem Gang. Ach, daß es das gab. So ein Wesen, vor dem die Türen ganz anders nachgeben als vor uns. Ja, nun konnten wir schlafen.

Ich habe meinen Nachbar fast schon vergessen. Ich sehe wohl, daß es keine richtige Teilnahme war, was ich für ihn hatte. Unten frage ich zwar zuweilen im Vorübergehen, ob

Nachrichten von ihm da sind und welche. Und ich freue mich, wenn sie gut sind. Aber ich übertreibe. Ich habe eigentlich nicht nötig, das zu wissen. Das hängt gar nichtmehr mit ihm zusammen, daß ich manchmal einen plötzlichen Reiz verspüre, nebenan einzutreten. Es ist nur ein Schritt von meiner Tür zu der anderen, und das Zimmer ist nicht verschlossen. Es würde mich interessieren, wie dieses Zimmer eigentlich beschaffen ist. Man kann sich mit Leichtigkeit ein beliebiges Zimmer vorstellen, und oft stimmt es dann ungefähr. Nur das Zimmer, das man neben sich hat, ist immer ganz anders, als man es sich denkt.

Ich sage mir, daß es dieser Umstand ist, der mich reizt. Aber ich weiß ganz gut, daß es ein gewisser blecherner Gegenstand ist, der auf mich wartet. Ich habe angenommen, daß es sich wirklich um einen Büchsendeckel handelt, obwohl ich mich natürlich irren kann. Das beunruhigt mich nicht. Es entspricht nun einmal meiner Anlage, die Sache auf einen Büchsendeckel zu schieben. Man kann denken, daß er ihn nicht mitgenommen hat. Wahrscheinlich hat man aufgeräumt, man hat den Deckel auf seine Büchse gesetzt, wie es sich gehört. Und nun bilden die beiden zusammen den Begriff Büchse, runde Büchse, genau ausgedrückt, einen einfachen, sehr bekannten Begriff. Mir ist, als entsänne ich mich, daß sie auf dem Kamin stehn, die beiden, die die Büchse ausmachen. Ja, sie stehn sogar vor dem Spiegel, so daß dahinter noch eine Büchse entsteht, eine täuschend ähnliche, imaginäre. Eine Büchse, auf die wir gar keinen Wert legen, nach der aber zum Beispiel ein Affe greifen würde. Richtig, es würden sogar zwei Affen danach greifen, denn auch der Affe wäre doppelt, sobald er auf dem Kaminrand ankäme. Nun also, es ist der Deckel dieser Büchse, der es auf mich abgesehen hat.

Einigen wir uns darüber: der Deckel einer Büchse, einer gesunden Büchse, deren Rand nicht anders gebogen ist, als sein eigener, so ein Deckel müßte kein anderes Verlangen kennen, als sich auf seiner Büchse zu befinden; dies müßte das Äußerste sein, was er sich vorzustellen vermag; eine nicht zu übertreffende Befriedigung, die Erfüllung aller seiner Wünsche. Es ist ja auch etwas geradezu Ideales, geduldig und sanft eingedreht auf der kleinen Gegenwulst gleichmäßig aufzuruhen und die eingreifende Kante in sich zu fühlen, elastisch und gerade so scharf, wie man selber am Rande ist, wenn man einzeln daliegt. Ach, aber wie wenige Deckel giebt es, die das noch zu schätzen wissen. Hier zeigt es sich so recht, wie verwirrend der Umgang mit den Menschen auf die Dinge gewirkt hat. Die Menschen nämlich, wenn es angeht, sie ganz vorübergehend mit solchen Deckeln zu vergleichen, sitzen höchst ungern und schlecht auf ihren Beschäftigungen. Teils weil sie nicht auf die richtigen gekommen sind in der Eile, teils weil man sie schief und zornig aufgesetzt hat, teils weil die Ränder, die aufeinander gehören, verbogen sind, jeder auf eine andere Art. Sagen wir es nur ganz aufrichtig: sie denken im Grunde nur daran, sobald es sich irgend tun läßt, hinunterzuspringen, zu rollen und zu blechern. Wo kämen sonst alle diese sogenannten Zerstreuungen her und der Lärm, den sie verursachen?

Die Dinge sehen das nun schon seit Jahrhunderten an. Es ist kein Wunder, wenn sie verdorben sind, wenn sie den Geschmack verlieren an ihrem natürlichen, stillen Zweck und das Dasein so ausnutzen möchten, wie sie es rings um sich ausgenutzt sehen. Sie machen Versuche, sich ihren Anwendungen zu entziehen, sie werden unlustig und nachlässig, und die Leute sind gar nicht erstaunt, wenn sie sie auf einer Ausschweifung ertappen. Sie kennen das so gut von sich selbst. Sie ärgern sich, weil sie die Stärkeren sind, weil sie mehr Recht auf Abwechslung zu haben meinen, weil sie sich nachgeäfft fühlen; aber sie lassen die Sache gehen, wie sie sich selber gehen lassen. Wo aber einer ist, der sich zusammennimmt, ein Einsamer etwa, der so recht rund auf sich beruhen wollte Tag und Nacht, da fordert er geradezu den Widerspruch, den Hohn, den Haß der entarteten Geräte heraus, die, in ihrem argen Gewissen, nichtmehr vertragen können, daß etwas sich zusammenhält und nach seinem Sinne strebt. Da verbinden sie sich, um ihn zu stören, zu schrecken, zu beirren, und wissen, daß sie es können. Da fangen sie, einander zuzwinkernd, die Verführung an, die dann ins Unermessene weiter wächst und alle Wesen und Gott selber hinreißt gegen den Einen, der vielleicht übersteht: den Heiligen.

Wie begreif ich jetzt die wunderlichen Bilder, darinnen Dinge von beschränkten und regelmäßigen Gebrauchen sich ausspannen und sich lüstern und neugierig aneinander versuchen, zuckend in der ungefähren Unzucht der Zerstreuung. Diese Kessel, die kochend herumgehen, diese Kolben, die auf Gedanken kommen, und die müßigen Trichter, die sich in ein Loch drängen zu ihrem Vergnügen. Und da sind auch schon, vom eifersüchtigen Nichts heraufgeworfen, Gliedmaßen und Glieder unter ihnen und Gesichter, die warm in sie hineinvomieren, und blasende Gesäße, die ihnen den Gefallen tun.

Und der Heilige krümmt sich und zieht sich zusammen; aber in seinen Augen war noch ein Blick, der dies für möglich hielt: er hat hingesehen. Und schon schlagen sich seine Sinne nieder aus der hellen Lösung seiner Seele. Schon entblättert sein Gebet und steht ihm aus dem Mund wie ein eingegangener Strauch. Sein Herz ist umgefallen und ausgeflossen ins Trübe hinein. Seine Geißel trifft ihn schwach wie ein Schwanz, der Fliegen verjagt. Sein Geschlecht ist wieder nur an einer Stelle, und wenn eine Frau aufrecht durch das Gehudel kommt, den offenen Busen voll Brüste, so zeigt es auf sie wie ein Finger.

Es gab Zeiten, da ich diese Bilder für veraltet hielt. Nicht, als ob ich an ihnen zweifelte. Ich konnte mir denken, daß dies den Heiligen geschah, damals, den eifernden Voreiligen, die gleich mit Gott anfangen wollten um jeden Preis. Wir muten uns dies nichtmehr zu. Wir ahnen, daß er zu schwer ist für uns, daß wir ihn hinausschieben müssen, um langsam die lange Arbeit zu tun, die uns von ihm trennt. Nun aber weiß ich, daß diese Arbeit genau so bestritten ist wie das Heiligsein; daß dies da um jeden entsteht, der um ihretwillen einsam ist, wie es sich bildete um die Einsamen Gottes in ihren Höhlen und leeren Herbergen, einst.

Wenn man von den Einsamen spricht, setzt man immer zuviel voraus. Man meint, die Leute wüßten, um was es sich handelt. Nein, sie wissen es nicht. Sie haben nie einen Einsamen gesehen, sie haben ihn nur gehaßt, ohne ihn zu kennen. Sie sind seine Nachbaren gewesen, die ihn aufbrauchten, und die Stimmen im Nebenzimmer, die ihn versuchten. Sie haben die Dinge aufgereizt gegen ihn, daß sie lärmten und ihn übertönten. Die Kinder verbanden sich wider ihn, da er zart und ein Kind war, und mit jedem Wachsen wuchs er gegen die Erwachsenen an. Sie spürten ihn auf in seinem Versteck wie ein jagdbares Tier, und seine lange Jugend war ohne Schonzeit. Und wenn er sich nicht erschöpfen ließ und davonkam, so schrieen sie über das, was von ihm ausging, und nannten es häßlich und verdächtigten es. Und hörte er nicht darauf, so wurden sie deutlicher und aßen ihm sein Essen weg und atmeten ihm seine Luft aus und spieen in seine Armut, daß sie ihm widerwärtig würde. Sie brachten Verruf über ihn wie über einen Ansteckenden und warfen ihm Steine nach, damit er sich rascher entfernte. Und sie hatten recht in ihrem alten Instinkt: denn er war wirklich ihr Feind.

Aber dann, wenn er nicht aufsah, besannen sie sich. Sie ahnten, daß sie ihm mit alledem seinen Willen taten; daß sie ihn in seinem Alleinsein bestärkten und ihm halfen, sich abzuscheiden von ihnen für immer. Und nun schlugen sie um und wandten das Letzte an, das Äußerste, den anderen Widerstand: den Ruhm. Und bei diesem Lärmen blickte fast jeder auf und wurde zerstreut.

Diese Nacht ist mir das kleine grüne Buch wieder eingefallen, das ich als Knabe einmal besessen haben muß; und ich weiß nicht, warum ich mir einbilde, daß es von Mathilde Brahe stammte. Es interessierte mich nicht, da ich es bekam, und ich las es erst mehrere Jahre später, ich glaube in der Ferienzeit auf Ulsgaard. Aber wichtig war es mir vom ersten Augenblick an. Es war durch und durch voller Bezug, auch äußerlich betrachtet. Das Grün des Einbands bedeutete etwas, und man sah sofort ein, daß es innen so sein mußte, wie es war. Als ob das verabredet worden wäre, kam zuerst dieses glatte, weiß in weiß gewässerte Vorsatzblatt und dann die Titelseite, die man für geheimnisvoll hielt. Es hätten wohl Bilder drin sein können, so sah es aus; aber es waren keine, und man mußte, fast wider Willen, zugeben, daß auch das in der Ordnung sei. Es entschädigte einen irgendwie, an einer bestimmten Stelle das schmale Leseband zu finden, das, mürbe und ein wenig schräg, rührend in seinem Vertrauen, noch rosa zu sein, seit Gott weiß wann immer zwischen den gleichen Seiten lag. Vielleicht war es nie benutzt worden, und der Buchbinder hatte es rasch und fleißig da hineingebogen, ohne recht hinzusehen. Möglicherweise aber war es kein Zufall. Es konnte sein, daß jemand dort zu lesen aufgehört hatte, der nie wieder las; daß das Schicksal in diesem Moment an seiner Türe klopfte, um ihn zu beschäftigen, daß er weit von allen Büchern weggeriet, die doch schließlich nicht das Leben sind. Das war nicht zu erkennen, ob das Buch weitergelesen worden war. Man konnte sich auch denken, daß es sich einfach darum handelte, diese Stelle aufzuschlagen wieder und wieder, und daß es dazu gekommen war, wenn auch manchmal erst spät in der Nacht. Jedenfalls hatte ich eine Scheu vor den beiden Seiten, wie vor einem Spiegel, vor dem jemand steht. Ich habe sie nie gelesen. Ich weiß überhaupt nicht, ob ich das ganze Buch gelesen habe. Es war nicht sehr stark, aber es standen eine Menge Geschichten drin, besonders am Nachmittag; dann war immer eine da, die man noch nicht kannte.

Ich erinnere nur noch zwei. Ich will sagen, welche: Das Ende des Grischa Otrepjow und Karls des Kühnen Untergang.

Gott weiß, ob es mir damals Eindruck machte. Aber jetzt, nach so viel Jahren, entsinne ich mich der Beschreibung, wie der Leichnam des falschen Zaren unter die Menge geworfen worden war und dalag drei Tage, zerfetzt und zerstochen und eine Maske vor dem Gesicht. Es ist natürlich gar keine Aussicht, daß mir das kleine Buch je wieder in die Hände kommt. Aber diese Stelle muß merkwürdig gewesen sein. Ich hätte auch Lust, nachzulesen, wie die Begegnung mit der Mutter verlief. Er mag sich sehr sicher gefühlt haben, da er sie nach Moskau kommen ließ; ich bin sogar überzeugt, daß er zu jener Zeit so stark an sich glaubte, daß er in der Tat seine Mutter zu berufen meinte. Und diese Marie Nagoi, die in schnellen Tagreisen aus ihrem dürftigen Kloster kam, gewann ja auch alles, wenn sie zustimmte. Ob aber seine Unsicherheit nicht gerade damit begann, daß sie ihn anerkannte? Ich bin nicht abgeneigt zu glauben, die Kraft seiner Verwandlung hätte darin beruht, niemandes Sohn mehr zu sein.

(Das ist schließlich die Kraft aller jungen Leute, die fortgegangen sind.)*

Das Volk, das sich ihn erwünschte, ohne sich einen vorzustellen, machte ihn nur noch freier und unbegrenzter in seinen Möglichkeiten. Aber die Erklärung der Mutter hatte, selbst als bewußter Betrug, noch die Macht, ihn zu verringern; sie hob ihn aus der Fülle seiner Erfindung; sie beschränkte ihn auf ein müdes Nachahmen; sie setzte ihn auf den Einzelnen herab, der er nicht war: sie machte ihn zum Betrüger. Und nun kam, leiser auflösend, diese Marina Mniczek hinzu, die ihn auf ihre Art leugnete, indem sie, wie sich später erwies, nicht an ihn glaubte, sondern an jeden. Ich kann natürlich nicht dafür einstehen, wie weit das alles in jener Geschichte berücksichtigt war. Dies, scheint mir, wäre zu erzählen gewesen.

Aber auch abgesehen davon, ist diese Begebenheit durchaus nicht veraltet. Es wäre jetzt ein Erzähler denkbar, der viel Sorgfalt an die letzten Augenblicke wendete; er hätte nicht unrecht. Es geht eine Menge in ihnen vor: Wie er aus dem innersten Schlaf ans Fenster springt und über das Fenster hinaus in den Hof zwischen die Wachen. Er kann allein nicht auf; sie müssen ihm helfen. Wahrscheinlich ist der Fuß gebrochen. An zwei von den Männern gelehnt, fühlt er, daß sie an ihn glauben. Er sieht sich um: auch die andern glauben an ihn. Sie dauern ihn fast, diese riesigen Strelitzen, es muß

* Im Manuskript an den Rand geschrieben.

weit gekommen sein: sie haben Iwan Grosnij gekannt in all seiner Wirklichkeit, und glauben an *ihn.* Er hätte Lust, sie aufzuklären, aber den Mund öffnen, hieße einfach schreien. Der Schmerz im Fuß ist rasend, und er hält so wenig von sich in diesem Moment, daß er nichts weiß als den Schmerz. Und dann ist keine Zeit. Sie drängen heran, er sieht den Schuiskij und hinter ihm alle. Gleich wird es vorüber sein. Aber da schließen sich seine Wachen. Sie geben ihn nicht auf. Und ein Wunder geschieht. Der Glauben dieser alten Männer pflanzt sich fort, auf einmal will niemand mehr vor. Schuiskij, dicht vor ihm, ruft verzweifelt nach einem Fenster hinauf. Er sieht sich nicht um. Er weiß, wer dort steht; er begreift, daß es still wird, ganz ohne Übergang still. Jetzt wird die Stimme kommen, die er von damals her kennt; die hohe, falsche Stimme, die sich überanstrengt. Und da hört er die Zarin-Mutter, die ihn verleugnet.

Bis hierher geht die Sache von selbst, aber nun, bitte, einen Erzähler, einen Erzähler: denn von den paar Zeilen, die noch bleiben, muß Gewalt ausgehen über jeden Widerspruch hinaus. Ob es gesagt wird oder nicht, man muß darauf schwören, daß zwischen Stimme und Pistolenschuß, unendlich zusammengedrängt, noch einmal Wille und Macht in ihm war, alles zu sein. Sonst versteht man nicht, wie glänzend konsequent es ist, daß sie sein Nachtkleid durchbohrten und in ihm herumstachen, ob sie auf das Harte einer Person stoßen würden. Und daß er im Tode doch noch die Maske trug, drei Tage lang, auf die er fast schon verzichtet hatte.

Wenn ichs nun bedenke, so scheint es mir seltsam, daß in demselben Buche der Ausgang dessen erzählt wurde, der sein ganzes Leben lang Einer war, der Gleiche, hart und nicht zu ändern wie ein Granit und immer schwerer auf allen, die ihn ertrugen. Es giebt ein Bild von ihm in Dijon. Aber man weiß es auch so, daß er kurz, quer, trotzig war und verzweifelt. Nur an die Hände hätte man vielleicht nicht gedacht. Es sind arg warme Hände, die sich immerfort kühlen möchten und sich unwillkürlich auf Kaltes legen, gespreizt, mit Luft zwischen allen Fingern. In diese Hände konnte das Blut hineinschießen, wie es einem zu Kopf steigt, und geballt waren sie wirklich wie die Köpfe von Tollen, tobend von Einfällen.

Es gehörte unglaubliche Vorsicht dazu, mit diesem Blute zu leben. Der Herzog war damit eingeschlossen in sich selbst, und zuzeiten fürchtete ers, wenn es um ihn herumging, geduckt und dunkel. Es konnte ihm selber grauenhaft fremd sein, dieses behende, halbportugiesische Blut, das er kaum kannte. Oft ängstigte es ihn, daß es ihn im Schlafe anfallen könnte und zerreißen. Er tat, als bändigte ers, aber er stand immer in seiner Furcht. Er wagte nie eine Frau zu lieben, damit es nicht eifersüchtig würde, und so reißend war es, daß Wein nie über seine Lippen kam; statt zu trinken, sänftigte ers mit Rosenmus. Doch, einmal trank er, im Lager vor Lausanne, als Granson verloren war; da war er krank und abgeschieden und trank viel puren Wein. Aber damals schlief sein Blut. In seinen sinnlosen letzten Jahren verfiel es manchmal in diesen schweren, tierischen Schlaf. Dann zeigte es sich, wie sehr er in seiner Gewaltwar; denn wenn es schlief, war er nichts. Dann durfte keiner von seiner Umgebung herein; er begriff nicht, was sie redeten. Den fremden Gesandten konnte er sich nicht zeigen, öd wie er war. Dann saß er und wartete, daß es aufwachte. Und meistens fuhr es mit einem Sprunge auf und brach aus dem Herzen aus und brüllte.

Für dieses Blut schleppte er alle die Dinge mit, auf die er

nichts gab. Die drei großen Diamanten und alle die Steine; die flandrischen Spitzen und die Teppiche von Arras, haufenweis. Sein seidenes Gezelt mit den aus Gold gedrehten Schnüren und vierhundert Zelte für sein Gefolg. Und Bilder, auf Holz gemalt, und die zwölf Apostel aus vollem Silber. Und den Prinzen von Tarent und den Herzog von Cleve und Philipp von Baden und den Herrn von Château-Guyon. Denn er wollte seinem Blut einreden, daß er Kaiser sei und nichts über ihm: damit es ihn fürchte. Aber sein Blut glaubte ihm nicht, trotz solcher Beweise, es war ein mißtrauisches Blut. Vielleicht erhielt er es noch eine Weile im Zweifel. Aber die Hörner von Uri verrieten ihn. Seither wußte sein Blut, daß es in einem Verlorenen war: und wollte heraus.

So seh ich es jetzt, damals aber machte es mir vor allem Eindruck, von dem Dreikönigstag zu lesen, da man ihn suchte.

Der junge lothringische Fürst, der tags vorher, gleich nach der merkwürdig hastigen Schlacht in seiner elenden Stadt Nancy eingeritten war, hatte ganz früh seine Umgebung geweckt und nach dem Herzog gefragt. Bote um Bote wurde ausgesandt, und er selbst erschien von Zeit zu Zeit am Fenster, unruhig und besorgt. Er erkannte nicht immer, wen sie da brachten auf ihren Wagen und Tragbahren, er sah nur, daß es nicht der Herzog war. Und auch unter den Verwundeten war er nicht, und von den Gefangenen, die man fortwährend noch einbrachte, hatte ihn keiner gesehen. Die Flüchtlinge aber trugen nach allen Seiten verschiedene Nachrichten und waren wirr und schreckhaft, als fürchteten sie, auf ihn zuzulaufen. Es dunkelte schon, und man hatte nichts von ihm gehört. Die Kunde, daß er verschwunden sei, hatte Zeit herumzukommen an dem langen Winterabend. Und wohin sie kam, da erzeugte sie in allen eine jähe, übertriebene Sicherheit, daß er lebte. Nie vielleicht war der Herzog so wirklich in jeder Einbildung wie in dieser Nacht. Es gab kein Haus, wo man nicht wachte und auf ihn wartete und sich sein Klopfen vorstellte. Und wenn er nicht kam, so wars, weil er schon vorüber war.

Es fror diese Nacht, und es war, als fröre auch die Idee, daß er sei; so hart wurde sie. Und Jahre und Jahre vergingen, eh sie sich auflöste. Alle diese Menschen, ohne es recht zu wissen, bestanden jetzt auf ihm. Das Schicksal, das er über sie gebracht hatte, war nur erträglich durch seine Gestalt. Sie hatten so schwer erlernt, daß er war; nun aber, da sie ihn konnten, fanden sie, daß er gut zu merken sei und nicht zu vergessen.

Aber am nächsten Morgen, dem siebenten Januar, einem Dienstag, fing das Suchen doch wieder an. Und diesmal war ein Führer da. Es war ein Page des Herzogs, und es hieß, er habe seinen Herrn von ferne stürzen sehen; nun sollte er die Stelle zeigen. Er selbst hatte nichts erzählt, der Graf von Campobasso hatte ihn gebracht und hatte für ihn gesprochen. Nun ging er voran, und die anderen hielten sich dicht hinter ihm. Wer ihn so sah, vermummt und eigentümlich unsicher, der hatte Mühe zu glauben, daß es wirklich Gian-Battista Colonna sei, der schön wie ein Mädchen war und schmal in den Gelenken. Er zitterte vor Kälte; die Luft war steif vom Nachtfrost, es klang wie Zähneknirschen unter den Schritten. Übrigens froren sie alle. Nur des Herzogs Narr, Louis-Onze zubenannt, machte sich Bewegung. Er spielte den Hund, lief voraus, kam wieder und trollte eine Weile auf allen Vieren neben dem Knaben her; wo er aber von fern eine Leiche sah, da sprang er hin und verbeugte sich und redete ihr zu, sie möchte sich zusammennehmen und der sein, den man suchte. Er ließ ihr ein wenig Bedenkzeit, aber dann kam er mürrisch zu den andern zurück und drohte und fluchte und beklagte sich über den Eigensinn und die Trägheit der Toten. Und man ging immerzu, und es nahm kein Ende. Die Stadt war kaum mehr zu sehen; denn das Wetter hatte sich inzwischen geschlossen, trotz der Kälte, und war grau und undurchsichtig geworden. Das Land lag flach und gleichgültig da, und die kleine, dichte Gruppe sah immer verirrter aus, je weiter sie sich bewegte. Niemand sprach, nur ein altes Weib, das mitgelaufen war, malmte etwas und schüttelte den Kopf dabei; vielleicht betete sie.

Auf einmal blieb der Vorderste stehen und sah um sich. Dann wandte er sich kurz zu Lupi, dem portugiesischen Arzt des Herzogs, und zeigte nach vorn. Ein paar Schritte weiterhin war eine Eisfläche, eine Art Tümpel oder Teich, und da lagen, halb eingebrochen, zehn oder zwölf Leichen. Sie waren fast ganz entblößt und ausgeraubt. Lupi ging gebückt und aufmerksam von einem zum andern. Und nun erkannte man Olivier de la Marche und den Geistlichen, wie sie so einzeln herumgingen. Die Alte aber kniete schon im Schnee und winselte und bückte sich über eine große Hand, deren Finger ihr gespreizt entgegenstarrten. Alle eilten herbei. Lupi mit einigen Dienern versuchte den Leichnam zu wenden, denn er lag vornüber. Aber das Gesicht war eingefroren, und da man es aus dem Eis herauszerrte, schälte sich die eine Wange dünn und spröde ab, und es zeigte sich, daß die andere von Hunden oder Wölfen herausgerissen war; und das Ganze war von einer großen Wunde gespalten, die am Ohr begann, so daß von einem Gesicht keine Rede sein konnte.

Einer nach dem anderen blickte sich um; jeder meinte den Römer hinter sich zu finden. Aber sie sahen nur den Narren, der herbeigelaufen kam, böse und blutig. Er hielt einen

Mantel von sich ab und schüttelte ihn, als sollte etwas herausfallen; aber der Mantel war leer. So ging man daran, nach Kennzeichen zu suchen, und es fanden sich einige. Man hatte ein Feuer gemacht und wusch den Körper mit warmem Wasser und Wein. Die Narbe am Halse kam zum Vorschein und die Stellen der beiden großen Abszesse. Der Arzt zweifelte nichtmehr. Aber man verglich noch anderes. Louis-Onze hatte ein paar Schritte weiter den Kadaver des großen schwarzen Pferdes Moreau gefunden, das der Herzog am Tage von Nancy geritten hatte. Er saß darauf und ließ die kurzen Beine hängen. Das Blut rann ihm noch immer aus der Nase in den Mund, und man sah ihm an, daß er es schmeckte. Einer der Diener drüben erinnerte, daß ein Nagel an des Herzogs linkem Fuß eingewachsen gewesen wäre; nun suchten alle den Nagel. Der Narr aber zappelte, als würde er gekitzelt, und schrie: »Ach, Monseigneur, verzeih ihnen, daß sie deine groben Fehler aufdecken, die Dummköpfe, und dich nicht erkennen an meinem langen Gesicht, in dem deine Tugenden stehn.«

*(Des Herzogs Narr war auch der erste, der eintrat, als die Leiche gebettet war. Es war im Hause eines gewissen Georg Marquis, niemand konnte sagen, wieso. Das Bahrtuch war noch nicht übergelegt, und so hatte er den ganzen Eindruck. Das Weiß des Kamisols und das Karmesin vom Mantel sonderten sich schroff und unfreundlich voneinander ab zwischen den beiden Schwarz von Baldachin und Lager. Vorne standen scharlachne Schaftstiefel ihm entgegen mit großen, vergoldeten Sporen. Und daß das dort oben ein Kopf war, darüber konnte kein Streit entstehen, sobald man die Krone sah. Es war eine große Herzogs-Krone mit ir-

* Im Manuskript an den Rand geschrieben.

gendwelchen Steinen. Louis-Onze ging umher und besah alles genau. Er befühlte sogar den Atlas, obwohl er wenig davon verstand. Es mochte guter Atlas sein, vielleicht ein bißchen billig für das Haus Burgund. Er trat noch einmal zurück um des Überblicks willen. Die Farben waren merkwürdig unzusammenhängend im Schneelicht. Er prägte sich jede einzeln ein. »Gut angekleidet, sagte er schließlich anerkennend, »vielleicht eine Spur zu deutlich.« Der Tod kam ihm vor wie ein Puppenspieler, der rasch einen Herzog braucht.)

Man tut gut, gewisse Dinge, die sich nichtmehr ändern werden, einfach festzustellen, ohne die Tatsachen zu bedauern oder auch nur zu beurteilen. So ist mir klar geworden, daß ich nie ein richtiger Leser war. In der Kindheit kam mir das Lesen vor wie ein Beruf, den man auf sich nehmen würde, später einmal, wenn alle die Berufe kamen, einer nach dem andern. Ich hatte, aufrichtig gesagt, keine bestimmte Vorstellung, wann das sein könnte. Ich verließ mich darauf, daß man es merken würde, wenn das Leben gewissermaßen umschlug und nur noch von außen kam, so wie früher von innen. Ich bildete mir ein, es würde dann deutlich und eindeutig sein und gar nicht mißzuverstehn. Durchaus nicht einfach, im Gegenteil recht anspruchsvoll, verwickelt und schwer meinetwegen, aber immerhin sichtbar. Das eigentümlich Unbegrenzte der Kindheit, das Unverhältnismäßige, das Nie-recht-Absehbare, das würde dann überstanden sein. Es war freilich nicht einzusehen, wieso. Im Grunde nahm es immer noch zu und schloß sich auf allen Seiten, und je mehr man hinaussah, desto mehr Inneres rührte man in sich auf: Gott weiß, wo es herkam. Aber wahrscheinlich wuchs es zu einem Äußersten an und brach dann mit einem Schlage ab. Es war leicht zu beobachten, daß die Erwachsenen sehr wenig davon beunruhigt wurden; sie gingen herum und urteilten und handelten, und wenn sie je in Schwierigkeiten waren, so lag das an äußeren Verhältnissen.

An den Anfang solcher Veränderungen verlegte ich auch das Lesen. Dann würde man mit Büchern umgehen wie mit Bekannten, es würde Zeit dafür da sein, eine bestimmte, gleichmäßig und gefällig vergehende Zeit, gerade so viel, als einem eben paßte. Natürlich würden einzelne einem näher stehen, und es ist nicht gesagt, daß man davor sicher sein würde, ab und zu eine halbe Stunde über ihnen zu versäumen: einen Spaziergang, eine Verabredung, den Anfang im Theater oder einen dringenden Brief. Daß sich einem aber das Haar verbog und verwirrte, als ob man darauf gelegen hätte, daß man glühende Ohren bekam und Hände kalt wie Metall, daß eine lange Kerze neben einem herunterbrannte und in den Leuchter hinein, das würde dann, Gott sei Dank, völlig ausgeschlossen sein.

Ich führe diese Erscheinungen an, weil ich sie ziemlich auffällig an mir erfuhr, damals in jenen Ferien auf Ulsgaard, als ich so plötzlich ins Lesen geriet. Da zeigte es sich gleich, daß ich es nicht konnte. Ich hatte es freilich vor der Zeit begonnen, die ich mir dafür in Aussicht gestellt hatte. Aber dieses Jahr in Sorö unter lauter andern ungefähr Altersgleichen hatte mich mißtrauisch gemacht gegen solche Berechnungen. Dort waren rasche, unerwartete Erfahrungen an mich herangekommen, und es war deutlich zu sehen, daß sie mich wie einen Erwachsenen behandelten. Es waren lebensgroße Erfahrungen, die sich so schwer machten, wie sie waren. In demselben Maße aber, als ich ihre Wirklichkeit begriff, gingen mir auch für die unendliche Realität meines Kindseins die Augen auf. Ich wußte, daß es nicht aufhören würde, so wenig wie das andere erst begann. Ich sagte mir, daß es natürlich jedem freistand, Abschnitte zu machen, aber sie waren erfunden. Und es erwies sich, daß ich zu ungeschickt war, mir welche auszudenken. Sooft ich es versuchte, gab mir das Leben zu verstehen, daß es nichts von ihnen wußte. Bestand ich aber darauf, daß meine Kindheit vorüber sei, so war in demselben Augenblick auch alles Kommende fort, und mir blieb nur genau so viel, wie ein Bleisoldat unter sich hat, um stehen zu können.

Diese Entdeckung sonderte mich begreiflicherweise noch mehr ab. Sie beschäftigte mich in mir und erfüllte mich mit einer Art endgültiger Frohheit, die ich für Kümmernis nahm, weil sie weit über mein Alter hinausging. Es beunruhigte mich auch, wie ich mich entsinne, daß man nun, da nichts für eine bestimmte Frist vorgesehen war, manches überhaupt versäumen könne. Und als ich so nach Ulsgaard zurückkehrte und alle die Bücher sah, machte ich mich darüber her; recht in Eile, mit fast schlechtem Gewissen. Was ich später so oft empfunden habe, das ahnte ich damals irgendwie voraus: daß man nicht das Recht hatte, ein Buch aufzuschlagen, wenn man sich nicht verpflichtete, alle zu lesen. Mit jeder Zeile brach man die Welt an. Vor den Büchern war sie heil und vielleicht wieder ganz dahinter. Wie aber sollte ich, der nicht lesen konnte, es mit allen aufnehmen? Da standen sie, selbst in diesem bescheidenen Bücherzimmer, in so aussichtsloser Überzahl und hielten zusammen. Ich stürzte mich trotzig und verzweifelt von Buch zu Buch und schlug mich durch die Seiten durch wie einer, der etwas Unverhältnismäßiges zu leisten hat. Damals las ich Schiller und Baggesen, Öhlenschläger und Schack-Staffeldt, was von Walter Scott da war und Calderon. Manches kam mir in die Hände, was gleichsam schon hätte gelesen sein müssen, für anderes war es viel zu früh; fällig war fast nichts für meine damalige Gegenwart. Und trotzdem las ich.

In späteren Jahren geschah es mir zuweilen nachts, daß ich aufwachte, und die Sterne standen so wirklich da und gingen so bedeutend vor, und ich konnte nicht begreifen, wie man es über sich brachte, so viel Welt zu versäumen. So ähnlich war mir, glaub ich, zumut, sooft ich von den Büchern aufsah und hinaus, wo der Sommer war, wo Abelone rief. Es kam uns sehr unerwartet, daß sie rufen mußte und daß ich nicht einmal antwortete. Es fiel mitten in unsere seligste Zeit. Aber da es mich nun einmal erfaßt hatte, hielt ich mich krampfhaft ans Lesen und verbarg mich, wichtig und eigensinnig, vor unseren täglichen Feiertagen. Ungeschickt wie ich war, die vielen, oft unscheinbaren Gelegenheiten eines natürlichen Glücks auszunutzen, ließ ich mir nicht ungern von dem anwachsenden Zerwürfnis künftige Versöhnungen versprechen, die desto reizender wurden, je weiter man sie hinausschob.

Übrigens war mein Leseschlaf eines Tages so plötzlich zu Ende, wie er begonnen hatte; und da erzürnten wir einander gründlich. Denn Abelone ersparte mir nun keinerlei Spott und Überlegenheit, und wenn ich sie in der Laube traf, behauptete sie zu lesen. An dem einen Sonntag-Morgen lag das Buch zwar geschlossen neben ihr, aber sie schien mehr als genug mit den Johannisbeeren beschäftigt, die sie vorsichtig mittels einer Gabel aus ihren kleinen Trauben streifte.

Es muß dies eine von jenen Tagesfrühen gewesen sein, wie es solche im Juli giebt, neue, ausgeruhte Stunden, in denen überall etwas frohes Unüberlegtes geschieht. Aus Millionen kleinen ununterdrückbaren Bewegungen setzt sich ein Mosaik überzeugtesten Daseins zusammen; die Dinge schwingen ineinander hinüber und hinaus in die Luft, und ihre

Kühle macht den Schatten klar und die Sonne zu einem leichten, geistigen Schein. Da giebt es im Garten keine Hauptsache; alles ist überall, und man müßte in allem sein, um nichts zu versäumen.

In Abelonens kleiner Handlung aber war das Ganze nochmal. Es war so glücklich erfunden, gerade dies zu tun und genau so, wie sie es tat. Ihre im Schattigen hellen Hände arbeiteten einander so leicht und einig zu, und vor der Gabel sprangen mutwillig die runden Beeren her, in die mit tauduffem Weinblatt ausgelegte Schale hinein, wo schon andere sich häuften, rote und blonde, glanzlichternd, mit gesunden Kernen im herben Innern. Ich wünschte unter diesen Umständen nichts als zuzusehen, aber, da es wahrscheinlich war, daß man mirs verwies, ergriff ich, auch um mich unbefangen zu geben, das Buch, setzte mich an die andere Seite des Tisches und ließ mich, ohne lang zu blättern, irgendwo damit ein.

»Wenn du doch wenigstens laut läsest, Leserich«, sagte Abelone nach einer Weile. Das klang lange nichtmehr so streitsüchtig, und da es, meiner Meinung nach, ernstlich Zeit war, sich auszugleichen, las ich sofort laut, immerzu bis zu einem Abschnitt und weiter, die nächste Überschrift: An Bettine.

»Nein, nicht die Antworten«, unterbrach mich Abelone und legte auf einmal wie erschöpft die kleine Gabel nieder. Gleich darauf lachte sie über das Gesicht, mit dem ich sie ansah.

»Mein Gott, was hast du schlecht gelesen, Malte.«

Da mußte ich nun zugeben, daß ich keinen Augenblick bei der Sache gewesen sei. »Ich las nur, damit du mich unterbrichst«, gestand ich und wurde heiß und blätterte zurück nach dem Titel des Buches. Nun wußte ich erst, was es war. »Warum denn nicht die Antworten?« fragte ich neugierig.

Es war, als hätte Abelone mich nicht gehört. Sie saß da in ihrem lichten Kleid, als ob sie überall innen ganz dunkel würde, wie ihre Augen wurden.

»Gieb her«, sagte sie plötzlich wie im Zorn und nahm mir das Buch aus der Hand und schlug es richtig dort auf, wo sie es wollte. Und dann las sie einen von Bettinens Briefen.

Ich weiß nicht, was ich davon verstand, aber es war, als würde mir feierlich versprochen, dieses alles einmal einzusehen. Und während ihre Stimme zunahm und endlich fast jener glich, die ich vom Gesang herkannte, schämte ich mich, daß ich mir unsere Versöhnung so gering vorgestellt hatte. Denn ich begriff wohl, daß sie das war. Aber nun geschah sie irgendwo ganz im Großen, weit über mir, wo ich nicht hinreichte.

Das Versprechen erfüllt sich noch immer, irgendwann ist dasselbe Buch unter meine Bücher geraten, unter die paar Bücher, von denen ich mich nicht trenne. Nun schlägt es sich auch mir an den Stellen auf, die ich gerade meine, und wenn ich sie lese, so bleibt es unentschieden, ob ich an Bettine denke oder an Abelone. Nein, Bettine ist wirklicher in mir geworden, Abelone, die ich gekannt habe, war wie eine Vorbereitung auf sie, und nun ist sie mir in Bettine aufgegangen wie in ihrem eigenen, unwillkürlichen Wesen. Denn diese wunderliche Bettine hat mit allen ihren Briefen Raum gegeben, geräumigste Gestalt. Sie hat von Anfang an sich im Ganzen so ausgebreitet, als wär sie nach ihrem Tod. Überall hat sie sich ganz weit ins Sein hineingelegt, zugehörig dazu, und was ihr geschah, das war ewig in der Natur; dort erkannte sie sich und löste sich beinah schmerzhaft heraus; erriet sich mühsam zurück wie aus Überlieferungen, beschwor sich wie einen Geist und hielt sich aus.

Eben *warst* du noch, Bettine; ich seh dich ein. Ist nicht die Erde noch warm von dir, und die Vögel lassen noch Raum für deine Stimme. Der Tau ist ein anderer, aber die Sterne sind noch die Sterne deiner Nächte. Oder ist nicht die Welt überhaupt von dir? denn wie oft hast du sie in Brand gesteckt mit deiner Liebe und hast sie lodern sehen und aufbrennen und hast sie heimlich durch eine andere ersetzt, wenn alle schliefen. Du fühltest dich so recht im Einklang mit Gott, wenn du jeden Morgen eine neue Erde von ihm verlangtest, damit doch alle drankämen, die er gemacht hatte. Es kam dir armsälig vor, sie zu schonen und auszubessern, du verbrauchtest sie und hieltest die Hände hin um immer noch Welt. Denn deine Liebe war allem gewachsen.

Wie ist es möglich, daß nicht noch alle erzählen von deiner Liebe? Was ist denn seither geschehen, was merkwürdiger war? Was beschäftigt sie denn? Du selber wußtest um deiner Liebe Wert, du sagtest sie laut deinem größesten Dichter vor, daß er sie menschlich mache; denn sie war noch Element. Er aber hat sie den Leuten ausgeredet, da er dir schrieb. Alle haben diese Antworten gelesen und glauben ihnen mehr, weil der Dichter ihnen deutlicher ist als die Natur. Aber vielleicht wird es sich einmal zeigen, daß hier die Grenze seiner Größe war. Diese Liebende ward ihm auferlegt, und er hat sie nicht bestanden. Was heißt es, daß er nicht hat erwidern können? Solche Liebe bedarf keiner Erwiderung, sie hat Lockruf und Antwort in sich; sie erhört sich selbst. Aber demütigen hätte er sich müssen vor ihr in seinem ganzen Staat und schreiben was sie diktiert, mit beiden Händen, wie Johannes auf Patmos, kniend. Es gab keine Wahl dieser Stimme gegenüber, die »das Amt der Engel verrichtete«; die gekommen war, ihn einzuhüllen und zu entziehen ins Ewige hinein. Da war der Wagen seiner feurigen

Himmelfahrt. Da war seinem Tod der dunkle Mythos bereitet, den er leer ließ.

Das Schicksal liebt es, Muster und Figuren zu erfinden. Seine Schwierigkeit beruht im Komplizierten. Das Leben selbst aber ist schwer aus Einfachheit. Es hat nur ein paar Dinge von uns nicht angemessener Größe. Der Heilige, indem er das Schicksal ablehnt, wählt diese, Gott gegenüber. Daß aber die Frau, ihrer Natur nach, in Bezug auf den Mann die gleiche Wahl treffen muß, ruft das Verhängnis aller Liebesbeziehungen herauf: entschlossen und schicksalslos, wie eine Ewige, steht sie neben ihm, der sich verwandelt. Immer übertrifft die Liebende den Geliebten, weil das Leben größer ist als das Schicksal. Ihre Hingabe will unermeßlich sein: dies ist ihr Glück. Das namenlose Leid ihrer Liebe aber ist immer dieses gewesen: daß von ihr verlangt wird, diese Hingabe zu beschränken.

Es ist keine andere Klage je von Frauen geklagt worden: die beiden ersten Briefe Heloïsens enthalten nur sie, und fünfhundert Jahre später erhebt sie sich aus den Briefen der Portugiesin; man erkennt sie wieder wie einen Vogelruf. Und plötzlich geht durch den hellen Raum dieser Einsicht der Sappho fernste Gestalt, die die Jahrhunderte nicht fanden, da sie sie im Schicksal suchten.

Ich habe niemals gewagt, von ihm eine Zeitung zu kaufen. Ich bin nicht sicher, daß er wirklich immer einige Nummern bei sich hat, wenn er sich außen am Luxembourg-Garten langsam hin und zurück schiebt den ganzen Abend lang. Er kehrt dem Gitter den Rücken, und seine Hand streift den Steinrand, auf dem die Stäbe aufstehen. Er macht sich so flach, daß täglich viele vorübergehen, die ihn nie gesehen haben. Zwar hat er noch einen Rest von Stimme in sich und mahnt; aber das ist nicht anders als ein Geräusch in einer Lampe oder im Ofen oder wenn es in eigentümlichen Abständen in einer Grotte tropft. Und die Welt ist so eingerichtet, daß es Menschen giebt, die ihr ganzes Leben lang in der Pause vorbeikommen, wenn er, lautloser als alles was sich bewegt, weiter rückt wie ein Zeiger, wie eines Zeigers Schatten, wie die Zeit.

Wie unrecht hatte ich, ungern hinzusehen. Ich schäme mich aufzuschreiben, daß ich oft in seiner Nähe den Schritt der andern annahm, als wüßte ich nicht um ihn. Dann hörte ich es in ihm »La Presse« sagen und gleich darauf noch einmal und ein drittes Mal in raschen Zwischenräumen. Und die Leute neben mir sahen sich um und suchten die Stimme. Nur ich tat eiliger als alle, als wäre mir nichts aufgefallen, als wäre ich innen überaus beschäftigt.

Und ich war es in der Tat. Ich war beschäftigt, ihn mir vorzustellen, ich unternahm die Arbeit, ihn einzubilden, und der Schweiß trat mir aus vor Anstrengung. Denn ich mußte ihn machen wie man einen Toten macht, für den keine Beweise mehr da sind, keine Bestandteile; der ganz und gar innen zu leisten ist. Ich weiß jetzt, daß es mir ein wenig half, an die vielen abgenommenen Christusse aus streifigem Elfenbein zu denken, die bei allen Althändlern herumliegen. Der Gedanke an irgendeine Pietà trat vor und ab –: dies alles wahrscheinlich nur, um eine gewisse Neigung hervorzurufen, in der sein langes Gesicht sich hielt, und den trostlosen Bartnachwuchs im Wangenschatten und dic endgültig schmerzvolle Blindheit seines verschlossenen Ausdrucks, der schräg aufwärts gehalten war. Aber es war außerdem so vieles, was zu ihm gehörte; denn dies begriff ich schon damals, daß nichts an ihm nebensächlich sei: nicht die Art, wie der Rock oder der Mantel, hinten abstehend, überall den Kragen sehen ließ, diesen niedrigen Kragen, der in einem großen Bogen um den gestreckten, nischigen Hals stand, ohne ihn zu berühren; nicht die grünlich schwarze Krawatte, die weit um das Ganze herumgeschnallt war; und ganz besonders nicht der Hut, ein alter, hochgewölbter, steifer Filzhut, den er trug wie alle Blinden ihre Hüte tragen: ohne Bezug zu den Zeilen des Gesichts, ohne die Möglichkeit, aus diesem Hinzukommenden und sich selbst eine neue äußere Einheit zu bilden; nicht anders als irgendeinen verabredeten fremden Gegenstand. In meiner Feigheit, nicht hinzusehen, brachte ich es so weit, daß das Bild dieses Mannes sich schließlich oft auch ohne Anlaß stark und schmerzhaft in mir zusammenzog zu so hartem Elend, daß ich mich, davon bedrängt, entschloß, die zunehmende Fertigkeit meiner Einbildung durch die auswärtige Tatsache einzuschüchtern und aufzuheben. Es war gegen Abend. Ich nahm mir vor, sofort aufmerksam an ihm vorbeizugehen.

Nun muß man wissen: es ging auf den Frühling zu. Der Tagwind hatte sich gelegt, die Gassen waren lang und befriedigt; an ihrem Ausgang schimmerten Häuser, neu wie frische Bruchstellen eines weißen Metalls. Aber es war ein Metall, das einen überraschte durch seine Leichtigkeit. In den breiten, fortlaufenden Straßen zogen viele Leute durcheinander, fast ohne die Wagen zu fürchten, die selten waren. Es mußte ein Sonntag sein. Die Turmaufsätze von Saint-Sulpice zeigten sich heiter und unerwartet hoch in der Windstille, und durch die schmalen, beinah römischen Gassen sah man unwillkürlich hinaus in die Jahreszeit. Im Garten und davor war so viel Bewegung von Menschen, daß ich ihn nicht gleich sah. Oder erkannte ich ihn zuerst nicht zwischen der Menge durch?

Ich wußte sofort, daß meine Vorstellung wertlos war. Die durch keine Vorsicht oder Verstellung eingeschränkte Hingegebenheit seines Elends übertraf meine Mittel. Ich hatte weder den Neigungswinkel seiner Haltung begriffen gehabt noch das Entsetzen, mit dem die Innenseite seiner Lider ihn fortwährend zu erfüllen schien. Ich hatte nie an seinen Mund gedacht, der eingezogen war wie die Öffnung eines Ablaufs. Möglicherweise hatte er Erinnerungen; jetzt aber kam nie mehr etwas zu seiner Seele hinzu als täglich das amorphe Gefühl des Steinrands hinter ihm, an dem seine Hand sich abnutzte. Ich war stehngeblieben, und während ich das alles fast gleichzeitig sah, fühlte ich, daß er einen anderen Hut hatte und eine ohne Zweifel sonntägliche Halsbinde; sie war schräg in gelben und violetten Vierecken gemustert, und was den Hut angeht, so war es ein billiger neuer Strohhut mit einem grünen Band. Es liegt natürlich nichts an diesen Farben, und es ist kleinlich, daß ich sie behalten habe. Ich will nur sagen, daß sie an ihm waren wie das Weicheste auf eines Vogels Unterseite. Er selbst hatte keine Lust daran, und wer von allen (ich sah mich um) durfte meinen, dieser Staat wäre um seinetwillen?

Mein Gott, fiel es mir mit Ungestüm ein, so *bist* du also. Es giebt Beweise für deine Existenz. Ich habe sie alle vergessen und habe keinen je verlangt, denn welche ungeheuere Verpflichtung läge in deiner Gewißheit. Und doch, nun wird mirs gezeigt. Dieses ist dein Geschmack, hier hast du Wohlgefallen. Daß wir doch lernten, vor allem aushalten und nicht urteilen. Welche sind die schweren Dinge? Welche die gnädigen? Du allein weißt es.

Wenn es wieder Winter wird und ich muß einen neuen Mantel haben, – gieb mir, daß ich ihn *so* trage, solang er neu ist.

Es ist nicht, daß ich mich von ihnen unterscheiden will, wenn ich in besseren, von Anfang an meinigen Kleidern herumgehe und darauf halte, irgendwo zu wohnen. Ich bin nicht so weit. Ich habe nicht das Herz zu ihrem Leben. Wenn mir der Arm einginge, ich glaube, ich versteckte ihn. Sie aber (ich weiß nicht, wer sie sonst war), sie erschien jeden Tag vor den Terrassen der Caféhäuser, und obwohl es sehr schwer war für sie, den Mantel abzutun und sich aus dem unklaren Zeug und Unterzeug herauszuziehen, sie scheute der Mühe nicht und tat ab und zog aus so lange, daß mans kaum mehr erwarten konnte. Und dann stand sie vor uns, bescheiden, mit ihrem dürren, verkümmerten Stück, und man sah, daß es rar war.

Nein, es ist nicht, daß ich mich von ihnen unterscheiden will; aber ich überhübe mich, wollte ich ihnen gleich sein. Ich bin es nicht. Ich hätte weder ihre Stärke noch ihr Maß. Ich ernähre mich, und so bin ich von Mahlzeit zu Mahlzeit, völlig geheimnislos; sie aber erhalten sich fast wie Ewige. Sie stehen an ihren täglichen Ecken, auch im November, und schreien nicht vor Winter. Der Nebel kommt und macht sie undeutlich und ungewiß: sie sind gleichwohl. Ich war verreist, ich war krank, vieles ist mir vergangen: sie aber sind nicht gestorben.

*(Ich weiß ja nicht einmal, wie es möglich ist, daß die Schulkinder aufstehn in den Kammern voll grauriechender Kälte; wer sie bestärkt, die überstürzten Skelettchen, daß sie hinauslaufen in die erwachsene Stadt, in die trübe Neige der Nacht, in den ewigen Schultag, immer noch klein, immer voll Vorgefühl, immer verspätet. Ich habe keine Vorstellung von der Menge Beistand, die fortwährend verbraucht wird.)

* Im Manuskript an den Rand geschrieben.

Diese Stadt ist voll von solchen, die langsam zu ihnen hinabgleiten. Die meisten sträuben sich erst; aber dann giebt es diese verblichenen, alternden Mädchen, die sich fortwährend ohne Widerstand hinüberlassen, starke, im Innersten ungebrauchte, die nie geliebt worden sind.

Vielleicht meinst du, mein Gott, daß ich alles lassen soll und sie lieben. Oder warum wird es mir so schwer, ihnen nicht nachzugehen, wenn sie mich überholen? Warum erfind ich auf einmal die süßesten, nächtlichsten Worte, und meine Stimme steht sanft in mir zwischen Kehle und Herz. Warum stell ich mir vor, wie ich sie unsäglich vorsichtig an meinen Atem halten würde, diese Puppen, mit denen das Leben gespielt hat, ihnen Frühling um Frühling für nichts und wieder nichts die Arme auseinanderschlagend bis sie locker wurden in den Schultern. Sie sind nie sehr hoch von einer Hoffnung gefallen, so sind sie nicht zerbrochen; aber abgeschlagen sind sie und schon dem Leben zu schlecht. Nur verlorene Katzen kommen abends zu ihnen in die Kammer und zerkratzen sie heimlich und schlafen auf ihnen. Manchmal folge ich einer zwei Gassen weit. Sie gehen an den Häusern hin, fortwährend kommen Menschen, die sie verdecken, sie schwinden hinter ihnen weiter wie nichts.

Und doch, ich weiß, wenn einer nun versuchte, sie liebzuhaben, so wären sie schwer an ihm wie Zuweitgegangene, die aufhören zu gehn. Ich glaube, nur Jesus ertrüge sie, der noch das Auferstehen in allen Gliedern hat; aber ihm liegt nichts an ihnen. Nur die Liebenden verführen ihn, nicht die, die warten mit einem kleinen Talent zur Geliebten wie mit einer kalten Lampe.

Ich weiß, wenn ich zum Äußersten bestimmt bin, so wird es mir nichts helfen, daß ich mich verstelle in meinen besseren

Kleidern. Glitt er nicht mitten im Königtum unter die Letzten? Er, der statt aufzusteigen hinabsank bis auf den Grund. Es ist wahr, ich habe zuzeiten an die anderen Könige geglaubt, obwohl die Parke nichts mehr beweisen. Aber es ist Nacht, es ist Winter, ich friere, ich glaube an ihn. Denn die Herrlichkeit ist nur ein Augenblick, und wir haben nie etwas Längeres gesehen als das Elend. Der König aber soll dauern.

Ist nicht dieser der Einzige, der sich erhielt unter seinem Wahnsinn wie Wachsblumen unter einem Glassturz? Für die anderen beteten sie in den Kirchen um langes Leben, von ihm aber verlangte der Kanzler Jean Charlier Gerson, daß er ewig sei, und das war damals, als er schon der Dürftigste war, schlecht und von schierer Armut trotz seiner Krone.

Das war damals, als von Zeit zu Zeit Männer fremdlings, mit geschwärztem Gesicht, ihn in seinem Bette überfielen, um ihm das in die Schwären hineingefaulte Hemde abzureißen, das er schon längst für sich selber hielt. Es war verdunkelt im Zimmer, und sie zerrten unter seinen steifen Armen die mürben Fetzen weg, wie sie sie griffen. Dann leuchtete einer vor, und da erst entdeckten sie die jäsige Wunde auf seiner Brust, in die das eiserne Amulett eingesunken war, weil er es jede Nacht an sich preßte mit aller Kraft seiner Inbrunst; nun stand es tief in ihm, fürchterlich kostbar, in einem Perlensaum von Eiter wie ein wundertuender Rest in der Mulde eines Reliquärs. Man hatte harte Handlanger ausgesucht, aber sie waren nicht ekelfest, wenn die Würmer, gestört, nach ihnen herüberstanden aus dem flandrischen Barchent und, aus den Falten abgefallen, sich irgendwo an ihren Ärmeln aufzogen. Es war ohne Zweifel schlimmer geworden mit ihm seit den Tagen der parva regina; denn sie hatte doch noch bei ihm liegen mögen, jung und klar wie sie war. Dann war sie gestorben. Und nun hatte keiner mehr gewagt, eine Beischläferin an dieses Aas anzubetten. Sie hatte die Worte und Zärtlichkeiten nicht hinterlassen, mit denen der König zu mildern war. So drang niemand mehr durch dieses Geistes Verwilderung; niemand half ihm aus den Schluchten seiner Seele; niemand begriff es, wenn er selbst plötzlich heraustrat mit dem runden Blick eines Tiers, das auf die Weide geht. Wenn er dann das beschäftigte Gesicht Juvenals erkannte, so fiel ihm das Reich ein, wie es zuletzt gewesen war. Und er wollte nachholen, was er versäumt hatte.

Aber es lag an den Ereignissen jener Zeitläufe, daß sie nicht schonend beizubringen waren. Wo etwas geschah, da geschah es mit seiner ganzen Schwere, und war wie aus einem Stück, wenn man es sagte. Oder was war davon abzuziehen, daß sein Bruder ermordet war, daß gestern Valentina Visconti, die er immer seine liebe Schwester nannte, vor ihm gekniet hatte, lauter Witwenschwarz weghebend von des entstellten Antlitzes Klage und Anklage? Und heute stand stundenlang ein zäher, rediger Anwalt da und bewies das Recht des fürstlichen Mordgebers, solange bis das Verbrechen durchscheinend wurde und als wollte es licht in den Himmel fahren. Und gerecht sein hieß, allen recht geben; denn Valentina von Orléans starb Kummers, obwohl man ihr Rache versprach. Und was half es, dem burgundischen Herzog zu verzeihen und wieder zu verzeihen; über den war die finstere Brunst der Verzweiflung gekommen, so daß er schon seit Wochen tief im Walde von Argilly wohnte in einem Zelt und behauptete, nachts die Hirsche schreien hören zu müssen zu seiner Erleichterung.

Wenn man dann das alles bedacht hatte, immer wieder bis ans Ende, kurz wie es war, so begehrte das Volk einen zu sehen, und es sah einen: ratlos. Aber das Volk freute sich des Anblicks; es begriff, daß dies der König sei: dieser Stille, dieser Geduldige, der nur da war, um es zuzulassen, daß Gott über ihn weg handelte in seiner späten Ungeduld. In diesen aufgeklärten Augenblicken auf dem Balkon seines Hotels von Saint-Pol ahnte der König vielleicht seinen heimlichen Fortschritt; der Tag von Roosbecke fiel ihm ein, als sein Oheim von Berry ihn an der Hand genommen hatte, um ihn hinzuführen vor seinen ersten fertigen Sieg; da überschaute er in dem merkwürdig langhellen Novembertag die Massen der Genter, so wie sie sich erwürgt hatten mit ihrer eigenen Enge, da man gegen sie angeritten war von allen Seiten. Ineinandergewunden wie ein ungeheueres Gehirn, lagen sie da in den Haufen, zu denen sie sich selber zusammengebunden hatten, um dicht zu sein. Die Luft ging einem weg, wenn man da und dort ihre erstickten Gesichter sah; man konnte es nicht lassen, sich vorzustellen, daß sie weit über diesen vor Gedränge noch stehenden Leichen verdrängt worden sei durch den plötzlichen Austritt so vieler verzweifelter Seelen.

Dies hatte man ihm eingeprägt als den Anfang seines Ruhms. Und er hatte es behalten. Aber, wenn das damals der Triumph des Todes war, so war dieses, daß er hier stand auf seinen schwachen Knien, aufrecht in allen diesen Augen: das Mysterium der Liebe. An den anderen hatte er gesehen, daß man jenes Schlachtfeld begreifen konnte, so ungeheuer es war. Dies hier wollte nicht begriffen sein; es war genau so wunderbar wie einst der Hirsch mit dem goldenen Halsband im Wald von Senlis. Nur daß er jetzt selber die Erscheinung war, und andere waren versunken in Anschauen. Und er zweifelte nicht, daß sie atemlos waren und von derselben weiten Erwartung, wie sie einmal ihn an jenem jünglinglichen Jagdtag überfiel, als das stille Gesicht, äugend, aus den Zweigen trat. Das Geheimnis seiner Sichtbarkeit verbreitete sich über seine sanfte Gestalt; er rührte sich nicht, aus Scheu, zu vergehen, das dünne Lächeln auf seinem breiten, einfachen Gesicht nahm eine natürliche Dauer an wie bei steinernen Heiligen und bemühte ihn nicht. So hielt er sich hin, und es war einer jener Augenblicke, die die Ewigkeit sind, in Verkürzung gesehen. Die Menge ertrug es kaum. Gestärkt, von unerschöpflich vermehrter Tröstung gespeist, durchbrach sie die Stille mit dem Aufschrei der Freude. Aber oben auf dem Balkon war nur noch Juvenal des Ursins, und er rief in die nächste Beruhigung hinein, daß der König rue Saint-Denis kommen würde zu der Passionsbrüderschaft, die Mysterien sehen.

Zu solchen Tagen war der König voll milden Bewußtseins. Hätte ein Maler jener Zeit einen Anhalt gesucht für das Dasein im Paradiese, er hätte kein vollkommeneres Vorbild finden können als des Königs gestillte Figur, wie sie in einem der hohen Fenster des Louvre stand unter dem Sturz ihrer Schultern. Er blätterte in dem kleinen Buch der Christine de Pisan, das »Der Weg des langen Lernens« heißt und das ihm gewidmet war. Er las nicht die gelehrten Streitreden jenes allegorischen Parlaments, das sich vorgesetzt hatte, den Fürsten ausfindig zu machen, der würdig sei, über die Welt zu herrschen. Das Buch schlug sich ihm immer an den einfachsten Stellen auf: wo von dem Herzen die Rede war, das dreizehn Jahre lang wie ein Kolben über dem Schmerzfeuer nur dazu gedient hatte, das Wasser der Bitternis für die Augen zu destillieren; er begriff; daß die wahre Konsolation erst begann, wenn das Glück vergangen genug und für immer vorüber war. Nichts war ihm näher, als dieser Trost. Und während sein Blick scheinbar die Brücke drüben umfaßte, liebte er es, durch dieses von der starken Cumäa zu großen Wegen ergriffene Herz die Welt zu sehen, die damalige: die gewagten Meere, fremdtürmige Städte, zugehalten vom Andruck der Weiten; der gesammelten Gebirge ekstatische Einsamkeit und die in fürchtigem Zweifel erforschten Himmel, die sich erst schlossen wie eines Saugkindes Hirnschale.

Aber wenn jemand eintrat, so erschrak er, und langsam beschlug sich sein Geist. Er gab zu, daß man ihn vom Fenster fortführte und ihn beschäftigte. Sie hatten ihm die Gewohnheit beigebracht, stundenlang über Abbildungen zu verweilen, und er war es zufrieden, nur kränkte es ihn, daß man im Blättern niemals mehrere Bilder vor sich behielt und daß sie in den Folianten festsaßen, so daß man sie nicht untereinander bewegen konnte. Da hatte sich jemand eines Spiels Karten erinnert, das völlig in Vergessenheit geraten war, und der König nahm den in Gunst, der es ihm brachte; so sehr waren diese Kartons nach seinem Herzen, die bunt waren und einzeln beweglich und voller Figur. Und während das Kartenspielen unter den Hofleuten in Mode kam, saß der König in seiner Bibliothek und spielte allein. Genau wie er nun zwei Könige nebeneinander aufschlug, so hatte Gott neulich ihn und den Kaiser Wenzel zusammengetan; manchmal starb eine Königin, dann legte er ein Herz-Aß auf sie, das war wie ein Grabstein. Es wunderte ihn nicht, daß es in diesem Spiel mehrere Päpste gab; er richtete Rom ein drüben am Rande des Tisches, und hier, unter seiner Rechten, war Avignon. Rom war ihm gleichgültig, er stellte es sich aus irgendeinem Grunde rund vor und bestand nicht weiter darauf. Aber Avignon kannte er. Und kaum dachte er es, so wiederholte seine Erinnerung den hohen hermetischen Palast und überanstrengte sich. Er schloß die Augen und mußte tief Atem holen. Er fürchtete bös zu träumen nächste Nacht.

Im ganzen aber war es wirklich eine beruhigende Beschäftigung, und sie hatten recht, ihn immer wieder darauf zu bringen. Solche Stunden befestigten ihn in der Ansicht, daß er der König sei, König Karl der Sechste. Das will nicht sagen, daß er sich übertrieb; weit von ihm war die Meinung, mehr zu sein als so ein Blatt, aber die Gewißheit bestärkte sich in ihm, daß auch er eine bestimmte Karte sei, vielleicht eine schlechte, eine zornig ausgespielte, die immer verlor: aber immer die gleiche: aber nie eine andere. Und doch, wenn eine Woche so hingegangen war in gleichmäßiger Selbstbestätigung, so wurde ihm enge in ihm. Die Haut spannte ihm um die Stirn und im Nacken, als empfände er auf einmal seinen zu deutlichen Kontur. Niemand wußte, welcher Versuchung er nachgab, wenn er dann nach den Mysterien fragte und nicht erwarten konnte, daß sie begannen. Und war es einmal so weit, so wohnte er mehr rue Saint-Denis als in seinem Hôtel von Saint-Pol.

Es war das Verhängnisvolle dieser dargestellten Gedichte, daß sie sich immerfort ergänzten und erweiterten und zu Zehntausenden von Versen anwuchsen, so daß die Zeit in ihnen schließlich die wirkliche war; etwa so, als machte man einen Globus im Maßstab der Erde. Die hohle Estrade, unter der die Hölle war und über der, an einen Pfeiler angebaut, das geländerlose Gerüst eines Balkons das Niveau des Paradieses bedeutete, trug nur noch dazu bei, die Täuschung zu verringern. Denn dieses Jahrhundert hatte in der Tat Himmel und Hölle irdisch gemacht: es lebte aus den Kräften beider, um sich zu überstehen.

Es waren die Tage jener avignonesischen Christenheit, die sich vor einem Menschenalter um Johann den Zweiundzwanzigsten zusammengezogen hatte, mit so viel unwillkürlicher Zuflucht, daß an dem Platze seines Pontifikats, gleich nach ihm, die Masse dieses Palastes entstanden war, verschlossen und schwer wie ein äußerster Notleib für die wohnlose Seele aller. Er selbst aber, der kleine, leichte, geistige Greis, wohnte noch im Offenen. Während er, kaum angekommen, ohne Aufschub, nach allen Seiten hin rasch und knapp zu handeln begann, standen die Schüsseln mit Gift gewürzt auf seiner Tafel; der erste Becher mußte immer weggeschüttet werden, denn das Stück Einhorn war mißfarbig, wenn es der Mundkämmerer daraus zurückzog. Ratlos, nicht wissend, wo er sie verbergen sollte, trug der Siebzigjährige die Wachsbildnisse herum, die man von ihm gemacht hatte, um ihn darin zu verderben; und er ritzte sich an den langen Nadeln, mit denen sie durchstochen waren. Man konnte sie einschmelzen. Doch so hatte er sich schon an diesen heimlichen Simulakern entsetzt, daß er, gegen seinen starken Willen, mehrmals den Gedanken formte, er könnte sich selbst damit tödlich sein und hinschwinden wie das Wachs am Feuer. Sein verminderter Körper wurde nur noch trockener vom Grausen und dauerhafter. Aber nun wagte man sich an den Körper seines Reichs; von Granada aus waren die Juden angestiftet worden, alle Christlichen zu vertilgen, und diesmal hatten sie sich furchtbarere Vollzieher erkauft. Niemand zweifelte, gleich auf die ersten Gerüchte hin, an dem Anschlag der Leprosen; schon hatten einzelne gesehen, wie sie Bündel ihrer schrecklichen Zersetzung in die Brunnen warfen. Es war nicht Leichtgläubigkeit, daß man dies sofort für möglich hielt; der Glaube, im Gegenteil, war so schwer geworden, daß er den Zitternden entsank und bis auf den Grund der Brunnen fiel. Und wieder hatte der eitrige Greis Gift abzuhalten vom Blute. Zur Zeit seiner abergläubischen Anwandlungen hatte er sich und seiner Umgebung das Angelus verschrieben gegen die Dämonen der Dämmerung; und nun läutete man auf der ganzen erregten

Welt jeden Abend dieses kalmierende Gebet. Sonst aber glichen alle Bullen und Briefe, die von ihm ausgingen, mehr einem Gewürzwein als einer Tisane. Das Kaisertum hatte sich nicht in seine Behandlung gestellt, aber er ermüdete nicht, es mit Beweisen seines Krankseins zu überhäufen; und schon wandte man sich aus dem fernsten Osten an diesen herrischen Arzt.

Aber da geschah das Unglaubliche. Am Allerheiligentag hatte er gepredigt, länger, wärmer als sonst; in einem plötzlichen Bedürfnis, wie um ihn selbst wiederzusehen, hatte er seinen Glauben gezeigt; aus dem fünfundachtzigjährigen Tabernakel hatte er ihn mit aller Kraft langsam herausgehoben und auf der Kanzel ausgestellt: und da schrien sie ihn an. Ganz Europa schrie: dieser Glaube war schlecht.

Damals verschwand der Papst. Tagelang ging keine Aktion von ihm aus, er lag in seinem Betzimmer auf den Knien und erforschte das Geheimnis der Handelnden, die Schaden nehmen an ihrer Seele. Endlich erschien er, erschöpft von der schweren Einkehr, und widerrief. Er widerrief einmal über das andere. Es wurde die senile Leidenschaft seines Geistes, zu widerrufen. Es konnte geschehen, daß er nachts die Kardinäle wecken ließ, um mit ihnen von seiner Reue zu reden. Und vielleicht war das, was sein Leben über die Maßen hinhielt, schließlich nur die Hoffnung, sich auch noch vor Napoleon Orsini zu demütigen, der ihn haßte und der nicht kommen wollte.

Jakob von Cahors hatte widerrufen. Und man könnte meinen, Gott selber hätte seine Irrung erweisen wollen, da er so bald hernach jenen Sohn des Grafen von Ligny aufkommen ließ, der seine Mündigkeit auf Erden nur abzuwarten schien, um des Himmels seelische Sinnlichkeiten mannbar anzutreten. Es lebten viele, die sich dieses klaren Knaben in seinem Kardinalat erinnerten, und wie er am Eingang seiner Jünglingschaft Bischof geworden und mit kaum achtzehn Jahren in einer Ekstase seiner Vollendung gestorben war. Man begegnete Totgewesenen: denn die Luft an seinem Grabe, in der, frei geworden, pures Leben lag, wirkte lange noch auf die Leichname. Aber war nicht etwas Verzweifeltes selbst in dieser frühreifen Heiligkeit? War es nicht ein Unrecht an allen, daß das reine Gewebe dieser Seele nur eben durchgezogen worden war, als handelte es sich nur darum, es in der garen Scharlachküpe der Zeit leuchtend zu färben? Empfand man nicht etwas wie einen Gegenstoß, da dieser junge Prinz von der Erde absprang in seine leidenschaftliche Himmelfahrt? Warum verweilten die Leuchtenden nicht unter den mühsamen Lichtziehern? War es nicht diese Finsternis, die Johann den Zweiundzwanzigsten dahin gebracht hatte, zu behaupten, daß es *vor* dem jüngsten Gericht keine ganze Seligkeit gäbe, nirgends, auch unter den Seligen nicht? Und in der Tat, wieviel rechthaberische Verbissenheit gehörte dazu, sich vorzustellen, daß, während hier so dichte Wirrsal geschah, irgendwo Gesichter schon im Scheine Gottes lagen, an Engel zurückgelehnt und gestillt durch die unausschöpfliche Aussicht auf ihn.

Da sitze ich in der kalten Nacht und schreibe und weiß das alles. Ich weiß es vielleicht, weil mir jener Mann begegnet ist, damals als ich klein war. Er war sehr groß, ich glaube sogar, daß er auffallen mußte durch seine Größe.

So unwahrscheinlich es ist, es war mir irgendwie gelungen, gegen Abend allein aus dem Haus zu kommen; ich lief, ich bog um eine Ecke, und in demselben Augenblick stieß ich gegen ihn. Ich begreife nicht, wie das, was jetzt geschah, sich in etwa fünf Sekunden abspielen konnte. So dicht man es auch erzählt, es dauert viel länger. Ich hatte mir weh getan im Anlauf an ihn; ich war klein, es schien mir schon viel, daß ich nicht weinte, auch erwartete ich unwillkürlich, getröstet zu sein. Da er das nicht tat, hielt ich ihn für verlegen; es fiel ihm, vermutete ich, der richtige Scherz nicht ein, in dem diese Sache aufzulösen war. Ich war schon vergnügt genug, ihm dabei zu helfen, aber dazu war es nötig, ihm ins Gesicht zu sehen. Ich habe gesagt, daß er groß war. Nun hatte er sich nicht, wie es doch natürlich gewesen wäre, über mich gebeugt, so daß er sich in einer Höhe befand, auf die ich nicht vorbereitet war. Immer noch war vor mir nichts als der Geruch und die eigentümliche Härte seines Anzugs, die ich gefühlt hatte. Plötzlich kam sein Gesicht. Wie es war? Ich weiß es nicht, ich will es nicht wissen. Es war das Gesicht eines Feindes. Und neben diesem Gesicht, dicht nebenan, in der Höhe der schrecklichen Augen, stand, wie ein zweiter Kopf, seine Faust. Ehe ich noch Zeit hatte, mein Gesicht wegzusenken, lief ich schon; ich wich links an ihm vorbei und lief geradeaus eine leere, furchtbare Gasse hinunter, die Gasse einer fremden Stadt, einer Stadt, in der nichts vergeben wird.

Damals erlebte ich, was ich jetzt begreife: jene schwere, massive, verzweifelte Zeit. Die Zeit, in der der Kuß zweier, die sich versöhnten, nur das Zeichen für die Mörder war, die herumstanden. Sie tranken aus demselben Becher, sie bestiegen vor aller Augen das gleiche Reitpferd, und es wurde verbreitet, daß sie die Nacht in einem Bette schlafen würden: und über allen diesen Berührungen wurde ihr Widerwillen aneinander so dringend, daß, sooft einer die schlagenden Adern des andern sah, ein krankhafter Ekel ihn bäumte, wie beim Anblick einer Kröte. Die Zeit, in der ein Bruder den Bruder um dessen größeren Erbteils willen überfiel und gefangenhielt; zwar trat der König für den Mißhandelten ein und erreichte ihm Freiheit und Eigentum; in anderen fernen Schicksalen beschäftigt, gestand ihm der Ältere Ruhe zu und bereute in Briefen sein Unrecht. Aber über alledem kam der Befreite nichtmehr zur Fassung. Das Jahrhundert zeigt ihn im Pilgerkleid von Kirche zu Kirche ziehen, immer wunderlichere Gelübde erfindend. Mit Amuletten behangen, flüstert er den Mönchen von Saint-Denis seine Befürchtungen zu, und in ihren Registern stand lange die hundertpfündige Wachskerze verzeichnet, die er für gut hielt, dem heiligen Ludwig zu weihen. Zu seinem eigenen Leben kam es nicht; bis an sein Ende fühlte er seines Bruders Neid und Zorn in verzerrter Konstellation über seinem Herzen. Und jener Graf von Foix, Gaston Phöbus, der in aller Bewunderung war, hatte er nicht seinen Vetter Ernault, des englischen Königs Hauptmann zu Lourdes, offen getötet? Und was war dieser deutliche Mord gegen den grauenvollen Zufall, daß er das kleine scharfe Nagelmesser nicht fortgelegt hatte, als er mit seiner berühmt schönen Hand in zuckendem Vorwurf den bloßen Hals seines liegenden Sohnes streifte? Die Stube war dunkel, man mußte leuchten, um das Blut zu sehen, das so weit herkam und nun für immer ein köstliches Geschlecht verließ, da es heimlich aus der winzigen Wunde dieses erschöpften Knaben austrat.

Wer konnte stark sein und sich des Mordes enthalten? Wer in dieser Zeit wußte nicht, daß das Äußerste unvermeidlich war? Da und dort über einen, dessen Blick untertags dem kostenden Blick seines Mörders begegnet war, kam ein seltsames Vorgefühl. Er zog sich zurück, er schloß sich ein, er schrieb das Ende seines Willens und verordnete zum Schluß die Trage aus Weidengeflecht, die Cölestinerkutte und Aschenstreu. Fremde Minstrel erschienen vor seinem

Schloß, und er beschenkte sie fürstlich für ihre Stimme, die mit seinen vagen Ahnungen einig war. Im Aufblick der Hunde war Zweifel, und sie wurden weniger sicher in ihrer Aufwartung. Aus der Devise, die das ganze Leben lang gegolten hatte, trat leise ein neuer, offener Nebensinn. Manche lange Gewohnheit kam einem veraltet vor, aber es war, als bildete sich kein Ersatz mehr für sie. Stellten sich Pläne ein, so ging man im großen mit ihnen um, ohne wirklich an sie zu glauben; dagegen griffen gewisse Erinnerungen zu einer unerwarteten Endgültigkeit. Abends, am Feuerplatz, meinte man sich ihnen zu überlassen. Aber die Nacht draußen, die man nichtmehr kannte, wurde auf einmal ganz stark im Gehör. Das an so vielen freien oder gefährlichen Nächten erfahrene Ohr unterschied einzelne Stücke der Stille.

Und doch war es anders diesmal. Nicht die Nacht zwischen gestern und heute: eine Nacht. Nacht. Beau Sire Dieu, und dann die Auferstehung. Kaum daß in solche Stunden die Berühmung um eine Geliebte hineinreichte: sie waren alle verstellt in Tagliedern und Diengedichten; unbegreiflich geworden unter langen nachschleppenden Prunknamen. Höchstens, im Dunkel, wie das volle, frauige Aufschaun eines Bastardsohns.

Und dann, vor dem späten Nachtessen diese Nachdenklichkeit über die Hände in dem silbernen Waschbecken. Die eigenen Hände. Ob ein Zusammenhang in das Ihre zu bringen war? eine Folge, eine Fortsetzung im Greifen und Lassen? Nein. Alle versuchten das Teil und das Gegenteil. Alle hoben sich auf, Handlung war keine.

Es gab keine Handlung, außer bei den Missionsbrüdern. Der König, so wie er sie hatte sich gebärden sehn, erfand selbst den Freibrief für sie. Er redete sie seine lieben Brüder an; nie war ihm jemand so nahegegangen. Es wurde ihnen wörtlich bewilligt, in ihrer Bedeutung unter den Zeitlichen herumzugehen; denn der König wünschte nichts mehr, als daß sie viele anstecken sollten und hineinreißen in ihre starke Aktion, in der Ordnung war. Was ihn selbst betrifft, so sehnte er sich, von ihnen zu lernen. Trug er nicht, ganz wie sie, die Zeichen und Kleider eines Sinnes an sich? Wenn er ihnen zusah, so konnte er glauben, dies müßte sich erlernen lassen: zu kommen und zu gehen, auszusagen und sich abzubiegen, so daß kein Zweifel war. Ungeheuere Hoffnungen überzogen sein Herz. In diesem unruhig beleuchteten, merkwürdig unbestimmten Saal des Dreifaltigkeitshospitals saß er täglich an seinem besten Platz und stand auf vor Erregung und nahm sich zusamm wie ein Schüler. Andere weinten; er aber war innen voll glänzender Tränen und preßte nur die kalten Hände ineinander, um es zu ertragen. Manchmal im Äußersten, wenn ein abgesprochener Spieler plötzlich wegtrat aus seinem großen Blick, hob er das Gesicht und erschrak: seit wie lange schon war Er da: Monseigneur Sankt Michaël, oben, vorgetreten an den Rand des Gerüsts in seiner spiegelnden silbernen Rüstung.

In solchen Momenten richtete er sich auf. Er sah um sich wie vor einer Entscheidung. Er war ganz nahe daran, das Gegenstück zu dieser Handlung hier einzusehen: die große, bange, profane Passion, in der er spielte. Aber auf einmal war es vorbei. Alle bewegten sich ohne Sinn. Offene Fackeln kamen auf ihn zu, und in die Wölbung hinauf warfen sich formlose Schatten. Menschen, die er nicht kannte, zerrten an ihm. Er wollte spielen: aber aus seinem Mund kam nichts, seine Bewegungen ergaben keine Gebärde. Sie drängten sich so eigentümlich um ihn, es kam ihm die Idee, daß er das Kreuz tragen sollte. Und er wollte warten, daß sie es brächten. Aber sie waren stärker, und sie schoben ihn langsam hinaus.

Außen ist vieles anders geworden. Ich weiß nicht wie. Aber innen und vor Dir, mein Gott, innen vor Dir, Zuschauer: sind wir nicht ohne Handlung? Wir entdecken wohl, daß wir die Rolle nicht wissen, wir suchen einen Spiegel, wir möchten abschminken und das Falsche abnehmen und wirklich sein. Aber irgendwo haftet uns noch ein Stück Verkleidung an, das wir vergessen. Eine Spur Übertreibung bleibt in unseren Augenbrauen, wir merken nicht, daß unsere Mundwinkel verbogen sind. Und so gehen wir herum, ein Gespött und eine Hälfte: weder Seiende, noch Schauspieler.

Das war im Theater zu Orange. Ohne recht aufzusehen, nur im Bewußtsein des rustiken Bruchs, der jetzt seine Fassade ausmacht, war ich durch die kleine Glastür des Wächters eingetreten. Ich befand mich zwischen liegenden Säulenkörpern und kleinen Althaeabäumen, aber sie verdeckten mir nur einen Augenblick die offene Muschel des Zuschauerhangs, die dalag, geteilt von den Schatten des Nachmittags, wie eine riesige konkave Sonnenuhr. Ich ging rasch auf sie zu. Ich fühlte, zwischen den Sitzreihen aufsteigend, wie ich abnahm in dieser Umgebung. Oben, etwas höher, standen, schlecht verteilt, ein paar Fremde herum in müßiger Neugier; ihre Anzüge waren unangenehm deutlich, aber ihr Maßstab war nicht der Rede wert. Eine Weile faßten sie mich ins Auge und wunderten sich über meine Kleinheit. Das machte, daß ich mich umdrehte.

Oh, ich war völlig unvorbereitet. Es wurde gespielt. Ein immenses, ein übermenschliches Drama war im Gange, das Drama dieser gewaltigen Szenenwand, deren senkrechte Gliederung dreifach auftrat, dröhnend vor Größe, fast vernichtend und plötzlich maßvoll im Übermaß.

Ich ließ mich hin vor glücklicher Bestürzung. Dieses Ragende da mit der antlitzhaften Ordnung seiner Schatten, mit dem gesammelten Dunkel im Mund seiner Mitte, begrenzt, oben, von des Kranzgesimses gleichlockiger Haartracht: dies war die starke, alles verstellende antikische Maske, hinter der die Welt zum Gesicht zusammenschoß. Hier, in diesem großen, eingebogenen Sitzkreis herrschte ein wartendes, leeres, saugendes Dasein: alles Geschehen war drüben: Götter und Schicksal. Und von drüben kam (wenn man hoch aufsah) leicht, über den Wandgrat: der ewige Einzug der Himmel.

Diese Stunde, das begreife ich jetzt, schloß mich für immer aus von unseren Theatern. Was soll ich dort? Was soll ich vor einer Szene, in der diese Wand (die Ikonwand der russischen Kirchen) abgetragen wurde, weil man nichtmehr die Kraft hat, durch ihre Härte die Handlung durchzupressen, die gasförmige, die in vollen schweren Öltropfen austritt. Nun fallen die Stücke in Brocken durch das lochige Grobsieb der Bühnen und häufen sich an und werden weggeräumt, wenn es genug ist. Es ist dieselbe ungare Wirklichkeit, die auf den Straßen liegt und in den Häusern, nur daß mehr davon dort zusammenkommt, als sonst in einen Abend geht.

*(Laßt uns doch aufrichtig sein, wir haben kein Theater, so wenig wir einen Gott haben: dazu gehört Gemeinsamkeit. Jeder hat seine besonderen Einfälle und Befürchtungen, und er läßt den andern soviel davon sehen, als ihm nützt und paßt. Wir verdünnen fortwährend unser Verstehen, damit es reichen soll, statt zu schreien nach der Wand einer gemeinsamen Not, hinter der das Unbegreifliche Zeit hat, sich zu sammeln und anzuspannen.)

* Im Manuskript an den Rand geschrieben.

Hätten wir ein Theater, stündest du dann, du Tragische, immer wieder so schmal, so bar, so ohne Gestaltvorwand vor denen, die an deinem ausgestellten Schmerz ihre eilige Neugier vergnügen? Du sahst, unsäglich Rührende, das Wirklichsein deines Leidens voraus, in Verona damals, als du, fast noch ein Kind, theaterspielend, lauter Rosen vor dich hieltst wie eine maskige Vorderansicht, die dich gesteigert verbergen sollte.

Es ist wahr, du warst ein Schauspielerkind, und wenn die Deinen spielten, so wollten sie gesehen sein; aber du schlugst aus der Art. Dir sollte dieser Beruf werden, was für Marianna Alcoforado, ohne daß sie es ahnte, die Nonnenschaft war, eine Verkleidung, dicht und dauernd genug, um hinter ihr rückhaltlos elend zu sein, mit der Inständigkeit, mit der unsichtbare Selige selig sind. In allen Städten, wohin du kamst, beschrieben sie deine Gebärde; aber sie begriffen nicht, wie du, aussichtsloser von Tag zu Tag, immer wieder eine Dichtung vor dich hobst, ob sie dich berge. Du hieltest dein Haar, deine Hände, irgendein dichtes Ding vor die durchscheinenden Stellen. Du hauchtest die an, die durchsichtig waren; du machtest dich klein; du verstecktest dich, wie Kinder sich verstecken, und dann hattest du jenen kurzen, glücklichen Auflaut, und höchstens ein Engel hätte dich suchen dürfen. Aber, schautest du dann vorsichtig auf, so war kein Zweifel, daß sie dich die ganze Zeit gesehen hatten, alle in dem häßlichen, hohlen, äugigen Raum: dich, dich, dich und nichts anderes.

Und es kam dich an, ihnen den Arm verkürzt entgegenzustrecken mit dem Fingerzeichen gegen den bösen Blick. Es kam dich an, ihnen dein Gesicht zu entreißen, an dem sie zehrten. Es kam dich an, du selber zu sein. Deinen Mitspielern fiel der Mut; als hätte man sie mit einem Pantherweibchen zusammengesperrt, krochen sie an den Kulissen entlang und sprachen was fällig war, nur um dich nicht zu reizen. Du aber zogst sie hervor und stelltest sie hin und gingst mit ihnen um wie mit Wirklichen. Die schlappen Türen, die hingetäuschten Vorhänge, die Gegenstände ohne Hinterseite drängten dich zum Widerspruch. Du fühltest, wie dein Herz sich unaufhaltsam steigerte zu einer immensen Wirklichkeit und, erschrocken, versuchtest du noch einmal die Blicke von dir abzunehmen wie lange Fäden Altweibersommers –: Aber da brachen sie schon in Beifall aus in ihrer Angst vor dem Äußersten: wie um im letzten Moment etwas von sich abzuwenden, was sie zwingen würde, ihr Leben zu ändern.

Schlecht leben die Geliebten und in Gefahr. Ach, daß sie sich überstünden und Liebende würden. Um die Liebenden ist lauter Sicherheit. Niemand verdächtigt sie mehr, und sie selbst sind nicht imstande, sich zu verraten. In ihnen ist das Geheimnis heil geworden, sie schreien es im Ganzen aus wie Nachtigallen, es hat keine Teile. Sie klagen um einen; aber die ganze Natur stimmt in sie ein: es ist die Klage um einen Ewigen. Sie stürzen sich dem Verlorenen nach, aber schon mit den ersten Schritten überholen sie ihn, und vor ihnen ist nur noch Gott. Ihre Legende ist die der Byblis, die den Kaunos verfolgt bis nach Lykien hin. Ihres Herzens Andrang jagte sie durch die Länder auf seiner Spur, und schließlich war sie am Ende der Kraft; aber so stark war ihres Wesens Bewegtheit, daß sie, hinsinkend, jenseits vom Tod als Quelle wiedererschien, eilend, als eilende Quelle.

Was ist anderes der Portugiesin geschehen: als daß sie innen zur Quelle ward? Was dir, Heloïse? Was euch, Liebenden, deren Klagen auf uns gekommen sind: Gaspara Stampa; Gräfin von Die und Clara d'Anduze; Louise Labte, Marceline Desbordes, Elisa Mercœur? Aber du, arme flüchtige Aïssé, du zögertest schon und gabst nach. Müde Julie Lespinasse. Trostlose Sage des glücklichen Parks: Marie-Anne de Clermont.

Ich weiß noch genau, einmal, vorzeiten, zuhaus, fand ich ein Schmucketui; es war zwei Hände groß, fächerförmig mit einem eingepreßten Blumenrand im dunkelgrünen Saffian. Ich schlug es auf: es war leer. Das kann ich nun sagen nach so langer Zeit. Aber damals, da ich es geöffnet hatte, sah ich nur, woraus diese Leere bestand: aus Samt, aus einem kleinen Hügel lichten, nichtmehr frischen Samtes; aus der Schmuckrille, die, um eine Spur Wehmut heller, leer, darin verlief. Einen Augenblick war das auszuhalten. Aber vor denen, die als Geliebte zurückbleiben, ist es vielleicht immer so.

Blättert zurück in euren Tagebüchern. War da nicht immer um die Frühlinge eine Zeit, da das ausbrechende Jahr euch wie ein Vorwurf betraf? Es war Lust zum Frohsein in euch, und doch, wenn ihr hinaustratet in das geräumige Freie, so entstand draußen eine Befremdung in der Luft, und ihr wurdet unsicher im Weitergehen wie auf einem Schiffe. Der Garten fing an; ihr aber (das war es), ihr schlepptet Winter herein und voriges Jahr; für euch war es bestenfalls eine Fortsetzung. Während ihr wartetet, daß eure Seele teilnähme, empfandet ihr plötzlich eurer Glieder Gewicht, und etwas wie die Möglichkeit, krank zu werden, drang in euer offenes Vorgefühl. Ihr schobt es auf euer zu leichtes Kleid, ihr spanntet den Schal um die Schultern, ihr lieft die Allee bis zum Schluß: und dann standet ihr, herzklopfend, in dem weiten Rondell, entschlossen mit alledem einig zu sein. Aber ein Vogel klang und war allein und verleugnete euch. Ach, hättet ihr müssen gestorben sein?

Vielleicht. Vielleicht ist das neu, daß wir das überstehen:

das Jahr und die Liebe. Blüten und Früchte sind reif, wenn sie fallen; die Tiere fühlen sich und finden sich zueinander und sind es zufrieden. Wir aber, die wir uns Gott vorgenommen haben, wir können nicht fertig werden. Wir rücken unsere Natur hinaus, wir brauchen noch Zeit. Was ist uns ein Jahr? Was sind alle? Noch eh wir Gott angefangen haben, beten wir schon zu ihm: laß uns die Nacht überstehen. Und dann das Kranksein. Und dann die Liebe.

Daß Clémence de Bourges hat sterben müssen in ihrem Aufgang. Sie, die ohne gleichen war; unter den Instrumenten, die sie wie keine zu spielen verstand, das schönste, selber im mindesten Klang ihrer Stimme unvergeßlich gespielt. Ihr Mädchentum war von so hoher Entschlossenheit, daß eine flutende Liebende diesem aufkommenden Herzen das Buch Sonette zueignen konnte, darin jeder Vers ungestillt war. Louise Labbé fürchtete nicht, dieses Kind zu erschrecken mit der Leidenslänge der Liebe. Sie zeigte ihr das nächtliche Steigen der Sehnsucht; sie versprach ihr den Schmerz wie einen größeren Weltraum; und sie ahnte, daß sie mit ihrem erfahrenen Weh hinter dem dunkel erwarteten zurückblieb, von dem diese Jünglingin schön war.

Mädchen in meiner Heimat. Daß die schönste von euch im Sommer an einem Nachmittag in der verdunkelten Bibliothek sich das kleine Buch fände, das Jan des Tournes 1556 gedruckt hat. Daß sie den kühlenden, glatten Band mitnähme hinaus in den summenden Obstgarten oder hinüber zum Phlox, in dessen übersüßtem Duft ein Bodensatz schierer Süßigkeit steht. Daß sie es früh fände. In den Tagen, da ihre Augen anfangen, auf sich zu halten, während der jüngere Mund noch imstande ist, viel zu große Stücke von einem Apfel abzubeißen und voll zu sein.

Und wenn dann die Zeit der bewegteren Freundschaften kommt, Mädchen, daß es euer Geheimnis wäre, einander Dika zu rufen und Anaktoria, Gyrinno und Atthis. Daß einer, ein Nachbar vielleicht, ein älterer Mann, der in seiner Jugend gereist ist und längst als Sonderling gilt, euch diese Namen verriete. Daß er euch manchmal zu sich einlüde, um seiner berühmten Pfirsiche willen oder wegen der Ridingerstiche zur Equitation oben im weißen Gang, von denen so viel gesprochen wird, daß man sie müßte gesehen haben.

Vielleicht überredet ihr ihn zu erzählen. Vielleicht ist die unter euch, die ihn erbitten kann, die alten Reisetagebücher hervorzuholen, wer kann es wissen? Dieselbe, die es ihm eines Tags zu entlocken versteht, daß einzelne Gedichtstellen der Sappho auf uns gekommen sind, und die nicht ruht bis sie weiß, was fast ein Geheimnis ist: daß dieser zurückgezogene Mann es liebte, zuzeiten seine Muße an die Übertragung dieser Versstücke zu wenden. Er muß zugeben, daß er lange nichtmehr daran gedacht hat, und was da ist, versichert er, sei nicht der Rede wert. Aber nun freut es ihn doch, vor diesen arglosen Freundinnen, wenn sie sehr drängen, eine Strophe zu sagen. Er entdeckt sogar den griechischen Wortlaut in seinem Gedächtnis, er spricht ihn vor, weil die Übersetzung nichts giebt, seiner Meinung nach, und um dieser Jugend den schönen, echten Bruch der massiven Schmucksprache zu zeigen, die in so starken Flammen gebogen ward.

Über dem allen erwärmt er sich wieder für seine Arbeit. Es kommen schöne, fast jugendliche Abende für ihn, Herbstabende zum Beispiel, die sehr viel stille Nacht vor sich haben. In seinem Kabinett ist dann lange Licht. Er bleibt nicht immer über die Blätter gebeugt, er lehnt sich oft zurück, er schließt die Augen über einer wiedergelesenen Zeile, und ihr Sinn verteilt sich in seinem Blut. Nie war er der Antike so gewiß. Fast möchte er der Generationen lächeln, die sie beweint haben wie ein verlorenes Schauspiel, in dem sie gerne aufgetreten wären. Nun begreift er momentan die dynamische Bedeutung jener frühen Welteinheit, die etwas wie ein neues, gleichzeitiges Aufnehmen aller menschlichen Arbeit war. Es beirrt ihn nicht, daß jene konsequente Kultur mit ihren gewissermaßen vollzähligen Versichtbarungen für viele spätere Blicke ein Ganzes zu bilden schien und ein im Ganzen Vergangenes. Zwar ward dort wirklich des Lebens himmlische Hälfte an die halbrunde Schale des Daseins gepaßt, wie zwei volle Hemisphären zu einer heilen, goldenen Kugel zusammengehen. Doch dies war kaum geschehen, so empfanden die in ihr eingeschlossenen Geister diese restlose Verwirklichung nur noch als Gleichnis; das massive Gestirn verlor an Gewicht und stieg auf in den Raum, und in seiner goldenen Rundung spiegelte sich zurückhaltend die Traurigkeit dessen, was noch nicht zu bewältigen war.

Wie er dies denkt, der Einsame in seiner Nacht, denkt und einsieht, bemerkt er einen Teller mit Früchten auf der Fensterbank. Unwillkürlich greift er einen Apfel heraus und legt ihn vor sich auf den Tisch. Wie steht mein Leben herum um diese Frucht, denkt er. Um alles Fertige steigt das Ungetane und steigert sich.

Und da, über dem Ungetanen, ersteht ihm, fast zu schnell, die kleine, ins Unendliche hinaus gespannte Gestalt, die (nach Galiens Zeugnis) alle meinten, wenn sie sagten: die Dichterin. Denn wie hinter den Werken des Herakles Abbruch und Umbau der Welt verlangend aufstand, so drängten sich, gelebt zu werden, aus den Vorräten des Seins an die Taten ihres Herzens die Seligkeiten und Verzweiflungen heran, mit denen die Zeiten auskommen müssen.

Er kennt auf einmal dieses entschlossene Herz, das bereit war, die ganze Liebe zu leisten bis ans Ende. Es wundert ihn nicht, daß man es verkannte; daß man in dieser überaus künftigen Liebenden nur das Übermaß sah, nicht die neue Maßeinheit von Liebe und Herzleid. Daß man die Inschrift ihres Daseins auslegte wie sie damals gerade glaubhaft war, daß man ihr endlich den Tod derjenigen zuschrieb, die der Gott einzeln anreizt, aus sich hinauszulieben ohne Erwiderung. Vielleicht waren selbst unter den von ihr gebildeten Freundinnen solche, die es nicht begriffen: daß sie auf der Höhe ihres Handelns nicht um einen klagte, der ihre Umarmung offen ließ, sondern um den nichtmehr Möglichen, der ihrer Liebe gewachsen war.

Hier steht der Sinnende auf und tritt an sein Fenster, sein hohes Zimmer ist ihm zu nah, er möchte Sterne sehen, wenn es möglich ist. Er täuscht sich nicht über sich selbst. Er weiß, daß diese Bewegung ihn erfüllt, weil unter den jungen Mädchen aus der Nachbarschaft die eine ist, die ihn angeht. Er hat Wünsche (nicht für sich, nein, aber für sie); für sie versteht er in einer nächtlichen Stunde, die vorübergeht, den Anspruch der Liebe. Er verspricht sich, ihr nichts davon zu sagen. Es scheint ihm das Äußerste, allein zu sein und wach und um ihretwillen zu denken, wie sehr im Recht jene Liebende war: wenn sie wußte, daß mit der Vereinigung nichts gemeint sein kann, als ein Zuwachs an Einsamkeit; wenn sie den zeitlichen Zweck des Geschlechtes durchbrach mit seiner unendlichen Absicht. Wenn sie im Dunkel der Umarmungen nicht nach Stillung grub, sondern nach Sehnsucht. Wenn sie es verachtete, daß von Zweien einer der Liebende sei und einer Geliebter, und die schwachen Geliebten, die sie sich zum Lager trug, an sich zu Liebenden glühte, die sie verließen. An solchen hohen Abschieden wurde ihr Herz zur Natur. Über dem Schicksal sang sie den firnen Lieblinginnen ihr Brautlied; erhöhte ihnen die Hochzeit; übertrieb ihnen den nahen Gemahl, damit sie sich zusammennähmen für ihn wie für einen Gott und auch noch *seine* Herrlichkeit überstünden.

Einmal noch, Abelone, in den letzten Jahren fühlte ich dich und sah dich ein, unerwartet, nachdem ich lange nicht an dich gedacht hatte.

Das war in Venedig, im Herbst, in einem jener Salons, in denen Fremde sich vorübergehend um die Dame des Hauses versammeln, die fremd ist wie sie. Diese Leute stehen herum mit ihrer Tasse Tee und sind entzückt, sooft ein kundiger Nachbar sie kurz und verkappt nach der Tür dreht, um ihnen einen Namen zuzuflüstern, der venezianisch klingt. Sie sind auf die äußersten Namen gefaßt, nichts kann sie überraschen; denn so sparsam sie sonst auch im Erleben sein mögen, in dieser Stadt geben sie sich nonchalant den übertriebensten Möglichkeiten hin. In ihrem gewöhnlichen Dasein verwechseln sie beständig das Außerordentliche mit dem Verbotenen, so daß die Erwartung des Wunderbaren, die sie sich nun gestatten, als ein grober, ausschweifender Ausdruck in ihre Gesichter tritt. Was ihnen zu Hause nur momentan in Konzerten passiert oder wenn sie mit einem Roman allein sind, das tragen sie unter diesen schmeichelnden Verhältnissen als berechtigten Zustand zur Schau. Wie sie, ganz unvorbereitet, keine Gefahr begreifend, von den fast tödlichen Geständnissen der Musik sich anreizen lassen wie von körperlichen Indiskretionen, so überliefern sie sich, ohne die Existenz Venedigs im geringsten zu bewältigen, der lohnenden Ohnmacht der Gondeln. nichtmehr neue Eheleute, die während der ganzen Reise nur gehässige Repliken für einander hatten, versinken in schweigsame Verträglichkeit; über den Mann kommt die angenehme Müdigkeit seiner Ideale, während sie sich jung fühlt und den trägen Einheimischen aufmunternd zunickt mit einem Lächeln, als hatte sie Zähne aus Zucker, die sich beständig auflösen. Und hört man hin, so ergiebt es sich, daß sie morgen reisen oder übermorgen oder Ende der Woche.

Da stand ich nun zwischen ihnen und freute mich, daß ich nicht reiste. In kurzem würde es kalt sein. Das weiche, opiatische Venedig ihrer Vorurteile und Bedürfnisse verschwindet mit diesen somnolenten Ausländern, und eines Morgens ist das andere da, das wirkliche, wache, bis zum Zerspringen spröde, durchaus nicht erträumte: das mitten im Nichts auf versenkten Wäldern gewollte, erzwungene und endlich so durch und durch vorhandene Venedig. Der abgehärtete, auf das Nötigste beschränkte Körper, durch den das nachtwache Arsenal das Blut seiner Arbeit trieb, und dieses Körpers penetranter, sich fortwährend erweiternder Geist, der stärker war als der Duft aromatischer Länder. Der suggestive Staat, der das Salz und Glas seiner Armut austauschte gegen die Schätze der Völker. Das schöne Gegengewicht der Welt, das bis in seine Zierate hinein voll latenter Energien steht, die sich immer feiner vernervten –: dieses Venedig.

Das Bewußtsein, daß ich es kannte, überkam mich unter allen diesen sich täuschenden Leuten mit so viel Widerspruch, daß ich aufsah, um mich irgendwie mitzuteilen. War es denkbar, daß in diesen Sälen nicht einer war, der unwillkürlich darauf wartete, über das Wesen dieser Umgebung aufgeklärt zu sein? Ein junger Mensch, der es sofort begriff, daß hier nicht ein Genuß aufgeschlagen war, sondern ein Beispiel des Willens, wie es nirgends anfordernder und strenger sich finden ließ? Ich ging umher, meine Wahrheit beunruhigte mich. Da sie mich hier unter so vielen ergriffen hatte, brachte sie den Wunsch mit, ausgesprochen, verteidigt, bewiesen zu sein. Die groteske Vorstellung entstand in mir, wie ich im nächsten Augenblick in die Hände klatschen würde aus Haß gegen das von allen zerredete Mißverständnis.

In dieser lächerlichen Stimmung bemerkte ich sie. Sie stand allein vor einem strahlenden Fenster und betrachtete mich; nicht eigentlich mit den Augen, die ernst und nachdenklich waren, sondern geradezu mit dem Mund, der dem offenbar bösen Ausdruck meines Gesichtes ironisch nachahmte. Ich fühlte sofort die ungeduldige Spannung in meinen Zügen und nahm ein gelassenes Gesicht an, worauf ihr Mund natürlich wurde und hochmütig. Dann, nach kurzem Bedenken, lächelten wir einander gleichzeitig zu.

Sie erinnerte, wenn man will, an ein gewisses Jugendbildnis der schönen Benedicte von Qualen, die in Baggesens Leben eine Rolle spielt. Man konnte die dunkle Stille ihrer Augen nicht sehen ohne die klare Dunkelheit ihrer Stimme zu vermuten. Übrigens war die Flechtung ihres Haars und der Halsausschnitt ihres hellen Kleides so kopenhagisch, daß ich entschlossen war, sie dänisch anzureden.

Ich war aber noch nicht nahe genug, da schob sich von der andern Seite eine Strömung zu ihr hin; unsere gästeglückliche Gräfin selbst, in ihrer warmen, begeisterten Zerstreutheit, stürzte sich mit einer Menge Beistand über sie, um sie auf der Stelle zum Singen abzuführen. Ich war sicher, daß das junge Mädchen sich damit entschuldigen würde, daß niemand in der Gesellschaft Interesse haben könne, dänisch singen zu hören. Dies tat sie auch, sowie sie zu Worte kam. Das Gedränge um die lichte Gestalt herum wurde eifriger; jemand wußte, daß sie auch deutsch singe. »Und italienisch«, ergänzte eine lachende Stimme mit boshafter Überzeugung. Ich wußte keine Ausrede, die ich ihr hätte wünschen können, aber ich zweifelte nicht, daß sie widerstehen würde. Schon breitete sich eine trockene Gekränktheit über die vom langen Lächeln abgespannten Gesichter der Überredenden aus, schon trat die gute Gräfin, um sich nichts zu vergeben, mitleidig und würdig einen Schritt ab, da, als es durchaus nichtmehr nötig war, gab sie nach. Ich fühlte, wie ich blaß wurde vor Enttäuschung; mein Blick füllte sich mit Vorwurf, aber ich wandte mich weg, es lohnte nicht, sie das sehn zu lassen. Sie aber machte sich von den andern los und war auf einmal neben mir. Ihr Kleid schien mich an, der blumige Geruch ihrer Wärme stand um mich.

»Ich will wirklich singen«, sagte sie auf dänisch meine Wange entlang, »nicht weil sie's verlangen, nicht zum Schein: weil ich jetzt singen muß.«

Aus ihren Worten brach dieselbe böse Unduldsamkeit, von welcher sie mich eben befreit hatte.

Ich folgte langsam der Gruppe, mit der sie sich entfernte. Aber an einer hohen Tür blieb ich zurück und ließ die Menschen sich verschieben und ordnen. Ich lehnte mich an das schwarzspiegelnde Türinnere und wartete. Jemand fragte mich, was sich vorbereite, ob man singen werde. Ich gab vor, es nicht zu wissen. Während ich log, sang sie schon.

Ich konnte sie nicht sehen. Es wurde allmählich Raum um eines jener italienischen Lieder, die die Fremden für sehr echt halten, weil sie von so deutlicher Übereinkunft sind. Sie, die es sang, glaubte nicht daran. Sie hob es mit Mühe hinauf, sie nahm es viel zu schwer. An dem Beifall vorne konnte man merken, wann es zu Ende war. Ich war traurig und beschämt. Es entstand einige Bewegung, und ich nahm mir vor, sowie jemand gehen würde, mich anzuschließen.

Aber da wurde es mit einemmal still. Eine Stille ergab sich, die eben noch niemand für möglich gehalten hätte; sie dauerte an, sie spannte sich, und jetzt erhob sich in ihr die Stimme. (Abelone, dachte ich. Abelone.) Diesmal war sie stark, voll und doch nicht schwer; aus einem Stück, ohne Bruch, ohne Naht. Es war ein unbekanntes deutsches Lied. Sie sang es merkwürdig einfach, wie etwas Notwendiges. Sie sang:

»Du, der ichs nicht sage, daß ich bei Nacht
weinend liege,
deren Wesen mich müde macht
wie eine Wiege.
Du, die mir nicht sagt, wenn sie wacht
meinetwillen:
wie, wenn wir diese Pracht
ohne zu stillen in uns ertrügen?
(kurze Pause und zögernd):
Sieh dir die Liebenden an,
wenn erst das Bekennen begann,
wie bald sie lügen.«

Wieder die Stille. Gott weiß, wer sie machte. Dann rührten sich die Leute, stießen aneinander, entschuldigten sich, hüstelten. Schon wollten sie in ein allgemeines verwischendes Geräusch übergehen, da brach plötzlich die Stimme aus, entschlossen, breit und gedrängt:

»Du machst mich allein. Dich einzig kann ich
vertauschen.
Eine Weile bist dus, dann wieder ist es das Rauschen,
oder es ist ein Duft ohne Rest.

Ach, in den Armen hab ich sie alle verloren,
du nur, du wirst immer wieder geboren:
weil ich niemals dich anhielt, halt ich dich fest.«

Niemand hatte es erwartet. Alle standen gleichsam geduckt unter dieser Stimme. Und zum Schluß war eine solche Sicherheit in ihr, als ob sie seit Jahren gewußt hätte, daß sie in diesem Augenblick würde einzusetzen haben.

Manchmal früher fragte ich mich, warum Abelone die Kalorien ihres großartigen Gefühls nicht an Gott wandte. Ich weiß, sie sehnte sich, ihrer Liebe alles Transitive zu nehmen, aber konnte ihr wahrhaftiges Herz sich darüber täuschen, daß Gott nur eine Richtung der Liebe ist, kein Liebesgegenstand? Wußte sie nicht, daß keine Gegenliebe von ihm zu fürchten war? Kannte sie nicht die Zurückhaltung dieses überlegenen Geliebten, der die Lust ruhig hinausschiebt, um uns, Langsame, unser ganzes Herz leisten zu lassen? Oder wollte sie Christus vermeiden? Fürchtete sie, halben Wegs von ihm aufgehalten, an ihm zur Geliebten zu werden? Dachte sie deshalb ungern an Julie Reventlow?

Fast glaube ich es, wenn ich bedenke, wie an dieser Erleichterung Gottes eine so einfältige Liebende wie Mechthild, eine so hinreißende wie Therese von Avila, eine so wunde wie die Selige Rose von Lima, hinsinken konnte, nachgiebig, doch geliebt. Ach, der für die Schwachen ein Helfer war, ist diesen Starken ein Unrecht; wo sie schon nichts mehr erwarteten, als den unendlichen Weg, da tritt sie noch einmal im spannenden Vorhimmel ein Gestalteter an und verwöhnt sie mit Unterkunft und verwirrt sie mit Mannheit. Seines stark brechenden Herzens Linse nimmt noch einmal ihre schon parallelen Herzstrahlen zusamm, und sie, die die Engel schon ganz für Gott zu erhalten hofften, flammen auf in der Dürre ihrer Sehnsucht.

*(Geliebtsein heißt aufbrennen. Lieben ist: Leuchten mit unerschöpflichem Öle. Geliebtwerden ist vergehen, Lieben ist dauern.)

Es ist gleichwohl möglich, daß Abelone in späteren Jahren versucht hat, mit dem Herzen zu denken, um unauffällig und unmittelbar mit Gott in Beziehung zu kommen. Ich könnte mir vorstellen, daß es Briefe von ihr giebt, die an die aufmerksame innere Beschauung der Fürstin Amalie Galitzin erinnern; aber wenn diese Briefe an jemanden gerichtet waren, dem sie seit Jahren nahestand, wie mag der gelitten haben unter ihrer Veränderung. Und sie selbst: ich vermute, sie fürchtete nichts als jenes gespenstische Anderswerden, das man nicht merkt, weil man beständig alle Beweise dafür, wie das Fremdeste, aus den Händen läßt.

Man wird mich schwer davon überzeugen, daß die Geschichte des verlorenen Sohnes nicht die Legende dessen ist, der nicht geliebt werden wollte. Da er ein Kind war, liebten ihn alle im Hause. Er wuchs heran, er wußte es nicht anders und gewöhnte sich in ihre Herzweiche, da er ein Kind war.

Aber als Knabe wollte er seine Gewohnheiten ablegen. Er hätte es nicht sagen können, aber wenn er draußen herumstrich den ganzen Tag und nicht einmal mehr die Hunde mithaben wollte, so wars, weil auch sie ihn liebten; weil in ihren Blicken Beobachtung war und Teilnahme, Erwartung und Besorgtheit; weil man auch vor ihnen nichts tun konnte, ohne zu freuen oder zu kränken. Was er aber damals meinte, das war die innige Indifferenz seines Herzens, die ihn

* Im Manuskript an den Rand geschrieben.

manchmal früh in den Feldern mit solcher Reinheit ergriff, daß er zu laufen begann, um nicht Zeit und Atem zu haben, mehr zu sein als ein leichter Moment, in dem der Morgen zum Bewußtsein kommt.

Das Geheimnis seines noch nie gewesenen Lebens breitete sich vor ihm aus. Unwillkürlich verließ er den Fußpfad und lief weiter feldein, die Arme ausgestreckt, als könnte er in dieser Breite mehrere Richtungen auf einmal bewältigen. Und dann warf er sich irgendwo hinter eine Hecke, und niemand legte Wert auf ihn. Er schälte sich eine Flöte, er schleuderte einen Stein nach einem kleinen Raubtier, er neigte sich vor und zwang einen Käfer umzukehren: dies alles wurde kein Schicksal, und die Himmel gingen wie über Natur. Schließlich kam der Nachmittag mit lauter Einfällen; man war ein Bucanier auf der Insel Tortuga, und es lag keine Verpflichtung darin, es zu sein ; man belagerte Campêche, man eroberte Vera-Cruz; es war möglich, das ganze Heer zu sein oder ein Anführer zu Pferd oder ein Schiff auf dem Meer: je nachdem man sich fühlte. Fiel es einem aber ein, hinzuknien, so war man rasch Deodat von Gozon und hatte den Drachen erlegt und vernahm, ganz heiß, daß dieses Heldentum hoffährtig war, ohne Gehorsam. Denn man ersparte sich nichts, was zur Sache gehörte. Soviel Einbildungen sich aber auch einstellten, zwischendurch war immer noch Zeit, nichts als ein Vogel zu sein, ungewiß welcher. Nur daß der Heimweg dann kam.

Mein Gott, was war da alles abzulegen und zu vergessen; denn richtig vergessen, das war nötig; sonst verriet man sich, wenn sie drängten. Wie sehr man auch zögerte und sich umsah, schließlich kam doch der Giebel herauf. Das erste Fenster oben faßte einen ins Auge, es mochte wohl jemand dort stehen. Die Hunde, in denen die Erwartung den ganzen Tag angewachsen war, preschten durch die Büsche und trieben einen zusammen zu dem, den sie meinten. Und den Rest tat das Haus. Man mußte nur eintreten in seinen vollen Geruch, schon war das Meiste entschieden. Kleinigkeiten konnten sich noch ändern; im ganzen war man schon der, für den sie einen hier hielten; der, dem sie aus seiner kleinen Vergangenheit und ihren eigenen Wünschen längst ein Leben gemacht hatten; das gemeinsame Wesen; das Tag und Nacht unter der Suggestion ihrer Liebe stand, zwischen ihrer Hoffnung und ihrem Argwohn, vor ihrem Tadel oder Beifall.

So einem nützt es nichts, mit unsäglicher Vorsicht die Treppen zu steigen. Alle werden im Wohnzimmer sein, und die Türe muß nur gehn, so sehen sie hin. Er bleibt im Dunkel, er will ihre Fragen abwarten. Aber dann kommt das Ärgste. Sie nehmen ihn bei den Händen, sie ziehen ihn an den Tisch, und alle, soviel ihrer da sind, strecken sich neugierig vor die Lampe. Sie haben es gut, sie halten sich dunkel, und auf ihn allein fällt, mit dem Licht, alle Schande, ein Gesicht zu haben.

Wird er bleiben und das ungefähre Leben nachlügen, das sie ihm zuschreiben, und ihnen allen mit dem ganzen Gesicht ähnlich werden? Wird er sich teilen zwischen der zarten Wahrhaftigkeit seines Willens und dem plumpen Betrug, der sie ihm selber verdirbt? Wird er es aufgeben, das zu werden, was denen aus seiner Familie, die nur noch ein schwaches Herz haben, schaden könnte?

Nein, er wird fortgehen. Zum Beispiel während sie alle beschäftigt sind, ihm den Geburtstagstisch zu bestellen mit den schlecht erratenen Gegenständen, die wieder einmal alles ausgleichen sollen. Fortgehen für immer. Viel später erst wird ihm klar werden, wie sehr er sich damals vornahm, niemals zu lieben, um keinen in die entsetzliche Lage zu bringen, geliebt zu sein. Jahre hernach fällt es ihm ein und, wie andere Vorsätze, so ist auch dieser unmöglich gewesen. Denn er hat geliebt und wieder geliebt in seiner Einsamkeit; jedesmal mit Verschwendung seiner ganzen Natur und unter unsäglicher Angst um die Freiheit des andern. Langsam hat er gelernt, den geliebten Gegenstand mit den Strahlen seines Gefühls zu durchscheinen, statt ihn darin zu verzehren. Und er war verwöhnt von dem Entzücken, durch die immer transparentere Gestalt der Geliebten die Weiten zu erkennen, die sie seinem unendlichen Besitzenwollen auftat.

Wie konnte er dann nächtelang weinen vor Sehnsucht, selbst so durchleuchtet zu sein. Aber eine Geliebte, die nachgiebt, ist noch lang keine Liebende. O, trostlose Nächte, da er seine flutenden Gaben in Stücken wiederempfing, schwer von Vergänglichkeit. Wie gedachte er dann der Troubadours, die nichts mehr fürchteten als erhört zu sein. Alles erworbene und vermehrte Geld gab er dafür hin, dies nicht noch zu erfahren. Er kränkte sie mit seiner groben Bezahlung, von Tag zu Tag bang, sie könnten versuchen, auf seine Liebe einzugehen. Denn er hatte die Hoffnung nichtmehr, die Liebende zu erleben, die ihn durchbrach.

Selbst in der Zeit, da die Armut ihn täglich mit neuen Härten erschreckte, da sein Kopf das Lieblingsding des Elends war und ganz abgegriffen, da sich überall an seinem Leibe Geschwüre aufschlugen wie Notaugen gegen die Schwärze der Heimsuchung, da ihm graute vor dem Unrat, auf dem man ihn verlassen hatte, weil er seinesgleichen war: selbst da noch, wenn er sich besann, war es sein größestes Entsetzen, erwidert worden zu sein. Was waren alle Finsternisse seither gegen die dichte Traurigkeit jener Umarmungen, in denen sich alles verlor. Wachte man nicht auf mit dem Gefühl, ohne Zukunft zu sein? Ging man nicht sinnlos umher ohne Anrecht auf alle Gefahr? Hatte man nicht hundertmal versprechen müssen, nicht zu sterben? Vielleicht war es der Eigensinn dieser argen Erinnerung, die sich von Wiederkunft zu Wiederkunft eine Stelle erhalten wollte, was sein Leben unter den Abfällen währen ließ. Schließlich fand man ihn wieder. Und erst dann, erst in den Hirtenjahren, beruhigte sich seine viele Vergangenheit.

Wer beschreibt, was ihm damals geschah? Welcher Dichter hat die Überredung, seiner damaligen Tage Länge zu vertragen mit der Kürze des Lebens? Welche Kunst ist weit genug, zugleich seine schmale, vermantelte Gestalt hervorzurufen und den ganzen Überraum seiner riesigen Nächte.

Das war die Zeit, die damit begann, daß er sich allgemein und anonym fühlte wie ein zögernd Genesender. Er liebte nicht, es sei denn, daß er es liebte, zu sein. Die niedrige Liebe seiner Schafe lag ihm nicht an; wie Licht, das durch Wolken fällt, zerstreute sie sich um ihn her und schimmerte sanft über den Wiesen. Auf der schuldlosen Spur ihres Hungers schritt er schweigend über die Weiden der Welt. Fremde sahen ihn auf der Akropolis, und vielleicht war er lange einer der Hirten in den Baux und sah die versteinerte Zeit das hohe Geschlecht überstehen, das mit allem Erringen von Sieben und Drei die sechzehn Strahlen seines Sterns nicht zu bezwingen vermochte. Oder soll ich ihn denken zu Orange, an das ländliche Triumphtor geruht? Soll ich ihn sehen im seelengewohnten Schatten der Allyscamps, wie sein Blick zwischen den Gräbern, die offen sind wie die Gräber Auferstandener, eine Libelle verfolgt?

Gleichviel. Ich seh mehr als ihn, ich sehe sein Dasein, das damals die lange Liebe zu Gott begann, die stille, ziellose Arbeit. Denn über ihn, der sich für immer hatte verhalten wollen, kam noch einmal das anwachsende Nichtanderskönnen seines Herzens. Und diesmal hoffte er auf Erhörung. Sein ganzes, im langen Alleinsein ahnend und unbeirrbar gewordenes Wesen versprach ihm, daß jener, den er jetzt meinte, zu lieben verstünde mit durchdringender, strahlender Liebe. Aber während er sich sehnte, endlich so meisterhaft geliebt zu sein, begriff sein an Fernen gewohntes Gefühl Gottes äußersten Abstand. Nächte kamen, da er meinte, sich auf ihn zuzuwerfen in den Raum; Stunden voller Entdeckung, in denen er sich stark genug fühlte, nach der Erde zu tauchen, um sie hinaufzureißen auf der Sturmflut seines Herzens. Er war wie einer, der eine herrliche Sprache hört und fiebernd sich vornimmt, in ihr zu dichten. Noch stand ihm die Bestürzung bevor, zu erfahren, wie schwer diese Sprache sei; er wollte es nicht glauben zuerst, daß ein langes Leben darüber hingehen könne, die ersten, kurzen Scheinsätze zu bilden, die ohne Sinn sind. Er stürzte sich ins Erlernen wie ein Läufer in die Wette; aber die Dichte dessen, was zu überwinden war, verlangsamte ihn. Es war nichts auszudenken, was demütigender sein konnte als diese Anfängerschaft. Er hatte den Stein der Weisen gefunden, und nun zwang man ihn, das rasch gemachte Gold seines Glücks unaufhörlich zu verwandeln in das klumpige Blei der Geduld. Er, der sich dem Raum angepaßt hatte, zog wie ein Wurm krumme Gänge ohne Ausgang und Richtung. Nun, da er so mühsam und kummervoll lieben lernte, wurde ihm gezeigt, wie nachlässig und gering bisher alle Liebe gewesen war, die er zu leisten vermeinte. Wie aus keiner etwas hatte werden können, weil er nicht begonnen hatte, an ihr Arbeit zu tun und sie zu verwirklichen.

In diesen Jahren gingen in ihm die großen Veränderungen vor. Er vergaß Gott beinah über der harten Arbeit, sich ihm zu nähern, und alles, was er mit der Zeit vielleicht bei ihm zu erreichen hoffte, war »sa patience de supporter une âme«.

Die Zufälle des Schicksals, auf die die Menschen halten, waren schon längst von ihm abgefallen, aber nun verlor, selbst was an Lust und Schmerz notwendig war, den gewürzhaften Beigeschmack und wurde rein und nahrhaft für ihn. Aus den Wurzeln seines Seins entwickelte sich die feste, überwinternde Pflanze einer fruchtbaren Freudigkeit. Er ging ganz darin auf, zu bewältigen, was sein Binnenleben ausmachte, er wollte nichts überspringen, denn er zweifelte nicht, daß in alledem seine Liebe war und zunahm. Ja, seine innere Fassung ging so weit, daß er beschloß, das Wichtigste von dem, was er früher nicht hatte leisten können, was einfach nur durchwartet worden war, nachzuholen. Er dachte vor allem an die Kindheit, sie kam ihm, je ruhiger er sich besann, desto ungetaner vor; alle ihre Erinnerungen hatten das Vage von Ahnungen an sich, und daß sie als vergangen galten, machte sie nahezu zukünftig. Dies alles noch einmal und nun wirklich auf sich zu nehmen, war der Grund, weshalb der Entfremdete heimkehrte. Wir wissen nicht, ob er blieb; wir wissen nur, daß er wiederkam.

Die die Geschichte erzählt haben, versuchen es an dieser Stelle, uns an das Haus zu erinnern, wie es war; denn dort ist nur wenig Zeit vergangen, ein wenig gezählter Zeit, alle im Haus können sagen, wieviel. Die Hunde sind alt geworden, aber sie leben noch. Es wird berichtet, daß einer aufheulte. Eine Unterbrechung geht durch das ganze Tagwerk. Gesichter erscheinen an den Fenstern, gealterte und erwachsene Gesichter von rührender Ähnlichkeit. Und in einem ganz alten schlägt plötzlich blaß das Erkennen durch. Das Erkennen? Wirklich nur das Erkennen? – Das Verzeihen. Das Verzeihen wovon? – Die Liebe. Mein Gott: die Liebe.

Er, der Erkannte, er hatte daran nichtmehr gedacht, beschäftigt wie er war: daß sie noch sein könne. Es ist begreiflich, daß von allem, was nun geschah, nur noch dies überliefert ward: seine Gebärde, die unerhörte Gebärde, die man nie vorher gesehen hatte; die Gebärde des Flehens, mit der er sich an ihre Füße warf, sie beschwörend, daß sie nicht liebten. Erschrocken und schwankend hoben sie ihn zu sich herauf. Sie legten sein Ungestüm nach ihrer Weise aus, indem sie verziehen. Es muß für ihn unbeschreiblich befreiend gewesen sein, daß ihn alle mißverstanden, trotz der verzweifelten Eindeutigkeit seiner Haltung. Wahrscheinlich konnte er bleiben. Denn er erkannte von Tag zu Tag mehr, daß die Liebe ihn nicht betraf, auf die sie so eitel waren und zu der sie einander heimlich ermunterten. Fast mußte er lächeln, wenn sie sich anstrengten, und es wurde klar, wie wenig sie ihn meinen konnten.

Was wußten sie, wer er war. Er war jetzt furchtbar schwer zu lieben, und er fühlte, daß nur Einer dazu imstande sei. Der aber wollte noch nicht.

Ende der Aufzeichnungen

AUGUSTE RODIN

Erster Teil

(1902)

Einer jungen Bildhauerin
Paris, im Dezember 1902

»Die Schriftsteller wirken durch Worte …
die Bildbauer aber durch Taten«
Pomponius Gauricus, in seiner Schrift
»De sculptura.« (Um 1504.)

The hero is he who is immovably centred.
(Emerson)

Rodin war einsam vor seinem Ruhme. Und der Ruhm, der kam, hat ihn vielleicht noch einsamer gemacht. Denn Ruhm ist schließlich nur der Inbegriff aller Mißverständnisse, die sich um einen neuen Namen sammeln.

Es sind ihrer sehr viele um Rodin, und es wäre eine lange und mühsame Aufgabe, sie aufzuklären. Es ist auch nicht nötig; sie stehen um den Namen, nicht um das Werk, das weit über dieses Namens Klang und Rand hinausgewachsen und namenlos geworden ist, wie eine Ebene namenlos ist, oder ein Meer, das nur auf der Karte einen Namen hat, in den Büchern und bei den Menschen, in Wirklichkeit aber nur Weite ist, Bewegung und Tiefe.

Dieses Werk, von dem hier zu reden ist, ist gewachsen seit Jahren und wächst an jedem Tage wie ein Wald und verliert keine Stunde. Man geht unter seinen tausend Dingen umher, überwältigt von der Fülle der Funde und Erfindungen, die es umfaßt, und man sieht sich unwillkürlich nach den zwei Händen um, aus denen diese Welt erwachsen ist. Man erinnert sich, wie klein Menschenhände sind, wie bald sie müde werden und wie wenig Zeit ihnen gegeben ist, sich zu regen. Und man verlangt die Hände zu sehen, die gelebt haben wie hundert Hände, wie ein Volk von Händen, das vor Sonnenaufgang sich erhob zum weiten Wege dieses Werkes. Man fragt nach dem, der diese Hände beherrscht. Wer ist dieser Mann?

Es ist ein Greis. Und sein Leben ist eines von denen, die sich nicht erzählen lassen. Dieses Leben hat begonnen und es geht, es geht tief in ein großes Alter hinein, und es ist für uns, als ob es vor vielen hundert Jahren vergangen wäre. Wir wissen nichts davon. Es wird eine Kindheit gehabt haben, irgendeine, eine Kindheit in Armut, dunkel, suchend und ungewiß. Und es hat diese Kindheit vielleicht noch, denn –, sagt der heilige Augustinus einmal, wohin sollte sie gegangen sein? Es hat vielleicht alle seine vergangenen Stunden, die Stunden der Erwartung und der Verlassenheit, die Stunden des Zweifels und die langen Stunden der Not, es ist ein Leben, das nichts verloren und vergessen hat, ein Leben, das sich versammelte, da es verging. Vielleicht, wir wissen nichts davon. Aber nur aus einem solchen Leben, glauben wir, kann eines solchen Wirkens Fülle und Überfluß entstanden sein, nur ein solches Leben, in dem alles gleichzeitig ist und wach und nichts vergangen, kann jung und stark bleiben und sich immer wieder zu hohen Werken erheben. Es wird vielleicht eine Zeit kommen, da man diesem Leben seine Geschichte erfinden wird, seine Verwickelungen, seine Episoden und Einzelheiten. Sie werden erfunden sein. Man wird von einem Kinde erzählen, das oft zu essen vergaß, weil es ihm wichtiger schien, mit einem schlechten Messer Dinge in geringes Holz zu schneiden, und man wird in die Tage des jungen Menschen irgend eine Begegnung setzen, die eine Verheißung zukünftiger Größe, eine von jenen nachträglichen Prophezeiungen enthält, die so volkstümlich und rührend sind. Es könnten ganz gut die Worte sein, die irgend ein Mönch vor fast fünfhundert Jahren dem jungen Michel Colombe gesagt haben soll, diese Worte: »Travaille, petit, regarde tout ton saoul et le clocher à jour de Saint-Pol, et les belles œuvres des compaignons, regarde, aime le bon Dieu, et tu auras la grâce des grandes choses.« »Und du wirst die Gnade der großen Dinge haben.« Vielleicht hat ein inneres Gefühl so, nur unendlich viel leiser als der Mund des Mönches, zu dem jungen Menschen gesprochen an einem der Kreuzwege seines Anbeginns. Denn gerade das suchte er: die Gnade der großen Dinge. Da war das Louvre mit den vielen lichten Dingen der Antike, die an südliche Himmel erinnerten und an die Nähe des Meeres, und dahinter erhoben sich andere, schwere steinerne Dinge, aus undenklichen Kulturen hinüberdauernd in noch nicht gekommene Zeiten. Da waren Steine, die schliefen, und man fühlte, daß sie erwachen würden bei irgend einem Jüngsten Gericht, Steine, an denen nichts Sterbliches war, und andere, die eine Bewegung trugen, eine Gebärde, die so frisch geblieben war, als sollte sie hier nur aufbewahrt und eines Tages irgend einem Kinde gegeben werden, das vorüberkam. Und nicht allein in den berühmten Werken und den weithinsichtbaren war dieses Lebendigsein; das Unbeachtete, Kleine, das Namenlose und Überzählige war nicht weniger erfüllt von dieser tiefen, innerlichen Erregtheit, von dieser reichen und überraschenden Unruhe des Lebendigen. Auch die Stille, wo Stille war, bestand aus hundert und hundert Bewegungsmomenten, die sich im Gleichgewicht hielten. Es gab kleine Figuren da, Tiere besonders, die sich bewegten, streckten oder zusammenzogen, und wenn ein Vogel saß, so wußte man doch, daß es ein Vogel war, ein Himmel wuchs aus ihm heraus und blieb um ihn stehen, eine Weite war zusammengefaltet auf jede seiner Federn gelegt und man konnte sie aufspannen und ganz groß machen. Und ganz ähnlich war es mit den Tieren, die auf den Kathedralen standen und saßen oder unter den Konsolen kauerten, verkümmert und gekrümmt und zu träge zum Tragen. Da waren Hunde und Eichhörnchen, Spechte und Eidechsen, Schildkröten, Ratten und Schlangen. Wenigstens eines von jeder Art. Diese Tiere schienen draußen eingefangen worden zu sein in den Wäldern und auf den Wegen, und der Zwang, unter steinernen Ranken, Blumen und Blättern zu leben, mußte sie selbst langsam verwandelt haben zu dem was sie nun waren und immer bleiben sollten. Aber es fanden sich auch Tiere, die schon in dieser versteinten Umgebung geboren waren, ohne Erinnerung an ein anderes Dasein. Sie waren schon ganz die Bewohner dieser aufrechten, ragenden, steil steigenden Welt. Unter ihrer fanatischen Magerkeit standen spitzbogige Skelette. Ihre Münder waren weit und schreiend wie bei Tauben, denn die Nähe der Glocken hatte ihr Gehör zerstört. Sie trugen nicht, sie streckten sich und halfen so den Steinen steigen. Die Vogelhaften hockten oben auf den Balustraden, als wären sie eigentlich unterwegs und wollten nur ein paar Jahrhunderte lang ausruhen und hinunterstarren auf die wachsende Stadt. Andere, die von Hunden abstammten, stemmten sich waagrecht vom Rand der Traufen in die Luft, bereit, das Wasser der Regen aus ihren vom Speien angeschwollenen Rachen zu werfen. Alle hatten sich umgebildet und angepaßt, aber sie hatten nichts an Leben verloren, im Gegenteil, sie lebten stärker und heftiger, lebten für ewig das inbrünstige und ungestüme Leben jener Zeit, die sie hatte erstehen lassen.

Und wer diese Gebilde sah, der empfand, daß sie nicht aus einer Laune geboren waren, nicht aus einem spielerischen Versuch, neue, unerhörte Formen zu finden. Die Not hatte sie geschaffen. Aus der Angst vor den unsichtbaren Gerichten eines schweren Glaubens hatte man sich zu diesem Sichtbaren gerettet, vor dem Ungewissen flüchtete man zu dieser Verwirklichung. Noch suchte man sie in Gott, nichtmehr indem man ihm Bilder erfand und versuchte, sich den Vielzufernen vorzustellen: indem man alle Angst und Armut, alles Bangsein und die Gebärden der Geringen in sein Haus trug, in seine Hand legte, auf sein Herz stellte, war man fromm. Das war besser als malen; denn die Malerei war auch eine Täuschung, ein schöner und geschickter Betrug; man sehnte sich nach Wirklicherem und Einfachem. So entstand die seltsame Skulptur der Kathedralen, dieser Kreuzzug der Beladenen und der Tiere.

Und wenn man von der Plastik des Mittelalters zurücksah

zur Antike und wieder über die Antike hinaus in den Anfang unsagbarer Vergangenheiten, schien es da nicht, als verlangte die menschliche Seele immer wieder an lichten oder bangen Wendepunkten nach dieser Kunst, die mehr giebt als Wort und Bild, mehr als Gleichnis und Schein: nach dieser schlichten Dingwerdung ihrer Sehnsüchte oder Ängste? Zuletzt in der Renaissance gab es eine große plastische Kunst; damals als das Leben sich erneut hatte, als man das Geheimnis der Gesichter fand und die große Gebärde, die im Wachsen war.

Und jetzt? War nicht wieder eine Zeit gekommen, die nach diesem Ausdruck drängte, nach dieser starken und eindringlichen Auslegung dessen, was in ihr unsagbar war, wirr und rätselhaft? Die Künste hatten sich irgendwie erneut, Eifer und Erwartung erfüllte und belebte sie; aber vielleicht sollte gerade diese Kunst, die Plastik, die noch in der Furcht einer großen Vergangenheit zögerte, berufen sein zu finden, wonach die andern tastend und sehnsüchtig suchten? Sie mußte einer Zeit helfen können, deren Qual es war, daß fast alle ihre Konflikte im Unsichtbaren lagen. Ihre Sprache war der Körper. Und diesen Körper, wann hatte man ihn zuletzt gesehen? Schichte um Schichte hatten sich die Trachten darüber gelegt, wie ein immer erneuter Anstrich, aber unter dem Schutz dieser Krusten hatte die wachsende Seele ihn verändert, während sie atemlos an den Gesichtern arbeitete. Er war ein anderer geworden. Wenn man ihn jetzt aufdeckte, vielleicht enthielt er tausend Ausdrücke für alles Namenlose und Neue, das inzwischen entstanden war, und für jene alten Geheimnisse, die, aufgestiegen aus dem Unbewußten, wie fremde Mußgötter ihre triefenden Gesichter aus dem Rauschen des Blutes hoben. Und dieser Körper konnte nicht weniger schön sein als der der Antike, er mußte von noch größerer Schönheit sein. Zwei Jahrtausende länger hatte das Leben ihn in den Händen behalten und hatte an ihm gearbeitet, gehorcht und gehämmert Tag und Nacht. Die Malerei träumte von diesem Körper, sie schmückte ihn mit Licht und durchdrang ihn mit Dämmerung, sie umgab ihn mit aller Zärtlichkeit und allem Entzücken, sie befühlte ihn wie ein Blumenblatt und ließ sich tragen von ihm wie von einer Welle, – aber die Plastik, der er gehörte, kannte ihn noch nicht.

Hier war eine Aufgabe, groß wie die Welt. Und der vor ihr stand und sie sah, war ein Unbekannter, dessen Hände nach Brot gingen, in Dunkelheit. Er war ganz allein, und wenn er ein richtiger Träumer gewesen wäre, so hätte er einen schönen und tiefen Traum träumen dürfen, einen Traum, den niemand verstanden hätte, einen von jenen langen, langen Träumen, über denen ein Leben hingehen kann wie ein Tag. Aber dieser junge Mensch, der in der Manufaktur von Sèvres seinen Verdienst hatte, war ein Träumer, dem der Traum in die Hände stieg, und er begann gleich mit seiner Verwirklichung. Er fühlte, wo man anfangen mußte; eine Ruhe, die in ihm war, zeigte ihm den weisen Weg. An dieser Stelle offenbart sich schon Rodins tiefe Übereinstimmung mit der Natur, von der der Dichter Georges Rodenbach, der ihn geradezu eine Naturkraft nennt, so schöne Worte zu sagen wußte. Und in der Tat, es ist eine dunkle Geduld in Rodin, die ihn beinahe namenlos macht, eine stille, überlegene Langmut, etwas von der großen Geduld und Güte der Natur, die mit einem Nichts beginnt, um still und ernst den weiten Weg zum Überfluß zu gehen. Auch Rodin vermaß sich nicht, Bäume machen zu wollen. Er fing mit dem Keim an, unter der Erde gleichsam. Und dieser Keim wuchs nach unten, senkte Wurzel um Wurzel abwärts, verankerte sich, ehe er anfing einen kleinen Trieb nach oben zu tun. Das brauchte Zeit und Zeit. »Man muß sich nicht eilen«, sagte Rodin den wenigen Freunden, die um ihn waren, wenn sie ihn drängten.

Damals kam der Krieg, und Rodin ging nach Brüssel und arbeitete, wie der Tag es befahl. Er führte einige Figuren an Privathäusern aus und mehrere von den Gruppen auf dem Börsengebäude und schuf die vier großen Eckfiguren bei dem Denkmal des Bürgermeisters Loos im Parc d'Anvers. Das waren Aufträge, die er gewissenhaft ausführte, ohne seine wachsende Persönlichkeit zu Worte kommen zu lassen. Seine eigentliche Entwickelung ging nebenher, zusammengedrängt in die Pausen, in die Abendstunden, ausgebreitet in der einsamen Stille der Nächte, vor sich, und er mußte diese Teilung seiner Energie jahrelang ertragen. Er besaß die Kraft derjenigen, auf die ein großes Werk wartet, die schweigsame Ausdauer derer, die notwendig sind.

Während er an der Börse von Brüssel beschäftigt war, mochte er fühlen, daß es keine Gebäude mehr gab, die die Werke der Skulptur um sich versammelten, wie es die Kathedralen getan hatten, diese großen Magnete der Plastik einer vergangenen Zeit. Das Bildwerk war allein, wie das Bild allein war, das Staffelei-Bild, aber es bedurfte ja auch keiner Wand wie dieses. Es brauchte nicht einmal ein Dach. Es war ein Ding, das für sich allein bestehen konnte, und es war gut, ihm ganz das Wesen eines Dinges zu geben, um das man herumgehen und das man von allen Seiten betrachten konnte.

Und doch mußte es sich irgendwie von den anderen Dingen unterscheiden, den gewöhnlichen Dingen, denen jeder ins Gesicht greifen konnte. Es mußte irgendwie unantastbar werden, sakrosankt, getrennt vom Zufall und von der Zeit, in der es einsam und wunderbar wie das Gesicht eines Hellsehers aufstand. Es mußte seinen eigenen, sicheren Platz erhalten, an den nicht Willkür es gestellt hatte, und es mußte eingeschaltet werden in die stille Dauer des Raumes und in seine großen Gesetze. In die Luft, die es umgab, mußte man es wie in eine Nische hineinpassen und ihm so eine Sicherheit geben, einen Halt und eine Hoheit, die aus seinem einfachen Dasein, nicht aus seiner Bedeutung kam.

Rodin wußte, daß es zunächst auf eine unfehlbare Kenntnis des menschlichen Körpers ankam. Langsam, forschend war er bis zu seiner Oberfläche vorgeschritten, und nun streckte sich von Außen eine Hand entgegen, welche diese Oberfläche von der anderen Seite ebenso genau bestimmte und begrenzte, wie sie es von Innen war. Je weiter er ging auf seinem entlegenen Wege, desto mehr blieb der Zufall zurück, und ein Gesetz führte ihn dem anderen zu. Und schließlich war es diese Oberfläche, auf die seine Forschung sich wandte. Sie bestand aus unendlich vielen Begegnungen des Lichtes mit dem Dinge, und es zeigte sich, daß jede dieser Begegnungen anders war und jede merkwürdig. An dieser Stelle schienen sie einander aufzunehmen, an jener sich zögernd zu begrüßen, an einer dritten fremd aneinander vorbeizugehen; und es gab Stellen ohne Ende und keine, auf der nicht etwas geschah. Es gab keine Leere.

In diesem Augenblick hatte Rodin das Grundelement seiner Kunst entdeckt, gleichsam die Zelle seiner Welt. Das war die Fläche, diese verschieden große, verschieden betonte, genau bestimmte Fläche, aus der alles gemacht werden mußte. Von da ab war sie der Stoff seiner Kunst, das, worum er sich mühte, wofür er wachte und litt. Seine Kunst baute sich nicht auf eine große Idee auf, sondern auf eine kleine gewissenhafte Verwirklichung, auf das Erreichbare, auf ein Können. Es war kein Hochmut in ihm. Er schloß sich an diese unscheinbare und schwere Schönheit an, an die, die er noch überschauen, rufen und richten konnte. Die andere, die große, mußte kommen, wenn alles fertig war, so wie die Tiere zur Tränke kommen, wenn die Nacht sich vollendet hat und nichts Fremdes mehr an dem Walde haftet.

Mit dieser Entdeckung begann Rodins eigenste Arbeit. Nun erst waren alle die herkömmlichen Begriffe der Plastik für ihn wertlos geworden. Es gab weder Pose, noch Gruppe, noch Komposition. Es gab nur unzählbar viele lebendige Flächen, es gab nur Leben, und das Ausdrucksmittel, das er sich gefunden hatte, ging gerade auf dieses Leben zu. Nun hieß es seiner und seiner Fülle mächtig zu werden. Rodin erfaßte das Leben, das überall war, wohin er sah. Er erfaßte es an den kleinsten Stellen, er beobachtete es, er ging ihm nach. Er erwartete es an den Übergängen, wo es zögerte, er holte es ein, wo es lief, und er fand es an allen Orten gleich groß, gleich mächtig und hinreißend. Da war kein Teil des Körpers unbedeutend oder gering: er lebte. Das Leben, das in den Gesichtern wie auf Zifferblättern stand, leicht ablesbar und voll Bezug auf die Zeit, – in den Körpern war es zerstreuter, größer, geheimnisvoller und ewiger. Hier verstellte es sich nicht, hier ging es nachlässig, wo es nachlässig war, und stolz bei den Stolzen; zurücktretend von der Bühne des Angesichtes, hatte es die Maske abgenommen und stand, wie es war, hinter den Kulissen der Kleider. Hier fand er die Welt seiner Zeit, wie er jene des Mittelalters an den Kathedralen erkannt hatte: versammelt um ein geheimnisvolles Dunkel, zusammengehalten von einem Organismus, an ihn angepaßt und ihm dienstbar gemacht. Der Mensch war zur Kirche geworden und es gab tausend und tausend Kirchen, keine der anderen gleich und jede lebendig. Aber es galt zu zeigen, daß sie alle eines Gottes waren.

Jahre und Jahre ging Rodin auf den Wegen dieses Lebens als ein Lernender und Demütiger, der sich als Anfänger fühlte. Niemand wußte von seinen Versuchen, er hatte keinen Vertrauten und wenig Freunde. Hinter der Arbeit, die ihn nährte, verbarg sich sein werdendes Werk und erwartete seine Zeit. Er las viel. Man war gewohnt, ihn in Brüssels Straßen immer mit einem Buche in der Hand zu sehen, aber vielleicht war dieses Buch oft nur ein Vorwand für das Vertieftsein in sich selbst, in die ungeheuere Aufgabe, die ihm bevorstand. Wie allen Tätigen war auch ihm das Gefühl, eine unabsehbare Arbeit vor sich zu haben, ein Antrieb, etwas was seine Kräfte vermehrte und versammelte. Und kamen Zweifel, kamen Ungewißheiten, kam die große Ungeduld der Werdenden zu ihm, die Furcht eines frühen Todes oder die Drohung der täglichen Not, so fand das alles in ihm schon einen stillen, aufrechten Widerstand, einen Trotz, eine Stärke und Zuversicht, alle die noch nicht entfalteten Fahnen eines großen Sieges. Vielleicht war es die Vergangenheit, die in solchen Momenten auf seine Seite trat, die Stimme der Kathedralen, die er immer wieder hören ging. Auch aus den Büchern kam vieles was ihm zustimmte. Er las zum ersten Male Dantes Divina Comedia. Es war eine Offenbarung. Er sah die leidenden Leiber eines anderen Geschlechtes vor sich, sah, über alle Tage fort, ein Jahrhundert, dem die Kleider abgerissen waren, sah das große und unvergeßliche Gericht eines Dichters über seine Zeit. Da waren Bilder, die ihm recht gaben, und wenn er von den weinenden Füßen Nikolaus des Dritten las, so wußte er schon, daß es weinende Füße gab, daß es ein Weinen gab, das überall war, über einem ganzen Menschen, und Tränen, die aus allen Poren traten. Und von Dante kam er zu Baudelaire. Hier war kein Gericht, kein Dichter, der an der Hand eines Schattens zu den Himmeln stieg, ein Mensch, einer von den Leidenden hatte seine Stimme erhoben und hielt sie hoch über die Häupter der anderen empor, wie um sie zu retten vor einem Untergang. Und in diesen Versen gab es Stellen, die heraustraten aus der Schrift, die nicht geschrieben, sondern geformt schienen, Worte und Gruppen von Worten, die geschmolzen waren in den heißen Händen des Dichters, Zeilen, die sich wie Reliefs anfühlten, und Sonette, die wie Säulen mit verworrenen Kapitälen die Last eines bangen Gedankens trugen. Er fühlte dunkel, daß diese Kunst, wo sie jäh aufhörte, an den Anfang einer anderen stieß, und daß sie sich nach dieser anderen gesehnt hatte; er fühlte in Baudelaire einen, der ihm vorangegangen war, einen, der sich nicht von den Gesichtern hatte beirren lassen und der nach den Leibern suchte, in denen das Leben größer war, grausamer und ruheloser.

Seit jenen Tagen blieben diese beiden Dichter ihm immer nah, er dachte über sie hinaus und kehrte zu ihnen zurück. In jener Zeit, wo seine Kunst sich formte und vorbereitete, wo alles Leben, das sie lernte, namenlos war und nichts bedeutete, gingen Rodins Gedanken in den Büchern der Dichter umher und holten sich dort eine Vergangenheit. Später, als er als Schaffender diese Stoffkreise wieder berührte, da stiegen ihre Gestalten wie Erinnerungen aus seinem eigenen Leben, weh und wirklich, in ihm auf und gingen in sein Werk wie in eine Heimat ein.

Endlich, nach Jahren einsamer Arbeit machte er den Versuch, mit einem Werke hervorzutreten. Es war eine Frage an die Öffentlichkeit. Die Öffentlichkeit antwortete verneinend. Und Rodin verschloß sich abermals für dreizehn Jahre. Es waren die Jahre, in denen er, immer noch als Unbekannter, zum Meister ausreifte, zum unumschränkten Beherrscher seiner eigenen Mittel, immerfort arbeitend, denkend, versuchend, unbeeinflußt von der Zeit, die an ihm nicht teilnahm. Vielleicht gab ihm der Umstand, daß seine ganze Entwickelung in dieser ungestörten Stille vor sich gegangen war, später, als man um ihn stritt, als man seinem Werk widersprach, jene gewaltige Sicherheit. Da, als man anfing an ihm zu zweifeln, hatte er keinen Zweifel mehr an sich selbst. Das alles lag hinter ihm. nichtmehr von dem Zuruf und dem Urteil der Menge hing sein Schicksal ab, es war schon entschieden, als man meinte, es mit Spott und Feindseligkeit vernichten zu können. In der Zeit, als er wurde, klang keine fremde Stimme zu ihm, kein Lob, das ihn hätte irremachen, kein Tadel, der ihn hätte verwirren können. Wie Parzifal heranwächst, so wuchs sein Werk in Reinheit heran, allein mit sich und mit einer großen ewigen Natur. Nur seine Arbeit sprach zu ihm. Sie sprach zu ihm des Morgens beim Erwachen, und des Abends klang sie lange in seinen Händen nach wie in einem fortgelegten Instrumente. Darum war sein Werk so unüberwindlich: weil es erwachsen zur Welt kam; nichtmehr als werdendes erschien es, das um seine Berechtigung bat, sondern als Wirklichkeit, die sich durchgesetzt hat, die da ist, mit der man rechnen muß. Wie ein König, der hört, daß in seinem Reiche eine Stadt gebaut werden soll, überlegt, ob es gut sei, das Privileg zu gewähren, zögert und endlich aufbricht, die Stelle zu besehen; er kommt hin und findet eine große gewaltige Stadt, die fertig ist, steht, steht wie von Ewigkeit her mit Mauern, Türmen und Toren: so kam die Menge, als man sie schließlich rief, zu dem Werke Rodins, das fertig war.

Diese Periode des Reifwerdens ist begrenzt durch zwei Werke. An ihrem Anfang steht der Kopf des *Mannes mit der gebrochenen Nase*, an ihrem Ende die Gestalt des jungen Mannes, des *Mannes der ersten Zeiten*, wie Rodin ihn genannt hat. Der *Homme au nez cassé* wurde im Jahre 1864 vom ›Salon‹ zurückgewiesen. Man begreift das sehr gut, denn man fühlt, daß in diesem Werke Rodins Art schon ganz ausgereift war, ganz vollendet und sicher; mit der Rücksichtslosigkeit eines großen Bekenntnisses widersprach es den Anforderungen der akademischen Schönheit, die noch immer die allein herrschende war. Umsonst hatte Rude seiner Göttin des Aufruhrs auf dem Triumphtor der place de l'Étoile die wilde Gebärde gegeben und den weiten Schrei, umsonst hatte Barye seine geschmeidigen Tiere geschaffen, und den ›Tanz‹ Carpeaux' hatte man nur verhöhnt, um sich schließlich so weit an ihn zu gewöhnen, daß man ihn nichtmehr sah. Es war alles beim alten geblieben. Die Plastik, die betrieben wurde, war immer noch die der Modelle, der Posen und der Allegorieen, das leichte, billige und gemächliche Metier, das mit der mehr oder weniger geschickten Wiederholung von einigen sanktionierten Gebärden auskam. In dieser Umgebung hätte schon der Kopf des Mannes mit der gebrochenen Nase jenen Sturm erregen müssen, der erst bei späteren Werken Rodins losbrach. Aber wahrscheinlich hat man ihn, als die Arbeit eines Unbekannten, fast unbesehen wieder zurückgeschickt.

Man fühlt, was Rodin anregte, diesen Kopf zu formen, den Kopf eines alternden, häßlichen Mannes, dessen gebrochene Nase den gequälten Ausdruck des Gesichtes noch verstärken half; es war die Fülle von Leben, die in diesen Zügen versammelt war; es war der Umstand, daß es auf diesem Gesichte gar keine symmetrischen Flächen gab, daß nichts sich wiederholte, daß keine Stelle leer geblieben war, stumm oder gleichgültig. Dieses Gesicht war nicht vom Leben berührt worden, es war um und um davon angetan, als hätte eine unerbittliche Hand es in das Schicksal hineingehalten wie in die Wirbel eines waschenden, nagenden Wassers. Wenn man diese Maske in Händen hält und dreht, ist man überrascht über den fortwährenden Wechsel der Profile, von denen keines zufällig ist, ratend oder unbestimmt. Es giebt an diesem Kopf keine Linie, keine Überschneidung, keinen Kontur, den Rodin nicht gesehen und gewollt hat. Man glaubt zu fühlen, wie einige von diesen Furchen früher kamen, andere später, wie zwischen dem und jenem Riß, der durch die Züge geht, Jahre liegen, bange Jahre, man weiß, daß von den Zeichen dieses Gesichtes einige langsam eingeschrieben wurden, gleichsam zögernd, daß andere erst leise vorgezeichnet waren und von einer Gewohnheit oder einem Gedanken, der immer wiederkam, nachgezogen wurden, und man erkennt jene scharfen Scharten, die in einer Nacht entstanden sein mußten, wie vom Schnabel eines Vogels hineingehackt in die überwache Stirne eines Schlaflosen. Man muß sich mühsam erinnern, daß alles das auf dem Raume eines Gesichtes steht, so viel schweres, namenloses Leben erhebt sich aus diesem Werke. Legt man die Maske vor sich nieder, so meint man auf der Höhe eines Turmes zu stehen und auf ein unebenes Land herabzusehen, über dessen wirre Wege viele Völker gezogen sind. Und hebt man sie wieder auf, so hält man ein Ding, das man schön nennen muß um seiner Vollendung willen. Aber nicht aus der unvergleichlichen Durchbildung allein ergiebt sich diese Schönheit. Sie entsteht aus der Empfindung des Gleichgewichts, des Ausgleichs aller dieser bewegten Flächen untereinander, aus der Erkenntnis dessen, daß alle diese Erregungsmomente in dem Dinge selbst ausschwingen und zu Ende gehen. War man eben noch ergriffen von der vielstimmigen Qual dieses Angesichtes, so fühlt man gleich darauf, daß keine Anklage davon ausgeht. Es wendet sich nicht an die Welt; es scheint seine Gerechtigkeit in sich zu tragen, die Aussöhnung aller seiner Widersprüche und eine Geduld, groß genug für alle seine Schwere.

Als Rodin diese Maske schuf, hatte er einen ruhig sitzenden Menschen vor sich und ein ruhiges Gesicht. Aber es war das Gesicht eines Lebendigen und als er es durchforschte, da zeigte sich, daß es voll von Bewegung war, voll von Unruhe und Wellenschlag. In dem Verlauf der Linien war Bewegung, Bewegung war in der Neigung der Flächen, die Schatten rührten sich wie im Schlafe, und leise schien das Licht an der Stirne vorbeizugehen. Es gab also keine Ruhe, nicht einmal im Tode; denn mit dem Verfall, der auch Bewegung ist, war selbst das Tote dem Leben noch untergeordnet. Es gab nur Bewegung in der Natur; und eine Kunst, die eine gewissenhafte und gläubige Auslegung des Lebens geben wollte, durfte nicht jene Ruhe, die es nirgends gab, zu ihrem Ideale machen. In Wirklichkeit hat auch die Antike nichts von einem solchen Ideal gewußt. Man mußte nur an die *Nike* denken. Diese Skulptur hat uns nicht nur die Bewegung eines schönen Mädchens überliefert, das seinem Geliebten entgegengeht, sie ist zugleich ein ewiges Bildnis griechischen Windes, seiner Weite und Herrlichkeit. Und sogar die Steine älterer Kulturen waren nicht ruhig. In die hieratisch verhaltene Gebärde uralter Kulte war die Unruhe lebendiger Flächen eingeschlossen, wie Wasser in die Wände des Gefäßes. Es waren Strömungen in den verschlossenen Göttern, welche saßen, und in den stehenden war eine Gebärde, die wie eine Fontäne aus dem Steine stieg und wieder in denselben zurückfiel, ihn mit vielen Wellen erfüllend. Nicht die Bewegung war es, die dem Sinne der Skulptur (und das heißt einfach dem Wesen des Dinges) widerstrebte; es war nur die Bewegung, die nicht zu Ende geht, die nicht von anderen im Gleichgewicht gehalten wird, die hinausweist über die Grenzen des Dinges. Das plastische Ding gleicht jenen Städten der alten Zeit, die ganz in ihren Mauern lebten: die Bewohner hielten deshalb nicht ihren Atem an und die Gebärden ihres Lebens brachen nicht ab. Aber nichts drang über die Grenzen des Kreises, der sie umgab, nichts war jenseits davon, nichts zeigte aus den Toren hinaus und keine Erwartung war offen nach außen. Wie groß auch die Bewegung eines Bildwerkes sein mag, sie muß, und sei es aus unendlichen Weiten, sei es aus der Tiefe des Himmels, sie muß zu ihm zurückkehren, der große Kreis muß sich schließen, der Kreis der Einsamkeit, in der ein Kunst-Ding seine Tage verbringt. Das war das Gesetz, welches, ungeschrieben, lebte in den Skulpturen vergangener Zeiten. Rodin erkannte es. Was die Dinge auszeichnet, dieses Ganz-mit-sich-Beschäftigtsein, das war es, was einer Plastik ihre Ruhe gab; sie durfte nichts von außen verlangen oder erwarten, sich auf nichts beziehen, was draußen lag, nichts sehen, was nicht in ihr war. Ihre Umgebung mußte *in* ihr liegen. Es war der *Bildhauer* Lionardo, der der Gioconda die Unnahbarkeit gegeben hat, diese Bewegung, die nach innen geht, dieses Schauen, dem man nicht begegnen kann. Wahrscheinlich wird sein Francesco Sforza ebenso gewesen sein, von einer Gebärde bewegt, die, gleich einem stolzen Gesandten seines Staates nach vollbrachtem Auftrag, zu ihm zurückkehrte.

In den langen Jahren, die zwischen der Maske des *Homme au nez cassé* und jener Figur des *Mannes der ersten Zeiten* vergingen, vollzogen sich viele stille Entwickelungen in Rodin. Neue Beziehungen verbanden ihn fester mit der Vergangenheit seiner Kunst. Diese Vergangenheit und ihre Größe, an der so viele wie an einer Last getragen hatten, ihm wurde sie der Flügel, der ihn trug. Denn wenn er in jener Zeit je eine Zustimmung empfangen hat, eine Bestärkung dessen, was er wollte und suchte, so kam sie von den Dingen der Antike und aus dem faltigen Dunkel der Kathedralen. Menschen redeten nicht zu ihm. Steine sprachen.

Der *Homme au nez cassé* hatte geoffenbart, wie Rodin den Weg durch ein Gesicht zu gehen wußte, der *Mann der ersten Zeiten* bewies seine unumschränkte Herrschaft über den Körper. ›Souverain tailleur d'ymaiges‹, dieser Titel, den die Meister des Mittelalters einander in neidloser ernster Wertung gaben, kam ihm zu. Hier war ein lebensgroßer Akt, auf dessen allen Stellen das Leben nicht nur gleich mächtig war, es schien auch überall zur Höhe desselben Ausdrucks erhoben zu sein. Was im Gesichte stand, dieselbe Schmerzhaftigkeit eines schweren Erwachens und zugleich diese Sehnsucht nach dem Schweren, war auf dem kleinsten Teil dieses Körpers geschrieben; jede Stelle war ein Mund, der es sagte, in seiner Art. Das strengste Auge konnte an dieser Figur keinen Platz entdecken, der weniger lebendig, weniger bestimmt und klar gewesen wäre. Es war, als stiege in die Adern dieses Mannes Kraft aus den Tiefen der Erde. Das war die Silhouette eines Baumes, der die Märzstürme noch vor sich hat und bange ist, weil die Frucht und Fülle seines Sommers nichtmehr in den Wurzeln wohnt, sondern schon, langsam steigend, im Stamme steht, um den die großen Winde jagen werden.

Diese Gestalt ist auch noch in anderem Sinne bedeutsam. Sie bezeichnet im Werke Rodins die Geburt der Gebärde. Jene Gebärde, die wuchs und sich allmählich zu solcher Größe und Gewalt entwickelte, hier entsprang sie wie eine

Quelle, welche leise an diesem Leibe niederrann. Sie erwachte im Dunkel der ersten Zeiten und sie scheint, in ihrem Wachsen, durch die Weite dieses Werkes wie durch alle Jahrtausende zu gehen, weit über uns hinaus zu denen, die kommen werden. Zögernd entfaltet sie sich in den erhobenen Armen; und diese Arme sind noch so schwer, daß die Hand des einen schon wieder ausruht auf der Höhe des Hauptes. Aber sie schläft nichtmehr, sie sammelt sich; ganz hoch oben auf dem Gipfel des Gehirnes, wo es einsam ist, bereitet sie sich vor auf die Arbeit, auf die Arbeit der Jahrhunderte, die nicht Absehn noch Ende hat. Und in dem rechten Fuße steht wartend ein erster Schritt.

Man könnte von dieser Gebärde sagen, daß sie wie in einer harten Knospe eingeschlossen ruht. Eines Gedankens Glut und ein Sturm im Willen: sie öffnet sich und es entsteht jener *Johannes* mit den redenden, erregten Armen, mit dem großen Gehen dessen, der einen Anderen hinter sich kommen fühlt. Der Körper dieses Mannes ist nichtmehr unerprobt: die Wüsten haben ihn durchglüht, der Hunger hat ihm weh getan, und alle Dürste haben ihn geprüft. Er hat bestanden und ist hart geworden. Sein hagerer Asketenleib ist wie ein Holzgriff, in dem die weite Gabel seines Schrittes steckt. Er geht. Er geht, als wären alle Weiten der Welt in ihm und als teilte er sie aus mit seinem Gehen. Er geht. Seine Arme sagen von diesem Gang und seine Finger spreizen sich und scheinen in der Luft das Zeichen des Schreitens zu machen.

Dieser *Johannes* ist der erste Gehende im Werke Rodins. Es kommen viele nach. Es kommen die *Bürger von Calais*, die ihren schweren Gang beginnen, und alles Gehen scheint vorzubereiten auf den großen herausfordernden Schritt des *Balzac*.

Aber auch die Gebärde des Stehenden entwickelt sich weiter, sie schließt sich, sie rollt sich zusammen wie brennendes Papier, sie wird stärker, geschlossener, erregter. So ist jene Figur der *Eva,* die ursprünglich bestimmt war, über dem *Höllentor* zu stehen. Der Kopf senkt sich tief in das Dunkel der Arme, die sich über der Brust zusammenziehen wie bei einer Frierenden. Der Rücken ist gerundet, der Nacken fast horizontal, die Haltung vorgebogen wie zu einem Lauschen über dem eigenen Leibe, in dem eine fremde Zukunft sich zu rühren beginnt. Und es ist, als wirkte die Schwerkraft dieser Zukunft auf die Sinne des Weibes und zöge sie herab aus dem zerstreuten Leben in den tiefen demütigen Knechtdienst der Mutterschaft.

Immer und immer wieder kam Rodin bei seinen Akten auf dieses Sich-nach-innen-Biegen zurück, auf dieses angestrengte Horchen in die eigene Tiefe; so ist die wundervolle Gestalt, die er *La Méditation* genannt hat, so ist jene unvergeßliche *Voix intérieure*, die leiseste Stimme Victor Hugo'scher Gesänge, die auf dem Denkmal des Dichters fast verborgen unter der Stimme des Zornes steht. Niemals ist ein menschlicher Körper so um sein Inneres versammelt gewesen, so gebogen von seiner eigenen Seele und wieder zurückgehalten von seines Blutes elastischer Kraft. Und wie auf dem tief seitwärts gesenkten Leibe der Hals sich ein wenig aufrichtet und streckt und den horchenden Kopf über das ferne Rauschen des Lebens hält, das ist so eindringlich und groß empfunden, daß man sich keiner ergreifenderen und verinnerlichteren Gebärde zu erinnern weiß. Es fällt auf, daß die Arme fehlen. Rodin empfand sie in diesem Fall als eine zu leichte Lösung seiner Aufgabe, als etwas, was nicht zu dem Körper gehört, der sich in sich selber hüllen wollte, ohne fremde Hülfe. Man kann an die Duse denken, wie sie in einem Drama d'Annunzio's, schmerzhaft verlassen, ohne Arme zu umarmen versucht und zu halten ohne Hände. Diese Szene, in der ihr Körper eine Liebkosung lernte, die weit über ihn hinausging, gehört zu den Unvergeßlichkeiten ihres Spieles. Es vermittelte den Eindruck, daß die Arme ein Überfluß waren, ein Schmuck, eine Sache der Reichen und der Unmäßigen, die man von sich werfen konnte, um ganz arm zu sein. Nicht als hätte sie Wichtiges eingebüßt, wirkte sie in diesem Augenblick; eher wie einer, der seinen Becher verschenkt, um aus dem Bache zu trinken, wie ein Mensch, der nackt ist und noch ein wenig hülflos in seiner tiefen Blöße. So ist es auch bei den armlosen Bildsäulen Rodins; es fehlt nichts Notwendiges. Man steht vor ihnen als vor etwas Ganzem, Vollendetem, das keine Ergänzung zuläßt. Nicht aus dem einfachen Schauen kommt das Gefühl des Unfertigen, sondern aus der umständlichen Überlegung, aus der kleinlichen Pedanterie, welche sagt, daß zu einem Körper Arme gehören und daß ein Körper ohne Arme nicht ganz sein könne, auf keinen Fall. Es ist nicht lange her, da lehnte man sich in derselben Weise gegen die vom Bildrande abgeschnittenen Bäume der Impressionisten auf; man hat sich sehr rasch an diesen Eindruck gewöhnt, man hat, für den Maler wenigstens, einsehen und glauben gelernt, daß ein künstlerisches Ganzes nicht notwendig mit dem gewöhnlichen Ding-Ganzen zusammenfallen muß, daß, unabhängig davon, innerhalb des Bildes neue Einheiten entstehen, neue Zusammenschlüsse, Verhältnisse und Gleichgewichte. Es ist in der Skulptur nicht anders. Dem Künstler steht es zu, aus vielen Dingen eines zu machen und aus dem kleinsten Teil eines Dinges eine Welt. Es giebt im Werke Rodins Hände, selbständige, kleine Hände, die, ohne zu irgendeinem Körper zu gehören, lebendig sind. Hände, die sich aufrichten, gereizt und böse, Hände, deren fünf gesträubte Finger zu bellen scheinen wie die fünf Hälse eines Höllenhundes. Hände, die gehen, schlafende Hände, und Hände, welche erwachen; verbrecherische, erblich belastete Hände und solche, die müde sind, die nichts mehr wollen, die sich niedergelegt haben in irgendeinen Winkel, wie kranke Tiere, welche wissen, daß ihnen niemand helfen kann. Aber Hände sind schon ein komplizierter Organismus, ein Delta, in dem viel fernherkommendes Leben zusammenfließt, um sich in den großen Strom der Tat zu ergießen. Es giebt eine Geschichte der Hände, sie haben tatsächlich ihre eigene Kultur, ihre besondere Schönheit; man gesteht ihnen das Recht zu, eine eigene Entwickelung zu haben, eigene Wünsche, Gefühle, Launen und Liebhabereien. Rodin aber, der durch die Erziehung, die er sich gegeben hat, weiß, daß der Körper aus lauter Schauplätzen des Lebens besteht, eines Lebens, das auf jeder Stelle individuell und groß werden kann, hat die Macht, irgendeinem Teil dieser weiten schwingenden Fläche die Selbständigkeit und Fülle eines Ganzen zu geben. Wie der menschliche Körper für Rodin nur so lange ein Ganzes ist, als eine gemeinsame (innere oder äußere) Aktion alle seine Glieder und Kräfte im Aufgebot hält, so ordnen sich ihm andererseits auch Teile verschiedener Leiber, die aus innerer Notwendigkeit aneinander haften, zu einem Organismus ein. Eine Hand, die sich auf eines anderen Schulter oder Schenkel legt, gehört nichtmehr ganz zu dem Körper, von dem sie kam: aus ihr und dem Gegenstand, den sie berührt oder packt, entsteht ein neues Ding, ein Ding mehr, das keinen Namen hat und niemandem gehört; und um dieses Ding, das seine bestimmten Grenzen hat, handelt es sich nun. Diese Erkenntnis ist die Grundlage für die Gruppierung der Gestalten bei Rodin; aus ihr kommt jenes unerhörte Aneinander-Gebunden-Sein der Figuren, jenes Zusammenhalten der Formen, jenes Sich-Nicht-Loslassen, um keinen Preis. Er geht nicht von den Figuren aus, die sich umfassen, er hat keine Modelle, die er anordnet und zusammenstellt. Er fängt bei den Stellen der stärksten Berührung als bei den Höhepunkten des Werkes an; dort, wo etwas Neues entsteht, setzt er ein und widmet alles Wissen seines Werkzeugs den geheimnisvollen Erscheinungen, die das Werden eines neuen Dinges begleiten. Er arbeitet gleichsam beim Schein der Blitze, die an diesen Punkten entstehen, und sieht nur diejenigen Teile der ganzen Körper, die beschienen sind. Der Zauber der großen Gruppe des Mädchens und des Mannes, die *Der Kuß* genannt wird, liegt in dieser weisen und gerechten Verteilung des Lebens; man hat das Gefühl, als gingen hier von allen Berührungsflächen Wellen in die Körper hinein, Schauer von Schönheit, Ahnung und Kraft. Daher kommt es, daß man die Seligkeit dieses Kusses überall auf diesen Leibern zu schauen glaubt; er ist wie eine Sonne, die aufgeht, und sein Licht liegt überall. Aber noch wunderbarer ist jener andere Kuß, um den sich, wie die Mauer um einen Garten, jenes Werk erhebt, welches *Éternelle Idole* heißt. Eine der Wiederholungen dieses Marmors ist im Besitze Eugène Carrières, und in der stillen Dämmerung seines Hauses lebt dieser klare Stein wie ein Quell, in dem immer dieselbe Bewegung ist, derselbe Aufstieg und Niederfall verzauberter Kraft. Ein Mädchen kniet. Ihr schöner Leib hat sich sanft zurückgelehnt. Ihr rechter Arm hat sich nach hinten gestreckt, und ihre Hand hat tastend ihren Fuß gefunden. In diese drei Linien, aus denen kein Weg hinausführt in die Welt, schließt sich ihr Leben mit seinem Geheimnis ein. Der Stein unter ihr hebt sie empor, wie sie so kniet. Und man glaubt plötzlich in der Haltung, in die dieses junge

Mädchen aus Trägheit, aus Träumerei oder aus Einsamkeit verfiel, eine uralte heilige Gebärde zu erkennen, in welche die Göttin ferner, grausamer Kulte versunken war. Der Kopf dieses Weibes neigt sich ein wenig vor; mit einem Ausdruck von Nachsicht, Hoheit und Geduld, sieht sie, wie aus der Höhe einer stillen Nacht, auf den Mann hinab, der sein Gesicht in ihre Brust versenkt wie in viele Blüten. Auch er kniet, aber tiefer, tief im Stein. Seine Hände liegen hinter ihm, wie wertlose und leere Dinge. Die Rechte ist offen; man sieht hinein. Von dieser Gruppe geht eine geheimnisvolle Größe aus. Man wagt (wie so oft bei Rodin) nicht, ihr eine Bedeutung zu geben. Sie hat tausende. Wie Schatten gehn die Gedanken über sie und hinter jedem steigt sie neu und rätselhaft auf in ihrer Klarheit und Namenlosigkeit.

Etwas von der Stimmung eines Purgatorio lebt in diesem Werke. Ein Himmel ist nah, aber er ist noch nicht erreicht; eine Hölle ist nah, aber sie ist noch nicht vergessen. Auch hier strahlt aller Glanz von der Berührung aus; von der Berührung der beiden Körper und von der Berührung des Weibes mit sich selbst.

Und nichts anderes als eine immer neue Ausgestaltung des Themas von der Berührung lebendiger und bewegter Flächen, ist jene gewaltige *Porte de l'Enfer*, an der Rodin seit zwanzig Jahren einsam gearbeitet hat und deren Guß nun bevorsteht. Gleichzeitig im Erforschen der Bewegung von Flächen und ihrer Vereinigung fortschreitend, kam Rodin dazu, Körper zu suchen, die sich mit vielen Stellen berührten, Körper, deren Berührungen heftiger waren, stärker, ungestümer. Je mehr Berührungspunkte zwei Körper einander boten, je ungeduldiger sie aufeinander zustürzten, gleich chemischen Stoffen von großer Verwandtschaft, desto fester und organischer hielt das neue Ganze, das sie bildeten, zusammen. Erinnerungen aus Dante tauchten auf. Ugolino, und die Wandernden selbst, Dante und Virgil aneinandergedrängt, das Gewühl der Wollüstigen, aus dem, wie ein verdorrter Baum, die greifende Gebärde des Geizigen ragte. Die Zentauren, die Riesen und Ungeheuer, Sirenen, Faune und Weiber von Faunen, alle die wilden und reißenden Gott-Tiere des vorchristlichen Waldes kamen auf ihn zu. Und er schuf. Er verwirklichte alle die Gestalten und Formen des Dantischen Traumes, hob sie empor, wie aus der bewegten Tiefe eigener Erinnerungen und gab ihnen, einem nach dem anderen, des Dingseins leise Erlösung. Hunderte von Figuren und Gruppen entstanden auf diese Art. Aber die Bewegungen, die er in den Worten des Dichters fand, gehörten einer anderen Zeit; sie erweckten in dem Schaffenden, der sie auferstehen ließ, das Wissen von tausend anderen Gebärden, Gebärden des Greifens, Verlierens, Leidens und Lassens, die inzwischen entstanden waren, und seine Hände, die keine Ermüdung kannten, gingen weiter und weiter, über die Welt des Florentiners hinaus zu immer neuen Gesten und Gestalten.

Dieser ernste, gesammelte Arbeiter, der nie nach Stoffen gesucht hatte und keine andere Erfüllung wollte, als die, welche seinem immer reiferen Werkzeug erreichbar war, kam auf diesem Wege durch alle Dramen des Lebens: jetzt tat sich ihm die Tiefe der Liebesnächte auf, die dunkle lust- und kummervolle Weite, in der es, wie in einer noch immer heroischen Welt, keine Kleider gab, in der die Gesichter verlöscht waren und die Leiber galten. Er kam mit weißglühenden Sinnen, als ein Suchender des Lebens, in die große Wirrnis dieses Ringens und was er sah war: Leben. Es wurde nicht eng um ihn, klein und schwül. Es wurde weit. Die Atmosphäre der Alkoven war fern. Hier war das Leben, war tausendmal in jeder Minute, war in Sehnsucht und Weh, in Wahnsinn und Angst, in Verlust und Gewinn. Hier war ein Verlangen, das unermeßlich war, ein Durst so groß, daß alle Wasser der Welt in ihm wie ein Tropfen vertrockneten, hier war kein Lügen und Verleugnen, und die Gebärden von Geben und Nehmen, hier waren sie echt und groß. Hier waren die Laster und die Lästerungen, die Verdammnisse und die Seligkeiten, und man begriff auf einmal, daß eine Welt arm sein mußte, die das alles verbarg und vergrub und tat, als ob es nicht wäre. Es war. Neben der ganzen Geschichte der Menschheit ging diese andere Historie her, die keine Verkleidungen kannte, keine Konventionen, keine Unterschiede und Stände, – nur Kampf. Auch sie hatte ihre Entwickelung gehabt. Sie war aus einem Trieb eine Sehnsucht geworden, aus einer Begierde zwischen Mann und Weib ein Begehren von Mensch zu Mensch. Und so erscheint sie im Werke Rodins. Noch ist es die ewige Schlacht der Geschlechter, aber das Weib ist nichtmehr das überwältigte oder das willige Tier. Sie ist sehnsüchtig und wach wie der Mann, und es ist, als hätten sie sich zusammengetan, um beide nach ihrer Seele zu suchen. Der Mensch, der nachts aufsteht und leise zu einem anderen geht, ist wie ein Schatzgräber, der das große Glück, das so notwendig ist, ergraben will am Kreuzweg des Geschlechts. Und in allen Lastern, in allen Lüsten wider die Natur, in allen diesen verzweifelten und verlorenen Versuchen, dem Dasein einen unendlichen Sinn zu finden, ist etwas von jener Sehnsucht, die die großen Dichter macht. Hier hungert die Menschheit über sich hinaus. Hier strecken sich Hände aus nach der Ewigkeit. Hier öffnen sich Augen, schauen den Tod und fürchten ihn nicht; hier entfaltet sich ein hoffnungsloses Heldentum, dessen Ruhm wie ein Lächeln kommt und geht und wie eine Rose blüht und bricht. Hier sind die Stürme des Wunsches und die Windstillen der Erwartung; hier sind Träume, die zu Taten werden, und Taten, die in Träumen vergehen. Hier wird, wie in einer Riesenspielbank, ein Vermögen von Kraft gewonnen oder verloren. Das alles steht in dem Werke Rodins. Er, der schon durch soviel Leben gegangen war, hier fand er des Lebens Fülle und Überfluß. Die Körper, an denen jede Stelle Wille war, die Munde, die die Form von Schreien hatten, welche aus den Tiefen der Erde zu steigen schienen. Er fand die Gebärden der Urgötter, die Schönheit und Geschmeidigkeit der Tiere, den Taumel alter Tänze und die Bewegungen vergessener Gottesdienste seltsam verbunden mit den neuen Gebärden, die entstanden waren in der langen Zeit, während welcher die Kunst abgewendet war und allen diesen Offenbarungen blind. Diese neuen Gebärden waren ihm besonders interessant. Sie waren ungeduldig. Wie einer, der lange nach einem Gegenstand sucht, immer ratloser wird, zerstreuter und eiliger, und um sich herum eine Zerstörung schafft, eine Anhäufung von Dingen, die er aus ihrer Ordnung zieht, als wollte er sie zwingen mitzusuchen, so sind die Gebärden der Menschheit, die ihren Sinn nicht finden kann, ungeduldiger geworden, nervöser, rascher und hastiger. Und alle die durchwühlten Fragen des Daseins liegen um sie her. Aber ihre Bewegungen sind zugleich auch wieder zögernder geworden. Sie haben nichtmehr die gymnastische und entschlossene Gradheit, mit der frühere Menschen nach allem gegriffen haben. Sie gleichen nicht jenen Bewegungen, die in den alten Bildwerken aufbewahrt sind, den Gesten, bei denen nur der Ausgangspunkt und der Endpunkt wichtig war. Zwischen diese beiden einfachen Momente haben sich unzählige Übergänge eingeschoben, und es zeigte sich, daß gerade in diesen Zwischen-Zuständen das Leben des heutigen Menschen verging, sein Handeln und sein Nichthandeln-Können. Das Ergreifen war anders geworden, das Winken, das Loslassen und das Halten. In allem war viel mehr Erfahrung und zugleich auch wieder mehr Unwissenheit; viel mehr Mutlosigkeit und ein fortwährendes Angehen gegen Widerstände; viel mehr Trauer um Verlorenes, viel mehr Abschätzung, Urteil, Erwägung und weniger Willkür. Rodin schuf diese Gebärden. Er machte sie aus einer oder aus mehreren Gestalten, formte sie zu Dingen in seiner Art. Er gab Hunderten und Hunderten von Figuren, die nur ein wenig größer waren als seine Hände, das Leben aller Leidenschaften zu tragen, das Blühen aller Lüste und aller Laster Last. Er schuf Körper, die sich überall berührten und zusammenhielten wie ineinander verbissene Tiere, die als ein Ding in die Tiefe fallen; Leiber, die horchten wie Gesichter und ausholten wie Arme; Ketten von Leibern, Gewinde und Ranken, und schwere Trauben von Gestalten, in welche der Sünde Süße stieg aus den Wurzeln des Schmerzes. Gleich machtvoll und überlegen hat nur Lionardo Menschen zusammengefügt in seiner grandiosen Beschreibung des Weltuntergangs. Wie dort, gab es auch hier solche, die sich in den Abgrund warfen, um das große Weh vergessen zu können, und solche, die ihren Kindern die Köpfe zerschlugen, damit sie nicht hineinwüchsen in das große Weh. – Das Heer dieser Figuren war viel zu zahlreich geworden, um in den Rahmen und die Türflügel des *Höllen-Tores* hineinzupassen. Rodin wählte und wählte. Er schied alles aus, was zu einsam war, um sich der großen Gesamtheit zu unterwerfen, alles was nicht ganz notwendig war in diesem Zusammenhang. Er ließ die Gestalten und Gruppen selbst sich ihren Platz finden; er beobachtete das Leben des Volkes, das er geschaffen hatte, belauschte es und tat jedem seinen Willen. So erwuchs allmählich die Welt dieses Tores. Seine Fläche, an welche die plastischen Formen angefügt wurden, begann sich zu beleben; mit immer leiser werdenden Reliefs verhallte die Erregung der Figuren in die Fläche hinein. Im Rahmen ist von beiden Seiten ein Aufsteigen, ein Sich-empor-Ziehen und Hoch-Heben, in den Flügeln des Tores ein Fallen, Gleiten und Stürzen die herrschende Bewegung. Die Flügel treten ein wenig zurück, und ihr oberer Rand ist von dem vorspringenden Rand des Querrahmens noch durch eine ziemlich große Fläche getrennt. Vor diese, in den still geschlossenen Raum, ist die Gestalt des *Denkers* gesetzt, des Mannes, der die ganze Größe und alle Schrecken dieses Schauspieles sieht, weil er es denkt. Er sitzt versunken und stumm, schwer von Bildern und Gedanken, und alle seine Kraft (die die Kraft eines Handelnden ist) denkt. Sein ganzer Leib ist Schädel geworden und alles Blut in seinen Adern Gehirn. Er ist der Mittelpunkt des Tores, obwohl noch über ihm auf der Höhe des Rahmens drei Männer stehen. Die Tiefe wirkt auf sie und formt sie aus der Ferne. Sie haben ihre Köpfe zusammengebogen, ihre drei Arme sind vorgestreckt, laufen zusammen und zeigen hinunter auf dieselbe Stelle, in denselben Abgrund, welcher sie niederzieht mit seiner Schwere. Der Denker aber muß sie in sich tragen.

Unter den Gruppen und Bildwerken, die aus Anlaß dieses Tores entstanden sind, giebt es viele von großer Schönheit. Es ist unmöglich, sie alle aufzuzählen, wie es unmöglich ist, sie zu beschreiben. Rodin selbst hat einmal gesagt, er müßte ein Jahr reden, um eines seiner Werke mit Worten zu wiederholen. Man kann nur sagen, daß diese kleinen Bildwerke, welche in Gips, Bronze und Stein erhalten sind, ähnlich wie manche von den kleinen Tierfiguren der Antike den Eindruck ganz großer Dinge machen. Es giebt in Rodins Atelier den Abguß eines kaum handgroßen Panthers griechischer Arbeit (das Original befindet sich im Medaillen-Kabinett der Pariser National-Bibliothek); wenn man unter seinem Leibe durch von vorn in den Raum blickt, der von den vier geschmeidig starken Tatzen gebildet wird, kann man glauben, in die Tiefe eines indischen Felsentempels zu sehen; so wächst dieses Werk und weitet sich zur Größe seiner Maße. Ähnlich ist es bei den kleinen Plastiken Rodins. Indem er ihnen viele Stellen giebt, unzählbar viele, vollkommene und bestimmte Flächen, macht er sie groß. Die Luft ist um sie wie um Felsen. Wenn in ihnen ein Aufstehn ist, dann scheint es, als hüben sie die Himmel empor, und die Flucht ihres Falles reißt die Sterne mit.

Vielleicht ist damals auch die *Danaïde* entstanden, die sich aus dem Knieen niedergeworfen hat in ihr fließendes Haar. Es ist wunderbar, um diesen Marmor langsam herumzugehen: den langen, langen Weg um die reichentfaltete Rundung dieses Rückens, zu dem sich im Stein wie in einem großen Weinen verlierenden Gesicht, zu der Hand, die, wie eine letzte Blume, noch einmal leise vom Leben spricht, tief im ewigen Eise des Blockes. Und die *Illusion, die Tochter des Ikarus*, diese blendende Dingwerdung eines langen hülflosen Falles. Und die schöne Gruppe, die *L'homme et sa pensée* genannt worden ist. Die Darstellung eines Mannes der kniet und, mit seiner Stirne Berührung, aus dem Stein vor ihm die leisen Formen eines Weibes weckt, die an den Stein gebunden bleiben; wenn man hier auslegen will, so mag man sich freuen über den Ausdruck dieser Untrennbarkeit, mit der der Gedanke an des Mannes Stirne haftet: denn es ist immer nur sein Gedanke, der lebt und vor ihm steht; gleich dahinter ist Stein.

Verwandt damit ist auch der Kopf, der sich sinnend und still bis zum Kinn aus einem großen Steine löst, der *Gedanke,* dieses Stück Klarheit, Sein und Gesicht, das sich langsam aus dem schweren Schlafe des dumpf Dauernden erhebt. Und dann die *Karyatide.* Nichtmehr die aufrechte Figur, die leicht oder schwer das Tragen eines Steines erträgt, unter den sie sich doch nur gestellt hat, als er schon hielt; ein weiblicher Akt, kniend, gebeugt, in sich hineingedrückt und ganz geformt von der Hand der Last, deren Schwere wie ein fortwährender Fall in alle Glieder sinkt. Auf jedem kleinsten Teile dieses Leibes liegt der ganze Stein wie ein Wille, der größer war, älter und mächtiger, und doch hat seines Tragens Schicksal nicht aufgehört. Er trägt, wie man im Traum das Unmögliche trägt, und findet keinen Ausweg. Und sein Zusammengesunkensein und Versagen ist immer noch Tragen geblieben, und wenn die nächste Müdigkeit kommt und den Körper ganz niederzwingt ins Liegen, so wird auch das Liegen noch Tragen sein, Tragen ohne Ende. So ist die *Karyatide.*

Man kann, wenn man will, die meisten Werke Rodins mit Gedanken begleiten, erklären und umgeben. Für alle, denen das einfache Schauen ein zu ungewohnter und schwerer Weg zur Schönheit ist, giebt es andere Wege, Umwege über Bedeutungen, die edel sind, groß und voll Gestalt. Es ist, als ob das unendliche Gut- und Richtigsein dieser Akte, das vollkommene Gleichgewicht aller ihrer Bewegungen, die wunderbare innere Gerechtigkeit ihrer Verhältnisse, ihr Vom-Leben-Durchdrungensein, als ob alles das, was sie zu schönen Dingen macht, ihnen auch die Kraft verliehe, unübertreffliche Verwirklichungen der Stoffe zu sein, die der Meister in die Nähe rief, da er sie benannte. Nie ist ein Stoff bei Rodin an ein Kunst-Ding gebunden, wie ein Tier an einen Baum. Er lebt irgendwo in der Nähe des Dinges und lebt von ihm, etwa wie der Kustos einer Sammlung. Man erfährt manches, wenn man ihn ruft; wenn man es aber versteht, ohne ihn auszukommen, ist man mehr allein und ungestört und erfährt noch mehr.

Wo die erste Anregung vom Stofflichen ausging, wo eine antike Sage, die Stelle eines Gedichtes, eine historische Szene oder eine wirkliche Person Schaffens-Anlaß war, da übersetzt sich, wenn Rodin beginnt, während der Arbeit das Stoffliche immer mehr in Sachliches und Namenloses: in die Sprache der Hände übertragen, haben die Anforderungen, die sich ergeben, alle einen neuen, ganz auf die plastische Erfüllung bezüglichen Sinn.

In den Zeichnungen Rodins geht, vorbereitend, dieses Vergessen und Verwandeln der stofflichen Anregung vor sich. Er hat auch in dieser Kunst seine eigenen Ausdrucksmittel sich erzogen, und das macht diese Blätter (es sind viele Hunderte) zu einer selbständigen und originellen Offenbarung seiner Persönlichkeit.

Da sind zunächst, aus früherer Zeit, Tuschzeichnungen mit überraschend starken Licht- und Schattenwirkungen, wie der berühmte *Homme au Taureau*, bei dem man an Rembrandt denken möchte, wie der Kopf des jungen Saint Jean-Baptiste oder die schreiende Maske für den Genius des Krieges; lauter Notizen und Studien, welche dem Künstler das Leben der Flächen erkennen halfen und ihr Verhältnis zur Atmosphäre. Dann kommen Akte, die mit jagender Sicherheit gezeichnet sind, Formen, ausgefüllt von allen ihren Konturen, modelliert mit vielen schnellen Federstrichen, und andere, eingeschlossen in die Melodie eines einzigen vibrierenden Umrisses, aus dem sich mit unvergeßlicher Reinheit eine Gebärde erhebt. So sind die Zeichnungen, mit denen Rodin, auf den Wunsch eines feinsinnigen Sammlers hin, ein Exemplar der *›Fleurs du Mal‹* begleitet hat. Man sagt nichts, wenn man da von einem sehr tiefen Verständnis Baudelaire'scher Verse spricht; man versucht mehr zu sagen, wenn man sich erinnert, wie diese Gedichte in ihrem Mit-sich-Gesättigtsein keine Ergänzung zulassen und keine Steigerung über sich hinaus: und daß man doch beides empfindet, Ergänzung und Steigerung, wo Rodin'sche Linien sich diesem Werke anschmiegen, das ist ein Maßstab für die hinreißende Schönheit dieser Blätter. Die Federzeichnung, die neben das Gedicht *La mort des pauvres* gestellt ist, reicht mit einer Gebärde von so einfacher, fortwährend wachsender Großheit über diese großen Verse hinaus, daß man meint, sie erfülle die Welt von Aufgang nach Untergang.

Und so sind auch die Radierungen mit der kalten Nadel, in denen der Lauf unendlich zarter Linien wie der äußerste Umriß eines schönen gläsernen Dinges erscheint, der, in jedem Augenblicke genau bestimmt, hinfließt über das Wesen einer Wirklichkeit.

Endlich aber entstanden auch jene seltsamen Dokumente des Momentanen, des unmerklich Vorübergehenden. Rodin vermutete, daß unscheinbare Bewegungen, die das Modell tut, wenn es sich unbeobachtet glaubt, rasch zusammengefaßt, eine Stärke des Ausdrucks enthalten könnten, die wir nicht ahnen, weil wir nicht gewohnt sind, sie mit gespannter und tätiger Aufmerksamkeit zu begleiten. Indem er das Modell nicht aus dem Auge verlor und seiner erfahrenen und raschen Hand ganz das Papier überließ, zeichnete er eine Unmenge niegesehener, immer versäumter Gebärden auf, und es ergab sich, daß die Kraft des Ausdrucks, die von ihnen ausging, ungeheuer war. Bewegungszusammenhänge, die noch nie als Ganzes überschaut und erkannt worden waren, stellten sich dar, und sie enthielten alle Unmittelbarkeit, Wucht und Wärme eines geradezu animalischen Lebens. Ein Pinsel voll Ocker, schnell, mit wechselnder Betonung durch diesen Kontur geführt, modellierte so unglaublich stark die eingeschlossene Fläche, daß man meinte, plastische Figuren aus gebrannter Erde zu sehen. Und wieder war eine ganz neue Weite entdeckt, namenlosen Lebens voll; eine Tiefe, über die alle hallenden Schrittes gegangen waren, gab ihre Wasser dem, in dessen Händen die Weidenrute gewahrsagt hatte.

Auch wo es galt, Porträts zu geben, gehörte der zeichnerische Ausdruck des Themas zu den Vorbereitungen, über welche Rodin, langsam und sich sammelnd, zu dem fernen Werke geht. Denn, so unrecht man hat, in seiner plastischen Kunst eine Art von Impressionismus zu sehen, so ist doch die Menge präzis und kühn erfaßter Impressionen immer der große Reichtum, aus welchem er schließlich das Wichtige und Notwendige auswählt, um es in reifer Synthese zusammenzufassen. Wenn er von den Körpern, die er erforscht und bildet, zu den Gesichtern kommt, muß es ihm manchmal sein, als träte er aus einer windigen, bewegten Weite in eine Stube, in welcher viele beisammen sind: hier ist alles gedrängt und dunkel, und die Stimmung eines Intérieurs herrscht unter den Bogen der Brauen und im Schatten des Mundes. Während über den Leibern immer Wechsel und Wellenschlag ist, Ebbe und Flut, steht in den Gesichtern die Luft. Es ist wie in Zimmern, in denen sich viel ereignet hat, Freudiges und Banges, Schweres und Erwartungsvolles. Und kein Ereignis ist ganz vergangen, keins hat das andere ersetzt; eines ist neben das andere gestellt worden und stehn geblieben und welk geworden wie eine Blume im Glase. Wer aber von draußen kommt, aus dem großen Wind, der bringt Weite herein in die Stuben.

Die Maske des *Mannes mit der gebrochenen Nase* war das erste Porträt, das Rodin geschaffen hat. In diesem Werke ist seine Art, durch ein Gesicht zu gehen, schon ganz ausgebildet, man fühlt seine unbegrenzte Hingabe an das Vorhandene, seine Ehrfurcht vor jeder Linie, die das Schicksal gezogen hat, sein Vertrauen zu dem Leben, das schafft, auch wo es entstellt. In einer Art von blindem Glauben hatte er den *Homme au nez cassé* geschaffen, ohne zu fragen, wer der Mann war, dessen Leben in seinen Händen noch einmal verging. Er hatte ihn gemacht, wie Gott den ersten Menschen gemacht hat, ohne die Absicht, etwas anderes zu wirken als das Leben selbst, namenloses Leben. Aber immer wissender, immer erfahrener und größer kam er zu den Gesichtern der Menschen zurück. Er konnte ihre Züge nichtmehr sehen, ohne an die Tage zu denken, die daran gearbeitet hatten, an dieses ganze Heer von Handwerkern, die fortwährend um ein Gesicht herumgehen, als könnte es niemals fertig werden. Aus einer stillen und gewissenhaften Wiederholung des Lebens wurde so in dem reifen Manne eine erst tastende und versuchende, immer sicherer und kühner werdende Auslegung der Schrift, mit der die Gesichter über und über bedeckt waren. Er gab seiner Phantasie nicht Raum; er erfand nicht. Er verachtete nicht einen Augenblick den schweren Gang seines Werkzeugs. Es wäre ja so leicht gewesen, es auf irgend welchen Flügeln zu überholen. Wie früher ging er neben ihm einher, ging die ganzen weiten Strecken, die gegangen sein mußten, ging wie der Pflüger hinter seinem Pflug. Aber während er seine Furchen zog, dachte er über sein Land nach und über die Tiefe seines Landes, über den Himmel, der darüber war, über den Gang der Winde und über der Regen Fall, über alles das, was war und wehe tat und verging und wiederkam und nicht aufhörte zu sein. Und er glaubte in alledem jetzt, besser und weniger verwirrt von dem Vielen, das Ewige zu erkennen, das, um dessenwillen auch das Leid gut und die Schwere Mutterschaft war und der Schmerz schön.

Diese Auslegung, die bei den Porträts begann, wuchs von da immer weiter in sein Werk hinein. Sie ist die letzte Stufe, der äußerste Kreis seiner weiten Entwickelung. Sie fing langsam an. Mit unendlicher Vorsicht betrat Rodin diesen neuen Weg. Wieder drang er von Fläche zu Fläche vor, ging der Natur nach und hörte auf sie. Sie selbst bezeichnete ihm gleichsam die Stellen, von denen er mehr wußte, als zu sehen war. Wenn er dort einsetzte und aus kleinen Verworrenheiten eine große Vereinfachung schuf, so tat er, was Christus den Leuten tat, wenn er die unklar Fragenden mit einem erhabenen Gleichnis reinigte von ihrer Schuld. Er erfüllte eine Intention der Natur. Er vollendete etwas, was im Werden hülflos war, er deckte die Zusammenhänge auf, wie der Abend eines Nebeltages die Berge aufdeckt, die in großen Wellen sich fortpflanzen in die Ferne.

Voll von seines ganzen Wissens lebendiger Last, sah er wie ein Zukünftiger in die Gesichter derer hinein, die um ihn lebten. Das giebt seinen Porträts die ungemein klare Bestimmtheit, aber auch jene prophetische Größe, die in den Bildern des *Victor Hugo* oder des *Balzac* sich zu einer unbeschreiblichen Vollendung erhob. Ein Bildnis schaffen hieß für ihn, in einem gegebenen Gesichte Ewigkeit suchen, jenes Stück Ewigkeit, mit dem es teilnahm an dem großen Gange ewiger Dinge. Er hat keinen gebildet, den er nicht ein wenig aus den Angeln gehoben hätte in die Zukunft hinein; wie man ein Ding vor den Himmel hält, um seine Formen reiner und einfacher zu verstehen. Das ist nicht, was man verschönern heißt, und auch charakteristisch machen ist kein passender Ausdruck dafür. Es ist mehr; es ist: das Dauernde vom Vergänglichen scheiden, Gericht halten, gerecht sein.

Sein Porträt-Werk umfaßt, auch wenn man von den Radierungen absieht, eine sehr große Zahl vollendeter und meisterhafter Bildnisse. Es giebt da Büsten in Gips, in Bronze, in Marmor und Sandstein, Köpfe in gebranntem Ton und Masken, die man einfach hat eintrocknen lassen. Frauenbildnisse kehren immer wieder zu allen Zeiten seines Werkes. Die berühmte Büste des Luxembourg-Museums ist eines der frühesten. Sie ist voll eigentümlichen Lebens, schön, von einem gewissen frauenhaften Zauber, aber sie wird von vielen späteren Werken an Einfachheit und Zusammenfassung der Flächen übertroffen. Sie ist vielleicht das einzige unter Rodins Werken, dem nicht nur die diesem Bildhauer eigentümlichen Tugenden seine Schönheit gegeben haben; dieses Porträt lebt zum Teil auch durch die Gnade jener Grazie, die in der französischen Plastik seit Jahrhunderten erblich ist. Es glänzt ein wenig mit der Eleganz, die auch die schlechte Skulptur französischer Tradition immer noch aufweist; es ist nicht ganz frei von jener galanten Auffassung der belle femme, über welche der Ernst und die tief einsetzende Arbeit Rodins so rasch hinauswuchs. Aber man tut gut, sich an dieser Stelle zu erinnern, daß er auch dieses angestammte Gefühl zu überwinden hatte; er mußte ein angeborenes Können unterdrücken, um ganz arm zu beginnen. Er mußte deshalb nicht aufhören, Franzose zu sein: auch die Meister der Kathedralen waren es.

Die späteren Frauen-Bildnisse haben eine andere, tiefer begründete und weniger geläufige Schönheit. Dabei ist vielleicht zu sagen, daß es meistens Ausländerinnen waren, Amerikanerinnen, deren Porträts Rodin ausgeführt hat. Es giebt darunter solche von wunderbarer Arbeit, Steine, die wie antike Kameen rein und unberührbar sind. Gesichter, deren Lächeln nirgends befestigt ist und so schleierleise über den Zügen spielt, daß es sich zu heben scheint bei jedem Atemholen. Rätselhaft verschlossene Lippen und Augen, die, über alles fort, in eine ewige Mondnacht schauen, traumhaft weit aufgetan. Und doch ist es, als empfände Rodin das Angesicht des Weibes am liebsten als einen Teil seines schönen Körpers, als wollte er, daß seine Augen Augen des Leibes seien und der Mund seines Leibes Mund. Wo er es so im Ganzen erschafft und schaut, da erhält auch das Gesicht einen so starken und ergreifenden Ausdruck nieverkündeten Lebens, daß die Porträts von Frauen (obwohl sie scheinbar ›ausgeführter‹ sind) weit übertroffen werden.

Anders ist es bei den Männer-Bildnissen. Das Wesen eines Mannes kann man sich leichter im Raume seines Gesichtes versammelt denken. Man kann sich sogar vorstellen, daß es Augenblicke giebt (solche der Ruhe und solche der inneren Erregung), in welchen alles Leben in sein Gesicht eingetreten ist. Solche Augenblicke wählt Rodin, wo er ein männliches Porträt geben will; oder besser: er schafft sie. Er holt weit aus. Er giebt nicht dem ersten Eindruck recht und nicht dem zweiten und von allen nächsten keinem. Er beobachtet und notiert. Er notiert Bewegungen, die keines Wortes wert sind, Wendungen und Halb-Wendungen, vierzig Verkürzungen und achtzig Profile. Er überrascht sein Modell in seinen Gewohnheiten und Zufälligkeiten, bei Ausdrücken, die erst im Entstehen sind, bei Müdigkeiten und Anstrengungen. Er kennt alle Übergänge in seinen Zügen, weiß, woher das Lächeln kommt und wohin es zurückfällt. Er erlebt das Gesicht des Menschen wie eine Szene, an der er selbst teilnimmt, er steht mitten drin und nichts was passiert ist ihm gleichgültig oder entgeht ihm. Er läßt sich nichts von dem

Betreffenden erzählen, er will nichts wissen als was er sieht. Aber er sieht alles.

So vergeht über jeder Büste viel Zeit. Das Material wächst, zum Teil in Zeichnungen, in ein paar Federstrichen und Tuschflecken festgehalten, zum Teil im Gedächtnisse angesammelt; denn dieses hat Rodin sich zu einem ebenso verläßlichen als bereiten Hülfsmittel ausgebildet. Sein Auge sieht während der Sitzungs-Stunden viel mehr, als er in dieser Zeit ausführen kann. Er vergißt nichts davon und oft, wenn das Modell ihn verlassen hat, beginnt für ihn das eigentliche Arbeiten aus der Fülle seiner Erinnerung. Seine Erinnerung ist weit und geräumig; die Eindrücke verändern sich nicht in ihr, aber sie gewöhnen sich an ihre Wohnung, und wenn sie von da in seine Hände steigen, so ist es, als wären sie natürliche Gebärden dieser Hände.

Diese Arbeitsweise führt zu gewaltigen Zusammenfassungen von hundert und hundert Lebensmomenten: und so ist auch der Eindruck, den diese Büsten machen. Die vielen fernen Kontraste und die unerwarteten Übergänge, die einen Menschen bilden und eines Menschen fortwährende Entwickelung, treffen einander hier in glücklichen Begegnungen und halten aneinander mit einer inneren Adhäsionskraft fest. Aus allen Weiten ihres Wesens sind diese Menschen zusammengeholt, alle Klimaten ihres Temperamentes entfalten sich auf den Hemisphären ihres Hauptes. Da ist der Bildhauer *Dalou,* in dem neben einer ausdauernden und geizigen Energie eine nervöse Müdigkeit vibriert, da ist *Henri Rocheforts* abenteuernde Maske, da ist *Octave Mirbeau*, bei dem hinter einem Tatmenschen eines Dichters Traum und Sehnsucht dämmert, und *Puvis de Chavannes* und *Victor Hugo*, den Rodin so genau kennt, und da ist vor allem die unbeschreiblich schöne Bronze, das Bildnis des Malers *Jean-Paul*

Laurens, von dem eine gute Abbildung diesem Buch beigegeben wurde. Diese Büste ist vielleicht die schönste Sache im Luxembourg-Museum. Sie ist von einer so tiefen und zugleich so groß empfundenen Durchbildung der Oberfläche, so geschlossen in der Haltung, so stark im Ausdruck, so bewegt und wach, daß man das Gefühl nicht verliert, die Natur selbst habe dieses Werk aus den Händen des Bildhauers genommen, um es zu halten wie eines ihrer liebsten Dinge. Die prachtvolle Patina, deren rauch-schwarzen Belag das Metall wie Feuer, flammend und sprühend, durchbricht, trägt viel dazu bei, die unheimliche Schönheit dieses Bildwerkes zu vollenden.

Auch eine Büste von *Bastien-Lepage* existiert, schön und melancholisch, mit dem Ausdruck des Leidenden, dessen Arbeit ein fortwährender Abschied von seinem Werke ist. Sie ist für Damvillers, das kleine Heimatdorf des Malers, gemacht worden und ist dort auf dem Kirchhofe aufgestellt. Sie ist also eigentlich ein Denkmal. Und die Büsten Rodins in ihrer Vollständigkeit und ihrer ins Große gehenden Zusammenfassung haben alle etwas vom Denkmal an sich. Es kommt bei diesem nur eine weitere Vereinfachung der Flächen, eine noch strengere Auswahl des Notwendigen und die Bedingung des Weithinsichtbaren dazu. Die Denkmäler, die Rodin geschaffen hat, näherten sich immer mehr diesen Ansprüchen. Er begann mit dem Denkmal des *Claude Gelée* für Nancy; und es ist ein steiler Aufstieg von diesem ersten, interessanten Versuch bis zu dem grandiosen Gelingen des Balzac.

Mehrere von den Denkmälern Rodins sind nach Amerika gegangen, und das reifste von diesen ist bei den Unruhen in Chile zerstört worden, noch ehe es an seinen Platz gebracht worden war. Es war das Reiter-Standbild des Generals Lynch. Gleich dem verlorenen Meisterwerke Lionardos, dem es sich vielleicht durch die Macht des Ausdrucks und durch die wundervoll beseelte Einheit von Mann und Roß näherte, sollte auch diese Statue nicht erhalten bleiben. Nach einem kleinen Gips-Modell im Musée Rodin in Meudon muß man schließen, daß sie das plastische Bild eines mageren Mannes war, der sich gebietend im Sattel aufrichtete, nicht in der brutalen Herren-Art eines Condottiere, sondern nervöser und erregter, mehr wie einer, der die Macht zu befehlen nur ausübt als Amt und sie nicht als Leben lebt. Hier schon erhob sich übrigens die vorwärtsweisende Hand des Generals aus der ganzen Masse des Standbildes, aus Mensch und Tier; und dieser Umstand ist es auch, welcher der Gebärde *Victor Hugo's* ihre unvergeßliche Hoheit, dieses Weit-Herkommende giebt, diese Macht, an die man glaubt auf den ersten Blick. Die große, lebendige Greisenhand, die mit dem Meere redet, kommt nicht aus dem Dichter allein; sie steigt herab von dem Gipfel der ganzen Gruppe wie von einem Berge, auf dem sie betete, ehe sie sprach. Victor Hugo ist hier der Verbannte, der Einsame von Guernesey, und es ist eines von den Wundern dieses Denkmales, daß die Musen, die ihn umgeben, nicht wie Gestalten wirken, die den Verlassenen heimsuchen: sie sind, im Gegenteil, seine sichtbar gewordene Einsamkeit. Durch die Verinnerlichung der einzelnen Figuren und ihre Konzentration, man möchte sagen: um das Innere des Dichters, hat Rodin diesen Eindruck erreicht; indem er auch hier wieder von einer Individualisierung der Berührungsstellen ausging, ist es ihm gelungen, die wundervoll bewegten Akte gleichsam zu Organen des sitzenden Mannes zu machen. Sie sind um ihn wie große Gebärden, die er einmal getan hat, Gebärden, die so schön und jung waren, daß ihnen eine Göttin die Gnade verlieh, nicht zu vergehen und in der Gestalt schöner Frauen immer zu dauern.

Für die Figur des Dichters selbst hat Rodin viele Studien gemacht. Während der Empfänge im Hotel Lusignan beobachtete und notierte er, von einer Fensternische aus, hundert und hundert Bewegungen des Greises und alle Ausdrücke seines belebten Gesichtes. Aus diesen Vorbereitungen entstanden die Porträts Hugos, die Rodin geschaffen hat. Für das Denkmal bedurfte es einer noch weiteren Vertiefung. Er drängte alle die Einzeleindrücke zurück, faßte sie in der Ferne zusammen, und, wie man vielleicht aus einer Reihe von Rhapsoden eine Gestalt gebildet hat: Homer, so schuf er aus allen Bildern seiner Erinnerung dieses Eine. Und diesem einen, letzten Bilde gab er die Größe des Sagenhaften; als könnte das alles am Ende nur ein Mythos gewesen sein und zurückgehen auf einen phantastisch ragenden Felsen am Meer, in dessen seltsamen Formen entfernte Völker eine Gebärde schlafen sahen.

Diese Macht, Vergangenes zum Unvergänglichen zu erheben, offenbarte Rodin immer, wenn historische Stoffe oder Gestalten in seiner Kunst aufzuleben verlangten; am überlegensten vielleicht in den *Bürgern von Calais*. Was hier Stoff war, beschränkte sich auf einige Spalten in der Chronik des Froissart. Es war die Geschichte, wie die Stadt Calais von Eduard III., dem englischen Könige, belagert wird; wie der König der in der Furcht des Hungers verzagenden Stadt nicht Gnade geben will; wie derselbe König endlich einwilligt, von der Stadt abzulassen, wenn sechs ihrer vornehmsten Bürger sich in seine Hände geben, »damit er mit ihnen tue nach seinem Willen«. Und er verlangt, daß sie die Stadt verlassen sollen, barhaupt, nur mit dem Hemde bekleidet, einen Strick um den Hals und die Schlüssel von Stadt und Kastell in der Hand. Der Chronist erzählt nun die Szene in der

Stadt; er berichtet, wie der Bürgermeister, Messire Jean de Vienne, die Glocken läuten läßt und wie die Bürger sich auf dem Marktplatze versammeln. Sie haben die bange Botschaft gehört und warten und schweigen. Aber schon stehen unter ihnen die Helden auf, die Auserwählten, die den Beruf in sich fühlen zu sterben. Hier drängt sich durch die Worte des Chronisten das Schreien und Weinen der Menge. Er selbst scheint eine Weile ergriffen zu sein und mit zitternder Feder zu schreiben. Aber er sammelt sich wieder. Er nennt vier von den Helden beim Namen, zwei vergißt er. Er sagt von dem einen, daß er der reichste Bürger der Stadt war, von dem zweiten, daß er Ansehen und Vermögen besaß und »zwei schöne Fräulein zu Töchtern hatte«, von dem dritten weiß er nur, daß er reich an Besitz und Erbschaft war, und von dem vierten, daß er des dritten Bruder gewesen ist. Er berichtet, daß sie sich bis auf das Hemde entkleideten, daß sie Stricke um ihren Hals banden und daß sie so aufbrachen, mit den Schlüsseln von Stadt und Kastell. Er erzählt, wie sie in das Lager des Königs kamen; er schildert, wie hart sie der König empfing und wie der Henker schon neben ihnen stand, als der Fürst, auf die Bitten der Königin hin, ihnen das Leben schenkte. »Er hörte auf seine Gemahlin« – sagt Froissart, »weil sie sehr schwanger war.« Mehr enthält die Chronik nicht.

Für Rodin aber war das Stoff genug. Er fühlte sofort, daß es in dieser Geschichte einen Augenblick gab, wo etwas Großes geschah, etwas, was von Zeit und Namen nicht wußte, etwas Unabhängiges und Einfaches. Er wandte alle Aufmerksamkeit dem Moment des Aufbruchs zu. Er sah, wie diese Männer ihren Gang begannen; er fühlte, wie in jedem noch einmal das ganze Leben war, das er gehabt hatte, wie jeder, beladen mit seiner Vergangenheit, dastand, bereit, sie hinauszutragen aus der alten Stadt. Sechs Männer tauchten vor ihm auf, von denen keiner dem anderen glich; nur zwei Brüder waren unter ihnen, zwischen denen vielleicht eine gewisse Ähnlichkeit bestand. Aber jeder einzelne hatte auf seine Art den Entschluß gefaßt und lebte diese letzte Stunde auf seine Weise, feierte sie mit seiner Seele und litt sie an seinem Leibe, der am Leben hing. Und dann sah er auch die Gestalten nichtmehr. In seiner Erinnerung stiegen Gebärden auf, Gebärden der Absage, des Abschiedes, des Verzichts. Gebärden über Gebärden. Er sammelte sie. Er bildete sie alle. Sie flossen ihm aus der Fülle seines Wissens zu. Es war, als stünden in seinem Gedächtnis hundert Helden auf und drängten sich zu dem Opfer. Und er nahm alle hundert an und machte aus ihnen sechs. Er bildete sie nackt, jeden für sich, in der ganzen Gesprächigkeit ihrer fröstelnden Leiber. Überlebensgroß: in der natürlichen Größe ihres Entschlusses.

Er schuf den alten Mann mit den hängenden Armen, die in den Gelenken gelockert sind; und er gab ihm den schweren, schleppenden Schritt, den abgenützten Gang der Greise, und einen Ausdruck von Müdigkeit, der über sein Gesicht fließt bis in den Bart.

Er schuf den Mann, welcher den Schlüssel trägt. In ihm ist Leben noch für viele Jahre und alles in die plötzliche letzte Stunde gedrängt. Er erträgt es kaum. Seine Lippen sind zusammengepreßt, seine Hände beißen in den Schlüssel. Er hat Feuer an seine Kraft gelegt und sie verbrennt in ihm, in seinem Trotze.

Er schuf den Mann, der den gesenkten Kopf mit beiden Händen hält, wie um sich zu sammeln, um noch einen Augenblick allein zu sein.

Er schuf die beiden Brüder, von denen der eine noch

zurückschaut, während der andere mit einer Bewegung der Entschlossenheit und Ergebung das Haupt neigt, als hielte er's schon dem Henker hin.

Und er schuf die vage Gebärde jenes Mannes, der »durch das Leben geht«. *»Le Passant«* hat Gustave Geffroy ihn genannt. Er geht schon, aber er wendet sich noch einmal zurück, nicht zu der Stadt, nicht zu den Weinenden und nicht zu denen, die mit ihm gehen. Er wendet sich zurück zu sich selbst. Sein rechter Arm hebt sich, biegt sich, schwankt; seine Hand tut sich auf in der Luft und läßt etwas los, etwa so wie man einem Vogel die Freiheit giebt. Es ist ein Abschied von allem Ungewissen, von einem Glück, das noch nicht war, von einem Leid, das nun umsonst warten wird, von Menschen, die irgendwo leben und denen man vielleicht einmal begegnet wäre, von allen Möglichkeiten aus Morgen und Übermorgen, und auch von jenem Tod, den man sich fern dachte, milde und still, und am Ende einer langen, langen Zeit.

Diese Gestalt, allein in einen alten, dunklen Garten gestellt, könnte ein Denkmal sein für alle Jungverstorbenen.

Und so hat Rodin jedem dieser Männer ein Leben gegeben in dieses Lebens letzter Gebärde.

Die einzelnen Figuren wirken erhaben in ihrer einfachen Größe. Man denkt an Donatello und vielleicht noch mehr an Claux Sluter und seine Propheten in der Chartreuse von Dijon.

Es scheint zunächst, als hätte Rodin nichts weiter getan, sie zusammenzufassen. Er hat ihnen die gemeinsame Tracht gegeben, das Hemd und den Strick, und hat sie nebeneinandergestellt in zwei Reihen; die drei, welche schon im Schreiten begriffen sind, in die erste Reihe, die anderen, mit einer Wendung nach rechts, dahinter, als ob sie sich anschlössen.

Der Platz, für den das Denkmal bestimmt war, war der Markt von Calais, dieselbe Stelle, auf der einst der schwere Gang begonnen hatte. Dort sollten jetzt die stillen Bilder stehen, von einer niedrigen Stufe nur wenig emporgehoben über den Alltag, so als stünde der bange Aufbruch immer bevor, mitten in jeder Zeit.

Man weigerte sich aber in Calais, einen niedrigen Sockel zu nehmen, weil es der Gewohnheit widersprach. Und Rodin schlug eine andere Aufstellungsart vor. Man sollte, verlangte er, hart am Meer einen Turm bauen, viereckig, im Umfange der Basis, mit schlichten, behauenen Wänden und zwei Stockwerke hoch, und dort oben sollte man die sechs Bürger aufstellen in der Einsamkeit des Windes und des Himmels. Es war vorauszusehen, daß auch dieser Vorschlag abgelehnt wurde. Und doch lag er im Wesen des Werkes. Hätte man den Versuch gemacht, man hätte eine unvergleichliche Gelegenheit gehabt, die Geschlossenheit dieser Gruppe zu bewundern, die aus sechs Einzelfiguren bestand und doch so fest zusammenhielt, als wäre sie nur ein einziges Ding. Und dabei berührten die einzelnen Gestalten einander nicht, sie standen nebeneinander wie die letzten Bäume eines gefällten Waldes, und was sie vereinte, war nur die Luft, die an ihnen teilnahm in einer besonderen Art. Ging man um diese Gruppe herum, so war man überrascht zu sehen, wie aus dem Wellenschlag der Konturen rein und groß die Gebärden stiegen, sich erhoben, standen und zurückfielen in die Masse, wie Fahnen, die man einzieht. Da war alles klar und bestimmt. Für einen Zufall schien nirgends Raum zu sein. Wie alle Gruppen des Rodin'schen Werkes, war auch diese in sich selbst verschlossen, eine eigene Welt, ein Ganzes, erfüllt von einem Leben, das kreiste und sich nirgends ausströmend verlor. An Stelle der Berührungen waren hier die Überschneidungen getreten, die ja auch eine Art von Berührung waren, unendlich abgeschwächt durch das Medium der Luft, die dazwischen lag, beeinflußt von ihr und verändert. Berührungen aus der Ferne waren entstanden, Begegnungen, ein Übereinander-Hinziehen der Formen, wie man es manchmal bei Wolkenmassen sieht oder bei Bergen, wo auch die dazwischen gelagerte Luft kein Abgrund ist, der trennt, vielmehr eine Leitung, ein leise abgestufter Übergang.

Für Rodin war immer schon die Teilnahme der Luft von großer Bedeutung. Er hatte alle seine Dinge, Fläche für Fläche, in den Raum gepaßt, und das gab ihnen diese Größe und Selbständigkeit, dieses unbeschreibliche Erwachsensein, das sie von allen Dingen unterschied. Nun aber, da er, die Natur auslegend, allmählich dazu gekommen war, einen Ausdruck zu verstärken, zeigte es sich, daß er damit auch das Verhältnis der Atmosphäre zu seinem Werke steigerte, daß sie die zusammengefaßten Flächen bewegter, gleichsam leidenschaftlicher umgab. Hatten seine Dinge früher im Raume gestanden, so war es jetzt, als risse er sie zu sich her. Nur bei einzelnen Tieren auf den Kathedralen konnte man Ähnliches beobachten. Auch an ihnen nahm die Luft in eigentümlicher Weise teil: es schien als würde sie Stille oder Wind, jenachdem sie über betonte oder über leise Stellen ging. Und in der Tat, wenn Rodin die Oberfläche seiner Werke in Höhepunkten zusammenfaßte, wenn er Erhabenes erhöhte und einer Höhlung größere Tiefe gab, verfuhr er ähnlich mit seinem Werke, wie die Atmosphäre mit jenen Dingen verfahren war, die ihr preisgegeben waren seit Jahrhunderten. Auch sie hatte zusammengefaßt, vertieft und Staub abgesetzt, hatte mit Regen und Frost, mit Sonne und Sturm diese Dinge erzogen für ein Leben, das langsamer verging in Ragen, Dunkeln und Dauern.

Schon bei den *Bürgern von Calais* war Rodin auf seinem eigenen Wege zu dieser Wirkung gekommen; in ihr lag das monumentale Prinzip seiner Kunst. Mit solchen Mitteln konnte er weithin sichtbare Dinge schaffen, Dinge, die nicht nur von der allernächsten Luft umgeben waren, sondern von dem ganzen Himmel. Er konnte mit einer lebendigen Fläche, wie mit einem Spiegel, die Fernen fangen und bewegen, und er konnte eine Gebärde, die ihm groß schien, formen und den Raum zwingen, daran teilzunehmen.

So ist jener schmale Jüngling, der kniet und seine Arme empor wirft und zurück in einer Geste der Anrufung ohne Grenzen. Rodin hat diese Figur *Der verlorene Sohn* genannt, aber sie hat, man weiß nicht woher, auf einmal den Namen: *Prière.* Und sie wächst auch über diesen hinaus. Das ist nicht ein Sohn, der vor dem Vater kniet. Diese Gebärde macht einen Gott notwendig, und in dem, der sie tut, sind alle, die ihn brauchen. Diesem Stein gehören alle Weiten; er ist allein auf der Welt.

Und so ist auch der *Balzac.* Rodin hat ihm eine Größe gegeben, die vielleicht die Gestalt dieses Schriftstellers überragt. Er hat ihn im Grunde seines Wesens erfaßt, aber er hat an den Grenzen dieses Wesens nicht Halt gemacht; um seine äußersten und fernsten Möglichkeiten, um sein Unerreichtes hat er diesen mächtigen Kontur gezogen, der in den Grabsteinen fernvergangener Völker vorgebildet scheint. Jahre und Jahre hat er ganz in dieser Gestalt gelebt. Er hat Balzacs Heimat besucht, die Landschaften der Touraine, die in seinen Büchern immer wieder aufsteigen, er hat Briefe von ihm gelesen, er hat die Bilder studiert, die von Balzac existieren, und er ist durch sein Werk gegangen, wieder und wieder; auf allen den verzweigten und verschlungenen Wegen dieses Werkes begegneten ihm die Balzac'schen Menschen, ganze Familien und Generationen, eine Welt, die immer noch an das Dasein ihres Schöpfers zu glauben, aus ihm zu leben und ihn zu schauen schien. Er sah, daß alle diese tausend Figuren, mochten sie tun was sie wollten, doch ganz mit dem Einen beschäftigt waren, der sie gemacht hatte. Und wie man vielleicht aus den vielen Mienen eines Zuschauerraumes das Drama erraten kann, das sich auf der Bühne vollzieht, so suchte er in allen diesen Gesichtern nach dem, der für sie noch nicht vergangen war. Er glaubte, wie Balzac, an die Wirklichkeit dieser Welt, und es gelang ihm eine Weile, sich ihr einzuordnen. Er lebte, als ob Balzac auch ihn geschaffen hätte, unauffällig gemischt unter die Menge seiner Existenzen. So kam er zu den besten Erfahrungen. Was sonst da war, schien bei weitem weniger beredt. Die Daguerreotypieen boten nur ganz allgemeine Anhaltspunkte und nichts Neues. Man kannte dieses Gesicht, das sie darstellten, schon von der Schulzeit her. Nur die eine, die im Besitze Stephan Mallarmé's gewesen war und Balzac ohne Rock mit Hosenträgern zeigte, war charakteristischer. Und dann mußten die Aufzeichnungen der Zeitgenossen helfen. Théophile Gautier's Worte, die Notizen der Concourts und das schöne Porträt Balzac's, das Lamartine geschrieben hatte. Außerdem war nur noch die Büste von David da in der Comédie-Française und ein kleines Bildnis von Louis Boulanger. – Ganz vom Geiste Balzac's erfüllt, ging Rodin mit diesen Hülfsmitteln nun daran, seine äußere Erscheinung aufzurichten. Er benutzte lebende Modelle von ähnlichen Körperverhältnissen und bildete in verschiedenen Stellungen sieben, vollkommen ausgeführte Akte. Es waren dicke, gedrungene Männer mit schwerfälligen Gliedern und kurzen Armen, deren er sich bediente, und er schuf nach diesen Vorarbeiten einen Balzac, ungefähr in der Auffassung, wie die Nadar'sche Daguerreotypie ihn überlieferte. Aber er fühlte, daß damit noch nichts Endgültiges gegeben war. Er kehrte zu der Beschreibung Lamartine's zurück. Dort stand: »Er hatte das Gesicht eines Elementes« und: »Er besaß soviel Seele, daß sie seinen schweren Körper trug wie nichts.« Rodin fühlte, daß in diesen Sätzen ein großer Teil der Aufgabe lag. Er kam ihrer Lösung näher, indem er allen den sieben Akten Mönchskutten anzulegen versuchte, von der Art, wie Balzac sie bei der Arbeit zu tragen pflegte. Es entstand hierauf ein Balzac in Kapuze, viel zu intim, zu sehr zurückgezogen in die Stille seiner Verkleidung.

Aber langsam wuchs Rodin's Vision von Form zu Form. Und endlich sah er ihn. Er sah eine breite, ausschreitende Gestalt, die an des Mantels Fall alle ihre Schwere verlor. Auf den starken Nacken stemmte sich das Haar, und in das Haar zurückgelehnt lag ein Gesicht, schauend, im Rausche des Schauens, schäumend von Schaffen: das Gesicht eines Elementes. Das war Balzac in der Fruchtbarkeit seines Überflusses, der Gründer von Generationen, der Verschwender von Schicksalen. Das war der Mann, dessen Augen keiner Dinge bedurften; wäre die Welt leer gewesen: seine Blicke hätten sie eingerichtet. Das war der, der durch sagenhafte Silberminen reich werden wollte und glücklich durch eine Fremde. Das war das Schaffen selbst, das sich der Form Balzac's bediente, um zu erscheinen; des Schaffens Überhebung, Hochmut, Taumel und Trunkenheit. Der Kopf, der zurückgeworfen war, lebte auf dem Gipfel dieser Gestalt wie jene Kugeln, die auf den Strahlen von Fontänen tanzen. Alle Schwere war leicht geworden, stieg und fiel.

So hatte Rodin in einem Augenblick ungeheuerer Zusammenfassung und tragischer Übertreibung seinen Balzac gesehen, und so machte er ihn. Die Vision verging nicht; sie verwandelte sich.

Diese Entwickelung Rodin's, welche die großen und monumentalen Dinge seines Werkes mit Weite umgab, beschenkte auch die anderen mit einer neuen Schönheit. Sie gab ihnen eine eigene Nähe. Es giebt unter den neueren Werken kleine Gruppen, die durch ihre Geschlossenheit wirken und durch die wunderbar sanfte Behandlung des Marmors. Diese Steine behalten auch mitten im Tage jenes geheimnisvolle Schimmern, das weiße Dinge ausströmen, wenn es dämmert. Das kommt nicht allein von der Belebtheit der Berührungsstellen her; es zeigt sich, daß auch sonst zwischen den Figuren und zwischen ihren einzelnen Teilen hier und da flache Steinbänder stehen geblieben sind, Stege gleichsam, die in der Tiefe eine Form mit der anderen verbinden. Das ist kein Zufall. Diese Füllungen verhüten das Entstehen wertloser Durchblicke, die aus dem Dinge hinausführen in leere Luft; sie bewirken, daß die Ränder der Formen, die vor solchen Lücken immer scharf und abgeschliffen scheinen, ihre Rundung behalten, sie sammeln das Licht wie Schalen und fließen fortwährend leise über. Wenn Rodin das Bestreben hatte, die Luft so nahe als möglich an die Oberfläche seiner Dinge heranzuziehen, so ist es, als hätte er hier den Stein geradezu in ihr aufgelöst: der Marmor scheint nur der feste, fruchtbare Kern zu sein und sein letzter leisester Kontur schwingende Luft. Das Licht, welches zu diesem Steine kommt, verliert seinen Willen; es geht nicht über ihn hin zu anderen Dingen; es schmiegt sich ihm an, es zögert, es verweilt, es wohnt in ihm.

Dieses Verschlossenlassen unwesentlicher Durchblicke war eine Art von Annäherung an das Relief. Und in der Tat plant Rodin ein großes Relief-Werk, bei dem alle die Wirkungen des Lichtes, die er mit den kleinen Gruppen erreichte, zusammengefaßt werden sollen. Er denkt daran, eine hohe Säule zu schaffen, um die ein breites Relief-Band sich aufwärtswindet. Neben diesen Windungen wird eine gedeckte Treppe hergehen, die nach außen durch Arkaden abgeschlossen ist. In diesem Gange werden die Gestalten an den Wänden, wie in ihrer eigenen Atmosphäre, leben; eine Plastik wird entstehen, die das Geheimnis des Helldunkels kennt, eine Skulptur der Dämmerung, verwandt jenen Bildwerken, die in den Vorhallen alter Kathedralen stehen.

So wird das *Denkmal der Arbeit* sein. Auf diesen langsam aufsteigenden Reliefs wird eine Geschichte der Arbeit sich entwickeln. In einer Krypta wird das lange Band beginnen, mit den Bildern derer, die in den Bergwerken altern, und es wird sich in seinem weiten Weg durch alle Gewerbe ziehen, von den lärmenden und bewegten zu den immer leiseren Werken, von den Hochöfen zu den Herzen, von den Hämmern zu den Gehirnen. Am Eingang sollen zwei Gestalten aufragen: Tag und Nacht, und auf dem Gipfel werden zwei geflügelte Genien stehen, die Segnungen, die sich aus hellen Höhen zu diesem Turme niederließen. Denn dieses Denkmal der Arbeit wird ein Turm sein. Nicht in einer großen Gestalt oder Gebärde versuchte Rodin die Arbeit darzustellen; sie ist nicht das Weithinsichtbare. Sie geht in den Werkstätten vor sich, in den Stuben, in den Köpfen; im Dunkel.

Er weiß es, denn auch seine Arbeit ist so; und er arbeitet unaufhörlich. Sein Leben geht wie ein einziger Arbeitstag.

Er hat mehrere Ateliers; bekanntere, in denen ihn Besuche und Briefe finden, und andere, entlegene, von denen niemand weiß. Das sind Zellen, kahle, ärmliche Räume voll Staub und Grau. Aber ihre Armut ist wie jene große graue Armut Gottes, in der im März die Bäume aufwachen. Etwas von einem Frühlingsanfang ist darin: eine leise Verheißung und ein tiefer Ernst.

Vielleicht wächst in einer dieser Werkstätten schon der Turm der Arbeit auf. Jetzt, da seine Verwirklichung noch bevorsteht, mußte man von seiner Bedeutung reden; und sie schien im Stofflichen zu liegen. Wenn dieses Denkmal aber einmal erstanden sein wird, wird man fühlen, daß Rodin auch mit diesem Werke nichts gewollt hat über seine Kunst hinaus. Der arbeitende Körper hat sich ihm gezeigt, wie früher der liebende. Es war eine neue Offenbarung des Lebens. Aber dieser Schaffende lebt so sehr unter seinen Dingen, ganz in der Tiefe seines Werkes, daß er Offenbarungen gar nicht anders empfangen kann, als nur mit den schlichten Mitteln seiner Kunst. Neues Leben heißt für ihn letzten Sinnes nur: neue Oberflächen, neue Gebärden. So ist es einfach um ihn geworden. Er kann nichtmehr irren.

Mit dieser Entwickelung hat Rodin allen Künsten ein Zeichen gegeben in dieser ratlosen Zeit.

Man wird einmal erkennen, was diesen großen Künstler so groß gemacht hat: Daß er ein Arbeiter war, der nichts ersehnte, als ganz, mit allen seinen Kräften, in das niedrige und harte Dasein seines Werkzeugs einzugehen. Darin lag eine Art von Verzicht auf das Leben; aber gerade mit dieser Geduld gewann er es: denn zu seinem Werkzeug kam die Welt.

AUGUSTE RODIN

Zweiter Teil

Ein Vortrag

(1907)

Vorrede

Es möchte manchen als eine sparsame Ausnutzung von Vorhandenem erscheinen, wenn hier die Wortfolge eines Vortrags (stellenweise so, wie er gesprochen worden ist, nur um mehr als die Hälfte erweitert) im Druck angeboten wird. Da aber die in jenem Zusammenhang enthaltenen Gedanken noch gültig sind, so mag ihnen auch die ursprüngliche Form der Äußerung nicht genommen werden; sie ist die natürlichste. Denn nicht in ihrer Verwendung allein, schon im Wesen dieser Gedanken liegt etwas Anredendes; sie wollen gehört sein. Sie wollen wirklich reden, und zu Vielen, und wollen versuchen, zwischen dem und jenem Leben und einer sehr großen Kunst zu vermitteln. Diese Absicht wird niemanden überraschen; sie hebt sich kaum ab von den vielen ähnlichen Absichten, die an der Arbeit sind und von denen die meisten zu Erfolg oder Ansehen kommen. Das Interesse für Kunst-Dinge hat zugenommen. Die Ateliers sind zugänglicher geworden und mitteilsamer gegen eine Kritik, der man nichtmehr vorwerfen kann, daß sie im Rückstande sei; der Kunsthandel selbst hat sich seiner Vorurteile begeben und sich, merkwürdig jung, an die Spitze der Entwickelung gestellt, an welcher sich das Publikum nun leicht beteiligen kann: mit seiner Kritik und mit seiner Kauflust. Diese Verfassung aber (so erfreulich und fortschrittlich sie sein mag) geht über ein Werk wie das Rodin's fort; sie überspringt es, sie berührt es kaum.

Die Einsicht, daß dieses ausgedehnte, noch so wenig aufgeklärte Werk dem bloßen Interesse nicht erreichbar ist, hat jenen Vortrag hervorgerufen. Sie wird vielleicht imstande sein, seine Veröffentlichung zu rechtfertigen.

Paris, im Juli 1907

Es giebt ein paar grosse Namen, die, in diesem Augenblicke ausgesprochen, eine Freundschaft zwischen uns stiften würden, eine Wärme, eine Einigkeit, die es mit sich brächte, daß ich – nur scheinbar abgesondert – mitten unter Ihnen spräche: aus Ihnen heraus wie eine Ihrer Stimmen. Der Name, der weit, wie ein Sternbild aus fünf großen Sternen über diesem Abend steht, kann nicht ausgesprochen werden. Nicht jetzt. Er würde Unruhe über Sie bringen, Strömungen würden in Ihnen entstehen, Zuneigung und Abwehr, während ich Ihre Stille brauche und die ungetrübte Oberfläche Ihrer gutwilligen Erwartung.

Ich bitte die, die es noch können, den Namen zu vergessen, um den es sich handelt, und ich mache an Alle den Anspruch eines noch breiteren Vergessens. Sie sind es gewohnt, daß man Ihnen von Kunst spricht, und wer dürfte verschweigen, daß Ihre Geneigtheit immer williger den Worten entgegenkommt, die sich in solchem Sinne an Sie wenden? Eine gewisse schöne und starke Bewegung, die sich nicht länger verbergen ließ, hat, wie eines großen Vogels Flug, Ihre Blicke ergriffen –: nun aber mutet man Ihnen zu, Ihre Augen zu senken für die Weile eines Abends. Denn nicht dorthin, nicht in die Himmel ungewisser Entwickelungen will ich Ihre Aufmerksamkeit versammeln, nicht aus dem Vogel-Flug der neuen Kunst will ich Ihnen wahrsagen.

Mir ist zu Mute wie einem, der Sie an Ihre Kindheit erinnern soll. Nein, nicht nur an Ihre: an alles, was je Kindheit war. Denn es gilt, Erinnerungen in Ihnen aufzuwecken, die nicht die Ihren sind, die älter sind als Sie; Beziehungen sind wiederherzustellen und Zusammenhänge zu erneuern, die weit vor Ihnen liegen.

Hätte ich Ihnen von Menschen zu sprechen, so könnte ich dort anfangen, wo Sie eben aufgehört haben, da Sie hier eintraten; in Ihre Gespräche einfallend, würde ich, wie von selbst, zu allem kommen –, getragen, mitgerissen von dieser bewegten Zeit, an deren Ufern alles Menschliche zu liegen scheint, überschwemmt von ihr und auf eine unerwartete Weise gespiegelt. Aber, da ich es versuche, meine Aufgabe zu überschauen, wird mir klar, daß ich Ihnen nicht von Menschen zu reden habe, sondern von Dingen.

Dinge.

Indem ich das ausspreche (hören Sie?) entsteht eine Stille; die Stille, die um die Dinge ist. Alle Bewegung legt sich, wird Kontur, und aus vergangener und künftiger Zeit schließt sich ein Dauerndes: der Raum, die große Beruhigung der zu nichts gedrängten Dinge.

Aber nein: so fühlen Sie die Stille noch nicht, die da entsteht. Das Wort: Dinge geht an Ihnen vorüber, es bedeutet Ihnen nichts: zu vieles und zu gleichgültiges. Und da bin ich froh, daß ich die Kindheit angerufen habe; vielleicht kann sie mir helfen, Ihnen dieses Wort ans Herz zu legen als ein liebes, das mit vielen Erinnerungen zusammenhängt.

Wenn es Ihnen möglich ist, kehren Sie mit einem Teile Ihres entwöhnten und erwachsenen Gefühls zu irgend einem Ihrer Kinder-Dinge zurück, mit dem Sie viel umgingen. Gedenken Sie, ob es irgend etwas gab, was Ihnen näher, vertrauter und nötiger war, als so ein Ding. Ob nicht alles – außer ihm – imstande war, Ihnen weh oder unrecht zu tun, Sie mit einem Schmerz zu erschrecken oder mit einer Ungewißheit zu verwirren? Wenn Güte unter Ihren ersten Erfahrungen war und Zutraun und Nichtalleinsein – verdanken Sie es nicht ihm? War es nicht ein Ding, mit dem Sie zuerst Ihr kleines Herz geteilt haben wie ein Stück Brot, das reichen mußte für zwei?

In den Legenden der Heiligen haben Sie später eine fromme Freudigkeit gefunden, eine selige Demut, eine Bereitschaft, alles zu sein, die Sie schon kannten, weil irgend ein kleines Stück Holz alles das einmal für Sie getan und auf sich genommen und getragen hatte. Dieser kleine vergessene Gegenstand, der alles zu bedeuten bereit war, machte Sie mit Tausendem vertraut, indem er tausend Rollen spielte, Tier war und Baum und König und Kind, – und als er zurücktrat, war das alles da. Dieses Etwas, so wertlos es war, hat Ihre Beziehungen zur Welt vorbereitet, es hat Sie ins Geschehen und unter die Menschen geführt und mehr noch: Sie haben an ihm, an seinem Dasein, an seinem Irgendwie-Aussehn, an seinem endlichen Zerbrechen oder seinem rätselhaften Entgleiten alles Menschliche erlebt bis tief in den Tod hinein.

Sie erinnern sich dessen kaum mehr, und es wird Ihnen selten bewußt, daß Sie auch jetzt noch Dinge nötig haben, die, ähnlich wie jene Dinge aus der Kindheit, auf Ihr Vertrauen warten, auf Ihre Liebe, auf Ihre Hingabe. Wie kommen diese Dinge dazu? Wodurch sind überhaupt Dinge mit uns verwandt? Welches ist ihre Geschichte?

Sehr frühe schon hat man Dinge geformt, mühsam, nach dem Vorbild der vorgefundenen natürlichen Dinge; man hat Werkzeuge gemacht und Gefäße, und es muß eine seltsame Erfahrung gewesen sein, Selbstgemachtes so anerkannt zu sehen, so gleichberechtigt, so wirklich neben dem, was war. Da entstand etwas, blindlings, in wilder Arbeit und trug an sich die Spuren eines bedrohten offenen Lebens, war noch warm davon, – aber kaum war es fertig und fortgestellt, so ging es schon ein unter die Dinge, nahm ihre Gelassenheit an, ihre stille Würde und sah nur noch wie entrückt mit wehmütigem Einverstehen aus seinem Dauern herüber. Dieses Erlebnis war so merkwürdig und so stark, daß man begreift, wenn es auf einmal Dinge gab, die nur um seinetwillen gemacht waren. Denn vielleicht waren die frühesten Götterbilder Anwendungen dieser Erfahrung, Versuche, aus Menschlichem und Tierischem, das man sah, ein Nicht-Mitsterbendes zu formen, ein Dauerndes, ein Nächsthöheres: ein Ding.

Was für ein Ding? Ein schönes? Nein. Wer hätte gewußt was Schönheit ist? Ein ähnliches. Ein Ding, darin man das wiedererkannte was man liebte und das was man fürchtete und das Unbegreifliche in alledem.

Erinnern Sie sich solcher Dinge? Da ist vielleicht eines, das Ihnen lange nur lächerlich erschien. Aber eines Tages fiel Ihnen seine Inständigkeit auf, der eigentümliche, fast verzweifelte Ernst, den sie alle haben; und merkten Sie da nicht, wie über dieses Bild, gegen seinen Willen beinah, eine Schönheit kam, die Sie nicht für möglich gehalten hätten?

Wenn es einen solchen Augenblick gegeben hat, so will ich mich jetzt auf ihn berufen. Es ist derjenige, mit dem die Dinge wieder in Ihr Leben eintreten. Denn es kann keines an Sie rühren, wenn Sie ihm nicht gestatten, Sie mit einer Schönheit zu überraschen, die nicht abzusehen war. Schönheit ist immer etwas Hinzugekommenes, und wir wissen nicht was.

Daß es eine ästhetische Meinung gab, die die Schönheit zu fassen glaubte, hat Sie irre gemacht und hat Künstler hervorgerufen, die ihre Aufgabe darin sahen, Schönheit zu schaffen. Und es ist immer noch nicht überflüssig geworden zu wiederholen, daß man Schönheit nicht ›machen‹ kann. Niemand hat je Schönheit gemacht. Man kann nur freundliche oder erhabene Umstände schaffen für Das, was manchmal bei uns verweilen mag: einen Altar und Früchte und eine Flamme –

Das Andere steht nicht in unserer Macht. Und das Ding selbst, das, ununterdrückbar, aus den Händen eines Menschen hervorgeht, ist wie der Eros des Sokrates, ist ein Daimon, ist zwischen Gott und Mensch, selber nicht schön, aber lauter Liebe zur Schönheit und lauter Sehnsucht nach ihr.

Nun stellen Sie sich vor, wie diese Einsicht, wenn sie einem Schaffenden kommt, alles verändern muß. Der Künstler, den diese Erkenntnis lenkt, hat nicht an die Schönheit zu denken; er weiß ebensowenig wie die Anderen, worin sie besteht. Gelenkt von dem Drang nach der Erfüllung über ihn hinausreichender Nützlichkeiten, weiß er nur, daß es gewisse Bedingungen giebt, unter denen sie vielleicht zu seinem Dinge zu kommen geruht. Und sein Beruf ist, diese Bedingungen kennen zu lernen und die Fähigkeit zu erwerben, sie herzustellen.

Wer aber diese Bedingungen aufmerksam bis an ihr Ende verfolgt, dem zeigt sich, daß sie nicht über die Oberfläche hinaus und nirgends in das Innere des Dinges hineingehn; daß alles, was man machen kann, ist: eine auf bestimmte Weise geschlossene, an keiner Stelle zufällige Oberfläche herzustellen, eine Oberfläche, die, wie diejenige der natürlichen Dinge, von der Atmosphäre umgeben, beschattet und beschienen ist, nur diese Oberfläche, – sonst nichts. Aus allen den großen anspruchsvollen und launenhaften Worten scheint die Kunst aufeinmal ins Geringe und Nüchterne gestellt, ins Alltägliche, ins Handwerk. Denn was heißt das: eine Oberfläche machen?

Aber lassen Sie uns einen Augenblick überlegen, ob nicht alles Oberfläche ist was wir vor uns haben und wahrnehmen und auslegen und deuten? Und was wir Geist und Seele und Liebe nennen: ist das nicht alles nur eine leise Veränderung auf der kleinen Oberfläche eines nahen Gesichts? Und wer uns das geformt geben will, muß er sich nicht an das Greifbare halten, das seinen Mitteln entspricht, an die Form, die er fassen und nachfühlen kann? Und wer alle Formen zu sehen und zu geben vermöchte, würde der uns nicht (fast ohne es zu wissen) alles Geistige geben? Alles, was je Sehnsucht oder Schmerz oder Seligkeit genannt war oder gar keinen Namen haben kann in seiner unsagbaren Geistigkeit?

Denn alles Glück, von dem je Herzen gezittert haben; alle Größe, an die zu denken uns fast zerstört; jeder von den weiten umwandelnden Gedanken – : es gab einen Augenblick, da sie nichts waren als das Schürzen von Lippen, das Hochziehn von Augenbrauen, schattige Stellen auf Stirnen; und dieser Zug um den Mund, diese Linie über den Lidern, diese Dunkelheit auf einem Gesicht, – vielleicht waren sie genau so schon vorher da: als Zeichnung auf einem Tier, als Furche in einem Felsen, als Vertiefung auf einer Frucht ...

Es giebt nur eine einzige, tausendfaltig bewegte und abgewandelte Oberfläche. In diesem Gedanken konnte man einen Moment die ganze Welt denken, und sie wurde einfach und als Aufgabe dem in die Hände gelegt, der diesen Gedanken dachte. Denn ob etwas ein Leben werden kann, das hängt nicht von den großen Ideen ab, sondern davon, ob man sich aus ihnen ein Handwerk schafft, ein Tägliches, Etwas, was bei einem aushält bis ans Ende.

Ich wage es jetzt, Ihnen den Namen zu nennen, der sich nicht länger verschweigen läßt: Rodin. Sie wissen, es ist der Name unzähliger Dinge. Sie fragen nach ihnen, und es verwirrt mich, daß ich Ihnen keines zeigen kann.

Aber mir ist, als säh ich Eines und noch Eines in Ihrer Erinnerung und als könnt ich sie dort herausheben, um sie mitten unter uns zu stellen:

diesen *Mann mit der gebrochenen Nase*, unvergeßlich wie eine plötzlich erhobene Faust;

diesen *Jüngling*, dessen aufrechte dehnende Bewegung Ihnen so nahe ist wie das eigene Erwachen;

diesen *Gehenden*, der wie ein neues Wort für gehen in dem Wortschatz Ihres Gefühles steht;

und den, der sitzt, denkend mit dem ganzen Körper, sich einsaugend in sich selbst;

und den *Bürger* mit dem Schlüssel, wie ein großer Schrank, in dem lauter Schmerz eingeschlossen ist.

Und die *Eva*, wie von weit in die Arme hineingebogen, deren nach auswärts gewendete Hände alles abwehren möchten, auch den eigenen, sich verwandelnden Leib.

Und die süße leise *Innere Stimme*, armlos wie Inneres und wie ein Organ ausgelöst aus dem Kreislauf jener Gruppe.

Und irgend ein kleines Ding, dessen Namen Sie vergessen haben, gemacht aus einer weißen, schimmernden Umarmung, die wie ein Knoten zusammenhält; und jenes andere, das vielleicht *Paolo und Francesca* heißt, und kleinere noch, die Sie in sich finden wie Früchte mit ganz dünner Schale –

und: da werfen Ihre Augen, wie die Linsen einer Laterna magica, über mich fort, einen riesigen *Balzac* an die Wand.

Das Bild eines Schöpfers in seinem Hochmut, stehend in seiner eigenen Bewegung wie in einem Sturmwirbel, der die ganze Welt hinaufreißt in dieses kreißende Haupt.

Soll ich neben die Dinge aus Ihrer Erinnerung, nun, da sie da sind, andere von diesen hundert und hundert Dingen stellen? Diesen *Orpheus*, diesen *Ugolino*, diese heilige *Therese*, die die Wundenmale empfängt, diesen *Victor Hugo* mit seiner großen, schrägen, beherrschenden Gebärde und jenen anderen, ganz hingegeben an Einflüsterungen, und einen dritten noch, den drei Mädchenmunde von unten ansingen, wie eine um seinetwillen aus der Erde brechende Quelle? Und ich fühle schon, wie mir der Name im Munde zerfließt, wie das alles nurmehr der Dichter ist, derselbe Dichter, der *Orpheus* heißt, wenn sein Arm auf einem ungeheuern Umweg über alle Dinge zu den Saiten geht, derselbe, der krampfhaft schmerzvoll die Füße der fliehenden Muse faßt, die sich entzieht; derselbe, der endlich stirbt, das steil aufgestellte Gesicht im Schatten seiner in der Welt weitersingenden Stimmen, und *so* stirbt, daß dieselbe kleine Gruppe manchmal auch Auferstehung heißt –.

Wer aber vermag nun die Welle der Liebenden aufzuhalten, die sich draußen aufhebt auf dem Meere dieses Werkes? Mit diesen unerbittlich verbundenen Gestalten kommen Schicksale heran und süße und trostlose Namen – : aber auf einmal sind sie fort, wie ein Glanz der sich zurückzieht – und man sieht den Grund. Man sieht Männer und Frauen, Männer und Frauen, immer wieder Männer und Frauen. Und je länger man hinsieht, desto mehr vereinfacht sich auch dieser Inhalt, und man sieht: Dinge.

Hier werden meine Worte machtlos und kehren zu der großen Einsicht zurück, auf die ich Sie schon vorbereitet habe, zu dem Wissen von der *einen* Oberfläche, mit welchem dieser Kunst die ganze Welt angeboten war. Angeboten, noch nicht gegeben. Um sie zu nehmen bedurfte es (bedarf es immer noch) unendlicher Arbeit.

Bedenken Sie, wie der arbeiten mußte, der aller Oberfläche mächtig werden wollte; da doch kein Ding dem andern gleich ist. Einer, dem es nicht darum zu tun war, den Leib im Allgemeinen kennen zu lernen, das Gesicht, die Hand (das alles giebt es nicht); sondern *alle* Leiber, *alle* Gesichter, *alle* Hände. Was für eine Aufgabe erhebt sich da.

Und wie schlicht und ernst ist sie; wie ganz ohne Anlockung und Versprechung; wie ganz ohne Phrase.

Ein Handwerk entsteht, aber es scheint ein Handwerk für einen Unsterblichen zu sein, so weit ist es, so ohne Absehn und Ende und so sehr auf Immer-noch-Lernen angelegt. Und wo war eine Geduld, die solchem Handwerk gewachsen war?

Sie war in der Liebe dieses Arbeitenden, sie erneute sich unaufhörlich aus ihr. Denn das ist vielleicht das Geheimnis dieses Meisters, daß er ein Liebender war, dem nichts widerstehen konnte. Sein Verlangen war so lang und leidenschaftlich und ununterbrochen, daß alle Dinge ihm nachgaben: die natürlichen Dinge und alle die rätselhaften Dinge aller Zeiten, in denen Menschliches sich sehnte, Natur zu sein. Er blieb nicht bei denen stehen, die leicht zu bewundern sind. Er wollte das Bewundern ganz erlernen bis ans Ende. Er nahm die schweren verschlossenen Dinge auf sich und trug sie, und sie drückten ihn mehr und mehr in sein Handwerk hinein mit ihrer Last. Unter ihrem Drucke muß ihm klar geworden sein, daß es bei den Kunst-Dingen, genau wie bei einer Waffe oder einer Waage, nicht darauf ankommt, irgendwie auszusehen und durch das Aussehn zu ›wirken‹, sondern daß es sich vielmehr darum handelt, *gut gemacht* zu sein.

Dieses Gut-Machen, dieses Arbeiten mit reinstem Gewissen, war Alles. Ein Ding nachformen, das hieß: über jede Stelle gegangen sein, nichts verschwiegen, nichts übersehen, nirgends betrogen haben; alle die hundert Profile kennen, alle die Aufsichten und Untersichten, jede Überschneidung. Erst dann war ein Ding da, erst dann war es Insel, überall abgelöst von dem Kontinent des Ungewissen.

Diese Arbeit (die Arbeit am Modelé) war die gleiche bei

allem was man machte, und sie mußte so demütig, so dienend, so hingegeben getan sein, so ohne Wahl an Gesicht und Hand und Leib, daß nichts Benanntes mehr da war, daß man nur formte, ohne zu wissen, was gerade entstand, wie der Wurm, der seinen Gang macht im Dunkel von Stelle zu Stelle. Denn wer ist noch unbefangen Formen gegenüber, die einen Namen haben? Wer wählt nicht schon aus, wenn er etwas Gesicht nennt? Der Schaffende aber hat nicht das Recht, zu wählen. Seine Arbeit muß von gleichmäßigem Gehorsam durchdrungen sein. Uneröffnet gleichsam, wie Anvertrautes, müssen die Formen durch seine Finger gehn, um rein und heil in seinem Werke zu sein.

Und das sind die Formen in Rodin's Werk: rein und heil, ohne zu fragen hat er sie weitergegeben an seine Dinge, die wie nie berührt sind, wenn er sie verläßt. Licht und Schatten wird leiser über ihnen wie über ganz frischen Früchten und bewegter, wie vom Morgenwind darüber hingeführt.

Hier muß von der Bewegung gesprochen werden; nicht in dem Sinne allerdings, in dem es oft und vorwurfsvoll geschah; denn die Bewegtheit der Gebärden, die in dieser Skulptur viel bemerkt worden ist, geht innerhalb der Dinge vor sich, gleichsam als ein innerer Kreislauf, und stört niemals ihre Ruhe und die Stabilität ihrer Architektur. Es wäre auch keine Neuerung gewesen, Bewegtheit in die Plastik einzuführen. Neu ist die Art von Bewegung, zu der das Licht gezwungen wird durch die eigentümliche Beschaffenheit dieser Oberflächen, deren Gefälle so vielfach abgewandelt ist, daß es da langsam fließt und dort stürzt, bald seicht und bald tief erscheint, spiegelnd oder matt. Das Licht, das eines dieser Dinge berührt, ist nichtmehr irgend ein Licht, es hat keine zufälligen Wendungen mehr; das Ding nimmt von ihm Besitz und gebraucht es wie sein eigenes.

Diese Erwerbung und Aneignung des Lichts als Folge einer ganz klar bestimmten Oberfläche hat Rodin als eine wesentliche Eigenschaft plastischer Dinge wiedererkannt. Die Antike und die Gotik hatten, jede auf ihre Art, Lösungen dieser plastischen Aufgabe gesucht, und er hat sich in uralte Traditionen gestellt, indem er die Gewinnung des Lichtes zu einem Teil seiner Entwickelung machte.

Es giebt da wirklich Steine mit eigenem Licht, wie das gesenkte Gesicht auf dem Block im Luxembourg-Museum, *La Pensée*, das, vorgeneigt bis zum Schattigsein, über das weiße Schimmern seines Steines gehalten ist, unter dessen Einfluß die Schatten sich auflösen und in ein durchsichtiges Helldunkel übergehn. Und wer denkt nicht mit Entzücken an eine der kleinen Gruppen, wo zwei Leiber eine Dämmerung schaffen, um sich darin leise, mit verhaltenem Licht zu begegnen? Und ist es nicht merkwürdig, das Licht über den liegenden Rücken der Dranaïde gehen zu sehen: langsam, als ob es kaum vorwärts käme seit Stunden. Und wußte noch jemand von dieser ganzen Skala der Schatten bis hinauf zu jenem leicht verscheuchten dünnen Dunkel, wie es manchmal um den Nabel kleiner Antiken huscht und das wir nurmehr aus der Rundung hohler Rosenblätter kannten?

In solchen – kaum sagbaren – Fortschritten liegt die Steigerung in Rodin's Werk. Mit der Unterwerfung des Lichts begann auch schon die nächste große Überwindung, der seine Dinge ihre Gestalt verdanken, jene Art Großsein, die unabhängig ist von allen Maßen. Ich meine die Erwerbung des Raumes.

Wieder waren es die Dinge, die sich seiner annahmen, wie schon oft, die Dinge draußen in der Natur und einzelne Kunstdinge von erhabener Abstammung, die er immer wieder befragen kam. Sie wiederholten ihm jedesmal eine Gesetzmäßigkeit, von der sie erfüllt waren und die er nach und nach begriff. Sie gewährten ihm einen Blick in eine geheimnisvolle Geometrie des Raumes, die ihn einsehen ließ, daß die Konturen eines Dinges in der Richtung einiger gegeneinander geneigter Ebenen sich ordnen müssen, damit dieses Ding vom Raume wirklich aufgenommen, gleichsam von ihm anerkannt sei in seiner kosmischen Selbständigkeit.

Es ist schwer, diese Erkenntnis präzise auszusprechen. Aber am Werke Rodin's läßt sich zeigen, wie er sie verwendet. Immer energischer und sicherer werden die vorhandenen Details in starken Flächen-Einheiten zusammengefaßt, und endlich stellen sie sich, wie unter dem Einfluß rotierender Kräfte, in einigen großen Ebenen auf, richten sich aus sozusagen, und man meint zu sehen wie diese Ebenen zum Himmels-Globus gehören und ins Unendliche sich fortsetzen lassen.

Da ist der *Jüngling des Âge d'airain*, der noch wie in einem Innenraum steht, um den *Johannes* weicht es schon auf allen Seiten zurück, um den *Balzac* ist die ganze Atmosphäre, – aber ein paar hauptlose Akte, der neue ungeheuere *Gehende* vor allem, sind wie über uns hinausgestellt, wie ins All, wie unter die Sterne in ein weites unbeirrbares Kreisen.

Aber wie in einem Märchen das Übergroße, wenn es einmal bewältigt ist, sich klein macht für seinen Überwinder, um ihm ganz zu gehören, so hat der Meister diesen von seinen Dingen gewonnenen Raum wirklich in Besitz nehmen dürfen, als sein Eigentum. Denn er ist ganz, mit aller Unermeßlichkeit, in den seltsamen Blättern, von denen man immer wieder meinen möchte, daß sie das Äußerste dieses Werkes sind. Diese Zeichnungen aus den letzten zehn Jahren sind nicht, wofür manche sie nehmen wollten, rasche Anmerkungen, Vorbereitendes, Vorläufiges; sie enthalten das Endgültigste einer langen ununterbrochenen Erfahrung. Und sie enthalten es, wie durch ein fortwährendes Wunder, in einem Nichts, in einem raschen Umriß, in einem atemlos der Natur abgenommenen Kontur, in dem Kontur eines Konturs, den sie selber abgelegt zu haben scheint, weil er ihr zu zart und zu kostbar war. Niemals sind Linien, auch in den seltensten japanischen Blättern nicht, von solcher Ausdrucksfähigkeit gewesen und zugleich so absichtslos. Denn hier ist nichts Dargestelltes, nichts Gemeintes, keine Spur von einem Namen. Und doch, was ist hier nicht? Welches Halten oder Loslassen oder Nicht-mehr-Haltenkönnen, welches Neigen und Strecken und Zusammenziehen, welches Fallen oder Fliegen sah oder ahnte man je, das hier nicht wieder vorkommt? Und wenn es irgendwo vorkam, so verlor man es: denn es war so flüchtig und fein, so wenig für einen bestimmt, daß man nicht fähig war, ihm einen Sinn zu geben. Jetzt erst, da man es unvermutet in diesen Blättern wiedersieht, weiß man seine Bedeutung: das Äußerste von Lieben und Leiden und Trostlos- und Seligsein geht von ihnen aus, man begreift nicht warum. Da sind Gestalten, die aufsteigen, und dieses Aufsteigen ist so hinreißend, wie nur ein Morgen es sein kann, wenn die Sonne ihn auseinanderdrangt. Und da sind leichte, sich rasch entfernende Gestalten, die, indem sie fortgehn, einen mit Bestürzung erfüllen, als könnte man sie nicht entbehren. Da sind Liegende, um die herum Schlaf entsteht und geballte Träume; und Träge, ganz schwer von Trägheit, die warten; und Lasterhafte, die nichtmehr warten wollen. Und man sieht ihr Laster, und es ist wie das Wachsen einer Pflanze, die im Wahnsinn wächst weil sie nicht anders kann; man begreift, wie viel vom Neigen einer Blume auch noch in dieser sich Neigenden ist, und daß alles das Welt ist, auch noch diese Figur, die, wie ein Sternbild im Tierkreis, für immer entrückt ist und festgehalten in ihrer leidenschaftlichen Vereinsamung.

Wenn aber eine von den bewegten Gestalten unter ein wenig grüner Farbe sichtbar wird, so ist es das Meer oder der Meeresgrund, und sie rührt sich anders, mühsamer, unter dem Wasser; und es genügt ein Wink mit Blau hinter einer fallenden Figur, so stürzt sich der Raum auf allen Seiten in das Blatt hinein und umgiebt sie mit soviel Nichts, daß einen der Schwindel nimmt und man unwillkürlich nach der Hand des Meisters greift, die, mit einer zärtlich gebenden Wendung, die Zeichnung hinhält.

Nun hab ich Sie, merk ich, eine Gebärde des Meisters sehen lassen. Sie verlangen andere. Sie fühlen sich vorbereitet genug, um Äußeres und Äußerliches sogar ergänzend einordnen zu können, daß es zum Zuge würde im persönlichen Bilde. Sie verlangen den Wortlaut eines Satzes zu hören, wie er gesprochen worden ist; Sie wollen Orte und Daten eintragen in die Berg- und Flußkarte dieses Werkes.

Da ist eine nach einem Ölbild hergestellte Photographie. Sie zeigt undeutlich einen jungen Mann aus dem Ende der Sechzigerjahre. Die einfachen Linien in dem bartlosen Gesicht sind nahezu hart, aber die klar im Dunkel stehenden Augen verbinden das Einzelne zu einem milden, fast träumerischen Ausdruck, wie ihn junge Menschen unter dem Einfluß der Einsamkeit bekommen; es ist fast das Antlitz von einem, der gelesen hat bis zum Dunkelwerden.

Aber da ist ein anderes Bild; um 1880. Da sieht man einen Mann, geprägt von Tätigkeit. Das Gesicht ist abgemagert, der lange Bart läßt sich nachlässig hinabgleiten auf die breitschultrig angelegte Büste, über der der Rock zu weit geworden ist. In den aschblonden, verblaßten Tönen der Photographie meint man zu erkennen, daß die Lider gerötet sind, aber der Blick tritt sicher und entschlossen aus den überanstrengten Augen, und in der Haltung ist eine elastische Spannung, die nicht brechen wird.

Und mit einem Mal, nach ein paar Jahren, scheint das alles umgewandelt. Aus dem Vorläufigen und Unbestimmten ist ein Endgültiges geworden, das gemacht ist, lange zu dauern. Auf einmal ist diese Stirne da, ›felsig‹ und steil, aus der die gerade starke Nase entspringt, deren Flügel leicht und empfindlich sind. Wie unter alten steinernen Bogen liegen die Augen, weitsichtig nach Außen und Innen. Der Mund einer faunischen Maske, halb verborgen und vermehrt um das sinnliche Schweigen neuer Jahrhunderte, und darunter der Bart, wie zu lange zurückgehalten, hervorstürzend in einer einzigen weißen Welle. Und die Gestalt, die dieses Haupt trägt, wie nicht von der Stelle zu rücken.

Und soll man sagen, was von dieser Erscheinung ausgeht, so ist es dieses: daß sie zurückzureichen scheint wie ein Flußgott und vorauszuschauen wie ein Prophet. Sie ist nicht bezeichnet von unserer Zeit. Genau bestimmt in ihrer Einzigkeit, verliert sie sich doch in einer gewissen mittelalterlichen Anonymität, hat jene Demut der Größe, die an die Erbauer der großen Kathedralen denken macht. Ihre Einsamkeit ist keine Absonderung, denn sie beruht im Zusammenhang mit der Natur. Ihre Männlichkeit ist bei aller Hartnäckigkeit ohne Härte, so daß sogar ein Freund Rodin's, den er manchmal gegen Abend besuchte, schreiben konnte: »Es bleibt, wenn er geht, in der Dämmerung des Zimmers etwas Mildes zurück, als wäre eine Frau dagewesen«

Und in der Tat, die wenigen, die in der Freundschaft des

Meisters aufgenommen waren, haben seine Güte erfahren, die elementar wie die Güte einer Naturkraft ist, wie die Güte eines langen Sommertags, der alles wachsen läßt und spät dunkelt. Aber auch die flüchtigen Besucher der Sonnabend-Nachmittage haben Anteil daran gehabt, wenn sie in den beiden Stadt-Ateliers im Dépôt des Marbres zwischen vollendeten und halbfertigen Arbeiten immer wieder dem Meister begegneten. Man fühlt sich sicher in seiner Höflichkeit vom ersten Augenblick an, aber man erschrickt fast vor der Intensität seines Interesses, wenn er sich einem zuwendet. Dann hat er jenen Blick konzentrierter Aufmerksamkeit, der kommt und geht wie das Licht eines Scheinwerfers, aber so stark ist, daß man es noch weit hinter sich hell werden fühlt.

Sie haben diese Werkstätten in der rue de l'Université oft beschreiben hören. Es sind Bauhütten, in denen die Bausteine dieses großen Werkes behauen werden. Fast steinbruchhaft unwirtlich, bieten sie dem Besucher keine Zerstreuung; nur für Arbeit eingerichtet, zwingen sie ihn, das Schauen als Arbeit auf sich zu nehmen, und viele haben an dieser Stelle zuerst empfunden, wie ungewohnt ihnen diese Arbeit ist. Andere, die es lernten, traten mit einem Fortschritt wieder heraus und merkten, daß sie gelernt hatten, an allem was draußen war. Am merkwürdigsten aber sind diese Räume sicher für die gewesen, die schauen konnten. Von einem Gefühl sanfter Notwendigkeit geführt, kamen sie hierher, manchmal von weit, und es war für sie das, was eines Tages kommen mußte, hier zu stehen, unter dem Schutz dieser Dinge. Es war ein Abschluß und ein Anfang und die stille Erfüllung des Wunsches, daß es irgendwo ein Beispiel geben möge unter all den Worten, eine einfache Wirklichkeit des Gelingens. Zu solchen trat dann wohl Rodin heran und bewunderte mit ihnen, was sie bewunderten. Denn der dunkle Weg seiner absichtslosen Arbeit, der durch das Handwerk führt, ermöglicht ihm, vor seinen vollendeten Dingen, die er nicht überwacht und bevormundet hat, selber bewundernd zu stehn, wenn sie erst da sind und ihn übertreffen. Und seine Bewunderung ist jedesmal besser, gründlicher, entzückter als die des Besuchers. Seine unbeschreibliche Konzentrierung kommt ihm überall zugute. Und wenn er im Gespräch die Zumutung der Inspiration nachsichtig und mit ironischem Lächeln abschüttelt und meint es gäbe keine –, keine Inspiration sondern nur Arbeit, so begreift man plötzlich, daß für diesen Schaffenden die Eingebung dauernd geworden ist, daß er sie nichtmehr kommen fühlt, weil sie nichtmehr aussetzt, und man ahnt den Grund seiner ununterbrochenen Fruchtbarkeit.

»Avez-vous bien travaillé?« – ist die Frage, mit der er jeden begrüßt, der ihm lieb ist; denn wenn *die* bejaht werden kann, so ist weiter nichts mehr zu fragen und man kann beruhigt sein: wer arbeitet, ist glücklich.

Für Rodin's einfache und einheitliche Natur, die über unglaubliche Kraftvorräte verfügt, war diese Lösung möglich; für sein Genie war sie notwendig; nur so konnte es sich der Welt bemächtigen. Zu arbeiten wie die Natur arbeitet, nicht wie Menschen, das war seine Bestimmung.

Vielleicht hat das Sebastian Melmoth empfunden, als er, einsam, an einem seiner traurigen Nachmittage hinausgegangen war, die *Porte de l'Enfer* zu sehen. Vielleicht hat die Hoffnung, neu anzufangen, noch einmal in seinem halbzerstörten Herzen gezuckt. Vielleicht hatte er, wenn es möglich gewesen wäre, den Mann, als er mit ihm allein war, fragen mögen: Wie ist Ihr Leben gewesen?

Und Rodin hätte geantwortet: Gut. Haben Sie Feinde gehabt?

Sie haben mich nicht am Arbeiten hindern können. Und der Ruhm?

Hat mich verpflichtet zu arbeiten. Und die Freunde?

Haben Arbeit von mir verlangt. Und die Frauen?

In der Arbeit hab ich sie bewundern gelernt. Aber Sie sind jung gewesen?

Da war ich irgendeiner. Man begreift nichts wenn man jung ist; das kommt später, langsam.

Was Sebastian Melmoth nicht gefragt hat, vielleicht hat es mancher gedacht, wenn er zu dem Meister hinübersah, immer wieder, erstaunt über die dauerhafte Kraft des fast Siebzigjährigen, über diese Jugend in ihm, die nichts Konserviertes hat, die frisch ist, als käme sie ihm immer wieder aus der Erde zu.

Und Sie selbst fragen, ungeduldiger, nochmals: Wie ist sein Leben gewesen?

Wenn ich zögere, es Ihnen zu erzählen, der Zeit nach, wie man Lebensläufe berichtet, so ist es, weil es mir scheint, als ob alle Daten, die man kennt (und es sind nur sehr vereinzelte), wenig persönlich und recht allgemein wären im Vergleich zu dem, was dieser Mann aus ihnen gemacht hat. Von allem was vorher war abgetrennt, durch das ungangbare Gebirge des gewaltigen Werkes, hat man es schwer, Vergangenes zu erkennen; man ist auf das angewiesen, was der Meister selbst gelegentlich erzählt hat und was von Anderen wiedererzählt worden ist.

Von der Kindheit hat man nur erfahren, daß der Knabe frühzeitig aus Paris in eine kleine Pension nach Beauvais gebracht worden ist, wo er das Haus entbehrt und, zart und empfindsam, unter denen leidet, die ihn mit Fremdheit und Rücksichtslosigkeit umgeben. Er kommt als Vierzehnjähriger zurück nach Paris und lernt in einer kleinen Zeichenschule zuerst den Ton kennen, den er am liebsten nicht wieder aus den Händen ließe: so sehr sagt dieses Material ihm zu. Wie überhaupt alles ihm gefällt, was Arbeit ist: er arbeitet sogar während des Essens, er liest, er zeichnet. Er zeichnet unterwegs auf der Straße und ganz früh am Morgen, im Jardin des Plantes, die verschlafenen Tiere. Und wozu ihn die Lust nicht verlockt, dazu treibt ihn die Armut. Die Armut, ohne die sein Leben nicht denkbar wäre, und der er es nie vergißt, daß sie ihn mit Tieren und Blumen gehalten hat, besitzlos unter all dem Besitzlosen, das von Gott abhängt und nur von ihm.

Mit siebzehn Jahren tritt er bei einem Dekorateur ein und arbeitet für ihn, wie später an der Manufaktur von Sèvres für Carrier-Belleuse und für van Rasbourg in Antwerpen und in Brüssel. Sein eigentliches, selbständiges Leben beginnt, der Öffentlichkeit gegenüber, etwa um das Jahr 1877. Es beginnt damit, daß man ihn anklagt, die damals ausgestellte Statue des *Âge d'airain* durch Naturabguß verfertigt zu haben. Es beginnt damit, daß man ihn anklagt. Er wüßte es jetzt vielleicht kaum mehr, wenn nicht die öffentliche Meinung so ausdauernd dabeigeblieben wäre, ihn anzuklagen und abzuwehren. Er beklagt sich nicht darüber; nur daß sich unter dem Einfluß der Feindsäligkeit, die nicht nachließ, ein gutes Gedächtnis für böse Erfahrungen in ihm ausgebildet hat, das er sonst, mit seinem Sinn für das Wesentliche, hätte verkümmern lassen. Sein Können war schon enorm zu jener Zeit, war es schon im Jahre 1864, als die Maske des *Mannes mit der gebrochenen Nase* entstand. Er hatte sehr viel in seiner Abhängigkeit gearbeitet, aber was da war, war von anderen Händen entstellt und trug nicht seinen Namen. Die Modelle, die er für Sèvres ausgeführt hatte, fand später Mr. Roger-

Marx und erwarb sie; man hatte sie in der Fabrik als unbrauchbar zu Scherben geworfen. Zehn Masken, für eines der Bassins am Trocadéro bestimmt, verschwanden, gleich nachdem sie angebracht worden waren, von ihrem Platz und sind noch nicht wieder aufgefunden worden. *Die Bürger von Calais* bekamen nicht die Aufstellung, die der Meister vorgeschlagen hatte; niemand wollte sich an der Enthüllung dieses Denkmals beteiligen. In Nancy zwang man Rodin, am Sockel des Standbildes *Claude Lorrains* Veränderungen vorzunehmen, die gegen seine Überzeugung waren. Sie erinnern sich noch der unerhörten Ablehnung des *Balzac* von Seiten seiner Besteller, mit der Begründung, die Statue wäre nicht ähnlich genug. Vielleicht haben Sie es in den Zeitungen übersehen, daß noch vor zwei Jahren der probeweise vor dem Pantheon aufgerichtete Gipsabguß des *Denkers* durch Axthiebe zertrümmert worden ist. Aber es ist möglich, daß Ihnen heut oder morgen eine ähnliche Notiz auffällt, falls es wieder zum öffentlichen Ankauf eines Rodinschen Werkes kommen sollte. Denn diese Liste, die nur eine Auswahl der Kränkungen enthält, die man unablässig zu vermehren bemüht war, wird wohl kaum abgeschlossen sein.

Es wäre denkbar, daß ein Künstler schließlich diesen immer wieder erklärten Krieg angenommen hätte; Unwillen und Ungeduld hätten den und jenen hinreißen können; aber wie sehr wäre er, auf den Kampfplatz tretend, von seinem Werke entfernt worden. Es ist Rodin's Sieg, daß er in dem seinen ausharrte und Zerstörung in der Art der Natur beantwortete: mit einem neuen Anfang und zehnfacher Fruchtbarkeit.

Wer sich scheut, den Vorwurf der Übertreibung auf sich zu nehmen, hat überhaupt kein Mittel, Ihnen die Tätigkeit Rodin's nach seiner Rückkehr aus Belgien zu schildern. Der Tag begann für ihn mit der Sonne, aber er endete nicht mit ihr; denn da wurde noch ein langer Streifen Lampenlicht angefügt an die vielen hellen Stunden. Spät nachts, wenn kein Modell mehr zu haben war, war die Frau, die sein Leben schon lange mit rührender Hülfe und Hingabe teilte, immer bereit, die Arbeit in dem dürftigen Zimmer zu ermöglichen. Sie war unscheinbar als Gehülfin, ganz verschwindend in den vielen geringen Diensten, die ihr zufielen, aber daß sie auch schön sein konnte, das läßt die *La Bellone* genannte Büste nicht vergessen, und auch das schlichte spätere Bildnis spricht davon. War auch sie schließlich müde, so erwies sich, daß das Gedächtnis des Arbeitenden mit Form-Erinnerungen so sehr angefüllt war, daß er keinen Grund hatte die Arbeit zu unterbrechen.

Damals entstehen die Fundamente des ganzen unermeßlichen Werkes, fast alle Arbeiten, die man kennt, setzen in jenen Tagen mit einer verwirrenden Gleichzeitigkeit ein. Als wäre der Beginn der Verwirklichung die einzige Gewähr, daß es möglich sein wird, so Ungeheueres durchzuführen. Und Jahre und Jahre hielt diese überlegene Kraft unvermindert vor, und als endlich eine gewisse Erschöpfung eintrat, war es nicht die Arbeit, die sie verschuldete, sondern viel eher die ungesunden Verhältnisse der sonnenlosen Wohnung (in der rue des Grands-Augustins), die Rodin lange gar nicht beachtet hatte. Freilich die Natur hatte er oft entbehrt, und manchmal, an Sonntagnachmittagen, war man aufgebrochen; aber gewöhnlich war es Abend, ehe man, gehend unter den vielen Gehenden (denn an die Benutzung eines Omnibus war nicht zu denken jahrelang), an den Fortifications angekommen war, vor denen, ungewiß und schon dämmernd, das Land begann, nicht zu erreichen. Nun aber war es endlich möglich geworden, den alten Wunsch auszuführen und ganz aufs Land zu ziehen; zuerst nach Bellevue in das kleine Landhaus, in dem Scribe gewohnt hatte, und später auf die Höhen von Meudon.

Dort war das Leben um vieles geräumiger geworden; das Haus (die einstöckige Villa des Brillants mit dem hohen Louis-treize-Dach) war klein und ist seither nicht vergrößert worden. Aber nun war ein Garten da, der mit seinem heiteren Beschäftigtsein teilnahm an allem, was geschah, und die Ferne war vor den Fenstern. Was sich nun in den neuen Verhältnissen ausbreitete und immer wieder Zubauten beanspruchte, das war nicht der Herr dieses Hauses, das waren seine geliebten Dinge, die nun verwöhnt werden sollten. Für sie ist alles getan worden; noch vor sechs Jahren hat er – Sie werden sich dessen erinnern – den Ausstellungs-Pavillon vom Pont de l'Alma nach Meudon überführt und diesen hellen hohen Raum draußen den Dingen überlassen, die ihn nun zu Hunderten erfüllen.

Neben diesem ›Musée Rodin‹ ist nach und nach ein sehr persönlich ausgewähltes Museum antiker Statuen und Fragmente erwachsen, das Werke griechischer und ägyptischer Arbeit enthält, von denen einzelne in den Sälen des Louvre auffallen würden. In einem anderen Raum stehen hinter attischen Vasen Bilder, denen man, auch ohne die Signatur zu suchen, die richtigen Namen giebt: Ribot, Monet, Carrière, van Gogh, Zuloaga, und unter Bildern, die man nicht zu nennen weiß, ein paar, die auf Falguière zurückgehen, der ein großer Maler war. Es ist natürlich, daß es nicht an Widmungen fehlt: die Bücher allein bilden eine umfangreiche Bibliothek und eine seltsam selbständige, unabhängig von der Wahl ihres Besitzers und doch nicht zufällig um ihn gestellt. Alle diese Gegenstände sind von Sorgfalt umgeben und in

Ehren gehalten, aber niemand erwartet von ihnen, daß sie Annehmlichkeit oder Stimmung verbreiten sollen. Fast hat man das Gefühl, Kunst-Dinge verschiedenster Art und Zeit nie in so starker, unverminderter Einzelwirkung erlebt zu haben, wie hier, wo sie nicht ehrgeizig aussehen wie in einer Sammlung und auch nicht gezwungen sind, aus dem Vermögen ihrer Schönheit zu einem allgemeinen, von ihnen absehenden Behagen beizutragen. Jemand hat einmal gesagt, daß sie gehalten wären wie schöne Tiere, und er hat damit wirklich Rodin's Beziehung zu den Dingen, die ihn umgeben, festgestellt; denn wenn er, oft nachts noch, unter ihnen herumgeht, vorsichtig, wie um nicht alle zu wecken, und mit einem kleinen Licht schließlich zu einem antiken Marmor tritt, der sich rührt, aufwacht und plötzlich aufsteht: so ist es das Leben, das er suchen gegangen ist und das er nun bewundert: »La vie, cette merveille«, wie er einmal schrieb.

Dieses Leben hat er hier in der ländlichen Einsamkeit seiner Wohnung mit noch gläubigerer Liebe umfassen gelernt. Es zeigt sich ihm jetzt wie einem Eingeweihten, es verbirgt sich ihm nirgends mehr, es hat kein Mißtrauen ihm gegenüber. Er erkennt es im Kleinen und im Großen; im kaum mehr Sichtbaren und im Unermeßlichen. Im Aufstehen und im Schlafengehen ist es, und es ist im Nachtwachen; die schlichten altmodischen Mahlzeiten sind erfüllt davon, das Brot, der Wein; in der Freude der Hunde ist es, in den Schwänen und im glänzenden Kreisen der Tauben. In jeder kleinen Blume ist es ganz, und hundertmal in jeder Frucht. Irgend ein Kohlblatt aus dem Küchengarten brüstet sich damit und mit wieviel Recht. Wie gerne schimmert es im Wasser und wie glücklich ist es in den Bäumen. Und wie nimmt es, wo es kann, das Dasein der Menschen in Besitz, wenn sie sich nicht sträuben. Wie stehn da drüben die kleinen Häuser gut, genau wo sie stehen müssen, in den richtigen Ebenen. Und wie prachtvoll springt bei Sèvres die Brücke über den Fluß, absetzend, ruhend, ausholend und wieder springend, dreimal. Und ganz dahinter der Mont-Valérien mit seinen Befestigungen, wie eine große Plastik, wie eine Akropolis, wie ein antiker Altar. Und auch das hier haben Menschen gemacht, die dem Leben nahestanden: diesen Apollo, diesen ruhenden Buddha auf der offenen Blume, diesen Sperber und, hier, diesen knappen Knabentorso, an dem keine Lüge ist.

Auf solchen Einsichten, die Nahes und Entferntes ihm fortwährend bestätigt, ruhen die Arbeitstage des Meisters von Meudon. Arbeitstage sind es geblieben, einer wie der andere, nur daß jetzt auch Das mit zur Arbeit gehört: dieses Hinausschauen und Mitallemsein und Verstehen. Je commence à comprendre – sagt er manchmal nachdenklich und dankbar. »Und das kommt, weil ich mich um eine Sache ernstlich bemüht habe; wer Eines versteht, der versteht überhaupt; denn in allem sind dieselben Gesetze. Ich habe die Skulptur gelernt, und ich wußte wohl, daß das etwas Großes ist. Ich erinnere mich jetzt, daß ich einmal in der ›Nachfolge Christi‹, im dritten Buch besonders, überall statt Gott Skulptur gesetzt hatte, und es war richtig und stimmte –.«

Sie lächeln, und es ist ganz in der Ordnung, bei dieser Stelle zu lächeln; ihr Ernst ist so unbeschützt, daß man das Gefühl hat, ihn verbergen zu müssen. Aber Sie merken schon, daß Worte wie dieses nicht gemacht sind, um so laut gesprochen zu werden, wie ich hier sprechen muß. Sie erfüllen vielleicht auch ihre Mission, wenn die Einzelnen, die sie selbst empfangen haben, versuchen, ihr Leben danach einzurichten.

Übrigens ist Rodin schweigsam wie alle Handelnden. Er

giebt sich auch selten das Recht, seine Einsichten in Worten zu verwenden, weil das des Dichters ist; und der Dichter steht seiner Bescheidenheit weit über dem Bildhauer, der, wie er einmal vor seiner schönen Gruppe *Le sculpteur et sa muse* mit verzichtendem Lächeln gesagt hat, »sich unbeschreiblich anstrengen muß, in seiner Schwerfälligkeit, die Muse zu verstehen«.

Trotzdem gilt, was von seiner Rede gesagt worden ist: »quelle impression de bon repas, de nourriture enrichissante –«; denn hinter jedem Wort seines Gesprächs steht, massiv und beruhigend, die schlichte Wirklichkeit seiner erfahrenen Tage.

Sie können jetzt begreifen, daß diese Tage ausgefüllt sind. Der Vormittag vergeht in Meudon; oft werden in den verschiedenen Ateliers mehrere begonnene Arbeiten nacheinander vorgenommen und jede ein wenig gefördert; dazwischen drängt sich, lästig und unabweisbar, der ganze geschäftliche Verkehr, dessen Sorge und Mühsal dem Meister nicht erspart bleibt, da fast keines seiner Werke durch den Kunsthandel geht. Meistens schon um zwei Uhr wartet ein Modell in der Stadt, ein Porträtbesteller oder ein Berufsmodell, und nur im Sommer erreicht es Rodin, vor Einbruch der Dämmerung wieder in Meudon zu sein. Der Abend draußen ist kurz und immer derselbe; denn um neun Uhr begiebt man sich regelmäßig zu Ruhe.

Und fragen Sie nach den Zerstreuungen, den Ausnahmen: es giebt im Grunde keine; Renan's ›travailler, ça repose‹ hat vielleicht noch nie so tägliche Gültigkeit angenommen wie hier. Aber die Natur erweitert manchmal unversehens diese äußerlich so gleichen Tage und fügt Zeiten ein, ganze Ferien, die vor dem Tagwerk liegen; sie läßt ihren Freund nichts versäumen. Morgen, die sich glücklich fühlen, wecken ihn und er teilt mit ihnen. Er sieht seinem Garten zu, oder er kommt nach Versailles zu dem prunkvollen Aufstehn der Parke, wie man zum Lever des Königs kam. Er liebt die Unberührtheit dieser ersten Stunden. »On voit les animaux et les arbres chez eux«, sagt er heiter, und er bemerkt alles, was am Wege steht und sich freut. Er hebt einen Pilz auf, entzückt, und zeigt ihn Madame Rodin, die, gleich ihm, diese frühen Wege nicht aufgegeben hat: »Sieh«, sagt er angeregt, »und das braucht nur eine Nacht; in einer Nacht ist das gemacht, alle diese Lamellen. Das arbeitet gut.«

Am Rande des Parkes dehnt sich die ländliche Landschaft. Ein Viergespann pflügender Rinder wendet langsam und bewegt sich gewichtig in dem frischen Feld. Rodin bewundert die Langsamkeit, das Ausführliche im Langsamen, seine Fülle. Und dann: »C'est toute obéissance.« Seine Gedanken gehen ähnlich durch die Arbeit. Er versteht dieses Bild, wie er die Bilder bei den Dichtern begreift, mit denen er sich manchmal am Abend beschäftigt. (Das ist nichtmehr Baudelaire, Rousseau ist es noch ab und zu, sehr oft ist es Platon.) Aber als jetzt von den Übungsplätzen drüben aus Saint-Cyr über die ruhige Feldarbeit die Hörner herüberrufen, aufrührerisch und rasch –, da lächelt er: er sieht den Schild des Achill.

Und an der nächsten Biegung liegt die Landstraße vor ihm, ›la belle route‹, eben und lang und wie das Gehen selbst. Und auch das Gehen ist ein Glück. Das hat ihn die belgische Zeit gelehrt. Sehr gewandt im Arbeiten und von seinem damaligen Kompagnon aus verschiedenen Gründen nur halb in Anspruch genommen, gewann er ganze Tage, um sie draußen zu verbringen. Ein Malkasten war zwar mit, aber er wurde immer seltener gebraucht, weil Rodin einsah, daß die Beschäftigung mit *einer* Stelle ihn von der Freude an tausend anderen Dingen ablenkte, die er noch so wenig kannte. So wurde es eine Zeit des Schauens. Rodin nennt sie seine reichste. Die großen Buchenwälder von Soignes, die blanken langen Straßen, die aus ihnen hinaus dem weiten Wind der Ebenen entgegenlaufen, die klaren Estaminets, in denen Rast und Mahlzeit etwas Festliches hatten bei aller Schlichtheit (gewöhnlich nur Brot in Wein getaucht: ›une trempête‹); dieses war lange der Kreis seiner Eindrücke, in den jedes einfache Ereignis eintrat wie mit einem Engel; denn er erkannte hinter jedem die Flügel einer Herrlichkeit.

Er hat sicher Recht, wenn er an dieses jahrelange Gehen und Schauen mit einer Dankbarkeit ohnegleichen zurückdenkt. Es war seine Vorbereitung auf die kommende Arbeit; es war ihre Vorbedingung in jedem Sinn; denn damals nahm auch seine Gesundheit die endgültige dauernde Festigkeit an, mit der er später rücksichtslos rechnen mußte.

Wie er aus jenen Jahren unerschöpfliche Frische mitbrachte, so kehrt er jetzt noch jedesmal gestärkt und voll Arbeitslust von einem weiten morgendlichen Wege zurück. Glücklich, wie mit guten Nachrichten, tritt er bei seinen Dingen ein und geht auf eines zu, als hätte er ihm etwas Schönes mitgebracht. Und ist im nächsten Augenblick vertieft, als arbeite er seit Stunden. Und fängt an und ergänzt und verändert hier und dort, als ginge er, durch das Gedränge, dem Ruf der Dinge nach, die ihn nötig haben. Keines ist vergessen; die zurückgerückten warten auf ihre Stunde und haben Zeit. Auch in einem Garten wächst nicht alles zugleich. Blüten stehen neben Früchten, und irgend ein Baum ist noch bei den Blättern. Sagte ich nicht, daß es im Wesen dieses Gewaltigen liegt, Zeit zu haben wie die Natur und hervorzubringen wie sie?

Ich wiederhole es; und es scheint mir immer noch wunderbar, daß es einen Menschen giebt, dessen Arbeit zu solchen Maßen angewachsen ist. Aber ich kann doch nicht den erschreckten Blick vergessen, der mich einmal abwehrte, als ich in einem kleinen Kreise mich dieses Ausdrucks bediente, um die ganze Größe Rodinschen Genies für einen Moment gleichzeitig heraufzurufen. Eines Tages begriff ich diesen Blick.

Ich ging in Gedanken durch die ungeheueren Werkstätten und ich sah, daß alles im Werden war und nichts eilte. Da stand, riesig zusammengeballt, der *Denker,* in Bronze, vollendet; aber er gehörte ja in den immer noch wachsenden Zusammenhang des *Höllentors.* Da wuchs das eine Denkmal für *Victor Hugo* heran, langsam, immerfort beobachtet, vielleicht noch Abänderungen ausgesetzt, und weiterhin standen die anderen Entwürfe, werdend. Da lag, wie ausgegrabenes Wurzelwerk einer uralten Eiche, die Gruppe des *Ugolino* und wartete. Da wartete das merkwürdige Denkmal für *Puvis de Chavannes* mit dem Tisch, dem Apfelbaum und dem herrlichen Genius der ewigen Ruhe. Das da drüben wird ein Denkmal für *Whistler* sein und hier diese ruhende Gestalt wird vielleicht einmal das Grab eines Unbekannten berühmt machen. Es ist kaum durchzukommen; aber schließlich bin ich wieder vor dem kleinen Gipsmodell der *Tour du Travail,* das nun in seiner endgültigen Anordnung nur des Bestellers harrt, der das riesige Beispiel seiner Bilder aufrichten hilft unter den Menschen.

Aber da ist neben mir ein anderes Ding, ein stilles Gesicht, zu dem eine leidende Hand gehört, und der Gips hat jene durchscheinende Weiße, die er nur unter Rodins Werkzeug annimmt. Auf dem Gestell steht, vorläufig vorgemerkt und schon wieder durchgestrichen: *Convalescente.* Und nun finde ich mich unter lauter namenlosen neuen werdenden Dingen; sie sind gestern begonnen oder vorgestern oder vor Jahren; aber sie haben dieselbe Unbekümmertheit wie jene anderen. Sie rechnen nicht.

Und da fragte ich mich zum ersten Male: Wie ist es möglich, daß sie nicht rechnen? Warum ist dieses immense Werk immer noch im Ansteigen und wohin steigt es? Denkt es nichtmehr an seinen Meister? Glaubt es wirklich, in den Händen der Natur zu sein, wie die Felsen, an denen tausend Jahre hingehen wie ein Tag?

Und es war mir, in meiner Bestürzung, als müßte man alles Fertige hinausschaffen aus den Werkstätten, um übersehen zu können, was noch zu tun ist in den nächsten Jahren. Aber während ich das viele Vollendete zählte, die schimmernden Steine, die Bronzen, alle diese Büsten, da blieb mein Blick hoch an dem *Balzac* haften, dem Zurückgekommenen, Abgewiesenen, der dastand, hochmütig, als wollte er nicht wieder hinaus.

Und seither sehe ich die Tragik dieses Werkes auf dem Grunde seiner Größe. Ich fühle deutlicher als je, daß in diesen Dingen die Skulptur unaufhaltsam zu einer Macht angewachsen ist, wie niemals seit der Antike. Aber diese Plastik ist in eine Zeit geboren worden, die keine Dinge hat, keine Häuser, kein Äußeres. Denn das Innere, das diese Zeit ausmacht, ist ohne Form, unfaßbar: es fließt.

Dieser hier mußte es fassen; er war ein Former in seinem Herzen. Er hat alles das Vage, Sich-Verwandelnde, Werdende, das auch in ihm war, ergriffen und eingeschlossen und hingestellt wie einen Gott; denn auch die Verwandlung hat einen. Als ob einer ein dahinstürzendes Metall aufhielte und es erstarren ließe in seinen Händen.

Vielleicht erklärt es einen Teil des Widerstandes, der sich diesem Werke überall entgegenstemmte, daß hier Gewalt geschah. Das Genie ist immer ein Schrecken für seine Zeit; aber indem hier eines die unsere nicht nur im Geiste, sondern auch im Verwirklichen fortwährend überholt, wirkt es furchtbar, wie ein Zeichen am Himmel.

Fast möchte man einsehen: diese Dinge können nirgends hin. Wer wagt es, sie bei sich aufzunehmen?

Und gestehen sie nicht selbst ihre Tragik ein, die strahlenden, die den Himmel an sich gerissen haben in ihrer Verlassenheit? Und die nun dastehn, von keinem Gebäude mehr zu bändigen? Sie stehen im Raume. Was gehn sie uns an.

Denken Sie, daß ein Berg aufstünde im Lager von Nomaden. Sie würden ihn verlassen und weiterziehen um ihrer Herden willen.

Und wir sind ein Wandervolk, alle; nicht deshalb weil keiner ein Zuhause hat, bei dem er bleibt und an dem er baut, sondern weil wir kein *gemeinsames* Haus mehr haben. Weil wir auch unser Großes immer mit uns herumtragen müssen, statt es von Zeit zu Zeit hinzustellen, wo das Große steht.

Und doch wo immer Menschliches ganz groß wird, da verlangt es danach, sein Gesicht zu verbergen im Schooße allgemeiner namenloser Größe. Als es zuletzt, noch einmal nach der Antike, in Standbildern anwuchs aus Menschen heraus, die auch unterwegs waren in ihren Geistern und voller Verwandlung, – wie stürzte es da nach den Kathedralen hin und trat in die Vorhallen zurück und bestieg Tore und Türme wie bei einer Überschwemmung.

Wohin aber sollten die Dinge Rodin's?

Eugène Carrière hat einmal von ihm geschrieben: »Il n'a pas pu collaborer à la cathédrale absente.«

Er hat nirgends mitarbeiten können, und keiner hat mit ihm gearbeitet.

In den Häusern des achtzehnten Jahrhunderts und seinen gesetzvollen Parken sah er wehmütig das letzte Gesicht der Innenwelt einer Zeit. Und geduldig erkannte er in diesem Gesicht die Züge jenes Zusammenhangs mit der Natur, der seither verloren gegangen ist. Immer unbedingter wies er auf sie hin und riet, zurückzukehren »à l'œuvre même de Dieu, œuvre immortelle et redevenue inconnue«. Und es galt schon denen, die nach ihm kommen werden, wenn er vor der Landschaft sagte: »Voilà tous les styles futurs.«

Seine Dinge konnten nicht warten; sie mußten getan sein. Er hat ihre Obdachlosigkeit lange vorausgesehen. Ihm blieb nur die Wahl, sie in sich zu ersticken oder ihnen den Himmel zu gewinnen, der um die Berge ist.

Und das war seine Arbeit.

In einem ungeheueren Bogen hat er seine Welt über uns hingehoben und hat sie in die Natur gestellt.

Zweiter Teil

GEDICHTE IN PROSA

Die Auslage des Fischhändlers

(Neapel)

(Spätere Fassung)

Auf leicht geneigter Marmorplatte liegen sie in Gruppen, manche auf dem feuchten Stein, mit ein wenig schwärzlichem Moos unterlegt, andre in von Nässe dunkel gewordenen flachen Spankörben. Silbern beschuppte, darunter einer, rund nach oben gebogen, wie ein Schwertarm in einem Wappen, so daß das Silber an ihm sich spannt und schimmert. Silbern beschuppte, die quer-über liegen, wie aus altem Silber, schwärzlich beschlagen, und drüber einer, der das Maul voran, zurückzukommen scheint, entsetzt, aus dem Haufen hinter ihm. Hat man erst einmal sein Maul gemerkt, so sieht man, da und da, noch eines, ein anderes, rasch hergewendet, klagend. (Was man »klagend« nennen möchte, entsteht wohl, weil hier die Stelle, von der Stimme ausgeht, sofort Stummheit bedeutet, ein Bild des ...) Und nun sucht man, infolge einer Überlegung vielleicht, die Augen. Alle diese flachen, seitlich hingelegten, wie mit Uhrgläsern überdeckten Augen, an die die im Wasser schwimmenden Bilder herangetrieben sind, solange sie schauten. Nicht anders waren sie damals, ebenso blicklos gleichgültig: denn Blicke trüge das Wasser nicht. Ebenso seicht und untief, leer herausgewendet, wie Wagenlaternen bei Tag. Aber hingetragen durch Widerstand und Bewegung jener dichteren Welt, warfen sie, leicht und sicher, Zeichnung um Zeichnung, Wink und Wendung einwärts in ein uns unbekanntes Bewußtsein. Still und sicher trieben sie her, vor dem glatten

Entschluß, ohne ihn zu verraten; still und sicher standen sie tagelang der Strömung entgegen, überzogen von ihr, von Schattenfluchten verdunkelt. Nun aber sind sie ausgelöst aus den langen Strähnen ihres Schauens, flach hingelegt, ohne daß es deshalb möglich wäre, in sie einzudringen. Die Pupille wie mit schwarzem Stoff bezogen, der Umkreis um sie aufgelegt, wie dünnstes Blattgold. Mit einem Schrecken, ähnlich dem, den man beim Beißen auf etwas Hartes erfährt, entdeckt man die Undurchdringlichkeit dieser Augen –, und plötzlich meint man, vor lauter Stein und Metall zu stehen, wie man über (den) Tisch hinsieht. Alles Gebogene ist hart anzusehen, und der Haufen stahlglänzender, pfriemenförmiger Fische liegt kalt und schwer wie ein Haufen Werkzeuge da, mit denen andere, die das Aussehn von Steinen haben, geschliffen worden sind. Denn da nebenan liegen sie: runde glatte Achate, von braunen, blassen und goldenen Adern durchzogen, Streifen von rötlich-weißem Marmor, Jadestücke von vorsichtig gewölbtem Schliff, teilweise bearbeitete Topase, Bergkristall mit Spitzen von Amethyst, Opale aus Quallen. Und eine ganz dünne Schicht verweilenden Wassers ist noch über ihnen allen und trennt sie von diesem Licht, in dem sie fremd sind, verschlossen, Behälter, die man vergebens zu öffnen versucht hat.

Der Löwenkäfig

Sie geht hin und her wie die Wachposten draußen am Rand der Wälle, wo nichts mehr ist. Und wie in den Wachposten, ist Heimweh in ihr, schweres Heimweh in Stücken.

Wie unten im Meer irgendwo Spiegel sein müssen, Spiegel aus den Kajüten gesunkener Schiffe, Stücke von Spiegeln, die ja natürlich nichts mehr enthalten: die Gesichter der Reisenden nicht, keine ihrer Gebärden; nicht die Art, wie sie sich umdrehten und so seltsam linkisch aussahen von hinten; nicht die Wand, nicht die Ecke, in der man schlief; noch weniger was von drüben und draußen schwankend hereinschien; nichts, nein. Aber wie doch eine Alge vielleicht, ein offen absinkender Pulp, das plötzliche Gesicht eines Fisches oder auch nur das Wasser selbst, das ziehende, geteilte, wieder zusammenkommende Wasser Ähnlichkeiten in jenen Spiegeln hervorruft, entfernte, schiefe, falsche, gleich wieder aufgegebene Ähnlichkeiten mit dem, was einmal war-:

so liegen Erinnerungen, Stücke von Erinnerungen, bruchflächig, im Dunkel auf dem Grund ihres Blutes.

Sie geht hin und her um ihn, den Löwen, der krank ist. Kranksein wird nicht besorgt in ihm und vermindert ihn nicht; es schließt ihn nur ein. Wie er so liegt, die weich abgebogenen Pranken ohne Absicht, das hochmütige Gesicht mit der abgetragenen Mähne überhäuft, die Augen nicht geladen, ist er errichtet auf sich selbst zum Gedächtnis seiner Trauer, wie er einst (immer über sich hinaus) seiner Kraft Übertreibung war.

Nun zuckt es noch da und dort in den Muskeln und spannt sich, da und dort bilden sich, zu weit von einander, kleine Stellen von Zorn; das Blut bricht sicher böse, mit einem Sprung, aus den Herzkammern aus und gewiß hat es noch die vorsichtigen erprobten Wendungen entschlossener Plötzlichkeit, wenn es in das Gehirn tritt.

Aber er läßt nur geschehn, weil es noch nicht zu Ende ist und verwendet nichts mehr und nimmt nichtmehr teil. Nur ganz fern, wie weit von sich fortgehalten, mit dem weichen Pinsel seines Schwanzes malt er immer wieder eine kleine halbrunde Geste unbeschreiblicher Verachtung. Und sie geht so bedeutend vor sich, daß die Löwin anhält und hinsieht: beunruhigt, aufgeregt, erwartungsvoll.

Dann aber nimmt sie ihren Gang wieder auf, den trostlosen lächerlichen Gang der Wachposten, der immer wieder in dieselben Fußtapfen zurückfällt. Sie geht und geht, und manchmal erscheint ihre zerstreute Maske, rund und voll, durchgestrichen vom Gitter.

Sie geht wie Uhren gehen. Und auf ihrem Gesicht steht wie auf einem Zifferblatt, das man nachts anleuchtet, eine fremde, merkwürdig kurz angezeigte Stunde: eine furchtbare, in der jemand stirbt.

Saltimbanques

(Paris, Quatorze Juillet 1907)

VOR DEM LUXEMBOURG, nach dem Pantheon zu, hat wieder Père Rollin mit den Seinen sich ausgebreitet. Derselbe Teppich liegt da, dieselben abgelegten Mäntel, dicke Wintermäntel, sind über einen Stuhl gehäuft, auf dem gerade noch soviel Platz bleibt, daß der kleine Sohn, der Enkel des Alten, zwischendurch zu einem Viertel Hinsitzen kommt, ab und zu. Er braucht das noch, er ist ein Anfänger, heißt es, und die Füße tun ihm weh bei dem jähen Aufsprung mit dem er, aus den hohen Saltos heraus, auf die Erde kommt. Er hat ein großes Gesicht das eine Menge Tränen fassen kann, aber sie stehen doch manchmal bis an den Rand in den ausgeweiteten Augen. Dann muß er den Kopf ganz vorsichtig tragen, wie eine zu volle Tasse. Er ist nicht traurig dabei, garnicht, er würde gar nicht merken, wenn er es wäre, es ist einfach der Schmerz der weint und das muß man ihm lassen. Mit der Zeit wird das leichter und schließlich ist es fort. Der Vater weiß längst nichtmehr wie das war, und der Großvater, nein, der hat es schon vor sechzig Jahren vergessen, sonst wäre er nicht so berühmt geworden. Aber, sieh da, Père Rollin, der so berühmt geworden ist auf allen Jahrmärkten, »arbeitet« nichtmehr. Er schwenkt nichtmehr die ungeheuren Gewichte und er (der Beredteste von Allen) sagt kein Wort. Er ist aufs Trommeln gesetzt. Rührend geduldig steht er da mit dem zu weit gewordenen Athleten-Gesicht, in dem die Züge locker durcheinanderhängen, als wäre aus jedem einzelnen das Gewicht ausgehängt worden, das ihn spannte. Bürgerlich angezogen, eine gestrickte himmelblaue Cravatte um den kolossalen Hals, hat er sich auf der Höhe seines ehrlichen Ruhms zurückgezogen in diesen Rock und in die bescheidene Stellung, auf die, sozusagen, kein Glanz mehr fällt. Aber wer, von diesen jungen Leuten, ihn mal gesehen hat, der weiß ja doch, daß in diesen Ärmeln die berühmten Muskeln stecken, deren leisestes Spiel die Gewichte zum Springen brachte. Der hat eine ganz bestimmte Erinnerung an ein solches Meisterstück und er sagt ein paar Worte zu seinem Nachbar und zeigt herüber und dann fühlt der Alte ihre Blicke auf sich, nachdenklich und unbestimmt und achtungsvoll. Sie ist schon noch da, diese Kraft, junge Leute, denkt er; sie ist nichtmehr so bei der Hand, das ist das Ganze; sie ist in die Wurzeln gegangen; da irgendwo ist sie noch, der ganze Klumpen. Und für das Trommeln überhaupt ist sie noch viel zu groß. Und er schlägelt los. Aber er trommelt viel zu oft. Dann pfeift ihm der Schwiegersohn von drüben und winkt ab; er war gerade mitten in einer Tirade. Und der Alte hört auf, erschrocken, und entschuldigt sich mit den schweren Schultern und tritt umständlich auf das andere Bein. Aber da muß schon wieder abgepfiffen werden. Diable. Père! Père Rollin! Er hat schon wieder getrommelt. Er weiß es kaum. Er könnte immerzu trommeln, sie sollen nur nicht meinen, daß er müde würde. Aber da, jetzt redet seine Tochter; schlagfertig und handfest und ohne Loch das Ganze und ein Witz über den andern. Sie hält überhaupt jetzt die Sache zusammen, es ist eine Freude zuzuschauen. Der Schwiegersohn arbeitet ja gut, da ist nichts zu sagen, und gerne, wie es sich gehört. Aber sie hat das Zeug im Blut, das merkt man. Damit muß man geboren werden. Sie ist fertig: Musique, schreit sie. Und der Alte trommelt los wie vierzehn Trommeln. Père Rollin, Heh, Père Rollin: ruft jemand aus den Zuschauern, der hinzutritt eben und ihn erkennt. Aber er nickt nur nebenbei; das Trommeln ist eine Ehrensache und er nimmt es ernst.

Kavallerie-Parade

(Paris)

Es war eine kühne Bestürzung, zu sehen, wie leicht sich das lenken ließ. Der General, mit seinen beiden Adjutanten, hatte vor dem Invalidendom Stelle gefaßt, und rechts von der *gare* herüber, bog es beständig in ganzer Breite ein. Der Kommandant, vorreitend, nahm eine kurze Verständigung mit dem Oberbefehlshaber, oft aber genügte auch nur ein Wink, und das Bewegte, Vielfältige begriff und nahm leicht und schwingend eine neue, ihm hell-offene Bahn.

Die Lanciers flimmerten heran, rasch, hurtig, dicht aneinander, auf den kleinen herdenhaft verträglichen Pferden. Unten ging die frohe, frühlingliche Erregung der Tiere in der Masse auf, ununterscheidbar; ihr Feinstes aber kam, einzeln, oben in den kleinen Wimpeln der Lanzen zu sich, schwang, schwebte, zitterte aus. Und was sie ausgaben, ward ihnen gleich ersetzt von der Frühlingsluft, die entzückt schien, mit hundert erhobenen freien lustigen Dingen umzugehn. Das trieb heran, schimmerte, wirbelte vorbei, als würde ein Frühling, junge Wälder, Bänder, der Gang der Bäche, zu schnell gespielt, hätte nicht Zeit zu sein. Und kaum ließ mans los draußen in der davon aufgeblühten Avenue, – sieh: da drängte schon dort, als öffnete sich ein Bergwerk des Lichts, die Brüstung der Kürassiere vor, schwerer, verhaltener, mühsamer. Zögernd nahmen sie ihre Wendung und strömten stark in die Richtung des Winks. Ihnen voran das Trompeterkorps, wie der Mund aus dem dieses gewaltige Geschöpf seinen langen Atem ausstürmen würde; der Blitz der plötzlich erhobenen, in langsam entschlossenen

Bogen angesetzten Trompeten zeichnete sich deutlich ab vor der Spannung; tausend zerstreute Geräusche, die sich nicht kannten, verstanden sich, traten zurück, waren nur noch Hintergrund für den bevorstehenden Ton. Immer ergriffener nahm man den Hut vor den Fahnen ab, die vorüberkamen; mir fiel später ein, daß ich an jenem Morgen nur zwei Tote gegrüßt hatte (Jungverstorbene unter weißen Bahrtüchern) und sieben Fahnen. Ich war stolz auf meine Bekanntschaften.

Sandwiches-Männer

(Paris, St-Etienne-du-Mont)

Mandarinenrot, köstlich vor dem nachmittägigen Wintergrau in der Mauerkreuzung des Pantheons sah ich sie stehn: abgestellte Tafeln von *hommes-sandwiches,* hochbeinig wie Mücken. Das Grau ließ mich nach der Façade von St. Etienne hinüberblicken, dort auf dem wundervollen Instrument dieses Bauwerks spielte es erst in allen seinen inneren Tönen weiter. Bettlerinnen auf den Stufen, eine sitzend ganz tief, eine mit einem kleinen Kind, auf halber Höh, oben am Eingang eine Alte auf ihren Krücken hängend. Ich trat ein. Und da waren sic das Erste, das ich sah, die Männer zu jenen Tafeln draußen. Ganz hinten angereiht, zu klein und zu groß, in den lichtblau gewesenen Röcken, fünf, sechs nichtmehr aufräumbare Köpfe, wie von unbeschäftigten Hunden aus Mülleimern wieder heraufgesucht und versuchsweise auf die krummen roten Tuchkragen dieser furchtbaren Uniformen aufgesetzt, damit sie bis auf die Knochen abgetragen würden. Die Musik nahm einen Anlauf und erschien oben irgendwo in den Wölbungen; hinter dem schönen schloßhaften steinernen Lettner glänzte es von Gold und Lichtern, bestrahlter Rauch verteilte sich langsam dazwischen hin, Priester bewegten sich umständlich in einer von der Architektur und den Schatten übertriebenen Entfernung, das Rot der Chorknaben erneute sich von Zeit zu Zeit, und wer, verwirrt von soviel Vorgang, den Blick weggehoben hatte, der fand sich, durch Bogen und Pfeiler hin, dem tiefleuchtenden Dunkel eines alten Glasfensters ausgeliefert. Und das alles und immer das Sich-oben-halten der Musik: wie sollte das nicht auch in diesen Herzen erregend sein, daß es aus ihnen aufstieg und Gefühle wärmte und Gedanken zu sich brachte … Gefühle wofür? Was für Gedanken? Erinnerungen. Aber was sind Erinnerungen ohne Zukunft? Der Eine, Große, sah gar nicht so schlecht aus, ein Charakterkopf, wie man früher gesagt haben würde, die Nase fuhr so schön unaufhörlich aus der Stirn heraus und wie sich Mund und Bart drunter zusammenordnete, wie auf einer römischen Büste. Man möchte fragen: Schicksal, kannst du dich noch erinnern, was du eigentlich da vorhattest? War's auf keine Weise mehr zu erreichen? Schäme dich, Schicksal, du müßtest am Ende doch Mittel haben –. Er fühlt, daß ihn jemand betrachtet, aber ich weiche aus, er findet mich nicht in der Menge und steht wieder da, zu groß, in seiner Uniform aus sauergewordenem Lichtblau. Lieber Gott und einer hat den staubigen Kopf hinuntergezogen, ein Kleiner, menschlich anzufühlen, in die dazugehörige Hand. Was mag in ihm vorgehen? Diese Fünf oder Sechs, wenn der Himmel es nur mit ihnen versuchen wollte, die Erde hats falsch gemacht, trotz aller Kirchenmusik und trotz des schönen Grau in ihrer Weihnachtsluft. Im Zurückgehen merke ich, daß draußen, bei den abgestellten Tafeln, einige andere Sandwiches-Männer stehn, die offenbar nichts auf Erinnerungen geben. Aber für Heilige, wenn sie einmal Lust hatten, sich ins Gedräng zu versuchen, wärs nicht eine herrliche Verkleidung? Ach ich wollte die sechs draußen wären zur selben Zeit die sechs drin in der Kirche gewesen, mittels einer solchen Herablassung; das war die Art zu sehen durch die das Mittelalter die Welt in Ordnung rückte.

Richtung zur Zukunft

DER GEDANKE SPIELTE mit seinen Möglichkeiten, leise verzichtend. Auf gestern, auf ehegestern fällt der Verdacht unserer Zukunft, der zögernden; schrecken wir sie nicht oft durch den abmunternden Aufblick? Die kommende möchte sie sein, unabsehlich, – ach und wir sollten ihr Weg sein, ihr Abstieg, in den sie alles beschleunigt. Wer aber ist bereit? Wer vertraut, sieht auch in der Drohung noch das Versprechen des Künftigen, das aus der klaffenden Maske dringt mit verstellbarer Stimme. Komm, o Schicksal, scheinbares, komm, du kannst nicht ohne die ganze unendliche Zukunft. Das Zerstörende selbst reißt die Überstehungen hinter sich herein, kein Tod kann kommen ohne das viele Lebendige in seinem Rücken. Offenheit eines Morgens sei in der Luft deines Herzens, nichts Erwehrendes, wollend jedes. Dein Wollen umarme halbenwegs das entschlossene Ereignis, trete mit ihm bei dir ein, schon befreundschaftet eines am anderen, einander schon wohlklingend, schon unzertrennlich. Daß dir des Fremden nichts zukomme, immer schon Deiniges tiefvertraulich dich anträte: Verwandtes, ein verstoßener Sohn: so komme dein Tod dir in die endlichen Arme.

Denn ein Heiliger sollst du sein und nur Umgang kennen, nicht Zufall. Nicht anschreien soll dich eins können, als wärs der bestellte Wächter, du aber eingedrungen ins dir nicht Gehörige. Wo ist dein Eigenes nicht wenn du's erwirbst eh es ist, wenn du das Nähernde liebst im Schooße der Zukunft, wie sollte es dir nicht zur Welt kommen als dein wirkliches Kind? Herz, daß du doch nicht deine Grenzen zögest gegen gut und böse, und gegen das Unkenntliche. Wie du dich einschränkst.

Wir haben eine Erscheinung

(Endgültige Fassung)

Wir haben eine Erscheinung. Sie steht in den Zimmern, und auf den leeren Plätzen steht sie um Mitternacht, und wenn es Morgen wird, so wird sie deutlicher mit dem Tag, und wir sehen die Häuser durch ihre durchscheinende Gestalt. Ein Revenant ist davon abhängig, wie viele ihn wahrnehmen. Diesen gewahren alle: er ist aus allen Gräbern gestiegen. Alle gewahren ihn. Aber wer erkennt ihn?

Nein. Ihr sollt nicht bekannt tun mit ihm. Ihr sollt ihm nicht das Zubehör und die Zunamen früherer Kriege anhängen, denn ob es gleich ein Krieg ist, so kennt ihr ihn doch nicht. Da man euch Bilder von Greco zeigte, so gabt ihr zu, daß, da ein Erleben sei, das ihr nicht kanntet. Und wenn dieser Krieg ein Gesicht hat, so sollt ihr es ansehn wie das Gesicht Amenophis des Vierten, das vorher nicht da war. Ihr sollt davor stehen, wie neulich vor der Tatsache, daß in ein paar Pferden, bisher unangerufen, eine Gegenwart des bestimmtesten Geistes wohnt; ihr sollt als die, die ihr jetzt seid, den leidenschaftlichen Umgang des Todes hinnehmen und seine Vertraulichkeit erwidern; denn was wißt ihr von seiner Liebe zu euch?

Wir haben eine Erscheinung, – und es hat sie mancher angerufen; sie aber weicht nicht und schreitet durch unsere Wände und steht nicht Rede. Weil ihr tut, als kenntet ihr sie. Erhebt eure Augen und *kennt sie nicht*; schafft ein Hohles um sie mit der Frage eurer Blicke; hungert sie aus mit Nichtkennen! Und plötzlich, in der Angst nicht zu sein, wird euch das Ungeheuere seinen Namen schrein und wegsinken.

Dritter Teil

KLEINE SCHRIFTEN

Einleitung (zu Worpswede)

Die Geschichte der Landschaftsmalerei ist noch nicht geschrieben worden und doch gehört sie zu den Büchern, die man seit Jahren erwartet. Derjenige, welcher sie schreiben wird, wird eine große und seltene Aufgabe haben, eine Aufgabe, verwirrend durch ihre unerhörte Neuheit und Tiefe. Wer es auf sich nähme, die Geschichte des Porträts oder des Devotionsbildes aufzuzeichnen, hätte einen weiten Weg; ein gründliches Wissen müßte ihm wie eine wohlgeordnete Handbibliothek erreichbar sein, die Sicherheit und Unbestechlichkeit seines Blickes müßte ebenso groß sein wie das Gedächtnis seines Auges; er müßte Farben sehen und Farben sagen können, er müßte die Sprache eines Dichters und die Geistesgegenwart eines Redners besitzen, um angesichts des weiten Stoffes nicht in Verlegenheit zu geraten, und die Waage seiner Ausdrucksweise müßte auch die feinsten Unterschiede noch mit deutlichem Ausschlagswinkel anmelden. Er müßte nicht allein Historiker sein, sondern auch Psychologe, der am Leben gelernt hat, ein Weiser, der das Lächeln der Monna Lisa ebenso mit Worten wiederholen kann wie den alternden Ausdruck des tizianischen Karl V. und das zerstreute, verlorene Schauen des Jan Six in der Amsterdamer Sammlung. Aber er hätte doch immerhin mit Menschen umzugehen, von Menschen zu erzählen und den Menschen zu feiern, indem er ihn erkennt. Er wäre von den feinsten menschlichen Gesichtern umgeben, angeschaut von den schönsten, von den ernstesten, von den unvergeßlichsten Augen der Welt; umlächelt von berühmten Lippen und festgehalten von Händen, die ein eigentümlich selbständiges Leben führen, müßte er nicht aufhören, im Menschen die Hauptsache zu sehen, das Wesentliche, das, zu dem Dinge und Tiere einmütig und still hinweisen wie zu dem Ziel und zu der Vollendung ihres stummen oder bewußtlosen Lebens. Wer aber die Geschichte der Landschaft zu schreiben hätte, befände sich zunächst hilflos preisgegeben dem Fremden, dem Unverwandten, dem Unfaßbaren. Wir sind gewohnt, mit Gestalten zu rechnen, – und die Landschaft hat keine Gestalt, wir sind gewohnt aus Bewegungen auf Willensakte zu schließen, und die Landschaft *will* nicht wenn sie sich bewegt. Die Wasser gehn und in ihnen schwanken und zittern die Bilder der Dinge. Und im Winde, der in den alten Bäumen rauscht, wachsen die jungen Wälder heran, wachsen in eine Zukunft, die wir nicht erleben werden. Wir pflegen, bei den Menschen, vieles aus ihren Händen zu schließen und alles aus ihrem Gesicht, in welchem, wie auf einem Zifferblatt, die Stunden sichtbar sind, die ihre Seele tragen und wiegen. Die Landschaft aber steht ohne Hände da und hat kein Gesicht, – oder aber sie ist ganz Gesicht und wirkt durch die Größe und Unübersehbarkeit ihrer Züge furchtbar und niederdrückend auf den Menschen, etwa wie jene ›Geistererscheinung‹ auf dem bekannten Blatte des japanischen Malers Hokusai.

Denn gestehen wir es nur: die Landschaft ist ein Fremdes für uns und man ist furchtbar allein unter Bäumen, die blühen, und unter Bächen, die vorübergehen. Allein mit einem toten Menschen, ist man lange nicht so preisgegeben wie allein mit Bäumen. Denn so geheimnisvoll der Tod sein mag, geheimnisvoller noch ist ein Leben, das nicht unser Leben ist, das nicht an uns teilnimmt und, gleichsam ohne uns zu sehen, seine Feste feiert, denen wir mit einer gewissen

Verlegenheit, wie zufällig kommende Gäste, die eine andere Sprache sprechen, zusehen.

Freilich, da könnte mancher sich auf unsere Verwandtschaft mit der Natur berufen, von der wir doch abstammen als die letzten Früchte eines großen aufsteigenden Stammbaumes. Wer das tut, kann aber auch nicht leugnen, daß dieser Stammbaum, wenn wir ihn, von uns aus, Zweig für Zweig, Ast für Ast, zurückverfolgen, sehr bald sich im Dunkel verliert; in einem Dunkel, welches von ausgestorbenen Riesentieren bewohnt wird, von Ungeheuern voll Feindsäligkeit und Haß, und daß wir, je weiter wir nach rückwärts gehen, zu immer fremderen und grausameren Wesen kommen, so daß wir annehmen müssen, die Natur als das grausamste und fremdeste von allen im Hintergrunde zu finden. Daran ändert der Umstand, daß die Menschen seit Jahrtausenden mit der Natur verkehren, nur sehr wenig; denn dieser Verkehr ist sehr einseitig. Es scheint immer wieder, daß die Natur nichts davon weiß, daß wir sie bebauen und uns eines kleinen Teils ihrer Kräfte ängstlich bedienen. Wir steigern in manchen Teilen ihre Fruchtbarkeit und ersticken an anderen Stellen mit dem Pflaster unserer Städte wundervolle Frühlinge, die bereit waren, aus den Krumen zu steigen. Wir führen die Flüsse zu unseren Fabriken hin, aber sie wissen nicht von den Maschinen, die sie treiben. Wir spielen mit dunklen Kräften, die wir mit unseren Namen nicht erfassen können, wie Kinder mit dem Feuer spielen, und es scheint einen Augenblick, als hätte alle Energie bisher ungebraucht in den Dingen gelegen, bis wir kamen, um sie auf unser flüchtiges Leben und seine Bedürfnisse anzuwenden. Aber immer und immer wieder in Jahrtausenden schütteln die Kräfte ihre Namen ab und erheben sich, wie ein unterdrückter Stand, gegen ihre kleinen Herren, ja nicht einmal *gegen* sie, – sie stehen einfach auf, und die Kulturen fallen von den Schultern der Erde, die wieder groß ist und weit und allein mit ihren Meeren, Bäumen und Sternen.

Was bedeutet es, daß wir die äußerste Oberfläche der Erde verändern, daß wir ihre Wälder und Wiesen ordnen und aus ihrer Rinde Kohlen und Metalle holen, daß wir die Früchte der Bäume empfangen, als ob sie für uns bestimmt wären, wenn wir uns daneben einer einzigen Stunde erinnern, in welcher die Natur handelte über uns, über unser Hoffen, über unser Leben hinweg, mit jener erhabenen Hoheit und Gleichgültigkeit, von der alle ihre Gebärden erfüllt sind. Sie weiß nichts von uns. Und was die Menschen auch erreicht haben mögen, es war noch keiner so groß, daß sie teilgenommen hätte an seinem Schmerz, daß sie eingestimmt hätte in seine Freude. Manchmal begleitete sie große und ewige Stunden der Geschichte mit ihrer mächtigen brausenden Musik oder sie schien um eine Entscheidung windlos, mit angehaltenem Atem stille zu stehn oder einen Augenblick geselliger harmloser Frohheit mit flatternden Blüten, schwankenden Faltern und hüpfenden Winden zu umgeben, – aber nur um im nächsten Momente sich abzuwenden und den im Stiche zu lassen, mit dem sie eben noch alles zu teilen schien.

Der gewöhnliche Mensch, der mit den Menschen lebt und die Natur nur so weit sieht, als sie sich auf ihn bezieht, wird dieses rätselhaften und unheimlichen Verhältnisses selten gewahr. Er sieht die Oberfläche der Dinge, die er und seinesgleichen seit Jahrhunderten geschaffen haben, und glaubt gerne, die ganze Erde nehme an ihm teil, weil man ein Feld bebauen, einen Wald lichten und einen Fluß schiffbar machen kann. Sein Auge, welches fast nur auf Menschen eingestellt ist, sieht die Natur nebenbei mit, als ein Selbstverständliches und Vorhandenes, das soviel als möglich ausgenutzt werden muß. Anders schon sehen Kinder die Natur; einsame Kinder besonders, welche unter Erwachsenen aufwachsen, schließen sich ihr mit einer Art von Gleichgesinntheit an und leben in ihr, ähnlich den kleinen Tieren, ganz hingegeben an die Ereignisse des Waldes und des Himmels und in einem unschuldigen, scheinbaren Einklang mit ihnen. Aber darum kommt später für Jünglinge und junge Mädchen jene einsame, von vielen tiefen Melancholien zitternde Zeit, da sie, gerade in den Tagen des körperlichen Reifwerdens, unsäglich verlassen, fühlen, daß die Dinge und Ereignisse in der Natur *nichtmehr* und die Menschen *noch nicht* an ihnen teilnehmen. Es wird Frühling, obwohl sie traurig sind, die Rosen blühen und die Nächte sind voll Nachtigallen, obwohl sie sterben möchten, und wenn sie endlich wieder zu einem Lächeln kommen, dann sind die Tage des Herbstes da, die schweren, gleichsam unaufhörlich fallenden Tage des November, hinter denen ein langer lichtloser Winter kommt. Und auf der anderen Seite sehen sie die Menschen, in gleicher Weise fremd und teilnahmslos, ihre Geschäfte, ihre Sorgen, ihre Erfolge und Freuden haben, und sie verstehen es nicht. Und schließlich bescheiden sich die Einen und gehen zu den Menschen, um ihre Arbeit und ihr Los zu teilen, um zu nützen, zu helfen und der Erweiterung dieses Lebens irgendwie zu dienen, während die Anderen, die die verlorene Natur nicht lassen wollen, ihr nachgehen und nun versuchen, bewußt und mit Aufwendung eines gesammelten Willens, ihr wieder so nahe zu kommen, wie sie ihr, ohne es recht zu wissen, in der Kindheit waren. Man begreift, daß diese Letzteren Künstler sind: Dichter oder Maler, Tondichter oder Baumeister, Einsame im Grunde, die, indem sie sich der Natur zuwenden, das Ewige dem Vergänglichen, das im Tiefsten Gesetzmäßige dem vorübergehend Begründeten vorziehen, und die, da sie die Natur nicht überreden können, an ihnen teilzunehmen, ihre Aufgabe darin sehen, die Natur zu erfassen, um sich selbst irgendwo in ihre großen Zusammenhänge einzufügen. Und mit diesen einzelnen Einsamen nähert sich die ganze Menschheit der Natur. Es ist nicht der letzte und vielleicht der eigentümlichste Wert der Kunst, daß sie das Medium ist, in welchem Mensch und Landschaft, Gestalt und Welt sich begegnen und finden. In Wirklichkeit leben sie nebeneinander, kaum voneinander wissend, und im Bilde, im Bauwerk, in der Symphonie, mit einem Worte in der Kunst, scheinen sie sich, wie in einer höheren prophetischen Wahrheit, zusammenzuschließen, aufeinander zu berufen, und es ist, als ergänzten sie einander zu jener vollkommenen Einheit, die das Wesen des Kunstwerks ausmacht.

Unter diesem Gesichtspunkt scheint es, als läge das Thema und die Absicht aller Kunst in dem Ausgleich zwischen dem Einzelnen und dem All, und als wäre der Moment der Erhebung, der künstlerisch-wichtige Moment, derjenige, in welchem die beiden Waagschalen sich das Gleichgewicht halten. Und, in der Tat, es wäre sehr verlockend, diese Beziehung in verschiedenen Kunstwerken nachzuweisen; zu zeigen, wie eine Symphonie die Stimmen eines stürmischen Tages mit dem Rauschen unseres Blutes zusammenschmilzt, wie ein Bauwerk halb unser, halb eines Waldes Ebenbild sein kann. Und ein Bildnis machen, heißt das nicht, einen Menschen wie eine Landschaft sehen, und giebt es eine Landschaft ohne Figuren, welche nicht ganz erfüllt ist davon, von dem zu erzählen, der sie gesehen hat? Wunderliche Beziehungen ergeben sich da. Manchmal sind sie in reichem, fruchtbaren Kontrast nebeneinandergesetzt, manchmal scheint der Mensch aus der Landschaft, ein andres Mal die Landschaft aus dem Menschen hervorzugehen, und dann wieder haben sie sich ebenbürtig und geschwisterlich vertragen. Die Natur scheint sich für Augenblicke zu nähern, indem sie sogar den Städten einen Schein von Landschaft giebt, und mit Centauren, Seefrauen und Meergreisen aus Böcklinschem Blute nähert sich die Menschheit der Natur: immer aber kommt es auf dieses Verhältnis an, nicht zuletzt in der Dichtung, die gerade dann am meisten von der Seele zu sagen weiß, wenn sie Landschaft giebt, und die verzweifeln müßte, das Tiefste von ihm zu sagen, stünde der Mensch in jenem uferlosen und leeren Raume, in welchen ihn Goya gerne versetzt hat.

Die Kunst hat den Menschen kennengelernt, bevor sie sich mit der Landschaft beschäftigte. Der Mensch stand vor der Landschaft und verdeckte sie, die Madonna stand davor, die liebe, sanfte italische Frau mit dem spielenden Kinde, und weit hinter ihr erklang ein Himmel und ein Land mit ein paar Tönen wie die Anfangsworte eines Ave Maria. Diese Landschaft, die sich im Hintergrund umbrischer und toskanischer Bilder ausbreitet, ist wie eine leise, mit einer Hand gespielte Begleitung, nicht von der Wirklichkeit angeregt, sondern den Bäumen, Wegen und Wolken nachgebildet, die eine liebliche Erinnerung sich bewahrt hat. Der Mensch war die Hauptsache, das eigentliche Thema der Kunst und man schmückte ihn, wie man schöne Frauen mit edlen Steinen schmückt, mit Bruchstücken jener Natur, die man als Ganzes zu schauen noch nicht fähig war.

Es müssen andere Menschen gewesen sein, welche, an ihresgleichen vorbei, die Landschaft schauten, die große, teilnahmslose, gewaltige Natur. Menschen, wie Jacob Ruysdael, Einsame, die wie Kinder unter Erwachsenen lebten und vergessen und arm verstarben. Der Mensch verlor seine Wichtigkeit, er trat zurück vor den großen, einfachen, unerbittlichen Dingen, die ihn überragten und überdauerten. Man mußte deshalb nicht darauf verzichten, ihn darzustellen, im Gegenteil: durch die gewissenhafte und gründliche Beschäftigung mit der Natur hatte man gelernt, ihn besser und gerechter zu sehen. Er war kleiner geworden: nichtmehr der Mittelpunkt der Welt; er war größer geworden: denn man schaute ihn mit denselben Augen an wie die Natur, er galt nichtmehr als ein Baum, aber er galt viel, weil der Baum viel galt.

Liegt nicht vielleicht darin das Geheimnis und die Hoheit Rembrandts, daß er Menschen wie Landschaften sah und malte? Mit den Mitteln des Lichtes und der Dämmerung, mit denen man das Wesen des Morgens oder das Geheimnis des Abends erfaßt, sprach er von dem Leben derjenigen, die er malte, und es wurde weit und gewaltig dabei. Auf seinen biblischen Bildern und Blättern überrascht es geradezu, wie sehr er auf Bäume verzichtet, um die Menschen wie Bäume und Büsche zu gebrauchen. Man erinnere sich des Hundertguldenblattes: kriecht da die Schaar der Bettler und Bresthaften nicht wie niederes, vielarmiges Gestrüpp an den Mauern hin, und steht Christus nicht wie ein ragender einsamer Baum am Rande der Ruine? Wir kennen nicht viele Landschaften von Rembrandt, und doch war er Landschafter, der größte vielleicht, den es je gegeben hat, und einer der größten Maler überhaupt. Er konnte Porträts malen, weil er in die Gesichter tief hineinsah wie in Länder mit weitem Horizont und hohem, wolkigem, bewegtem Himmel. – In den wenigen Porträts, die Böcklin gemalt hat (ich denke vor allem an die Selbstporträts), ist eine ähnliche, landschaftliche

Auffassung des Gegenstandes zu verzeichnen, und wenn ihn sonst das Porträt so wenig interessiert, ja geradezu unangenehm berührt hat, so liegt das daran, daß er nur wenige Menschen in jener landschaftlichen Art zu schauen vermochte. Der Mensch war für ihn, den der unermeßliche Reichtum der Natur verwöhnt hatte, eine Beschränkung, eine Enge, ein Einzelfall, welcher die rauschende Breite der Empfindung, aus welcher heraus er lebte, störend unterbrach. Er setzte, wo er seiner bedurfte, an seine Stelle die Gestalt. Wesen, die von Bäumen geboren zu sein scheinen, gehen durch seine Bilder, und das Meer, das er malt, erfüllt sich mit lautem lachendem Leben. Alle Elemente scheinen fruchtbar zu sein und die Welt, die der Mensch nicht betreten kann, mit ihren Söhnen und Töchtern zu bevölkern. Böcklin, der, wie kaum einer, danach strebte, die Natur zu erfassen, sah die Kluft, die sie von den Menschen trennt, und er malt sie wie ein Geheimnis, wie Lionardo die Frau gemalt hat, in sich abgeschlossen, teilnahmslos, mit einem Lächeln, das uns entgleitet, sobald wir es auf uns beziehen wollen.

Auch in die Landschaften des Anselm Feuerbach und des Puvis de Chavannes (um nur zwei Meister zu nennen) traten nur stille zeitlose Gestalten ein, die aus der Tiefe der Bilder kamen und gleichsam jenseits eines Spiegels lebten. Und diese Scheu vor dem Menschen geht durch die ganze Landschaftsmalerei. Einer der Größten, Théodore Rousseau, hat ganz auf die Figur verzichtet und man vermißt sie nirgends in seinem Werke. So entbehrlich ist auch seiner, beinahe mathematisch richtigen Welt der Mensch. Anderen lag es nahe, ihre Wege und Wiesen mit schreitenden und weidenden Tieren zu beleben; mit Kühen, deren breite Trägheit massig und ruhig in der Fläche des Bildes stand, mit Schafen, die auf ihren wolligen Rücken das Licht der Abendhimmel durch die Dämmerung trugen, mit Vögeln, die, ganz umzittert von Luft, sich in hohe Wipfel niederließen. Und da kam unversehens mit den Herden der Hirte in die Bilder hinein, der erste Mensch in der ungeheuren Einsamkeit. Still wie ein Baum steht er bei Millet, das einzige Aufrechte in der weiten Ebene von Barbizon. Er rührt sich nicht; wie ein Blinder steht er unter den Schafen, wie ein Ding, das sie genau kennen, und seine Kleidung ist schwer wie Erde und verwittert wie Stein. Er hat kein eigenes, besonderes Leben. Sein Leben ist das jener Ebene und jenes Himmels und jener Tiere, die ihn umgeben. Er hat keine Erinnerung, denn seine Eindrücke sind Regen und Wind und Mittag und Sonnenuntergang, und er muß sie nicht behalten, weil sie immer wiederkommen. Und ähnlich sind alle jene Millet'schen Gestalten, deren Silhouette so baumhaft ruhig vor dem Himmel steht oder, wie von einem immerwährenden Winde gebogen, von der dunklen Scholle sich abhebt. Millet schrieb einmal an Toré: »Ich möchte, daß die Wesen, welche ich darstelle, aussähen als ob sie ganz in ihrer Lage aufgingen, und daß es unmöglich sei zu denken, daß ihnen der Gedanke kommen könnte, etwas anderes zu sein.« Die Lage aber, in welcher sie sich befinden, ist die Arbeit. Eine ganz bestimmte, tägliche Arbeit, die Arbeit an diesem Lande, die sie gestaltet hat, wie der Wind am Meer die wenigen Bäume formt, welche am Rande der Dünen stehen. Diese Arbeit, durch die sie ihre Nahrung empfangen, bindet sie wie eine starke Wurzel an diesen Boden fest, zu dem sie gehören wie zähe Pflanzen, die sich von steinigem Land ein karges Dasein erzwingen.

Ähnlich wie die Sprache nichts mehr mit den Dingen gemein hat, welche sie nennt, so haben die Gebärden der meisten Menschen, die in den Städten leben, ihre Beziehung zur Erde verloren, sie hängen gleichsam in der Luft, schwanken hin und her und finden keinen Ort, wo sie sich niederlassen könnten. Die Bauern, welche Millet malt, haben noch jene wenigen großen Bewegungen, welche still und einfach sind und immer auf dem kürzesten Wege auf die Erde zugehen. Und der Mensch, der anspruchsvolle, nervöse Bewohner der Städte, fühlt sich geadelt in diesen stumpfen Bauern. Er, der mit nichts im Einklang steht, sieht in ihnen Wesen, die näher an der Natur ihr Leben verbringen, ja er ist geneigt, in ihnen Helden zu sehen, weil sie es tun, obwohl die Natur gegen sie gleich hart und teilnahmslos bleibt, wie gegen ihn. Und vielleicht scheint es ihm eine Weile, als hätte man nur Städte gebaut, um die Natur und ihre erhabene Gleichgültigkeit (welche wir Schönheit nennen) nicht zu sehen und sich mit der scheinbaren Natur des Häusermeeres zu trösten, die von Menschen gemacht ist und wie mit großen Spiegeln sich selbst und den Menschen immerfort wiederholt. Millet haßte Paris. Und wenn er aus dem Dorfe immer nach der entgegengesetzten Seite hinausging wie sein Freund Rousseau, so geschah's vielleicht, weil ihn das Geschlossene des Waldes immer noch zu sehr an die Enge der Stadt erinnerte, weil die hohen Bäume auf ihn leicht wie hohe Mauern wirkten, wie jene Mauern, aus denen er wie aus einem Gefängnis entflohen war. Die Elemente seiner Kunst, welche man, im Hinblick auf seine Gestalten, Einsamkeit und Gebärde nennen könnte, sind eigentlich nicht diese figürlichen, sondern die entsprechenden landschaftlichen Werte. Der Einsamkeit entspricht die Ebene, der Gebärde der Himmel, vor dem sie sich vollzieht. Auch er ist Landschafter. Seine Figuren sind groß durch das, was sie umgiebt, und durch die Linie, welche sie von ihrer Umgebung trennt. Von der Ebene ist die Rede und vom Himmel. Millet hat beides in die Malerei eingeführt, allein er vermochte oft nur den Kontur zu geben statt des Lichtes, das von allen Seiten aus dem ungeheuren Himmel fließt. Sein Kontur war groß, sicher, monumental, er ist das Ewige in seinem Werke, aber er weist oft mehr auf einen Zeichner oder einen Plastiker als auf einen Maler hin.

Hier ist jener brüllenden Kuh Segantinis zu gedenken auf dem bekannten Bilde, das sich in der Berliner Nationalgalerie befindet. Die Linie, mit welcher der Rücken des Tieres sich von dem Himmel abzeichnet, diese unvergeßliche Linie, ist von Millet'scher Kraft und Klarheit, aber sie ist nicht unbeweglich, sie zittert und schwingt wie eine tönende Saite, gestrichen von dem reinen Licht dieser hohen und einsamen Bergwelt.

Dieser Maler ist mit Millet verwandter als man glaubt. Er ist kein Maler des Gebirges. Die Berge sind ihm nur die Stufen zu neuen Ebenen, über welchen ein Himmel, groß wie der Himmel Millets, aber lichtvoller, tiefer, farbiger sich erhebt. Diesem Himmel ist er nachgegangen sein ganzes Leben lang und als er ihn gefunden hatte, starb er. Er starb, beinahe 3000 Meter hoch, wo keine Menschen mehr wohnen, und in stiller, blinder Größe stand die Natur um seinen schweren Tod. Sie hat auch von ihm nicht gewußt. Aber als er in das unermeßliche Leuchten jener unberührten Welt die Mutter mit dem Kinde malte, da war er dem menschlichen Leben ebenso nah wie dem anderen, dem erhabenen Leben der Natur, das ihn umgab.

In den deutschen Romantikern war eine große Liebe zur Natur. Aber sie liebten sie ähnlich wie der Held einer Turgenieff'schen Novelle jenes Mädchen liebte, von dem er sagt: »Sophia gefiel mir besonders, wenn ich saß und ihr den Rücken zuwendete, das heißt, wenn ich ihrer gedachte, wenn ich sie im Geiste vor mir sah, besonders des Abends, auf der Terrasse ...« Vielleicht hat nur einer von ihnen ihr ins Gesicht gesehen; Philipp Otto Runge, der Hamburger, der das Nachtigallengebüsch gemalt hat und den Morgen. Das große Wunder des Sonnenaufgangs ist so nicht wieder gemalt worden. Das wachsende Licht, das still und strahlend zu den Sternen steigt und unten auf der Erde das Kohlfeld, noch ganz vollgesogen mit der starken tauigen Tiefe der Nacht, in welchem ein kleines nacktes Kind – der Morgen – liegt. Da ist alles geschaut und wiedergeschaut. Man fühlt die Kühle von vielen Morgen, an denen der Maler sich vor der Sonne erhob und, zitternd vor Erwartung, hinausging, um jede Szene des mächtigen Schauspiels zu sehen und nichts von der spannenden Handlung zu versäumen, die da begann. Dieses Bild ist mit Herzklopfen gemalt worden. Es ist ein Markstein. Es erschließt nicht einen, es erschließt tausend neue Wege zur Natur. Runge fühlte das selbst. In seinen ›Hinterlassenen Schriften‹, die 1842 erschienen sind, findet sich folgende Stelle: ... »Es drängt sich Alles zur Landschaft, sucht etwas Bestimmtes in dieser Unbestimmtheit. Doch unsere Künstler greifen wieder zur Historie und verwirren sich. Ist denn in dieser neuen Kunst – der Landschafterei, wenn man so will – nicht auch ein höchster Punkt zu erreichen? der vielleicht noch schöner sein wird als die vorigen?«‹

Im Anfang des neunzehnten Jahrhunderts hat Philipp Otto Runge diese Worte geschrieben, aber noch weit später galt die ›Landschafterei‹ in Deutschland als ein fast untergeordnetes Gewerbe, und man pflegte auf unseren Akademieen die Landschafter nicht für voll zu nehmen. Diese Anstalten hatten allen Grund, die Konkurrenz der Natur zu fürchten, auf welche schon Dürer mit so ehrfürchtiger Einfalt hingewiesen hatte. Es ergoß sich ein Strom von jungen

Leuten aus den staubigen Sälen der Hochschulen, man suchte die Dörfer auf, man begann zu sehen, man malte Bauern und Bäume und man feierte die Meister von Fontainebleau, die das alles schon ein halbes Jahrhundert vorher versucht hatten. Es war jedenfalls ein ehrliches Bedürfnis, welches dieser Bewegung zugrunde lag, aber es war eben eine Bewegung und sie konnte viele mitgerissen haben, denen die Akademie eigentlich nicht zu enge war. Man mußte abwarten. Von allen, die damals hinauszogen, sind inzwischen viele in die Städte zurückgekehrt, nicht ohne gelernt zu haben, ja vielleicht sogar nicht ohne von Grund aus andere geworden zu sein. Andere sind von Landschaft zu Landschaft gewandert, überall lernend, feine Eklektiker, denen die Welt zur Schule wird, – einige sind berühmt geworden, viele untergegangen und es wachsen neue heran, die richten werden.

Nicht weit aber von jener Gegend, in welcher Philipp Otto Runge seinen Morgen gemalt hat, unter demselben Himmel sozusagen, liegt eine merkwürdige Landschaft, in der damals einige junge Leute sich zusammengefunden hatten, unzufrieden mit der Schule, sehnsüchtig nach sich selbst und willens, ihr Leben irgendwie in die Hand zu nehmen. Sie sind nichtmehr von dort fortgegangen, ja, sie haben es sogar vermieden, größere Reisen zu machen, immer bange etwas zu versäumen, irgendeinen unersetzlichen Sonnenuntergang, irgendeinen grauen Herbsttag oder die Stunde, da, nach stürmischen Nächten, die ersten Frühlingsblumen aus der Erde kommen. Die Wichtigkeiten der Welt fielen ihnen ab und sie erfuhren jene große Umwertung aller Werte, die vor ihnen Constable erfahren hatte, der in einem Briefe schrieb: »Die Welt ist weit, nicht zwei Tage sind gleich, nicht einmal zwei Stunden; noch hat es seit Schöpfung der Welt zwei Baumblätter gegeben, die einander gleich waren.« Ein

Mensch, der zu dieser Erkenntnis gelangt, fängt ein neues Leben an. Nichts liegt hinter ihm, alles vor ihm und: »Die Welt ist weit.«

Diese jungen Menschen, die jahrelang ungeduldig und unzufrieden auf Akademieen gesessen hatten, »drängten sich« – wie Runge schrieb – »zur Landschaft, sie suchten etwas Bestimmtes in dieser Unbestimmtheit.« Die Landschaft ist bestimmt, sie ist ohne Zufall, und ein jedes fallende Blatt erfüllt, indem es fällt, eines der größten Gesetze des Weltalls. Diese Gesetzmäßigkeit, die niemals zögert und sich in jedem Augenblicke ruhig und gelassen vollzieht, macht die Natur zu einem solchen Ereignis für junge Menschen. Gerade das suchen sie, und wenn sie in ihrer Ratlosigkeit nach einem Meister verlangen, so meinen sie nicht jemanden, der fortwährend in ihre Entwickelung eingreift und durch ein Rütteln die geheimnisvollen Stunden stört, in denen die Kristallbildung ihrer Seele geschieht; sie wollen ein Beispiel. Sie wollen ein Leben sehen, neben sich, über sich, um sich, ein Leben das lebt, ohne sich um sie zu kümmern. Große Gestalten der Geschichte leben so, aber sie sind nicht sichtbar, und man muß die Augen schließen, um sie zu sehen. Junge Menschen aber schließen nicht gerne die Augen, zumal wenn sie Maler sind: sie wenden sich an die Natur und, indem sie sie suchen, suchen sie sich.

Es ist interessant zu sehen, wie auf jede Generation eine andere Seite der Natur erziehend und fördernd wirkt; diese rang sich zur Klarheit durch, indem sie in Wäldern wanderte, jene brauchte Berge und Burgen, um sich zu finden. Unsere Seele ist eine andere als die unserer Väter; wir können noch die Schlösser und Schluchten verstehen, bei deren Anblick sie wuchsen, aber wir kommen nicht weiter dabei. Unsere Empfindung gewinnt keine Nuance hinzu, unsere Gedanken vertausendfachen sich nicht, wir fühlen uns wie in etwas altmodischen Zimmern, in denen man sich keine Zukunft denken kann. Woran unsere Väter in geschlossenem Reisewagen, ungeduldig und von Langerweile geplagt, vorüberfuhren, das brauchen wir. Wo sie den Mund auftaten, um zu gähnen, da tun wir die Augen auf, um zu schauen; denn wir leben im Zeichen der Ebene und des Himmels. Das sind zwei Worte, aber sie umfassen eigentlich ein einziges Erlebnis: die Ebene. Die Ebene ist das Gefühl, an welchem wir wachsen. Wir begreifen sie und sie hat etwas Vorbildliches für uns; da ist uns alles bedeutsam: der große Kreis des Horizontes und die wenigen Dinge, die einfach und wichtig vor dem Himmel stehen. Und dieser Himmel selbst, von dessen Dunkel- und Hellwerden jedes von den tausend Blättern eines Strauches mit anderen Worten zu erzählen scheint und der, wenn es Nacht wird, viel mehr Sterne faßt, als jene gedrängten und ungeräumigen Himmel, die über Städten, Wäldern und Bergen sind.

In einer solchen Ebene leben jene Maler, von denen zu reden sein wird. Ihr danken sie, was sie geworden sind und noch viel mehr: ihrer Unerschöpflichkeit und Größe danken sie, daß sie immer noch werden.

Es ist ein seltsames Land. Wenn man auf dem kleinen Sandberg von Worpswede steht, kann man es ringsum ausgebreitet sehen, ähnlich jenen Bauerntüchern, die auf dunklem Grund Ecken tief leuchtender Blumen zeigen. Flach liegt es da, fast ohne Falte, und die Wege und Wasserläufe führen weit in den Horizont hinein. Dort beginnt ein Himmel von unbeschreiblicher Veränderlichkeit und Größe. Er spiegelt sich in jedem Blatt. Alle Dinge scheinen sich mit ihm zu beschäftigen; er ist überall. Und überall ist das Meer. Das Meer, das nichtmehr ist, das einmal vor Jahrtausenden hier stieg und fiel und dessen Düne der Sandberg war, auf dem Worpswede liegt. Die Dinge können es nicht vergessen. Das große Rauschen, das die alten Föhren des Berges erfüllt, scheint sein Rauschen zu sein und der Wind, der breite mächtige Wind, bringt seinen Duft. Das Meer ist die Historie dieses Landes. Es hat kaum eine andere Vergangenheit.

Einst, als das Meer zurücktrat, da begann es sich zu formen. Pflanzen, die wir nicht kennen, erhoben sich, und es war ein rasches und hastiges Wachsen in dem fetten faltigen Schlamm. Aber das Meer, als ob es sich nicht trennen könnte, kam immer wieder mit seinen äußersten Wassern in die verlassenen Gebiete und endlich blieben schwarze schwankende Sümpfe zurück, voll von feuchtem Getier und langsam vermodernder Fruchtbarkeit. So lagen die Flächen allein, ganz mit sich beschäftigt, jahrhundertelang. Das Moor bildete sich. Und endlich begann es sich an einzelnen Stellen zu schließen, leise, wie eine Wunde sich schließt. Um diese Zeit, man nimmt das dreizehnte Jahrhundert an, wurden in der Weserniederung Klöster gegründet, welche holländische Kolonisten in diese Gegenden, in ein schweres, ungewisses Leben, schickten. Später folgen (selten genug) neue Ansiedlungsversuche, im sechzehnten Jahrhundert, im siebzehnten, aber erst im achtzehnten nach einem bestimmten Plan, durch dessen energische Durchführung die Ländereien an der Weser, an der Hamme, Wümme und Wörpe, dauernd bewohnbar werden. Heute sind sie ziemlich bevölkert; die frühen Kolonisten, soweit sie sich halten konnten, sind reich geworden durch den Verkauf des Torfs, die späteren führen ein Leben aus Arbeit und Armut, nah an der Erde, wie im Bann einer größeren Schwerkraft stehend. Etwas von der Traurigkeit und Heimatlosigkeit ihrer Väter liegt über ihnen, der Vater, die, als sie auswanderten, ein Leben verließen, um in dem schwarzen schwankenden Land ein neues zu beginnen, von dem sie nicht wußten, wie es enden sollte. Es giebt keine Familienähnlichkeit unter diesen Leuten; das Lächeln der Mütter geht nicht auf die Söhne über, weil die Mütter nie gelächelt haben. Alle haben nur *ein* Gesicht: das harte, gespannte Gesicht der Arbeit, dessen Haut sich bei allen Anstrengungen ausgedehnt hat, so daß sie im Alter dem Gesicht zu groß geworden ist wie ein langegetragener Handschuh. Man sieht Arme, die das Heben schwerer Dinge übermäßig verlängert hat und Rücken von Frauen und Greisen, die krumm geworden sind wie Bäume, die immer in demselben Sturm gestanden haben. Das Herz liegt gedrückt in diesen Körpern und kann sich nicht entfalten. Der Verstand ist freier und hat eine gewisse, einseitige Entwickelung durchgemacht. Keine Vertiefung, aber eine Zuspitzung ins Findige, Stichlige, Witzige. Die Sprache unterstützt ihn dabei. Dieses Platt mit seinen kurzen, straffen, farbigen Worten, die wie mit verkümmerten Flügeln und Watbeinen gleich Sumpfvögeln schwerfällig einhergehen, hat ein natürliches Wachstum in sich. Es ist schlagfertig und geht gerne in ein lautes klapperndes Gelächter über, es lernt von den Situationen, es ahmt Geräusche nach, aber es bereichert sich nicht von innen heraus: es setzt an. Man hört es oft weithin in den Mittagspausen, wenn die schwere Arbeit des Torfstichs, die zum Schweigen zwingt, unterbrochen ist. Man hört es selten am Abend, wo die Müdigkeit zeitig hereinbricht und der Schlaf fast zugleich mit der Dämmerung in die Häuser tritt.

Diese Häuser liegen an den langen geraden ›Dämmen‹ weit zerstreut; sie sind rot mit grünem oder blauem Fachwerk, überhäuft von dicken schweren Strohdächern und gleichsam in die Erde hineingedrückt von ihrer massigen, pelzartigen Last. Manche kann man von den Dämmen aus kaum sehen; sie haben sich die Bäume vors Gesicht gezogen, um sich zu schützen vor den immerwährenden Winden. Ihre Fenster blitzen durch das dichte Laub, wie eifersüchtige Augen, die aus einer dunklen Maske schauen. Ruhig liegen sie da, und der Rauch der Feuerstelle, der sie ganz erfüllt, quillt aus der schwarzen Tiefe der Türe und drängt sich aus den Ritzen des Daches. An kühlen Tagen bleibt er um das Haus herum stehen, seine Formen noch einmal größer und gespenstisch-grau wiederholend. Im Inneren ist fast alles *ein* Raum, ein weiter, länglicher Raum, in dem sich der Geruch und die Wärme des Viehs mit dem scharfen Qualm des offenen Feuers zu einer wunderlichen Dämmerung mischen, in der es wohl möglich wäre sich zu verirren. Im Hintergrunde erweitert sich diese ›Diele‹, rechts und links erscheinen Fenster und geradeaus liegen die Stuben. Sie enthalten nicht viel Gerät. Einen geräumigen Tisch, viele Stühle, einen Eckschrank mit etwas Glas und Geschirr und die abgeschlossenen, großen, mit Schiebetüren versehenen Bettverschläge. In diesen Schlafschränken werden die Kinder geboren, vergehen die Sterbestunden und Hochzeitsnächte. Dorthin, in dieses letzte, enge, fensterlose Dunkel hat sich das Leben zurückgezogen, das überall sonst im ganzen Hause von der Arbeit verdrängt wurde.

Seltsam unvermittelt fallen in dieses Dasein die Feste hinein, die Hochzeiten, die Taufen, die Begräbnisse. Steif und befangen stellen sich die Bauern um den Sarg, steif und befangen schleifen sie den Hochzeitstanz. Ihre Trauer geben sie bei der Arbeit aus und ihre Lustigkeit ist eine Reaktion auf den Ernst, den die Arbeit ihnen auferlegt. Es giebt Originale unter ihnen, Witzbolde und Gewitzigte, Cynische und

Geisterseher. Manche wissen von Amerika zu erzählen, andere sind nie über Bremen hinausgekommen. Die einen leben in einer gewissen Zufriedenheit und Stille, lesen die Bibel und halten auf Ordnung, viele sind unglücklich, haben Kinder verloren, und ihre Weiber, aufgebraucht von Not und Anstrengung, sterben langsam hin, vielleicht, daß da und dort einer aufwächst, den eine unbestimmte, tiefe, rufende Sehnsucht erfüllt – vielleicht, – aber die Arbeit ist stärker als sie Alle.

Im Frühling, wenn das Torfmachen beginnt, erheben sie sich mit dem Hellwerden und bringen den ganzen Tag, von Nässe triefend, durch das Mimikry ihrer schwarzen, schlammigen Kleidung dem Moore angepaßt, in der Torfgrube zu, aus der sie die bleischwere Moorerde emporschaufeln. Im Sommer, während sie mit den Heu- und Getreideernten beschäftigt sind, trocknet der fertigbereitete Torf, den sie im Herbst auf Kähnen und Wagen in die Stadt führen. Stundenlang fahren sie dann. Oft schon um Mitternacht klirrt der schrille Wecker sie wach. Auf dem schwarzen Wasser des Kanals wartet beladen das Boot und dann fahren sie ernst, wie mit Särgen, auf den Morgen und auf die Stadt zu, die beide nicht kommen wollen.

Und was wollen die Maler unter diesen Menschen? Darauf ist zu sagen, daß sie nicht unter ihnen leben, sondern ihnen gleichsam gegenüberstehen, wie sie den Bäumen gegenüberstehen und allen den Dingen, die umflutet von der feuchten, tonigen Luft, wachsen und sich bewegen. Sie kommen von fernher. Sie drücken diese Menschen, die nicht ihresgleichen sind, in die Landschaft hinein; und das ist keine Gewaltsamkeit. Die Kraft eines Kindes reicht dafür aus, – und Runge schrieb: »Kinder müssen wir werden, wenn wir das Beste erreichen wollen.« Sie wollen das Beste erreichen und sie sind

Kinder geworden. Sie sehen alles in einem Atem, Menschen und Dinge. Wie die eigentümliche farbige Luft dieser hohen Himmel keinen Unterschied macht und alles, was in ihr aufsteht und ruht, mit derselben Güte umgiebt, so üben sie eine gewisse naive Gerechtigkeit, indem sie, ohne nachzudenken, Menschen und Dinge, in stillem Nebeneinander, als Erscheinungen derselben Atmosphäre und als Träger von Farben, die sie leuchten macht, empfinden. Sie tun niemandem Unrecht damit. Sie helfen diesen Leuten nicht, sie belehren sie nicht, sie bessern sie nicht damit. Sie tragen nichts in ihr Leben hinein, das nach wie vor ein Leben in Elend und Dunkel bleibt, aber sie holen aus der Tiefe dieses Lebens eine Wahrheit heraus, an der sie selbst wachsen, oder, um nicht zu viel zu sagen, eine Wahrscheinlichkeit, die man lieben kann. Maeterlinck, in seinem wundervollen Buche von den Bienen, sagt an einer Stelle: »Es giebt noch keine Wahrheit, aber es giebt überall drei gute Wahrscheinlichkeiten. Jeder wählt sich eine davon aus, oder besser, sie wählt ihn, und diese Wahl, die er trifft, oder die ihn trifft, geschieht oft ganz instinktiv. Er hält sich fortan an sie und sie bestimmt Form und Inhalt aller Dinge, die auf ihn eindringen.« Und nun werden an einem Beispiel, an einer Gruppe Bauern, welche am Saum einer Ebene Getreideschober türmen, die drei Wahrscheinlichkeiten gezeigt. Es ergiebt sich die kurzsichtige Wahrscheinlichkeit des Romantikers, der verschönt indem er schaut, die unerbittliche grausame Wahrscheinlichkeit des Realisten und endlich die stille, tiefe, unerforschten Zusammenhängen vertrauende Wahrscheinlichkeit des Weisen, welche vielleicht der Wahrheit am nächsten kommt. Nicht weit von dieser Wahrscheinlichkeit liegt die naive Wahrscheinlichkeit des Künstlers. Indem er die Menschen zu den Dingen stellt, erhebt er sie: denn er ist der Freund, der Vertraute, der Dichter der Dinge. Die Menschen werden nicht besser oder edler dabei, aber, um nochmals Maeterlincks Worte zu gebrauchen: »Der Fortschritt ist nicht unbedingt erforderlich, damit das Schauspiel uns begeistert. Das Rätsel genügt ...« Und in diesem Sinne scheint der Künstler noch über dem Weisen zu stehen. Wo dieser bestrebt ist, Rätsel zu lösen, da hat der Künstler eine noch bei weitem größere Aufgabe oder, wenn man will, ein noch größeres Recht. Des Künstlers ist es, das Rätsel zu – lieben. Das ist alle Kunst: Liebe, die sich über Rätsel ergossen hat, – und das sind alle Kunstwerke: Rätsel, umgeben, geschmückt, überschüttet von Liebe.

Und da lagen nun vor den jungen Leuten, die gekommen waren, um sich zu finden, die vielen Rätsel dieses Landes. Die Birkenbäume, die Moorhütten, die Heideflächen, die Menschen, die Abende und die Tage, von denen nicht zwei einander gleich sind, und in denen auch nicht zwei Stunden sind, die man verwechseln könnte. Und da gingen sie nun daran, diese Rätsel zu lieben.

Es wird nun im Folgenden von diesen Menschen die Rede sein, nicht in Form einer Kritik, auch nicht mit der Prätension, Abgeschlossenes zu geben. Das wäre nicht gut möglich; denn es handelt sich hier um Werdende, um Leute, die sich verändern, die wachsen, und die vielleicht, im Augenblick, da ich diese Worte schreibe, etwas schaffen, was alles widerlegt was vorangegangen ist. Mag ich dann immerhin von einer Vergangenheit gesprochen haben; auch das hat seinen Wert. Es sind zehn Jahre Arbeit, von denen ich hier berichte, zehn Jahre ernster, einsamer deutscher Arbeit. Und im übrigen gilt auch hier die Beschränkung, die immer vorausgesetzt werden muß, wo einer versucht, dem Leben eines Menschen wahrsagend nachzugehen: »Wir werden oft vor dem Unbekannten innezuhalten haben.«

Furnes

Die meisten Reisenden, die Brügge besuchen, kommen eines Tages wie durch Zufall hin. Sie befinden sich in einem der Seebäder, in Ostende oder in Blankenberghe oder in Heyst, und wenn sie für ein paar Stunden in die berühmte Stadt fahren, so bringen sie die Stimmung des großen Seebades mit: diese Trägheit mit gutem Gewissen, das Verlangen, unterhalten zu sein, und das behagliche Bewußtsein, ein Recht auf Zerstreuung zu haben. Dieser Verfassung aber entzieht sich Brügge fast ganz. Es verweigert zwar diesen Reisenden nichts; die Grand' Place ist da, für den größten Andrang immer noch zu groß, der Beffroi steigt, Stockwerk aus Stockwerk, und streut oben irgendwo sein Glockenspiel aus; und wenn sie ins Hôpital Saint-Jean kommen, so finden sie die Memlings, alles wie es sich gehört. Aber sie vermissen, ohne sich vielleicht darüber klar zu werden, das Entgegenkommen in alledem, durch das vielbesuchte Städte sich sonst angenehm machen. Selbst Venedig hat es; es zieht sich zusammen, und für die, die eilig sind, ist es in einer Stunde zu genießen. Es gewinnt den Zerstreuten einen Augenblick der Aufmerksamkeit ab, indem es vor ihnen aufsteigt wie ein Feuerwerk. Es rührt die Frauen, die seine Geschichte nicht kennen, durch seine verweinte Schönheit. Vielleicht giebt es solche, denen es mit nichts wohlzutun vermochte, aber die überraschte es schließlich durch seine Stille, und allen gab es, auch gegen ihren Willen, Erinnerungen mit, nicht zu verwechselnde Bilder, Erwartungen beinah, so sehr übertraf es mit seinem Dasein die Bedingungen dessen, was sie für möglich hielten.

Brügge übertrifft nichts; es enttäuscht die meisten. Seine Zurückhaltung ist es, die ihm den Ruf des ›toten Brügge‹ eingetragen hat, und man begnügt sich, sie zu konstatieren. Das Brügge Rodenbachs ist bekannt geworden; man vergißt, daß es ein Gleichnis war, von einem Dichter erfunden für seine Seele, und man besteht auf dem Wortlaut. Aber diese Stadt ist nicht nur schlafbefangen und wehleidig und traumhaft lautlos, sie ist auch stark und hart und voller Widerstand, und man muß nur an das verblichen gespiegelte Venedig denken, um zu merken, wie wach und ausgeschlafen hier die Spiegelbilder sind. Sie hat freilich Stunden, wo sie hinzuschwinden scheint, unaufhaltsam wie ein Wandgemälde unter den Flechten der Feuchtigkeit; aber wer sie so schildern würde, den könnte man widerlegen mit ganzen Tagen, in denen sie dasteht in ihren Feldern wie ein Schachspiel, Figur neben Figur, plastisch, klar und greifbar. Ihre Farben sind ausgegangen da und dort, aber das Muster ist überall deutlich erkennbar, und der Kanevas ist von der Festigkeit flandrischer Gewebe.

Flandern: mit diesem Namen steigen die Kontraste herauf, deren Äußerstes in dem Bilde Brügges sich zu begegnen scheint. Erst wer sie ins Auge faßt, in ihrer sich fast ausschließenden Gegensätzlichkeit, dem wird die Stadt mehr sein als ein Museum von Bildern und Spiegelbildern, durch das man ihn mit ein paar Erklärungen rasch hingeführt hat. Aber Brügge ist die schwerste Aufgabe, und die modernen Seebäder bereiten nicht darauf vor, ihre Widersprüche zu bewältigen. Nicht von Ostende müßte man hinkommen, eilig und in der Voreingenommenheit des Sehenswerten, sondern langsam, das Land entlang, aus einer der alten kleinen Städte, aus Dixmude oder aus Ypern, mit seinen gewaltigen Handelsreihn, oder aus der Stadt Furnes, die am leichtesten zu erreichen ist von der belgischen Küste aus.

Begreift man nicht besser die Grand' Place Brügges, wenn man innerlich schon ausgedehnt ist durch den ungeheueren Hauptplatz von Furnes, an den die Stadt sich ganz ausgegeben hat – wie es scheint – über ihn hinaus nur noch einen Platz bildend und Gassenanfänge nach allen Seiten, die es zu nichts bringen? Erwartet man nicht schon Brügges berühmten Glockenturm steigen zu sehen, wenn man die Maßlosigkeit flandrischer Türme in Furnes kennen gelernt hat, die über die Giebel hinausgehen, als gehörten sie in den Himmel? Und ist es nicht nützlich – wie man es in Furnes, vor Sankt Walpurga kann –, die Erde schon einmal als den Grund des Himmels empfunden zu haben, auf dem die Wracks riesiger Kirchenschiffe liegen, leblos, in hundertjähriger Havarie? In Furnes lernt man, einzelner und übersichtlicher, die Einschläge unterscheiden, die die Architekturen dieses Landes (seine äußere wie seine innere) so verwirrend komplizieren konnten. Burgund und Spanien und Habsburg folgen und durchdringen sich und erscheinen doch immer wie in vlämischer Aussprache, wie bezwungen von der Mundart eines bäuerischen Mundes, der nicht zum Schweigen zu bringen war. Flandrisches Licht fällt durch die neuen Fenster des Stadthauses auf die Fetzen der prunkhaften Korduantapeten, fast schadenfroh. Die Bilder der guten Statthalter stehen bürgerlich in Ehren, von den verhaßten hat man keine aufbewahrt. Das gemalte Wappen eines Fürner Adelsgeschlechtes, ein einziges, findet sich, vergessen, sehr hoch fortgehängt in einem der Säle. Neben diesen alten Staatsräumen sind Bureaus eingerichtet, die wie reinliche, wenig benutzte Postämter aussehen. Man sieht selten jemanden eintreten. Der enorme Platz nimmt fortwährend noch Zuflüsse von Leere auf, die aus allen Straßen in ihn münden. Der lange schräge ›Apfelmarkt‹ nebenan hat einen spärlichen Verkehr, den die vielen Fenster zu zählen scheinen. Sein schmales Ende bildet schon an dieser Seite den Ausgang der Stadt, auf eine Art verlassenen Hafen zu und gegen klösterliche Obstgärten hin, deren Blätter so übertrieben deutlich sind, daß sie voll wie Früchte aussehen, jedes einzelne. Im Vorübergehen hat man die alten Kirchenportale bemerkt, das von Sankt Nikolas, halb versunken, wie in die Erde hineingedrängt von dem Druck des stumpfen Turmes, und drüben das zu Sankt Walpurga gehörige, weit vor der Kirche, in der Gefangenschaft des Verfalls allein im Stiche gelassen wie eine tollkühne Vorhut.

Wer aber dieser Stille und diesem Absterben unbedingt glauben will, der muß nur veranlaßt werden, den letzten Sonntag im Juli abzuwarten, um seinen Irrtum einzusehen. Schon am Morgen dieses Tages ist nicht die Grand' Place vor ihm, die er kennt; es ist, als hätte sie plötzlich ein neues Mittel gefunden, um ihre Größe zu beweisen. Jahrmarktsbuden erfüllen sie jetzt, bis auf einen gassenbreiten, freien Rahmen, selber ein Netz von Gassen und kleinen Plätzen und Umwegen bildend, eine Stadt für sich, wie eine von jenen rasch errichteten hölzernen Städten, mit denen die Herzöge von Burgund fremde Fürsten in Erstaunen setzten. Aber diese Stadt bleibt verschlossen, mehr noch, sie hält sich zu, während die Glocken wie ein Wolkenbruch über sie niedergehen. Wenn es einmal still wird zwischendurch, hört man in den Gassen die Fahnen, als kämen Männer in Mänteln durch den Wind. Dabei sieht man fast niemanden gehen, nur Hingestellte da und dort, schwarz und nicht von der Stelle zu rücken. Das alles verändert sich kaum stundenlang und wächst schließlich, mit dem immer wieder einsetzenden Läuten, zu einer fast ängstlichen Erwartung an, auf die nur das Kommen und Durchgehen Fremder beruhigend wirkt.

Gegen zwei Uhr haben diese Fremden, vermengt mit Einheimischen, den Hauptplatz entlang und an der Ecke des spanischen Pavillons Reihen gebildet, Gassen, eine negative Form, in die sich, die viele Sonne vor sich herschiebend, auf einmal jener seltsame Umzug ergießt, den die Tradition der Stadt fast ohne Unterbrechung weitergegeben hat von Jahr zu Jahr, seit Jahrhunderten, seit immer. Der alte Gebrauch, daß an einem bestimmten Tage Bußbereite eine sichtbare Buße auf sich nehmen und tragen, entspricht zu sehr dem Bedürfnis dieses Volkes, das ein Gegengewicht zu seinen deutlichen Vergnügungen nötig hat, als daß er sich hätte auflösen und verlieren können.

Wie einst, so setzt sich auch heute noch dieser Zug aus Büßern und Darstellern zusammen, und da die Buße selbst ein Schauspiel ist, so gehen die beiden Rollen oft ineinander über und sind nicht genau zu unterscheiden. Der Gegenstand dieses, wie durch die Unruhe kriegerischer Zeiten in Bewegung gesetzten Dramas ist die Passion, die die Büßenden (durch die herabgeschlagenen Kapuze(n) der Kagulen unkenntlich) auf sich nehmen im wörtlichen Sinne, indem sie die alten bemalten und bekleideten Holzpuppen vier Stunden lang in der Stadt umhertragen, durch den drückenden langen Nachmittag, unter den Schlägen der Glocken, vor aller Augen. Die Puppen (spanisch-vlämische Skulpturen aus dem siebzehnten Jahrhundert), ganz erfüllt von dem monomanen, einseitigen Ausdruck ihrer Handlung und durch das Getragensein, das Hingesetzt- und Wiederaufgenommenwerden seltsam bewegt und beschäftigt scheinend, sind schwer zu übertreffende Mitspieler. Aber durch die natürliche Ähnlichkeit mit ihnen gelingt es den anderen, sich ebenso lebendig und überzeugend zu gebärden; dem einen ›Christus‹ ist überdies durch das Recht, dreimal an genau bezeichneten Stellen unter dem Kreuze zusammenzubrechen, ein großer Vorsprung gegeben, und alle die anderen haben vor den Holzfiguren die Rede voraus, von der sie eifrig Gebrauch machen. Denn es geht über dem Ganzen ein alter Zusammenhang vlämischer Verse her, an die einzelnen Personen verteilt, denen das heilige Auseinandersetzen lang und deutlich wie ein Spruchband aus dem Munde hängt. Die Propheten natürlich sind vor allem davonangetan, jeder seine Verheißung hersagend und wieder hersagend, ganz am Anfang des Zuges. David, der unter ihnen schreitet, kommt noch einmal vor als Büßender, schweigend, das Bußkleid unter dem königlichen Mantel. Ein kleines Mädchen in einfach gegürtetem Kleid, einen Engel darstellend, geht, ihm zugewendet, vor ihm und erzählt seine Geschichte. Und immer wieder kommen diese kleinen ›Engel‹ und erzählen die Geschichten, die hinter ihnen folgen, ausführlich, mit der Deutlichkeit des Mittelalters restlos in Bilder übersetzt, in Gestalten, in Dinge, in nicht zu widerlegende Wirklichkeit.

Der Stall ist da, die Krippe und, unter Ochs und Esel, Josef und Maria im Gespräch, in das sich bei einer wiederholten Darstellung derselben Personen die heiligen Könige mischen; in einer dritten Besetzung gehen sie, übermäßig die Schmerzen beklagend, die das Kind durchzumachen hat, hinter der Beschneidung her und kommen gleich darauf auf der Flucht nach Ägypten in friedlicher Gruppe wieder vor. Der Hof des Herodes erscheint, Jesus unter den Gelehrten, denen ein Engel zuspricht, während sie selber streiten, Maria Magdalena mit gelöstem Haar unter schwarzen Schleiern, der Einzug in Jerusalem, ein Abendmahl, lebensgroß in Holz geschnitzt, voll eigentümlicher Neigung und Bewegung, der Ölberg, der Verrat, die Dornenkrönung. Immer mehr werden die kleinen hersagenden blonden ›Engel‹

durch verhängte Büßer ersetzt, die stumm das Kreuz mit der beschämenden Aufschrift tragen, die eine Marter Christi anzeigt und ein Unrecht der Menschen. Und schließlich mischen sich in rostigen Kettenhemden Kriegsknechte unter sie, gehende und berittene, breitrückig und schlank, wie man sie aus den geschnitzten Altartafeln kennt, immer noch dieselben. Und man erinnert sich, daß eine alte volkstümliche Auslegung den Ursprung der Prozession auf das Sakrileg eines Soldaten zurückführt, der die heimlich im Munde mitgebrachte Hostie verbrannt haben soll, um durch ihre Asche unverwundbar zu werden.

Wie jede Maskerade, so ist auch diese ein Spiel mit dem Ernst; und wie bei einem Gartenfest da und dort manchmal ein Lampion sich entzündet und alle beim Anblick der Flamme einen Moment die Wirklichkeit sehen, drohend und voll Gefahr, so schlägt auch aus diesen Darstellungen oft unerwartet die tragische Größe der Handlung, und ihr Feuerschein geht über die Gesichter der Zuschauer. Und sie erkennen ganz hinten unter dem schwankenden Baldachin die Monstranz, der ganze Klerus nähert sich feierlich in den großen Ornaten, und vor ihm her, am Ende des Zuges, ziehen, wirr und aufgelöst, die nicht bei den Gruppen verwendeten Büßenden unter der Last großer leerer Kreuze. Die meisten kommen barfuß daher, man sieht ihre Füße und ihre Hände, aber die herabgelassenen Hauben verbergen sie doch auf eine seltsam spannende Art. Die Augenlöcher der Kapuzen geben ihnen einen verschiedenen Ausdruck; einige sind ausgeweitet wie alte Knopflöcher, andere kaum aufgeschnitten, und bei einem sieht man überhaupt nur ein großes ausgefetztes Loch über dem Kinn, das ihm aber genügt, um sich zurechtzufinden. Erst meint man freilich, gerade diesen Büßern fehle es an Ernst und Haltung, wenn sie auf ihrem langen Wege das erste Mal vorüberkommen. Sie trügen – meint man – ihre Kreuze wie solche, denen das Tragen tägliche Arbeit ist, und die gewohnt sind, es sich so bequem wie möglich einzurichten. Aber je öfter man sie wiedersieht, den Zug überholend oder wiedererwartend, desto aufrichtiger und unüberlegter wird ihr Tragen, desto mehr kommt unter der vollen Sonne das Kreuz über sie, mit seinem ganzen Sichschwermachen. Und schließlich, als sie zum letzten Mal auf den Platz einbiegen, rufen sie fast die Ungeduld der ermüdeten Zuschauer heraus durch die Langsamkeit ihrer Weiterbewegung, durch die großen Lücken, die bei dem mühseligen Zurückbleiben einzelner entstanden sind, durch ihr Ernstnehmen einer Sache, die nun zu Ende ist, und auf deren endlichen Abschluß Hunderte warten.

Und kaum ist der Klerus mit dem Allerheiligsten nach Sankt Nikolas hin abgebogen, schließt sich hinter den beiden berittenen Wachen die Menge mit einer solchen Heftigkeit, daß man an Gewässer denkt, die von allen Seiten in ihr altes Bett hineinstürzen und es drängend und brausend erfüllen. Es ist keine Unordnung oder Gesetzlosigkeit in dieser Bewegung, nur ein unaufhaltsames Besitzergreifen, das leise weiterwächst; und wer an einem Fenster steht, kann denken, daß das da unten dieselbe Masse ist, deren harten und kurzen Wellenschlag die burgundischen Herzöge mit so viel Beunruhigung beobachteten, von einem dieser Balkone aus.

Und nun ist es fast ein einziger Augenblick: dieser, in dem die Glocken stillstehen, als hätte sich einer ihnen entgegengeworfen und hätte sie gebändigt, und der, welcher wie auf ein Zeichen alle die Buden aufspringen macht, aus denen Licht und Geschrei herausdrängt in die beginnende Dämmerung.

Die Kermes fängt an, deutlich wie die Passion und voll Ernst und Vermummung wie sie. Da und dort steht noch einer im Bußhemd, die Kapuze zurückgeschlagen, mit ganz hell beschienenem Gesicht. Die Schreier stoßen ihre Verlockungen aus wie Schmähreden, Trommelwirbel sammeln sich wie auf einem Haufen, und schrille, kleine Glocken gießen fort, was sie an Lärm in sich haben. Die Tierstimmen aus den Schaubuden bleiben unvermischt und kommen an die Oberfläche aller Geräusche; abgerissene Stücke von Drehorgelmusik fallen irgendwo nieder und werden zertreten. Der Geruch des Fettes aus den Waffelküchen versucht nicht zurückzubleiben hinter den übrigen Sensationen, und die Karussells geraten immer mehr in Schwung, das elektrische mit seinen doppelt bewegten Schiffen und drüben das altmodische mit den Pferden in Ostereierfarben. Und immer mehr füllen sich die langen Bänke vor den Estaminets, füllen sich und werden nun vierzehn Tage nicht wieder kalt. Denn sie ist ausdauernd, diese robuste Lustigkeit, und ein Vorrat nicht anders aufzubrauchender Kräfte ist für sie da. Tanzanfänge bilden sich in den Ecken des Platzes. Schwere Gebärden werden aufgehoben wie Gewichte, freundliche und, probend, auch drohende, und das einfache Umfallen eines Ungeschickten oder Trunkenen findet immer noch wie auf alten vlämischen Bildern den ausgelassenen Beifall eines ganzen Kreises. Und alles ringsum ist von Nähe ausgefüllt; es giebt nur Deutliches, Nahes, Greifbares, so weit man sieht.

Erst wenn man den Platz verläßt und hinübergeht, auf die alte Hotellerie ›de la Noble Rose‹ zu, erkennt man allmählich wieder Entferntes: die Türme, die so weit über das alles hinausreichen und doch mit dazu gehören. Denn selbst in dem Läuten da oben ist auch wieder beides, Buße und Kermes, für den, der läutet: auf einem kleinen Tritt des Gebälkes stehend, in fortwährender Gefahr die ungeheuere Glocke erwartend, um sie mit dem Fuße zurückzustoßen, halb tanzend und halb im Kampf, mit ihr allein über dem dunklen Abgrund des Turmes und verschlungen von dem Sturm ihrer Stimme.

Aus dem Traum-Buch

Der siebente, elfte und sechsundzwanzigste Traum

Der siebente Traum

ICH SUCHTE DAS JUNGE MÄDCHEN. Ich fand sie in einem schmalen langen Zimmer, in dem es eben Morgen wurde. Sie saß auf einem Stuhl und lächelte kaum merklich.

Neben ihr, nicht weiter als einen Schritt von ihr entfernt, stand ein zweiter Stuhl, auf dem ein junger Mensch, steif angelehnt, saß. Es schien, als hätten die beiden so die Nacht verbracht.

Das junge Mädchen rührte sich und reichte mir die Hand, indem sie sie mir hoch entgegenhob. Diese Hand war warm und irgendwie abgehärtet anzufühlen, als hielte man ein kleines Tier, das im Freien lebt und für sich selber sorgen muß.

Und nun rührte sich auch der junge Mensch. Er war sichtlich bemüht, aufzuwachen; sein Gesicht verzog sich auf eine unangenehme und ungeduldige Art. Das junge Mädchen hatte sich ein wenig zur Seite gewandt und sah ihm zu. Sein Gesicht war ganz rot von Anstrengung; es zog sich nach der Mitte zu zusammen und manchmal hob sich zuckend das eine Augenlid. Aber das Auge darunter schien leer zu sein.

»Das nützt nichts«, sagte das junge Mädchen mit ihrer durchsichtigen, von aufgelöstem Lachen glänzenden Stimme, »man kann nicht aufwachen, wenn die Augen noch nicht zurück sind.«

Ich wollte fragen; wie meinte sie das? Aber auf einmal

verstand ich. Natürlich. Ich erinnerte mich eines jungen russischen Arbeiters vom Lande, der, als er nach Moskau kam, noch der Meinung war, die Sterne seien die Augen Gottes und die Augen der Engel. Man hat es ihm ausgeredet. Widerlegen konnte man ja eigentlich nichts, aber ausreden. Und mit Recht. Denn es sind die Augen der Menschen, die aus den geschlossenen Lidern aufsteigen und klar werden und sich erholen. Darum sind auch über dem Lande, wo alle schlafen, alle Sterne und über der Stadt nur wenige, weil da so viele Unruhige sind, Weinende und Lesende, Lachende und Wache, die sie behalten.

Dieses junge Mädchen hätte es dem Russen sagen müssen. Aber sie dachte längst an andere Dinge. Sie erzählte von jemandem, von einem Mädchen, begriff ich, die jetzt in Meran verheiratet war. Sie heißt jetzt …, und belustigt nannte sie einen Namen. Ich nickte, nickte vielleicht zu sehr. »Nun weißt du natürlich etwas«, sagte sie spöttisch. »Daß ihr immer nach den Namen fragt und euch um Namen kümmert und tut, als wäre das was.« »Liebe«, sagte ich ernsthaft, »das hat auch Sinn bei den Menschen. Die Rosen heißen *Marie Baumann* oder *Madame Testout* oder *Gräfin von Camondo* oder *Emotion,* aber das ist beinahe überflüssig. Sie wissen ihre Namen nicht. Man hängt ihnen ein kleines Holztäfelchen an und sie nehmen es nicht ab. Das ist alles. Die Menschen aber wissen ihre Namen; sie interessieren sich dafür, wie sie heißen, sie lernen sie sorgfältig auswendig und sagen sie jedem, der danach fragt. Sie ernähren sie sozusagen ihr ganzes Leben und werden ihnen am Ende sehr ähnlich, zum Verwechseln, bis auf eine Kleinigkeit –«

Aber ich redete umsonst. Das junge Mädchen hörte nicht zu. Sie war aufgestanden, stand am Fenster, wo es schon Tag war, lächelte und rief jemanden. Einen Vogel, glaube ich.

Der elfte Traum

Dann war es eine Strasse. Wir gingen zusammen hinab, in gleichem Schritt, nahe aneinander. Ihr Arm lag um meine Schultern.

Die Straße war breit, morgendlich leer, ein Boulevard, der ein wenig abfiel, sich neigte, gerade soviel als nottut, um dem Schritt eines Kindes sein bißchen Schwere zu nehmen. Sie ging als ob kleine Flügel an ihren Füßen wären.

Ich erinnerte mich –

»Woran erinnertest du dich-?« fragte sie nach einer Weile.

»Ich erinnerte mich –« sagte ich langsam, ohne das junge Mädchen anzusehen, »ich erinnerte mich einer Straße fern in einer östlichen Stadt, die ebenso breit war, ebenso leer, ebenso hell, nur viel, viel steiler war sie. Ich saß in einem kleinen Wagen. Das Pferd davor hatte eben alles auf sich genommen. Ich zweifelte nichtmehr: es fing an, durchzugehen. Der Kutscher gebärdete sich dementsprechend. Er nahm sich von hinten aus, als hätte er keinen Kopf mehr, und an seinem riesigen Rücken wurde gerissen wie an einem Knoten, den ein Zorniger auflösen will und der immer dichter sich zusammenzieht.

Der kleine Wagen raste, als risse er den Weg mit und die Häuser und alles, und als bliebe nichts hinter ihm stehen. Und unten, am Ende der Straße, war der Fluß, ein prächtiger selbstbewußter berühmter Fluß und glänzte. Ich sah, wie hell er war. Dann sah ich den Himmel voll von Morgen und hohen lebhaften Winden. Dann sah ich wieder den Kutscherrumpf, der alles verdeckte. Ich bildete mir ein, daß er schrie, aber über dem Lärm des Wagens war das nicht zu entscheiden. Wieder sah ich den Himmel, der einen wirklich schönen Tag versprach; und plötzlich erblickte ich für einen

Augenblick das Pferd, ein gespenstisches Tier, viel zu groß für uns, und ich gewann fast die Überzeugung, daß es gar nicht zu uns gehörte. Ich sah, als ob ich Zeit hätte, ein Kind in einer Türe, still spielend. Ich sah eine Kneipe an einer Straßenecke; neben der Tür, auf einem Blechschild, war eine Flasche gemalt, eine kleine, krumme, dicke, sonderbare Flasche; es war höchst zweifelhaft, ob es überhaupt so eine Flasche gab. Ein Fenster blendete mich, das irgendwo aufgegangen war; dann sah ich den Bruchteil einer Sekunde lang ein entsetztes Gesicht und dann …

Aber nur so weit erinnerte ich mich.«

»Ich weiß, warum du dich erinnertest –« sagte das junge Mädchen.

»Ja, weil wir gehen. Und weil mir damals in jenen seltsam ausführlichen Augenblicken, in denen ich eine Menge sah, sehr ähnlich zu Mute war. Als ob es im Grunde dasselbe wäre; dasselbe Gefühl, dieselbe Welle von Gefühlen, Dingen, Gedanken, Glanz und Bewegung, die alles mitreißt …«

»Merkwürdig seid ihr«, sagte das junge Mädchen, während wir immer so weitergingen die breite helle Straße hinab. »Ihr denkt, ihr tut fast nichts anderes, und doch entgeht euch alles. Hast du noch gar nicht gewußt, daß die Freude ein Schrecken ist, vor dem man keine Furcht hat? Man geht durch einen Schrecken durch bis ans Ende: und das ist eben die Freude. Ein Schrecken, von dem man nicht nur den Anfangsbuchstaben kennt. Ein Schrecken, zu dem man Vertrauen hat. – Oder hattest du Angst?« »Ich weiß es nicht«, sagte ich verwirrt. »Ich kann dir nicht antworten.«

Der sechsundzwanzigste Traum

»– Hier fortgenommen und unter einen Glassturz gestellt –« sagte das junge Mädchen, in das Nebenzimmer zurückgewendet. Dann kam sie ganz herein und schloß die Türe, indem sie sie leise an sich zog.

»Claire –« sagte ich unter dem Zwange des Gefühls, daß alles schon einmal genau so gewesen war; damals mußte man Claire sagen an der Stelle. Aber diesmal zweigte es ab, und zwar so sehr, daß alles zu sagen erlaubt gewesen wäre: Kobalt oder Atemlosigkeit oder Karausche, nur nicht das, nur nicht: Claire. Es war falsch, es war verletzend, es war geradezu unmöglich, in diesem Augenblicke Claire zu sagen.

Ich begriff das sofort und verstand es so völlig, daß die Verachtung, mit der das junge Mädchen sich von mir abkehrte, nichts Überraschendes für mich hatte. Ich hörte sie irgendwo eine Lade aufziehen, und etwas später stand sie mit einem Stück Hand-Arbeit am Fenster, hielt es ins Licht, spannte es und sah es mit etwas schief geneigtem Kopfe an. Und so, in dieser Stellung, sagte sie geringschätzend: »Es ist unbegreiflich, daß Sie sie nicht küssen wollten.«

Das war nun eine ganz haltlose Stichelei, und ich begnügte mich mit einer kleinen ironischen Gebärde. Das junge Mädchen setzte sich auf das breite Fensterbrett, legte das Stück Hand-Arbeit über das eine Knie und strich es langsam, nach rechts und nach links, mit beiden Händen glatt. Und unter dem Einfluß dieses Streichens oder wie ich so das blonde gesenkte Haar des jungen Mädchens betrachte oder weiß Gott bei welchem Anlaß, merke ich wirklich, daß es unbegreiflich ist. Eine riesige Unbegreiflichkeit kommt auf mich zu aus einer kleinen Erinnerung. Ich sehe Augen, die vergrößerten Augen einer Schwindsüchtigen, und diese Augen baten. Lieber Gott, was baten diese Augen.

»Nun wird nicht viel mehr da sein von ihr«, sagte das junge Mädchen. Ihre beiden Hände lagen nebeneinander über der Arbeit auf dem Knie, und es war, als entfernte sie sich so weit als möglich von ihnen, wie sie sich nun zurückneigte und mich ansah. Sie sah mich an, aber sie machte ihren Blick so weit, daß ich darin gleichsam alle Konturen verlor.

»Sie war ein Dienstmädchen«, sagte ich hastig, wie auf eine Frage, und als wäre das der letzte Moment für eine solche Aussprache. Und ich wußte gar nicht, daß ich von da ab erzählte:

»Sie war (muß ich erzählt haben) in dem großen Hôtel, wo meistens Kranke wohnten. Ich blieb übrigens kaum acht Tage da. Sie bediente mich. Es fiel mir auf, daß sie mich gut bediente; sie wußte am dritten Tage alles, kannte meine kleinen Gewohnheiten, verwöhnte sie. Aber sie hustete. Sie hatte sich angesteckt. ›Sie husten‹, sagte ich einmal am Morgen. Sie lächelte nur. Gleich darauf, draußen, packte es sie von neuem.

Dann reiste ich. In Florenz, als ich meinen Koffer öffnete, war das eine Fach ganz mit Veilchen bedeckt. Und am Abend flatterte ein kleiner Zettel aus meinem Nachtzeug. Lebe wohl, stand darauf. Wie in der Schule nach Diktat geschrieben.

Natürlich dachte ich nicht wieder an sie. Doch; als ich zwei Monate später wieder in das große Hôtel kam, wo meistens Kranke wohnten, und sie war nicht da, fragte ich sogar nach ihr. ›Die Marie ist krank‹, sagte das fremde Stubenmädchen gleichsam beleidigt. Aber am Abend war sie da. Es war April, und das Klima des Ortes war berühmt. An diesem Abend aber war es merkwürdig kalt. Sie kniete an meinem Ofen, und als ihr Gesicht sich mir zuwandte, kam es aus dem Feuerschein. Ihre Augen glänzten vom Feuer. Sie stand nicht gleich auf, und ich bemerkte, daß es ihr schwer wurde aufzustehen. Ich half ihr ein wenig. Ich fühlte, wie leicht sie war. ›Geht es gut, ja?‹ sagte ich nachlässig und wie mit einem Wunsch nach Lustigkeit. Sie gab keine Antwort, erinnere ich mich; sie sah mich nur an, sah mich an, sah mich an. Nicht von ganz nahe mehr; sie war bis an den Schrank zurückgetreten. Ich glaube es war ihr schwer, zu stehen. Die Dämmerung im Zimmer nahm keine Rücksicht auf uns. Es dunkelte. Es war nichts da, was die Sache erleichtern mochte. Und sie hatte es ganz allein, das Schwere. Denn ich war damals nur verlegen und beunruhigt, ja und ungeduldig. Schließlich aber hatte sie überwunden, kam (sie hatte noch Kraft, immer wieder noch Kraft), kam und sah mich nochmals von ganz nahe an. Wie dunkel es war. Es schien mir, als wäre ihr Haar weicher geworden, durch die Krankheit vielleicht oder weil sie nichtmehr gedient hatte in der letzten Zeit. Sie hob ein bißchen die Arme (das hätte ich beinahe vergessen) und legte mir beide Hände flach auf die Brust. Das war das Letzte ehe sie ging –«

Hier erschrak ich. »Habe ich jetzt immerzu gesprochen?« fragte ich beunruhigt nach dem jungen Mädchen hinüber. Ich sah sie erst gar nicht; sie saß in einem großen grün bezogenen Lehnstuhl, der früher noch nicht neben dem Fenster gestanden hatte. Sie saß über ihre Arbeit gebeugt, ein klein wenig mehr möglicherweise als nötig war.

»Und du?« sagte sie plötzlich. Sie sah nicht einmal auf. »Ich, ja, – ich ließ sie gehen. Ich tat nichts. Ich sagte auch nichts. Ich suchte nach etwas Unverfänglichem, Belanglosem –«

Das junge Mädchen blickte auf, prüfend, mit jener verwirrenden Dunkelheit im Schauen, die sich in manchen blauen Augen bildet, wenn sie eine Zeit lang gesenkt bleiben.

»Und dann?« fragte sie.

»Dann machte ich Licht.«

Sie war schon wieder beschäftigt. Sie wendete ihre Arbeit nach rechts und nach links, hielt sie dann von sich ab und betrachtete sie, den Kopf zurückgebogen, aus möglichst großer Entfernung mit halbgeschlossenen Augen.

»Ich ging wohl bald zu Ruh«, fiel mir ein, »ich war müde. Oder nein, ich las noch; richtig, ich las –«

Und ich hoffte im Stillen mich zu besinnen, was ich damals wohl noch gelesen haben könnte.

Sie aber legte mit kurzem Entschluß und ohne viel Sorgfalt, kam mir vor, die Arbeit auf das Fensterbrett und suchte einige bunte Fäden zusammen, die in ihrem Schooße geblieben waren. »Lasest«, sagte sie auf einmal höhnisch und sah rasch auf mit ganz kalten undurchsichtigen Augen. »Lasest – « wiederholte sie mit unbeschreiblicher Härte.

Das Wort, wie sie es sagte, verlor seinen Sinn. Mir war, als hätte sie den Namen einer Krankheit genannt, die gerade herrscht, einer ansteckenden Krankheit, an der viele sterben. Mich durchschauerte es, als ob sie mich eben ergriffen hätte.

Das junge Mädchen hatte jetzt die Hände um das eine hochgezogene Knie gefaltet; ihr Gesicht war weggewendet, dem Fenster zu, und dort irgendwo hinaus sagte sie: »Lieber Gott –« mit dem Ton auf der ersten langen Silbe.

Schließlich ertrug ich es nichtmehr. Ich tat ein paar Schritte auf das Fenster zu. Ich fühlte, wie in mir Worte entstanden, die ich nur sagen mußte, um –

Da erhoben sich Stimmen im Nebenzimmer. Es war, als würde ein ganzes Bündel durcheinandergeratener Stimmen gegen die Tür geworfen, und noch ein Mal, – und wir standen beide da, wie mir schien, in der gleichen Angst.

Eine Begegnung

Ein beliebiger Weg vor der Stadt. (Einzige Bedingung, daß man niemand begegnet.) Der Hund ist plötzlich da, wie ein Einfall. Er benimmt sich absichtlich hündisch, scheinbar ganz erfüllt von seinen geringen Verrichtungen, aus denen er aber unbemerkt abgezielte, merkwürdig sichere Blicke nach dem Fremden wirft, der seinen Weg fortsetzt. Keiner dieser Blicke geht verloren. Der Hund ist bald vor, bald neben dem Gehenden, immerfort in heimlicher Beobachtung begriffen, die sich steigert. Plötzlich, den Fremden einholend:

Also doch! Also doch!

Er giebt überstürzte Zeichen der Freude von sich, mit denen er schließlich den Weitergehenden aufzuhalten sucht. Dieser macht eine schnelle, freundliche, beruhigende und zugleich abtuende Gebärde und kommt mit einem halben Schritt nach links leicht an dem Hund vorbei.

Der Hund in freudiger Erwartung: Es steht noch bevor.

Er schluchzt vor Gefühlsüberfülle. Endlich stürzt er sich, das Gesicht hinaufhaltend, nochmals vor den rascher ausschreitenden Mann. Jetzt kommt es, denkt er, und hält sein Gesicht hin, inständig, als Erkennungszeichen.

Jetzt kommt es.

Was? sagt der Fremde, einen Augenblick zögernd.

Die Spannung in den Augen des Hundes geht in Verlegenheit über, in Zweifel, in Bestürzung. Ja wenn der Mann gar nicht weiß, was kommen soll, wie soll es dann kommen? – Beide müssen es wissen; nur dann kommt es.

Der Gehende tut wieder seinen halben Schritt nach links, ganz mechanisch diesmal; er sieht zerstreut aus. Der Hund hält sich vor ihm und versucht – nun fast ohne besondere Vorsicht anzuwenden – dem Fremden in die Augen zu sehen. Einmal glaubt er ihnen zu begegnen, aber die Blicke haften nicht aneinander.

Ist es möglich, daß diese Kleinigkeit ... denkt der Hund.

Es ist keine Kleinigkeit, sagt der Fremde plötzlich, aufmerksam und ungeduldig.

Der Hund erschrickt: Wie (er faßt sich mühsam), wenn ich doch fühle, daß wir ... Mein Inneres ... meine ...

Sprich es nicht aus, unterbricht ihn der Fremde fast zornig. Sie stehen einander gegenüber. Diesmal gehen ihre Blicke ineinander, die des Mannes in die des Hundes, wie Messer in ihre Scheiden gehn.

Der Hund giebt zuerst nach; er duckt sich, springt zur Seite und mit einem von rechts seitwärts kommenden, untenbleibenden Aufblick gesteht er:

Ich möchte etwas für dich tun. Alles möchte ich für dich tun. Alles.

Der Mann ist schon wieder beim Gehen. Er tut, als ob er nicht verstanden hätte. Er geht scheinbar achtlos, aber er versucht doch, nach dem Hunde hinzusehen, ab und zu. Er sieht ihn linkisch und eigentümlich ratlos herumlaufen, voraussein, zurückbleiben. Auf einmal ist er ein paar Schritte voraus, dem Nachkommenden zugewendet in einer scharrenden Haltung, aus dem hochgestellten, versammelten Hinterkörper heraus nach vorn gestreckt. Mit großer Selbstüberwindung macht er ein paar leichtsinnige und kindische Spielbewegungen, wie um die Täuschung hervorzurufen, als hielten seine Vorderpfoten Lebendiges. Und dann nimmt er ohne ein Wort den Stein, der diese Rolle zu spielen hatte, ins Maul.

Nun bin ich unschädlich und kann nichts mehr sagen; das

liegt in dem Nicken, mit dem er sich zurückwendet. Es ist etwas beinah Vertrauliches in diesem Nicken, eine Art Vereinbarung, die aber, bei Gott, nicht zu ernst genommen werden soll. So obenhin und scherzhaft ist die ganze Sache, und so wird auch das Tragen des Steines aufgefaßt.

Aber jetzt, da der Hund den Stein im Maul hat, kann der Mann es nicht lassen zu reden:

Wir wollen vernünftig sein, sagt er im Weitergehen, ohne sich zu dem Hunde hinabzubeugen.

Es hilft uns ja doch nichts. Was nützt es, wenn wir uns einander zu erkennen geben? Man darf gewisse Erinnerungen gar nicht aufkommen lassen. Mir war ja auch eine Weile so, und ich war nahe daran, dich zu fragen, wer du bist. Du hättest Ich gesagt, denn Namen sind ja nicht zwischen uns. Aber, siehst du, das hätte nicht geholfen. Es hätte uns nur noch mehr verwirrt. Denn ich kann es dir jetzt gestehen, daß ich eine Weile recht fassungslos war. Nun bin ich ruhiger. Wenn ich dich nur überzeugen könnte, wie sehr es für mich dasselbe ist. In meiner Natur liegen womöglich noch mehr Hindernisse für ein Wiedersehen. Du glaubst nicht, wie schwer wirs haben.

Da der Fremde so sprach, hatte der Hund eingesehen, daß es nichts half, die Verstellung oberflächlichen Spielens fortzusetzen. Er war es einerseits froh, aber gleichzeitig schien er, von einer zunehmenden Befürchtung erfüllt, den Redenden unterbrechen zu wollen.

Erst jetzt gelingt ihm das, da der Fremde, erstaunt und erschrocken, das Tier sich gegenüber sieht in einer, wie er zuerst meint, feindseligen Haltung. Freilich im nächsten Augenblicke weiß er, daß der Hund, weit entfernt, Haß oder Feindschaft zu zeigen, gequält und geängstigt ist; in der scheuen Helligkeit seines Blickes und in der schrägen Haltung seines Kopfes ist das deutlich ausgesprochen, und es kommt noch einmal vor in der Art, wie er jetzt den Stein trägt, der unter den krankhaft hochgezogenen Lefzen in seiner ganzen Härte und Schwere daliegt.

Plötzlich begreift der Mann, und er kann das Vorübergehen eines Lächelns nichtmehr verhindern:

Du hast Recht, Lieber, es soll unausgesprochen bleiben zwischen uns, das Wort, das zu so viel Mißverständnissen Anlaß gab.

Und der Hund legt den Stein vorsichtig hin wie etwas Zerbrechliches und seitwärts, um den Fremden nicht länger aufzuhalten.

Der geht auch wirklich und merkt in seiner Versunkenheit erst später, daß der Hund ihn begleitet, unauffällig, anhänglich, ohne eigene Meinung, wie ein Hund seinem Herrn nachgeht. Das schmerzt ihn fast.

Nein, sagt er, nein; nicht so. Nicht nach dieser Erfahrung. Wir würden beide vergessen, was wir heute erlebt haben. Das Tägliche stumpft ab, und deine Natur hat die Neigung, sich unter meine zu ordnen. Dabei wächst schließlich eine Verantwortung an, die ich nicht übernehmen kann. Du würdest gar nicht merken, wie dein ganzes Vertrauen sich auf mich stellt; du würdest mich überschätzen und von mir erwarten, was ich nicht leisten kann. Du würdest mich beobachten und gutheißen, auch was nicht gut ist. Wenn ich dir eine Freude bereiten will: find ich denn auch eine? Und wenn du eines Tages traurig bist und klagst – werd ich dir helfen können? – Und du sollst nicht meinen, daß *ich* es bin, der dich sterben läßt. Nein, nein, nein. Geh, ich bitte dich: geh.

Und der Mann begann beinah zu laufen, und es sah aus,

als ob er vor etwas flüchtete. Erst allmählich mäßigte sich sein Schritt und schließlich ging er langsamer als vorher.

Er dachte langsam: Was wohl sonst heute gesprochen worden wäre zwischen uns. Und wie man sich zum Schluß die Hand gereicht hätte –.

Eine unbeschreibliche Sehnsucht regt sich in ihm. Er bleibt stehen und wendet sich rückwärts. Aber das Stück Weg biegt gleich hinter ihm in die Dämmerung hinein, die inzwischen eingebrochen ist, und es ist niemand zu sehen.

Erlebnis

(I)

Es mochte wenig mehr als ein Jahr her sein, als ihm im Garten des Schlosses, der sich den Hang ziemlich steil zum Meer hinunterzog, etwas Wunderliches widerfuhr. Seiner Gewohnheit nach mit einem Buch auf und abgehend, war er darauf gekommen, sich in die etwa schulterhohe Gabelung eines strauchartigen Baumes zu lehnen, und sofort fühlte er sich in dieser Haltung so angenehm unterstützt und so reichlich eingeruht, daß er so, ohne zu lesen, völlig eingelassen in die Natur, in einem beinah unbewußten Anschaun verweilte. Nach und nach erwachte seine Aufmerksamkeit über einem nie gekannten Gefühl: es war, als ob aus dem Innern des Baumes fast unmerkliche Schwingungen in ihn übergingen; er legte sich das ohne Mühe dahin aus, daß ein weiter nicht sichtlicher, vielleicht den Hang flach herabstreichender Wind im Holz zur Geltung kam, obwohl er zugeben mußte, daß der Stamm zu stark schien, um von einem so geringen Wehen so nachdrücklich erregt zu sein. Was ihn überaus beschäftigte, war indessen nicht diese Erwägung oder eine ähnliche dieser Art, sondern mehr und mehr war er überrascht, ja ergriffen von der Wirkung, die jenes in ihn unaufhörlich Herüberdringende in ihm hervorbrachte: er meinte nie von leiseren Bewegungen erfüllt worden zu sein, sein Körper wurde gewissermaßen wie eine Seele behandelt und in den Stand gesetzt, einen Grad von Einfluß aufzunehmen, der bei der sonstigen Deutlichkeit leiblicher Verhältnisse eigentlich gar nicht hätte empfunden werden können. Dazu kam, daß er in den ersten Augenblicken den Sinn nicht recht feststellen konnte, durch den er eine derartig feine und ausgebreitete Mitteilung empfing; auch war der Zustand, den sie in ihm herausbildete, so vollkommen und anhaltend, anders als alles andere, aber so wenig durch Steigerung über bisher Erfahrenes hinaus vorstellbar, daß er bei aller Köstlichkeit nicht daran denken konnte, ihn einen Genuß zu nennen. Gleichwohl, bestrebt, sich gerade im Leisesten immer Rechenschaft zu geben, fragte er sich dringend, was ihm da geschehe, und fand fast gleich einen Ausdruck, der ihn befriedigte, vor sich hinsagend: er sei auf die andere Seite der Natur geraten. Wie im Traume manchmal, so machte ihm jetzt dieses Wort Freude und er hielt es für beinah restlos zutreffend. Überall und immer gleichmäßiger erfüllt mit dem in seltsam innigen Abständen wiederkehrenden Andrang, wurde ihm sein Körper unbeschreiblich rührend und nur noch dazu brauchbar, rein und vorsichtig in ihm dazustehen, genau wie ein Revenant, der, schon anderswo wohnend, in dieses zärtlich Fortgelegtgewesene wehmütig eintritt, um noch einmal, wenn auch zerstreut, zu der einst so unentbehrlich genommenen Welt zu gehören. Langsam um sich sehend, ohne sich sonst in der Haltung zu verschieben, erkannte er alles, erinnerte es, lächelte es gleichsam mit entfernter Zuneigung an, ließ es gewähren, wie ein viel Früheres, das einmal, in abgetanen Umständen, an ihm beteiligt war. Einem Vogel schaute er nach, ein Schatten beschäftigte ihn, ja der bloße Weg, wie er da so hinging und sich verlor, erfüllte ihn mit einem nachdenklichen Einsehn, das ihm umso reiner vorkam, als er sich davon unabhängig wußte. *Wo* sonst sein Aufenthalt war, hätte er nicht zu denken vermocht, aber daß er zu diesem allen hier nur *zurückkehrte,* in diesem Körper stand, wie in der Tiefe eines verlassenen Fensters, hinübersehend: – davon war er ein paar Sekunden lang so überzeugt, daß die plötzliche Erscheinung eines Hausgenossen ihn auf das qualvollste erschüttert hätte, während er wirklich, in seiner Natur, darauf vorbereitet war, Polyxène oder Raimondine oder sonst einen Verstorbenen des Hauses aus der Wendung des Weges heraustreten zu sehn. Er begriff die stille Überzähligkeit ihrer Gestaltung, es war ihm vertraut, irdisch Gebildetes so flüchtig unbedingt verwendet zu sehn, der Zusammenhang ihrer Gebräuche verdrängte aus ihm jede andere Erziehung; er war sicher, unter sie bewegt, ihnen nicht aufzufallen. Eine Vinca, die in seiner Nähe stand, und deren blauem Blick er wohl auch sonst zuweilen begegnet war, berührte ihn jetzt aus geistigerem Abstand, aber mit so unerschöpflicher Bedeutung, als ob nun nichts mehr zu verbergen sei. Überhaupt konnte er merken, wie sich alle Gegenstände ihm entfernter und zugleich irgendwie wahrer gaben, es mochte dies an seinem Blick liegen, der nicht mehr vorwärts gerichtet war und sich dort, im Offenen, verdünnte; er sah, wie über die Schulter, zu den Dingen zurück, und ihrem, für ihn abgeschlossenen Dasein kam ein kühner süßer Beigeschmack hinzu, als wäre alles mit einer Spur von der Blüte des Abschieds würzig gemacht. –

Sich sagend von Zeit zu Zeit, daß dies nicht bleiben könne, fürchtete er gleichwohl nicht das Aufhören des außerordentlichen Zustands, als ob von ihm, ähnlich wie von Musik, nur ein unendlich gesetzmäßiger Ausgang zu erwarten sei.

Auf einmal fing seine Stellung an, ihm beschwerlich zu sein, er fühlte den Stamm, die Müdigkeit des Buches in seiner Hand, und trat heraus. Ein deutlicher Wind blätterte jetzt in dem Baum, er kam vom Meer, die Büsche den Hang herauf wühlten ineinander.

(II)

Späterhin meinte er, sich gewisser Momente zu erinnern, in denen die Kraft dieses einen schon, wie im Samen, enthalten war. Er gedachte der Stunde in jenem anderen südlichen Garten (Capri), da ein Vogelruf draußen und in seinem Innern übereinstimmend da war, indem er sich gewissermaßen an der Grenze des Körpers nicht brach, beides zu einem ununterbrochenen Raum zusammennahm, in welchem, geheimnisvoll geschützt, nur eine einzige Stelle reinsten, tiefsten Bewußtseins blieb. Damals schloß er die Augen, um in einer so großmütigen Erfahrung durch den Kontur seines Leibes nicht beirrt zu sein, und es ging das Unendliche von allen Seiten so vertraulich in ihn über, daß er glauben durfte, das leichte Aufruhn der inzwischen eingetretenen Sterne in seiner Brust zu fühlen.

Auch fiel ihm wieder ein, wie viel er darauf gab, in ähnlicher Haltung an einen Zaun gelehnt, des gestirnten Himmels durch das milde Gezweig eines Ölbaums hindurch gewahr zu werden, wie gesichthaft in dieser Maske der Weltraum ihm gegenüber war, oder wie, wenn er Solches lange genug ertrug, Alles in der klaren Lösung seines Herzens so vollkommen aufging, daß der Geschmack der Schöpfung in seinem Wesen war. Er hielt es für möglich, daß, bis in seine dumpfe Kindheit zurück, solche Hingegebenheiten sich würden bedenken lassen; mußte er doch nur an die Leidenschaft erinnert werden, die ihn immer schon ergriff; wo es galt, sich dem Sturm auszusetzen, wie er, auf großen Ebenen schreitend, im Innersten erregt, die fortwährend vor ihm erneute Windwand durchbrach, oder vorn auf einen Schiffe stehend, blindlings, sich durch dichte Fernen hinreißen ließ, die sich fester hinter ihm schlossen. Aber wenn, von Anfang an, das elementarische Hinstürzen der Luft, des Wassers reines und vielfältiges Benehmen und was Heroisches im Vorgang der Wolken war, ihn über die Maßen ergriff, ja ihm, der es im Menschlichen nie zu fassen vermochte, rechteigentlich als Schicksal an die Seele trat, so konnte ihm nicht entgehen, daß er nun, seit den letzten Einflüssen, solchen Beziehungen gleichsam endgültig übergeben sei. Etwas sanft Trennendes unterhielt zwischen ihm und den Menschen einen reinen, fast scheinenden Zwischenraum, durch den sich wohl Einzelnes hinüberreichen ließ, der aber jedes Verhältnis in sich aufsaugte und, überfüllt davon, wie ein trüber Rauch Gestalt von Gestalt betrog. Noch wußte er nicht, wie weit den Anderen seine Abgeschiedenheit zum Eindruck kam. Was ihn selbst anging, so verlieh erst sie ihm eine gewisse Freiheit gegen die Menschen, – der kleine Anfang von Armut, um den er leichter war, gab ihm unter diesen aneinander Hoffenden und Besorgten, in Tod und Leben Gebundenen, eine eigene Beweglichkeit. Noch war die Versuchung in ihm, ihrem Beschwerten sein Leichtes entgegenzuhalten, obwohl er schon einsah, wie er sie darin täuschte, da sie ja nicht wissen konnten, daß er nicht (wie der Held) in allen ihren Bindungen, nicht in der schweren Luft ihrer Herzen, zu seiner Art Überwindung gekommen war, sondern draußen, in einer menschlich so wenig eingerichteten Geräumigkeit, daß sie sie nicht anders als »das Leere« nennen würden. Alles, womit er sich an sie wenden durfte, war vielleicht seine Einfalt; es blieb ihm aufbewahrt, ihnen von der Freude zu reden, wo er sie zu sehr in den Gegenteilen des Glücks befangen fand, auch wohl ihnen einzelnes aus seinem Umgang mit der Natur mitzuteilen, Dinge, die sie versäumten oder nur nebenbei in Betracht nahmen.

Aufzeichnung

Wieviel Zeit hatte er gebraucht, um seinen ältesten, verhängnisvollsten Fehler einzusehen: daß er Liebe, die auf ihn ausging, wie seine eigene Angelegenheit nahm, obwohl sie doch die entfernteste war, vielleicht überhaupt keine, indifferent wie der Zahnschmerz eines Fremden. Warum in aller Welt hatte er sich an einen Zaun dann immer veranlaßt gefühlt, den Zahnarzt zu spielen? Statt einfach nicht hinzusehen, nicht zu wissen. Es wäre eine herrliche Keuschheit seiner Natur gewesen, nicht zu verstehen, daß die anderen liebten, es einfach nicht zu verstehen. Aber auf ihn stürzte sich der Einfluß selbst aus dem möglichen Aufblick einer Vorübergehenden, bewog, rührte, verführte ihn. Und was ihn schließlich zu etwas Starrem, Anstehenden machte, das war die Gewalt so vieler ihn meinender, von ihm unterhaltener, unabgelehnter, halb hingenommener Gefühle. Alle Strömungen gingen auf ihn zu; er konnte mit keiner Empfindung aus sich heraus wider ihre Flut. Liebende schlossen ihn von allen Seiten ein. Er war in der Lage eines Gottes, der keinen Ausweg mehr hat auf der von ihm überfüllten Welt, dem nur die Senkrechte bleibt: Höllensturz oder Himmelfahrt. Daher seine Erfahrung, ein Gestorbener zu sein, da ihm alles Menschliche abgeschnitten war und er doch nicht des Göttlichen mächtig wurde.

Wenn sie ihm Blumen brachten, viel zu viele, zu schwere, übertriebene Blumen, so wünschte er ein Grab zu sein, um nicht die Mühe zu haben, sie zu ordnen und zu erhalten. Und sie kamen auch wie zu einem Grab zu ihm, dem Wehrlosen, der sich Rührung und Hingabe so schamlos gefallen ließ. Hatte er alle Jahre seines Lebens verbracht, ohne hart zu sein? Er entschloß sich, es zu werden in seinem achtunddreißigsten Jahr. Ändern, sagte er, ändern. In der Zeit, da seine ganze Natur unermeßlich danach begehrte zu lieben, sah er schmerzlich ein, daß er den Gegenstand seiner Liebe nicht finden würde, solange er gegen die, die ihn zu lieben meinten, empfänglich und nachgiebig war. Diese Gesichter, die sich zu ihm drängten, aufgeschlagen, verstellten ihm den Ausblick auf das scheue, gesenkte Gesicht der fremden Geliebten. Die Ahnung ihrer Züge erlosch in ihm über der Deutlichkeit derer, die gekommen waren, ihn zu lieben. Er wurde irre. Er stand an einer Straßenecke und wußte sie nichtmehr. Er wartete und wußte sie nichtmehr. Er konnte nichtmehr träumen: alle seine Zukunft war vorüber.

Erinnerung

(Bruchstück)

Noch einmal: ich begreife durchaus, daß die, die einzig auf sich angewiesen sind, auf ihres Lebens Nützlichkeit und Erträglichkeit, eine gewisse Erleichterung empfinden, wenn man in ihnen einen geistigen Brechreiz erzeugt und ihnen ermöglicht, das Unbrauchbare oder Mißverstandene der Kindheit in Stücken von sich zu geben. Aber ich? Bin ich nicht so recht darauf angelegt, gerade um dies herum, was sich nicht leben ließ, was zu groß, was vorzeitig, was entsetzlich war, Engel, Dinge, Tiere zu bilden, wenn es sein muß, Ungeheuer? Genau das, mein unerbittlicher Gott, verlangtest Du von mir und riefst mich dazu an, weit eh ich mündig war. Und ich saß auf in meinem trostlosen Spitalsbett, neben dem, ängstlich zusammengelegt, die Uniform meiner Zöglingsjahre lag, und schrieb nach Deinem Geheiß und erkannte nicht, was ich schrieb. Denn über mir war nur die dichtgrün verhangene Nachtflamme, außer Dir, mein Gott, außer Dir. War ich dann aber schließlich aus dem Spital entlassen, so schlug die gierigste Gemeinsamkeit über mir zusammen, und an Schreiben war nicht zu denken, auch nachts nicht unter den fünfzig Schläfern, in meiner finsteren Bettstatt. Über uns alle war ein Himmel der Aufsicht und Ungnade ausgestürzt, die uns überall anhing, und es war schon viel, wenn man im Lehrzimmer zur eigenen Schublade eine Art Vertraulichkeit haben durfte, als zu dem einzigen herzlichen Innenraum. Und du, Spiel-Wiese, zerstampft wie du warst vom Spielzorn, von der Ungeduld, der Gewalttätigkeit und Rache aller dieser ratlosen Knaben: warst du nicht die erste Wiese, die ich kannte? Ach, ich ging über dich vorsichtiger hin, als solltest du dich unter mir erholen. Hätte ich damals die freudige Beziehung des Barfußgehens gekannt, ich hätte dich sicher getröstet mit der Unschuld und Neugier meiner Fußsohlen. Zu trösten, ja, das schien mir das Eine, das not tat. Und ob ich gleich unter Hunderten der Elendste war, in meiner täglichen Heimsuchung, so ließest du doch das Wunder zu, daß ich zuweilen ein Körnchen Trost wie reinen Harzes in mir fand, und ich legte es auf mein sacht glimmendes Herz und es gab seinen Ruch. Aber Schreiben war ausgeschlossen. Da war keine Stunde ohne den Nachklang einer Befehlsstimme, und hinter einem kleinen Schreck stand schon der nächste Anruf bereit.

So war das Schlafengehen nach Weisungen abgeteilt, Moment für Moment, bis man endlich bestürzt unter die Decke kam. Und so gut es gemeint war, wenn dann der slovenische Unteroffizier Gobec, nur noch seinen Schritt hörend, indem er gewisse Lichter ausdrehte, mit immer gesenkterer Stimme, als spräche er im Auftrag der Stille und des Dunkels, an unseren Betten entlang gehend, vor sich hinsagte: »Auf die rechte Seite niederlegen, Vaterunser beten, einschlafen –«, so war, es half nichts, so war auch das Befehl. Und morgens, vor Tag, riß einen das boshafte Horn oder der Vorwurf der Trommel aus unbegriffenem Schlaf ins unkenntliche Wachsein. Hatt ichs von Dir, daß ich dem zuvorkam? Ich weiß nicht. Aber fast ein Frühjahr lang fand ich mich, weit vor dem Wecken, allein in dem leeren, eben erst weißer werdenden Gang, der immer wieder mit einem einfältigen Fenster, als faßten sie's nicht, in den öden Parkraum hinaussah. An den Zwischenwänden, viel zu klein für die Verlegenheit von einem Fenster zum andern, hing je eine eingerahmte Lithographie, die sich erst nach und nach aufklärte. Ich wußte dort waren Schlachtszenen zu sehen –, Radetzky und Spork und weiter oben, immer etwas schief hängend, Friedrich der Schöne, und ich kannte längst alle diese schlanken oesterreichischen Waffenröcke, vor denen nur Radetzky, gedrungen und kurzhalsig, auf einem ausgezeichneten Pferde saß. Oft hatte ich Zeit gehabt, diese Bilder zu betrachten, wenn ich aber, in dieser Frühstunde, mich auch vor einzelnen aufhielt, ich denke, daß ich nicht sehr bei der Sache blieb. Vielleicht dachte ich weiter an meinen Vater, denn, so fremd mir das Kriegszeug auch war, so wünschte ich doch, es möchten bis an mich heran viele aus unserem Geschlecht an solchen Vorgängen bedeutend beteiligt gewesen sein; am liebsten hätte ich jeden, der sich da augenscheinlich hervortat, für einen vergangenen Verwandten gehalten; auch jenen, die sich mit vornehmer Langmut neben ihrem Czako halb im Staube aufrichteten, nahm ich es übel, daß sie gar nicht mit mir zusammenhingen. Wurde mir das klar, so zog ich (wenn ich jetzt nicht irre) das nächste Fenster vor, stand und sah – : ja auch da mochte es mir ähnlich ergangen sein. Zunächst sah ich wohl den wirklichen Park, vorn über den weiten sandigen Vorplatz hinaus, erst die Anlagen, die den Offizieren vorbehalten waren, und in die ich mich manchmal, gegen alle Vorschrift verlor, …

Puppen

Zu den Wachs-Puppen von Lotte Pritzel

Um den Umkreis zu bestimmen, in den die Existenz dieser Puppen fällt, könnte man von ihnen vermuten, daß es ihrem Dasein gegenüber keine Kinder giebt, dies wäre gewissermaßen die Vorbedingung ihres Entstehens gewesen, daß die Welt der Kinder vorüber sei. In ihnen ist die Puppe endlich dem Einsehen, der Teilnehmung, der Lust und dem Kummer des Kindes entwachsen, sie ist selbständig, sie ist groß geworden, frühalt, sie hat alle Unwirklichkeiten ihres eigenen Lebens angetreten.

Wie bei gewissen Studenten, hat man sich nicht auch vor den dicken unveränderlichen Kinderpuppen tausendmal gefragt, was später aus ihnen würde? Sind nun hier die Erwachsenen zu jenen, von echten und gespielten Gefühlen überpflegten Puppen-Kindheiten? Sind hier ihre, in menschlich übersättigte Luft flüchtig hineingespiegelten Früchte? Die Scheinfrüchte, deren Keime nie zu Ruhe kamen, bald von Tränen fast fortgewaschen, bald der glühenden Dürre der Wut ausgesetzt, oder der Öde des Vergessenseins; eingepflanzt in die weichste Tiefe einer sich maßlos versuchenden Zärtlichkeit und hundertmal wieder herausgerissen, in einen Winkel geschleudert zu kantigen, zerbrochenen Dingen, verschmäht, verachtet, abgetan.

Ernährt mit Scheinspeise wie der »Ka«, das Wirkliche, wo's ihnen durchaus sollte beigebracht werden, verwöhnt an sich verschmierend, undurchdringlich und in dem äußersten Zustand von vorweggenommener Dickigkeit unfähig, auch nur einen Tropfen Wasser an irgend einer Stelle einzunehmen; ohne eigenes Urteil, nachgiebig gegen jeden Lappen und doch, wenn er einmal angeeignet war, ihn auf eine besondere Art besitzend, nachlässig, selbstgefällig, unrein; nur im Augenaufschlag einen Moment wach, dann sofort mit den unverhältnismäßigen berührbaren Augen offen hinschlafend, wohl kaum imstande zu unterscheiden, ob das mechanische Lid auf ihnen liegt, oder jener andere Gegenstand, die Luft; träge: hingeschleift durch die wechselnden Emotionen des Tages, in jeder liegenbleibend; wie ein Hund zum Mitwisser gemacht, zum Mitschuldigen, aber nicht wie er empfänglich und vergeßlich, sondern eine Last in beidem; eingeweiht in die ersten namenlosen Erfahrungen ihrer Eigentümer, in ihren frühesten unheimlichen Einsamkeiten herumliegend wie mitten in leeren Zimmern, als ob es nur gälte, das neue Geräumige mit allen Gliedern grob auszunutzen, – mitgezogen in die Gitterbetten, verschleppt in die schweren Falten der Krankheiten, in den Träumen vorkommend, verwickelt in die Verhängnisse der Fiebernächte: so waren jene Puppen. Denn sie selber bemühten sich nie in alledem; lagen dann vielmehr da am Rande des Kinderschlafs, erfüllt höchstens von dem rudimentären Gedanken des Hinunterfallens, sich träumen *lassend;* wie sie's gewohnt waren, am Tag mit fremden Kräften unermüdlich gelebt zu sein.

Wenn man überlegt, wie dankbar Dinge sonst für Zärtlichkeiten sind, wie sie unter ihnen sich erholen, ja wie ihnen (wenn man sie nur liebt) selbst die härteste Abnutzung noch als eine zehrende Liebkosung anschlägt, unter der sie zwar schwinden, aber gleichsam ein Herz annehmen, das sie umso starker durchdringt, je mehr ihr Körper nachgiebt (fast werden sie dadurch in einem höheren Sinne sterblich und können jene Wehmut mit uns teilen, die unsere größte ist-);

wenn man dies überlegt und sich erinnert, welche feinfühlige Schönheit gewisse Dinge sich anzueignen wußten, die ins menschliche Leben ausführlich und innig einbegriffen waren, ich meine da nicht einmal, daß es nötig sei, in Madrid, durch die Säle der Armeria zu gehen und die Rüstungen, Helme, Dolche und Doppelhänder anzustaunen, in denen die reine kluge Kunst des Harnischfegers unendlich übertroffen wurde durch ein Etwas, das der stolze und feurige Gebrauch diesem Gewaffen hinzufügte; ich denke nicht an das Lächeln und Verweintsein im Innern oft getragener Steine, ich wage nicht, an eine gewisse Perle zu denken, in der das Ungewisse ihrer Unterwasserwelt zu so geistiger Bedeutung gesteigert war, daß die ganze Unkenntlichkeit des Schicksals in ihrem schuldlosen Tropfen sich zu beklagen schien; ich überspringe das Innige, das Rührende, das verlassen Nachdenkliche von vielen Dingen, die mich durch ihr schönes Eingewöhntsein ins Menschliche, da ich vorüberging, erschüttert haben; nur ganz einfache möcht ich rasch aufrufen: einen Nähstock, ein Spinnrad, einen häuslichen Webstuhl; einen Brauthandschuh, eine Tasse, den Einband und die Blätter einer Bibel; nicht zu reden von dem großen Willen eines Hammers, von der Hingebung einer Geige, von dem gutmütigen Eifer einer Hornbrille –, ja wirf nur jenes Spiel Karten auf den Tisch, mit dem so oft Patiencen gelegt worden sind, schon steht er im Mittelpunkt weher, längst anders überholter Hoffnungen. Wenn man sich dieses alles gegenwärtig machte und man fände im selben Augenblicke – sie unter einem Haufen teilnahmsvollerer Dinge hervorziehend – eine unserer Puppen: sie würde uns fast empören durch ihre schreckliche dicke Vergeßlichkeit, der Haß, der, unbewußt, sicher immer einen Teil unserer Beziehungen zu ihr ausmachte, schlüge nach oben, entlarvt läge sie vor uns da, als der grausige Fremdkörper, an den wir unsere lauterste Wärme verschwendet haben; als die oberflächlich bemalte Wasserleiche, die sich von den Überschwemmungen unserer Zärtlichkeit heben und tragen ließ, bis wir wieder trocken wurden und sie in irgend einem Gestrüpp vergaßen. Ich weiß, ich weiß, wir mußten solche Dinge haben, die sich alles gefallen ließen. Der einfachste Verkehr der Liebe ging schon über unsere Begriffe hinaus, mit einer Person, die etwas war, konnten wir unmöglich leben und handeln, wir konnten uns höchstens in sie hineindrücken und in ihr verlorengehen. Der Puppe gegenüber waren wir gezwungen, uns zu behaupten, denn wenn wir uns an sie aufgaben, so war überhaupt niemand mehr da. Sie erwiderte nichts, so kamen wir in die Lage, für sie Leistungen zu übernehmen, unser allmählich breiteres Wesen zu spalten in Teil und Gegenteil, uns gewissermaßen durch sie die Welt die unabgegrenzt in uns überging, vom Leibe zu halten. Wie in einem Probierglas mischten wir in ihr, was uns unkenntlich widerfuhr, und sahen es dort sich färben und aufkochen. Das heißt, auch das *erfanden* wir wieder, sie war so bodenlos ohne Phantasie, daß unsere Einbildung an ihr unerschöpflich wurde. Stundenlang, ganze Wochen mochte es uns befriedigen, an diesem stillhaltenden Mannequin die erste flaumige Seide unseres Herzens in Falten zu legen, aber ich kann mir nicht anders vorstellen, als daß es gewisse zu lange Nachmittage gab, in denen unsere doppelten Einfälle ermüdeten und wir ihr plötzlich gegenübersaßen und etwas von ihr erwarteten. Möglicherweise lag dann eines von jenen Dingen in der Nähe, die von Natur häßlich und dürftig und deshalb voll eigener Ansichten waren, der Kopf eines Kaspers, der nicht umzubringen war, ein halbzerbrochenes Pferd, oder etwas was Lärm machte und es ohnehin kaum erwarten konnte, uns und diese ganze Stube mit allen Kräften zu übertönen. Aber wenn nicht; wenn nichts dalag und uns auf andere Gedanken brachte, wenn jenes beschäftigungslose Geschöpf fortfuhr, sich schwer und dumm zu spreizen, wie eine bäuerische Danaë nichts anderes kennend, als den unaufhörlichen Goldregen unserer Erfindung: ich wollte, ich könnte mich entsinnen, ob wir dann aufbegehrten, auffuhren und dem Ungeheuer zu verstehen gaben, daß unsere Geduld zu Ende wäre? Ob wir dann nicht, zitternd vor Wut, vor ihr standen und wissen wollten, Posten für Posten, wofür sie unsere Wärme eigentlich gebrauche, was aus diesem ganzen Vermögen geworden sei? – Dann schwieg sie, nicht aus Überlegenheit, schwieg, weil das ihre ständige Ausrede war, weil sie aus einem nichtsnutzigen, völlig unzurechnungsfähigen Stoffe bestand, – schwieg und kam nicht einmal auf den Gedanken, sich darauf etwas zugute zu tun, ob es ihr gleich zu großer Bedeutung verhelfen mußte in einer Welt, in der das Schicksal, ja Gott selber, vor allem dadurch berühmt geworden sind, daß sie uns anschweigen. Zu einer Zeit, wo noch alle bemüht waren, uns immer rasch und beschwichtigend zu antworten, war sie, die Puppe, die erste, die uns jenes überlebensgroße Schweigen antat, das uns später immer wieder aus dem Raume anhauchte, wenn wir irgendwo an die Grenze unseres Daseins traten. Ihr gegenüber, da sie uns anstarrte, erfuhren wir zuerst (oder irr ich mich?) jenes Hohle im Gefühl, jene Herzpause, in der einer verginge, wenn ihn dann nicht die ganze, sanft weitergehende Natur, wie ein Lebloses, über Abgründe hinüberhübe. Sind wir nicht wunderliche Geschöpfe, daß wir uns gehen und anleiten lassen, unsere erste Neigung dort anzulegen, wo sie aussichtslos bleibt? So daß überall in den Geschmack jener unüberlegtesten Zärtlichkeit die Bitternis sich verteilte, daß sie vergeblich war? Wer weiß, ob nicht mancher später draußen im Leben aus solchen Erinnerungen den Verdacht nimmt, daß er nicht zu lieben sei? Ob nicht in dem und jenem seine Puppe heillos weiterwirkt, so daß er hinter vagen Befriedigungen her ist, einfach aus Widerspruch gegen das Unbefriedigtsein, mit dem sie sein Gemüt verdorben hat? – Ich entsinne mich, auf dem Herrenhaus eines abgelegenen russischen Gutes, in den Händen der Kinder, eine alte ererbte Puppe gesehen zu haben, der die ganze Familie ähnlich sah. – Es könnte ein Dichter unter die Herrschaft einer Marionette geraten, denn die Marionette hat nichts als Phantasie. Die Puppe hat keine und ist genau um so viel weniger als ein Ding, als die Marionette mehr ist. Aber dieses Weniger-sein-als-ein-Ding, in seiner ganzen Unheilbarkeit, enthält das Geheimnis ihres Übergewichts. An die Dinge muß sich das Kind gewöhnen, es muß sie hinnehmen, jedes Ding hat seinen Stolz. Die Dinge dulden die Puppe, keines liebt sie, man könnte meinen, der Tisch wirft sie ab, kaum sieht man fort, liegt sie schon wieder auf dem Fußboden. Anfänger der Welt, die wir waren, konnten wir über nichts überlegen sein, als höchstens über einen solchen halben Gegenstand, der uns hingelegt worden war, wie man den Tieren in den Aquarien einen Scherben hinlegt, damit sie an ihm ein Maß und Kennzeichen ihrer Umwelt fänden. Wir orientierten uns an der Puppe. Sie lag tiefer von Natur, so konnten wir unmerklich gegen sie abfließen, uns in ihr sammeln und, wenn auch ein wenig trübe, die neuen Umgebungen in ihr erkennen. Aber wir begriffen bald, daß wir sie weder zu einem Ding noch zu einem Menschen machen konnten, und in solchen Momenten wurde sie uns zu einem Unbekannten, und alles Vertrauliche, womit wir sie erfüllt und überschüttet hatten, wurde uns unbekannt in ihr.

Daß wir dich aber dann doch nicht zum Götzen machten, du Balg, und nicht in der Furcht zu dir untergingen, das lag daran, will ich dir sagen, daß wir *dich* gar nicht meinten. Wir meinten etwas ganz anderes, Unsichtbares, das wir über dich und uns, heimlich und ahnungsvoll, hinaushielten, und wofür wir beide gleichsam nur Vorwände waren, eine Seele meinten wir: die Puppenseele.

Große mutige Seele des Schaukelpferds, du Wellenbadschaukel des Knabenherzens, die die Spielzimmerluft aufregte, daß sie wie über den berühmten Schlachtfeldern der Erde sich überschlug, stolze, glaubwürdige, fast sichtbare Seele. Wie du die Mauern, die Fensterkreuze, die täglichen Horizonte zum Schwanken brachtest, als rüttelten schon die Stürme der Zukunft an diesen überaus vorläufigen Übereinkünften, die im Anstehn der Nachmittage etwas so Unüberwindliches annehmen konnten. Ach wie rissest du einen, Schaukelpferdseele, hinaus und hinüber ins unaufhaltsam Heldische, wo man heiß und glorios unterging mit der schrecklichsten Unordnung in den Haaren. Dann lagst du daneben, Puppe, und hattest nicht soviel Unschuld zu begreifen, daß dein heiliger Georg das Tier deiner Stumpfheit unter sich wiegte, den Drachen, der unsere flutendsten Gefühle in dir zur Masse werden ließ, zu einer perfiden, gleichgültigen Unzerbrechlichkeit. – Oder du, überzeugte Seele der Trambahn, die in uns fast überhandnehmen konnte, wenn wir nur mit einigem Glauben an unsere Wagen-Natur in der Stube herumfuhren. Seelen, ihr, aller der einsamen Spiele und Abenteuer; einfältig gefällige Seele des Balls, Seele im Geruch der Dominosteine, unerschöpfliche Seele des Bilderbuchs. Seele der Schultasche, gegen die man schon ein wenig mißtrauisch war, weil sie's oft ganz offen mit den Erwachsenen hielt; taube Trichterseele der braven kleinen Blechtrompete: wie wart ihr alle leutselig und beinahe greifbar. Nur du, Puppenseele, von dir konnte man nie recht sagen, wo du eigentlich warst. Ob du dich gerade bei einem aufhieltest oder bei der schläfrigen Kreatur da drüben, der man dich beständig einredete; sicher verließen wir uns oft einer auf den andern und am Ende hielt dich keiner, und du wurdest mit Füßen getreten. Wann warst du eigentlich jemals gegenwärtig? Am Geburtstagsmorgen vielleicht, wenn eine neue Puppe dasaß und sich fast etwas Körperwärme aneignete von dem noch warmen Kuchen neben ihr? Oder am Vorabend vor Weihnachten, wenn die bisherigen Puppen die überwiegende Nähe der künftigen ahnten durch die seit Tagen unzugängliche Zimmertür? Oder, mit mehr Wahrscheinlichkeit, wenn eine Puppe plötzlich hinfiel und häßlich wurde: da wars eine Sekunde, als überraschte man dich. Auch, glaube ich, warst du imstande, so ungenau wehzutun wie beginnender Zahnschmerz, von dem man noch nicht weiß, wo er eigentlich sein wird, wenn die Lieblingspuppe Anna plötzlich verloren ging, nie wieder gefunden werden sollte in alle Ewigkeit: weg war. Aber im Grunde war man so beschäftigt, dich zu erhalten, daß man keine Zeit hatte, dich festzustellen. Ich habe kein Urteil darüber, wie es ist, wenn ein kleines Mädchen stirbt und eine ihrer Puppen (vielleicht eine, die bis dahin recht vernachlässigt war) nicht von sich läßt, auch ganz zuletzt nicht, so daß das arme Ding, ordentlich dürr und welk von der heiß zehrenden Fieberhand, ins Ernste, Endgültige mit hineingerissen wird: ob dann ein bißchen Seele sich in ihm sammelt, neugierig, eine wirkliche Seele zu sehn?

O Puppenseele, die Gott nicht gemacht hat, du, von einer unbesonnenen Fee launisch erbetene, von einem Götzen mit Überanstrengung ausgeatmete Dingseele, die wir alle, halb ängstlich halb großmütig, erhalten haben und aus der keiner sich völlig zurücknehmen kann, o Seele, die nie recht getragen worden ist, die immer nur, beschützt von allerhand altmodischen Gerüchen, in Aufbewahrung war (wie die Pelze im Sommer): siehe, da sind nun in dich die Motten gekommen. Zu lange hat man nicht mit dir gerührt, nun schüttelt dich eine Hand, besorgt und mutwillig zugleich, – sieh sieh, da flattern aus dir alle die kleinen wehleidigen Falter hervor, unbeschreiblich sterbliche, die im Augenblick, da sie zu sich kommen, schon anfangen, von sich Abschied zu nehmen.

So haben wir dich am Ende recht zerstört, Puppenseele, indem wir dich in unseren Puppen zu pflegen meinten; sie waren wohl schon die Larven, die dich aus-fraßen –, da erklärt es sich auch, daß sie so dick und so träge waren und daß an sie keine Nahrung mehr anzubringen war. Nun flüchtet dieses neue scheue Geschlecht hervor und flattert durch unser dunkles Gefühl. Sieht man es, man möchte sagen, daß es kleine Seufzer sind, so dünn, daß für sie unser Ohr nichtmehr ausreichte, sie erscheinen, schwindend, an der schwankendsten Grenze unseres Gesichts. Denn dies allein beschäftigt sie: hinzuschwinden. Geschlechtlos wie die Kinderpuppen selbst es waren, finden sie keinen Untergang in ihrer anstehenden Wollust, die nicht Zufluß noch Abfluß hat. Es ist, als verzehrten sie sich nach einer schönen Flamme, sich falterhaft hineinzuwerfen (und dann müßte der augenblickliche Geruch ihres Aufbrennens uns mit grenzenlosen, nie gewußten Gefühlen überfluten). Wie man das so denkt und aufsieht, steht man, fast erschüttert, vor ihrer wächsernen Natur.

Urgeräusch

Zur Zeit, als ich die Schule besuchte, mochte der Phonograph erst kürzlich erfunden worden sein. Er stand jedenfalls im Mittelpunkte des öffentlichen Erstaunens, und so mag es sich erklären, daß unser Physiklehrer, ein zu allerhand emsigen Basteleien geneigter Mann, uns anleitete, einen derartigen Apparat aus dem handgreiflichsten Zubehöre geschickt zusammenzustellen. Dazu war nichtmehr nötig. als was ich im Folgenden aufzähle. Ein Stück biegsamerer Pappe, zu einem Trichter zusammengebogen, dessen engere runde Öffnung man sofort mit einem Stück undurchlässigen Papiers, von jener Art, wie man es zum Verschlusse der Gläser eingekochten Obstes zu verwenden pflegt, verklebte, auf diese Weise eine schwingende Membran improvisierend, in deren Mitte, mit dem nächsten Griff, eine Borste aus einer stärkeren Kleiderbürste, senkrecht abstehend, eingesteckt wurde. Mit diesem Wenigen war die eine Seite der geheimnisvollen Maschine hergestellt, Annehmer und Weitergeber standen in voller Bereitschaft, und es handelte sich nun nur noch um die Verfertigung einer aufnehmenden Walze, die, mittels einer kleinen Kurbel drehbar, dicht an den einzeichnenden Stift herangeschoben werden konnte. Ich erinnere nicht, woraus wir sie herstellten; es fand sich eben irgend ein Cylinder, den wir, so gut und so schlecht uns das gelingen mochte, mit einer dünnen Schicht Kerzenwachs überzogen, welches kaum verkaltet und erstarrt war, als wir schon, mit der Ungeduld, die über dem dringenden Geklebe und Gemache in uns zugenommen hatte, einer den andern fortdrängend, die Probe auf unsere Unternehmung anstellten. Man wird sich ohneweiters vorstellen können, wie das geschah. Sprach oder sang jemand in den Schalltrichter hinein, so übertrug der in dem Pergamente steckende Stift die Tonwellen auf die empfängliche Oberfläche der langsam an ihm vorbeigedrehten Rolle, und ließ man gleich darauf den eifrigen Zeiger seinen eigenen (inzwischen durch einen Firnis befestigten) Weg wieder verfolgen, so zitterte, schwankte aus der papierenen Tüte der eben noch unsrige Klang, unsicher zwar, unbeschreiblich leise und zaghaft und stellenweise versagend, auf uns zurück. Die Wirkung war jedesmal die vollkommenste. Unsere Klasse gehörte nicht eben zu den ruhigsten, und es möchten nicht viele Augenblicke gewesen sein, da sie, gemeinsam, einen ähnlichen Grad von Stille zu erreichen fähig war. Das Phänomen blieb ja auch überraschend, ja recht eigentlich erschütternd, von einem Male zum anderen. Man stand gewissermaßen einer neuen, noch unendlich zarten Stelle der Wirklichkeit gegenüber, aus der uns, Kinder, ein bei weitem Überlegenes doch unsäglich anfängerhaft und gleichsam Hülfe suchend ansprach. Damals und durch die Jahre hin meinte ich, es sollte mir gerade dieser selbständige, von uns abgezogene und draußen aufbewahrte Klang unvergeßlich bleiben. Daß es anders kam, ist die Ursache dieser Aufzeichnung. Nicht er, nicht der Ton aus dem Trichter, überwog, wie sich zeigen sollte, in meiner Erinnerung, sondern jene der Walze eingeritzten Zeichen waren mir um vieles eigentümlicher geblieben.

Vierzehn oder fünfzehn Jahre mochten seit jener Schulzeit hingegangen sein, als mir dies eines Tages zum Bewußtsein kam. Es war in meiner ersten Pariser Zeit, ich besuchte damals mit ziemlichem Eifer die Anatomie-Vorlesungen an der École des Beaux-Arts, wobei mich nicht so sehr das vielfältige Geflecht der Muskeln und Sehnen oder die vollkommene Verabredung der inneren Organe anzusprechen schien, als vielmehr das aride Skelett, dessen verhaltene Energie und Elastizität mir damals schon über den Blättern Lionardos sichtbar geworden war. So sehr ich nun auch an dem baulichen Ganzen rätselte, – es war mir zu viel; meine Betrachtung sammelte sich immer wieder zur Untersuchung des Schädels, in dem, sozusagen, das Äußerste, wozu dieses kalkige Element sich noch anspannen konnte, mir geleistet schien, als ob es gerade hier überredet worden wäre, sich zu einem entscheidenden Dienst bedeutend anzustrengen, um ein letzthin Gewagtes, im engen Einschluß schon wieder grenzenlos Wirkendes in seinen festesten Schutz zu nehmen. Die Bezauberung, die dieses besondere, gegen einen durchaus weltischen Raum abgeschlossene Gehäus auf mich ausübte, ging schließlich so weit, daß ich mir einen Schädel anschaffte, um nun auch so manche Nachtstunde mit ihm zuzubringen; und, wie es mir immer mit den Dingen geht: nicht allein die Augenblicke absichtlicher Beschäftigung haben mir diesen zweideutigen Gegenstand merkwürdiger angeeignet –, meine Vertrautheit mit ihm verdank ich ohne Zweifel zu einem gewissen Teile dem streifenden Blick, mit dem wir die gewohnte Umgebung, wenn sie nur einige Beziehung zu uns hat, unwillkürlich prüfen und auffassen. Ein solcher Blick war es, den ich plötzlich in seinem Verlaufe anhielt und genau und aufmerksam einstellte. In dem oft so eigentümlich wachen und auffordernden Lichte der Kerze war mir soeben die Kronen-Naht ganz auffallend sichtbar geworden, und schon wußte ich auch, woran sie mich erinnerte: an eine jener unvergessenen Spuren, wie sie einmal durch die Spitze einer Borste in eine kleine Wachsrolle eingeritzt worden waren!

Und nun weiß ich nicht: ist es eine rhythmische Eigenheit

meiner Einbildung, daß mir seither, oft in weiten Abständen von Jahren, immer wieder der Antrieb aufsteigt, aus dieser damals unvermittelt wahrgenommenen Ähnlichkeit den Absprung zu nehmen zu einer ganzen Reihe von unerhörten Versuchen? Ich gestehe sofort, daß ich die Lust dazu, sooft sie sich meldete, nie anders, als mit dem strengsten Mißtraun behandelt habe, – bedarf es eines Beweises dafür, so liege er in dem Umstande, daß ich mich erst jetzt, wiederum mehr als anderthalb Jahrzehnte später, zu einer vorsichtigen Mitteilung entschließe. Auch habe ich zugunsten meines Einfalls mehr nicht anzuführen, als seine eigensinnige Wiederkehr, durch die er mich, ohne Zusammenhang mit meinen übrigen Beschäftigungen, bald hier, bald dort, in den unterschiedlichsten Verhältnissen überrascht hat.

Was wird mir nun immer wieder innerlich vorgeschlagen? Es ist dieses:

Die Kronen-Naht des Schädels (was nun zunächst zu untersuchen wäre) hat – nehmen wirs an – eine gewisse Ähnlichkeit mit der dicht gewundenen Linie, die der Stift eines Phonographen in den empfangenden rotierenden Cylinder des Apparates eingräbt. Wie nun, wenn man diesen Stift täuschte und ihn, wo er zurückzuleiten hat, über eine Spur lenkte, die nicht aus der graphischen Übersetzung eines Tones stammte, sondern ein an sich und natürlich Bestehendes –, gut: sprechen wirs nur aus: eben (z. B.) die Kronen-Naht wäre – : Was würde geschehen? Ein Ton müßte entstehen, eine Ton-Folge, eine Musik …

Gefühle –, welche? Ungläubigkeit, Scheu, Furcht, Ehrfurcht –: ja, welches nur von allen hier möglichen Gefühlen? verhindert mich, einen Namen vorzuschlagen für das Ur-Geräusch, welches da zur Welt kommen sollte …

Dieses für einen Augenblick hingestellt: was für, irgendwo vorkommende Linien möchte man da nicht unterschieben und auf die Probe stellen? Welchen Kontur nicht gewissermaßen auf diese Weise zu Ende ziehen, um ihn dann, verwandelt, in einem anderen Sinn-Bereich herandringen zu fühlen?

In einer gewissen Zeit, da ich mich mit arabischen Gedichten zu beschäftigen begann, an deren Entstehung die fünf Sinne einen gleichzeitigeren und gleichmäßigeren Anteil zu haben scheinen, fiel es mir zuerst auf, wie ungleich und einzeln der jetzige europäische Dichter sich dieser Zuträger bedient, von denen fast nur der eine, das Gesicht, mit Welt überladen, ihn beständig überwältigt; wie gering ist dagegen schon der Beitrag, den das unaufmerksame Gehör ihm zuflößt, gar nicht zu reden von der Teilnahmslosigkeit der übrigen Sinne, die nur abseits und mit vielen Unterbrechungen in ihren nützlich eingeschränkten Gebieten sich betätigen. Und doch kann das vollendete Gedicht nur unter der Bedingung entstehen, daß die mit fünf Hebeln gleichzeitig angegriffene Welt unter einem bestimmten Aspekt auf jener übernatürlichen Ebene erscheine, die eben die des Gedichtes ist.

Eine Frau, der solches in einem Gespräche vorgetragen wurde, rief aus, diese wunderbare, zugleich einsetzende Befähigung und Leistung aller Sinne sei doch nichts anderes, als Geistesgegenwart und Gnade der Liebe, – und sie legte damit (nebenbei) ein eigenes Zeugnis ein für die sublime Wirklichkeit des Gedichts. Aber eben deshalb ist der Liebende in so großartiger Gefahr, weil er auf das Zusammenwirken seiner Sinne angewiesen ist, von denen er doch weiß, daß sie nur in jener einzigen gewagten Mitte sich treffen, in der sie, alle Breite aufgebend, zusammenlaufen und in der kein Bestand ist.

Indem ich mich so ausdrücke, habe ich schon die Zeichnung vor mir, deren ich mich, als eines angenehmen Behelfes, jedesmal bediente, sooft ähnliche Erwägungen sich aufdrängten. Stellt man sich das gesamte Erfahrungsbereich der Welt, auch seine uns übertreffenden Gebiete, in einem vollen Kreise dar, so wird es sofort augenscheinlich, um wieviel größer die schwarzen Sektoren sind, die das uns Unerfahrbare bezeichnen, gemessen an den ungleichen lichten Ausschnitten, die den Scheinwerfern der Sensualität entsprechen.

Nun ist die Lage des Liebenden die, daß er sich unversehens in die Mitte des Kreises gestellt fühlt, dorthin also, wo das Bekannte und das Unerfaßliche in einem einzigen Punkte zusammendringt, vollzählig wird und Besitz schlechthin, allerdings unter Aufhebung aller Einzelheit. Dem Dichter wäre mit dieser Versetzung nicht gedient, ihm muß das vielfältig Einzelne gegenwärtig bleiben, er ist angehalten, die Sinnes-Ausschnitte ihrer Breite nach zu gebrauchen, und so muß er auch wünschen, jeden einzelnen so weit als möglich auszudehnen, damit einmal seiner geschürzten Entzückung der Sprung durch die fünf Gärten in einem Atem gelänge.

Beruht die Gefahr des Liebenden in der Unausgedehntheit seines Standpunkts, so ist es jene des Dichters, der Abgründe gewahr zu werden, die die eine Ordnung der Sinnlichkeit von der anderen scheiden: in der Tat, sie sind weit und saugend genug, um den größeren Teil der Welt – und wer weiß, wieviel Welten – an uns vorbei hinwegzureißen.

Die Frage entsteht hier, ob die Arbeit des Forschers die Ausdehnung dieser Sektoren in der von uns angenommenen Ebene wesentlich zu erweitern vermag? Ob nicht die Erwerbung des Mikroskops, des Fernrohrs und so vieler, die Sinne nach oben oder unten verschiebender Vorrichtungen in eine andere Schichtung zu liegen kommen, da doch der meiste, so gewonnene Zuwachs sinnlich nicht durchdrungen, also nicht eigentlich »erlebt« werden kann. Es möchte nicht voreilig sein, zu vermuten, daß der Künstler, der diese (wenn man es so nennen darf) fünffingrige Hand seiner Sinne zu immer regerem und geistigerem Griffe entwickelt, am entscheidendsten an einer Erweiterung der einzelnen Sinn-Gebiete arbeitet, nur daß seine beweisende Leistung, da sie ohne das Wunder zuletzt nicht möglich ist, ihm nicht erlaubt, den persönlichen Gebietsgewinn in die aufgeschlagene allgemeine Karte einzutragen.

Sieht man sich aber nun nach einem Mittel um, unter so seltsam abgetrennten Bereichen die schließlich dringende Verbindung herzustellen, welches könnte versprechender sein als jener, in den ersten Seiten dieser Erinnerung angeratene Versuch? Wenn er hier am Schlusse, mit der schon versicherten Zurückhaltung, nochmals vorgeschlagen wird, so möge man es dem Schreibenden in einem gewissen Grade anrechnen, daß er der Verführung widerstehen konnte, die damit gebotenen Voraussetzungen in den freien Bewegungen der Phantasie willkürlich auszuführen. Dafür schien ihm der, während so vielen Jahren übergangene und immer wieder hervortretende Auftrag zu begrenzt und zu ausdrücklich zu sein.

Soglio, am Tage Mariae Himmelfahrt 1919

Über den Dichter

Ein Mal, in einem schönen Gleichnis, ward mir das Verhältnis des Dichters im Bestehenden, sein »Sinn« vorgehalten. Das war auf der großen Segelbarke, mit der wir von der Insel Philae nach den ausgedehnten Stau-Anlagen hinüberfuhren. Es ging zuerst den Strom hinauf, die Ruderer mußten sich Mühe geben. Ich hatte sie alle gegen mir über, sechzehn, wenn ich mich recht entsinne, je vier in einer Reihe, immer zwei am rechten, zwei am linken Ruder. Gelegentlich begegnete man dem Blick des einen oder andern, meistens aber war in ihren Augen kein Schauen, sie standen offen in die Luft, oder sie waren eben nur die Stellen, wo das heiße Innere dieser Burschen, um das die metallischen Körper sich spannten, frei lag. Zuweilen, aufschauend, überraschte man dennoch einen, der in voller Nachdenklichkeit über einem brütete, als stellte er sich Situationen vor, in denen diese fremde verkleidete Erscheinung sich ihm enträtseln könnte; entdeckt, verlor er fast sofort den mühsam vertieften Ausdruck, war einen Moment mit allen Gefühlen im Schwanken, sammelte sich so rasch es ging in einem wachsamen Tierblick, bis der schöne Ernst seines Gesichts gewohnheitsmäßig in das alberne Bakschischgesicht überging und in die törichte Bereitschaft, sich zum Dank nach Belieben zu entstellen und herabzusetzen. Doch ging mit dieser Erniedrigung, die die Reisenden seit lange auf dem Gewissen haben, meistens auch schon die dazu gehörige Rache vor sich, indem er selten unterließ, über den Fremden fort einen Blick bösen Hasses hinüberzuheben, der aufleuchtete von einem Einverständnis, das er jenseits mußte gefunden haben. Ich hatte den Alten schon mehrere Male beobachtet, der dort, auf dem Schiffshinterteil, hockte. Seine Hände und Füße waren aufs vertraulichste nebeneinander gekommen, und zwischen ihnen ging, gelenkt und aufgehalten, die Stange des Steuers hin und her und hatte Bewandtnis. Der Körper, in dem zerfetzten schmutzigen Kleide, war nicht der Rede wert, das Gesicht unter dem verkommenen Turbantuch in sich zusammengeschoben wie die Stücke eines Fernrohrs, so flach, daß die Augen davon zu triefen schienen. Gott weiß, was in ihm steckte, er sah aus, als könnte er einen in etwas Widerwärtiges verwandeln; ich hätte ihn gern genau ins Auge gefaßt, aber wenn ich mich umdrehte, hatte ich ihn so nah wie mein eigenes Ohr, und es war mir zu auffallend, ihn aus solcher Nähe zu untersuchen. Auch war das Schauspiel des breit auf uns zukommenden Flusses, der schöne, gleichsam fortwährend zukünftige Raum, in den wir uns eindrängten, der ununterbrochenen Aufmerksamkeit so würdig und wohltuend, daß ich den Alten aufgab und dafür mit immer mehr Freude die Bewegungen der Knaben zu sehen lernte, die bei aller Heftigkeit und Anstrengung nicht an Ordnung verloren. Das Rudern war nun so gewaltig, daß die Knaben an den Enden der mächtigen Ruderstangen sich jedesmal im Ausholen ganz von den Sitzen abhoben und sich, ein Bein gegen die Vorderbank gestemmt, stark zurückwarfen, während die acht Ruderblätter sich unten in der Strömung durchsetzten. Dabei stießen sie eine Art Zählung aus, um im Takt zu bleiben, aber immer wieder nahm ihre Leistung sie so in Anspruch, daß keine Stimme übrig blieb; manchmal mußte so eine Pause einfach überstanden werden, zuweilen aber fügte es sich so, daß ein nicht abzusehender Eingriff, den wir alle auf das Besonderste empfanden, ihnen dann nicht nur rhythmisch zu Hülfe kam, sondern auch, wie man merken konnte, die Kräfte in ihnen gleichsam umwandte, so daß sie, erleichtert, neue, noch unverminderte Stellen Kraft in Gebrauch nahmen: ganz wie ein Kind, das sich hungrig über einen Apfel gemacht hat, strahlend von Neuem zu essen anfängt, wenn es entdeckt, daß die eine Seite, die es hielt, noch bis zur Schale ansteht.

Da kann ich ihn nun länger nicht verschweigen, den Mann, der gegen den rechten Rand zu vorne auf unserer Barke saß. Ich meinte schließlich, es vorzufühlen, wenn sein Gesang bevorstand, aber ich kann mich geirrt haben. Er sang aufeinmal auf, in durchaus unregelmäßigen Abständen und keineswegs immer, wenn die Erschöpfung um sich griff, im Gegenteil, es geschah mehr als ein Mal, daß sein Lied alle tüchtig fand oder geradezu übermütig, aber es war auch dann im Recht; es paßte auch dann. Ich weiß nicht, wie weit sich ihm die Verfassung unserer Mannschaft mitteilte, das alles war hinter ihm, er sah selten zurück und ohne ihn bestimmenden Eindruck. Was auf ihn Einfluß zu haben schien, war die reine Bewegung, die in seinem Gefühl mit der offenen Ferne zusammentraf, an die er, halb entschlossen, halb melancholisch, hingegeben war. In ihm kam der Antrieb unseres Fahrzeugs und die Gewalt dessen, was uns entgegenging, fortwährend zum Ausgleich, – von Zeit zu Zeit sammelte sich ein Überschuß: dann sang er. Das Schiff bewältigte den Widerstand; er aber, der Zauberer, verwandelte Das, was nicht zu bewältigen war, in eine Folge langer schwebender Töne, die weder hierhin noch dorthin gehörten, und die jeder für sich in Anspruch nahm. Während seine Umgebung sich immer wieder mit dem greifbaren Nächsten einließ und es überwand, unterhielt seine Stimme die Beziehung zum Weitesten, knüpfte uns daran an, bis es uns zog.

Ich weiß nicht wie es geschah, aber plötzlich begriff ich in dieser Erscheinung die Lage des Dichters, seinen Platz und seine Wirkung innerhalb der Zeit, und daß man ihm ruhig alle Stellen streitig machen dürfte außer dieser. Dort aber müßte man ihn dulden.

Über den jungen Dichter

Immer noch zögernd, unter geliebten Erfahrungen überwiegende und geringere zu unterscheiden, bin ich auf ganz vorläufige Mittel beschränkt, wenn ich das Wesen eines Dichters zu beschreiben versuche: dieses ungeheuere und kindliche Wesen, welches (man faßt es nicht: wie) nicht allein in endgültigen großen Gestalten früher aufkam, nein, sich hier, neben uns, in dem Knaben vielleicht, der den großen Blick hebt und uns nicht sieht, gerade zusammenzieht, dieses Wesen, das junge Herzen, in einer Zeit, da sie des geringfügigsten Lebens noch unmächtig sind, überfällt, um sie mit Fähigkeiten und Beziehungen zu erfüllen, die sofort über alles Erwerbbare eines ganzen Daseins hinausgehn; ja, wer wäre imstand von diesem Wesen ruhig zu reden? Wäre es noch an dem, daß es nichtmehr vorkäme, daß wir es absehen dürften an den Gedichten Homers, hinausgerückt, in seiner unwahrscheinlichen Erscheinung: wir würden es allmählich in eine Fassung bringen, wir würden ihm Namen geben und Verlauf, wie den anderen Dingen der Vorzeit; denn was anderes als Vorzeit bricht aus in den mit solchen Gewalten bestürzten Herzen. Hier unter uns, in dieser vielfältig heutigen Stadt, in jenem redlich beschäftigten Haus unter dem Lärm der Fahrzeuge und Fabriken und während

---

Anmerkung: Für den Verfasser war die vielfach beglückende Beschäftigung mit den Gedichten Franz Werfels gewissermaßen die Vorraussetzung zu diesem Aufsatz. Es sei daher auf Werfels beide Bände Gedichte (*Der Weltfreund* und *Wir sind*) an dieser Stelle hingewiesen. (R. M. R.)

die Zeitungen ausgerufen werden, geräumige Blätter bis an den Rand voll Ereignis, ist plötzlich, wer weiß, alle Anstrengung, aller Eifer, alle Kraft überwogen durch den Auftritt der Titanen in einem unmündigen Innern. Nichts spricht dafür als die Kälte einer Knabenhand; nichts als ein erschrocken zurückgenommener Aufblick; nichts als die Teilnahmslosigkeit dieses jungen Menschen, der mit seinen Brüdern nicht spricht und, so bald es geht, von den Mahlzeiten aufsteht, die ihn viel zu lang dem Urteil seiner Familie ausstellen. Kaum daß er weiß, ob er noch zur Mutter gehört: so weit sind alle Maaße seines Fühlens verschoben, seit dem Einbruch der Elemente in sein unendliches Herz.

O ihr Mütter der Dichter. Ihr Lieblingsplätze der Götter, in deren Schooß schon muß das Unerhörte verabredet worden sein. Hörtet ihr Stimmen in der Tiefe eurer Empfängnis, oder haben die Göttlichen sich nur mit Zeichen verständigt?

Ich weiß nicht, wie man das völlig Wunderbare einer Welt leugnen kann, in der die Zunahme des Berechneten die Vorräte dessen, was über jedes Absehn hinausgeht, noch gar nicht einmal angegriffen hat. Es ist wahr, die Götter haben keine Gelegenheit verschmäht, uns bloßzustellen: sie ließen uns die großen Könige Ägyptens aufdecken in ihren Grabkammern, und wir konnten sie sehen in ihren natürlichen Verwesungen, wie ihnen nichts erspart geblieben war. Alle die äußersten Leistungen jener Bauwerke und Malereien haben zu nichts geführt; hinter dem Qualm der Balsamküchen ward kein Himmel erheitert, und der tönernen Brote und Beischläferinnen hat sich kein unterweltlicher Schwarm scheinbar bedient. Wer bedenkt, welche Fülle reinster und gewaltigster Vorstellungen hier (und immer wieder) von den unbegreiflichen Wesen, an die sie angewandt waren, abgelehnt und verleugnet worden ist, wie möchte der nicht zittern für unsere größere Zukunft. Aber bedenke er auch, was das menschliche Herz wäre, wenn außerhalb seiner, draußen, an irgend einem Platze der Welt Gewißheit entstünde; letzte Gewißheit. Wie es mit einem Schlage seine ganze in Jahrtausenden angewachsene Spannung verlöre, eine zwar immer noch rühmliche Stelle bliebe, aber eine, von der man heimlich erzählte, was sie vor Zeiten gewesen sei. Denn wahrlich, auch die Größe der Götter hängt an ihrer Not: daran, daß sie, was man ihnen auch für Gehäuse behüte, nirgends in Sicherheit sind, als in unserem Herzen. Dorthin stürzen sie oft aus dem Schlaf mit noch ungesonderten Plänen; dort kommen sie ernst und beratend zusammen; dort wird ihr Beschluß unaufhaltsam.

Was wollen alle Enttäuschungen besagen, alle unbefriedigten Grabstätten, alle entkernten Tempel, wenn hier, neben mir, in einem auf einmal verfinsterten Jüngling Gott zur Besinnung kommt. Seine Eltern sehen noch keine Zukunft für ihn, seine Lehrer glauben seiner Unlust auf der Spur zu sein, sein eigener Geist macht ihm die Welt ungenau, und sein Tod versucht schon immer an ihm, wo er am besten zu brechen sei: aber so groß ist die Unüberlegtheit des Himmlischen, daß es in dieses unverläßliche Gefäß seine Ströme ergießt. Vor einer Stunde noch vermochte der flüchtigste Aufblick der Mutter dieses Wesen zu umfassen; nun ermäße sie's nicht: und wenn sie Auferstehung und Engelsturz zusammennimmt.

Wie aber kann ein neues Geschöpf, das noch kaum seine eigenen Hände kennt, unerfahren in seiner Natur, Neuling in den gewöhnlichsten Wendungen seines Geistes, sich bei so unerhörter Anwesenheit einrichten? Wie soll es, das doch offenbar bestimmt ist, später von der präzisesten Beschaffenheit zu sein, seine Ausbildung leisten, zwischen Drohungen und Verwöhnungen, die beide seine unvorbereiteten Kräfte, bis zum letzten Aufgebot, übersteigen? Und nicht nur daß der Ausbruch der Größe in seinem Innern ihm die heroische Landschaft seines Gefühls fast ungangbar macht: in demselben Maße, als dort seine Natur überhand nimmt, gewahrt er, aufblickend, mißtrauische Fragen, bittre Forderungen und Neugier in den bisher in Sicherheit geliebten Gesichtern. Dürfte doch ein Knabe in solcher Lage immer noch fortgehn, hinaus, und ein Hirte sein. Dürfte er seine verwirrten inneren Gegenstände in langen sprachlosen Tagen und Nächten bereichern um den staunend erfahrenen Raum; dürfte er die gedrängten Bilder in seiner Seele gleichsetzen dem verbreiteten Gestirn. Ach, daß doch niemand ihm zuredete und niemand ihm widerspräche. Wollt ihr wirklich *Diesen* beschäftigen, diesen maaßlos in Anspruch Genommenen, dem, vor der Zeit, ein unerschöpfliches Wesen zu tun giebt?

Kann man sich erklären, wie er besteht? Die ihn plötzlich bewohnende Macht findet Verkehr und Verwandtschaft bei seiner, noch in allen Winkeln des Herzens zögernden Kindheit; da zeigt es sich erst, nach was für ungeheueren Verhältnissen hin, dieser äußerlich so unzulängliche Zustand, innen offensteht. Der unverhältnismäßige Geist, der im Bewußtsein des Jünglings nicht Platz hat, schwebt da über einer entwickelten Unterwelt voller Freuden und Furchtbarkeiten. Aus ihr allein, absehend von der ganzen jenseitig-äußeren Kreatur, vermöchte er seine gewaltigen Absichten zu bestreiten. Aber da lockt es ihn auch schon, durch die rein leitenden Sinne des Ergriffenen mit der vorhandenen Welt zu verhandeln. Und wie er innen an das verborgen Mächtigste seinen Anschluß hat, so wird er im Sichtbaren schnell und genau von kleinen winkenden Anlässen bedient: widerspräche es doch der verschwiegenen Natur, in dem Verständigten das Bedeutende anders als unscheinbar aufzuregen.

Wer die frühen Kleistischen Briefe liest, dem wird, in demselben Grade, als er diese in Gewittern sich aufklärende Erscheinung begreift, die Stelle nicht unwichtig sein, die von dem Gewölb eines gewissen Tores in Würzburg handelt, einem der zeitigsten Eindrücke, an dem, leise berührt, die schon gespannte Genialität sich nach außen schlägt. Irgend ein nachdenklicher Leser Stifters (um noch ein Beispiel vorzustellen) könnte es bei sich zur Vermutung bringen, daß diesem dichterischen Erzähler sein innerer Beruf in dem Augenblick unvermeidlich geworden sei, da er, eines unvergeßlichen Tages, zuerst durch ein Fernrohr einen äußerst entlegenen Punkt der Landschaft herbeizuziehen suchte und nun, in völlig bestürzter Vision, ein Flüchten von Räumen, von Wolken, von Gegenständen erfuhr, einen Schrecken von solchem Reichtum, daß in diesen Sekunden sein offen überraschtes Gemüt Welt empfing, wie die Danaë den ergossenen Zeus.

Es möchte am Ende jede dichterische Entschlossenheit an so nebensächlichen Anlässen unerwartet zu sich gekommen sein, nicht allein, da sie zum ersten Mal sich eines Temperamentes bemächtigte, sondern immer wieder, an jeder Wendung einer künstlerisch sich vollziehenden Natur.

Wer nennt euch alle, ihr Mitschuldigen der Begeisterung, die ihr nichts als Geräusche seid, oder Glocken, die aufhören, oder wunderlich neue Vogelstimmen im vernachlässigten Gehölz. Oder Glanz, den ein aufgehendes Fenster hinauswirft in den schwebenden Morgen; oder abstürzendes Wasser; oder Luft; oder Blicke. Zufällige Blicke Vorübergehender, Aufblicke von Frauen, die am Fenster nähen, bis herunter zum unsäglich besorgten Umschaun hockender bemühter Hunde, so nahe am Ausdruck der Schulkinder. Welche Verabredung, Größe hervorzurufen, geht durch den kleinlichsten Alltag. Vorgänge, so gleichgültig, daß sie nicht imstande wären, das nachgiebigste Schicksal um ein Zehntausendstel zu verschieben –, siehe: hier winken sie, und die göttliche Zeile tritt über sie fort ins Ewige.

Gewiß wird der Dichter bei zunehmender Einsicht in seine grenzenlosen Aufgaben sich an das Größte anschließen; es wird ihn, wo er es findet, entzücken oder demütigen, nach seiner Willkür. Aber das Zeichen zum Aufstand in seinem Herzen wird willig von einem Boten gegeben sein, der nicht weiß, was er tut. Undenkbar ist es für ihn, sich von vornherein nach dem Großen auszurichten, da er ja gerade bestimmt ist, an ihm, seinem allgegenwärtigen Ziele, auf noch unbeschreiblich eigenen Wegen herauszutreten. Und wie, eigentlich, sollte es ihm zuerst kenntlich geworden sein, da es in seiner ursprünglichen Umwelt vielleicht nur vermummt, sich verstellend oder verachtet vorkam, gleich jenem Heiligen, im Zwischenraum unter der Treppe wohnend? Läge es aber einmal vor ihm, offenkundig, in seiner sichern, auf uns nicht Rücksicht nehmenden Herrlichkeit, – müßte er dann nicht wie Petrarca vor den zahllosen Aussichten des erstiegenen Berges zurück in die Schluchten seiner Seele flüchten, die, ob er sie gleich nie erforschen wird, ihm doch unaussprechlich näher gehn als jene zur Not erfahrbare Fremde.

Erschreckt im Innern durch das ferne Donnern des Gottes, von außen bestürzt durch ein unaufhaltsames Übermaß von Erscheinung, hat der gewaltig Behandelte eben nur Raum, auf dem Streifen zwischen beiden Welten dazustehn, bis ihm, aufeinmal, ein unbeteiligtes kleines Geschehn seinen ungeheueren Zustand mit Unschuld überflutet. Dieses ist der Augenblick, der in die Waage, auf deren einer Schale sein von unendlichen Verantwortungen überladenes Herz ruht, zu erhaben beruhigter Gleiche, das große Gedicht legt.

Das große Gedicht. Wie ich es sage, wird mir klar, daß ich es, bis vor Kurzem, als ein durchaus Seiendes hingenommen habe, es jedem Verdacht der Entstehung hochhin entziehend. Wäre mir selbst der Urheber dahinter hervorgetreten, ich wüßte mir doch die Kraft nicht vorzustellen, die soviel Schweigen auf *ein* Mal gebrochen hat. Wie die Erbauer der Kathedralen, Samenkörnern vergleichbar, sofort aufgegangen waren, ohne Rest, in Wachstum und Blüte, in dem schon wie von jeher gewesenen Dastehn ihrer, aus ihnen nichtmehr erklärlichen Werke: so sind mir die großen vergangenen und die gegenwärtigen Dichter rein unfaßlich geblieben, jeder einzelne ersetzt durch den Turm und die Glocke seines Herzes. Erst seit eine nächste, herauf und gleich ins Künftige drängende Jugend, ihr eigenes Werden im Werden ihrer Gedichte nicht unbedeutend zur Geltung bringt, versucht mein Blick, neben der Leistung, die Verhältnisse des hervorbringenden Gemüts zu erkennen. Aber auch jetzt noch, da ich zugeben muß, daß Gedichte sich bilden, bin ich weit entfernt, sie für erfunden zu halten; vielmehr erscheint es mir, als ob in der Seele des dichterisch Ergriffenen eine geistige Prädisposition heraustrāte, die schon zwischen uns (wie ein unentdecktes Sternbild) gespannt war.

Betrachtet man, was an schöner Verwirklichung schon jetzt für einige von denjenigen einsteht, die ihr drittes Jahrzehnt kürzlich angetreten haben, so könnte man fast hoffen, sie würden in kurzem, alles, woran in den letzten dreißig Jahren unsere Bewunderung groß geworden ist, durch das

Vollzieherische ihrer Arbeit zur Vorarbeit machen. Es müssen, das ist klar, die verschiedensten Umstände sich günstig verabreden, damit ein solches entschlossenes Gelingen möglich sei. Prüft man diese Umstände, so sind der äußeren so viele, daß man es am Ende aufgiebt, bis zu den innerlichen vorzudringen. Die gereizte Neugier und unaufhörliche Findigkeit einer, um hundert Hemmungen freieren Zeit dringt in alle Verstecke des Geistes und hebt leicht auf ihren Fluten Gebilde hervor, die der Einzelne, in dem sie hafteten, früher langsam und schwer zu Tage grub. Zu geübt im Einsehen um sich aufzuhalten, findet sich diese Zeit plötzlich an Binnenstellen, wo vielleicht noch keine ohne göttlichen Vorwand, in voller Öffentlichkeit, gewesen war; überall eintretend, macht sie die Werkstätten zu Schauplätzen und hat nichts dagegen, in den Vorratskammern ihre Mahlzeiten zu halten. Sie mag im Recht sein, denn sie kommt aus der Zukunft. Sie beschäftigt uns in einer Weise, wie seit lange keine Zeit ihre Ansiedler beschäftigt hat; sie rückt und verschiebt und räumt auf, jeder von uns hat ihr viel zu verdanken. Und doch, wer hat ihr noch nicht, wenigstens einen Augenblick, mit Mißtrauen zugesehen; sich gefragt, ob es ihr wirklich um Fruchtbarkeit zu tun sei, oder nur um eine mechanisch bessere und erschöpfendere Ausbeutung der Seele? Sie verwirrt uns mit immer neuen Sichtbarkeiten; aber wie vieles hat sie uns schon hingestellt, wofür in unserem Innern kein Fortschritt entsprechend war? Nun will ich zwar annehmen, sie böte zugleich der entschlossenen Jugend die unerwartetesten Mittel, ihre reinsten inneren Wirklichkeiten nach und nach, sichtbar, in genauer. Gegenwerten auszuformen; ja ich will glauben, sie besäße diese Mittel im höchsten Grade. Aber wie ich mich nun bereit halte, ihr, der Zeit, manchen neuen künstlerischen Gewinn zuzuschreiben, schlägt mir die Bewunderung über sie hinüber, den immer, den auch hier wieder unbegreiflichen Gedichten entgegen.

Wäre auch nicht Einer unter den jungen Dichtern, der sich nicht freute, das Gewagte und Gesteigerte dieser Tage für seine Anschauung auszunutzen, ich würde doch nicht fürchten, daß ich das dichterische Wesen und seine Einrichtung in der inneren Natur zu schwer genommen habe. Alle Erleichterungen, wie eindringlich sie sein mögen, wirken nicht bis dorthin, wo das Schwere sich freut, schwer zu sein. Was kann schließlich die Lage desjenigen verändern, der von früh auf bestimmt ist, in seinem Herzen das Äußerste aufzuregen, das die anderen in den ihren hinhalten und beschwichtigen? Und welcher Friede wäre wohl für ihn zu schließen, wenn er, innen, unter dem Angriff seines Gottes steht.

Der Brief des jungen Arbeiters

Man hat uns in einer Versammlung vorigen Donnerstag aus Ihren Gedichten vorgelesen, Herr V., es geht mir nach, ich weiß mir keinen anderen Rat, als für Sie hinzuschreiben, was mich beschäftigt, so gut es mir eben möglich ist.

Den Tag nach jener Vorlesung geriet ich zufällig in eine christliche Vereinigung, und vielleicht ist das recht eigentlich der Anstoß gewesen, der die Zündung verursacht hat, die solche Bewegung und Treibung auslöst, daß ich mit allen meinen Kräften auf Sie zufahre. Es ist eine ungeheuere Gewaltsamkeit, etwas anzufangen. Ich kann nicht *anfangen.* Ich springe einfach über das, was Anfang sein müßte, weg. Nichts ist so stark wie das Schweigen. Würden wir nicht schon jeder mitten ins Reden hineingeboren, es wäre nie gebrochen worden.

Herr V. Ich spreche nicht von dem Abend, da wir Ihre Dichtungen aufnahmen. Ich spreche von dem anderen. Es treibt mich zu sagen: Wer, ja, – anders kann ich es jetzt nicht ausdrücken *wer* ist denn dieser Christus, der sich in alles hineinmischt. – Der nichts von uns gewußt hat, nicht von unserer Arbeit, nicht von unserer Not, nichts von unserer Freude, so wie wir sie heute leisten, durchmachen und aufbringen –, und der doch, so scheint es, immer wieder verlangt, in unserem Leben der *erste* zu sein. Oder legt man ihm das nur in den Mund? Was will er von uns? Er will uns helfen, heißt es. Ja, aber er stellt sich eigentümlich ratlos an in unserer Nähe. Seine Verhältnisse waren so weitaus andere. Oder kommt es wirklich auf die Umstände nicht an, wenn er hier einträte, bei mir, in meinem Zimmer, oder dort in der

Fabrik – wäre sofort alles anders, gut? Würde mein Herz in mir aufschlagen und sozusagen in einer anderen Schicht weitergehen und immer auf ihn zu? Mein Gefühl sagt mir, daß er nicht kommen *kann.* Daß es keinen Sinn hätte. Unsere Welt ist nicht nur äußerlich eine andere, – sie hat keinen Zugang für ihn. Er *schiene* nicht durch einen fertig gekauften Rock, es (ist) nicht wahr, er schiene nicht durch. Es ist kein Zufall, daß er in einem Kleid ohne Naht herumging, und ich glaube, der Lichtkern in ihm, das was ihn so stark scheinen machte, Tag und Nacht, ist jetzt längst aufgelöst und anders verteilt. Aber das wäre ja auch, mein ich, wenn er so groß war, das Mindeste, was wir von ihm fordern können, daß er irgendwie ohne Rest aufgegangen sei, ja ganz ohne Rest – spurlos …

Ich kann mir nicht vorstellen, daß das *Kreuz bleiben* sollte, das doch nur ein Kreuzweg war. Es sollte uns gewiß nicht überall aufgeprägt werden, wie ein Brandmal. In ihm selber sollte es aufgelöst sein. Denn, ist es nicht so: er wollte einfach den höheren Baum schaffen, an dem wir besser reifen könnten. Er, am Kreuz, ist dieser neue Baum in Gott, und wir sollten warme glückliche Früchte sein, oben daran.

Nun soll man nicht immer von *dem* reden, was *vorher* war, sondern, es sollte eben das *Nachher* begonnen haben. Dieser Baum, scheint mir, sollte mit uns so eines geworden sein, oder wir mit ihm, *an* ihm, daß wir nicht immerfort uns mit ihm beschäftigen müßten, sondern einfach ruhig mit Gott, in den, uns reiner hinaufzuhalten, doch seine Absicht war.

Wenn ich sage: Gott, so ist das eine große, nie erlernte Überzeugung in mir. Die ganze Kreatur, kommt mir vor, sagt dieses Wort, ohne Überlegung, wenn auch oft aus tiefer Nachdenklichkeit. Wenn dieser Christus uns dazu geholfen hat, es mit hellerer Stimme, voller, gültiger zu sagen, um so besser, aber laßt ihn doch endlich aus dem Spiel. Zwingt uns nicht immer zu dem Rückfall in die Mühe und Trübsal, die es ihn gekostet hat, uns, wie ihr sagt, zu »erlösen«. Laßt uns endlich dieses Erlöstsein antreten. – Da wäre ja sonst das Alte Testament noch besser dran, das voller Zeigefinger ist auf Gott zu, wo man es aufschlägt, und immer fällt einer dort, wenn er schwer wird, so grade hinein in Gottes Mitte. Und einmal habe ich den Koran zu lesen versucht, ich bin nicht weit gekommen, aber so viel verstand ich, da ist wieder so ein mächtiger Zeigefinger, und Gott steht am Ende seiner Richtung, in seinem ewigen Aufgang begriffen, in einem Osten, der nie alle wird. Christus hat sicher dasselbe gewollt. Zeigen. Aber die Menschen hier sind wie die Hunde gewesen, die keinen Zeigefinger verstehen und meinen, sie sollten nach der Hand schnappen. Statt vom Kreuzweg aus, wo nun der Wegweiser hoch aufgerichtet war in die Nacht der Opferung hinein, statt von diesem Kreuzweg weiterzugehen, hat sich die Christlichkeit dort angesiedelt und behauptet, dort in Christus zu wohnen, obwohl doch in ihm kein Raum war, nicht einmal für seine Mutter, und nicht für Maria Magdalena, wie in jedem Weisenden, der eine Gebärde ist und kein Aufenthalt. – Und darum wohnen sie auch nicht in Christus, die Eigensinnigen des Herzens, die ihn immer wieder herstellen und leben von der Aufrichtung der schiefen oder völlig umgewehten Kreuze. Sie haben dieses Gedräng auf dem Gewissen, dieses Anstehen auf der überfüllten Stelle, sie tragen Schuld, daß die Wanderung nicht weitergeht in der Richtung der Kreuzarme. Sie haben aus dem Christlichen ein métier gemacht, eine bürgerliche Beschäftigung, sur place, einen abwechselnd abgelassenen und wieder angefüllten Teich. Alles, was sie selber tun, ihrer ununterdrückbaren Natur nach (soweit sie noch Lebendige sind), steht im Widerspruch mit dieser merkwürdigen Anlage, und so trüben sie ihr eigenes Gewässer und müssen es immer wieder erneuern. Sie lassen sich nicht vor Eifer, das Hiesige, zu dem wir doch Lust und Vertrauen haben sollten, schlecht und wertlos zu machen, – und so liefern sie die Erde immer mehr denjenigen aus, die sich bereit finden, aus ihr, der verfehlten und verdächtigten, die doch zu Besserm nicht tauge, wenigstens einen zeitlichen, rasch ersprießlichen Vorteil zu ziehn. Diese zunehmende Ausbeutung des Lebens, ist sie nicht eine Folge, der durch die Jahrhunderte fortgesetzten Entwertung des Hiesigen? Welcher Wahnsinn, uns nach einem Jenseits abzulenken, wo wir hier von Aufgaben und Erwartungen und Zukünften umstellt sind. Welcher Betrug, Bilder hiesigen Entzückens zu entwenden, um sie hinter unserm Rücken an den Himmel zu verkaufen! O es wäre längst Zeit, daß die verarmte Erde alle jene Anleihen wieder einzöge, die man bei ihrer Seligkeit gemacht hat, um Überkünftiges damit auszustatten. Wird der Tod wirklich durchsichtiger durch diese hinter ihn verschleppten Lichtquellen? Und wird nicht alles hier Fortgenommene, da nun doch kein Leeres sich halten kann, durch einen Betrug ersetzt, – sind die Städte deshalb von so viel häßlichem Kunstlicht und Lärm erfüllt, weil man den echten Glanz und den Gesang an ein später zu beziehendes Jerusalem ausgeliefert hat? Christus mochte recht haben, wenn er, in einer von abgestandenen und entlaubten Göttern erfüllten Zeit, schlecht vom Irdischen sprach, obwohl es (ich kann es nicht anders denken) auf eine Kränkung Gottes hinauskommt, in dem uns hier Gewährten und Zugestandenen nicht ein, wenn wir es nur genau gebrauchen, vollkommen, bis an den Rand unserer Sinne uns Beglückendes zu sehen! *Der rechte Gebrauch, das ists.* Das Hiesige recht in die Hand nehmen, herzlich liebevoll, erstaunend, als unser, vorläufig, Einziges: das ist zugleich, es gewöhnlich zu sagen, die große Gebrauchsanweisung Gottes, *die* meinte der heilige Franz von Assisi aufzuschreiben in seinem Lied an die Sonne, die ihm im Sterben herrlicher war als das Kreuz, das ja nur dazu da stand, in die Sonne zu *weisen.* Aber das, was man die Kirche nennt, war inzwischen schon zu einem solchen Gewirr von Stimmen angeschwollen, daß der Gesang des Sterbenden, überall übertönt, nur von ein paar einfachen Mönchen aufgefangen war und unendlich bejaht von der Landschaft seines anmutigen Tals. Wie oft mögen wohl solche Versuche gemacht worden sein, die Versöhnung herzustellen zwischen jener christlichen Absage und der augenfälligen Freundschaft und Heiterkeit der Erde. Aber auch sonst, auch innerhalb der Kirche, ja in ihrer eigenen Krone, erzwang sich das Hiesige seine Fülle und seinen angeborenen Überfluß. Warum rühmt man es nicht, daß die Kirche stämmig genug war, nicht zusammenzubrechen unter dem Lebensgewicht gewisser Päpste, deren Thron beschwert war mit Bastardkindern, Kurtisanen und Ermordeten. War nicht in ihnen mehr Christentum, als in den dürren Wiederherstellern der Evangelien, – nämlich, lebendiges, unaufhaltsames, verwandeltes. Wir wissen ja nicht, will ich sagen, *was* aus den großen Lehren werden will, man muß sie nur strömen und gewähren lassen und nicht erschrecken, wenn sie plötzlich in die zerklüftete Natur des Lebens fortstürzen und unter der Erde sich in unkenntliche Betten wälzen.

Ich habe einmal ein paar Monate in Marseille gearbeitet. Es war eine besondere Zeit für mich, ich verdanke ihr viel. Der Zufall brachte mich mit einem jungen Maler zusammen, der bis zu seinem Tode mein Freund geblieben ist. Er litt an der Lunge und war eben damals von Tunis zurückgekommen. Wir waren viel beisammen, und da der Abschluß meiner Anstellung mit seiner Rückkehr nach Paris zusammenfiel, konnten wir es einrichten, einige Tage in Avignon uns aufzuhalten. Sie sind mir unvergeßlich geblieben. Zum Teil durch die Stadt selbst, ihre Gebäude und ihre Umgebungen, als auch weil mein Freund in diesen Tagen ununterbrochenen und irgendwie gesteigerten Umgangs sich mir über viele Umstände besonders seines *inneren* Lebens mit jener Beredsamkeit mitteilte, die, scheint es, solchen Kranken in gewissen Momenten eigentümlich ist. Alles was er sagte hatte eine seltsame wahrsagende Gewalt; durch alles, was in oft fast atemlosen Gesprächen dahinstürzte, sah man gewissermaßen den Grund, die Steine auf dem Grunde ... ich will damit sagen, mehr als ein nur Unsriges, die Natur selber, ihr Ältestes und Härtestes, das wir doch an so vielen Stellen berühren und von dem wir wahrscheinlich in den getriebensten Momenten abhängen, indem sein Gefäll unsere Neigung bestimmt. Ein Liebeserlebnis, unvermutet und glücklich, kam dazu, sein Herz wurde ungewöhnlich hoch gehalten, tagelang, und so schoß denn auf der anderen Seite der spielende Strahl seines Lebens zu beträchtlicher Höhe auf. Mit jemandem, der sich in solcher Verfassung befindet, eine außerordentliche Stadt und eine mehr als gefällige Landschaft wahrzunehmen, ist eine seltene Vergünstigung; und so erscheinen mir denn auch, wenn ich zurückdenke, jene zarten und zugleich leidenschaftlichen Frühlingstage als die einzigen Ferien, die ich in meinem Leben gekannt habe. Die Zeit war so lächerlich kurz, einem anderen hätte sie nur für wenige Eindrücke hingereicht, – mir, der ich nicht gewohnt bin, freie Tage zu verbringen, erschien sie weit. Ja, es kommt mir fast unrecht vor, noch Zeit zu nennen, was eher ein neuer Zustand des Freiseins war, recht fühlbar ein *Raum,* ein Umgebensein von Offenem, kein Vergehn. Ich holte damals, wenn man so sagen kann, Kindheit nach und ein Stück frühes Jungsein, was, alles in mir auszuführen, nie Zeit gewesen war; ich schaute, ich lernte, ich begriff-, und aus diesen Tagen stammt auch die Erfahrung, daß mir »Gott« zu sagen, so leicht, so wahrhaftig, so – wie mein Freund sich würde ausgedrückt haben – so problemlos einfach sei. Wie sollte mir dieses Haus, das die Päpste sich dort aufgerichtet haben, nicht gewaltig vorkommen? Ich hatte den Eindruck, es könne überhaupt keinen Innenraum enthalten, sondern müsse aus lauter dichten Blöcken geschichtet sein, so als wäre den Verbannten nur darum zu tun gewesen, das Gewicht des Papsttums, sein Übergewicht, auf die Waage der Geschichte zu häufen. Und dieser kirchliche Palast türmt sich wahrhaftig über dem antiken Torso einer Heraklesfigur, die man in die felsigen Grundfesten eingemauert hat – »ist er nicht« – sagte Pièrre, »wie aus diesem Samenkorn ungeheuerlich aufgewachsen?« – Daß *dieses* das Christentum sei, in einer seiner Verwandlungen, wäre mir viel verständlicher, als seine Kraft und seinen Geschmack in dem immer schwächeren Aufguß jener Tisane zu erkennen, von der man behauptet, daß sie aus seinen ersten zartesten Blättern bereitet sei.

Sind doch auch die Kathedralen nicht der Körper jenes Geistes, den man uns nun als den eigentlich christlichen einreden will. Ich könnte denken, daß unter einigen von ihnen das erschütterte Standbild einer griechischen Göttin ruhe; soviel Erblühung, soviel Dasein ist in ihnen emporgeschossen, wenn sie auch, wie in einer zu ihrer Zeit entstandenen Angst, von jenem verborgenen Leib fort in die Himmel strebten, die fortwährend offen zu halten der Ton ihrer großen Glocken bestimmt war.

Nach meiner Rückkehr damals von Avignon bin ich viel in Kirchen gegangen, abends und am Sonntag, – erst allein … später …

Ich habe eine Geliebte, fast noch ein Kind, die als Heimarbeiterin beschäftigt ist, wodurch sie oft, wenn es wenig Arbeit giebt, in eine arge Lage gerät. Sie ist geschickt, sie würde leicht in einer Fabrik unterkommen, aber sie fürchtet den Patron. Ihre Vorstellung von Freiheit ist grenzenlos. Es wird Sie nicht wundern, daß sie auch Gott so wie eine Art Patron empfindet, ja als den »Erzpatron«, wie sie mir sagte, lachend, aber mit solchem Schreck in den Augen. Es hat lange gebraucht, bis sie sich entschloß, einmal abends mit mir nach St. Eustache zu gehen, wo ich gerne eintrat, wegen der Musik der Maiandachten. Einmal sind wir zusammen nach Maux geraten und haben in der Kirche dort Grabsteine angesehen. Allmählich merkte sie, daß Gott einen in den Kirchen in Ruhe läßt, daß er nichts verlangt; man könnte meinen, er wäre überhaupt nicht da, nichtwahr, – aber doch im Augenblick, wo man das etwa sagen wollte, meinte Marthe, daß er auch in der Kirche nicht ist, da hält einen etwas zurück. Vielleicht nur das, was die Menschen selbst durch soviel Jahrhunderte hereingetragen haben in diese hohe, eigentümlich bestärkte Luft. Vielleicht ist es auch nur, daß das Schwingen der mächtigen und süßen Musik nie ganz hinauskann, ja es muß ja längst in die Steine eingedrungen sein, und es müssen merkwürdig erregte Steine sein, diese Pfeiler und Wölbungen, und wenn ein Stein auch hart ist und schwer zugänglich, schließlich erschütterts ihn doch, immer wieder Gesang und diese Angriffe von der Orgel her, diese Überfälle, diese Stürme des Lieds, jeden Sonntag, diese Orkane der großen Feiertage. Windstille. Das ists, was recht eigentlich in den alten Kirchen herrscht. Ich sagte es Marthe. Windstille.

Wir horchten, sie begriff es sofort, sie hat eine wunderbar vorbereitete Natur. Seither traten wir manchmal da und dort ein, wenn wir singen hörten, und standen dann da, dicht aneinander. Am schönsten wars, wenn ein Glasfenster vor uns war, eines von diesen alten Bilderfenstern, mit vielen Abteilungen, jede ganz angefüllt mit Figuren, großen Menschen und kleinen Türmen und allen möglichen Ereignissen. Nichts ist dafür zu fremd gewesen, da sieht man Burgen und Schlachten und eine Jagd, und der schöne weiße Hirsch kommt immer wieder vor im heißen Rot und im brennenden Blau. Ich habe einmal ganz alten Wein zu trinken bekommen. So ist das für die Augen, diese Fenster, nur daß der Wein nur dunkelrot war im Mund, – dieses hier aber ist dasselbe auch noch in Blau und in Violett und in Grün. Es ist ja überhaupt *alles* in den alten Kirchen, gar keine Scheu vor etwas, wie in den neuen, wo nur gewissermaßen die guten Beispiele vorkommen. Hier ist auch das Arge und Böse und das Fürchterliche; das Verkrüppelte, das was in Not, das was häßlich ist und das Unrecht –, und man möchte sagen, daß es irgendwie geliebt sei um Gottes willen. Hier ist der Engel, den es nicht giebt, und der Teufel, den es nicht giebt; und der Mensch, den es giebt, ist zwischen ihnen, und, ich kann mir nicht helfen, ihre Unwirklichkeit macht ihn mir wirklicher. Ich kann das, was ich fühle, wenn es heißt: ein Mensch, dort drin besser zusammennehmen, als auf der Straße unter den Leuten, die rein nichts Erkennbares an sich haben. Aber das ist schwer zu sagen. Und das, was ich nun sagen will, ist noch schwerer aus(zu)drücken. Was nämlich den »Patron«, die Macht, angeht (das ist mir auch so langsam dort drin, wenn wir ganz in der Musik standen, klar geworden), so giebt es nur *ein* Mittel wider sie: weiter zu gehen als sie selbst. Ich meine das so: Man sollte sich anstrengen, in jeder

Macht, die ein Recht über uns beansprucht, gleich alle Macht zu sehen, die ganze Macht, Macht überhaupt, die Macht Gottes. Man sollte sich sagen, es giebt nur *eine,* und die geringe, die falsche, die fehlerhafte so verstehen, als wär sie das, was uns mit Recht ergreift. Würde sie nicht unschädlich auf diese Weise? Wenn man in jeder Macht, auch in arger und boshafter, immer die Macht selbst sähe, ich meine *das,* was zuletzt recht behält, mächtig zu sein, überstünde man da nicht, heil sozusagen, auch das Unberechtigte und Willkürliche? Stellen wir uns nicht zu allen den unbekannten großen Kräften genau so? Keine erfahren wir in ihrer Reinheit. Wir nehmen jede zunächst hin mit ihren Mängeln, die vielleicht unseren Mängeln angemessen sind. – Aber hat nicht bei allen Gelehrten, Entdeckern und Erfindern, die Voraussetzung, daß sie es mit großen Krähen zu tun hätten, plötzlich zu den größesten geführt? Ich bin jung, und es ist viel Aufbegehrung in mir; ich kann nicht versichern, daß ich nach meiner Einsicht handle in jedem Falle, wo Ungeduld und Unlust mich hinreißen, – im Innersten aber weiß ich, daß die Unterwerfung weiter führt als die Auflehnung; sie beschämt, was Bemächtigung ist, und sie trägt unbeschreiblich bei zur Verherrlichung der richtigen Macht. Der Aufgelehnte drängt aus der Anziehung eines Machtmittelpunktes hinaus, und es gelingt ihm vielleicht, dieses Kraftfeld zu verlassen; aber darüber hinaus steht er im Leeren und muß sich umsehen nach einer anderen Gravitation, die ihn einbeziehe. Und diese ist meist von noch minderer Gesetzmäßigkeit als die erste. Warum also nicht gleich in jener, in der wir uns vorfinden, die größeste Gewalt sehen, unbeirrt durch ihre Schwächen und Schwankungen? Irgendwo stößt die Willkür von selber ans Gesetz, und wir ersparen Kraft, wenn wir ihr überlassen, sich selber zu bekehren. Freilich das gehört zu den langen und langsamen Vorgängen, die so völlig in Widerspruch stehen mit den merkwürdigen Überstürzungen unserer Zeit. Aber es wird neben den schnellsten Bewegungen immer langsame geben, ja solche von so äußerster Langsamkeit, daß wir ihren Verlauf gar nicht erleben können. Aber dazu, nicht wahr, ist ja die Menschheit da, daß sie abwarte, was über den Einzelnen hinausreicht. – Von ihr aus gesehen, ist das Langsame oft das Schnellste, das heißt, es erweist sich, daß wir es nur langsam nannten, weil es ein Unmeßbares war.

Nun giebt es, scheint mir, ein völlig Unermeßliches, an dem mit Maßstäben, Messungen und Einrichtungen sich zu vergreifen, die Menschen nicht müde werden. Und hier in jener Liebe, die sie mit einem unerträglichen Ineinander von Verachtung, Begierlichkeit und Neugier die »sinnliche« nennen, hier sind wohl die schlimmsten Wirkungen jener Herabsetzung zu suche, die das Christentum dem Irdischen meinte bereiten zu müssen. Hier ist alles Entstellung und Verdrängung, obwohl wir doch aus diesem tiefsten Ereignis hervorgehen und selber wieder in ihm die Mitte unserer Entzückungen besitzen. Es ist mir, wenn ich es sagen darf, immer unbegreiflicher, wie eine Lehre, die uns *dort* ins Unrecht setzt, wo die ganze Kreatur ihr seligstes Recht genießt, in solcher Beständigkeit sich, wenn auch nirgends bewähren, so doch weithin behaupten darf.

Ich denke auch hier wieder an die bewegten Gespräche, die ich mit meinem verstorbenen Freunde führen durfte, damals, in den Auen der Barthelasse-Insel im Frühling und später. Ja in der Nacht, die seinem Tode zuvorging (er starb am folgenden Nachmittag kurz nach fünf Uhr), hat er mir in einen Bereich blindesten Erleidens so reine Ausblicke eröffnet, daß mir mein Leben an tausend Stellen neu zu beginnen schien und mir, da ich antworten wollte, die Stimme nicht zur Verfügung stand. Ich wußte nicht, daß es Tränen der Freude gab. Ich weinte meine ersten, anfängerhaft, in die Hände dieses morgen Toten und fühlte, wie in Pìerre die Flut des Lebens noch einmal stieg und überging, da diese heißen Tropfen hinzukamen. Bin ich überschwänglich? Ich rede ja von einem *Zuviel.*

Warum, ich frage Sie, Herr V., wenn man uns helfen will, uns so oft Hülflosen, warum läßt man uns im Stich, dort an den Wurzeln alles Erlebens? Wer uns *dort* beistände, der könnte getrost sein, daß wir nichts weiter von ihm verlangten. Denn der Beistand, den er uns dort einflößte, wüchse von selbst mit unserem Leben und würde größer und starker mit ihm zugleich. Und ginge nie aus. Was setzt man uns nicht ein in unser Heimlichstes? Was müssen wirs umschleichen, und geraten schließlich hinein, wie Einbrecher und Diebe, in unser eigenes schönes Geschlecht, in dem wir irren und uns stoßen und straucheln, um schließlich wie Ertappte wieder hinauszustürzen in das Zwielicht der Christlichkeit Warum, wenn schon Schuld oder Sünde, wegen der inneren Spannung des Gemüts, mußte erfunden werden, warum heftete man sie nicht an an einen anderen Teil unseres Leibes, warum ließ man sie fallen dorthin und wartete, daß sie sich auflöse in unserem reinen Brunnen und ihn vergifte und trübe? Warum hat man uns das Geschlecht heimatlos gemacht, statt das Fest unserer Zuständigkeit dorthin zu verlegen?

Gut, ich will zugeben, es soll nicht uns gehören, die wir nicht imstande sind, so unerschöpfliche Seligkeit zu verantworten und zu verwalten. Aber warum gehören wir nicht zu Gott von *dieser* Stelle aus?

Ein Kirchlicher würde mich darauf verweisen, daß es die Ehe gäbe, obwohl ihm nicht unbekannt wäre, wie es mit dieser Einrichtung bestellt ist. Es nützt auch nichts, den Willen zur Fortpflanzung in den Gnadenstrahl zu rücken –, mein Geschlecht ist nicht nur den Nachkommen zugekehrt, es ist das Geheimnis meines eigenen Lebens –, und nur weil es dort, wie es scheint, den mittleren Platz nicht einnehmen soll, haben so viele es an ihren Rand verschoben und darüber das Gleichgewicht verloren. Was hilft alles! Die entsetzliche Unwahrheit und Unsicherheit unserer Zeit hat ihren Grund in dem nicht eingestandenen Glück des Geschlechts, in dieser eigentümlich schiefen Verschuldung, die immerfort zunimmt und uns von der ganzen übrigen Natur trennt, ja sogar von dem Kind, obwohl, wie ich in jener unvergeßlichen Nacht erfuhr, seine, des Kindes, Unschuld durchaus nicht darin besteht, daß es, sozusagen, kein Geschlecht kenne, – »sondern, so sagte Pièrre fast tonlos, jenes unbegreifliche Glück, das uns an *einer* Stelle erwacht mitten im Fruchtfleisch der geschlossenen Umarmung, ist noch in seinem ganzen Körper überall namenlos verteilt«. Um die eigentümliche Lage unserer Sinnlichkeit zu bezeichnen, müßte man also sagen dürfen: Einmal waren wir *überall* Kind, jetzt sind wirs nur noch an einer Stelle. – Wenn aber nur ein einziger unter uns ist, dem das gewiß wäre und der die Beweise dafür aufzuzeigen die Fähigkeit besäße, warum lassen wirs geschehen, daß eine Generation nach der anderen unter dem Schutt christlicher Vorurteile zu sich kommt und sich rührt wie der Scheintote im Finstern, in einem engsten Zwischenraum zwischen lauter Absagen!?

Herr V. Ich schreibe und schreibe. Eine ganze Nacht ist fast darüber hingegangen. Ich muß mich zusammenfassen. – Habe ich gesagt, daß ich in einer Fabrik angestellt bin? Ich arbeite im Schreibzimmer, manchmal habe ich auch all einer Maschine zu tun. Früher konnte ich einmal eine kurze Zeit studieren. Nun, ich will nur sagen, wie mir zu Mute ist. Ich will, sehen Sie, anwendbar sein an Gott, so wie ich da bin; was ich hier tue, Arbeit, das will ich weitertun auf ihn zu ohne daß mir mein Strahl gebrochen wird, wenn ich das so ausdrücken darf, auch nicht in Christus, der einst für viele das Wasser war. Die Maschine, zum Beispiel, ich kann sie ihm nicht erklären, er behält nicht. Ich weiß Sie lachen nicht, wenn ich das so einfältig sage, es ist am besten so. Gott dagegen, ich habe dieses Gefühl, *ihm* kann ich sie bringen, meine Maschine und ihren Erstling, oder sonst meine ganze Arbeit, es geht ohneweiters in ihn hinein. So wie es für die Hirten einmal leicht war, den Göttern ihres Lehens ein Lamm zu bringen oder die Feldfrucht oder die schönste Traube.

Sie sehen, Herr V., ich konnte diesen langen Brief schreiben, ohne das Wort Glauben ein einziges Mal nötig zu haben. Denn das scheint mir eine umständliche und schwierige Angelegenheit zu sein, und nicht die meine. Ich will mich nicht schlecht machen lassen um Christi willen, sondern gut sein für Gott. Ich will nicht von vornherein als ein Sündiger angeredet sein, vielleicht bin ich es nicht. Ich habe so reine Morgen! Ich könnte mit Gott reden, ich brauche niemanden, der mir Briefe an ihn aufsetzen hilft.

Ihre Gedichte kenne ich nur aus jener Vorlesung neulich abend, ich besitze nur wenige Bücher, die meistens mit meinem Beruf zu tun haben. Ein paar allerdings, die von Kunst handeln, und Historisches, was ich mir eben verschaffen konnte. – Die Gedichte aber, das müssen Sie sich nun gefallen lassen, haben diese Bewegung in mir hervorgerufen. Mein Freund sagte einmal: Gebt uns Lehrer, die uns das Hiesige rühmen. Sie *sind* ein solcher.

Vierter Teil

GEDICHT-ZYKLEN

Das Stunden-Buch

Enthaltend die drei Bücher:
Vom mönchischen Leben /
Von der Pilgerschaft /
Von der Armut und vom Tode

Gelegt in die Hände von Lou

Erstes Buch

Das Buch vom mönchischen Leben

(1899)

Da neigt sich die Stunde und rührt mich an
mit klarem, metallenem Schlag:
mir zittern die Sinne. Ich fühle: ich kann –
und ich fasse den plastischen Tag.

Nichts war noch vollendet, eh ich es erschaut,
ein jedes Werden stand still.
Meine Blicke sind reif, und wie eine Braut
kommt jedem das Ding, das er will.

Nichts ist mir zu klein und ich lieb es trotzdem
und mal es auf Goldgrund und groß,
und halte es hoch, und ich weiß nicht wem
löst es die Seele los …

Ich lebe mein Leben in wachsenden Ringen,
die sich über die Dinge ziehn.
Ich werde den letzten vielleicht nicht vollbringen,
aber versuchen will ich ihn.

Ich kreise um Gott, um den uralten Turm,
und ich kreise jahrtausendelang;
und ich weiß noch nicht: bin ich ein Falke, ein Sturm
oder ein großer Gesang.

Ich habe viele Brüder in Sutanen
im Süden, wo in Klöstern Lorbeer steht.
Ich weiß, wie menschlich sie Madonnen planen,
und träume oft von jungen Tizianen,
durch die der Gott in Gluten geht.

Doch wie ich mich auch in mich selber neige:
Mein Gott ist dunkel und wie ein Gewebe
von hundert Wurzeln, welche schweigsam trinken.
Nur, daß ich mich aus seiner Wärme hebe,
mehr weiß ich nicht, weil alle meine Zweige
tief unten ruhn und nur im Winde winken.

Wir dürfen dich nicht eigenmächtig malen,
du Dämmernde, aus der der Morgen stieg.
Wir holen aus den alten Farbenschalen
die gleichen Striche und die gleichen Strahlen,
mit denen dich der Heilige verschwieg.

Wir bauen Bilder vor dir auf wie Wände;
so daß schon tausend Mauern um dich stehn.
Denn dich verhüllen unsre frommen Hände,
sooft dich unsre Herzen offen sehn.

Ich liebe meines Wesens Dunkelstunden,
in welchen meine Sinne sich vertiefen;
in ihnen hab ich, wie in alten Briefen,
mein täglich Leben schon gelebt gefunden
und wie Legende weit und überwunden.

Aus ihnen kommt mir Wissen, daß ich Raum
zu einem zweiten zeitlos breiten Leben habe.
Und manchmal bin ich wie der Baum,
der, reif und rauschend, über einem Grabe
den Traum erfüllt, den der vergangne Knabe
(um den sich seine warmen Wurzeln drängen)
verlor in Traurigkeiten und Gesängen.

Du, Nachbar Gott, wenn ich dich manchesmal
in langer Nacht mit hartem Klopfen störe, –
so ists, weil ich dich selten atmen höre
und weiß: Du bist allein im Saal.
Und wenn du etwas brauchst, ist keiner da,
um deinem Tasten einen Trank zu reichen:
Ich horche immer. Gieb ein kleines Zeichen.
Ich bin ganz nah.

Nur eine schmale Wand ist zwischen uns,
durch Zufall; denn es könnte sein:
ein Rufen deines oder meines Munds –
und sie bricht ein
ganz ohne Lärm und Laut.

Aus deinen Bildern ist sie aufgebaut.

Und deine Bilder stehn vor dir wie Namen.
Und wenn einmal das Licht in mir entbrennt,
mit welchem meine Tiefe dich erkennt,
vergeudet sichs als Glanz auf ihren Rahmen.

Und meine Sinne, welche schnell erlahmen,
sind ohne Heimat und von dir getrennt.

Wenn es nur einmal so ganz stille wäre.
Wenn das Zufällige und Ungefähre
verstummte und das nachbarliche Lachen,
wenn das Geräusch, das meine Sinne machen,
mich nicht so sehr verhinderte am Wachen –:

Dann könnte ich in einem tausendfachen
Gedanken bis an deinen Rand dich denken
und dich besitzen (nur ein Lächeln lang),
um dich an alles Leben zu verschenken
wie einen Dank.

Ich lebe grad, da das Jahrhundert geht.
Man fühlt den Wind von einem großen Blatt,
das Gott und du und ich beschrieben hat
und das sich hoch in fremden Händen dreht.

Man fühlt den Glanz von einer neuen Seite,
auf der noch Alles werden kann.

Die stillen Kräfte prüfen ihre Breite
und sehn einander dunkel an.

Ich lese es heraus aus deinem Wort,
aus der Geschichte der Gebärden,
mit welchen deine Hände um das Werden
sich ründeten, begrenzend, warm und weise.
Du sagtest *leben* laut und *sterben* leise
und wiederholtest immer wieder: *Sein.*
Doch vor dem ersten Tode kam der Mord.
Da ging ein Riß durch deine reifen Kreise
und ging ein Schrein
und riß die Stimmen fort,
die eben erst sich sammelten
um dich zu sagen,
um dich zu tragen
alles Abgrunds Brücke –

Und was sie seither stammelten,
sind Stücke
deines alten Namens.

Der blasse Abelknabe spricht:

Ich bin nicht. Der Bruder hat mir was getan,
was meine Augen nicht sahn.
Er hat mir das Licht verhängt.
Er hat mein Gesicht verdrängt
mit seinem Gesicht.
Er ist jetzt allein.
Ich denke, er muß noch sein.
Denn ihm tut niemand, wie er mir getan.
Es gingen alle meine Bahn,
kommen alle vor seinen Zorn,
gehen alle an ihm verloren.

Ich glaube, mein großer Bruder wacht
wie ein Gericht.
An mich hat die Nacht gedacht;
an ihn nicht.

Du Dunkelheit, aus der ich stamme,
ich liebe dich mehr als die Flamme,
welche die Welt begrenzt,
indem sie glänzt
für irgend einen Kreis,
aus dem heraus kein Wesen von ihr weiß.

Aber die Dunkelheit hält alles an sich:
Gestalten und Flammen, Tiere und mich,
wie sie's errafft,
Menschen und Mächte –

Und es kann sein: eine große Kraft
rührt sich in meiner Nachbarschaft.

Ich glaube an Nächte.

Ich glaube an Alles noch nie Gesagte.
Ich will meine frömmsten Gefühle befrein.
Was noch keiner zu wollen wagte,
wird mir einmal unwillkürlich sein.

Ist das vermessen, mein Gott, vergieb.
Aber ich will dir damit nur sagen:
Meine beste Kraft soll sein wie ein Trieb,
so ohne Zürnen und ohne Zagen;
so haben dich ja die Kinder lieb.

Mit diesem Hinfluten, mit diesem Münden
in breiten Armen ins offene Meer,
mit dieser wachsenden Wiederkehr
will ich dich bekennen, will ich dich verkünden
wie keiner vorher.

Und ist das Hoffahrt, so laß mich hoffährtig sein
für mein Gebet,
das so ernst und allein
vor deiner wolkigen Stirne steht.

Ich bin auf der Welt zu allein und doch nicht allein genug,
um jede Stunde zu weihn.
Ich bin auf der Welt zu gering und doch nicht klein genug,
um vor dir zu sein wie ein Ding,
dunkel und klug.
Ich will meinen Willen und will meinen Willen begleiten
die Wege zur Tat;
und will in stillen, irgendwie zögernden Zeiten,
wenn etwas naht,
unter den Wissenden sein
oder allein.

Ich will dich immer spiegeln in ganzer Gestalt,
und will niemals blind sein oder zu alt
um dein schweres schwankendes Bild zu halten.
Ich will mich entfalten.
Nirgends will ich gebogen bleiben,
denn dort bin ich gelogen, wo ich gebogen bin.
Und ich will meinen Sinn
wahr vor dir. Ich will mich beschreiben
wie ein Bild das ich sah,
lange und nah,
wie ein Wort, das ich begriff,
wie meinen täglichen Krug,
wie meiner Mutter Gesicht,
wie ein Schiff,
das mich trug
durch den tödlichsten Sturm.

Du siehst, ich will viel.
Vielleicht will ich Alles:
das Dunkel jedes unendlichen Falles
und jedes Steigens lichtzitterndes Spiel.

Es leben so viele und wollen nichts,
und sind durch ihres leichten Gerichts
glatte Gefühle gefürstet.

Aber du freust dich jedes Gesichts,
das dient und dürstet.

Du freust dich Aller, die dich gebrauchen
wie ein Gerät.

Noch bist du nicht kalt, und es ist nicht zu spät,
in deine werdenden Tiefen zu tauchen,
wo sich das Leben ruhig verrät.

Wir bauen an dir mit zitternden Händen
und wir türmen Atom auf Atom.
Aber wer kann dich vollenden,
du Dom.

Was ist Rom?
Es zerfällt.
Was ist die Welt?
Sie wird zerschlagen
eh deine Türme Kuppeln tragen,

eh aus Meilen von Mosaik
deine strahlende Stirne stieg.

Aber manchmal im Traum
kann ich deinen Raum
überschaun,
tief vom Beginne
bis zu des Daches goldenem Grate.

Und ich seh: meine Sinne
bilden und baun
die letzten Zierate.

Daraus, dass Einer dich einmal gewollt hat,
weiß ich, daß wir dich wollen dürfen.
Wenn wir auch alle Tiefen verwürfen:
wenn ein Gebirge Gold hat
und keiner mehr es ergraben mag,
trägt es einmal der Fluß zutag,
der in die Stille der Steine greift,
der vollen.

Auch wenn wir nicht wollen:
Gott reift.

WER SEINES LEBENS viele Widersinne
versöhnt und dankbar in ein Sinnbild faßt,
der drängt
die Lärmenden aus dem Palast,
wird *anders* festlich, und du bist der Gast,
den er an sanften Abenden empfängt.

Du bist der Zweite seiner Einsamkeit,
die ruhige Mitte seinen Monologen;
und jeder Kreis, um dich gezogen,
spannt ihm den Zirkel aus der Zeit.

WAS IRREN MEINE HÄNDE in den Pinseln?
Wenn ich dich *male,* Gott, du merkst es kaum.

Ich *fühle* dich. An meiner Sinne Saum
beginnst du zögernd, wie mit vielen Inseln,
und deinen Augen, welche niemals blinseln,
bin ich der Raum.

Du bist nichtmehr inmitten deines Glanzes,
wo alle Linien des Engeltanzes
die Fernen dir verbrauchen wie Musik, –
du wohnst in deinem allerletzten Haus.
Dein ganzer Himmel horcht in mich hinaus,
weil ich mich sinnend dir verschwieg.

Ich bin, du Ängstlicher. Hörst du mich nicht
mit allen meinen Sinnen an dir branden?
Meine Gefühle, welche Flügel fanden,
umkreisen weiß dein Angesicht.
Siehst du nicht meine Seele, wie sie dicht
vor dir in einem Kleid aus Stille steht?
Reift nicht mein mailiches Gebet
an deinem Blicke wie an einem Baum?

Wenn du der Träumer bist, bin ich dein Traum.
Doch wenn du wachen willst, bin ich dein Wille
und werde mächtig aller Herrlichkeit
und ründe mich wie eine Sternenstille
über der wunderlichen Stadt der Zeit.

Mein Leben ist nicht diese steile Stunde,
darin du mich so eilen siehst.
Ich bin ein Baum vor meinem Hintergrunde,
ich bin nur einer meiner vielen Munde
und jener, welcher sich am frühsten schließt.

Ich bin die Ruhe zwischen zweien Tönen,
die sich nur schlecht aneinander gewöhnen:
denn der Ton Tod will sich erhöhn –

Aber im dunklen Intervall versöhnen
sich beide zitternd.
Und das Lied bleibt schön.

Wenn ich gewachsen wäre irgendwo,
wo leichtere Tage sind und schlanke Stunden,
ich hätte dir ein großes Fest erfunden,
und meine Hände hielten dich nicht so,
wie sie dich manchmal halten, bang und hart.

Dort hätte ich gewagt, dich zu vergeuden,
du grenzenlose Gegenwart.
Wie einen Ball
hätt ich dich in alle wogenden Freuden
hineingeschleudert, daß einer dich finge
und deinem Fall
mit hohen Händen entgegenspringe,
du Ding der Dinge.

Ich hätte dich wie eine Klinge
blitzen lassen.
Vom goldensten Ringe
ließ ich dein Feuer umfassen,
und er müßte mirs halten
über die weißeste Hand.

Gemalt hätt ich dich: nicht an die Wand,
an den Himmel selber von Rand zu Rand,
und hätt dich gebildet, wie ein Gigant
dich bilden würde: als Berg, als Brand,
als Samum, wachsend aus Wüstensand

oder
es kann auch sein: ich fand
dich einmal …

Meine Freunde sind weit,
ich höre kaum noch ihr Lachen schallen;
und du du bist aus dem Nest gefallen,
bist ein junger Vogel mit gelben Krallen
und großen Augen und tust mir leid.
(Meine Hand ist dir viel zu breit.)
Und ich heb mit dem Finger vom Quell einen Tropfen
und lausche, ob du ihn lechzend langst,
und ich fühle dein Herz und meines klopfen
und beide aus Angst.

Ich finde dich in allen diesen Dingen,
denen ich gut und wie ein Bruder bin;
als Samen sonnst du dich in den geringen
und in den großen giebst du groß dich hin.

Das ist das wundersame Spiel der Kräfte,
daß sie so dienend durch die Dinge gehn:
in Wurzeln wachsend, schwindend in die Schäfte
und in den Wipfeln wie ein Auferstehn.

Stimme eines jungen Bruders

Ich verrinne, ich verrinne
wie Sand, der durch Finger rinnt.
Ich habe auf einmal so viele Sinne,
die alle anders durstig sind.
Ich fühle mich an hundert Stellen

schwellen und schmerzen.
Aber am meisten mitten im Herzen.

Ich möchte sterben. Laß mich allein.
Ich glaube, es wird mir gelingen,
so bange zu sein,
daß mir die Pulse zerspringen.

Sieh, Gott, es kommt ein Neuer an dir bauen,
der gestern noch ein Knabe war; von Frauen
sind seine Hände noch zusammgefügt
zu einem Falten, welches halb schon lügt.
Denn seine Rechte will schon von der Linken,
um sich zu wahren oder um zu winken
und um am Arm allein zu sein.

Noch gestern war die Stirne wie ein Stein
im Bach, geründet von den Tagen,
die nichts bedeuten als ein Wellenschlagen
und nichts verlangen, als ein Bild zu tragen
von Himmeln, die der Zufall drüber hängt;
heut drängt
auf ihr sich eine Weltgeschichte
vor einem unerbittlichen Gerichte,
und sie versinkt in seinem Urteilsspruch.

Raum wird auf einem neuen Angesichte.
Es war kein Licht vor diesem Lichte,
und, wie noch nie, beginnt dein Buch.

Ich liebe dich, du sanftestes Gesetz,
an dem wir reiften, da wir mit ihm rangen;
du großes Heimweh, das wir nicht bezwangen,
du Wald, aus dem wir nie hinausgegangen,
du Lied, das wir mit jedem Schweigen sangen,
du dunkles Netz,
darin sich flüchtend die Gefühle fangen.

Du hast dich so unendlich groß begonnen
an jenem Tage, da du uns begannst, –
und wir sind so gereift in deinen Sonnen,
so breit geworden und so tief gepflanzt,
daß du in Menschen, Engeln und Madonnen
dich ruhend jetzt vollenden kannst.

Laß deine Hand am Hang der Himmel ruhn
und dulde stumm, was wir dir dunkel tun.

Werkleute sind wir: Knappen, Jünger, Meister,
und bauen dich, du hohes Mittelschiff.
Und manchmal kommt ein ernster Hergereister,
geht wie ein Glanz durch unsre hundert Geister
und zeigt uns zitternd einen neuen Griff.

Wir steigen in die wiegenden Gerüste,
in unsern Händen hängt der Hammer schwer,
bis eine Stunde uns die Stirnen küßte,
die strahlend und als ob sie Alles wüßte
von dir kommt, wie der Wind vom Meer.

Dann ist ein Hallen von dem vielen Hämmern
und durch die Berge geht es Stoß um Stoß.
Erst wenn es dunkelt lassen wir dich los:
Und deine kommenden Konturen dämmern.

Gott, du bist groß.

Du bist so gross, daß ich schon nicht mehr bin,
wenn ich mich nur in deine Nähe stelle.
Du bist so dunkel; meine kleine Helle
an deinem Saum hat keinen Sinn.
Dein Wille geht wie eine Welle
und jeder Tag ertrinkt darin.

Nur meine Sehnsucht ragt dir bis ans Kinn
und steht vor dir wie aller Engel größter:
ein fremder, bleicher und noch unerlöster,
und hält dir seine Flügel hin.

Er will nicht mehr den uferlosen Flug,
an dem die Monde blaß vorüberschwammen,
und von den Welten weiß er längst genug.
Mit seinen Flügeln will er wie mit Flammen
vor deinem schattigen Gesichte stehn
und will bei ihrem weißen Scheine sehn,
ob deine grauen Brauen ihn verdammen.

So viele Engel suchen dich im Lichte
und stoßen mit den Stirnen nach den Sternen
und wollen dich aus jedem Glanze lernen.
Mir aber ist, sooft ich von dir dichte,
daß sie mit abgewendetem Gesichte
von deines Mantels Falten sich entfernen.

Denn du warst selber nur ein Gast des Golds.
Nur einer Zeit zuliebe, die dich flehte
in ihre klaren marmornen Gebete,
erschienst du wie der König der Komete,
auf deiner Stirne Strahlenströme stolz.

Du kehrtest heim, da jene Zeit zerschmolz.

Ganz dunkel ist dein Mund, von dem ich wehte,
und deine Hände sind von Ebenholz.

Das waren Tage Michelangelo's,
von denen ich in fremden Büchern las.
Das war der Mann, der über einem Maß,
gigantengroß,
die Unermeßlichkeit vergaß.

Das war der Mann, der immer wiederkehrt,
wenn eine Zeit noch einmal ihren Wert,
da sie sich enden will, zusammenfaßt.
Da hebt noch einer ihre ganze Last
und wirft sie in den Abgrund seiner Brust.

Die vor ihm hatten Leid und Lust;
er aber fühlt nur noch des Lebens Masse
und daß er Alles wie ein Ding umfasse, –
nur Gott bleibt über seinem Willen weit:
da liebt er ihn mit seinem hohen Hasse
für diese Unerreichbarkeit.

Der Ast vom Baume Gott, der über Italien reicht,
hat schon geblüht.
Er hätte vielleicht
sich schon gerne, mit Früchten gefüllt, verfrüht,
doch er wurde mitten im Blühen müd,
und er wird keine Früchte haben.

Nur der Frühling Gottes war dort,
nur sein Sohn, das Wort,
vollendete sich.
Es wendete sich
alle Kraft zu dem strahlenden Knaben.
Alle kamen mit Gaben
zu ihm;
alle sangen wie Cherubim
seinen Preis.

Und er duftete leis
als Rose der Rosen.
Er war ein Kreis
um die Heimatlosen.
Er ging in Mänteln und Metamorphosen
durch alle steigenden Stimmen der Zeit.

Da ward auch die zur Frucht Erweckte,
die schüchterne und schönerschreckte,
die heimgesuchte Magd geliebt.
Die Blühende, die Unentdeckte,
in der es hundert Wege giebt.

Da ließen sie sie gehn und schweben
und treiben mit dem jungen Jahr;
ihr dienendes Marien-Leben
ward königlich und wunderbar.
Wie feiertägliches Geläute
ging es durch alle Häuser groß;
und die einst mädchenhaft Zerstreute
war so versenkt in ihren Schooß
und so erfüllt von jenem Einen
und so für Tausende genug,
daß alles schien, sie zu bescheinen,
die wie ein Weinberg war und trug.

Aber als hätte die Last der Fruchtgehänge
und der Verfall der Säulen und Bogengänge
und der Abgesang der Gesänge
sie beschwert,
hat die Jungfrau sich in anderen Stunden,
wie von Größerem noch unentbunden,
kommenden Wunden
zugekehrt.

Ihre Hände, die sich lautlos lösten,
liegen leer.
Wehe, sie gebar noch nicht den Größten.
Und die Engel, die nicht trösten,
stehen fremd und furchtbar um sie her.

So hat man sie gemalt; vor allem Einer,
der seine Sehnsucht aus der Sonne trug.
Ihm reifte sie aus allen Rätseln reiner,
aber im Leiden immer allgemeiner:
sein ganzes Leben war er wie ein Weiner,
dem sich das Weinen in die Hände schlug.

Er ist der schönste Schleier ihrer Schmerzen,
der sich an ihre wehen Lippen schmiegt,
sich über ihnen fast zum Lächeln biegt –
und von dem Licht aus sieben Engelskerzen
wird sein Geheimnis nicht besiegt.

Mit einem Ast, der jenem niemals glich,
wird Gott, der Baum, auch einmal sommerlich
verkündend werden und aus Reife rauschen;
in einem Lande, wo die Menschen lauschen,
wo jeder ähnlich einsam ist wie ich.

Denn nur dem Einsamen wird offenbart,
und vielen Einsamen der gleichen Art
wird mehr gegeben als dem schmalen Einen.
Denn jedem wird ein andrer Gott erscheinen,
bis sie erkennen, nah am Weinen,
daß durch ihr meilenweites Meinen,
durch ihr Vernehmen und Verneinen,
verschieden nur in hundert Seinen
ein Gott wie eine Welle geht.

Das ist das endlichste Gebet,
das dann die Sehenden sich sagen:
Die Wurzel Gott hat Frucht getragen,
geht hin, die Glocken zu zerschlagen;
wir kommen zu den stillern Tagen,
in denen reif die Stunde steht.
Die Wurzel Gott hat Frucht getragen.
Seid ernst und seht.

Ich kann nicht glauben, daß der kleine Tod,
dem wir doch täglich übern Scheitel schauen,
uns eine Sorge bleibt und eine Not.

Ich kann nicht glauben, daß er ernsthaft droht;
ich lebe noch, ich habe Zeit zu bauen:
mein Blut ist länger als die Rosen rot.

Mein Sinn ist tiefer als das witzige Spiel
mit unsrer Furcht, darin er sich gefällt.
Ich bin die Welt,
aus der er irrend fiel.

Wie er
kreisende Mönche wandern so umher;
man fürchtet sich vor ihrer Wiederkehr,
man weiß nicht: ist es jedesmal derselbe,
sinds zwei, sinds zehn, sinds tausend oder mehr?
Man kennt nur diese fremde gelbe Hand,
die sich ausstreckt so nackt und nah –
da da:
als käm sie aus dem eigenen Gewand.

Was wirst du tun, Gott, wenn ich sterbe?
Ich bin dein Krug (wenn ich zerscherbe?)
Ich bin dein Trank (wenn ich verderbe?)
Bin dein Gewand und dein Gewerbe,
mit mir verlierst du deinen Sinn.

Nach mir hast du kein Haus, darin
dich Worte, nah und warm, begrüßen.
Es fällt von deinen müden Füßen
die Samtsandale, die ich bin.

Dein großer Mantel läßt dich los.
Dein Blick, den ich mit meiner Wange
warm, wie mit einem Pfühl, empfange,
wird kommen, wird mich suchen, lange –
und legt beim Sonnenuntergange
sich fremden Steinen in den Schooß.

Was wirst du tun, Gott? Ich bin bange.

Du bist der raunende Verrußte,
auf allen Öfen schläfst du breit.
Das Wissen ist nur in der Zeit.
Du bist der dunkle Unbewußte
von Ewigkeit zu Ewigkeit.

Du bist der Bittende und Bange,
der aller Dinge Sinn beschwert.
Du bist die Silbe im Gesange,
die immer zitternder im Zwange
der starken Stimmen wiederkehrt.

Du hast dich anders nie gelehrt:

Denn du bist nicht der Schönumscharte,
um welchen sich der Reichtum reiht.
Du bist der Schlichte, welcher sparte.
Du bist der Bauer mit dem Barte
von Ewigkeit zu Ewigkeit.

An den jungen Bruder

Du, gestern Knabe, dem die Wirrnis kam:
Daß sich dein Blut in Blindheit nicht vergeude.
Du meinst nicht den Genuß, du meinst die Freude;
du bist gebildet als ein Bräutigam,
und deine Braut soll werden: deine Scham.

Die große Lust hat auch nach dir Verlangen,
und alle Arme sind auf einmal nackt.
Auf frommen Bildern sind die bleichen Wangen
von fremden Feuern überflackt;
und deine Sinne sind wie viele Schlangen,
die, von des Tones Rot umfangen,
sich spannen in der Tamburine Takt.

Und plötzlich bist du ganz allein gelassen
mit deinen Händen, die dich hassen –
und wenn dein Wille nicht ein Wunder tut:
– –
Aber da gehen wie durch dunkle Gassen
von Gott Gerüchte durch dein dunkles Blut.

An den jungen Bruder

Dann bete du, wie es dich dieser lehrt,
der selber aus der Wirrnis wiederkehrt
und so, daß er zu heiligen Gestalten,
die alle ihres Wesens Würde halten,
in einer Kirche und auf goldnen Smalten
die Schönheit malte, und sie hielt ein Schwert.

Er lehrt dich sagen:
Du mein tiefer Sinn,
vertraue mir, daß ich dich nicht enttäusche;
in meinem Blute sind so viel Geräusche,
ich aber weiß, daß ich aus Sehnsucht bin.

Ein großer Ernst bricht über mich herein.
In seinem Schatten ist das Leben kühl.
Ich bin zum erstenmal mit dir allein,
du, mein Gefühl.
Du bist so mädchenhaft.

Es war ein Weib in meiner Nachbarschaft
und winkte mir aus welkenden Gewändern.
Du aber sprichst mir von so fernen Ländern.
Und meine Kraft
schaut nach den Hügelrändern.

Ich habe Hymnen, die ich schweige.
Es giebt ein Aufgerichtetsein,
darin ich meine Sinne neige:
du siehst mich groß und ich bin klein.
Du kannst mich dunkel unterscheiden
von jenen Dingen, welche knien;
sie sind wie Herden und sie weiden,
ich bin der Hirt am Hang der Heiden,
vor welchem sie zu Abend ziehn.
Dann komm ich hinter ihnen her
und höre dumpf die dunklen Brücken,
und in dem Rauch von ihren Rücken
verbirgt sich meine Wiederkehr.

Gott, wie begreif ich deine Stunde,
als du, daß sie im Raum sich runde,
die Stimme vor dich hingestellt;
dir war das Nichts wie eine Wunde,
da kühltest du sie mit der Welt.

Jetzt heilt es leise unter uns.

Denn die Vergangenheiten tranken
die vielen Fieber aus dem Kranken,
wir fühlen schon in sanftem Schwanken
den ruhigen Puls des Hintergrunds.

Wir liegen lindernd auf dem Nichts
und wir verhüllen alle Risse;
du aber wächst ins Ungewisse
im Schatten deines Angesichts.

Alle, die ihre Hände regen
nicht in der Zeit, der armen Stadt,
alle, die sie an Leises legen,
an eine Stelle, fern den Wegen,
die kaum noch einen Namen hat, –
sprechen dich aus, du Alltagssegen,
und sagen sanft auf einem Blatt:

Es giebt im Grunde nur Gebete,
so sind die Hände uns geweiht,
daß sie nichts schufen, was nicht flehte;
ob einer malte oder mähte,
schon aus dem Ringen der Geräte
entfaltete sich Frömmigkeit.

Die Zeit ist eine vielgestalte.
Wir hören manchmal von der Zeit,
und tun das Ewige und Alte;
wir wissen, daß uns Gott umwallte
groß wie ein Bart und wie ein Kleid.
Wir sind wie Adern im Basalte
in Gottes harter Herrlichkeit.

Der Name ist uns wie ein Licht
hart an die Stirn gestellt.
Da senkte sich mein Angesicht
vor diesem zeitigen Gericht
und sah (von dem es seither spricht)
dich, großes dunkelndes Gewicht
an mir und an der Welt.

Du bogst mich langsam aus der Zeit,
in die ich schwankend stieg;
ich neigte mich nach leisem Streit:
jetzt dauert deine Dunkelheit
um deinen sanften Sieg.

Jetzt hast du mich und weißt nicht wen,
denn deine breiten Sinne sehn
nur, daß ich dunkel ward.
Du hältst mich seltsam zart
und horchst, wie meine Hände gehn
durch deinen alten Bart.

Dein allererstes Wort war: *Licht:*
da ward die Zeit. Dann schwiegst du lange.
Dein zweites Wort ward Mensch und bange
(wir dunkeln noch in seinem Klange)
und wieder sinnt dein Angesicht.

Ich aber will dein drittes nicht.

Ich bete nachts oft: Sei der Stumme,
der wachsend in Gebärden bleibt
und den der Geist im Traume treibt,
daß er des Schweigens schwere Summe
in Stirnen und Gebirge schreibt.

Sei du die Zuflucht vor dem Zorne,
der das Unsagbare verstieß.
Es wurde Nacht im Paradies:
sei du der Hüter mit dem Horne,
und man erzählt nur, daß er blies.

Du kommst und gehst. Die Türen fallen
viel sanfter zu, fast ohne Wehn.
Du bist der Leiseste von Allen,
die durch die leisen Häuser gehn.

Man kann sich so an dich gewöhnen,
daß man nicht aus dem Buche schaut,
wenn seine Bilder sich verschönen,
von deinem Schatten überblaut;
weil dich die Dinge immer tönen,
nur einmal leis und einmal laut.

Oft wenn ich dich in Sinnen sehe,
verteilt sich deine Allgestalt:
du gehst wie lauter lichte Rehe
und ich bin dunkel und bin Wald.

Du bist ein Rad, an dem ich stehe:
von deinen vielen dunklen Achsen
wird immer wieder eine schwer
und dreht sich näher zu mir her,

und meine willigen Werke wachsen
von Wiederkehr zu Wiederkehr.

Du bist der Tiefste, welcher ragte,
der Taucher und der Türme Neid.
Du bist der Sanfte, der sich sagte,
und doch: wenn dich ein Feiger fragte,
so schwelgtest du in Schweigsamkeit.

Du bist der Wald der Widersprüche.
Ich darf dich wiegen wie ein Kind,
und doch vollziehn sich deine Flüche,
die über Völkern furchtbar sind.

Dir ward das erste Buch geschrieben,
das erste Bild versuchte dich,
du warst im Leiden und im Lieben,
dein Ernst war wie aus Erz getrieben
auf jeder Stirn, die mit den sieben
erfüllten Tagen dich verglich.

Du gingst in Tausenden verloren,
und alle Opfer wurden kalt;
bis du in hohen Kirchenchoren
dich rührtest hinter goldnen Toren;
und eine Bangnis, die geboren,
umgürtete dich mit Gestalt.

Ich weiss: Du bist der Rätselhafte,
um den die Zeit in Zögern stand.
O wie so schön ich dich erschaffte
in einer Stunde, die mich straffte,
in einer Hoffahrt meiner Hand.

Ich zeichnete viel ziere Risse,
behorchte alle Hindernisse, –
dann wurden mir die Pläne krank:
es wirrten sich wie Dorngerank
die Linien und die Ovale,
bis tief in mir mit einem Male
aus einem Griff ins Ungewisse
die frommste aller Formen sprang.

Ich kann mein Werk nicht überschaun
und fühle doch: es steht vollendet.
Aber, die Augen abgewendet,
will ich es immer wieder baun.

So ist mein Tagwerk, über dem
mein Schatten liegt wie eine Schale.
Und bin ich auch wie Laub und Lehm,
sooft ich bete oder male
ist Sonntag, und ich bin im Tale
ein jubelndes Jerusalem.

Ich bin die stolze Stadt des Herrn
und sage ihn mit hundert Zungen;
in mir ist Davids Dank verklungen:
ich lag in Harfendämmerungen
und atmete den Abendstern.

Nach Aufgang gehen meine Gassen.
Und bin ich lang vom Volk verlassen,
so ists: damit ich größer bin.
Ich höre jeden in mir schreiten
und breite meine Einsamkeiten
von Anbeginn zu Anbeginn.

Ihr vielen unbestürmten Städte,
habt ihr euch nie den Feind ersehnt?
O daß er euch belagert hätte
ein langes schwankendes Jahrzehnt.

Bis ihr ihn trostlos und in Trauern,
bis daß ihr hungernd ihn ertrugt;
er liegt wie Landschaft vor den Mauern,
denn also weiß er auszudauern
um jene, die er heimgesucht.

Schaut aus vom Rande eurer Dächer:
da lagert er und wird nicht matt
und wird nicht weniger und schwächer
und schickt nicht Droher und Versprecher
und Überreder in die Stadt.

Er ist der große Mauerbrecher,
der eine stumme Arbeit hat.

ICH KOMME AUS MEINEN Schwingen heim,
mit denen ich mich verlor.
Ich war Gesang, und Gott, der Reim,
rauscht noch in meinem Ohr.

Ich werde wieder still und schlicht,
und meine Stimme steht;
es senkte sich mein Angesicht
zu besserem Gebet.
Den andern war ich wie ein Wind,
da ich sie rüttelnd rief.
Weit war ich, wo die Engel sind,
hoch, wo das Licht in Nichts zerrinnt –
Gott aber dunkelt tief.

Die Engel sind das letzte Wehn
an seines Wipfels Saum;
daß sie aus seinen Asten gehn,
ist ihnen wie ein Traum.
Sie glauben dort dem Lichte mehr
als Gottes schwarzer Kraft,

es flüchtete sich Lucifer
in ihre Nachbarschaft.

Er ist der Fürst im Land des Lichts,
und seine Stirne steht
so steil am großen Glanz des Nichts,
daß er, versengten Angesichts,
nach Finsternissen fleht.
Er ist der helle Gott der Zeit,
zu dem sie laut erwacht,
und weil er oft in Schmerzen schreit
und oft in Schmerzen lacht,
glaubt sie an seine Seligkeit
und hangt an seiner Macht.

Die Zeit ist wie ein welker Rand
an einem Buchenblatt.
Sie ist das glänzende Gewand,
das Gott verworfen hat,
als Er, der immer Tiefe war,
ermüdete des Flugs
und sich verbarg vor jedem Jahr,
bis ihm sein wurzelhaftes Haar
durch alle Dinge wuchs.

Du wirst nur mit der Tat erfaßt,
mit Händen nur erhellt;
ein jeder Sinn ist nur ein Gast
und sehnt sich aus der Welt.

Ersonnen ist ein jeder Sinn,
man fühlt den feinen Saum darin
und daß ihn einer spann:
Du aber kommst und giebst dich hin
und fällst den Flüchtling an.

Ich will nicht wissen, wo du bist,
sprich mir aus überall.
Dein williger Evangelist
verzeichnet alles und vergißt
zu schauen nach dem Schall.

Ich geh doch immer auf dich zu
mit meinem ganzen Gehn;
denn wer bin ich und wer bist du,
wenn wir uns nicht verstehn?

Mein Leben hat das gleiche Kleid und Haar
wie aller alten Zaren Sterbestunde.
Die Macht entfremdete nur meinem Munde,
doch meine Reiche, die ich schweigend runde,
versammeln sich in meinem Hintergrunde
und meine Sinne sind noch Gossudar.

Für sie ist beten immer noch: Erbauen,
aus allen Maßen bauen, daß das Grauen
fast wie die Größe wird und schön, –
und: jedes Hinknien und Vertrauen
(daß es die andern nicht beschauen)

mit vielen goldenen und blauen
und bunten Kuppeln überhöhn.

Denn was sind Kirchen und sind Klöster
in ihrem Steigen und Erstehn
als Harfen, tönende Vertröster,
durch die die Hände Halberlöster
vor Königen und Jungfraun gehn.

Und Gott befiehlt mir, daß ich schriebe:

Den Königen sei Grausamkeit.
Sie ist der Engel vor der Liebe,
und ohne diesen Bogen bliebe
mir keine Brücke in die Zeit.

Und Gott befiehlt mir, daß ich male:

Die Zeit ist mir mein tiefstes Weh,
so legte ich in ihre Schale:
das wache Weib, die Wundenmale,
den reichen Tod (daß er sie zahle),
der Städte bange Bacchanale,
den Wahnsinn und die Könige.

Und Gott befiehlt mir, daß ich baue:

Denn König bin ich von der Zeit.
Dir aber bin ich nur der graue

Mitwisser deiner Einsamkeit.
Und bin das Auge mit der Braue …

Das über meine Schulter schaue
von Ewigkeit zu Ewigkeit.

Es tauchten tausend Theologen
in deines Namens alte Nacht.
Jungfrauen sind zu dir erwacht,
und Jünglinge in Silber zogen
und schimmerten in dir, du Schlacht.

In deinen langen Bogengängen
begegneten die Dichter sich
und waren Könige von Klängen
und mild und tief und meisterlich.

Du bist die sanfte Abendstunde,
die alle Dichter ähnlich macht;
du drängst dich dunkel in die Munde,
und im Gefühl von einem Funde
umgiebt ein jeder dich mit Pracht.

Dich heben hunderttausend Harfen
wie Schwingen aus der Schweigsamkeit.
Und deine alten Winde warfen
zu allen Dingen und Bedarfen
den Hauch von deiner Herrlichkeit.

DIE DICHTER HABEN dich verstreut
(es ging ein Sturm durch alles Stammeln),
ich aber will dich wieder sammeln
in dem Gefäß, das dich erfreut.

Ich wanderte in vielem Winde;
da triebst du tausendmal darin.
Ich bringe alles was ich finde:
als Becher brauchte dich der Blinde,
sehr tief verbarg dich das Gesinde,
der Bettler aber hielt dich hin;
und manchmal war bei einem Kinde
ein großes Stück von deinem Sinn.

Du siehst, daß ich ein Sucher bin.

Einer, der hinter seinen Händen
verborgen geht und wie ein Hirt;
(mögst du den Blick der ihn beirrt,
den Blick der Fremden von ihm wenden).
Einer der träumt, dich zu vollenden
und: daß er sich vollenden wird.

SELTEN IST SONNE im Sobór.
Die Wände wachsen aus Gestalten,
und durch die Jungfraun und die Alten
drängt sich, wie Flügel im Entfalten,
das goldene, das Kaiser-Tor.

An seinem Säulenrand verlor
die Wand sich hinter den Ikonen;
und, die im stillen Silber wohnen,
die Steine, steigen wie ein Chor
und fallen wieder in die Kronen
und schweigen schöner als zuvor.

Und über sie, wie Nächte blau,
von Angesichte blaß,
schwebt, die dich freuete, die Frau:
die Pförtnerin, der Morgentau,
die dich umblüht wie eine Au
und ohne Unterlaß.

Die Kuppel ist voll deines Sohns
und bindet rund den Bau.

Willst du geruhen deines Throns,
den ich in Schauern schau.

Da trat ich als ein Pilger ein
und fühlte voller Qual
an meiner Stirne dich, du Stein.
Mit Lichtern, sieben an der Zahl,
umstellte ich dein dunkles Sein
und sah in jedem Bilde dein
bräunliches Muttermal.

Da stand ich, wo die Bettler stehn,
die schlecht und hager sind:
aus ihrem Auf- und Niederwehn
begriff ich dich, du Wind.
Ich sah den Bauer, überjahrt,
bärtig wie Joachim,
und daraus, wie er dunkel ward,
von lauter Ähnlichen umschart,
empfand ich dich wie nie so zart,
so ohne Wort geoffenbart
in allen und in ihm.

Du läßt der Zeit den Lauf,
und dir ist niemals Ruh darin:
der Bauer findet deinen Sinn
und hebt ihn auf und wirft ihn hin
und hebt ihn wieder auf.

Wie der Wächter in den Weingeländen
seine Hütte hat und wacht,
bin ich Hütte, Herr, in deinen Händen
und bin Nacht, o Herr, von deiner Nacht.

Weinberg, Weide, alter Apfelgarten,
Acker, der kein Frühjahr überschlägt,
Feigenbaum, der auch im marmorharten
Grunde hundert Früchte trägt:

Duft geht aus aus deinen runden Zweigen.
Und du fragst nicht, ob ich wachsam sei;
furchtlos, aufgelöst in Säften, steigen
deine Tiefen still an mir vorbei.

Gott spricht zu jedem nur, eh er ihn macht,
dann geht er schweigend mit ihm aus der Nacht.
Aber die Worte, eh jeder beginnt,
diese wolkigen Worte, sind:

Von deinen Sinnen hinausgesandt,
geh bis an deiner Sehnsucht Rand;
gieb mir Gewand.

Hinter den Dingen wachse als Brand,
daß ihre Schatten, ausgespannt,
immer mich ganz bedecken.

Laß dir Alles geschehn: Schönheit und Schrecken.
Man muß nur gehn: Kein Gefühl ist das fernste.
Laß dich von mir nicht trennen.
Nah ist das Land,
das sie das Leben nennen.

Du wirst es erkennen
an seinem Ernste.

Gieb mir die Hand.

ICH WAR BEI DEN ÄLTESTEN Mönchen, den Malern und
Mythenmeldern,
die schrieben ruhig Geschichten und zeichneten Runen des
Ruhms.
Und ich seh dich in meinen Gesichten mit Winden, Wassern
und Wäldern
rauschend am Rande des Christentums,
du Land, nicht zu lichten.

Ich will dich erzählen, ich will dich beschaun und
beschreiben,
nicht mit Bol und mit Gold, nur mit Tinte aus
Apfelbaumrinden;
ich kann auch mit Perlen dich nicht an die Blätter binden,
und das zitterndste Bild, das mir meine Sinne erfinden,
du würdest es blind durch dein einfaches Sein übertreiben.

So will ich die Dinge in dir nur bescheiden und schlichthin
benamen,
will die Könige nennen, die ältesten, woher sie kamen,
und will ihre Taten und Schlachten berichten am Rand
meiner Seiten.

Denn du bist der Boden. Dir sind nur wie Sommer die
Zeiten,
und du denkst an die nahen nicht anders als an die
entfernten,
und ob sie dich tiefer besamen und besser bebauen lernten:
du fühlst dich nur leise berührt von den ähnlichen Ernten
und hörst weder Säer noch Schnitter, die über dich
schreiten.

Du dunkelnder Grund, geduldig erträgst du die Mauern.
Und vielleicht erlaubst du noch eine Stunde den Städten zu dauern
und gewährst noch zwei Stunden den Kirchen und einsamen Klöstern
und lässest fünf Stunden noch Mühsal allen Erlöstern
und siehst noch sieben Stunden das Tagwerk des Bauern –:

Eh du wieder Wald wirst und Wasser und wachsende Wildnis
in der Stunde der unerfaßlichen Angst,
da du dein unvollendetes Bildnis
von allen Dingen zurückverlangst.

Gieb mir noch eine kleine Weile Zeit: ich will die Dinge so wie keiner lieben
bis sie dir alle würdig sind und weit.
Ich will nur sieben Tage, sieben
auf die sich keiner noch geschrieben,
sieben Seiten Einsamkeit.

Wem du das Buch giebst, welches die umfaßt,
der wird gebückt über den Blättern bleiben.
Es sei denn, daß du ihn in Händen hast,
um selbst zu schreiben.

So bin ich nur als Kind erwacht,
so sicher im Vertraun
nach jeder Angst und jeder Nacht
dich wieder anzuschaun.
Ich weiß, sooft mein Denken mißt,
wie tief, wie lang, wie weit –:
du aber bist und bist und bist,
umzittert von der Zeit.

Mir ist, als wär ich jetzt zugleich
Kind, Knab und Mann und mehr.
Ich fühle: nur der Ring ist reich
durch seine Wiederkehr.

Ich danke dir, du tiefe Kraft,
die immer leiser mit mir schafft
wie hinter vielen Wänden;
jetzt ward mir erst der Werktag schlicht
und wie ein heiliges Gesicht
zu meinen dunklen Händen.

Dass ich nicht war vor einer Weile,
weißt du davon? Und du sagst nein.
Da fühl ich, wenn ich nur nicht eile,
so kann ich nie vergangen sein.

Ich bin ja mehr als Traum im Traume.
Nur was sich sehnt nach einem Saume,
ist wie ein Tag und wie ein Ton;
es drängt sich fremd durch deine Hände,

daß es die viele Freiheit fände,
und traurig lassen sie davon.

So blieb das Dunkel dir allein,
und, wachsend in die leere Lichte,
erhob sich eine Weltgeschichte
aus immer blinderem Gestein.
Ist einer noch, der daran baut?
Die Massen wollen wieder Massen,
die Steine sind wie losgelassen

und keiner ist von dir behauen ...

Es lärmt das Licht im Wipfel deines Baumes
und macht dir alle Dinge bunt und eitel,
sie finden dich erst wenn der Tag verglomm.
Die Dämmerung, die Zärtlichkeit des Raumes,
legt tausend Hände über tausend Scheitel,
und unter ihnen wird das Fremde fromm.

Du willst die Welt nicht anders an dich halten
als so, mit dieser sanftesten Gebärde.
Aus ihren Himmeln greifst du dir die Erde
und fühlst sie unter deines Mantels Falten.

Du hast so eine leise Art zu sein.
Und jene, die dir laute Namen weihn,
sind schon vergessen deiner Nachbarschaft.

Von deinen Händen, die sich bergig heben,
steigt, unsern Sinnen das Gesetz zu geben,
mit dunkler Stirne deine stumme Kraft.

Du Williger, und deine Gnade kam
immer in alle ältesten Gebärden.
Wenn einer die Hände zusammenflicht,
so daß sie zahm
und um ein kleines Dunkel sind –
auf einmal fühlt er dich in ihnen werden,
und wie im Winde
senkt sich sein Gesicht
in Scham.

Und da versucht er, auf dem Stein zu liegen
und aufzustehn, wie er bei andern sieht,
und seine Mühe ist, dich einzuwiegen,
aus Angst, daß er dein Wachsein schon verriet.

Denn wer dich fühlt, kann sich mit dir nicht brüsten;
er ist erschrocken, bang um dich und flieht
vor allen Fremden, die dich merken müßten:

Du bist das Wunder in den Wüsten,
das Ausgewanderten geschieht.

Eine Stunde vom Rande des Tages,
und das Land ist zu allem bereit.
Was du sehnst, meine Seele, sag es:

Sei Heide und, Heide, sei weit.
Habe alte, alte Kurgane,
wachsend und kaum erkannt,
wenn es Mond wird über das plane
langvergangene Land.
Gestalte dich, Stille. Gestalte
die Dinge (es ist ihre Kindheit,
sie werden dir willig sein).
Sei Heide, sei Heide, sei Heide,
dann kommt vielleicht auch der Alte,
den ich kaum von der Nacht unterscheide.
und bringt seine riesige Blindheit
in mein horchendes Haus herein.

Ich seh ihn sitzen und sinnen,
nicht über mich hinaus;
für ihn ist alles innen,
Himmel und Heide und Haus.
Nur die Lieder sind ihm verloren,
die er nie mehr beginnt;
aus vielen tausend Ohren
trank sie die Zeit und der Wind;
aus den Ohren der Toren.

Und dennoch: mir geschieht,
als ob ich ein jedes Lied
tief in mir ihm ersparte.

Er schweigt hinterm bebenden Barte,
er möchte sich wiedergewinnen
aus seinen Melodien.
Da komm ich zu seinen Knien:

und seine Lieder rinnen
rauschend zurück in ihn.

Zweites Buch

Das Buch von der Pilgerschaft

(1901)

Dich wundert nicht des Sturmes Wucht, –
du hast ihn wachsen sehn; –
die Bäume flüchten. Ihre Flucht
schafft schreitende Alleen.
Da weißt du, der vor dem sie fliehn
ist der, zu dem du gehst,
und deine Sinne singen ihn,
wenn du am Fenster stehst.

Des Sommers Wochen standen still,
es stieg der Bäume Blut;
jetzt fühlst du, daß es fallen will
in den der Alles tut.
Du glaubtest schon erkannt die Kraft,
als du die Frucht erfaßt,
jetzt wird sie wieder rätselhaft,
und du bist wieder Gast.

Der Sommer war so wie dein Haus,
drin weißt du alles stehn –
jetzt mußt du in dein Herz hinaus
wie in die Ebene gehn.
Die große Einsamkeit beginnt,
die Tage werden taub,
aus deinen Sinnen nimmt der Wind
die Welt wie welkes Laub.

Durch ihre leeren Zweige sieht
der Himmel, den du hast;
sei Erde jetzt und Abendlied
und Land, darauf er paßt.
Demütig sei jetzt wie ein Ding,
zu Wirklichkeit gereift, –
daß Der, von dem die Kunde ging,
dich fühlt, wenn er dich greift.

Ich bete wieder, du Erlauchter,
du hörst mich wieder durch den Wind,
weil meine Tiefen niegebrauchter
rauschender Worte mächtig sind.

Ich war zerstreut; an Widersacher
in Stücken war verteilt mein Ich.
O Gott, mich lachten alle Lacher
und alle Trinker tranken mich.

In Höfen hab ich mich gesammelt
aus Abfall und aus altem Glas,

mit halbem Mund dich angestammelt,
dich, Ewiger aus Ebenmaß.
Wie hob ich meine halben Hände
zu dir in namenlosem Flehn,
daß ich die Augen wiederfände,
mit denen ich dich angesehn.

Ich war ein Haus nach einem Brand,
darin nur Mörder manchmal schlafen,
eh ihre hungerigen Strafen
sie weiterjagen in das Land;
ich war wie eine Stadt am Meer,
wenn eine Seuche sie bedrängte,
die sich wie eine Leiche schwer
den Kindern an die Hände hängte.

Ich war mir fremd wie irgendwer,
und wußte nur von ihm, daß er
einst meine junge Mutter kränkte
als sie mich trug,
und daß ihr Herz, das eingeengte,
sehr schmerzhaft an mein Keimen schlug.

Jetzt bin ich wieder aufgebaut
aus allen Stücken meiner Schande,
und sehne mich nach einem Bande,
nach einem einigen Verstande,
der mich wie *ein* Ding überschaut, –
nach deines Herzens großen Händen –
(o kämen sie doch auf mich zu).
Ich zähle mich, mein Gott, und du,
du hast das Recht, mich zu verschwenden.

ICH BIN DERSELBE noch, der kniete
vor dir in mönchischem Gewand:
der tiefe, dienende Levite,
den du erfüllt, der dich erfand.
Die Stimme einer stillen Zelle,
an der die Welt vorüberweht, –
und du bist immer noch die Welle
die über alle Dinge geht.

Es *ist* nichts andres. Nur ein Meer,
aus dem die Länder manchmal steigen.
Es *ist* nichts andres denn ein Schweigen
von schönen Engeln und von Geigen,
und der Verschwiegene ist der,
zu dem sich alle Dinge neigen,
von seiner Stärke Strahlen schwer.

Bist du denn Alles, – ich der Eine,
der sich ergiebt und sich empört?
Bin ich denn nicht das Allgemeine,
bin ich nicht *Alles,* wenn ich weine,
und du der Eine, der es hört?

Hörst du denn etwas neben mir?
Sind da noch Stimmen außer meiner?
Ist da ein Sturm? Auch ich bin einer,
und meine Wälder winken dir.

Ist da ein Lied, ein krankes, kleines,
das dich am Micherhören stört, –
auch ich bin eines, höre meines,
das einsam ist und unerhört.

Ich bin derselbe noch, der bange
dich manchmal fragte, wer du seist.
Nach jedem Sonnenuntergange
bin ich verwundet und verwaist,
ein blasser Allem Abgelöster
und ein Verschmähter jeder Schar,
und alle Dinge stehn wie Klöster,
in denen ich gefangen war.
Dann brauch ich dich, du Eingeweihter,
du sanfter Nachbar jeder Not,
du meines Leidens leiser Zweiter,
du Gott, dann brauch ich dich wie Brot.
Du weißt vielleicht nicht, wie die Nächte
für Menschen, die nicht schlafen, sind:
da sind sie alle Ungerechte,
der Greis, die Jungfrau und das Kind.
Sie fahren auf wie totgesagt,
von schwarzen Dingen nah umgeben,
und ihre weißen Hände beben,
verwoben in ein wildes Leben
wie Hunde in ein Bild der Jagd.
Vergangenes steht noch bevor,
und in der Zukunft liegen Leichen,
ein Mann im Mantel pocht am Tor,
und mit dem Auge und dem Ohr
ist noch kein erstes Morgenzeichen,
kein Hahnruf ist noch zu erreichen.
Die Nacht ist wie ein großes Haus.
Und mit der Angst der wunden Hände
reißen sie Türen in die Wände, –
dann kommen Gänge ohne Ende,
und nirgends ist ein Tor hinaus.

Und so, mein Gott, ist *jede* Nacht;
immer sind welche aufgewacht,
die gehn und gehn und dich nicht finden.
Hörst du sie mit dem Schritt von Blinden
das Dunkel treten?
Auf Treppen, die sich niederwinden,
hörst du sie beten?
Hörst du sie fallen auf den schwarzen Steinen?
Du mußt sie weinen hören; denn sie weinen.

Ich suche dich, weil sie vorübergehn
an meiner Tür. Ich kann sie beinah sehn.
Wen soll ich rufen, wenn nicht *den*,
der dunkel ist und nächtiger als Nacht.
Den Einzigen, der ohne Lampe wacht
und doch nicht bangt; den Tiefen, den das Licht
noch nicht verwöhnt hat und von dem ich weiß,
weil er mit Bäumen aus der Erde bricht
und weil er leis
als Duft in mein gesenktes Angesicht
aus Erde steigt.

Du Ewiger, du hast dich mir gezeigt.
Ich liebe dich wie einen lieben Sohn,
der mich einmal verlassen hat als Kind,
weil ihn das Schicksal rief auf einen Thron,
vor dem die Länder alle Täler sind.
Ich bin zurückgeblieben wie ein Greis,
der seinen großen Sohn nichtmehr versteht
und wenig von den neuen Dingen weiß,

zu welchen seines Samens Wille geht.
Ich bebe manchmal für dein tiefes Glück,
das auf so vielen fremden Schiffen fährt,
ich wünsche manchmal dich in mich zurück,
in dieses Dunkel, das dich großgenährt.
Ich bange manchmal, daß du nichtmehr bist,
wenn ich mich sehr verliere an die Zeit.
Dann les ich von dir: der Evangelist
schreibt überall von deiner Ewigkeit.

Ich bin der Vater; doch der Sohn ist mehr,
ist alles, was der Vater war, und der,
der er nicht wurde, wird in jenem groß;
er ist die Zukunft und die Wiederkehr,
er ist der Schooß, er ist das Meer …

Dir ist mein Beten keine Blasphemie:
als schlüge ich in alten Büchern nach,
daß ich dir sehr verwandt bin – tausendfach.

Ich will dir Liebe geben. Die und die …

Liebt man denn einen Vater? Geht man nicht,
wie du von mir gingst, Härte im Gesicht,
von seinen hülflos leeren Händen fort?
Legt man nicht leise sein verwelktes Wort
in alte Bücher, die man selten liest?

Fließt man nicht wie von einer Wasserscheide
von seinem Herzen ab zu Lust und Leide?
Ist uns der Vater denn nicht das, was war;
vergangne Jahre, welche fremd gedacht,
veraltete Gebärde, tote Tracht,
verblühte Hände und verblichnes Haar?
Und war er selbst für seine Zeit ein Held,
er ist das Blatt, das, wenn wir wachsen, fällt.

Und seine Sorgfalt ist uns wie ein Alb,
und seine Stimme ist uns wie ein Stein, –
wir möchten seiner Rede hörig sein,
aber wir hören seine Worte halb.
Das große Drama zwischen ihm und uns
lärmt viel zu laut, einander zu verstehn,
wir sehen nur die Formen seines Munds,
aus denen Silben fallen, die vergehn.
So sind wir noch viel ferner ihm als fern,
wenn auch die Liebe uns noch weit verwebt,
erst wenn er sterben muß auf diesem Stern,
sehn wir, daß er auf diesem Stern gelebt.

Das ist der Vater uns. Und ich – ich soll
dich Vater nennen?
Das hieße tausendmal mich von dir trennen.
Du bist mein Sohn. Ich werde dich erkennen,
wie man sein einzig liebes Kind erkennt, auch dann,
wenn es ein Mann geworden ist, ein alter Mann.

Lösch mir die Augen aus: ich kann dich sehn,
wirf mir die Ohren zu: ich kann dich hören,
und ohne Füße kann ich zu dir gehn,
und ohne Mund noch kann ich dich beschwören.
Brich mir die Arme ab, ich fasse dich
mit meinem Herzen wie mit einer Hand,
halt mir das Herz zu, und mein Hirn wird schlagen,
und wirfst du in mein Hirn den Brand,
so werd ich dich auf meinem Blute tragen.

Und meine Seele ist ein Weib vor dir.
Und ist wie der Naëmi Schnur, wie Ruth.
Sie geht bei Tag um deiner Garben Hauf
wie eine Magd, die tiefe Dienste tut.
Aber am Abend steigt sie in die Flut
und badet sich und kleidet sich sehr gut
und kommt zu dir, wenn alles um dich ruht,
und kommt und deckt zu deinen Füßen auf.

Und fragst du sie um Mitternacht, sie sagt
mit tiefer Einfalt: Ich bin Ruth, die Magd.
Spann deine Flügel über deine Magd.
Du bist der Erbe …

Und meine Seele schläft dann bis es tagt
bei deinen Füßen, warm von deinem Blut.
Und ist ein Weib vor dir. Und ist wie Ruth.

Du bist der Erbe.
Söhne sind die Erben,
denn Väter sterben.
Söhne stehn und blühn.
Du bist der Erbe:

Und du erbst das Grün
vergangner Gärten und das stille Blau
zerfallner Himmel.
Tau aus tausend Tagen,
die vielen Sommer, die die Sonnen sagen,
und lauter Frühlinge mit Glanz und Klagen
wie viele Briefe einer jungen Frau.
Du erbst die Herbste, die wie Prunkgewänder
in der Erinnerung von Dichtern liegen,
und alle Winter, wie verwaiste Länder,
scheinen sich leise an dich anzuschmiegen.
Du erbst Venedig und Kasan und Rom,
Florenz wird dein sein, der Pisaner Dom,
die Troïtzka Lawra und das Monastir,
das unter Kiews Gärten ein Gewirr
von Gängen bildet, dunkel und verschlungen, –
Moskau mit Glocken wie Erinnerungen, –
und Klang wird dein sein: Geigen, Hörner, Zungen,
und jedes Lied, das tief genug erklungen,
wird an dir glänzen wie ein Edelstein.

Für dich nur schließen sich die Dichter ein
und sammeln Bilder, rauschende und reiche,
und gehn hinaus und reifen durch Vergleiche
und sind ihr ganzes Leben so allein ...
Und Maler malen ihre Bilder nur,
damit du *unvergänglich* die Natur,
die du vergänglich schufst, zurückempfängst:
alles wird ewig. Sieh, das Weib ist längst
in der Madonna Lisa reif wie Wein;
es müßte nie ein Weib mehr sein,
denn Neues bringt kein neues Weib hinzu.
Die, welche bilden, sind wie du.
Sie wollen Ewigkeit. Sie sagen: Stein,
sei ewig. Und das heißt: sei dein!

Und auch, die lieben, sammeln für dich ein:
Sie sind die Dichter einer kurzen Stunde,
sie küssen einem ausdruckslosen Munde
ein Lächeln auf, als formten sie ihn schöner,
und bringen Lust und sind die Angewöhner
zu Schmerzen, welche erst erwachsen machen.
Sie bringen Leiden mit in ihrem Lachen,
Sehnsüchte, welche schlafen, und erwachen,
um aufzuweinen in der fremden Brust.
Sie häufen Rätselhaftes an und sterben,
wie Tiere sterben, ohne zu begreifen, –
aber sie werden vielleicht Enkel haben,
in denen ihre grünen Leben reifen;
durch diese wirst du jene Liebe erben,
die sie sich blind und wie im Schlafe gaben.

So fließt der Dinge Überfluß dir zu.
Und wie die obern Becken von Fontänen
beständig überströmen, wie von Strähnen
gelösten Haares, in die tiefste Schale, –
so fällt die Fülle dir in deine Tale,
wenn Dinge und Gedanken übergehn.

Ich bin nur einer deiner Ganzgeringen,
der in das Leben aus der Zelle sieht
und der, den Menschen ferner als den Dingen,
nicht wagt zu wägen, was geschieht.
Doch willst du mich vor deinem Angesicht,
aus dem sich dunkel deine Augen heben,
dann halte es für meine Hoffahrt nicht,
wenn ich dir sage: Keiner lebt sein Leben.
Zufälle sind die Menschen, Stimmen, Stücke,
Alltage, Ängste, viele kleine Glücke,
verkleidet schon als Kinder, eingemummt,
als Masken mündig, als Gesicht – verstummt.

Ich denke oft: Schatzhäuser müssen sein,
wo alle diese vielen Leben liegen
wie Panzer oder Sänften oder Wiegen,
in welche nie ein Wirklicher gestiegen,
und wie Gewänder, welche ganz allein
nicht stehen können und sich sinkend schmiegen
an starke Wände aus gewölbtem Stein.

Und wenn ich abends immer weiterginge
aus meinem Garten, drin ich müde bin, –
ich weiß: dann führen alle Wege hin
zum Arsenal der ungelebten Dinge.
Dort ist kein Baum, als legte sich das Land,
und wie um ein Gefängnis hängt die Wand
ganz fensterlos in siebenfachem Ringe.
Und ihre Tore mit den Eisenspangen,
die denen wehren, welche hinverlangen,
und ihre Gitter sind von Menschenhand.

Und doch, obwohl ein jeder von sich strebt
wie aus dem Kerker, der ihn haßt und hält, –
es ist ein großes Wunder in der Welt:
ich fühle: *alles Leben wird gelebt.*

Wer lebt es denn? Sind das die Dinge, die
wie eine ungespielte Melodie
im Abend wie in einer Harfe stehn?
Sind das die Winde, die von Wassern wehn,
sind das die Zweige, die sich Zeichen geben,
sind das die Blumen, die die Düfte weben,
sind das die langen alternden Alleen?
Sind das die warmen Tiere, welche gehn,
sind das die Vögel, die sich fremd erheben?

Wer lebt es denn? Lebst du es, Gott, – das Leben?

Du bist der Alte, dem die Haare
von Ruß versengt sind und verbrannt,
du bist der große Unscheinbare,
mit deinem Hammer in der Hand.
Du bist der Schmied, das Lied der Jahre,
der immer an dem Amboß stand.

Du bist, der niemals Sonntag hat,
der in die Arbeit Eingekehrte,
der sterben könnte überm Schwerte,
das noch nicht glänzend wird und glatt.
Wenn bei uns Mühle steht und Sage
und alle trunken sind und träge,
dann hört man deine Hammerschläge
an allen Glocken in der Stadt.

Du bist der Mündige, der Meister,
und keiner hat dich lernen sehn;
ein Unbekannter, Hergereister,
von dem bald flüsternder, bald dreister
die Reden und Gerüchte gehn.

Gerüchte gehn, die dich vermuten,
und Zweifel gehn, die dich verwischen.
Die Trägen und die Träumerischen
mißtrauen ihren eignen Gluten
und wollen, daß die Berge bluten,
denn eher glauben sie dich nicht.
Du aber senkst dein Angesicht.

Du könntest den Bergen die Adern aufschneiden
als Zeichen eines großen Gerichts;
aber dir liegt nichts
an den Heiden.

Du willst nicht streiten mit allen Listen
und nicht suchen die Liebe des Lichts;
denn dir liegt nichts
an den Christen.

Dir liegt an den Fragenden nichts.
Sanften Gesichts
siehst du den Tragenden zu.

Alle, welche dich suchen, versuchen dich.
Und die, so dich finden, binden dich
an Bild und Gebärde.

Ich aber will dich begreifen
wie dich die Erde begreift;
mit meinem Reifen
reift
dein Reich.

Ich will von dir keine Eitelkeit,
die dich beweist.

Ich weiß, daß die Zeit
anders heißt
als du.

Tu mir kein Wunder zulieb.
Gieb deinen Gesetzen recht,
die von Geschlecht zu Geschlecht
sichtbarer sind.

Wenn etwas mir vom Fenster fällt
(und wenn es auch das Kleinste wäre)
wie stürzt sich das Gesetz der Schwere
gewaltig wie ein Wind vom Meere
auf jeden Ball und jede Beere
und trägt sie in den Kern der Welt.

Ein jedes Ding ist überwacht
von einer flugbereiten Güte
wie jeder Stein und jede Blüte
und jedes kleine Kind bei Nacht.
Nur wir, in unsrer Hoffahrt, drängen
aus einigen Zusammenhängen
in einer Freiheit leeren Raum,
statt, klugen Kräften hingegeben,
uns aufzuheben wie ein Baum.
Statt in die weitesten Geleise
sich still und willig einzureihn,
verknüpft man sich auf manche Weise, –
und wer sich ausschließt jedem Kreise,
ist jetzt so namenlos allein.

Da muß er lernen von den Dingen,
anfangen wieder wie ein Kind,
weil sie, die Gott am Herzen hingen,
nicht von ihm fortgegangen sind.
Eins muß er wieder können: *fallen,*
geduldig in der Schwere ruhn,
der sich vermaß, den Vögeln allen
im Fliegen es zuvorzutun.

(Denn auch die Engel fliegen nicht mehr.
Schweren Vögeln gleichen die Seraphim,
welche um *ihn* sitzen und sinnen;
Trümmern von Vögeln, Pinguinen
gleichen sie, wie sie verkümmern ...)

Du meinst die Demut. Angesichter
gesenkt in stillem Dichverstehn.
So gehen abends junge Dichter
in den entlegenen Alleen.
So stehn die Bauern um die Leiche,
wenn sich ein Kind im Tod verlor, –
und was geschieht, ist doch das Gleiche:
es geht ein Übergroßes vor.

Wer dich zum ersten Mal gewahrt,
den stört der Nachbar und die Uhr,
der geht, gebeugt zu deiner Spur,
und wie beladen und bejahrt.
Erst später naht er der Natur
und fühlt die Winde und die Fernen,

hört dich, geflüstert von der Flur,
sieht dich, gesungen von den Sternen,
und kann dich nirgends mehr verlernen,
und alles ist dein Mantel nur.

Ihm bist du neu und nah und gut
und wunderschön wie eine Reise,
die er in stillen Schiffen leise
auf einem großen Flusse tut.
Das Land ist weit, in Winden, eben,
sehr großen Himmeln preisgegeben
und alten Wäldern untertan.
Die kleinen Dörfer, die sich nahn,
vergehen wieder wie Geläute
und wie ein Gestern und ein Heute
und so wie alles, was wir sahn.
Aber an dieses Stromes Lauf
stehn immer wieder Städte auf
und kommen wie auf Flügelschlägen
der feierlichen Fahrt entgegen.

Und manchmal lenkt das Schiff zu Stellen,
die einsam, sonder Dorf und Stadt,
auf etwas warten an den Wellen, –
auf den, der keine Heimat hat …
Für solche stehn dort kleine Wagen
(ein jeder mit drei Pferden vor),
die atemlos nach Abend jagen
auf einem Weg, der sich verlor.

In diesem Dorfe steht das letzte Haus
so einsam wie das letzte Haus der Welt.

Die Straße, die das kleine Dorf nicht hält,
geht langsam weiter in die Nacht hinaus.

Das kleine Dorf ist nur ein Übergang zwischen
zwei Weiten, ahnungsvoll und bang,
ein Weg an Häusern hin statt eines Stegs.

Und die das Dorf verlassen, wandern lang,
und viele sterben vielleicht unterwegs.

Manchmal steht einer auf beim Abendbrot
und geht hinaus und geht und geht und geht, –
weil eine Kirche wo im Osten steht.

Und seine Kinder segnen ihn wie tot.

Und einer, welcher stirbt in seinem Haus,
bleibt drinnen wohnen, bleibt in Tisch und Glas,
so daß die Kinder in die Welt hinaus
zu jener Kirche ziehn, die er vergaß.

Nachtwächter ist der Wahnsinn,
weil er wacht.
Bei jeder Stunde bleibt er lachend stehn,
und einen Namen sucht er für die Nacht
und nennt sie: sieben, achtundzwanzig, zehn …

Und ein Triangel trägt er in der Hand,
und weil er zittert, schlägt es an den Rand
des Horns, das er nicht blasen kann, und singt
das Lied, das er zu allen Häusern bringt.

Die Kinder haben eine gute Nacht
und hören träumend, daß der Wahnsinn wacht.
Die Hunde aber reißen sich vom Ring
und gehen in den Häusern groß umher
und zittern, wenn er schon vorüberging,
und fürchten sich vor seiner Wiederkehr.

Weisst du von jenen Heiligen, mein Herr?

Sie fühlten auch verschloßne Klosterstuben
zu nahe an Gelächter und Geplärr,
so daß sie tief sich in die Erde gruben.

Ein jeder atmete mit seinem Licht
die kleine Luft in seiner Grube aus,
vergaß sein Alter und sein Angesicht
und lebte wie ein fensterloses Haus
und starb nichtmehr, als wär er lange tot.

Sie lasen selten; alles war verdorrt,
als wäre Frost in jedes Buch gekrochen,
und wie die Kutte hing von ihren Knochen,
so hing der Sinn herab von jedem Wort.
Sie redeten einander nichtmehr an,
wenn sie sich fühlten in den schwarzen Gängen,
sie ließen ihre langen Haare hängen,
und keiner wußte, ob sein Nachbarmann
nicht stehend starb.

In einem runden Raum,
wo Silberlampen sich von Balsam nährten,
versammelten sich manchmal die Gefährten
vor goldnen Türen wie vor goldnen Gärten
und schauten voller Mißtraun in den Traum
und rauschten leise mit den langen Bärten.

Ihr Leben war wie tausend Jahre groß,
seit es sich nichtmehr schied in Nacht und Helle;
sie waren, wie gewälzt von einer Welle,
zurückgekehrt in ihrer Mutter Schooß.
Sie saßen rundgekrümmt wie Embryos
mit großen Köpfen und mit kleinen Händen
und aßen nicht, als ob sie Nahrung fänden
aus jener Erde, die sie schwarz umschloß.

Jetzt zeigt man sie den tausend Pilgern, die
aus Stadt und Steppe zu dem Kloster wallen.
Seit dreimal hundert Jahren liegen sie,
und ihre Leiber können nicht zerfallen.
Das Dunkel häuft sich wie ein Licht das rußt
auf ihren langen lagernden Gestalten,

die unter Tüchern heimlich sich erhalten,
und ihrer Hände ungelöstes Falten
liegt ihnen wie Gebirge auf der Brust.

Du großer alter Herzog des Erhabnen:
hast du vergessen, diesen Eingegrabnen
den Tod zu schicken, der sie ganz verbraucht,
weil sie sich tief in Erde eingetaucht?
Sind die, die sich Verstorbenen vergleichen,
am ähnlichsten der Unvergänglichkeit?
Ist das das große Leben deiner Leichen,
das überdauern soll den Tod der Zeit?

Sind sie dir noch zu deinen Plänen gut?
Erhältst du unvergängliche Gefäße,
die du, der allen Maßen Ungemäße,
einmal erfüllen willst mit deinem Blut?

Du bist die Zukunft, großes Morgenrot
über den Ebenen der Ewigkeit.
Du bist der Hahnschrei nach der Nacht der Zeit,
der Tau, die Morgenmette und die Maid,
der fremde Mann, die Mutter und der Tod.

Du bist die sich verwandelnde Gestalt,
die immer einsam aus dem Schicksal ragt,
die unbejubelt bleibt und unbeklagt
und unbeschrieben wie ein wilder Wald.

Du bist der Dinge tiefer Inbegriff,
der seines Wesens letztes Wort verschweigt
und sich den Andern immer anders zeigt:
dem Schiff als Küste und dem Land als Schiff.

Du bist das Kloster zu den Wundenmalen.
Mit zweiunddreißig alten Kathedralen
und fünfzig Kirchen, welche aus Opalen
und Stücken Bernstein aufgemauert sind.
Auf jedem Ding im Klosterhofe
liegt deines Klanges eine Strophe,
und das gewaltige Tor beginnt.

In langen Häusern wohnen Nonnen,
Schwarzschwestern, siebenhundertzehn.
Manchmal kommt eine an den Bronnen,
und eine steht wie eingesponnen,
und eine, wie in Abendsonnen,
geht schlank in schweigsamen Alleen.
Aber die Meisten sieht man nie;
sie bleiben in der Häuser Schweigen
wie in der kranken Brust der Geigen
die Melodie, die keiner kann …

Und um die Kirchen rings im Kreise,
von schmachtendem Jasmin umstellt,
sind Gräberstätten, welche leise
wie Steine reden von der Welt.
Von jener Welt, die nichtmehr ist,
obwohl sie an das Kloster brandet,

in eitel Tag und Tand gewandet
und gleichbereit zu Lust und List.

Sie ist vergangen: denn du bist.

Sie fließt noch wie ein Spiel von Lichtern
über das teilnahmslose Jahr;
doch dir, dem Abend und den Dichtern
sind, unter rinnenden Gesichtern,
die dunkeln Dinge offenbar.

DIE KÖNIGE DER WELT sind alt
und werden keine Erben haben.
Die Söhne sterben schon als Knaben,
und ihre bleichen Töchter gaben
die kranken Kronen der Gewalt.

Der Pöbel bricht sie klein zu Geld,
der zeitgemäße Herr der Welt
dehnt sie im Feuer zu Maschinen,
die seinem Wollen grollend dienen;
aber das Glück ist nicht mit ihnen.

Das Erz hat Heimweh. Und verlassen
will es die Münzen und die Räder,
die es ein kleines Leben lehren.
Und aus Fabriken und aus Kassen
wird es zurück in das Geäder
der aufgetanen Berge kehren,
die sich verschließen hinter ihm.

ALLES WIRD WIEDER groß sein und gewaltig.
Die Lande einfach und die Wasser faltig,
die Bäume riesig und sehr klein die Mauern;
und in den Tälern, stark und vielgestaltig,
ein Volk von Hirten und von Ackerbauern.

Und keine Kirchen, welche Gott umklammern
wie einen Flüchtling und ihn dann bejammern
wie ein gefangenes und wundes Tier, –
die Häuser gastlich allen Einlaßklopfern
und ein Gefühl von unbegrenztem Opfern
in allem Handeln und in dir und mir.

Kein Jenseitswarten und kein Schaun nach drüben,
nur Sehnsucht, auch den Tod nicht zu entweihn
und dienend sich am Irdischen zu üben,
um seinen Händen nicht mehr neu zu sein.

AUCH DU WIRST GROSS SEIN. Größer noch als einer,
der jetzt schon leben muß, dich sagen kann.
Viel ungewöhnlicher und ungemeiner
und noch viel älter als ein alter Mann.

Man wird dich fühlen: daß ein Duften ginge
aus eines Gartens naher Gegenwart;
und wie ein Kranker seine liebsten Dinge
wird man dich lieben ahnungsvoll und zart.

Es wird kein Beten geben, das die Leute
zusammenschart. Du *bist* nicht im Verein,
und wer dich fühlte und sich an dir freute,
wird wie der Einzige auf Erden sein:
Ein Ausgestoßener und ein Vereinter,
gesammelt und vergeudet doch zugleich;
ein Lächelnder und doch ein Halbverweinter,
klein wie ein Haus und mächtig wie ein Reich.

Es wird nicht Ruhe in den Häusern, sei's
daß einer stirbt und sie ihn weitertragen
sei es daß wer auf heimliches Geheiß
den Pilgerstock nimmt und den Pilgerkragen,
um in der Fremde nach dem Weg zu fragen,
auf welchem er dich warten weiß.

Die Straßen werden derer niemals leer,
die zu dir wollen wie zu jener Rose,
die alle tausend Jahre einmal blüht.
Viel dunkles Volk und beinah Namenlose,
und wenn sie dich erreichen, sind sie müd.

Aber ich habe ihren Zug gesehn;
und glaube seither, daß die Winde wehn
aus ihren Mänteln, welche sich bewegen,
und stille sind wenn sie sich niederlegen–:
so groß war in den Ebenen ihr Gehn.

So möcht ich zu dir gehn: von fremden Schwellen
Almosen sammelnd, die mich ungern nähren.
Und wenn der Wege wirrend viele wären,
so würd ich mich den Ältesten gesellen.
Ich würde mich zu kleinen Greisen stellen,
und wenn sie gingen, schaut ich wie im Traum,
daß ihre Kniee aus der Bärte Wellen
wie Inseln tauchen, ohne Strauch und Baum.

Wir überholten Männer, welche blind
mit ihren Knaben wie mit Augen schauen,
und Trinkende am Fluß und müde Frauen
und viele Frauen, welche schwanger sind.
Und alle waren mir so seltsam nah, –
als ob die Männer einen Blutsverwandten,
die Frauen einen Freund in mir erkannten,
und auch die Hunde kamen, die ich sah.

Du Gott, ich möchte viele Pilger sein,
um so, ein langer Zug, zu dir zu gehn,
und um ein großes Stück von dir zu sein:
du Garten mit den lebenden Alleen.
Wenn ich so gehe wie ich bin, allein, –
wer merkt es denn? Wer *sieht* mich zu dir gehn?
Wen reißt es hin? Wen regt es auf, und wen
bekehrt es dir?
Als wäre nichts geschehn, –
lachen sie weiter. Und da bin ich froh,
daß ich so gehe wie ich bin; denn so
kann keiner von den Lachenden mich sehn.

Bei Tag bist du das Hörensagen,
das flüsternd um die Vielen fließt;
die Stille nach dem Stundenschlagen,
welche sich langsam wieder schließt.

Je mehr der Tag mit immer schwächern
Gebärden sich nach Abend neigt,
je mehr bist du, mein Gott. Es steigt
dein Reich wie Rauch aus allen Dächern.

Ein Pilgermorgen. Von den harten Lagern,
auf das ein jeder wie vergiftet fiel,
erhebt sich bei dem ersten Glockenspiel
ein Volk von hagern Morgensegen-Sagern,
auf das die frühe Sonne niederbrennt:
Bärtige Männer, welche sich verneigen,
Kinder, die ernsthaft aus den Pelzen steigen,
und in den Mänteln, schwer von ihrem Schweigen,
die braunen Fraun von Tiflis und Taschkent.
Christen mit den Gebärden des Islam
sind um die Brunnen, halten ihre Hände
wie flache Schalen hin, wie Gegenstände,
in die die Flut wie eine Seele kam.

Sie neigen das Gesicht hinein und trinken,
reißen die Kleider auf mit ihrer Linken
und halten sich das Wasser an die Brust
als wärs ein kühles weinendes Gesicht,
das von den Schmerzen auf der Erde spricht.

Und diese Schmerzen stehen rings umher
mit welken Augen; und du weißt nicht wer
sie sind und waren. Knechte oder Bauern,
vielleicht Kaufleute, welche Wohlstand sahn,
vielleicht auch laue Mönche, die nicht dauern,
und Diebe, die auf die Versuchung lauern,
offene Mädchen, die verkümmert kauern,
und Irrende in einem Wald von Wahn –:
alle wie Fürsten, die in tiefem Trauern
die Überflüsse von sich abgetan.
Wie Weise alle, welche viel erfahren,
Erwählte, welche in der Wüste waren,
wo Gott sie nährte durch ein fremdes Tier;
Einsame, die durch Ebenen gegangen
mit vielen Winden an den dunklen Wangen,
von einer Sehnsucht fürchtig und befangen
und doch so wundersam erhöht von ihr.
Gelöste aus dem Alltag, eingeschaltet
in große Orgeln und in Chorgesang,
und Knieende, wie Steigende gestaltet;
Fahnen mit Bildern, welche lang
verborgen waren und zusammgefaltet:

Jetzt hängen sie sich langsam wieder aus.

Und manche stehn und schaun nach einem Haus,
darin die Pilger, welche krank sind, wohnen;
denn eben wand sich dort ein Mönch heraus,
die Haare schlaff und die Sutane kraus,
das schattige Gesicht voll kranker Blaus
und ganz verdunkelt von Dämonen.

Er neigte sich, als bräch er sich entzwei,
und warf sich in zwei Stücken auf die Erde,
die jetzt an seinem Munde wie ein Schrei
zu hängen schien und so als
sei sie seiner Arme wachsende Gebärde.

Und langsam ging sein Fall an ihm vorbei.

Er flog empor, als ob er Flügel spürte,
und sein erleichtertes Gefühl verführte
ihn zu dem Glauben seiner Vogelwerdung.
Er hing in seinen magern Armen schmal,
wie eine schiefgeschobne Marionette,
und glaubte, daß er große Schwingen hätte
und daß die Welt schon lange wie ein Tal
sich ferne unter seinen Füßen glätte.
Ungläubig sah er sich mit einem Mal
herabgelassen auf die fremde Stätte
und auf den grünen Meergrund seiner Qual.
Und war ein Fisch und wand sich schlank und schwamm
durch tiefes Wasser, still und silbergrau,
sah Quallen hangen am Korallenstamm
und sah die Haare einer Meerjungfrau,
durch die das Wasser rauschte wie ein Kamm.
Und kam zu Land und war ein Bräutigam
bei einer Toten, wie man ihn erwählt
damit kein Mädchen fremd und unvermählt
des Paradieses Wiesenland beschritte.

Er folgte ihr und ordnete die Tritte
und tanzte rund, sie immer in der Mitte,
und seine Arme tanzten rund um ihn.

Dann horchte er, als wäre eine dritte
Gestalt ganz sachte in das Spiel getreten,
die diesem Tanzen nicht zu glauben schien.
Und da erkannte er: jetzt mußt du beten;
denn dieser ist es, welcher den Propheten
wie eine große Krone sich verliehn.
Wir halten ihn, um den wir täglich flehten,
wir ernten ihn, den einstens Ausgesäten,
und kehren heim mit ruhenden Geräten
in langen Reihen wie in Melodien.
Und er verneigte sich ergriffen, tief.

Aber der Alte war, als ob er schliefe,
und sah es nicht, obwohl sein Aug nicht schlief.

Und er verneigte sich in solche Tiefe,
daß ihm ein Zittern durch die Glieder lief.
Aber der Alte ward es nicht gewahr.

Da faßte sich der kranke Mönch am Haar
und schlug sich wie ein Kleid an einen Baum.
Aber der Alte stand und sah es kaum.

Da nahm der kranke Mönch sich in die Hände
wie man ein Richtschwert in die Hände nimmt,
und hieb und hieb, verwundete die Wände
und stieß sich endlich in den Grund ergrimmt.
Aber der Alte blickte unbestimmt.

Da riß der Mönch sein Kleid sich ab wie Rinde
und knieend hielt er es dem Alten hin.

Und sieh: er kam. Kam wie zu einem Kinde
und sagte sanft: Weißt du auch wer ich bin?
Das wußte er. Und legte sich gelinde
dem Greis wie eine Geige unters Kinn.

Jetzt reifen schon die roten Berberitzen,
alternde Astern atmen schwach im Beet.
Wer jetzt nicht reich ist, da der Sommer geht,
wird immer warten und sich nie besitzen.

Wer jetzt nicht seine Augen schließen kann,
gewiß, daß eine Fülle von Gesichten
in ihm nur wartet bis die Nacht begann,
um sich in seinem Dunkel aufzurichten: –
der ist vergangen wie ein alter Mann.

Dem kommt nichts mehr, dem stößt kein Tag mehr zu,
und alles lügt ihn an, was ihm geschieht;
auch du, mein Gott. Und wie ein Stein bist du,
welcher ihn täglich in die Tiefe zieht.

Du musst nicht bangen, Gott. Sie sagen: *mein*
zu allen Dingen, die geduldig sind.
Sie sind wie Wind, der an die Zweige streift
und sagt: *mein* Baum.

Sie merken kaum,
wie alles glüht, was ihre Hand ergreift, –
so daß sie's auch an seinem letzten Saum
nicht halten könnten ohne zu verbrennen.

Sie sagen *mein*, wie manchmal einer gern
den Fürsten Freund nennt im Gespräch mit Bauern,
wenn dieser Fürst sehr groß ist und – sehr fern.
Sie sagen *mein* von ihren fremden Mauern
und kennen gar nicht ihres Hauses Herrn.
Sie sagen *mein* und nennen das Besitz,
wenn jedes Ding sich schließt, dem sie sich nahn,
so wie ein abgeschmackter Charlatan
vielleicht die Sonne sein nennt und den Blitz.
So sagen sie: mein Leben, meine Frau,
mein Hund, mein Kind, und wissen doch genau,
daß alles: Leben, Frau und Hund und Kind
fremde Gebilde sind, daran sie blind
mit ihren ausgestreckten Händen stoßen.
Gewißheit freilich ist das nur den Großen,
die sich nach Augen sehnen. Denn die Andern
wollens nicht hören, daß ihr armes Wandern
mit keinem Dinge rings zusammenhängt,
daß sie, von ihrer Habe fortgedrängt,
nicht anerkannt von ihrem Eigentume
das Weib so wenig *haben* wie die Blume,
die eines fremden Lebens ist für alle.

Falle nicht, Gott, aus deinem Gleichgewicht.
Auch der dich liebt und der dein Angesicht
erkennt im Dunkel, wenn er wie ein Licht
in deinem Atem schwankt, – besitzt dich nicht.

Und wenn dich einer in der Nacht erfaßt,
so daß du kommen mußt in sein Gebet:
Du bist der Gast,
der wieder weiter geht.

Wer kann dich halten, Gott? Denn du bist dein,
von keines Eigentümers Hand gestört,
so wie der noch nicht ausgereifte Wein,
der immer süßer wird, sich selbst gehört.

In tiefen Nächten grab ich dich, du Schatz.
Denn alle Überflüsse, die ich sah,
sind Armut und armsäliger Ersatz
für deine Schönheit, die noch nie geschah.

Aber der Weg zu dir ist furchtbar weit
und, weil ihn lange keiner ging, verweht.
O du bist einsam. Du bist Einsamkeit,
du Herz, das zu entfernten Talen geht.

Und meine Hände, welche blutig sind
vom Graben, heb ich offen in den Wind,
so daß sie sich verzweigen wie ein Baum.
Ich sauge dich mit ihnen aus dem Raum

als hättest du dich einmal dort zerschellt
in einer ungeduldigen Gebärde,
und fielest jetzt, eine zerstäubte Welt,
aus fernen Sternen wieder auf die Erde
sanft wie ein Frühlingsregen fällt.

Drittes Buch

Das Buch von der Armut und vom Tode

(1903)

Vielleicht, dass ich durch schwere Berge gehe
in harten Adern, wie ein Erz allein;
und bin so tief, daß ich kein Ende sehe
und keine Ferne: alles wurde Nähe
und alle Nähe wurde Stein.

Ich bin ja noch kein Wissender im Wehe, –
so macht mich dieses große Dunkel klein;
bist *Du* es aber: mach dich schwer, brich ein:
daß deine ganze Hand an mir geschehe
und ich an dir mit meinem ganzen Schrein.

Du Berg, der blieb da die Gebirge kamen, –
Hang ohne Hütten, Gipfel ohne Namen,
ewiger Schnee, in dem die Sterne lahmen,
und Träger jener Tale der Cyclamen,
aus denen aller Duft der Erde geht;
du, aller Berge Mund und Minaret
(von dem noch nie der Abendruf erschallte):

Geh ich in dir jetzt? Bin ich im Basalte
wie ein noch ungefundenes Metall?
Ehrfürchtig füll ich deine Felsenfalte,
und deine Härte fühl ich überall.

Oder ist das die Angst, in der ich bin?
die tiefe Angst der übergroßen Städte,
in die du mich gestellt hast bis ans Kinn?

O daß dir einer recht geredet hätte
von ihres Wesens Wahn und Abersinn.
Du stündest auf, du Sturm aus Anbeginn,
und triebest sie wie Hülsen vor dir hin …

Und willst du jetzt von mir: so rede recht, –
so bin ich nichtmehr Herr in meinem Munde,
der nichts als zugehn will wie eine Wunde;
und meine Hände halten sich wie Hunde
an meinen Seiten, jedem Ruf zu schlecht.

Du zwingst mich, Herr, zu einer fremden Stunde.

Mach mich zum Wächter deiner Weiten,
mach mich zum Horchenden am Stein,
gieb mir die Augen auszubreiten
auf deiner Meere Einsamsein;
laß mich der Flüsse Gang begleiten
aus dem Geschrei zu beiden Seiten
weit in den Klang der Nacht hinein.

Schick mich in deine leeren Länder,
durch die die weiten Winde gehn,
wo große Klöster wie Gewänder
um ungelebte Leben stehn.
Dort will ich mich zu Pilgern halten,
von ihren Stimmen und Gestalten
durch keinen Trug mehr abgetrennt,
und hinter einem blinden Alten
des Weges gehn, den keiner kennt.

Denn, Herr, die großen Städte sind
verlorene und aufgelöste;
wie Flucht vor Flammen ist die größte, –
und ist kein Trost, daß er sie tröste,
und ihre kleine Zeit verrinnt.

Da leben Menschen, leben schlecht und schwer,
in tiefen Zimmern, bange von Gebärde,
geängsteter denn eine Erstlingsherde;
und draußen wacht und atmet deine Erde,
sie aber sind und wissen es nicht mehr.

Da wachsen Kinder auf an Fensterstufen,
die immer in demselben Schatten sind,
und wissen nicht, daß draußen Blumen rufen
zu einem Tag voll Weite, Glück und Wind, –
und müssen Kind sein und sind traurig Kind.

Da blühen Jungfraun auf zum Unbekannten
und sehnen sich nach ihrer Kindheit Ruh;
das aber ist nicht da, wofür sie brannten,
und zitternd schließen sie sich wieder zu.
Und haben in verhüllten Hinterzimmern
die Tage der enttäuschten Mutterschaft,
der langen Nächte willenloses Wimmern
und kalte Jahre ohne Kampf und Kraft.
Und ganz im Dunkel stehn die Sterbebetten,
und langsam sehnen sie sich dazu hin;
und sterben lange, sterben wie in Ketten
und gehen aus wie eine Bettlerin.

Da leben Menschen, weißerblühte, blasse,
und sterben staunend an der schweren Welt.
Und keiner sieht die klaffende Grimasse,
zu der das Lächeln einer zarten Rasse
in namenlosen Nächten sich entstellt.

Sie gehn umher, entwürdigt durch die Müh,
sinnlosen Dingen ohne Mut zu dienen,
und ihre Kleider werden welk an ihnen,
und ihre schönen Hände altern früh.

Die Menge drängt und denkt nicht sie zu schonen,
obwohl sie etwas zögernd sind und schwach, –
nur scheue Hunde, welche nirgends wohnen,
gehn ihnen leise eine Weile nach.

Sie sind gegeben unter hundert Quäler,
und, angeschrien von jeder Stunde Schlag,
kreisen sie einsam um die Hospitäler
und warten angstvoll auf den Einlaßtag.

Dort ist der Tod. Nicht jener, dessen Grüße
sie in der Kindheit wundersam gestreift, –
der kleine Tod, wie man ihn dort begreift;
ihr eigener hängt grün und ohne Süße
wie eine Frucht in ihnen, die nicht reift.

O Herr, gieb jedem seinen eignen Tod.
Das Sterben, das aus jenem Leben geht,
darin er Liebe hatte, Sinn und Not.
Denn wir sind nur die Schale und das Blatt.
Der große Tod, den jeder in sich hat,
das ist die Frucht, um die sich alles dreht.

Um ihretwillen heben Mädchen an
und kommen wie ein Baum aus einer Laute,
und Knaben sehnen sich um sie zum Mann;
und Frauen sind den Wachsenden Vertraute
für Ängste, die sonst niemand nehmen kann.
Um ihretwillen *bleibt* das Angeschaute
wie Ewiges, auch wenn es lang verrann, –

und jeder, welcher bildete und baute,
ward Welt um diese Frucht, und fror und taute
und windete ihr zu und schien sie an.
In sie ist eingegangen alle Wärme
der Herzen und der Hirne weißes Glühn –:
Doch deine Engel ziehn wie Vogelschwärme,
und sie erfanden alle Fruchte grün.

HERR: WIR SIND ÄRMER denn die armen Tiere,
die ihres Todes enden, wennauch blind,
weil wir noch alle ungestorben sind.
Den gieb uns, der die Wissenschaft gewinnt,
das Leben aufzubinden in Spaliere,
um welche zeitiger der Mai beginnt.

Denn dieses macht das Sterben fremd und schwer,
daß es nicht *unser* Tod ist; einer der
uns endlich nimmt, nur weil wir keinen reifen.
Drum geht ein Sturm, uns alle abzustreifen.

Wir stehn in deinem Garten Jahr und Jahr
und sind die Bäume, süßen Tod zu tragen;
aber wir altern in den Erntetagen,
und so wie Frauen, welche du geschlagen,
sind wir verschlossen, schlecht und unfruchtbar.

Oder ist meine Hoffahrt ungerecht:
sind Bäume besser? Sind wir nur Geschlecht
und Schooß von Frauen, welche viel gewähren?
Wir haben mit der Ewigkeit gehurt,

und wenn das Kreißbett da ist, so gebären
wir unsres Todes tote Fehlgeburt;
den krummen, kummervollen Embryo,
der sich (als ob ihn Schreckliches erschreckte)
die Augenkeime mit den Händen deckte
und dem schon auf der ausgebauten Stirne
die Angst von allem steht, was er nicht litt, –
und alle schließen so wie eine Dirne
in Kindbettkrämpfen und am Kaiserschnitt.

Mach Einen herrlich, Herr, mach Einen groß,
hau seinem Leben einen schönen Schooß,
und seine Scham errichte wie ein Tor
in einem blonden Wald von jungen Haaren,
und ziehe durch das Glied des Unsagbaren
den Reisigen, den weißen Heeresscharen,
den tausend Samen, die sich sammeln, vor.

Und eine Nacht gieb, daß der Mensch empfinge
was keines Menschen Tiefen noch betrat;
gieb eine Nacht: da blühen alle Dinge,
und mach sie duftender als die Syringe
und wiegender denn deines Windes Schwinge
und jubelnder als Josaphat.

Und gieb ihm eines langen Tragens Zeit
und mach ihn weit in wachsenden Gewändern,
und schenk ihm eines Sternes Einsamkeit,
daß keines Auges Staunen ihn beschreit,
wenn seine Züge schmelzend sich verändern.

Erneue ihn mit einer reinen Speise,
mit Tau, mit ungetötetem Gericht,
mit jenem Leben, das wie Andacht leise
und warm wie Atem aus den Feldern bricht.

Mach, daß er seine Kindheit wieder weiß;
das Unbewußte und das Wunderbare
und seiner ahnungsvollen Anfangsjahre
unendlich dunkelreichen Sagenkreis.

Und also heiß ihn seiner Stunde warten,
da er den Tod gebären wird, den Herrn:
allein und rauschend wie ein großer Garten,
und ein Versammelter aus fern.

Das letzte Zeichen laß an uns geschehen,
erscheine in der Krone deiner Kraft,
und gieb uns jetzt (nach aller Weiber Wehen)
des Menschen ernste Mutterschaft.
Erfülle, du gewaltiger Gewährer,
nicht jenen Traum der Gottgebärerin, –
richt auf den Wichtigen: den Tod-Gebärer,
und führ uns mitten durch die Hände derer,
die ihn verfolgen werden, zu ihm hin.
Denn sieh, ich sehe seine Widersacher,
und sie sind mehr als Lügen in der Zeit, –
und er wird aufstehn in dem Land der Lacher
und wird ein Träumer heißen: denn ein Wacher
ist immer Träumer unter Trunkenheit.

Du aber gründe ihn in deine Gnade,
in deinem alten Glanze pflanz ihn ein;
und mich laß Tänzer dieser Bundeslade,
laß mich den Mund der neuen Messiade,
den Tönenden, den Täufer sein.

Ich will ihn preisen. Wie vor einem Heere
die Hörner gehen, will ich gehn und schrein.
Mein Blut soll lauter rauschen denn die Meere,
mein Wort soll süß sein, daß man sein begehre,
und doch nicht irre machen wie der Wein.

Und in den Frühlingsnächten, wenn nicht viele
geblieben sind um meine Lagerstatt,
dann will ich blühn in meinem Saitenspiele
so leise wie die nördlichen Aprile,
die spät und ängstlich sind um jedes Blatt.

Denn meine Stimme wuchs nach zweien Seiten
und ist ein Duften worden und ein Schrein:
die eine will den Fernen vorbereiten,
die andere muß meiner Einsamkeiten
Gesicht und Seligkeit und Engel sein.

Und gieb, dass beide Stimmen mich begleiten,
streust du mich wieder aus in Stadt und Angst.
Mit ihnen will ich sein im Zorn der Zeiten,
und dir aus meinem Klang ein Bett bereiten
an jeder Stelle, wo du es verlangst.
Die grossen Städte sind nicht wahr; sie täuschen
den Tag, die Nacht, die Tiere und das Kind;
ihr Schweigen lügt, sie lügen mit Geräuschen
und mit den Dingen, welche willig sind.

Nichts von dem weiten wirklichen Geschehen,
das sich um dich, du Werdender, bewegt,
geschieht in ihnen. Deiner Winde Wehen
fällt in die Gassen, die es anders drehen,
ihr Rauschen wird im Hin- und Wiedergehen
verwirrt, gereizt und aufgeregt.

Sie kommen auch zu Beeten und Alleen –:

Denn Gärten sind, – von Königen gebaut,
die eine kleine Zeit sich drin vergnügten
mit jungen Frauen, welche Blumen fügten
zu ihres Lachens wunderlichem Laut.
Sie hielten diese müden Parke wach;
sie flüsterten wie Lüfte in den Büschen,
sie leuchteten in Pelzen und in Plüschen,
und ihrer Morgenkleider Seidenrüschen
erklangen auf dem Kiesweg wie ein Bach.

Jetzt gehen ihnen alle Gärten nach –
und fügen still und ohne Augenmerk
sich in des fremden Frühlings helle Gammen
und brennen langsam mit des Herbstes Flammen
auf ihrer Äste großem Rost zusammen,
der kunstvoll wie aus tausend Monogrammen
geschmiedet scheint zu schwarzem Gitterwerk.

Und durch die Gärten blendet der Palast
(wie blasser Himmel mit verwischtem Lichte),
in seiner Säle welke Bilderlast
versunken wie in innere Gesichte,
fremd jedem Feste, willig zum Verzichte
und schweigsam und geduldig wie ein Gast.

DANN SAH ICH AUCH Paläste, welche leben;
sie brüsten sich den schönen Vögeln gleich,
die eine schlechte Stimme von sich geben.
Viele sind reich und wollen sich erheben, –
aber die Reichen *sind* nicht reich.
Nicht wie die Herren deiner Hirtenvölker,
der klaren, grünen Ebenen Bewölker
wenn sie mit schummerigem Schafgewimmel
darüber zogen wie ein Morgenhimmel.
Und wenn sie lagerten und die Befehle
verklungen waren in der neuen Nacht,
dann wars, als sei jetzt eine andre Seele
in ihrem flachen Wanderland erwacht –:
die dunklen Höhenzüge der Kamele
umgaben es mit der Gebirge Pracht.

Und der Geruch der Rinderherden lag
dem Zuge nach bis in den zehnten Tag,
war warm und schwer und wich dem Wind nicht aus.
Und wie in einem hellen Hochzeitshaus
die ganze Nacht die reichen Weine rinnen:
so kam die Milch aus ihren Eselinnen.

Und nicht wie jene Scheichs der Wüstenstimme,
die nächtens auf verwelktem Teppich ruhten,
aber Rubinen ihren Lieblingsstuten
einsetzen ließen in die Silberkämme.

Und nicht wie jene Fürsten, die des Golds
nicht achteten, das keinen Duft erfand,
und deren stolzes Leben sich verband
mit Ambra, Mandelöl und Sandelholz.

Nicht wie des Ostens weißer Gossudar,
dem Reiche eines Gottes Recht erwiesen;
er aber lag mit abgehärmtem Haar,
die alte Stirne auf des Fußes Fliesen,
und weinte, – weil aus allen Paradiesen
nicht *eine* Stunde seine war.

Nicht wie die Ersten alter Handelshäfen,
die sorgten, wie sie ihre Wirklichkeit
mit Bildern ohnegleichen überträfen
und ihre Bilder wieder mit der Zeit;
und die in ihres goldnen Mantels Stadt
zusammgefaltet waren wie ein Blatt,
nur leise atmend mit den weißen Schläfen …

Das waren Reiche, die das Leben zwangen
unendlich weit zu sein und schwer und warm.
Aber der Reichen Tage sind vergangen,
und keiner wird sie dir zurückverlangen,
nur mach die Armen endlich wieder arm.

Sie sind es nicht. Sie sind nur die Nicht-Reichen,
die ohne Willen sind und ohne Welt;
gezeichnet mit der letzten Ängste Zeichen
und überall entblättert und entstellt.

Zu ihnen drängt sich aller Staub der Städte,
und aller Unrat hängt sich an sie an.
Sie sind verrufen wie ein Blatternbette,
wie Scherben fortgeworfen, wie Skelette,
wie ein Kalender, dessen Jahr verrann, –
und doch: wenn deine Erde Nöte hätte:
sie reihte sie an eine Rosenkette
und trüge sie wie einen Talisman.
Denn sie sind reiner als die reinen Steine
und wie das blinde Tier, das erst beginnt,
und voller Einfalt und unendlich Deine
und wollen nichts und brauchen nur das Eine:

so arm sein dürfen, wie sie wirklich sind.

Denn Armut ist ein großer Glanz aus Innen …

Du bist der Arme, du der Mittellose,
du bist der Stein, der keine Stätte hat,
du bist der fortgeworfene Leprose,
der mit der Klapper umgeht vor der Stadt.

Denn dein ist nichts, so wenig wie des Windes,
und deine Blöße kaum bedeckt der Ruhm;
das Alltagskleidchen eines Waisenkindes
ist herrlicher und wie ein Eigentum.

Du bist so arm wie eines Keimes Kraft
in einem Mädchen, das es gern verbürge
und sich die Lenden preßt, daß sie erwürge
das erste Atmen ihrer Schwangerschaft.

Und du bist arm: so wie der Frühlingsregen,
der selig auf der Städte Dächer fällt,
und wie ein Wunsch, wenn Sträflinge ihn hegen
in einer Zelle, ewig ohne Welt.
Und wie die Kranken, die sich anders legen
und glücklich sind; wie Blumen in Geleisen
so traurig arm im irren Wind der Reisen;
und wie die Hand, in die man weint, so arm …

Und was sind Vögel gegen dich, die frieren,
was ist ein Hund, der tagelang nicht fraß,
und *was* ist gegen dich das Sichverlieren,
das stille lange Traurigsein von Tieren,
die man als Eingefangene vergaß?

Und alle Armen in den Nachtasylen,
was sind sie gegen dich und deine Not?
Sie sind nur kleine Steine, keine Mühlen,
aber sie mahlen doch ein wenig Brot.

Du aber bist der tiefste Mittellose,
der Bettler mit verborgenem Gesicht;
du bist der Armut große Rose,
die ewige Metamorphose
des Goldes in das Sonnenlicht.

Du bist der leise Heimatlose,
der nichtmehr einging in die Welt:
zu groß und schwer zu jeglichem Bedarfe.
Du heulst im Sturm. Du bist wie eine Harfe,
an welcher jeder Spielende zerschellt.

Du, der du weisst, und dessen weites Wissen
aus Armut ist und Armutsüberfluß:
Mach, daß die Armen nichtmehr fortgeschmissen
und eingetreten werden in Verdruß.
Die andern Menschen sind wie ausgerissen;
sie aber stehn wie eine Blumen-Art
aus Wurzeln auf und duften wie Melissen
und ihre Blätter sind gezackt und zart.

Betrachte sie und sieh, was ihnen gliche:
sie rühren sich wie in den Wind gestellt
und ruhen aus wie etwas, was man hält.
In ihren Augen ist das feierliche
Verdunkeltwerden lichter Wiesenstriche,
auf die ein rascher Sommerregen fallt.

Sie sind so still; fast gleichen sie den Dingen.
Und wenn man sich sie in die Stube lädt,
sind sie wie Freunde, die sich wiederbringen,
und gehn verloren unter dem Geringen
und dunkeln wie ein ruhiges Gerät.

Sie sind wie Wächter bei verhängten Schätzen,
die sie bewahren, aber selbst nicht sahn, –
getragen von den Tiefen wie ein Kahn,
und wie das Leinen auf den Bleicheplätzen
so ausgebreitet und so aufgetan.

Und sieh, wie ihrer Füße Leben geht:
wie das der Tiere, hundertfach verschlungen
mit jedem Wege; voll Erinnerungen
an Stein und Schnee und an die leichten, jungen
gekühlten Wiesen, über die es weht.

Sie haben Leid von jenem großen Leide,
aus dem der Mensch zu kleinem Kummer fiel;
des Grases Balsam und der Steine Schneide
ist ihnen Schicksal,- und sie lieben beide
und gehen wie auf deiner Augen Weide
und so wie Hände gehn im Saitenspiel.

Und ihre Hände sind wie die von Frauen,
und irgendeiner Mutterschaft gemäß;
so heiter wie die Vögel wenn sie bauen, –
im Fassen warm und ruhig im Vertrauen,
und anzufühlen wie ein Trinkgefäß.

Ihr Mund ist wie der Mund an einer Büste,
der nie erklang und atmete und küßte
und doch aus einem Leben das verging
das alles, weise eingeformt, empfing
und sich nun wölbt, als ob er alles wüßte –
und doch nur Gleichnis ist und Stein und Ding …

Und ihre Stimme kommt von ferneher
und ist vor Sonnenaufgang aufgebrochen,
und war in großen Wäldern, geht seit Wochen,
und hat im Schlaf mit Daniel gesprochen
und hat das Meer gesehn, und sagt vom Meer.

Und wenn sie schlafen, sind sie wie an alles
zurückgegeben was sie leise leiht,
und weit verteilt wie Brot in Hungersnöten
an Mitternächte und an Morgenröten,
und sind wie Regen voll des Niederfalles
in eines Dunkels junge Fruchtbarkeit.

Dann bleibt nicht *eine* Narbe ihres Namens
auf ihrem Leib zurück, der keimbereit
sich bettet wie der Samen jenes Samens,
aus dem du stammen wirst von Ewigkeit.

Und sieh: ihr Leib ist wie ein Bräutigam
und fließt im Liegen hin gleich einem Bache,
und lebt so schön wie eine schöne Sache,
so leidenschaftlich und so wundersam.
In seiner Schlankheit sammelt sich das Schwache,
das Bange, das aus vielen Frauen kam;
doch sein Geschlecht ist stark und wie ein Drache
und wartet schlafend in dem Tal der Scham.

Denn sieh: sie werden leben und sich mehren
und nicht bezwungen werden von der Zeit,
und werden wachsen wie des Waldes Beeren
den Boden bergend unter Süßigkeit.

Denn selig sind, die niemals sich entfernten
und still im Regen standen ohne Dach;
zu ihnen werden kommen alle Ernten,
und ihre Frucht wird voll sein tausendfach.

Sie werden dauern über jedes Ende
und über Reiche, deren Sinn verrinnt,
und werden sich wie ausgeruhte Hände
erheben, wenn die Hände aller Stände
und aller Völker müde sind.

Nur nimm sie wieder aus der Städte Schuld,
wo ihnen alles Zorn ist und verworren
und wo sie in den Tagen aus Tumult
verdorren mit verwundeter Geduld.

Hat denn für sie die Erde keinen Raum?
Wen sucht der Wind? Wer trinkt des Baches Helle?
Ist in der Teiche tiefem Ufertraum
kein Spiegelbild mehr frei für Tür und Schwelle?
Sie brauchen ja nur eine kleine Stelle,
auf der sie alles haben wie ein Baum.

Des Armen Haus ist wie ein Altarschrein.
Drin wandelt sich das Ewige zur Speise,
und wenn der Abend kommt, so kehrt es leise
zu sich zurück in einem weiten Kreise
und geht voll Nachklang langsam in sich ein.

Des Armen Haus ist wie ein Altarschrein.

Des Armen Haus ist wie des Kindes Hand.
Sie nimmt nicht, was Erwachsene verlangen;
nur einen Käfer mit verzierten Zangen,
den runden Stein, der durch den Bach gegangen,
den Sand, der rann, und Muscheln, welche klangen:
sie ist wie eine Waage aufgehangen
und sagt das allerleiseste Empfangen
langschwankend an mit ihrer Schalen Stand.

Des Armen Haus ist wie des Kindes Hand.

Und wie die Erde ist des Armen Haus:
Der Splitter eines künftigen Kristalles,
bald licht, bald dunkel in der Flucht des Falles;
arm wie die warme Armut eines Stalles, –
und doch sind Abende: da ist sie alles,
und alle Sterne gehen von ihr aus.

Die Städte aber wollen nur das Ihre
und reißen alles mit in ihren Lauf.
Wie hohles Holz zerbrechen sie die Tiere
und brauchen viele Völker brennend auf.

Und ihre Menschen dienen in Kulturen
und fallen tief aus Gleichgewicht und Maß,
und nennen Fortschritt ihre Schneckenspuren
und fahren rascher, wo sie langsam fuhren,
und fühlen sich und funkeln wie die Huren
und lärmen lauter mit Metall und Glas.

Es ist, als ob ein Trug sie täglich äffte,
sie können gar nicht mehr sie selber sein;
das Geld wächst an, hat alle ihre Kräfte
und ist wie Ostwind groß, und sie sind klein
und ausgeholt und warten, daß der Wein
und alles Gift der Tier- und Menschensäfte
sie reize zu vergänglichem Geschäfte.

Und deine Armen leiden unter diesen
und sind von allem, was sie schauen, schwer
und glühen frierend wie in Fieberkrisen
und gehn, aus jeder Wohnung ausgewiesen,
wie fremde Tote in der Nacht umher;
und sind beladen mit dem ganzen Schmutze,
und wie in Sonne Faulendes bespien, –
von jedem Zufall, von der Dirnen Putze,
von Wagen und Laternen angeschrien.

Und giebt es einen Mund zu ihrem Schutze,
so mach ihn mündig und bewege ihn.

O WO IST DER, der aus Besitz und Zeit
zu seiner großen Armut so erstarkte,
daß er die Kleider abtat auf dem Markte
und bar einherging vor des Bischofs Kleid.
Der Innigste und Liebendste von allen,
der kam und lebte wie ein junges Jahr;
der braune Bruder deiner Nachtigallen,
in dem ein Wundern und ein Wohlgefallen
und ein Entzücken an der Erde war.

Denn er war keiner von den immer Müdern,
die freudeloser werden nach und nach,
mit kleinen Blumen wie mit kleinen Brüdern
ging er den Wiesenrand entlang und sprach.
Und sprach von sich und wie er sich verwende
so daß es allem eine Freude sei;
und seines hellen Herzens war kein Ende,
und kein Geringes ging daran vorbei.

Er kam aus Licht zu immer tieferm Lichte,
und seine Zelle stand in Heiterkeit.
Das Lächeln wuchs auf seinem Angesichte
und hatte seine Kindheit und Geschichte
und wurde reif wie eine Mädchenzeit.

Und wenn er sang, so kehrte selbst das Gestern
und das Vergessene zurück und kam;
und eine Stille wurde in den Nestern,
und nur die Herzen schrieen in den Schwestern,
die er berührte wie ein Bräutigam.

Dann aber lösten seines Liedes Pollen
sich leise los aus seinem roten Mund
und trieben träumend zu den Liebevollen
und fielen in die offenen Corollen
und sanken langsam auf den Blütengrund.

Und sie empfingen ihn, den Makellosen,
in ihrem Leib, der ihre Seele war.
Und ihre Augen schlossen sich wie Rosen,
und voller Liebesnächte war ihr Haar.

Und ihn empfing das Große und Geringe.
Zu vielen Tieren kamen Cherubim
zu sagen, daß ihr Weibchen Früchte bringe, –
und waren wunderschöne Schmetterlinge:
denn ihn erkannten alle Dinge
und hatten Fruchtbarkeit aus ihm.

Und als er starb, so leicht wie ohne Namen,
da war er ausgeteilt: sein Samen rann in Bächen,
in den Bäumen sang sein Samen
und sah ihn ruhig aus den Blumen an.
Er lag und sang. Und als die Schwestern kamen,
da weinten sie um ihren lieben Mann

O WO IST ER, DER KLARE, hingeklungen?
Was fühlen ihn, den Jubelnden und Jungen,
die Armen, welche harren, nicht von fern?
Was steigt er nicht in ihre Dämmerungen –
der Armut großer Abendstern.

Das Buch der Bilder

(1902 und 1906)

Des Ersten Buches Erster Teil
Des Ersten Buches Zweiter Teil

Des Zweiten Buches Erster Teil
Des Zweiten Buches Zweiter Teil

Des ersten Buches
Erster Teil

Eingang

Wer du auch seist: am Abend tritt hinaus
aus deiner Stube, drin du alles weißt;
als letztes vor der Ferne liegt dein Haus:
wer du auch seist.
Mit deinen Augen, welche müde kaum
von der verbrauchten Schwelle sich befrein,
hebst du ganz langsam einen schwarzen Baum
und stellst ihn vor den Himmel: schlank, allein.
Und hast die Welt gemacht. Und sie ist groß
und wie ein Wort, das noch im Schweigen reift.
Und wie dein Wille ihren Sinn begreift,
lassen sie deine Augen zärtlich los …

Aus einem April

Wieder duftet der Wald.
Es heben die schwebenden Lerchen
mit sich den Himmel empor, der unseren Schultern
schwer war;
zwar sah man noch durch die Äste den Tag, wie er
leer war, –
aber nach langen, regnenden Nachmittagen
kommen die goldübersonnten
neueren Stunden,
vor denen flüchtend an fernen Häuserfronten
alle die wunden
Fenster furchtsam mit Flügeln schlagen.
Dann wird es still. Sogar der Regen geht leiser
über der Steine ruhig dunkelnden Glanz.
Alle Geräusche ducken sich ganz
in die glänzenden Knospen der Reiser.

Zwei Gedichte zu Hans Thomas sechzigstem Geburtstage

Mondnacht

Süddeutsche Nacht, ganz breit im reifen Monde,
und mild wie aller Märchen Wiederkehr.
Vom Turme fallen viele Stunden schwer
in ihre Tiefen nieder wie ins Meer, –
und dann ein Rauschen und ein Ruf der Ronde,
und eine Weile bleibt das Schweigen leer;
und eine Geige dann (Gott weiß woher)
erwacht und sagt ganz langsam:
Eine Blonde…

Ritter

Reitet der Ritter in schwarzem Stahl
hinaus in die rauschende Welt.

Und draußen ist Alles: der Tag und das Tal
und der Freund und der Feind und das Mahl im Saal
und der Mai und die Maid und der Wald und der Gral,
und Gott ist selber vieltausendmal
an alle Straßen gestellt.

Doch in dem Panzer des Ritters drinnen,
hinter den finstersten Ringen,
hockt der Tod und muß sinnen und sinnen:
Wann wird die Klinge springen
über die Eisenhecke,
die fremde befreiende Klinge,
die mich aus meinem Verstecke
holt, drin ich so viele
gebückte Tage verbringe, –
daß ich mich endlich strecke
und spiele
und singe.

Mädchenmelancholie

Mir fällt ein junger Ritter ein
fast wie ein alter Spruch.

Der kam. So kommt manchmal im Hain
der große Sturm und hüllt dich ein.
Der ging. So läßt das Benedein
der großen Glocken dich allein
oft mitten im Gebet …
Dann willst du in die Stille schrein,
und weinst doch nur ganz leis hinein
tief in dein kühles Tuch.
Mir fällt ein junger Ritter ein,
der weit in Waffen geht.

Sein Lächeln war so weich und fein:
wie Glanz auf altem Elfenbein,
wie Heimweh, wie ein Weihnachtsschnein
im dunkeln Dorf, wie Türkisstein
um den sich lauter Perlen reihn,
wie Mondenschein
auf einem lieben Buch.

Von den Mädchen

I

Andere müssen auf langen Wegen
zu den dunklen Dichtern gehn;
fragen immer irgendwen,
ob er nicht einen hat singen sehn
oder Hände auf Saiten legen.
Nur die Mädchen fragen nicht,
welche Brücke zu Bildern führe;
lächeln nur, lichter als Perlenschnüre,
die man an Schalen von Silber hält.

Aus ihrem Leben geht jede Türe
in einen Dichter
und in die Welt.

II

Mädchen, Dichter sind, die von euch lernen
das zu *sagen,* was ihr einsam *seid;*
und sie lernen leben an euch Fernen,
wie die Abende an großen Sternen
sich gewöhnen an die Ewigkeit.

Keine darf sich je dem Dichter schenken,
wenn sein Auge auch um Frauen bat;
denn er kann euch nur als Mädchen denken:
das Gefühl in euren Handgelenken
würde brechen von Brokat.

Laßt ihn einsam sein in seinem Garten,
wo er euch wie Ewige empfing
auf den Wegen, die er täglich ging,
bei den Bänken, welche schattig warten,
und im Zimmer, wo die Laute hing.

Geht! ... es dunkelt. Seine Sinne suchen
eure Stimme und Gestalt nicht mehr.
Und die Wege liebt er lang und leer
und kein Weißes unter dunklen Buchen, –
und die stumme Stube liebt er sehr
... Eure Stimmen hört er ferne gehn
(unter Menschen, die er müde meidet)
und: sein zärtliches Gedenken leidet
im Gefühle, daß euch viele sehn.

Das Lied der Bildsäule

Wer ist es, wer mich so liebt, daß er
sein liebes Leben verstößt?
Wenn einer für mich ertrinkt im Meer,
so bin ich vom Steine zur Wiederkehr
ins Leben, ins Leben erlöst.

Ich sehne mich so nach dem rauschenden Blut;
der Stein ist so still.
Ich träume vom Leben: das Leben ist gut.
Hat keiner den Mut,
durch den ich erwachen will?

Und werd ich einmal im Leben sein,
das mir alles Goldenste giebt, –
– – – – – – – – – – – – – – – – – –
so werd ich allein
weinen, weinen nach meinem Stein.
Was hilft mir mein Blut, wenn es reift wie der Wein?
Es kann aus dem Meer nicht den Einen schrein,
der mich am meisten geliebt.

Der Wahnsinn

Sie muss immer sinnen: Ich bin ... ich bin ...
Wer bist du denn, Marie?
Eine Königin, eine Königin!
In die Kniee vor mir, in die Knie!

Sie muß immer weinen: Ich war ... ich war ...
Wer warst du denn, Marie?
Ein Niemandskind, ganz arm und bar,
und ich kann dir nicht sagen wie.

Und wurdest aus einem solchen Kind
eine Fürstin, vor der man kniet?
Weil die Dinge alle anders sind,
als man sie beim Betteln sieht.

So haben die Dinge dich groß gemacht,
und kannst du noch sagen wann?
Eine Nacht, eine Nacht, über eine Nacht, –
und sie sprachen mich anders an.
Ich trat in die Gasse hinaus und sieh:
die ist wie mit Saiten bespannt;
da wurde Marie Melodie, Melodie ...
und tanzte von Rand zu Rand.
Die Leute schlichen so ängstlich hin,
wie hart an die Häuser gepflanzt, –
denn das darf doch nur eine Königin,
daß sie tanzt in den Gassen: tanzt! ...

Die Liebende

JA ICH SEHNE MICH nach dir. Ich gleite
mich verlierend selbst mir aus der Hand,
ohne Hoffnung, daß ich Das bestreite,
was zu mir kommt wie aus deiner Seite
ernst und unbeirrt und unverwandt.

… jene Zeiten: O wie war ich Eines,
nichts was rief und nichts was mich verriet;
meine Stille war wie eines Steines,
über den der Bach sein Murmeln zieht.

Aber jetzt in diesen Frühlingswochen
hat mich etwas langsam abgebrochen
von dem unbewußten dunkeln Jahr.
Etwas hat mein armes warmes Leben
irgendeinem in die Hand gegeben,
der nicht weiß was ich noch gestern war.

Die Braut

Ruf mich, Geliebter, ruf mich laut!
Laß deine Braut nicht so lange am Fenster stehn.
In den alten Platanenalleen
wacht der Abend nicht mehr:
sie sind leer.

Und kommst du mich nicht in das nächtliche Haus
mit deiner Stimme verschließen,
so muß ich mich aus meinen Händen hinaus
in die Gärten des Dunkelblaus
ergießen …

Die Stille

Hörst du, Geliebte, ich hebe die Hände –
hörst du: es rauscht …
Welche Gebärde der Einsamen fände
sich nicht von vielen Dingen belauscht?
Hörst du, Geliebte, ich schließe die Lider,
und auch das ist Geräusch bis zu dir.
Hörst du, Geliebte, ich hebe sie wieder …
… aber warum bist du nicht hier.

Der Abdruck meiner kleinsten Bewegung
bleibt in der seidenen Stille sichtbar;
unvernichtbar drückt die geringste Erregung
in den gespannten Vorhang der Ferne sich ein.
Auf meinen Atemzügen heben und senken
die Sterne sich.
Zu meinen Lippen kommen die Düfte zur Tränke,
und ich erkenne die Handgelenke
entfernter Engel.
Nur die ich denke: Dich
seh ich nicht.

Musik

Was spielst du, Knabe? Durch die Gärten gings
wie viele Schritte, flüsternde Befehle.
Was spielst du, Knabe? Siehe deine Seele
verfing sich in den Stäben der Syrinx.

Was lockst du sie? Der Klang ist wie ein Kerker,
darin sie sich versäumt und sich versehnt;
stark ist dein Leben, doch dein Lied ist stärker,
an deine Sehnsucht schluchzend angelehnt. –

Gieb ihr ein Schweigen, daß die Seele leise
heimkehre in das Flutende und Viele,
darin sie lebte, wachsend, weit und weise,
eh du sie zwangst in deine zarten Spiele.

Wie sie schon matter mit den Flügeln schlägt:
so wirst du, Träumer, ihren Flug vergeuden,
daß ihre Schwinge, vom Gesang zersägt,
sie nicht mehr über meine Mauern trägt,
wenn ich sie rufen werde zu den Freuden.

Die Engel

Sie haben alle müde Münde
und helle Seelen ohne Saum.
Und eine Sehnsucht (wie nach Sünde)
geht ihnen manchmal durch den Traum.

Fast gleichen sie einander alle;
in Gottes Gärten schweigen sie,
wie viele, viele Intervalle
in seiner Macht und Melodie.

Nur wenn sie ihre Flügel breiten,
sind sie die Wecker eines Winds:
als ginge Gott mit seinen weiten
Bildhauerhänden durch die Seiten
im dunklen Buch des Anbeginns.

Der Schutzengel

Du bist der Vogel, dessen Flügel kamen,
wenn ich erwachte in der Nacht und rief.
Nur mit den Armen rief ich, denn dein Namen
ist wie ein Abgrund, tausend Nächte tief.
Du bist der Schatten, drin ich still entschlief,
und jeden Traum ersinnt in mir dein Samen, –
du bist das Bild, ich aber bin der Rahmen,
der dich ergänzt in glänzendem Relief.

Wie nenn ich dich? Sieh, meine Lippen lahmen.
Du bist der Anfang, der sich groß ergießt,
ich bin das langsame und bange Amen,
das deine Schönheit scheu beschließt.

Du hast mich oft aus dunklem Ruhn gerissen,
wenn mir das Schlafen wie ein Grab erschien
und wie Verlorengehen und Entfliehn, –
da hobst du mich aus Herzensfinsternissen
und wolltest mich auf allen Türmen hissen
wie Scharlachfahnen und wie Draperien.

Du: der von Wundern redet wie vom Wissen
und von den Menschen wie von Melodien
und von den Rosen: von Ereignissen,
die flammend sich in deinem Blick vollziehn, –
du Seliger, wann nennst du einmal Ihn,
aus dessen siebentem und letztem Tage
noch immer Glanz auf deinem Flügelschlage
verloren liegt …
Befiehlst du, daß ich frage?

Märtyrinnen

Märtyrin ist sie. Und als harten Falls
mit einem Ruck
das Beil durch ihre kurze Jugend ging,
da legte sich der feine rote Ring
um ihren Hals, und war der erste Schmuck,
den sie mit einem fremden Lächeln nahm;
aber auch den erträgt sie nur mit Scham.
Und wenn sie schläft, muß ihre junge Schwester
(die, kindisch noch, sich mit der Wunde schmückt
von jenem Stein, der ihr die Stirn erdrückt)
die harten Arme um den Hals ihr halten,
und oft im Traume fleht die andre: Fester, fester.
Und da fällt es dem Kinde manchmal ein,
die Stirne mit dem Bild von jenem Stein
zu bergen in des sanften Nachtgewandes Falten,
das von der Schwester Atmen hell sich hebt,
voll wie ein Segel, das vom Winde lebt.

Das ist die Stunde, da sie heilig sind,
die stille Jungfrau und das blasse Kind.

Da sind sie wieder wie vor allem Leide
und schlafen arm und haben keinen Ruhm,
und ihre Seelen sind wie weiße Seide,
und von derselben Sehnsucht beben
und fürchten sich vor ihrem Heldentum.

Und du kannst meinen: wenn sie aus den Betten
aufstünden bei dem nächsten Morgenlichte
und, mit demselben träumenden Gesichte,
die Gassen kämen in den kleinen Städten, –
es bliebe keiner hinter ihnen staunen,
kein Fenster klirrte an den Häuserreihn,
und nirgends bei den Frauen ging ein Raunen,
und keines von den Kindern würde schrein.
Sie schritten durch die Stille in den Hemden
(die flachen Falten geben keinen Glanz)
so fremd, und dennoch keinem zum Befremden,
so wie zu Festen, aber ohne Kranz.

Die Heilige

Das Volk war durstig; also ging das eine
durstlose Mädchen, ging die Steine
um Wasser flehen für ein ganzes Volk.
Doch ohne Zeichen blieb der Zweig der Weide,
und sie ermattete am langen Gehn
und dachte endlich nur, daß einer leide,

(ein kranker Knabe, und sie hatten beide
sich einmal abends ahnend angesehn).
Da neigte sich die junge Weidenrute
in ihren Händen dürstend wie ein Tier:
jetzt ging sie blühend über ihrem Blute,
und rauschend ging ihr Blut tief unter ihr.

Kindheit

Da rinnt der Schule lange Angst und Zeit
mit Warten hin, mit lauter dampfen Dingen.
O Einsamkeit, o schweres Zeitverbringen …
Und dann hinaus: die Straßen sprühn und klingen
und auf den Plätzen die Fontänen springen
und in den Gärten wird die Welt so weit –.
Und durch das alles gehn im kleinen Kleid,
ganz anders als die andern gehn und gingen –:
O wunderliche Zeit, o Zeitverbringen,
o Einsamkeit.

Und in das alles fern hinauszuschauen:
Männer und Frauen; Männer, Männer, Frauen
und Kinder, welche anders sind und bunt;
und da ein Haus und dann und wann ein Hund
und Schrecken lautlos wechselnd mit Vertrauen –:
O Trauer ohne Sinn, o Traum, o Grauen,
o Tiefe ohne Grund.

Und so zu spielen: Ball und Ring und Reifen
in einem Garten, welcher sanft verblaßt,
und manchmal die Erwachsenen zu streifen,
blind und verwildert in des Haschens Hast,
aber am Abend still, mit kleinen steifen
Schritten nachhaus zu gehn, fest angefaßt –:
O immer mehr entweichendes Begreifen,
o Angst, o Last.

Und stundenlang am großen grauen Teiche
mit einem kleinen Segelschiff zu knien;
es zu vergessen, weil noch andre, gleiche
und schönere Segel durch die Ringe ziehn,
und denken müssen an das kleine bleiche
Gesicht, das sinkend aus dem Teiche schien
O Kindheit, o entgleitende Vergleiche.
Wohin? Wohin?

Aus einer Kindheit

DAS DUNKELN WAR WIE Reichtum in dem Raume,
darin der Knabe, sehr verheimlicht, saß.
Und als die Mutter eintrat wie im Traume,
erzitterte im stillen Schrank ein Glas.
Sie fühlte, wie das Zimmer sie verriet,
und küßte ihren Knaben: Bist du hier …
Dann schauten beide bang nach dem Klavier,
denn manchen Abend hatte sie ein Lied,
darin das Kind sich seltsam tief verfing.

Es saß sehr still. Sein großes Schauen hing
an ihrer Hand, die ganz gebeugt vom Ringe,
als ob sie schwer in Schneewehn ginge,
über die weißen Tasten ging.

Der Knabe

Ich möchte einer werden so wie die,
die durch die Nacht mit wilden Pferden fahren,
mit Fackeln, die gleich aufgegangnen Haaren
in ihres Jagens großem Winde wehn.
Vorn möcht ich stehen wie in einem Kahne,
groß und wie eine Fahne aufgerollt.
Dunkel, aber mit einem Helm von Gold,
der unruhig glänzt. Und hinter mir gereiht
zehn Männer aus derselben Dunkelheit
mit Helmen, die, wie meiner, unstät sind,
bald klar wie Glas, bald dunkel, alt und blind.
Und einer steht bei mir und bläst uns Raum
mit der Trompete, welche blitzt und schreit,
und bläst uns eine schwarze Einsamkeit,
durch die wir rasen wie ein rascher Traum:
Die Häuser fallen hinter uns ins Knie,
die Gassen biegen sich uns schief entgegen,
die Plätze weichen aus: wir fassen sie,
und unsre Rosse rauschen wie ein Regen.

Die Konfirmanden
(Paris, im Mai 1903)

In weissen Schleiern gehn die Konfirmanden
tief in das neue Grün der Gärten ein.
Sie haben ihre Kindheit überstanden,
und was jetzt kommt, wird anders sein.

O kommt es denn! Beginnt jetzt nicht die Pause,
das Warten auf den nächsten Stundenschlag?
Das Fest ist aus, und es wird laut im Hause,
und trauriger vergeht der Nachmittag ...

Das war ein Aufstehn zu dem weißen Kleide
und dann durch Gassen ein geschmücktes Gehn
und eine Kirche, innen kühl wie Seide,
und lange Kerzen waren wie Alleen,
und alle Lichter schienen wie Geschmeide,
von feierlichen Augen angesehn.

Und es war still, als der Gesang begann:
Wie Wolken stieg er in der Wölbung an
und wurde hell im Niederfall; und linder
denn Regen fiel er in die weißen Kinder.
Und wie im Wind bewegte sich ihr Weiß,
und wurde leise bunt in seinen Falten
und schien verborgne Blumen zu enthalten –:
Blumen und Vögel, Sterne und Gestalten
aus einem alten fernen Sagenkreis.

Und draußen war ein Tag aus Blau und Grün
mit einem Ruf von Rot an hellen Stellen.
Der Teich entfernte sich in kleinen Wellen,
und mit dem Winde kam ein fernes Blühn
und sang von Gärten draußen vor der Stadt.

Es war, als ob die Dinge sich bekränzten,
sie standen licht, unendlich leicht besonnt;
ein Fühlen war in jeder Häuserfront,
und viele Fenster gingen auf und glänzten.

Das Abendmahl

Sie sind versammelt, staunende Verstörte,
um ihn, der wie ein Weiser sich beschließt
und der sich fortnimmt denen er gehörte
und der an ihnen fremd vorüberfließt.
Die alte Einsamkeit kommt über ihn,
die ihn erzog zu seinem tiefen Handeln;
nun wird er wieder durch den Ölwald wandeln,
und die ihn lieben werden vor ihm fliehn.

Er hat sie zu dem letzten Tisch entboten
und (wie ein Schuß die Vögel aus den Schoten
scheucht) scheucht er ihre Hände aus den Broten
mit seinem Wort: sie fliegen zu ihm her;
sie flattern bange durch die Tafelrunde
und suchen einen Ausgang. Aber er
ist überall wie eine Dämmerstunde.

Des ersten Buches
Zweiter Teil

Initiale

AUS UNENDLICHEN Sehnsüchten steigen
endliche Taten wie schwache Fontänen,
die sich zeitig und zitternd neigen.
Aber, die sich uns sonst verschweigen,
unsere fröhlichen Kräfte – zeigen
sich in diesen tanzenden Tränen.

Zum Einschlafen zu sagen

ICH MÖCHTE jemanden einsingen,
bei jemandem sitzen und sein.
Ich möchte dich wiegen und kleinsingen
und begleiten schlafaus und schlafein.
Ich möchte der Einzige sein im Haus,
der wüßte: die Nacht war kalt.
Und möchte horchen herein und hinaus
in dich, in die Welt, in den Wald.
Die Uhren rufen sich schlagend an,
und man sieht der Zeit auf den Grund.
Und unten geht noch ein fremder Mann
und stört einen fremden Hund.

Dahinter wird Stille. Ich habe groß
die Augen auf dich gelegt;
und sie halten dich sanft und lassen dich los,
wenn ein Ding sich im Dunkel bewegt.

Menschen bei Nacht

Die Nächte sind nicht für die Menge gemacht.
Von deinem Nachbar trennt dich die Nacht,
und du sollst ihn nicht suchen trotzdem.
Und machst du nachts deine Stube licht,
um Menschen zu schauen ins Angesicht,
so mußt du bedenken: wem.

Die Menschen sind furchtbar vom Licht entstellt,
das von ihren Gesichtern träuft,
und haben sie nachts sich zusammengesellt,
so schaust du eine wankende Welt
durcheinandergehäuft.
Auf ihren Stirnen hat gelber Schein
alle Gedanken verdrängt,
in ihren Blicken flackert der Wein,
an ihren Händen hängt
die schwere Gebärde, mit der sie sich
bei ihren Gesprächen verstehn;
und dabei sagen sie: *Ich* und *Ich*
und meinen: Irgendwen.

Der Nachbar

Fremde Geige, gehst du mir nach?
In wieviel fernen Städten schon sprach
deine einsame Nacht zu meiner?
Spielen dich hunderte? Spielt dich einer?

Giebt es in allen großen Städten
solche, die sich ohne dich
schon in den Flüssen verloren hätten?
Und warum trifft es immer mich?

Warum bin ich immer der Nachbar derer,
die dich bange zwingen zu singen
und zu sagen: Das Leben ist schwerer
als die Schwere von allen Dingen.

Pont Du Carrousel

Der blinde Mann, der auf der Brücke steht,
grau wie ein Markstein namenloser Reiche,
er ist vielleicht das Ding, das immer gleiche,
um das von fern die Sternenstunde geht,
und der Gestirne stiller Mittelpunkt.
Denn alles um ihn irrt und rinnt und prunkt.

Er ist der unbewegliche Gerechte,
in viele wirre Wege hingestellt;
der dunkle Eingang in die Unterwelt
bei einem oberflächlichen Geschlechte.

Der Einsame

Wie einer, der auf fremden Meeren fuhr,
so bin ich bei den ewig Einheimischen;
die vollen Tage stehn auf ihren Tischen,
mir aber ist die Ferne voll Figur.

In mein Gesicht reicht eine Welt herein,
die vielleicht unbewohnt ist wie ein Mond,
sie aber lassen kein Gefühl allein,
und alle ihre Worte sind bewohnt.

Die Dinge, die ich weither mit mir nahm,
sehn selten aus, gehalten an das Ihre –:
in ihrer großen Heimat sind sie Tiere,
hier halten sie den Atem an vor Scham.

Die Aschanti
(Jardin d'Acclimatation)

Keine Vision von fremden Ländern,
kein Gefühl von braunen Frauen, die
tanzen aus den fallenden Gewändern.

Keine wilde fremde Melodie.
Keine Lieder, die vom Blute stammten,
und kein Blut, das aus den Tiefen schrie.

Keine braunen Mädchen, die sich samten
breiteten in Tropenmüdigkeit;
keine Augen, die wie Waffen flammten,

und die Munde zum Gelächter breit.
Und ein wunderliches Sich-verstehen
mit der hellen Menschen Eitelkeit.

Und mir war so bange hinzusehen.

O wie sind die Tiere so viel treuer,
die in Gittern auf und niedergehn,
ohne Eintracht mit dem Treiben neuer
fremder Dinge, die sie nicht verstehn;
und sie brennen wie ein stilles Feuer
leise aus und sinken in sich ein,
teilnahmslos dem neuen Abenteuer
und mit ihrem großen Blut allein.

Der Letzte

Ich habe kein Vaterhaus,
und habe auch keines verloren;
meine Mutter hat mich in die Welt hinaus
geboren.
Da steh ich nun in der Welt und geh
in die Welt immer tiefer hinein,
und habe mein Glück und habe mein Weh
und habe jedes allein.
Und bin doch manch eines Erbe.

Mit drei Zweigen hat mein Geschlecht geblüht
auf sieben Schlössern im Wald,
und wurde seines Wappens müd
und war schon viel zu alt; –
und was sie mir ließen und was ich erwerbe
zum alten Besitze, ist heimatlos.
In meinen Händen, in meinem Schooß
muß ich es halten, bis ich sterbe.
Denn was ich fortstelle,
hinein in die Welt,
fällt,
ist wie auf eine Welle
gestellt.

Bangnis

Im welken Walde ist ein Vogelruf,
der sinnlos scheint in diesem welken Walde.
Und dennoch ruht der runde Vogelruf
in dieser Weile, die ihn schuf,
breit wie ein Himmel auf dem welken Walde.
Gefügig räumt sich alles in den Schrei:
Das ganze Land scheint lautlos drin zu liegen,
der große Wind scheint sich hineinzuschmiegen,
und die Minute, welche weiter will,
ist bleich und still, als ob sie Dinge wüßte,
an denen jeder sterben müßte,
aus ihm herausgestiegen.

Klage

O WIE IST alles fern
und lange vergangen.
Ich glaube, der Stern,
von welchem ich Glanz empfange,
ist seit Jahrtausenden tot.
Ich glaube, im Boot,
das vorüberfuhr,
hörte ich etwas Banges sagen.
Im Hause hat eine Uhr
geschlagen …
In welchem Haus? …
Ich möchte aus meinem Herzen hinaus
unter den großen Himmel treten.
Ich möchte beten.
Und einer von allen Sternen
müßte wirklich noch sein.
Ich glaube, ich wüßte,
welcher allein
gedauert hat, –
welcher wie eine weiße Stadt
am Ende des Strahls in den Himmeln steht …

Einsamkeit

Die Einsamkeit ist wie ein Regen.
Sie steigt vom Meer den Abenden entgegen;
von Ebenen, die fern sind und entlegen,
geht sie zum Himmel, der sie immer hat.
Und erst vom Himmel fällt sie auf die Stadt.

Regnet hernieder in den Zwitterstunden,
wenn sich nach Morgen wenden alle Gassen
und wenn die Leiber, welche nichts gefunden,
enttäuscht und traurig voneinander lassen;
und wenn die Menschen, die einander hassen,
in *einem* Bett zusammen schlafen müssen:

dann geht die Einsamkeit mit den Flüssen …

Herbsttag

Herr: es ist Zeit. Der Sommer war sehr groß.
Leg deinen Schatten auf die Sonnenuhren,
und auf den Fluren laß die Winde los.

Befiehl den letzten Früchten voll zu sein;
gieb ihnen noch zwei südlichere Tage,
dränge sie zur Vollendung hin und jage
die letzte Süße in den schweren Wein.

Wer jetzt kein Haus hat, baut sich keines mehr.
Wer jetzt allein ist, wird es lange bleiben,
wird wachen, lesen, lange Briefe schreiben
und wird in den Alleen hin und her
unruhig wandern, wenn die Blätter treiben.

Erinnerung

Und du wartest, erwartest das Eine,
das dein Leben unendlich vermehrt;
das Mächtige, Ungemeine,
das Erwachen der Steine,
Tiefen, dir zugekehrt.

Es dämmern im Bücherständer
die Bände in Gold und Braun;
und du denkst an durchfahrene Länder,
an Bilder, an die Gewänder
wiederverlorener Fraun.

Und da weißt du auf einmal: das war es.
Du erhebst dich, und vor dir steht
eines vergangenen Jahres
Angst und Gestalt und Gebet.

Ende des Herbstes

Ich sehe seit einer Zeit,
wie alles sich verwandelt.
Etwas steht auf und handelt
und tatet und tut Leid.

Von Mal zu Mal sind all
die Gärten nicht dieselben;
von den gilbenden zu der gelben
langsamem Verfall:
wie war der Weg mir weit.

Jetzt bin ich bei den leeren
und schaue durch alle Alleen.
Fast bis zu den fernen Meeren
kann ich den ernsten schweren
verwehrenden Himmel sehn.

Herbst

Die Blätter fallen, fallen wie von weit,
als welkten in den Himmeln ferne Gärten;
sie fallen mit verneinender Gebärde.

Und in den Nächten fällt die schwere Erde
aus allen Sternen in die Einsamkeit.

Wir alle fallen. Diese Hand da fällt.
Und sieh dir andre an: es ist in allen.

Und doch ist Einer, welcher dieses Fallen
unendlich sanft in seinen Händen hält.

Am Rande der Nacht

Meine Stube und diese Weite,
wach über nachtendem Land, –
ist Eines. Ich bin eine Saite,
über rauschende breite
Resonanzen gespannt.

Die Dinge sind Geigenleiber,
von murrendem Dunkel voll;
drin träumt das Weinen der Weiber,
drin rührt sich im Schlafe der Groll
ganzer Geschlechter …
Ich soll
silbern erzittern: dann wird
Alles unter mir leben,
und was in den Dingen irrt,
wird nach dem Lichte streben,
das von meinem tanzenden Tone,
um welchen der Himmel wellt,
durch schmale, schmachtende Spalten
in die alten
Abgründe ohne
Ende fällt …

Gebet

Nacht, stille Nacht, in die verwoben sind
ganz weiße Dinge, rote, bunte Dinge,
verstreute Farben, die erhoben sind
zu Einem Dunkel Einer Stille, – bringe
doch mich auch in Beziehung zu dem Vielen,
das du erwirbst und überredest. Spielen
denn meine Sinne noch zu sehr mit Licht?
Würde sich denn mein Angesicht
noch immer störend von den Gegenständen
abheben? Urteile nach meinen Händen:
Liegen sie nicht wie Werkzeug da und Ding?
Ist nicht der Ring selbst schlicht
an meiner Hand, und liegt das Licht
nicht ganz so, voll Vertrauen, über ihnen, –
als ob sie Wege wären, die, beschienen,
nicht anders sich verzweigen, als im Dunkel? …

Fortschritt

Und wieder rauscht mein tiefes Leben lauter,
als ob es jetzt in breitern Ufern ginge.
Immer verwandter werden mir die Dinge
und alle Bilder immer angeschauter.
Dem Namenlosen fühl ich mich vertrauter:
Mit meinen Sinnen, wie mit Vögeln, reiche
ich in die windigen Himmel aus der Eiche,
und in den abgebrochnen Tag der Teiche
sinkt, wie auf Fischen stehend, mein Gefühl.

Vorgefühl

ICH BIN WIE EINE FAHNE von Fernen umgeben.
Ich ahne die Winde, die kommen, und muß sie leben,
während die Dinge unten sich noch nicht rühren:
die Türen schließen noch sanft, und in den Kaminen ist
Stille;
die Fenster zittern noch nicht, und der Staub ist noch
schwer.

Da weiß ich die Stürme schon und bin erregt wie das Meer.
Und breite mich aus und falle in mich hinein
und werfe mich ab und bin ganz allein
in dem großen Sturm.

Sturm

WENN DIE WOLKEN, von Stürmen geschlagen,
jagen:
Himmel von hundert Tagen
über einem einzigen Tag –:

Dann fühl ich dich, Hetman, von fern
(der du deine Kosaken gern
zu dem größesten Herrn
führen wolltest).
Deinen waagrechten Nacken
fühl ich, Mazeppa.

Dann bin auch ich an das rasende Rennen
eines rauchenden Rückens gebunden;
alle Dinge sind mir verschwunden,
nur die Himmel kann ich erkennen:

Überdunkelt und überschienen
lieg ich flach unter ihnen,
wie Ebenen liegen;
meine Augen sind offen wie Teiche,
und in ihnen flüchtet das gleiche
Fliegen.

Abend in Skåne

Der Park ist hoch. Und wie aus einem Haus
tret ich aus seiner Dämmerung heraus
in Ebene und Abend. In den Wind,
denselben Wind, den auch die Wolken fühlen,
die hellen Flüsse und die Flügelmühlen,
die langsam mahlend stehn am Himmelsrand.
Jetzt bin auch ich ein Ding in seiner Hand,
das kleinste unter diesen Himmeln. – Schau:

Ist das Ein Himmel?: Selig lichtes Blau,
in das sich immer reinere Wolken drängen,
und drunter alle Weiß in Übergängen,
und drüber jenes dünne, große Grau,
warmwallend wie auf roter Untermalung,
und über allem diese stille Strahlung
sinkender Sonne.

Wunderlicher Bau,
in sich bewegt und von sich selbst gehalten,
Gestalten bildend, Riesenflügel, Falten
und Hochgebirge vor den ersten Sternen
und plötzlich, da: ein Tor in solche Fernen,
wie sie vielleicht nur Vögel kennen …

Abend

Der Abend wechselt langsam die Gewänder,
die ihm ein Rand von alten Bäumen hält;
du schaust: und von dir scheiden sich die Länder,
ein himmelfahrendes und eins, das fällt;

und lassen dich, zu keinem ganz gehörend,
nicht ganz so dunkel wie das Haus, das schweigt,
nicht ganz so sicher Ewiges beschwörend
wie das, was Stern wird jede Nacht und steigt –

und lassen dir (unsäglich zu entwirrn)
dein Leben bang und riesenhaft und reifend,
so daß es, bald begrenzt und bald begreifend,
abwechselnd Stein in dir wird und Gestirn.

Ernste Stunde

Wer jetzt weint irgendwo in der Welt,
ohne Grund weint in der Welt,
weint über mich.

Wer jetzt lacht irgendwo in der Nacht,
ohne Grund lacht in der Nacht,
lacht mich aus.

Wer jetzt geht irgendwo in der Welt,
ohne Grund geht in der Welt,
geht zu mir.

Wer jetzt stirbt irgendwo in der Welt,
ohne Grund stirbt in der Welt:
sieht mich an.

Strophen

Ist einer, der nimmt alle in die Hand,
daß sie wie Sand durch seine Finger rinnen.
Er wählt die schönsten aus den Königinnen
und läßt sie sich in weißen Marmor hauen,
still liegend in des Mantels Melodie;
und legt die Könige zu ihren Frauen,
gebildet aus dem gleichen Stein wie sie.

Ist einer, der nimmt alle in die Hand,
daß sie wie schlechte Klingen sind und brechen.
Er ist kein Fremder, denn er wohnt im Blut,
das unser Leben ist und rauscht und ruht.
Ich kann nicht glauben, daß er Unrecht tut;
doch hör ich viele Böses von ihm sprechen.

Des zweiten Buches
Erster Teil

Initiale

Gieb deine Schönheit immer hin
ohne Rechnen und Reden.
Du schweigst. Sie sagt für dich: Ich bin.
Und kommt in tausendfachem Sinn,
kommt endlich über jeden.

Verkündigung
Die Worte des Engels

Du bist nicht näher an Gott als wir;
wir sind ihm alle weit.
Aber wunderbar sind dir
die Hände benedeit.
So reifen sie bei keiner Frau,
so schimmernd aus dem Saum:
ich bin der Tag, ich bin der Tau,
du aber bist der Baum.

Ich bin jetzt matt, mein Weg war weit,
vergieb mir, ich vergaß,
was Er, der groß in Goldgeschmeid
wie in der Sonne saß,
dir künden ließ, du Sinnende,
(verwirrt hat mich der Raum).
Sieh: ich bin das Beginnende,
du aber bist der Baum.

Ich spannte meine Schwingen aus
und wurde seltsam weit;
jetzt überfließt dein kleines Haus
von meinem großen Kleid.
Und dennoch bist du so allein
wie nie und schaust mich kaum;
das macht: ich bin ein Hauch im Hain,
du aber bist der Baum.

Die Engel alle bangen so,
lassen einander los:
noch nie war das Verlangen so,
so ungewiß und groß.
Vielleicht, daß Etwas bald geschieht,
das du im Traum begreifst.
Gegrüßt sei, meine Seele sieht:
du bist bereit und reifst.
Du bist ein großes, hohes Tor,
und aufgehn wirst du bald.
Du, meines Liedes liebstes Ohr,
jetzt fühle ich: mein Wort verlor
sich in dir wie im Wald.
So kam ich und vollendete

dir tausendeinen Traum.
Gott sah mich an; er blendete …

Du aber bist der Baum.

Die heiligen drei Könige
Legende

Einst als am Saum der Wüsten sich
auftat die Hand des Herrn
wie eine Frucht, die sommerlich
verkündet ihren Kern,
da war ein Wunder: Fern
erkannten und begrüßten sich
drei Könige und ein Stern.

Drei Könige von Unterwegs
und der Stern Überall,
die zogen alle (überlegs!)
so rechts ein Rex und links ein Rex
zu einem stillen Stall.

Was brachten die nicht alles mit
zum Stall von Bethlehem!
Weithin erklirrte jeder Schritt,
und der auf einem Rappen ritt,
saß samten und bequem.
Und der zu seiner Rechten ging,
der war ein goldner Mann,
und der zu seiner Linken fing

mit Schwung und Schwing
und Klang und Kling
aus einem runden Silberding,
das wiegend und in Ringen hing,
ganz blau zu rauchen an.
Da lachte der Stern Überall
so seltsam über sie,
und lief voraus und stand am Stall
und sagte zu Marie:

Da bring ich eine Wanderschaft
aus vieler Fremde her.
Drei Könige mit *magenkraft**,
von Gold und Topas schwer
und dunkel, tumb und heidenhaft, –
erschrick mir nicht zu sehr.
Sie haben alle drei zuhaus
zwölf Töchter, keinen Sohn,
so bitten sie sich deinen aus
als Sonne ihres Himmelblaus
und Trost für ihren Thron.
Doch mußt du nicht gleich glauben: bloß
ein Funkelfürst und Heidenscheich
sei deines Sohnes Los.
Bedenk, der Weg ist groß.
Sie wandern lange, Hirten gleich,
inzwischen fällt ihr reifes Reich
weiß Gott wem in den Schooß.
Und während hier, wie Westwind warm,
der Ochs ihr Ohr umschnaubt,

*mittelhochdeutsch: ›Macht‹ (R.M.R.)

sind sie vielleicht schon alle arm
und so wie ohne Haupt.
Drum mach mit deinem Lächeln licht
die Wirrnis, die sie sind,
und wende du dein Angesicht
nach Aufgang und dein Kind;
dort liegt in blauen Linien,
was jeder dir verließ:
Smaragda und Rubinien
und die Tale von Türkis.

In der Certosa

Ein jeder aus der weißen Bruderschaft
vertraut sich pflanzend seinem kleinen Garten.
Auf jedem Beete steht, wer jeder sei.
Und Einer harrt in heimlichen Hoffahrten,
daß ihm im Mai
die ungestümen Blüten offenbarten
ein Bild von seiner unterdrückten Kraft.

Und seine Hände halten, wie erschlafft,
sein braunes Haupt, das schwer ist von den Säften,
die ungeduldig durch das Dunkel rollen,
und sein Gewand, das faltig, voll und wollen,
zu seinen Füßen fließt, ist stramm gestrafft
um seinen Armen, die, gleich starken Schäften,
die Hände tragen, welche träumen sollen.

Kein Miserere und kein Kyrie
will seine junge, runde Stimme ziehn,
vor keinem Fluche will sie fliehn:
sie ist kein Reh.
Sie ist ein Roß und bäumt sich im Gebiß,
und über Hürde, Hang und Hindernis
will sie ihn tragen, weit und weggewiß,
ganz ohne Sattel will sie tragen ihn.
Er aber sitzt, und unter den Gedanken
zerbrechen fast die breiten Handgelenke,
so schwer wird ihm der Sinn und immer schwerer.

Der Abend kommt, der sanfte Wiederkehrer,
ein Wind beginnt, die Wege werden leerer,
und Schatten sammeln sich im Talgesenke.

Und wie ein Kahn, der an der Kette schwankt,
so wird der Garten ungewiß und hangt
wie windgewiegt auf lauter Dämmerung.
Wer löst ihn los? ...

Der Frate ist so jung,
und langelang ist seine Mutter tot.
Er weiß von ihr: sie nannten sie La Stanca;
sie war ein Glas, ganz zart und klar. Man bot
es einem, der es nach dem Trunk zerschlug
wie einen Krug.

So ist der Vater.
Und er hat sein Brot
als Meister in den roten Marmorbrüchen.
Und jede Wöchnerin in Pietrabianca

hat Furcht, daß er des Nachts mit seinen Flüchen
vorbei an ihrem Fenster kommt und droht.

Sein Sohn, den er der Donna Dolorosa
geweiht in einer Stunde wilder Not,
sinnt im Arkadenhofe der Certosa,
sinnt, wie umrauscht von rötlichen Gerüchen:
denn seine Blumen blühen alle rot.

Das Jüngste Gericht

Aus den Blättern eines Mönchs

Sie werden Alle wie aus einem Bade
aus ihren mürben Grüften auferstehn;
denn alle glauben an das Wiedersehn,
und furchtbar ist ihr Glauben, ohne Gnade.

Sprich leise, Gott! Es könnte einer meinen,
daß die Posaune deiner Reiche rief;
und ihrem Ton ist keine Tiefe tief:
da steigen alle Zeiten aus den Steinen,
und alle die Verschollenen erscheinen
in welken Leinen, brüchigen Gebeinen
und von der Schwere ihrer Schollen schief.
Das wird ein wunderliches Wiederkehren
in eine wunderliche Heimat sein;
auch die dich niemals kannten, werden schrein
und deine Größe wie ein Recht begehren:
wie Brot und Wein.

Allschauender, du kennst das wilde Bild,
das ich in meinem Dunkel zitternd dichte.
Durch dich kommt Alles, denn du bist das Tor, –
und Alles war in deinem Angesichte,
eh es in unserm sich verlor.
Du kennst das Bild vom riesigen Gerichte:

Ein Morgen ist es, doch aus einem Lichte,
das deine reife Liebe nie erschuf,
ein Rauschen ist es, nicht aus deinem Ruf,
ein Zittern, nicht von göttlichem Verzichte,
ein Schwanken, nicht in deinem Gleichgewichte.
Ein Rascheln ist und ein Zusammenraffen
in allen den geborstenen Gebäuden,
ein Sichentgelten und ein Sichvergeuden,
ein Sichbegatten und ein Sichbegaffen,
und ein Betasten aller alten Freuden
und aller Lüste welke Wiederkehr.
Und über Kirchen, die wie Wunden klaffen,
ziehn schwarze Vögel, die du nie erschaffen,
in irren Zügen hin und her.

So ringen sie, die lange Ausgeruhten,
und packen sich mit ihren nackten Zähnen
und werden bange, weil sie nicht mehr bluten,
und suchen, wo die Augenbecher gähnen,
mit kalten Fingern nach den toten Tränen.
Und werden müde. Wenige Minuten
nach ihrem Morgen bricht ihr Abend ein.
Sie werden ernst und lassen sich allein
und sind bereit, im Sturme aufzusteigen,
wenn sich auf deiner Liebe heitrem Wein

die dunklen Tropfen deines Zornes zeigen,
um deinem Urteil nah zu sein.
Und da beginnt es, nach dem großen Schrein:
das übergroße fürchterliche Schweigen.

Sie sitzen alle wie vor schwarzen Türen
in einem Licht, das sie, wie mit Geschwüren,
mit vielen grellen Flecken übersät.
Und wachsend wird der Abend alt und spät.
Und Nächte fallen dann in großen Stücken
auf ihre Hände und auf ihren Rücken,
der wankend sich mit schwarzer Last belädt.
Sie warten lange. Ihre Schultern schwanken
unter dem Drucke wie ein dunkles Meer,
sie sitzen, wie versunken in Gedanken,
und sind doch leer.
Was stützen sie die Stirnen?
Ihre Gehirne denken irgendwo
tief in der Erde, eingefallen, faltig:
Die ganze alte Erde denkt gewaltig,
und ihre großen Bäume rauschen so.

Allschauender, gedenkst du dieses bleichen
und bangen Bildes, das nicht seinesgleichen
unter den Bildern deines Willens hat?
Hast du nicht Angst vor dieser stummen Stadt,
die, an dir hangend wie ein welkes Blatt,
sich heben will zu deines Zornes Zeichen?
O, greife allen Tagen in die Speichen,
daß sie zu bald nicht diesem Ende nahen, –
vielleicht gelingt es dir noch auszuweichen
dem großen Schweigen, das wir beide sahen.

Vielleicht kannst du noch einen aus uns heben,
der diesem fürchterlichen Wiederleben
den Sinn, die Sehnsucht und die Seele nimmt,
einen, der bis in seinen Grund ergrimmt
und dennoch froh, durch alle Dinge schwimmt,
der Kräfte unbekümmerter Verbraucher,
der sich auf allen Saiten geigt
und unversehrt als unerkannter Taucher
in alle Tode niedersteigt.
... Oder, wie hoffst du diesen Tag zu tragen,
der länger ist als aller Tage Längen,
mit seines Schweigens schrecklichen Gesängen,
wenn dann die Engel dich, wie lauter Fragen,
mit ihrem schauerlichen Flügelschlagen
umdrängen?
Sieh, wie sie zitternd in den Schwingen hängen
und dir mit hunderttausend Augen klagen,
und ihres sanften Liedes Stimmen wagen
sich aus den vielen wirren Übergängen
nicht mehr zu heben zu den klaren Klängen.
Und wenn die Greise mit den breiten Bärten,
die dich berieten bei den besten Siegen,
nur leise ihre weißen Häupter wiegen,
und wenn die Frauen, die den Sohn dir nährten
und die von ihm Verführten, die Gefährten,
und alle Jungfraun, die sich ihm gewährten:
die lichten Birken deiner dunklen Gärten, –
wer soll dir helfen, wenn sie alle schwiegen?

Und nur dein Sohn erhübe sich unter denen,
welche sitzen um deinen Thron.
Grübe sich deine Stimme dann in sein Herz?
Sagte dein einsamer Schmerz dann:
Sohn!
Suchtest du dann das Angesicht
dessen, der das Gericht gerufen,
dein Gericht und deinen Thron:
Sohn!
Hießest du, Vater, dann deinen Erben,
leise begleitet von Magdalenen,
niedersteigen zu jenen,
die sich sehnen, wieder zu sterben?

Das wäre dein letzter Königserlaß,
die letzte Huld und der letzte Haß.
Aber dann käme Alles zu Ruh:
der Himmel und das Gericht und du.
Alle Gewänder des Rätsels der Welt,
das sich so lange verschleiert hält,
fallen mit dieser Spange.
... Doch mir ist bange ...

Allschauender, sieh, wie mir bange ist,
miß meine Qual!
Mir ist bange, daß du schon lange vergangen bist.
Als du zum erstenmal
in deinem Alleserfassen
das Bild dieses blassen
Gerichtes sahst,
dem du dich hülflos nahst, Allschauender.
Bist du damals entflohn?
Wohin?
Vertrauender
kann keiner dir kommen
als ich,
der ich dich
nicht um Lohn
verraten will wie alle die Frommen.
Ich will nur, weil ich verborgen bin
und müde wie du, noch müder vielleicht,
und weil meine Angst vor dem großen Gericht
deiner gleicht,
will ich mich dicht,
Gesicht bei Gesicht,
an dich heften;
mit einigen Kräften
werden wir wehren dem großen Rade,
über welches die mächtigen Wasser gehn,
die rauschen und schnauben –
denn: wehe, sie werden auferstehn.
So ist ihr Glauben: groß und ohne Gnade.

Karl der Zwölfte von Schweden reitet in der Ukraine

Könige in Legenden
sind wie Berge im Abend. Blenden
jeden, zu dem sie sich wenden.
Die Gürtel um ihre Lenden
und die lastenden Mantelenden
sind Länder und Leben wert.
Mit den reichgekleideten Händen
geht, schlank und nackt, das Schwert.

Ein junger König aus Norden war
in der Ukraine geschlagen.
Der haßte Frühling und Frauenhaar
und die Harfen und was sie sagen.
Der ritt auf einem grauen Pferd,
sein Auge schaute grau
und hatte niemals Glanz begehrt
zu Füßen einer Frau.
Keine war seinem Blicke blond,
keine hat küssen ihn gekonnt;
und wenn er zornig war,
so riß er einen Perlenmond
aus wunderschönem Haar.
Und wenn ihn Trauer überkam,
so machte er ein Mädchen zahm

und forschte, wessen Ring sie nahm
und wem sie ihren bot –
und: hetzte ihr den Bräutigam
mit hundert Hunden tot.

Und er verließ sein graues Land,
das ohne Stimme war,
und ritt in einen Widerstand
und kämpfte um Gefahr,
bis ihn das Wunder überwand:
wie träumend ging ihm seine Hand
von Eisenband zu Eisenband
und war kein Schwert darin;
er war zum Schauen aufgewacht:
es schmeichelte die schöne Schlacht
um seinen Eigensinn.
Er saß zu Pferde: ihm entging
keine Gebärde rings.
Auf Silber sprach jetzt Ring zu Ring,
und Stimme war in jedem Ding,
und wie in vielen Glocken hing
die Seele jedes Dings.
Und auch der Wind war anders groß,
der in die Fahnen sprang,
schlank wie ein Panther, atemlos
und taumelnd vom Trompetenstoß,
der lachend mit ihm rang.
Und manchmal griff der Wind hinab:
da ging ein Blutender, – ein Knab,
welcher die Trommel schlug;
er trug sie immer auf und ab
und trug sie wie sein Herz ins Grab

vor seinem toten Zug.
Da wurde mancher Berg geballt,
als wär die Erde noch nicht alt
und baute sich erst auf;
bald stand das Eisen wie Basalt,
bald schwankte wie ein Abendwald
mit breiter steigender Gestalt
der großbewegte Hauf.
Es dampfte dumpf die Dunkelheit,
was dunkelte war nicht die Zeit, –
und alles wurde grau,
aber schon fiel ein neues Scheit,
und wieder ward die Flamme breit
und festlich angefacht.
Sie griffen an: in fremder Tracht
ein Schwarm phantastischer Provinzen;
wie alles Eisen plötzlich lacht:
von einem silberlichten Prinzen
erschimmerte die Abendschlacht.
Die Fahnen flatterten wie Freuden,
und Alle hatten königlich
in ihren Gesten ein Vergeuden, –
an fernen flammenden Gebäuden
entzündeten die Sterne sich ...

Und Nacht war. Und die Schlacht trat sachte
zurück wie ein sehr müdes Meer,
das viele fremde Tote brachte,
und alle Toten waren schwer.
Vorsichtig ging das graue Pferd
(von großen Fäusten abgewehrt)
durch Männer, welche fremd verstarben,

und trat auf flaches, schwarzes Gras.
Der auf dem grauen Pferde saß,
sah unten auf den feuchten Farben
viel Silber wie zerschelltes Glas.
Sah Eisen welken, Helme trinken
und Schwerter stehn in Panzernaht,
sterbende Hände sah er winken
mit einem Fetzen von Brokat …
Und sah es nicht.

Und ritt dem Lärme
der Feldschlacht nach, als ob er schwärme,
mit seinen Wangen voller Wärme
und mit den Augen von Verliebten …

Der Sohn

Mein Vater war ein verbannter
König von überm Meer.
Ihm kam einmal ein Gesandter:
sein Mantel war ein Panther,
und sein Schwert war schwer.

Mein Vater war wie immer
ohne Helm und Hermelin;
es dunkelte das Zimmer
wie immer arm um ihn.

Es zitterten seine Hände
und waren blaß und leer, –
in bilderlose Wände
blicklos schaute er.

Die Mutter ging im Garten
und wandelte weiß im Grün,
und wollte den Wind erwarten
vor dem Abendglühn.
Ich träumte, sie würde mich rufen,
aber sie ging allein, –
ließ mich vom Rande der Stufen
horchen verhallenden Hufen
und ins Haus hinein:

Vater! Der fremde Gesandte ...?
Der reitet wieder im Wind ...
Was wollte der? Er erkannte
dein blondes Haar, mein Kind.
Vater! Wie war er gekleidet!
Wie der Mantel von ihm floß!
Geschmiedet und geschmeidet
war Schulter, Brust und Roß.
Er war eine Stimme im Stahle,
er war ein Mann aus Nacht, –
aber er hat eine schmale
Krone mitgebracht.
Sie klang bei jedem Schritte
an sein sehr schweres Schwert,
die Perle in ihrer Mitte
ist viele Leben wert.
Vom zornigen Ergreifen

verbogen ist der Reifen,
der oft gefallen war:
es ist eine Kinderkrone, –
denn Könige sind ohne; –
gieb sie meinem Haar!
Ich will sie manchmal tragen
in Nächten, blaß vor Scham.
Und will dir, Vater, sagen,
woher der Gesandte kam.
Was dort die Dinge gelten,
ob steinern steht die Stadt,
oder ob man in Zelten
mich erwartet hat.

Mein Vater war ein Gekränkter
und kannte nur wenig Ruh.
Er hörte mir mit verhängter
Stirne nächtelang zu.
Mir lag im Haar der Ring.
Und ich sprach ganz nahe und sachte,
daß die Mutter nicht erwachte, –
die an dasselbe dachte,
wenn sie, ganz weiß gelassen,
vor abendlichen Massen
durch dunkle Gärten ging.

... So wurden wir verträumte Geiger,
die leise aus den Türen treten,
um auszuschauen, eh sie beten,
ob nicht ein Nachbar sie belauscht.
Die erst, wenn alle sich zerstreuten,
hinter dem letzten Abendläuten,
die Lieder spielen, hinter denen
(wie Wald im Wind hinter Fontänen)
der dunkle Geigenkasten rauscht.
Denn dann nur sind die Stimmen gut,
wenn Schweigsamkeiten sie begleiten,
wenn hinter dem Gespräch der Saiten
Geräusche bleiben wie von Blut;
und bang und sinnlos sind die Zeiten,
wenn hinter ihren Eitelkeiten
nicht etwas waltet, welches ruht.

Geduld: es kreist der leise Zeiger,
und was verheißen ward, wird sein:
Wir sind die Flüstrer vor dem Schweiger,
wir sind die Wiesen vor dem Hain;
in ihnen geht noch dunkles Summen –
(viel Stimmen sind und doch kein Chor)
und sie bereiten auf die stummen
tiefen heiligen Haine vor ...

Die Zaren

Ein Gedicht-Kreis (1899 und 1906)

I

Das war in Tagen, da die Berge kamen:
die Bäume bäumten sich, die noch nicht zahmen,
und rauschend in die Rüstung stieg der Strom.
Zwei fremde Pilger riefen einen Namen,
und aufgewacht aus seinem langen Lahmen
war Ilija, der Riese von Murom.

Die alten Eltern brachen in den Äckern
an Steinen ab und an dem wilden Wuchs;
da kam der Sohn, ganz groß, von seinen Weckern
und zwang die Furchen in die Furcht des Pflugs.
Er hob die Stämme, die wie Streiter standen,
und lachte ihres wankenden Gewichts,
und aufgestört wie schwarze Schlangen wanden
die Wurzeln, welche nur das Dunkel kannten,
sich in dem breiten Griff des Lichts.

Es stärkte sich im frühen Tau die Mähre,
in deren Adern Kraft und Adel schlief;
sie reifte unter ihres Reiters Schwere,
ihr Wiehern war wie eine Stimme tief, –
und beide fühlten, wie das Ungefähre
sie mit verheißenden Gefahren rief.

Und reiten, reiten … vielleicht tausend Jahre.
Wer zählt die Zeit, wenn einmal Einer will.
(Vielleicht saß er auch tausend Jahre still.)

Das Wirkliche ist wie das Wunderbare:
es mißt die Welt mit eigenmächtigen Maßen;
Jahrtausende sind ihm zu jung.

Weit schreiten werden, welche lange saßen
in ihrer tiefen Dämmerung.

II

Noch drohen große Vögel allenthalben,
und Drachen glühn und hüten überall
der Wälder Wunder und der Schluchten Fall;
und Knaben wachsen an, und Männer salben
sich zu dem Kampfe mit der Nachtigall,

die oben in den Kronen von neun Eichen
sich lagert wie ein tausendfaches Tier,
und abends geht ein Schreien ohnegleichen,
ein schreiendes Bis-an-das-Ende-Reichen,
und geht die ganze Nacht lang aus von ihr;

die Frühlingsnacht, die schrecklicher als alles
und schwerer war und banger zu bestehn:
ringsum kein Zeichen eines Überfalles
und dennoch alles voller Übergehn,
hinwerfend sich und Stück für Stück sich gebend,
ja jenes Etwas, welches um sich griff,
anrufend noch, am ganzen Leibe bebend
und darin untergehend wie ein Schiff.

Das waren Überstarke, die da blieben,
von diesem Riesigen nicht aufgerieben,
das aus den Kehlen wie aus Kratern brach;
sie dauerten, und alternd nach und nach
begriffen sie die Bangnis der Aprile,
und ihre ruhigen Hände hielten viele
und führten sie durch Furcht und Ungemach
zu Tagen, da sie froher und gesünder
die Mauern bauten um die Städtegründer,
die über allem gut und kundig saßen.

Und schließlich kamen auf den ersten Straßen
aus Höhlen und verhaßten Hinterhalten
die Tiere, die für unerbittlich galten.
Sie stiegen still aus ihren Übermaßen
(beschämte und veraltete Gewalten)
und legten sich gehorsam vor die Alten.

III

Seine Diener füttern mit mehr und mehr
ein Rudel von jenen wilden Gerüchten,
die auch noch Er sind, alles noch Er.

Seine Günstlinge flüchten vor ihm her.

Und seine Frauen flüstern und stiften
Bünde. Und er hört sie ganz innen
in ihren Gemächern mit Dienerinnen,
die sich scheu umsehn, sprechen von Giften.

Alle Wände sind hohl von Schränken und Fächern,
Mörder ducken unter den Dächern
und spielen Mönche mit viel Geschick.

Und er hat nichts als einen Blick
dann und wann; als den leisen
Schritt auf den Treppen die kreisen;
nichts als das Eisen an seinem Stock.

Nichts als den dürftigen Büßerrock
(durch den die Kälte aus den Fliesen
an ihm hinaufkriecht wie mit Krallen)
nichts, was er zu rufen wagt,
nichts als die Angst vor allen diesen,
nichts als die tägliche Angst vor Allen,
die ihn jagt durch diese gejagten
Gesichter, an dunklen ungefragten
vielleicht schuldigen Händen entlang.

Manchmal packt er Einen im Gang
grade noch an des Mantels Falten,
und er zerrt ihn zornig her;
aber im Fenster weiß er nicht mehr:
wer ist Haltender? Wer ist gehalten?
Wer bin ich und wer ist der?

IV

Es ist die Stunde, da das Reich sich eitel
in seines Glanzes vielen Spiegeln sieht.

Der blasse Zar, des Stammes letztes Glied,
träumt auf dem Thron, davor das Fest geschieht,
und leise zittert sein beschämter Scheitel
und seine Hand, die vor den Purpurlehnen
mit einem unbestimmten Sehnen
ins wirre Ungewisse flieht.

Und um sein Schweigen neigen sich Bojaren
in blanken Panzern und in Pantherfellen,
wie viele fremde fürstliche Gefahren,
die ihn mit stummer Ungeduld umstellen.
Tief in den Saal schlägt ihre Ehrfurcht Wellen.

Und sie gedenken eines andern Zaren,
der oft mit Worten, die aus Wahnsinn waren,
ihnen die Stirnen an die Steine stieß.
Und denken also weiter: *jener* ließ
nicht so viel Raum, wenn er zu Throne saß,
auf dem verwelkten Samt des Kissens leer.

Er war der Dinge dunkles Maß,
und die Bojaren wußten lang nicht mehr,
daß rot der Sitz des Sessels sei, so schwer
lag sein Gewand und wurde golden breit.

Und weiter denken sie: das Kaiserkleid
schläft auf den Schultern dieses Knaben ein.
Obgleich im ganzen Saal die Fackeln flacken,
sind bleich die Perlen, die in sieben Reihn,
wie weiße Kinder, knien um seinen Nacken,
und die Rubine an den Ärmelzacken,
die einst Pokale waren, klar von Wein,
sind schwarz wie Schlacken –

Und ihr Denken schwillt.

Es drängt sich heftig an den blassen Kaiser,
auf dessen Haupt die Krone immer leiser
und dem der Wille immer fremder wird;
er lächelt. Lauter prüfen ihn die Preiser,
ihr Neigen nähert sich, sie schmeicheln heiser –
und eine Klinge hat im Traum geklirrt.

V

Der blasse Zar wird nicht am Schwerte sterben,
die fremde Sehnsucht macht ihn sakrosankt;
er wird die feierlichen Reiche erben,
an denen seine sanfte Seele krankt.

Schon jetzt, hintretend an ein Kremlfenster,
sieht er ein Moskau, weißer, unbegrenzter,
in seine endlich fertige Nacht gewebt;
so wie es ist im ersten Frühlingswirken,
wenn in den Gassen der Geruch aus Birken
von lauter Morgenglocken bebt.

Die großen Glocken, die so herrisch lauten,
sind seine Väter, jene ersten Zaren,
die sich noch vor den Tagen der Tataren
aus Sagen, Abenteuern und Gefahren,
aus Zorn und Demut zögernd auferbauten.

Und er begreift auf einmal, wer sie waren,
und daß sie oft um ihres Dunkels Sinn
in *seine* eignen Tiefen niedertauchten
und ihn, den Leisesten von den Erlauchten,
in ihren Taten groß und fromm verbrauchten
schon lang vor seinem Anbeginn.

Und eine Dankbarkeit kommt über ihn,
daß sie ihn so verschwenderisch vergeben
an aller Dinge Durst und Drang.
Er war die Kraft zu ihrem Überschwang,
der goldne Grund, vor dem ihr breites Leben
geheimnisvoll zu dunkeln schien.

In allen ihren Werken schaut er *sich*,
wie eingelegtes Silber in Zieraten,
und es giebt keine Tat in ihren Taten,
die nicht auch *war* in seinen stillen Staaten,
in denen alles Handelns Rot verblich.

VI

Noch immer schauen in den Silberplatten
wie tiefe Frauenaugen die Saphire,
Goldranken schlingen sich wie schlanke Tiere,
die sich im Glanze ihrer Brünste gatten,
und sanfte Perlen warten in dem Schatten
wilder Gebilde, daß ein Schimmer ihre
stillen Gesichter finde und verliere.
Und das ist Mantel, Strahlenkranz und Land,
und ein Bewegen geht von Rand zu Rand,
wie Korn im Wind und wie ein Fluß im Tale,
so glänzt es wechselnd durch die Rahmenwand.

In ihrer Sonne dunkeln drei Ovale:
das große giebt dem Mutterantlitz Raum,
und rechts und links hebt eine mandelschmale
Jungfrauenhand sich aus dem Silbersaum.
Die beiden Hände, seltsam still und braun,
verkünden, daß im köstlichen Ikone
die Königliche wie im Kloster wohne,
die überfließen wird von jenem Sohne,
von jenem Tropfen, drinnen wolkenohne
die niegehofften Himmel blaun.

Die Hände zeugen noch dafür;
aber das Antlitz ist wie eine Tür
in warme Dämmerungen aufgegangen,
in die das Lächeln von den Gnadenwangen
mit seinem Lichte irrend, sich verlor.

Da neigt sich tief der Zar davor und spricht:

Fühltest Du nicht, wie sehr wir in Dich drangen
mit allem Fühlen, Fürchten und Verlangen:
wir warten auf Dein liebes Angesicht,
das uns vergangen ist; wohin vergangen?:

Den großen Heiligen vergeht es nicht.

Er bebte tief in seinem steifen Kleid,
das strahlend stand. Er wußte nicht, wie weit
er schon von allem war, und ihrem Segnen
wie selig nah in seiner Einsamkeit.

Noch sinnt und sinnt der blasse Gossudar.
Und sein Gesicht, das unterm kranken Haar
schon lange tief und wie im Fortgehn war,
verging, wie jenes in dem Goldovale,
in seinem großen goldenen Talar.

(Um ihrem Angesichte zu begegnen.)

Zwei Goldgewänder schimmerten im Saale
und wurden in dem Glanz der Ampeln klar.

Der Sänger singt vor einem Fürstenkind

Dem Andenken von Paula Becker-Modersohn

Du blasses Kind, an jedem Abend soll
der Sänger dunkel stehn bei deinen Dingen
und soll dir Sagen, die im Blute klingen,
über die Brücke seiner Stimme bringen
und eine Harfe, seiner Hände voll.

Nicht aus der Zeit ist, was er dir erzählt,
gehoben ist es wie aus Wandgeweben;
solche Gestalten hat es nie gegeben, –
und Niegewesenes nennt er das Leben.
Und heute hat er diesen Sang erwählt:

Du blondes Kind von Fürsten und aus Frauen,
die einsam warteten im weißen Saal, –
fast alle waren bang, dich aufzubauen,
um aus den Bildern einst auf dich zu schauen:
auf deine Augen mit den ernsten Brauen,
auf deine Hände, hell und schmal.

Du hast von ihnen Perlen und Türkisen,
von diesen Frauen, die in Bildern stehn
als stünden sie allein in Abendwiesen, –
du hast von ihnen Perlen und Türkisen
und Ringe mit verdunkelten Devisen
und Seiden, welche welke Düfte wehn.

Du trägst die Gemmen ihrer Gürtelbänder
ans hohe Fenster in den Glanz der Stunden,

und in die Seide sanfter Brautgewänder
sind deine kleinen Bücher eingebunden,
und drinnen hast du, mächtig über Länder,
ganz groß geschrieben und mit reichen, runden
Buchstaben deinen Namen vorgefunden.

Und alles ist, als wär es schon geschehn.

Sie haben so, als ob du nicht mehr kämst,
an alle Becher ihren Mund gesetzt,
zu allen Freuden ihr Gefühl gehetzt
und keinem Leide leidlos zugesehn;
so daß du jetzt
stehst und dich schämst.

... Du blasses Kind, dein Leben ist auch eines, –
der Sänger kommt dir sagen, daß du bist.
Und daß du mehr bist als ein Traum des Haines,
mehr als die Seligkeit des Sonnenscheines,
den mancher graue Tag vergißt.
Dein Leben ist so unaussprechlich Deines,
weil es von vielen überladen ist.

Empfindest du, wie die Vergangenheiten
leicht werden, wenn du eine Weile lebst,
wie sie dich sanft auf Wunder vorbereiten,
jedes Gefühl mit Bildern dir begleiten, –
und nur ein Zeichen scheinen ganze Zeiten
für eine Geste, die du schön erhebst. –

Das ist der Sinn von allem, was einst war,
daß es nicht bleibt mit seiner ganzen Schwere,
daß es zu unserm Wesen wiederkehre,
in uns verwoben, tief und wunderbar:

So waren diese Frauen elfenbeinern,
von vielen Rosen rötlich angeschienen,
so dunkelten die müden Königsmienen,
so wurden fahle Fürstenmunde steinern
und unbewegt von Waisen und von Weinern,
so klangen Knaben an wie Violinen
und starben für der Frauen schweres Haar;
so gingen Jungfraun der Madonna dienen,
denen die Welt verworren war.
So wurden Lauten laut und Mandolinen,
in die ein Unbekannter größer griff, –
in warmen Samt verlief der Dolche Schliff, –
Schicksale bauten sich aus Glück und Glauben,
Abschiede schluchzten auf in Abendlauben, –
und über hundert schwarzen Eisenhauben
schwankte die Feldschlacht wie ein Schiff.
So wurden Städte langsam groß und fielen
in sich zurück wie Wellen eines Meeres,
so drängte sich zu hochbelohnten Zielen
die rasche Vogelkraft des Eisenspeeres,
so schmückten Kinder sich zu Gartenspielen, –
und so geschah Unwichtiges und Schweres,
nur, um für dieses tägliche Erleben
dir tausend große Gleichnisse zu geben,
an denen du gewaltig wachsen kannst.

Vergangenheiten sind dir eingepflanzt,
um sich aus dir, wie Gärten, zu erheben.

Du blasses Kind, du machst den Sänger reich
mit deinem Schicksal, das sich singen läßt:
so spiegelt sich ein großes Gartenfest
mit vielen Lichtern im erstaunten Teich.
Im dunklen Dichter wiederholt sich still
ein jedes Ding: ein Stern, ein Haus, ein Wald.
Und viele Dinge, die er feiern will,
umstehen deine rührende Gestalt.

Die aus dem Hause Colonna

Ihr fremden Männer, die ihr jetzt so still
in Bildern steht, ihr saßet gut zu Pferde
und ungeduldig gingt ihr durch das Haus;
wie ein schöner Hund, mit derselben Gebärde
ruhn eure Hände jetzt bei euch aus.

Euer Gesicht ist so voll von Schauen,
denn die Welt war euch Bild und Bild;
aus Waffen, Fahnen, Früchten und Frauen
quillt euch dieses große Vertrauen,
daß alles ist und daß alles gilt.

Aber damals, als ihr noch zu jung
wart, die großen Schlachten zu schlagen,
zu jung, um den päpstlichen Purpur zu tragen,
nicht immer glücklich bei Reiten und Jagen,

Knaben noch, die sich den Frauen versagen,
habt ihr aus jenen Knabentagen
keine, nicht eine Erinnerung?

Wißt ihr nicht mehr, was damals war?

Damals war der Altar
mit dem Bilde, auf dem Maria gebar,
in dem einsamen Seitenschiff.
Euch ergriff
eine Blumenranke;
der Gedanke,
daß die Fontäne allein
draußen im Garten in Mondenschein
ihre Wasser warf,
war wie eine Welt.

Das Fenster ging bis zu den Füßen auf wie eine Tür;
und es war Park mit Wiesen und Wegen:
seltsam nah und doch so entlegen,
seltsam hell und doch wie verborgen,
und die Brunnen rauschten wie Regen,
und es war, als käme kein Morgen
dieser langen Nacht entgegen,
die mit allen Sternen stand.

Damals wuchs euch, Knaben, die Hand,
die warm war. (Ihr aber wußtet es nicht.)
Damals breitete euer Gesicht sich aus.

Des zweiten Buches Zweiter Teil

Fragmente aus verlorenen Tagen

... Wie Vögel, welche sich gewöhnt ans Gehn
und immer schwerer werden, wie im Fallen:
die Erde saugt aus ihren langen Krallen
die mutige Erinnerung von allen
den großen Dingen, welche hoch geschehn,
und macht sie fast zu Blättern, die sich dicht
am Boden halten, –
wie Gewächse, die,
kaum aufwärts wachsend, in die Erde kriechen,
in schwarzen Schollen unlebendig licht
und weich und feucht versinken und versiechen, –
wie irre Kinder, – wie ein Angesicht
in einem Sarg, – wie frohe Hände, welche
unschlüssig werden, weil im vollen Kelche
sich Dinge spiegeln, die nicht nahe sind, –
wie Hülferufe, die im Abendwind
begegnen vielen dunklen großen Glocken, –
wie Zimmerblumen, die seit Tagen trocken,
wie Gassen, die verrufen sind, – wie Locken,
darinnen Edelsteine blind geworden sind, –
wie Morgen im April
vor allen vielen Fenstern des Spitales:
die Kranken drängen sich am Saum des Saales

und schaun: die Gnade eines frühen Strahles
macht alle Gassen frühlinglich und weit;
sie sehen nur die helle Herrlichkeit,
welche die Häuser jung und lachend macht,
und wissen nicht, daß schon die ganze Nacht
ein Sturm die Kleider von den Himmeln reißt,
ein Sturm von Wassern, wo die Welt noch eist,
ein Sturm, der jetzt noch durch die Gassen braust
und der den Dingen alle Bürde
von ihren Schultern nimmt,–
daß Etwas draußen groß ist und ergrimmt,
daß draußen die Gewalt geht, eine Faust,
die jeden von den Kranken würgen würde
inmitten dieses Glanzes, dem sie glauben. –
... Wie lange Nächte in verwelkten Lauben,
die schon zerrissen sind auf allen Seiten
und viel zu weit, um noch mit einem Zweiten,
den man sehr liebt, zusammen drin zu weinen, –
wie nackte Mädchen, kommend über Steine,
wie Trunkene in einem Birkenhaine, –
wie Worte, welche nichts Bestimmtes meinen
und dennoch gehn, ins Ohr hineingehn, weiter
ins Hirn und heimlich auf der Nervenleiter
durch alle Glieder Sprung um Sprung versuchen, –
wie Greise, welche ihr Geschlecht verfluchen
und dann versterben, so daß keiner je
abwenden könnte das verhängte Weh,
wie volle Rosen, künstlich aufgezogen
im blauen Treibhaus, wo die Lüfte logen,
und dann vom Übermut in großem Bogen
hinausgestreut in den verwehten Schnee, –
wie eine Erde, die nicht kreisen kann,

weil zuviel Tote ihr Gefühl beschweren,
wie ein erschlagener verscharrter Mann,
dem sich die Hände gegen Wurzeln wehren, –
wie eine von den hohen, schlanken, roten
Hochsommerblumen, welche unerlöst
ganz plötzlich stirbt im Lieblingswind der Wiesen,
weil ihre Wurzel unten an Türkisen
im Ohrgehänge einer Toten
stößt …

Und mancher Tage Stunden waren so.
Als formte wer mein Abbild irgendwo,
um es mit Nadeln langsam zu mißhandeln.
Ich spürte jede Spitze seiner Spiele,
und war, als ob ein Regen auf mich fiele,
in welchem alle Dinge sich verwandeln.

Die Stimmen

Neun Blätter mit einem Titelblatt

Titelblatt

Die Reichen und Glücklichen haben gut schweigen,
niemand will wissen was sie sind.
Aber die Dürftigen müssen sich zeigen,
müssen sagen: ich bin blind
oder: ich bin im Begriff es zu werden
oder: es geht mir nicht gut auf Erden
oder: ich habe ein krankes Kind
oder: da bin ich zusammengefügt …

Und vielleicht, daß das gar nicht genügt.

Und weil alle sonst, wie an Dingen,
an ihnen vorbeigehn, müssen sie singen.

Und da hört man noch guten Gesang.
Freilich die Menschen sind seltsam; sie hören
lieber Kastraten in Knabenchören.

Aber Gott selber kommt und bleibt lang
wenn ihn diese Beschnittenen stören.

Das Lied des Bettlers

Ich gehe immer von Tor zu Tor,
verregnet und verbrannt;
auf einmal leg ich mein rechtes Ohr
in meine rechte Hand.
Dann kommt mir meine Stimme vor
als hätt ich sie nie gekannt.

Dann weiß ich nicht sicher wer da schreit,
ich oder irgendwer.
Ich schreie um eine Kleinigkeit.
Die Dichter schrein um mehr.

Und endlich mach ich noch mein Gesicht
mit beiden Augen zu;
wie's dann in der Hand liegt mit seinem Gewicht
sieht es fast aus wie Ruh.
Damit sie nicht meinen ich hätte nicht,
wohin ich mein Haupt tu.

Das Lied des Blinden

Ich bin blind, ihr draußen, das ist ein Fluch,
ein Widerwillen, ein Widerspruch,
etwas täglich Schweres.
Ich leg meine Hand auf den Arm der Frau,
meine graue Hand auf ihr graues Grau,
und sie führt mich durch lauter Leeres.

Ihr rührt euch und rückt und bildet euch ein
anders zu klingen als Stein auf Stein,
aber ihr irrt euch: ich allein
lebe und leide und lärme.
In mir ist ein endloses Schrein
und ich weiß nicht, schreit mir mein
Herz oder meine Gedärme.

Erkennt ihr die Lieder? Ihr sanget sie nicht
nicht ganz in dieser Betonung.
Euch kommt jeden Morgen das neue Licht
warm in die offene Wohnung.
Und ihr habt ein Gefühl von Gesicht zu Gesicht
und das verleitet zur Schonung.

Das Lied des Trinkers

Es war nicht in mir. Es ging aus und ein.
Da wollt ich es halten. Da hielt es der Wein.
(Ich weiß nicht mehr was es war.)

Dann hielt er mir jenes und hielt mir dies
bis ich mich ganz auf ihn verließ.
Ich Narr.

Jetzt bin ich in seinem Spiel und er streut
mich verächtlich herum und verliert mich noch heut
an dieses Vieh, an den Tod.
Wenn der mich, schmutzige Karte, gewinnt,
so kratzt er mit mir seinen grauen Grind
und wirft mich fort in den Kot.

Das Lied des Selbstmörders

Also noch einen Augenblick.
Daß sie mir immer wieder den Strick
zerschneiden.
Neulich war ich so gut bereit
und es war schon ein wenig Ewigkeit
in meinen Eingeweiden.

Halten sie mir den Löffel her,
diesen Löffel Leben.
Nein ich will und ich will nicht mehr,
laßt mich mich übergeben.

Ich weiß das Leben ist gar und gut
und die Welt ist ein voller Topf,
aber mir geht es nicht ins Blut,
mir steigt es nur zu Kopf.

Andere nährt es, mich macht es krank;
begreift, daß man's verschmäht.
Mindestens ein Jahrtausend lang
brauch ich jetzt Diät.

Das Lied der Witwe

Am Anfang war mir das Leben gut.
Es hielt mich warm, es machte mir Mut.
Daß es das allen Jungen tut,
wie konnt ich das damals wissen.
Ich wußte nicht, was das Leben war –,
auf einmal war es nur Jahr und Jahr,
nicht mehr gut, nicht mehr neu, nicht mehr wunderbar.
wie mitten entzwei gerissen.

Das war nicht Seine, nicht meine Schuld;
wir hatten beide nichts als Geduld,
aber der Tod hat keine.
Ich sah ihn kommen (wie schlecht er kam),
und ich schaute ihm zu wie er nahm und nahm:
es war ja gar nicht das Meine.

Was war denn das Meine; Meines, Mein?
War mir nicht selbst mein Elendsein
nur vom Schicksal geliehn?
Das Schicksal will nicht nur das Glück,
es will die Pein und das Schrein zurück
und es kauft für alt den Ruin.

Das Schicksal war da und erwarb für ein Nichts
jeden Ausdruck meines Gesichts
bis auf die Art zu gehn.
Das war ein täglicher Ausverkauf
und als ich leer war, gab es mich auf
und ließ mich offen stehn.

Das Lied des Idioten

SIE HINDERN MICH NICHT. Sie lassen mich gehn.
Sie sagen es könne nichts geschehn.
Wie gut.
Es kann nichts geschehn. Alles kommt und kreist
immerfort um den heiligen Geist,
um den gewissen Geist (du weißt) –,
wie gut.

Nein man muß wirklich nicht meinen es sei
irgend eine Gefahr dabei.
Da ist freilich das Blut.
Das Blut ist das Schwerste. Das Blut ist schwer.
Manchmal glaub ich, ich kann nicht mehr –.
(Wie gut.)

Ah was ist das für ein schöner Ball;
rot und rund wie ein Überall.
Gut, daß ihr ihn erschuft.
Ob der wohl kommt wenn man ruft?

Wie sich das alles seltsam benimmt,
ineinandertreibt, auseinanderschwimmt:
freundlich, ein wenig unbestimmt.
Wie gut.

Das Lied der Waise

Ich bin Niemand und werde auch Niemand sein.
Jetzt bin ich ja zum Sein noch zu klein;
aber auch später.

Mütter und Väter,
erbarmt euch mein.

Zwar es lohnt nicht des Pflegens Müh:
ich werde doch gemäht.
Mich kann keiner brauchen: jetzt ist es zu früh
und morgen ist es zu spät.

Ich habe nur dieses eine Kleid,
es wird dünn und es verbleicht,
aber es hält eine Ewigkeit
auch noch vor Gott vielleicht.

Ich habe nur dieses bißchen Haar
(immer dasselbe blieb),
das einmal Eines Liebstes war.

Nun hat er nichts mehr lieb.

Das Lied des Zwerges

Meine Seele ist vielleicht grad und gut;
aber mein Herz, mein verbogenes Blut,
alles das, was mir wehe tut,
kann sie nicht aufrecht tragen.
Sie hat keinen Garten, sie hat kein Bett,
sie hängt an meinem scharfen Skelett
mit entsetztem Flügelschlagen.

Aus meinen Händen wird auch nichts mehr.
Wie verkümmert sie sind: sieh her:
zähe hüpfen sie, feucht und schwer,
wie kleine Kröten nach Regen.
Und das Andre an mir ist
abgetragen und alt und trist;
warum zögert Gott, auf den Mist
alles das hinzulegen.

Ob er mir zürnt für mein Gesicht
mit dem mürrischen Munde?
Es war ja so oft bereit, ganz licht
und klar zu werden im Grunde;
aber nichts kam ihm je so dicht

wie die großen Hunde.
Und die Hunde haben das nicht.

Das Lied des Aussätzigen

Sieh ich bin einer, den alles verlassen hat.
Keiner weiß in der Stadt von mir,
Aussatz hat mich befallen.
Und ich schlage mein Klapperwerk,
klopfe mein trauriges Augenmerk
in die Ohren allen
die nahe vorübergehn.
Und die es hölzern hören, sehn
erst gar nicht her, und was hier geschehn
wollen sie nicht erfahren.

Soweit der Klang meiner Klapper reicht
bin ich zuhause; aber vielleicht
machst Du meine Klapper so laut,
daß sich keiner in meine Ferne traut
der mir jetzt aus der Nähe weicht.
So daß ich sehr lange gehen kann
ohne Mädchen, Frau oder Mann
oder Kind zu entdecken.

Tiere will ich nicht schrecken.

Ende des Gedicht-Kreises ›Die Stimmen‹

Von den Fontänen

Auf einmal weiss ich viel von den Fontänen,
den unbegreiflichen Bäumen aus Glas.
Ich könnte reden wie von eignen Tränen,
die ich, ergriffen von sehr großen Träumen,
einmal vergeudete und dann vergaß.

Vergaß ich denn, daß Himmel Hände reichen
zu vielen Dingen und in das Gedränge?
Sah ich nicht immer Großheit ohnegleichen
im Aufstieg alter Parke, vor den weichen
erwartungsvollen Abenden, – in bleichen
aus fremden Mädchen steigenden Gesängen,
die überfließen aus der Melodie
und wirklich werden und als müßten sie
sich spiegeln in den aufgetanen Teichen?

Ich muß mich nur erinnern an das Alles,
was an Fontänen und an mir geschah, –
dann fühl ich auch die Last des Niederfalles,
in welcher ich die Wasser wiedersah:
Und weiß von Zweigen, die sich abwärts wandten,
von Stimmen, die mit kleiner Flamme brannten,
von Teichen, welche nur die Uferkanten
schwachsinnig und verschoben wiederholten,
von Abendhimmeln, welche von verkohlten
westlichen Wäldern ganz entfremdet traten
sich anders wölbten, dunkelten und taten
als wär das nicht die Welt, die sie gemeint …

Vergaß ich denn, daß Stern bei Stern versteint
und sich verschließt gegen die Nachbargloben?
Daß sich die Welten nur noch wie verweint
im Raum erkennen? – Vielleicht sind wir oben,
in Himmel andrer Wesen eingewoben,
die zu uns aufschaun abends. Vielleicht loben
uns ihre Dichter. Vielleicht beten viele
zu uns empor. Vielleicht sind wir die Ziele
von fremden Flüchen, die uns nie erreichen,
Nachbaren eines Gottes, den sie meinen
in unsrer Höhe, wenn sie einsam weinen,
an den sie glauben und den sie verlieren,
und dessen Bildnis, wie ein Schein aus ihren
suchenden Lampen, flüchtig und verweht,
über unsere zerstreuten Gesichter geht …

Der Lesende

Ich las schon lang. Seit dieser Nachmittag,
mit Regen rauschend, an den Fenstern lag.
Vom Winde draußen hörte ich nichts mehr:
mein Buch war schwer.
Ich sah ihm in die Blätter wie in Mienen,
die dunkel werden von Nachdenklichkeit,
und um mein Lesen staute sich die Zeit. –
Auf einmal sind die Seiten überschienen,
und statt der bangen Wortverworrenheit
steht: Abend, Abend … überall auf ihnen.
Ich schau noch nicht hinaus, und doch zerreißen
die langen Zeilen, und die Worte rollen

von ihren Fäden fort, wohin sie wollen ...
Da weiß ich es: über den übervollen
glänzenden Gärten sind die Himmel weit;
die Sonne hat noch einmal kommen sollen. –
Und jetzt wird Sommernacht, soweit man sieht:
zu wenig Gruppen stellt sich das Verstreute,
dunkel, auf langen Wegen, gehn die Leute,
und seltsam weit, als ob es mehr bedeute,
hört man das Wenige, das noch geschieht.

Und wenn ich jetzt vom Buch die Augen hebe,
wird nichts befremdlich sein und alles groß.
Dort draußen ist, was ich hier drinnen lebe,
und hier und dort ist alles grenzenlos;
nur daß ich mich noch mehr damit verwebe,
wenn meine Blicke an die Dinge passen
und an die ernste Einfachheit der Massen, –
da wächst die Erde über sich hinaus.
Den ganzen Himmel scheint sie zu umfassen:
der erste Stern ist wie das letzte Haus.

Der Schauende

Ich sehe den Bäumen die Stürme an,
die aus laugewordenen Tagen
an meine ängstlichen Fenster schlagen,
und höre die Fernen Dinge sagen,
die ich nicht ohne Freund ertragen,
nicht ohne Schwester lieben kann.

Da geht der Sturm, ein Umgestalter,
geht durch den Wald und durch die Zeit,
und alles ist wie ohne Alter:
die Landschaft, wie ein Vers im Psalter,
ist Ernst und Wucht und Ewigkeit.

Wie ist das klein, womit wir ringen,
was mit uns ringt, wie ist das groß;
ließen wir, ähnlicher den Dingen,
uns so vom großen Sturm bezwingen, –
wir würden weit und namenlos.

Was wir besiegen, ist das Kleine,
und der Erfolg selbst macht uns klein.
Das Ewige und Ungemeine
will nicht von uns gebogen sein.
Das ist der Engel, der den Ringern
des Alten Testaments erschien:
wenn seiner Widersacher Sehnen
im Kampfe sich metallen dehnen,
fühlt er sie unter seinen Fingern
wie Saiten tiefer Melodien.

Wen dieser Engel überwand,
welcher so oft auf Kampf verzichtet,
der geht gerecht und aufgerichtet
und groß aus jener harten Hand,
die sich, wie formend, an ihn schmiegte.
Die Siege laden ihn nicht ein.
Sein Wachstum ist: der Tiefbesiegte
von immer Größerem zu sein.

Aus einer Sturmnacht

Acht Blätter mit einem Titelblatt

Titelblatt

Die Nacht, vom wachsenden Sturme bewegt,
wie wird sie auf einmal weit –,
als bliebe sie sonst zusammengelegt
in die kleinlichen Falten der Zeit.
Wo die Sterne ihr wehren, dort endet sie nicht
und beginnt nicht mitten im Wald
und nicht an meinem Angesicht
und nicht mit deiner Gestalt.
Die Lampen stammeln und wissen nicht:
lügen wir Licht?
Ist die Nacht die einzige Wirklichkeit
seit Jahrtausenden …

(1)

In solchen Nächten kannst du in den Gassen
Zukünftigen begegnen, schmalen blassen
Gesichtern, die dich nicht erkennen
und dich schweigend vorüberlassen.
Aber wenn sie zu reden begännen,
wärst du ein Langevergangener
wie du da stehst,
langeverwest.
Doch sie bleiben im Schweigen wie Tote,
obwohl sie die Kommenden sind.
Zukunft beginnt noch nicht.

Sie halten nur ihr Gesicht in die Zeit
und können, wie unter Wasser, nicht schauen;
und ertragen sie's doch eine Weile,
sehn sie wie unter den Wellen: die Eile
von Fischen und das Tauchen von Tauen.

(2)

In solchen Nächten gehn die Gefängnisse auf.
Und durch die bösen Träume der Wächter
gehn mit leisem Gelächter
die Verächter ihrer Gewalt.
Wald! Sie kommen zu dir, um in dir zu schlafen,
mit ihren langen Strafen behangen.
Wald!

(3)

In solchen Nächten ist auf einmal Feuer
in einer Oper. Wie ein Ungeheuer
beginnt der Riesenraum mit seinen Rängen
Tausende, die sich in ihm drängen,
zu kauen.
Männer und Frauen
staun sich in den Gängen,
und wie sich alle aneinander hängen,
bricht das Gemäuer, und es reißt sie mit.
Und niemand weiß mehr *wer* ganz unten litt;
während ihm einer schon das Herz zertritt,
sind seine Ohren noch ganz voll von Klängen,
die dazu hingehn …

(4)

In solchen Nächten, wie vor vielen Tagen,
fangen die *Herzen* in den Sarkophagen
vergangner Fürsten wieder an zu gehn;
und so gewaltig drängt ihr Wiederschlagen
gegen die Kapseln, welche widerstehn,
daß sie die goldnen Schalen weitertragen
durch Dunkel und Damaste, die zerfallen.
Schwarz schwankt der Dom mit allen seinen Hallen.
Die Glocken, die sich in die Türme krallen,
hängen wie Vögel, bebend stehn die Türen,
und an den Trägern zittert jedes Glied:
als trügen seinen gründenden Granit
blinde Schildkröten, die sich rühren.

(5)

In solchen Nächten wissen die Unheilbaren:
wir waren …
Und sie denken unter den Kranken
einen einfachen guten Gedanken
weiter, dort, wo er abbrach.
Doch von den Söhnen, die sie gelassen,
geht der Jüngste vielleicht in den einsamsten Gassen;
denn gerade *diese* Nächte
sind ihm als ob er zum ersten Mal dächte:
lange lag es über ihm bleiern,
aber jetzt wird sich alles entschleiern –,
und: daß er das feiern wird,
fühlt er …

(6)

In solchen Nächten sind alle die Städte gleich,
alle beflaggt.
Und an den Fahnen vom Sturm gepackt
und wie an Haaren hinausgerissen
in irgendein Land mit ungewissen
Umrissen und Flüssen.
In allen Gärten ist dann ein Teich,
an jedem Teiche dasselbe Haus,
in jedem Hause dasselbe Licht;
und alle Menschen sehn ähnlich aus
und halten die Hände vorm Gesicht.

(7)

In solchen Nächten werden die Sterbenden klar,
greifen sich leise ins wachsende Haar,
dessen Halme aus ihres Schädels Schwäche
in diesen langen Tagen *treiben,*
als wollten sie über der Oberfläche
des Todes bleiben.
Ihre Gebärde geht durch das Haus
als wenn überall Spiegel hingen;
und sie geben – mit diesem Graben
in ihren Haaren – Kräfte aus,
die sie in Jahren gesammelt haben,
welche *vergingen.*

(8)

In solchen Nächten wächst mein Schwesterlein,
das vor mir war und vor mir starb, ganz klein.
Viel solche Nächte waren schon seither:
Sie muß schon schön sein. Bald wird irgendwer
sie frein.

Die Blinde

Der Fremde:
Du bist nicht bang, davon zu sprechen?

Die Blinde:
Nein.
Es ist so ferne. Das war eine andre.
Die damals sah, die laut und schauend lebte,
die starb.

Der Fremde:
Und hatte einen schweren Tod?

Die Blinde:
Sterben ist Grausamkeit an Ahnungslosen.
Stark muß man sein, sogar wenn Fremdes stirbt.

Der Fremde:
Sie war dir fremd?

Die Blinde:
– Oder: sie ists geworden.
Der Tod entfremdet selbst dem Kind die Mutter. –
Doch es war schrecklich in den ersten Tagen.
Am ganzen Leibe war ich wund. Die Welt,
die in den Dingen blüht und reift,
war mit den Wurzeln aus mir ausgerissen,
mit meinem Herzen (schien mir), und ich lag
wie aufgewühlte Erde offen da und trank
den kalten Regen meiner Tränen,
der aus den toten Augen unaufhörlich
und leise strömte, wie aus leeren Himmeln,
wenn Gott gestorben ist, die Wolken fallen.
Und mein Gehör war groß und allem offen.
Ich hörte Dinge, die nicht hörbar sind:
die Zeit, die über meine Haare floß,
die Stille, die in zarten Gläsern klang, –
und fühlte: nah bei meinen Händen ging
der Atem einer großen weißen Rose.
Und immer wieder dacht ich: Nacht und: Nacht
und glaubte einen hellen Streif zu sehn,
der wachsen würde wie ein Tag;
und glaubte auf den Morgen zuzugehn,
der längst in meinen Händen lag.
Die Mutter weckt ich, wenn der Schlaf mir schwer
hinunterfiel vom dunklen Gesicht,
der Mutter rief ich: »Du, komm her
Mach Licht!«
Und horchte. Lange, lange blieb es still,
und meine Kissen fühlte ich versteinen, –
dann wars, als säh ich etwas scheinen:
das war der Mutter wehes Weinen,

an das ich nicht mehr denken will.
Mach Licht! Mach Licht! Ich schrie es oft im Traum:
Der Raum ist eingefallen. Nimm den Raum
mir vom Gesicht und von der Brust.
Du mußt ihn heben, hochheben,
mußt ihn wieder den Sternen geben;
ich kann nicht leben so, mit dem Himmel auf mir.
Aber sprech ich zu dir, Mutter?
Oder zu wem denn? Wer ist denn dahinter?
Wer ist denn hinter dem Vorhang? – Winter?
Mutter: Sturm? Mutter: Nacht? Sag!
Oder: Tag? ... Tag!
Ohne mich! Wie kann es denn ohne mich Tag sein?
Fehl ich denn nirgends?
Fragt denn niemand nach mir?
Sind wir denn ganz vergessen?
Wir? ... Aber du bist ja dort;
du hast ja noch alles, nicht?
Um dein Gesicht sind noch alle Dinge bemüht,
ihm wohlzutun.
Wenn deine Augen ruhn
und wenn sie noch so müd waren,
sie können wieder steigen
... Meine schweigen.
Meine Blumen werden die Farbe verlieren.
Meine Spiegel werden zufrieren.
In meinen Büchern werden die Zeilen verwachsen.
Meine Vögel werden in den Gassen
herumflattern und sich an fremden Fenstern verwunden.
Nichts ist mehr mit mir verbunden.
Ich bin von allem verlassen. –
Ich bin eine Insel.

Der Fremde:
Und ich bin über das Meer gekommen.

Die Blinde:
Wie? Auf die Insel? … Hergekommen?

Der Fremde:
Ich bin noch im Kahne.
Ich habe ihn leise angelegt –
an dich. Er ist bewegt:
seine Fahne weht landein.

Die Blinde:
Ich bin eine Insel und allein.
Ich bin reich. –
Zuerst, als die alten Wege noch waren
in meinen Nerven, ausgefahren
von vielem Gebrauch:
da litt ich auch.
Alles ging mir aus dem Herzen fort,
ich wußte erst nicht wohin;
aber dann fand ich sie alle dort,
alle Gefühle, das, was ich bin,
stand versammelt und drängte und schrie
an den vermauerten Augen, die sich nicht rührten.
Alle meine verführten Gefühle …
Ich weiß nicht, ob sie Jahre so standen,
aber ich weiß von den Wochen,
da sie alle zurückkamen gebrochen
und niemanden erkannten.

Dann wuchs der Weg zu den Augen zu.
Ich weiß ihn nicht mehr.
Jetzt geht alles in mir umher,
sicher und sorglos; wie Genesende
gehn die Gefühle, genießend das Gehn,
durch meines Leibes dunkles Haus.
Einige sind Lesende
über Erinnerungen;
aber die jungen
sehn alle hinaus.
Denn wo sie hintreten an meinen Rand,
ist mein Gewand von Glas.
Meine Stirne sieht, meine Hand las
Gedichte in anderen Händen.
Mein Fuß spricht mit den Steinen, die er betritt,
meine Stimme nimmt jeder Vogel mit
aus den täglichen Wänden.
Ich muß nichts mehr entbehren jetzt,
alle Farben sind übersetzt
in Geräusch und Geruch.
Und sie klingen unendlich schön
als Töne.
Was soll mir ein Buch?
In den Bäumen blättert der Wind;
und ich weiß, was dorten für Worte sind,
und wiederhole sie manchmal leis.
Und der Tod, der Augen wie Blumen bricht,
findet meine Augen nicht …

DER FREMDE *leise:*
Ich weiß.

Requiem

Clara Westhoff gewidmet

Seit einer Stunde ist um ein Ding mehr
auf Erden. Mehr um einen Kranz.
Vor einer Weile war das leichtes Laub ... Ich wands:
Und jetzt ist dieser Efeu seltsam schwer
und so von Dunkel voll, als tränke er
aus meinen Dingen zukünftige Nächte.
Jetzt graut mir fast vor dieser nächsten Nacht,
allein mit diesem Kranz, den ich gemacht,
nicht ahnend, daß da etwas wird,
wenn sich die Ranken ründen um den Reifen;
ganz nur bedürftig, dieses zu begreifen:
daß etwas nichtmehr sein kann. Wie verirrt
in nie betretene Gedanken, darinnen wunderliche Dinge
stehn,
die ich schon einmal gesehen haben muß ...

... Flußabwärts treiben die Blumen, welche die Kinder gerissen haben im Spiel; aus den offenen Fingern fiel eine und eine, bis daß der Strauß nicht mehr zu erkennen war. Bis der Rest, den sie nachhaus gebracht, gerade gut zum Verbrennen war. Dann konnte man ja die ganze Nacht, wenn einen alle schlafen meinen, um die gebrochenen Blumen weinen.

Gretel, von allem Anbeginn
war dir bestimmt, sehr zeitig zu sterben,
blond zu sterben.
Lange schon, eh dir zu leben bestimmt war.

Darum stellte der Herr eine Schwester vor dich
und dann einen Bruder,
damit vor dir wären zwei Nahe, zwei Reine,
welche das Sterben dir zeigten,
das deine:
dein Sterben.
Deine Geschwister wurden erfunden,
nur, damit du dich dran gewöhntest,
und dich an zweien Sterbestunden
mit der dritten versöhntest,
die dir seit Jahrtausenden droht.
Für deinen Tod
sind Leben erstanden;
Hände, welche Blüten banden,
Blicke, welche die Rosen rot
und die Menschen mächtig empfanden,
hat man gebildet und wieder vernichtet
und hat zweimal das Sterben gedichtet,
eh es, gegen dich selbst gerichtet,
aus der verloschenen Bühne trat.

... Nahte es dir schrecklich, geliebte Gespielin?
war es dein Feind?
Hast du dich ihm ans Herz geweint?
Hat es dich aus den heißen Kissen
in die flackernde Nacht gerissen,
in der niemand schlief im ganzen Haus ...?
Wie sah es aus?
Du mußt es wissen ...
Du bist dazu in die Heimat gereist.
– – – – – – – – – – – – – – – – – – –

Du weißt
wie die Mandeln blühn
und daß Seeen blau sind.
Viele Dinge, die nur im Gefühle der Frau sind
welche die erste Liebe erfuhr, –
weißt du. Dir flüsterte die Natur
in des Südens spätdämmernden Tagen
so unendliche Schönheit ein,
wie sonst nur selige Lippen sie sagen
seliger Menschen, die zu zwein
eine Welt haben und *eine* Stimme –
leiser hast du das alles gespürt, –
(o wie hat das unendlich Grimme
deine unendliche Demut berührt).
Deine Briefe kamen von Süden,
warm noch von Sonne, aber verwaist, –
endlich bist du selbst deinen müden
bittenden Briefen nachgereist;
denn du warst nicht gerne im Glanze,
jede Farbe lag auf dir wie Schuld,
und du lebtest in Ungeduld,
denn du wußtest: das ist nicht *das Ganze*.
Leben ist nur ein Teil ... Wovon?
Leben ist nur ein Ton ... Worin?
Leben hat Sinn nur, verbunden mit vielen
Kreisen des weithin wachsenden Raumes, –
Leben ist so nur der Traum eines Traumes,
aber Wachsein ist anderswo.
So ließest du's los.
Groß ließest du's los.
Und wir kannten dich klein.
Dein war so wenig: ein Lächeln, ein kleines,

ein bißchen melancholisch schon immer,
sehr sanftes Haar und ein kleines Zimmer,
das dir seit dem Tode der Schwester weit war.
Als ob alles andere nur dein Kleid war
so scheint es mir jetzt, du stilles Gespiel.
Aber *sehr viel*
warst du. Und wir wußtens manchmal,
wenn du am Abend kamst in den Saal;
wußten manchmal: jetzt müßte man beten;
eine Menge ist eingetreten,
eine Menge, welche dir nachgeht,
weil du den Weg weißt.
Und du hast ihn wissen gemußt
und hast ihn gewußt
gestern ... jüngste der Schwestern.

Sieh her,
dieser Kranz ist so schwer.
Und sie werden ihn auf dich legen,
diesen schweren Kranz.
Kanns dein Sarg aushalten?
Wenn er bricht
unter dem schwarzen Gewicht,
kriecht in die Falten
von deinem Kleid
Efeu.
Weit rankt er hinauf,
rings rankt er dich um,
und der Saft, der sich in seinen Ranken bewegt,
regt dich auf mit seinem Geräusch;
so keusch bist du.
Aber du bist nichtmehr zu.

Langgedehnt bist du und laß.
Deines Leibes Türen sind angelehnt,
und naß
tritt der Efeu ein ...
– –

wie Reihn
von Nonnen,
die sich führen
an schwarzem Seil,
weil es dunkel ist in dir, du Bronnen.
In den leeren Gängen
deines Blutes drängen sie zu deinem Herzen;
wo sonst deine sanften Schmerzen
sich begegneten mit bleichen
Freuden und Erinnerungen, –
wandeln sie, wie im Gebet,
in das Herz, das, ganz verklungen,
dunkel, allen offen steht.

Aber dieser Kranz ist schwer
nur im Licht,
nur unter Lebenden, hier bei mir;
und sein Gewicht
ist nicht mehr
wenn ich ihn, zu dir legen werde.
Die Erde ist voller Gleichgewicht,
Deine Erde.
Er ist schwer von meinen Augen, die daran hängen,
schwer von den Gängen,
die ich um ihn getan;
Ängste aller, welche ihn sahn,
haften daran.

Nimm ihn zu dir, denn er ist dein
seit er ganz fertig ist.
Nimm ihn von mir.
Laß mich allein! Er ist wie ein Gast …
fast schäm ich mich seiner.
Hast du auch Furcht, Gretel?

Du kannst nicht mehr gehn?
Kannst nicht mehr bei mir in der Stube stehn?
Tun dir die Füße weh?
So bleib wo jetzt alle beisammen sind,
man wird ihn dir morgen bringen, mein Kind,
durch die entlaubte Allee.
Man wird ihn dir bringen, warte getrost, –
man bringt dir morgen noch mehr.
Wenn es auch morgen tobt und tost,
das schadet den Blumen nicht sehr.
Man wird sie dir bringen. Du hast das Recht,
sie sicher zu haben, mein Kind,
und wenn sie auch morgen schwarz und schlecht
und lange vergangen sind.
Sei deshalb nicht bange. Du wirst nicht mehr
unterscheiden, was steigt oder sinkt;
die Farben sind zu und die Töne sind leer,
und du wirst auch gar nicht mehr wissen, wer
dir alle die Blumen bringt.

Jetzt weißt du *das Andre,* das uns verstößt,
so oft wir's im Dunkel erfaßt;
von dem, was du *sehntest,* bist du erlöst
zu etwas, was du *hast.*
Unter uns warst du von kleiner Gestalt,

vielleicht bist du jetzt ein erwachsener Wald
mit Winden und Stimmen im Laub. –
Glaub mir, Gespiel, dir geschah nicht Gewalt:
Dein Tod war schon alt,
als dein Leben begann;
drum griff er es an,
damit es ihn nicht überlebte.

Schwebte etwas um mich?
Trat Nachtwind herein?
Ich bebte nicht.
Ich bin stark und allein. –
Was hab ich heute geschafft?
... Efeulaub holt ich am Abend und wands
und bog es zusammen, bis es ganz gehorchte.
Noch glänzt es mit schwarzem Glanz.
Und meine Kraft
kreist in dem Kranz.

Schlußstück

Der Tod ist groß.
Wir sind die Seinen
lachenden Munds.
Wenn wir uns mitten im Leben meinen,
wagt er zu weinen
mitten in uns.

Neue Gedichte

(1907)

Karl und Elisabeth von der Heydt

in Freundschaft

Früher Apollo

Wie manches Mal durch das noch unbelaubte
Gezweig ein Morgen durchsieht, der schon ganz
im Frühling ist: so ist in seinem Haupte
nichts was verhindern könnte, daß der Glanz

aller Gedichte uns fast tödlich träfe;
denn noch kein Schatten ist in seinem Schaun,
zu kühl für Lorbeer sind noch seine Schläfe
und später erst wird aus den Augenbraun

hochstämmig sich der Rosengarten heben,
aus welchem Blätter, einzeln, ausgelöst
hintreiben werden auf des Mundes Beben.

der jetzt noch still ist, niegebraucht und blinkend
und nur mit seinem Lächeln etwas trinkend
als würde ihm sein Singen eingeflößt.

Mädchen-Klage

Diese Neigung, in den Jahren,
da wir alle Kinder waren,
viel allein zu sein, war mild;
andern ging die Zeit im Streite,
und man hatte seine Seite,
seine Nähe, seine Weite,
einen Weg, ein Tier, ein Bild.

Und ich dachte noch, das Leben
hörte niemals auf zu geben,
daß man sich in sich besinnt.
Bin ich in mir nicht im Größten?
Will mich Meines nicht mehr trösten
und verstehen wie als Kind?

Plötzlich bin ich wie verstoßen,
und zu einem Übergroßen
wird mir diese Einsamkeit,
wenn, auf meiner Brüste Hügeln
stehend, mein Gefühl nach Flügeln
oder einem Ende schreit.

Liebes-Lied

Wie soll ich meine Seele halten, daß
sie nicht an deine rührt? Wie soll ich sie
hinheben über dich zu andern Dingen?
Ach gerne möcht ich sie bei irgendwas
Verlorenem im Dunkel unterbringen
an einer fremden stillen Stelle, die
nicht weiterschwingt, wenn deine Tiefen schwingen.
Doch alles, was uns anrührt, dich und mich,
nimmt uns zusammen wie ein Bogenstrich,
der aus zwei Saiten eine Stimme zieht.
Auf welches Instrument sind wir gespannt?
Und welcher Geiger hat uns in der Hand?
O süßes Lied.

Eranna an Sappho

O Du wilde weite Werferin:
Wie ein Speer bei andern Dingen
lag ich bei den Meinen. Dein Erklingen
warf mich weit. Ich weiß nicht wo ich bin.
Mich kann keiner wiederbringen.

Meine Schwestern denken mich und weben,
und das Haus ist voll vertrauter Schritte.
Ich allein bin fern und fortgegeben,
und ich zittere wie eine Bitte;
denn die schöne Göttin in der Mitte
ihrer Mythen glüht und lebt mein Leben.

Sappho an Eranna

Unruh will ich über dich bringen,
schwingen will ich dich, umrankter Stab.
Wie das Sterben will ich dich durchdringen
und dich weitergeben wie das Grab
an das Alles: allen diesen Dingen.

Sappho An Alkaïos
Fragment

Und was hattest du mir denn zu sagen,
und was gehst du meine Seele an,
wenn sich deine Augen niederschlagen
vor dem nahen Nichtgesagten? Mann,

sieh, uns hat das Sagen dieser Dinge
hingerissen und bis in den Ruhm.
Wenn ich denke: unter euch verginge
dürftig unser süßes Mädchentum,

welches wir, ich Wissende und jene
mit mir Wissenden, vom Gott bewacht,
trugen unberührt, daß Mytilene
wie ein Apfelgarten in der Nacht
duftete vom Wachsen unsrer Brüste –.

Ja, auch dieser Brüste, die du nicht
wähltest wie zu Fruchtgewinden, Freier
mit dem weggesenkten Angesicht.
Geh und laß mich, daß zu meiner Leier
komme, was du abhältst: alles steht.

Dieser Gott ist nicht der Beistand Zweier,
aber wenn er durch den Einen geht

Grabmal eines jungen Mädchens

Wir gedenkens noch. Das ist, als müßte
alles dieses einmal wieder sein.
Wie ein Baum an der Limonenküste
trugst du deine kleinen leichten Brüste
in das Rauschen seines Bluts hinein:

- jenes Gottes.
Und es war der schlanke
Flüchtling, der Verwöhnende der Fraun.
Süß und glühend, warm wie dein Gedanke,
überschattend deine frühe Flanke
und geneigt wie deine Augenbraun.

Opfer

O Wie blüht mein Leib aus jeder Ader
duftender, seitdem ich dich erkenn;
sieh, ich gehe schlanker und gerader,
und du wartest nur –: wer bist du denn?

Sieh: ich fühle, wie ich mich entferne,
wie ich Altes, Blatt um Blatt, verlier.
Nur dein Lächeln steht wie lauter Sterne
über dir und bald auch über mir.

Alles was durch meine Kinderjahre
namenlos noch und wie Wasser glänzt,
will ich nach dir nennen am Altare,
der entzündet ist von deinem Haare
und mit deinen Brüsten leicht bekränzt.

Östliches Taglied

Ist dieses Bette nicht wie eine Küste,
ein Küstenstreifen nur, darauf wir liegen?
Nichts ist gewiß als deine hohen Brüste,
die mein Gefühl in Schwindeln überstiegen.

Denn diese Nacht, in der so vieles schrie,
in der sich Tiere rufen und zerreißen,
ist sie uns nicht entsetzlich fremd? Und wie:
was draußen langsam anhebt, Tag geheißen,
ist das uns denn verständlicher als sie?

Man müßte so sich ineinanderlegen
wie Blütenblätter um die Staubgefäße:
so sehr ist überall das Ungemäße
und häuft sich an und stürzt sich uns entgegen.

Doch während wir uns aneinander drücken,
um nicht zu sehen, wie es ringsum naht,
kann es aus dir, kann es aus mir sich zücken:
denn unsre Seelen leben von Verrat.

Abisag

I

Sie lag. Und ihre Kinderarme waren
von Dienern um den Welkenden gebunden,
auf dem sie lag die süßen langen Stunden,
ein wenig bang vor seinen vielen Jahren.

Und manchmal wandte sie in seinem Barte
ihr Angesicht, wenn eine Eule schrie;
und alles, was die Nacht war, kam und scharte
mit Bangen und Verlangen sich um sie.

Die Sterne zitterten wie ihresgleichen,
ein Duft ging suchend durch das Schlafgemach,
der Vorhang rührte sich und gab ein Zeichen,
und leise ging ihr Blick dem Zeichen nach –.

Aber sie hielt sich an dem dunkeln Alten
und, von der Nacht der Nächte nicht erreicht,
lag sie auf seinem fürstlichen Erkalten
jungfräulich und wie eine Seele leicht.

II

Der König sass und sann den leeren Tag
getaner Taten, ungefühlter Lüste
und seiner Lieblingshündin, der er pflag –
Aber am Abend wölbte Abisag

sich über ihm. Sein wirres Leben lag
verlassen wie verrufne Meeresküste
unter dem Sternbild ihrer stillen Brüste.

Und manchmal, als ein Kundiger der Frauen,
erkannte er durch seine Augenbrauen
den unbewegten, küsselosen Mund;
und sah: ihres Gefühles grüne Rute
neigte sich nicht herab zu seinem Grund.
Ihn fröstelte. Er horchte wie ein Hund
und suchte sich in seinem letzten Blute.

David sind vor Saul

I

König, hörst du, wie mein Saitenspiel
Fernen wirft, durch die wir uns bewegen:
Sterne treiben uns verwirrt entgegen,
und wir fallen endlich wie ein Regen,
und es blüht, wo dieser Regen fiel.

Mädchen blühen, die du noch erkannt,
die jetzt Frauen sind und mich verführen;
den Geruch der Jungfraun kannst du spüren,
und die Knaben stehen, angespannt
schlank und atmend, an verschwiegnen Türen.

Daß mein Klang dir alles wiederbrächte.
Aber trunken taumelt mein Getön:
Deine Nächte, König, deine Nächte –,
und wie waren, die dein Schaffen schwächte,
o wie waren alle Leiber schön.

Dein Erinnern glaub ich zu begleiten,
weil ich ahne. Doch auf welchen Saiten
greif ich dir ihr dunkles Lustgestöhn? –

II

König, der du alles dieses hattest
und der du mit lauter Leben mich
überwältigest und überschattest:
komm aus deinem Throne und zerbrich
meine Harfe, die du so ermattest.

Sie ist wie ein abgenommner Baum:
durch die Zweige, die dir Frucht getragen,
schaut jetzt eine Tiefe wie von Tagen
welche kommen –, und ich kenn sie kaum.

Laß mich nicht mehr bei der Harfe schlafen;
sieh dir diese Knabenhand da an:
glaubst du, König, daß sie die Oktaven
eines Leibes noch nicht greifen kann?

III

König, birgst du dich in Finsternissen,
und ich hab dich doch in der Gewalt.
Sieh, mein festes Lied ist nicht gerissen,
und der Raum wird um uns beide kalt.
Mein verwaistes Herz und dein verworrnes
hängen in den Wolken deines Zornes,
wütend ineinander eingebissen
und zu einem einzigen verkrallt.

Fühlst du jetzt, wie wir uns umgestalten?
König, König, das Gewicht wird Geist.
Wenn wir uns nur aneinander halten,
du am Jungen, König, ich am Alten,
sind wir fast wie ein Gestirn das kreist.

Josuas Landtag

So wie der Strom am Ausgang seine Dämme
durchbricht mit seiner Mündung Übermaß,
so brach nun durch die Ältesten der Stämme
zum letzten Mal die Stimme Josuas.

Wie waren die geschlagen, welche lachten,
wie hielten alle Herz und Hände an,
als hübe sich der Lärm von dreißig Schlachten
in einem Mund; und dieser Mund begann.

Und wieder waren Tausende voll Staunen
wie an dem großen Tag vor Jericho,
nun aber waren in ihm die Posaunen,
und ihres Lebens Mauern schwankten so,

daß sie sich wälzten von Entsetzen trächtig
und wehrlos schon und überwältigt, eh
sie's noch gedachten, wie er eigenmächtig
zu Gibeon die Sonne anschrie: steh:

Und Gott ging hin, erschrocken wie ein Knecht,
und hielt die Sonne, bis ihm seine Hände
wehtaten, ob dem schlachtenden Geschlecht,
nur weil da einer wollte, daß sie stände.

Und das war dieser; dieser Alte wars,
von dem sie meinten, daß er nicht mehr gelte
inmitten seines hundertzehnten Jahrs.
Da stand er auf und brach in ihre Zelte.

Er ging wie Hagel nieder über Halmen:
Was wollt ihr Gott versprechen? Ungezählt
stehn um euch Götter, wartend daß ihr wählt.
Doch wenn ihr wählt, wird euch der Herr zermalmen.

Und dann, mit einem Hochmut ohnegleichen:
Ich und mein Haus, wir bleiben ihm vermählt.

Da schrien sie alle: Hilf uns, gieb ein Zeichen
und stärke uns zu unserer schweren Wahl.

Aber sie sahn ihn, wie seit Jahren schweigend,
zu seiner festen Stadt am Berge steigend;
und dann nicht mehr. Es war das letzte Mal.

Der Auszug des verlorenen Sohnes

Nun fortzugehn von alledem Verworrnen,
das unser ist und uns doch nicht gehört,
das, wie das Wasser in den alten Bornen,
uns zitternd spiegelt und das Bild zerstört;
von allem diesen, das sich wie mit Dornen
noch einmal an uns anhängt – fortzugehn
und Das und Den,
die man schon nicht mehr sah
(so täglich waren sie und so gewöhnlich),
auf einmal anzuschauen: sanft, versöhnlich
und wie an einem Anfang und von nah;
und ahnend einzusehn, wie unpersönlich,
wie über alle hin das Leid geschah,
von dem die Kindheit voll war bis zum Rand –:
Und dann doch fortzugehen, Hand aus Hand,
als ob man ein Geheiltes neu zerrisse,
und fortzugehn: wohin? Ins Ungewisse,
weit in ein unverwandtes warmes Land,
das hinter allem Handeln wie Kulisse
gleichgültig sein wird: Garten oder Wand;
und fortzugehn: warum? Aus Drang, aus Artung,
aus Ungeduld, aus dunkler Erwartung,
aus Unverständlichkeit und Unverstand:

Dies alles auf sich nehmen und vergebens
vielleicht Gehaltnes fallen lassen, um
allein zu sterben, wissend nicht warum –

Ist das der Eingang eines neuen Lebens?

Der Ölbaum-Garten

Er ging hinauf unter dem grauen Laub
ganz grau und aufgelöst im Ölgelände
und legte seine Stirne voller Staub
tief in das Staubigsein der heißen Hände.

Nach allem dies. Und dieses war der Schluß.
Jetzt soll ich gehen, während ich erblinde,
und warum willst Du, daß ich sagen muß
Du seist, wenn ich Dich selber nicht mehr finde.

Ich finde Dich nicht mehr. Nicht in mir, nein.
Nicht in den andern. Nicht in diesem Stein.
Ich finde Dich nicht mehr. Ich bin allein.

Ich bin allein mit aller Menschen Gram,
den ich durch Dich zu lindern unternahm,
der Du nicht bist. O namenlose Scham …

Später erzählte man: ein Engel kam –.

Warum ein Engel? Ach es kam die Nacht
und blätterte gleichgültig in den Bäumen.
Die Jünger rührten sich in ihren Träumen.
Warum ein Engel? Ach es kam die Nacht.

Die Nacht, die kam, war keine ungemeine;
so gehen hunderte vorbei.
Da schlafen Hunde und da liegen Steine.
Ach eine traurige, ach irgendeine,
die wartet, bis es wieder Morgen sei.

Denn Engel kommen nicht zu solchen Betern,
und Nächte werden nicht um solche groß.
Die Sich-Verlierenden läßt alles los,
und sie sind preisgegeben von den Vätern
und ausgeschlossen aus der Mütter Schooß.

Pieta

So seh ich, Jesus, deine Füße wieder,
die damals eines Jünglings Füße waren,
da ich sie bang entkleidete und wusch;
wie standen sie verwirrt in meinen Haaren
und wie ein weißes Wild im Dornenbusch.

So seh ich deine niegeliebten Glieder
zum erstenmal in dieser Liebesnacht.
Wir legten uns noch nie zusammen nieder,
und nun wird nur bewundert und gewacht.

Doch, siehe, deine Hände sind zerrissen –:
Geliebter, nicht von mir, von meinen Bissen.
Dein Herz steht offen und man kann hinein:
das hätte dürfen nur mein Eingang sein.

Nun bist du müde, und dein müder Mund hat
keine Lust zu meinem wehen Munde –
O Jesus, Jesus, wann war unsre Stunde?
Wie gehn wir beide wunderlich zugrund.

Gesang der Frauen an den Dichter

SIEH, WIE SICH ALLES auftut: so sind wir;
denn wir sind nichts als solche Seligkeit.
Was Blut und Dunkel war in einem Tier,
das wuchs in uns zur Seele an und schreit

als Seele weiter. Und es schreit nach dir.
Du freilich nimmst es nur in dein Gesicht
als sei es Landschaft: sanft und ohne Gier.
Und darum meinen wir, du bist es nicht,

nach dem es schreit. Und doch, bist du nicht der,
an den wir uns ganz ohne Rest verlören?
Und werden wir in irgend einem *mehr*?

Mit uns geht das Unendliche *vorbei*.
Du aber sei, du Mund, daß wir es hören,
du aber, du Uns-Sagender: du sei.

Der Tod des Dichters

Er lag. Sein aufgestelltes Antlitz war
bleich und verweigernd in den steilen Kissen,
seitdem die Welt und dieses von-ihr-Wissen,
von seinen Sinnen abgerissen,
zurückfiel an das teilnahmslose Jahr.

Die, so ihn leben sahen, wußten nicht,
wie sehr er Eines war mit allem diesen;
denn Dieses: diese Tiefen, diese Wiesen
und diese Wasser waren sein Gesicht.

O sein Gesicht war diese ganze Weite,
die jetzt noch zu ihm will und um ihn wirbt;
und seine Maske, die nun bang verstirbt,
ist zart und offen wie die Innenseite
von einer Frucht, die an der Luft verdirbt.

Buddha

Als ob er horchte. Stille: eine Ferne ...
Wir halten ein und hören sie nicht mehr.
Und er ist Stern. Und andre große Sterne,
die wir nicht sehen, stehen um ihn her.

O er ist Alles. Wirklich, warten wir,
daß er uns sähe? Sollte er bedürfen?
Und wenn wir hier uns vor ihm niederwürfen,
er bliebe tief und träge wie ein Tier.

Denn das, was uns zu seinen Füßen reißt,
das kreist in ihm seit Millionen Jahren.
Er, der vergißt was wir erfahren
und der erfährt was uns verweist.

L'Ange Du Méridien
Chartres

Im Sturm, der um die starke Kathedrale
wie ein Verneiner stürzt der denkt und denkt,
fühlt man sich zärtlicher mit einem Male
von deinem Lächeln zu dir hingelenkt:

lächelnder Engel, fühlende Figur,
mit einem Mund, gemacht aus hundert Munden:
gewahrst du gar nicht, wie dir unsre Stunden
abgleiten von der vollen Sonnenuhr,

auf der des Tages ganze Zahl zugleich,
gleich wirklich, steht in tiefem Gleichgewichte,
als wären alle Stunden reif und reich.

Was weißt du, Steinerner, von unserm Sein?
und hältst du mit noch seligerm Gesichte
vielleicht die Tafel in die Nacht hinein?

Die Kathedrale

In jenen kleinen Städten, wo herum
die alten Häuser wie ein Jahrmarkt hocken,
der sie bemerkt hat plötzlich und, erschrocken,
die Buden zumacht und, ganz zu und stumm,

die Schreier still, die Trommeln angehalten,
zu ihr hinaufhorcht aufgeregten Ohrs –:
dieweil sie ruhig immer in dem alten
Faltenmantel ihrer Contreforts
dasteht und von den Häusern gar nicht weiß:

in jenen kleinen Städten kannst du sehn,
wie sehr entwachsen ihrem Umgangskreis
die Kathedralen waren. Ihr Erstehn
ging über alles fort, so wie den Blick
des eignen Lebens viel zu große Nähe
fortwährend übersteigt, und als geschähe
nichts anderes; als wäre Das Geschick,
was sich in ihnen aufhäuft ohne Maßen,
versteinert und zum Dauernden bestimmt,
nicht Das, was unten in den dunkeln Straßen
vom Zufall irgendwelche Namen nimmt
und darin geht, wie Kinder Grün und Rot
und was der Krämer hat als Schürze tragen.
Da war Geburt in diesen Unterlagen,
und Kraft und Andrang war in diesem Ragen
und Liebe überall wie Wein und Brot,
und die Portale voller Liebesklagen.
Das Leben zögerte im Stundenschlagen,
und in den Türmen, welche voll Entsagen
auf einmal nicht mehr stiegen, war der Tod.

Das Portal

I

Da blieben sie, als wäre jene Flut
zurückgetreten, deren großes Branden
an diesen Steinen wusch, bis sie entstanden;
sie nahm im Fallen manches Attribut

aus ihren Händen, welche viel zu gut
und gebend sind, um etwas festzuhalten.
Sie blieben, von den Formen in Basalten
durch einen Nimbus, einen Bischofshut,

bisweilen durch ein Lächeln unterschieden,
für das ein Antlitz seiner Stunden Frieden
bewahrt hat als ein stilles Zifferblatt;

jetzt fortgerückt ins Leere ihres Tores,
waren sie einst die Muschel eines Ohres
und fingen jedes Stöhnen dieser Stadt.

II

Sehr viele Weite ist gemeint damit:
so wie mit den Kulissen einer Szene
die Welt gemeint ist; und so wie durch jene
der Held im Mantel seiner Handlung tritt: –

so tritt das Dunkel dieses Tores handelnd
auf seiner Tiefe tragisches Theater,

so grenzenlos und wallend wie Gott-Vater
und so wie Er sich wunderlich verwandelnd

in einen Sohn, der aufgeteilt ist hier
auf viele kleine beinah stumme Rollen,
genommen aus des Elends Zubehör.

Denn nur noch so entsteht (das wissen wir)
aus Blinden, Fortgeworfenen und Tollen
der Heiland wie ein einziger Akteur.

III

So ragen sie, die Herzen angehalten
(sie stehn auf Ewigkeit und gingen nie);
nur selten tritt aus dem Gefäll der Falten
eine Gebärde, aufrecht, steil wie sie,

und bleibt nach einem halben Schritte stehn
wo die Jahrhunderte sie überholen.
Sie sind im Gleichgewicht auf den Konsolen,
in denen eine Welt, die sie nicht sehn,

die Welt der Wirrnis, die sie nicht zertraten,
Figur und Tier, wie um sie zu gefährden,
sich krümmt und schüttelt und sie dennoch hält:

weil die Gestalten dort wie Akrobaten
sich nur so zuckend und so wild gebärden,
damit der Stab auf ihrer Stirn nicht fällt.

Die Fensterrose

Da drin: das träge Treten ihrer Tatzen
macht eine Stille, die dich fast verwirrt;
und wie dann plötzlich eine von den Katzen
den Blick an ihr, der hin und wieder irrt,

gewaltsam in ihr großes Auge nimmt, –
den Blick, der, wie von eines Wirbels Kreis
ergriffen, eine kleine Weile schwimmt
und dann versinkt und nichts mehr von sich weiß,

wenn dieses Auge, welches scheinbar ruht,
sich auftut und zusammenschlägt mit Tosen
und ihn hineinreißt bis ins rote Blut –:

So griffen einstmals aus dem Dunkelsein
der Kathedralen große Fensterrosen
ein Herz und rissen es in Gott hinein.

Das Kapitäl

Wie sich aus eines Traumes Ausgeburten
aufsteigend aus verwirrendem Gequäl
der nächste Tag erhebt: so gehn die Gurten
der Wölbung aus dem wirren Kapitäl

und lassen drin, gedrängt und rätselhaft
verschlungen, flügelschlagende Geschöpfe:
ihr Zögern und das Plötzliche der Köpfe
und jene starken Blätter, deren Saft

wie Jähzorn steigt, sich schließlich überschlagend
in einer schnellen Geste, die sich ballt
und sich heraushält –: alles aufwärtsjagend,

was immer wieder mit dem Dunkel kalt
herunterfällt, wie Regen Sorge tragend
für dieses alten Wachstums Unterhalt.

Gott im Mittelalter

Und sie hatten Ihn in sich erspart
und sie wollten, daß er sei und richte,
und sie hängten schließlich wie Gewichte
(zu verhindern seine Himmelfahrt)

an ihn ihrer großen Kathedralen
Last und Masse. Und er sollte nur
über seine grenzenlosen Zahlen
zeigend kreisen und wie eine Uhr

Zeichen geben ihrem Tun und Tagwerk.
Aber plötzlich kam er ganz in Gang,
und die Leute der entsetzten Stadt

ließen ihn, vor seiner Stimme bang,
weitergehn mit ausgehängtem Schlagwerk
und entflohn vor seinem Zifferblatt.

Morgue

Da liegen sie bereit, als ob es gälte,
nachträglich eine Handlung zu erfinden,
die mit einander und mit dieser Kälte
sie zu versöhnen weiß und zu verbinden;

denn das ist alles noch wie ohne Schluß.
Was für ein Name hätte in den Taschen
sich finden sollen? An dem Überdruß
um ihren Mund hat man herumgewaschen:

er ging nicht ab; er wurde nur ganz rein.
Die Bärte stehen, noch ein wenig härter,
doch ordentlicher im Geschmack der Wärter,

nur um die Gaffenden nicht anzuwidern.
Die Augen haben hinter ihren Lidern
sich umgewandt und schauen jetzt hinein.

Der Gefangene

I

Meine Hand hat nur noch eine
Gebärde, mit der sie verscheucht;
auf die alten Steine
fällt es aus Felsen feucht.

Ich höre nur dieses Klopfen
und mein Herz hält Schritt
mit dem Gehen der Tropfen
und vergeht damit.

Tropften sie doch schneller,
käme doch wieder ein Tier.
Irgendwo war es heller –.
Aber was wissen wir.

II

Denk dir, das was jetzt Himmel ist und Wind,
Luft deinem Mund und deinem Auge Helle,
das würde Stein bis um die kleine Stelle
an der dein Herz und deine Hände sind.

Und was jetzt in dir morgen heißt und: dann
und: späterhin und nächstes Jahr und weiter –
das würde wund in dir und voller Eiter
und schwäre nur und bräche nicht mehr an.

Und das was war, das wäre irre und
raste in dir herum, den lieben Mund
der niemals lachte, schäumend von Gelächter.

Und das was Gott war, wäre nur dein Wächter
und stopfte boshaft in das letzte Loch
ein schmutziges Auge. Und du lebtest doch.

Der Panther

Im Jardin des Plantes, Paris

SEIN BLICK IST VOM Vorübergehn der Stäbe
so müd geworden, daß er nichts mehr hält.
Ihm ist, als ob es tausend Stäbe gäbe
und hinter tausend Stäben keine Welt.

Der weiche Gang geschmeidig starker Schritte,
der sich im allerkleinsten Kreise dreht,
ist wie ein Tanz von Kraft um eine Mitte,
in der betäubt ein großer Wille steht.

Nur manchmal schiebt der Vorhang der Pupille
sich lautlos auf –. Dann geht ein Bild hinein,
geht durch der Glieder angespannte Stille –
und hört im Herzen auf zu sein.

Die Gazelle

Gazella Dorcas

VERZAUBERTE: wie kann der Einklang zweier
erwählter Worte je den Reim erreichen,
der in dir kommt und geht, wie auf ein Zeichen.
Aus deiner Stirne steigen Laub und Leier,

und alles Deine geht schon im Vergleich
durch Liebeslieder, deren Worte, weich
wie Rosenblätter, dem, der nicht mehr liest,
sich auf die Augen legen, die er schließt:

um dich zu sehen: hingetragen, als
wäre mit Sprüngen jeder Lauf geladen
und schösse nur nicht ab, solang der Hals

das Haupt ins Horchen hält: wie wenn beim Baden
im Wald die Badende sich unterbricht:
den Waldsee im gewendeten Gesicht.

Das Einhorn

DER HEILIGE HOB das Haupt, und das Gebet
fiel wie ein Helm zurück von seinem Haupte:
denn lautlos nahte sich das niegeglaubte,
das weiße Tier, das wie eine geraubte
hülflose Hindin mit den Augen fleht.

Der Beine elfenbeinernes Gestell
bewegte sich in leichten Gleichgewichten,
ein weißer Glanz glitt selig durch das Fell,
und auf der Tierstirn, auf der stillen, lichten,
stand, wie ein Turm im Mond, das Horn so hell,
und jeder Schritt geschah, es aufzurichten.

Das Maul mit seinem rosagrauen Flaum
war leicht gerafft, so daß ein wenig Weiß
(weißer als alles) von den Zähnen glänzte;
die Nüstern nahmen auf und lechzten leis.
Doch seine Blicke, die kein Ding begrenzte,
warfen sich Bilder in den Raum
und schlossen einen blauen Sagenkreis.

Sankt Sebastian

Wie ein Liegender so steht er; ganz
hingehalten von dem großen Willen.
Weitentrückt wie Mütter, wenn sie stillen,
und in sich gebunden wie ein Kranz.

Und die Pfeile kommen: jetzt und jetzt
und als sprängen sie aus seinen Lenden,
eisern bebend mit den freien Enden.
Doch er lächelt dunkel, unverletzt.

Einmal nur wird seine Trauer groß,
und die Augen liegen schmerzlich bloß,
bis sie etwas leugnen, wie Geringes,
und als ließen sie verächtlich los
die Vernichter eines schönen Dinges.

Der Stifter

Das war der Auftrag an die Malergilde.
Vielleicht daß ihm der Heiland nie erschien;
vielleicht trat auch kein heiliger Bischof milde
an seine Seite wie in diesem Bilde
und legte leise seine Hand auf ihn.

Vielleicht war dieses alles: so zu knien
(so wie es alles ist was wir erfuhren):
zu knien: daß man die eigenen Konturen,
die auswärtswollenden, ganz angespannt
im Herzen hält, wie Pferde in der Hand.

Daß wenn ein Ungeheueres geschähe,
das nicht versprochen ist und nie verbrieft,
wir hoffen könnten, daß es uns nicht sähe
und näher käme, ganz in unsre Nähe,
mit sich beschäftigt und in sich vertieft.

Der Engel

Mit einem Neigen seiner Stirne weist
er weit von sich was einschränkt und verpflichtet;
denn durch sein Herz geht riesig aufgerichtet
das ewig Kommende das kreist.

Die tiefen Himmel stehn ihm voll Gestalten,
und jede kann ihm rufen: komm, erkenn –.
Gieb seinen leichten Händen nichts zu halten
aus deinem Lastenden. Sie kämen denn

bei Nacht zu dir, dich ringender zu prüfen,
und gingen wie Erzürnte durch das Haus
und griffen dich als ob sie dich erschüfen
und brächen dich aus deiner Form heraus.

Römische Sarkophage

Was aber hindert uns zu glauben, daß
(so wie wir hingestellt sind und verteilt)
nicht eine kleine Zeit nur Drang und Haß
und dies Verwirrende in uns verweilt,

wie einst in dem verzierten Sarkophag
bei Ringen, Götterbildern, Gläsern, Bändern,
in langsam sich verzehrenden Gewändern
ein langsam Aufgelöstes lag –

bis es die unbekannten Munde schluckten,
die niemals reden. (Wo besteht und denkt
ein Hirn, um ihrer einst sich zu bedienen?)

Da wurde von den alten Aquädukten
ewiges Wasser in sie eingelenkt –:
das spiegelt jetzt und geht und glänzt in ihnen.

Der Schwan

Diese Mühsal, durch noch Ungetanes
schwer und wie gebunden hinzugehn,
gleicht dem ungeschaffnen Gang des Schwanes.

Und das Sterben, dieses Nichtmehrfassen
jenes Grunds, auf dem wir täglich stehn,
seinem ängstlichen Sich-Niederlassen –:

in die Wasser, die ihn sanft empfangen
und die sich, wie glücklich und vergangen,
unter ihm zurückziehn, Flut um Flut;
während er unendlich still und sicher
immer mündiger und königlicher
und gelassener zu ziehn geruht.

Kindheit

Es wäre gut viel nachzudenken, um
von so Verlornem etwas auszusagen,
von jenen langen Kindheit-Nachmittagen,
die so nie wiederkamen – und warum?

Noch mahnt es uns –: vielleicht in einem Regnen,
aber wir wissen nicht mehr was das soll;
nie wieder war das Leben von Begegnen,
von Wiedersehn und Weitergehn so voll

wie damals, da uns nichts geschah als nur
was einem Ding geschieht und einem Tiere:
da lebten wir, wie Menschliches, das Ihre
und wurden bis zum Rande voll Figur.

Und wurden so vereinsamt wie ein Hirt
und so mit großen Fernen überladen
und wie von weit berufen und berührt
und langsam wie ein langer neuer Faden
in jene Bilder-Folgen eingeführt,
in welchen nun zu dauern uns verwirrt.

Der Dichter

Du entfernst dich von mir, du Stunde.
Wunden schlägt mir dein Flügelschlag.
Allein: was soll ich mit meinem Munde?
mit meiner Nacht? mit meinem Tag?

Ich habe keine Geliebte, kein Haus,
keine Stelle auf der ich lebe.
Alle Dinge, an die ich mich gebe,
werden reich und geben mich aus.

Die Spitze

I

Menschlichkeit: Namen schwankender Besitze,
noch unbestätigter Bestand von Glück:
ist das unmenschlich, daß zu dieser Spitze,
zu diesem kleinen dichten Spitzenstück
zwei Augen wurden? – Willst du sie zurück?

Du Langvergangene und schließlich Blinde,
ist deine Seligkeit in diesem Ding,
zu welcher hin, wie zwischen Stamm und Rinde,
dein großes Fühlen, kleinverwandelt, ging?

Durch einen Riß im Schicksal, eine Lücke
entzogst du deine Seele deiner Zeit;
und sie ist so in diesem lichten Stücke,
daß es mich lächeln macht vor Nützlichkeit.

II

Und wenn uns eines Tages dieses Tun
und was an uns geschieht gering erschiene
und uns so fremd, als ob es nicht verdiene,
daß wir so mühsam aus den Kinderschuhn
um seinetwillen wachsen –: Ob die Bahn
vergilbter Spitze, diese dichtgefügte
blumige Spitzenbahn, dann nicht genügte,
uns hier zu halten? Sieh: sie ward getan.

Ein Leben ward vielleicht verschmäht, wer weiß?
Ein Glück war da und wurde hingegeben,
und endlich wurde doch, um jeden Preis,
dies Ding daraus, nicht leichter als das Leben
und doch vollendet und so schön als sei's
nicht mehr zu früh, zu lächeln und zu schweben.

Ein Frauen-Schicksal

So wie der König auf der Jagd ein Glas
ergreift, daraus zu trinken, irgendeines, –
und wie hernach der welcher es besaß
es fortstellt und verwahrt als wär es keines:

so hob vielleicht das Schicksal, durstig auch,
bisweilen Eine an den Mund und trank,
die dann ein kleines Leben, viel zu bang
sie zu zerbrechen, abseits vom Gebrauch

hinstellte in die ängstliche Vitrine,
in welcher seine Kostbarkeiten sind
(oder die Dinge, die für kostbar gelten).

Da stand sie fremd wie eine Fortgeliehne
und wurde einfach alt und wurde blind
und war nicht kostbar und war niemals selten.

Die Genesende

Wie ein Singen kommt und geht in Gassen
und sich nähert und sich wieder scheut,
flügelschlagend, manchmal fast zu fassen
und dann wieder weit hinausgestreut:

spielt mit der Genesenden das Leben;
während sie, geschwächt und ausgeruht,
unbeholfen, um sich hinzugeben,
eine ungewohnte Geste tut.

Und sie fühlt es beinah wie Verführung,
wenn die hartgewordne Hand, darin
Fieber waren voller Widersinn,
fernher, wie mit blühender Berührung,
zu liebkosen kommt ihr hartes Kinn.

Die Erwachsene

Das alles stand auf ihr und war die Welt
und stand auf ihr mit allem, Angst und Gnade,
wie Bäume stehen, wachsend und gerade,
ganz Bild und bildlos wie die Bundeslade
und feierlich, wie auf ein Volk gestellt.

Und sie ertrug es; trug bis obenhin
das Fliegende, Entfliehende, Entfernte,
das Ungeheuere, noch Unerlernte
gelassen wie die Wasserträgerin
den vollen Krug. Bis mitten unterm Spiel,
verwandelnd und auf andres vorbereitend,
der erste weiße Schleier, leise gleitend,
über das aufgetane Antlitz fiel

fast undurchsichtig und sich nie mehr hebend
und irgendwie auf alle Fragen ihr
nur eine Antwort vage wiedergebend:
In dir, du Kindgewesene, in dir.

Tangara

Ein wenig gebrannter Erde,
wie von großer Sonne gebrannt.
Als wäre die Gebärde
einer Mädchenhand
auf einmal nicht mehr vergangen;
ohne nach etwas zu langen,

zu keinem Dinge hin
aus ihrem Gefühle führend,
nur an sich selber rührend
wie eine Hand ans Kinn.

Wir heben und wir drehen
eine und eine Figur;
wir können fast verstehen
weshalb sie nicht vergehen, –
aber wir sollen nur
tiefer und wunderbarer
hängen an dem was war
und lächeln: ein wenig klarer
vielleicht als vor einem Jahr.

Die Erblindende

SIE SASS SO WIE die anderen beim Tee.
Mir war zuerst, als ob sie ihre Tasse
ein wenig anders als die andern fasse.
Sie lächelte einmal. Es tat fast weh.

Und als man schließlich sich erhob und sprach
und langsam und wie es der Zufall brachte
durch viele Zimmer ging (man sprach und lachte),
da sah ich sie. Sie ging den andern nach,

verhalten, so wie eine, welche gleich
wird singen müssen und vor vielen Leuten;
auf ihren hellen Augen die sich freuten
war Licht von außen wie auf einem Teich.

Sie folgte langsam und sie brauchte lang
als wäre etwas noch nicht überstiegen;
und doch: als ob, nach einem Übergang,
sie nicht mehr gehen würde, sondern fliegen.

In einem fremden Park

Borgeby-Gård

Zwei Wege sinds. Sie führen keinen hin.
Doch manchmal, in Gedanken, läßt der eine
dich weitergehn. Es ist, als gingst du fehl;
aber auf einmal bist du im Rondel
alleingelassen wieder mit dem Steine
und wieder auf ihm lesend: Freiherrin
Brite Sophie – und wieder mit dem Finger
abfühlend die zerfallne Jahreszahl –.
Warum wird dieses Finden nicht geringer?

Was zögerst du ganz wie zum ersten Mal
erwartungsvoll auf diesem Ulmenplatz,
der feucht und dunkel ist und niebetreten?

Und was verlockt dich für ein Gegensatz,
etwas zu suchen in den sonnigen Beeten,
als wärs der Name eines Rosenstocks?

Was stehst du oft? Was hören deine Ohren?
Und warum siehst du schließlich, wie verloren,
die Falter flimmern um den hohen Phlox.

Abschied

WIE HAB ICH DAS GEFÜHLT was Abschied heißt.
Wie weiß ichs noch: ein dunkles unverwundnes
grausames Etwas, das ein Schönverbundnes
noch einmal zeigt und hinhält und zerreißt.

Wie war ich ohne Wehr, dem zuzuschauen,
das, da es mich, mich rufend, gehen ließ,
zurückblieb, so als wärens alle Frauen
und dennoch klein und weiß und nichts als dies:

Ein Winken, schon nicht mehr auf mich bezogen,
ein leise Weiterwinkendes –, schon kaum
erklärbar mehr: vielleicht ein Pflaumenbaum,
von dem ein Kuckuck hastig abgeflogen.

Todes-Erfahrung

WIR WISSEN NICHTS von diesem Hingehn, das
nicht mit uns teilt. Wir haben keinen Grund,
Bewunderung und Liebe oder Haß
dem Tod zu zeigen, den ein Maskenmund

tragischer Klage wunderlich entstellt.
Noch ist die Welt voll Rollen, die wir spielen.
Solang wir sorgen, ob wir auch gefielen,
spielt auch der Tod, obwohl er nicht gefällt.

Doch als du gingst, da brach in diese Bühne
ein Streifen Wirklichkeit durch jenen Spalt
durch den du hingingst: Grün wirklicher Grüne,
wirklicher Sonnenschein, wirklicher Wald.

Wir spielen weiter. Bang und schwer Erlerntes
hersagend und Gebärden dann und wann
aufhebend; aber dein von uns entferntes,
aus unserm Stück entrücktes Dasein kann

uns manchmal überkommen, wie ein Wissen
von jener Wirklichkeit sich niedersenkend,
so daß wir eine Weile hingerissen
das Leben spielen, nicht an Beifall denkend.

Blaue Hortensie

So wie das letzte Grün in Farbentiegeln
sind diese Blätter, trocken, stumpf und rauh,
hinter den Blütendolden, die ein Blau
nicht auf sich tragen, nur von ferne spiegeln.

Sie spiegeln es verweint und ungenau,
als wollten sie es wiederum verlieren,
und wie in alten blauen Briefpapieren
ist Gelb in ihnen, Violett und Grau;

Verwaschnes wie an einer Kinderschürze,
Nichtmehrgetragnes, dem nichts mehr geschieht:
wie fühlt man eines kleinen Lebens Kürze.

Doch plötzlich scheint das Blau sich zu verneuen
in einer von den Dolden, und man sieht
ein rührend Blaues sich vor Grünem freuen.

Vor dem Sommerregen

Auf einmal ist aus allem Grün im Park
man weiß nicht was, ein Etwas, fortgenommen;
man fühlt ihn näher an die Fenster kommen
und schweigsam sein. Inständig nur und stark

ertönt aus dem Gehölz der Regenpfeifer,
man denkt an einen Hieronymus:
so sehr steigt irgend Einsamkeit und Eifer
aus dieser einen Stimme, die der Guß

erhören wird. Des Saales Wände sind
mit ihren Bildern von uns fortgetreten,
als dürften sie nicht hören was wir sagen.

Es spiegeln die verblichenen Tapeten
das ungewisse Licht von Nachmittagen,
in denen man sich fürchtete als Kind.

Im Saal

Wie sind sie alle um uns, diese Herrn
in Kammerherrentrachten und Jabots,
wie eine Nacht um ihren Ordensstern
sich immer mehr verdunkelnd, rücksichtslos,
und diese Damen, zart, fragile, doch groß
von ihren Kleidern, eine Hand im Schooß,
klein wie ein Halsband für den Bologneser:

wie sind sie da um jeden: um den Leser,
um den Betrachter dieser Bibelots,
darunter manches ihnen noch gehört.

Sie lassen, voller Takt, uns ungestört
das Leben leben wie wir es begreifen
und wie sie's nicht verstehn. Sie wollten blühn,
und blühn ist schön sein; doch wir wollen reifen,
und das heißt dunkel sein und sich bemühn.

Letzter Abend

(Aus dem Besitze Frau Nonnas)

Und Nacht und fernes Fahren; denn der Train
des ganzen Heeres zog am Park vorüber.
Er aber hob den Blick vom Clavecin
und spielte noch und sah zu ihr hinüber

beinah wie man in einen Spiegel schaut:
so sehr erfüllt von seinen jungen Zügen

und wissend, wie sie seine Trauer trügen,
schön und verführender bei jedem Laut.

Doch plötzlich wars, als ob sich das verwische:
sie stand wie mühsam in der Fensternische
und hielt des Herzens drängendes Geklopf.

Sein Spiel gab nach. Von draußen wehte Frische.
Und seltsam fremd stand auf dem Spiegeltische
der schwarze Tschako mit dem Totenkopf.

Jugend-Bildnis meines Vaters

Im Auge Traum. Die Stirn wie in Berührung
mit etwas Fernem. Um den Mund enorm
viel Jugend, ungelächelte Verführung,
und vor der vollen schmückenden Verschnürung
der schlanken adeligen Uniform
der Säbelkorb und beide Hände –, die
abwarten, ruhig, zu nichts hingedrängt.
Und nun fast nicht mehr sichtbar: als ob sie
zuerst, die Fernes greifenden, verschwänden.
Und alles andre mit sich selbst verhängt
und ausgelöscht als ob wirs nicht verständen
und tief aus seiner eignen Tiefe trüb –.

Du schnell vergehendes Daguerreotyp
in meinen langsamer vergehenden Händen.

Selbstbildnis aus dem Jahre 1906

Des alten lange adligen Geschlechtes
Feststehendes im Augenbogenbau.
Im Blicke noch der Kindheit Angst und Blau
und Demut da und dort, nicht eines Knechtes
doch eines Dienenden und einer Frau.
Der Mund als Mund gemacht, groß und genau,
nicht überredend, aber ein Gerechtes
Aussagendes. Die Stirne ohne Schlechtes
und gern im Schatten stiller Niederschau.

Das, als Zusammenhang, erst nur geahnt;
noch nie im Leiden oder im Gelingen
zusammgefaßt zu dauerndem Durchdringen,
doch so, als wäre mit zerstreuten Dingen
von fern ein Ernstes, Wirkliches geplant.

Der König

Der König ist sechzehn Jahre alt.
Sechzehn Jahre und schon der Staat.
Er schaut, wie aus einem Hinterhalt,
vorbei an den Greisen vom Rat

in den Saal hinein und irgendwohin
und fühlt vielleicht nur dies:
an dem schmalen langen harten Kinn
die kalte Kette vom Vlies.

Das Todesurteil vor ihm bleibt
lang ohne Namenszug.
Und sie denken: wie er sich quält.

Sie wüßten, kennten sie ihn genug,
daß er nur langsam bis siebzig zählt
eh er es unterschreibt.

Auferstehung

Der Graf vernimmt die Töne,
er sieht einen lichten Riß;
er weckt seine dreizehn Söhne
im Erb-Begräbnis.

Er grüßt seine beiden Frauen
ehrerbietig von weit –;
und alle, voll Vertrauen,
stehn auf zur Ewigkeit

und warten nur noch auf Erich
und Ulriken Dorotheen,
die, sieben- und dreizehnjährig,
(sechzehnhundertzehn)
verstorben sind im Flandern,
um heute vor den andern
unbeirrt herzugehn.

Der Fahnenträger

DIE ANDERN FÜHLEN alles an sich rauh
und ohne Anteil: Eisen, Zeug und Leder.
Zwar manchmal schmeichelt eine weiche Feder,
doch sehr allein und lieb-los ist ein jeder;
er aber trägt – als trüg er eine Frau –
die Fahne in dem feierlichen Kleide.

Dicht hinter ihm geht ihre schwere Seide,
die manchmal über seine Hände fließt.

Er kann allein, wenn er die Augen schließt,
ein Lächeln sehn: er darf sie nicht verlassen. –

Und wenn es kommt in blitzenden Kürassen
und nach ihr greift und ringt und will sie fassen –:

dann darf er sie abreißen von dem Stocke
als riß er sie aus ihrem Mädchentum,
um sie zu halten unterm Waffenrocke.

Und für die Andern ist das Mut und Ruhm.

Der letzte Graf von Brederode entzieht sich türkischer Gefangenschaft

SIE FOLGTEN FURCHTBAR; ihren bunten Tod
von ferne nach ihm werfend, während er
verloren floh, nichts weiter als: bedroht.
Die Feme seiner Väter schien nicht mehr

für ihn zu gelten; denn um so zu fliehn,
genügt ein Tier vor Jägern. Bis der Fluß
aufrauschte nah und blitzend. Ein Entschluß
hob ihn samt seiner Not und machte ihn

wieder zum Knaben fürstlichen Geblütes.
Ein Lächeln adeliger Frauen goß
noch einmal Süßigkeit in sein verfrühtes

vollendetes Gesicht. Er zwang sein Roß,
groß wie sein Herz zu gehn, sein blutdurchglühtes:
es trug ihn in den Strom wie in sein Schloß.

Die Kurtisane

VENEDIGS SONNE wird in meinem Haar
ein Gold bereiten: aller Alchemie
erlauchten Ausgang. Meine Brauen, die
den Brücken gleichen, siehst du sie

hinführen ob der lautlosen Gefahr
der Augen, die ein heimlicher Verkehr
an die Kanäle schließt, so daß das Meer
in ihnen steigt und fällt und wechselt. Wer

mich einmal sah, beneidet meinen Hund,
weil sich auf ihm oft in zerstreuter Pause
die Hand, die nie an keiner Glut verkohlt,

die unverwundbare, geschmückt, erholt –.
Und Knaben, Hoffnungen aus altem Hause,
gehn wie an Gift an meinem Mund zugrund.

Die Treppe der Orangerie
Versailles

Wie Könige die schließlich nur noch schreiten
fast ohne Ziel, nur um von Zeit zu Zeit
sich den Verneigenden auf beiden Seiten
zu zeigen in des Mantels Einsamkeit –:

so steigt, allein zwischen den Balustraden,
die sich verneigen schon seit Anbeginn,
die Treppe: langsam und von Gottes Gnaden
und auf den Himmel zu und nirgends hin;

als ob sie allen Folgenden befahl
zurückzubleiben, – so daß sie nicht wagen
von ferne nachzugehen; nicht einmal
die schwere Schleppe durfte einer tragen.

Der Marmor-Karren

Paris

Auf Pferde, sieben ziehende, verteilt,
verwandelt Niebewegtes sich in Schritte;
denn was hochmütig in des Marmors Mitte
an Alter, Widerstand und All verweilt,

das zeigt sich unter Menschen. Siehe, nicht
unkenntlich, unter irgend einem Namen,
nein: wie der Held das Drängen in den Dramen
erst sichtbar macht und plötzlich unterbricht:

so kommt es durch den stauenden Verlauf
des Tages, kommt in seinem ganzen Staate,
als ob ein großer Triumphator nahte

langsam zuletzt; und langsam vor ihm her
Gefangene, von seiner Schwere schwer.
Und naht noch immer und hält alles auf.

Buddha

Schon von ferne fühlt der fremde scheue
Pilger, wie es golden von ihm träuft;
so als hätten Reiche voller Reue
ihre Heimlichkeiten aufgehäuft.

Aber näher kommend wird er irre
vor der Hoheit dieser Augenbraun:
denn das sind nicht ihre Trinkgeschirre
und die Ohrgehänge ihrer Fraun.

Wüßte einer denn zu sagen, welche
Dinge eingeschmolzen wurden, um
dieses Bild auf diesem Blumenkelche

aufzurichten: stummer, ruhiggelber
als ein goldenes und rundherum
auch den Raum berührend wie sich selber.

Römische Fontäne

Borghese

Zwei Becken, eins das andre übersteigend
aus einem alten runden Marmorrand,
und aus dem oberen Wasser leis sich neigend
zum Wasser, welches unten wartend stand,

dem leise redenden entgegenschweigend
und heimlich, gleichsam in der hohlen Hand,
ihm Himmel hinter Grün und Dunkel zeigend
wie einen unbekannten Gegenstand;

sich selber ruhig in der schönen Schale
verbreitend ohne Heimweh, Kreis aus Kreis,
nur manchmal träumerisch und tropfenweis

sich niederlassend an den Moosbehängen
zum letzten Spiegel, der sein Becken leis
von unten lächeln macht mit Übergängen.

Das Karussell

Jardin du Luxembourg

Mit einem Dach und seinem Schatten dreht
sich eine kleine Weile der Bestand
von bunten Pferden, alle aus dem Land,
das lange zögert, eh es untergeht.
Zwar manche sind an Wagen angespannt,
doch alle haben Mut in ihren Mienen;
ein böser roter Löwe geht mit ihnen
und dann und wann ein weißer Elefant.

Sogar ein Hirsch ist da, ganz wie im Wald,
nur daß er einen Sattel trägt und drüber
ein kleines blaues Mädchen aufgeschnallt.

Und auf dem Löwen reitet weiß ein Junge
und hält sich mit der kleinen heißen Hand,
dieweil der Löwe Zähne zeigt und Zunge.

Und dann und wann ein weißer Elefant.

Und auf den Pferden kommen sie vorüber,
auch Mädchen, helle, diesem Pferdesprunge
fast schon entwachsen; mitten in dem Schwunge
schauen sie auf, irgendwohin, herüber –

Und dann und wann ein weißer Elefant.

Und das geht hin und eilt sich, daß es endet,
und kreist und dreht sich nur und hat kein Ziel.
Ein Rot, ein Grün, ein Grau vorbeigesendet,
ein kleines kaum begonnenes Profil –.
Und manchesmal ein Lächeln, hergewendet,
ein seliges, das blendet und verschwendet
an dieses atemlose blinde Spiel …

Spanische Tänzerin

Wie in der Hand ein Schwefelzündholz, weiß,
eh es zur Flamme kommt, nach allen Seiten
zuckende Zungen streckt –: beginnt im Kreis
naher Beschauer hastig, hell und heiß
ihr runder Tanz sich zuckend auszubreiten.

Und plötzlich ist er Flamme, ganz und gar.

Mit einem Blick entzündet sie ihr Haar
und dreht auf einmal mit gewagter Kunst
ihr ganzes Kleid in diese Feuersbrunst,
aus welcher sich, wie Schlangen die erschrecken,
die nackten Arme wach und klappernd strecken.

Und dann: als würde ihr das Feuer knapp,
nimmt sie es ganz zusamm und wirft es ab
sehr herrisch, mit hochmütiger Gebärde
und schaut: da liegt es rasend auf der Erde

und flammt noch immer und ergiebt sich nicht –.
Doch sieghaft, sicher und mit einem süßen
grüßenden Lächeln hebt sie ihr Gesicht
und stampft es aus mit kleinen festen Füßen.

Der Turm

Tour St.-Nicolas, Furnes

Erd-Inneres. Als wäre dort, wohin
du blindlings steigst, erst Erdenoberfläche,
zu der du steigst im schrägen Bett der Bäche,
die langsam aus dem suchenden Gerinn

der Dunkelheit entsprungen sind, durch die
sich dein Gesicht, wie auferstehend, drängt
und die du plötzlich *siehst*, als fiele sie
aus diesem Abgrund, der dich überhängt

und den du, wie er riesig über dir
sich umstürzt in dem dämmernden Gestühle,
erkennst, erschreckt und fürchtend, im Gefühle:
o wenn er steigt, behangen wie ein Stier –:

Da aber nimmt dich aus der engen Endung
windiges Licht. Fast fliegend siehst du hier
die Himmel wieder, Blendung über Blendung,
und dort die Tiefen, wach und voll Verwendung,

und kleine Tage wie bei Patenier,
gleichzeitige, mit Stunde neben Stunde,

durch die die Brücken springen wie die Hunde,
dem hellen Wege immer auf der Spur,

den unbeholfne Häuser manchmal nur
verbergen, bis er ganz im Hintergrunde
beruhigt geht durch Buschwerk und Natur.

Der Platz

Furnes

WILLKÜRLICH VON Gewesnem ausgeweitet:
von Wut und Aufruhr, von dem Kunterbunt
das die Verurteilten zu Tod begleitet,
von Buden, von der Jahrmarktsrufer Mund,
und von dem Herzog der vorüberreitet
und von dem Hochmut von Burgund,

(auf allen Seiten Hintergrund):

ladet der Platz zum Einzug seiner Weite
die fernen Fenster unaufhörlich ein,
während sich das Gefolge und Geleite
der Leere langsam an den Handelsreihn

verteilt und ordnet. In die Giebel steigend,
wollen die kleinen Häuser alles sehn,
die Türme voreinander scheu verschweigend,
die immer maßlos hinter ihnen stehn.

Quai du Rosaire

Brügge

Die Gassen haben einen sachten Gang
(wie manchmal Menschen gehen im Genesen
nachdenkend: was ist früher hier gewesen?)
und die an Plätze kommen, warten lang

auf eine andre, die mit einem Schritt
über das abendklare Wasser tritt,
darin, je mehr sich rings die Dinge mildern,
die eingehängte Welt von Spiegelbildern
so wirklich wird wie diese Dinge nie.

Verging nicht diese Stadt? Nun siehst du, wie
(nach einem unbegreiflichen Gesetz)
sie wach und deutlich wird im Umgestellten,
als wäre dort das Leben nicht so selten;
dort hängen jetzt die Gärten groß und gelten,
dort dreht sich plötzlich hinter schnell erhellten
Fenstern der Tanz in den Estaminets.

Und oben blieb? – – Die Stille nur, ich glaube,
und kostet langsam und von nichts gedrängt
Beere um Beere aus der süßen Traube
des Glockenspiels, das in den Himmeln hängt.

Béguinage

Béguinage Sainte-Elisabeth, Brügge

I

Das hohe Tor scheint keine einzuhalten,
die Brücke geht gleich gerne hin und her,
und doch sind sicher alle in dem alten
offenen Ulmenhof und gehn nicht mehr
aus ihren Häusern, als auf jenem Streifen
zur Kirche hin, um besser zu begreifen
warum in ihnen so viel Liebe war.

Dort knieen sie, verdeckt mit reinem Leinen,
so gleich, als wäre nur das Bild der einen
tausendmal im Choral, der tief und klar
zu Spiegeln wird an den verteilten Pfeilern;
und ihre Stimmen gehn den immer steilern
Gesang hinan und werfen sich von dort,
wo es nicht weitergeht, vom letzten Wort,
den Engeln zu, die sie nicht wiedergeben.

Drum sind die unten, wenn sie sich erheben
und wenden, still. Drum reichen sie sich schweigend
mit einem Neigen, Zeigende zu zeigend
Empfangenden, geweihtes Wasser, das
die Stirnen kühl macht und die Munde blaß.

Und gehen dann, verhangen und verhalten,
auf jenem Streifen wieder überquer –
die Jungen ruhig, ungewiß die Alten
und eine Greisin, weilend, hinterher –

zu ihren Häusern, die sie schnell verschweigen
und die sich durch die Ulmen hin von Zeit
zu Zeit ein wenig reine Einsamkeit,
in einer kleinen Scheibe schimmernd, zeigen.

II

Was aber spiegelt mit den tausend Scheiben
das Kirchenfenster in den Hof hinein,
darin sich Schweigen, Schein und Widerschein
vermischen, trinken, trüben, übertreiben,
phantastisch alternd wie ein alter Wein.

Dort legt sich, keiner weiß von welcher Seite,
Außen auf Inneres und Ewigkeit
auf Immer-Hingehn, Weite über Weite,
erblindend, finster, unbenutzt, verbleit.

Dort bleibt, unter dem schwankenden Dekor
des Sommertags, das Graue alter Winter:
als stünde regungslos ein sanftgesinnter
langmütig lange Wartender dahinter
und eine weinend Wartende davor.

Die Marien-Prozession
Gent

Aus allen Türmen stürzt sich, Fluß um Fluß,
hinwallendes Metall in solchen Massen
als sollte drunten in der Form der Gassen
ein blanker Tag erstehn aus Bronzeguß,

an dessen Rand, gehämmert und erhaben,
zu sehen ist der buntgebundne Zug
der leichten Mädchen und der neuen Knaben,
und wie er Wellen schlug und trieb und trug,
hinabgehalten von dem ungewissen
Gewicht der Fahnen und von Hindernissen
gehemmt, unsichtbar wie die Hand des Herrn;

und drüben plötzlich beinah mitgerissen
vom Aufstieg aufgescheuchter Räucherbecken,
die fliegend, alle sieben, wie im Schrecken
an ihren Silberketten zerrn.

Die Böschung Schauender umschließt die Schiene,
in der das alles stockt und rauscht und rollt:
das Kommende, das Chryselephantine,
aus dem sich zu Balkonen Baldachine
aufbäumen, schwankend im Behang von Gold.

Und sie erkennen über all dem Weißen,
getragen und im spanischen Gewand,
das alte Standbild mit dem kleinen heißen
Gesichte und dem Kinde auf der Hand
und knieen hin, je mehr es naht und naht,

in seiner Krone ahnungslos veraltend
und immer noch das Segnen hölzern haltend
aus dem sich groß gebärdenden Brokat.

Da aber wie es an den Hingeknieten
vorüberkommt, die scheu von unten schaun,
da scheint es seinen Trägern zu gebieten
mit einem Hochziehn seiner Augenbraun,
hochmütig, ungehalten und bestimmt:
so daß sie staunen, stehn und überlegen
und schließlich zögernd gehn. Sie aber nimmt,

in sich die Schritte dieses ganzen Stromes
und geht, allein, wie auf erkannten Wegen
dem Glockendonnern des großoffnen Domes
auf hundert Schultern frauenhaft entgegen.

Die Insel

Nordsee

I

DIE NÄCHSTE FLUT verwischt den Weg im Watt,
und alles wird auf allen Seiten gleich;
die kleine Insel draußen aber hat
die Augen zu; verwirrend kreist der Deich

um ihre Wohner, die in einen Schlaf
geboren werden, drin sie viele Welten
verwechseln, schweigend; denn sie reden selten,
und jeder Satz ist wie ein Epitaph

für etwas Angeschwemmtes, Unbekanntes,
das unerklärt zu ihnen kommt und bleibt.
Und so ist alles was ihr Blick beschreibt

von Kindheit an: nicht auf sie Angewandtes,
zu Großes, Rücksichtsloses, Hergesandtes,
das ihre Einsamkeit noch übertreibt.

II

Als läge er in einem Krater-Kreise
auf einem Mond: ist jeder Hof umdämmt,
und drin die Gärten sind auf gleiche Weise
gekleidet und wie Waisen gleich gekämmt

von jenem Sturm, der sie so rauh erzieht
und tagelang sie bange macht mit Toden.
Dann sitzt man in den Häusern drin und sieht
in schiefen Spiegeln was auf den Kommoden

Seltsames steht. Und einer von den Söhnen
tritt abends vor die Tür und zieht ein Tönen
aus der Harmonika wie Weinen weich;

so hörte ers in einem fremden Hafen –.
Und draußen formt sich eines von den Schafen
ganz groß, fast drohend, auf dem Außendeich.

III

Nah ist nur Innres; alles andre fern.
Und dieses Innere gedrängt und täglich
mit allem überfüllt und ganz unsäglich.
Die Insel ist wie ein zu kleiner Stern

welchen der Raum nicht merkt und stumm zerstört
in seinem unbewußten Furchtbarsein,
so daß er, unerhellt und überhört,
allein

damit dies alles doch ein Ende nehme
dunkel auf einer selbsterfundnen Bahn
versucht zu gehen, blindlings, nicht im Plan
der Wandelsterne, Sonnen und Systeme.

Hetären-Gräber

In ihren langen Haaren liegen sie
mit braunen, tief in sich gegangenen Gesichtern.
Die Augen zu wie vor zu vieler Ferne.
Skelette, Munde, Blumen. In den Munden
die glatten Zähne wie ein Reise-Schachspiel
aus Elfenbein in Reihen aufgestellt.
Und Blumen, gelbe Perlen, schlanke Knochen,
Hände und Hemden, welkende Gewebe
über dem eingestürzten Herzen. Aber
dort unter jenen Ringen, Talismanen
und augenblauen Steinen (Lieblings-Angedenken)

steht noch die stille Krypta des Geschlechtes,
bis an die Wölbung voll mit Blumenblättern.
Und wieder gelbe Perlen, weitverrollte, –
Schalen gebrannten Tones, deren Bug
ihr eignes Bild geziert hat, grüne Scherben
von Salben-Vasen, die wie Blumen duften,
und Formen kleiner Götter: Hausaltäre,
Hetärenhimmel mit entzückten Göttern.
Gesprengte Gürtel, flache Skarabäen,
kleine Figuren riesigen Geschlechtes,
ein Mund der lacht und Tanzende und Läufer,
goldene Fibeln, kleinen Bogen ähnlich
zur Jagd auf Tier- und Vogelamulette,
und lange Nadeln, zieres Hausgeräte
und eine runde Scherbe roten Grundes,
darauf, wie eines Eingangs schwarze Aufschrift,
die straffen Beine eines Viergespannes.
Und wieder Blumen, Perlen, die verrollt sind,
die hellen Lenden einer kleinen Leier,
und zwischen Schleiern, die gleich Nebeln fallen,
wie ausgekrochen aus des Schuhes Puppe:
des Fußgelenkes leichter Schmetterling.

So liegen sie mit Dingen angefüllt,
kostbaren Dingen, Steinen, Spielzeug, Hausrat,
zerschlagnem Tand (was alles in sie abfiel),
und dunkeln wie der Grund von einem Fluß.

Flußbetten waren sie,
darüber hin in kurzen schnellen Wellen
(die weiter wollten zu dem nächsten Leben)

die Leiber vieler Jünglinge sich stürzten
und in denen der Männer Ströme rauschten.
Und manchmal brachen Knaben aus den Bergen
der Kindheit, kamen zagen Falles nieder
und spielten mit den Dingen auf dem Grunde,
bis das Gefälle ihr Gefühl ergriff:

Dann füllten sie mit flachem klaren Wasser
die ganze Breite dieses breiten Weges
und trieben Wirbel an den tiefen Stellen;
und spiegelten zum ersten Mal die Ufer
und ferne Vogelrufe –, während hoch
die Sternennächte eines süßen Landes
in Himmel wuchsen, die sich nirgends schlossen.

Orpheus. Eurydike. Hermes

Das war der Seelen wunderliches Bergwerk.
Wie stille Silbererze gingen sie
als Adern durch sein Dunkel. Zwischen Wurzeln
entsprang das Blut, das fortgeht zu den Menschen,
und schwer wie Porphyr sah es aus im Dunkel.
Sonst war nichts Rotes.

Felsen waren da
und wesenlose Wälder. Brücken über Leeres
und jener große graue blinde Teich,
der über seinem fernen Grunde hing
wie Regenhimmel über einer Landschaft.

Und zwischen Wiesen, sanft und voller Langmut,
erschien des einen Weges blasser Streifen,
wie eine lange Bleiche hingelegt.

Und dieses einen Weges kamen sie.

Voran der schlanke Mann im blauen Mantel,
der stumm und ungeduldig vor sich aussah.
Ohne zu kauen fraß sein Schritt den Weg
in großen Bissen; seine Hände hingen
schwer und verschlossen aus dem Fall der Falten
und wußten nicht mehr von der leichten Leier,
die in die Linke eingewachsen war
wie Rosenranken in den Ast des Ölbaums.
Und seine Sinne waren wie entzweit:
indes der Blick ihm wie ein Hund vorauslief,
umkehrte, kam und immer wieder weit
und wartend an der nächsten Wendung stand, –
blieb sein Gehör wie ein Geruch zurück.
Manchmal erschien es ihm als reichte es
bis an das Gehen jener beiden andern,
die folgen sollten diesen ganzen Aufstieg.
Dann wieder wars nur seines Steigens Nachklang
und seines Mantels Wind was hinter ihm war.
Er aber sagte sich, sie kämen doch;
sagte es laut und hörte sich verhallen.
Sie kämen doch, nur wärens zwei
die furchtbar leise gingen. Dürfte er
sich einmal wenden (wäre das Zurückschaun
nicht die Zersetzung dieses ganzen Werkes,
das erst vollbracht wird), müßte er sie sehen,
die beiden Leisen, die ihm schweigend nachgehn:

Den Gott des Ganges und der weiten Botschaft,
die Reisehaube über hellen Augen,
den schlanken Stab hertragend vor dem Leibe
und flügelschlagend an den Fußgelenken;
und seiner linken Hand gegeben: sie.

Die So-geliebte, daß aus einer Leier
mehr Klage kam als je aus Klagefrauen;
daß eine Welt aus Klage ward, in der
alles noch einmal da war: Wald und Tal
und Weg und Ortschaft, Feld und Fluß und Tier;
und daß um diese Klage-Welt, ganz so
wie um die andre Erde, eine Sonne
und ein gestirnter stiller Himmel ging,
ein Klage-Himmel mit entstellten Sternen –:
Diese So-geliebte.

Sie aber ging, an jenes Gottes Hand,
den Schritt beschränkt von langen Leichenbändern,
unsicher, sanft und ohne Ungeduld.
Sie war in sich, wie Eine hoher Hoffnung,
und dachte nicht des Mannes, der voranging,
und nicht des Weges, der ins Leben aufstieg.
Sie war in sich. Und ihr Gestorbensein
erfüllte sie wie Fülle.
Wie eine Frucht von Süßigkeit und Dunkel,
so war sie voll von ihrem großen Tode,
der also neu war, daß sie nichts begriff.

Sie war in einem neuen Mädchentum
und unberührbar; ihr Geschlecht war zu
wie eine junge Blume gegen Abend,

und ihre Hände waren der Vermählung
so sehr entwöhnt, daß selbst des leichten Gottes
unendlich leise, leitende Berührung
sie kränkte wie zu sehr Vertraulichkeit.

Sie war schon nicht mehr diese blonde Frau,
die in des Dichters Liedern manchmal anklang,
nicht mehr des breiten Bettes Duft und Eiland
und jenes Mannes Eigentum nicht mehr.

Sie war schon aufgelöst wie langes Haar
und hingegeben wie gefallner Regen
und ausgeteilt wie hundertfacher Vorrat.

Sie war schon Wurzel.

Und als plötzlich jäh
der Gott sie anhielt und mit Schmerz im Ausruf
die Worte sprach: Er hat sich umgewendet –,
begriff sie nichts und sagte leise: *Wer?*

Fern aber, dunkel vor dem klaren Ausgang,
stand irgend jemand, dessen Angesicht
nicht zu erkennen war. Er stand und sah,
wie auf dem Streifen eines Wiesenpfades
mit trauervollem Blick der Gott der Botschaft
sich schweigend wandte, der Gestalt zu folgen,
die schon zurückging dieses selben Weges,
den Schritt beschränkt von langen Leichenbändern,
unsicher, sanft und ohne Ungeduld.

Alkestis

Da plötzlich war der Bote unter ihnen,
hineingeworfen in das Überkochen
des Hochzeitsmahles wie ein neuer Zusatz.
Sie fühlten nicht, die Trinkenden, des Gottes
heimlichen Eintritt, welcher seine Gottheit
so an sich hielt wie einen nassen Mantel
und ihrer einer schien, der oder jener,
wie er so durchging. Aber plötzlich sah
mitten im Sprechen einer von den Gästen
den jungen Hausherrn oben an dem Tische
wie in die Höh gerissen, nicht mehr liegend,
und überall und mit dem ganzen Wesen
ein Fremdes spiegelnd, das ihn furchtbar ansprach.
Und gleich darauf, als klärte sich die Mischung,
war Stille; nur mit einem Satz am Boden
von trübem Lärm und einem Niederschlag
fallenden Lallens, schon verdorben riechend
nach dumpfem umgestandenen Gelächter.
Und da erkannten sie den schlanken Gott,
und wie er dastand, innerlich voll Sendung
und unerbittlich, – wußten sie es beinah.
Und doch, als es gesagt war, war es mehr
als alles Wissen, gar nicht zu begreifen.
Admet muß sterben. Wann? In dieser Stunde.

Der aber brach die Schale seines Schreckens
in Stücken ab und streckte seine Hände
heraus aus ihr, um mit dem Gott zu handeln.
Um Jahre, um ein einzig Jahr noch Jugend,
um Monate, um Wochen, um paar Tage,

ach, Tage nicht, um Nächte, nur um Eine,
um Eine Nacht, um diese nur: um die.
Der Gott verneinte, und da schrie er auf
und schrie's hinaus und hielt es nicht und schrie
wie seine Mutter aufschrie beim Gebären.

Und die trat zu ihm, eine alte Frau,
und auch der Vater kam, der alte Vater,
und beide standen, alt, veraltet, ratlos,
beim Schreienden, der plötzlich, wie noch nie
so nah, sie ansah, abbrach, schluckte, sagte:
Vater,
liegt dir denn viel daran an diesem Rest,
an diesem Satz, der dich beim Schlingen hindert?
Geh, gieß ihn weg. Und du, du alte Frau,
Matrone,
was tust du denn noch hier: du hast geboren.
Und beide hielt er sie wie Opfertiere
in Einem Griff. Auf einmal ließ er los
und stieß die Alten fort, voll Einfall, strahlend
und atemholend, rufend: Kreon, Kreon!
Und nichts als das; und nichts als diesen Namen.
Aber in seinem Antlitz stand das Andere,
das er nicht sagte, namenlos erwartend,
wie ers dem jungen Freunde, dem Geliebten,
erglühend hinhielt übern wirren Tisch.
Die Alten (stand da), siehst du, sind kein Loskauf,
sie sind verbraucht und schlecht und beinah wertlos,
du aber, du, in deiner ganzen Schönheit –

Da aber sah er seinen Freund nicht mehr.
Er blieb zurück, und das, was kam, war *sie*,

ein wenig kleiner fast als er sie kannte
und leicht und traurig in dem bleichen Brautkleid.
Die andern alle sind nur ihre Gasse,
durch die sie kommt und kommt –: (gleich wird sie da sein
in seinen Armen, die sich schmerzhaft auftun).

Doch wie er wartet, spricht sie; nicht zu ihm.
Sie spricht zum Gotte, und der Gott vernimmt sie,
und alle hörens gleichsam erst im Gotte:

Ersatz kann keiner für ihn sein. Ich *bins.*
Ich bin Ersatz. Denn keiner ist zu Ende
wie ich es bin. Was bleibt mir denn von dem
was ich hier war? Das *ists* ja, daß ich sterbe.
Hat sie dirs nicht gesagt, da sie dirs auftrug,
daß jenes Lager, das da drinnen wartet,
zur Unterwelt gehört? Ich nahm ja Abschied.
Abschied über Abschied.
Kein Sterbender nimmt mehr davon. Ich ging ja,
damit das Alles, unter Dem begraben
der jetzt mein Gatte ist, zergeht, sich auflöst –.
So führ mich hin: ich sterbe ja für ihn.

Und wie der Wind auf hoher See, der umspringt,
so trat der Gott fast wie zu einer Toten
und war auf einmal weit von ihrem Gatten,
dem er, versteckt in einem kleinen Zeichen,
die hundert Leben dieser Erde zuwarf.
Der stürzte taumelnd zu den beiden hin
und griff nach ihnen wie im Traum. Sie gingen
schon auf den Eingang zu, in dem die Frauen
verweint sich drängten. Aber einmal sah

er noch des Mädchens Antlitz, das sich wandte
mit einem Lächeln, hell wie eine Hoffnung,
die beinah ein Versprechen war: erwachsen
zurückzukommen aus dem tiefen Tode
zu ihm, dem Lebenden –

Da schlug er jäh
die Hände vors Gesicht, wie er so kniete,
um nichts zu sehen mehr nach diesem Lächeln.

Geburt der Venus

AN DIESEM MORGEN nach der Nacht, die bang
vergangen war mit Rufen, Unruh, Aufruhr, –
brach alles Meer noch einmal auf und schrie.
Und als der Schrei sich langsam wieder schloß
und von der Himmel blassem Tag und Anfang
herabfiel in der stummen Fische Abgrund –:
gebar das Meer.

Von erster Sonne schimmerte der Haarschaum
der weiten Wogenscham, an deren Rand
das Mädchen aufstand, weiß, verwirrt und feucht.
So wie ein junges grünes Blatt sich rührt,
sich reckt und Eingerolltes langsam aufschlägt,
entfaltete ihr Leib sich in die Kühle
hinein und in den unberührten Frühwind.

Wie Monde stiegen klar die Kniee auf

und tauchten in der Schenkel Wolkenränder;
der Waden schmaler Schatten wich zurück,
die Füße spannten sich und wurden licht,
und die Gelenke lebten wie die Kehlen
von Trinkenden.

Und in dem Kelch des Beckens lag der Leib
wie eine junge Frucht in eines Kindes Hand.
In seines Nabels engem Becher war
das ganze Dunkel dieses hellen Lebens.
Darunter hob sich licht die kleine Welle
und floß beständig über nach den Lenden,
wo dann und wann ein stilles Rieseln war.
Durchschienen aber und noch ohne Schatten,
wie ein Bestand von Birken im April,
warm, leer und unverborgen, lag die Scham.

Jetzt stand der Schultern rege Waage schon
im Gleichgewichte auf dem graden Körper,
der aus dem Becken wie ein Springbrunn aufstieg
und zögernd in den langen Armen abfiel
und rascher in dem vollen Fall des Haars.

Dann ging sehr langsam das Gesicht vorbei:
aus dem verkürzten Dunkel seiner Neigung
in klares, waagrechtes Erhobensein.
Und hinter ihm verschloß sich steil das Kinn.

Jetzt, da der Hals gestreckt war wie ein Strahl
und wie ein Blumenstiel, darin der Saft steigt,
streckten sich auch die Arme aus wie Hälse
von Schwänen, wenn sie nach dem Ufer suchen.

Dann kam in dieses Leibes dunkle Frühe
wie Morgenwind der erste Atemzug.
Im zartesten Geäst der Aderbäume
entstand ein Flüstern, und das Blut begann
zu rauschen über seinen tiefen Stellen.
Und dieser Wind wuchs an: nun warf er sich
mit allem Atem in die neuen Brüste
und füllte sie und drückte sich in sie, –
daß sie wie Segel, von der Ferne voll,
das leichte Mädchen nach dem Strande drängten.

So landete die Göttin.

Hinter ihr,
die rasch dahinschritt durch die jungen Ufer,
erhoben sich den ganzen Vormittag
die Blumen und die Halme, warm, verwirrt,
wie aus Umarmung. Und sie ging und lief.

Am Mittag aber, in der schwersten Stunde,
hob sich das Meer noch einmal auf und warf
einen Delphin an jene selbe Stelle.
Tot, rot und offen.

Die Rosenschale

Zornige sahst du flackern, sahst zwei Knaben
zu einem Etwas sich zusammenballen,
das Haß war und sich auf der Erde wälzte
wie ein von Bienen überfallnes Tier;
Schauspieler, aufgetürmte Übertreiber,
rasende Pferde, die zusammenbrachen,
den Blick wegwerfend, bläkend das Gebiß
als schälte sich der Schädel aus dem Maule.

Nun aber weißt du, wie sich das vergißt:
denn vor dir steht die volle Rosenschale,
die unvergeßlich ist und angefüllt
mit jenem Äußersten von Sein und Neigen,
Hinhalten, Niemals-Gebenkönnen, Dastehn,
das unser sein mag: Äußerstes auch uns.

Lautloses Leben, Aufgehn ohne Ende,
Raum-brauchen ohne Raum von jenem Raum
zu nehmen, den die Dinge rings verringern,
fast nicht Umrissen-sein wie Ausgespartes
und lauter Inneres, viel seltsam Zartes
und Sich-bescheinendes – bis an den Rand:
ist irgend etwas uns bekannt wie dies?

Und dann wie dies: daß ein Gefühl entsteht,
weil Blütenblätter Blütenblätter rühren?
Und dies: daß eins sich aufschlägt wie ein Lid,
und drunter liegen lauter Augenlider,
geschlossene, als ob sie, zehnfach schlafend,
zu dämpfen hätten eines Innern Sehkraft.

Und dies vor allem: daß durch diese Blätter
das Licht hindurch muß. Aus den tausend Himmeln
filtern sie langsam jenen Tropfen Dunkel,
in dessen Feuerschein das wirre Bündel
der Staubgefäße sich erregt und aufbäumt.

Und die Bewegung in den Rosen, sieh:
Gebärden von so kleinem Ausschlagswinkel,
daß sie unsichtbar blieben, liefen ihre
Strahlen nicht auseinander in das Weltall.

Sieh jene weiße, die sich selig aufschlug
und dasteht in den großen offnen Blättern
wie eine Venus aufrecht in der Muschel;
und die errötende, die wie verwirrt
nach einer kühlen sich hinüberwendet,
und wie die kühle fühllos sich zurückzieht,
und wie die kalte steht, in sich gehüllt,
unter den offenen, die alles abtun.
Und was sie abtun, wie das leicht und schwer,
wie es ein Mantel, eine Last, ein Flügel
und eine Maske sein kann, je nach dem,
und wie sie's abtun: wie vor dem Geliebten.

Was können sie nicht sein: war jene gelbe,
die hohl und offen daliegt, nicht die Schale
von einer Frucht, darin dasselbe Gelb,
gesammelter, orangeröter, Saft war?
Und wars für diese schon zu viel, das Aufgehn,
weil an der Luft ihr namenloses Rosa
den bittern Nachgeschmack des Lila annahm?
Und die batistene, ist sie kein Kleid,

in dem noch zart und atemwarm das Hemd steckt,
mit dem zugleich es abgeworfen wurde
im Morgenschatten an dem alten Waldbad?
Und diese hier, opalnes Porzellan,
zerbrechlich, eine flache Chinatasse
und angefüllt mit kleinen hellen Faltern, –
und jene da, die nichts enthält als sich.

Und sind nicht alle so, nur sich enthaltend,
wenn Sich-enthalten heißt: die Welt da draußen
und Wind und Regen und Geduld des Frühlings
und Schuld und Unruh und vermummtes Schicksal
und Dunkelheit der abendlichen Erde
bis auf der Wolken Wandel, Flucht und Anflug,
bis auf den vagen Einfluß ferner Sterne
in eine Hand voll Innres zu verwandeln.

Nun liegt es sorglos in den offnen Rosen.

Der neuen Gedichte anderer Teil

(1908)

A mon grand Ami Auguste Rodin

Archaïscher Torso Apollos

Wir kannten nicht sein unerhörtes Haupt,
darin die Augenäpfel reiften. Aber
sein Torso glüht noch wie ein Kandelaber,
in dem sein Schauen, nur zurückgeschraubt,

sich hält und glänzt. Sonst könnte nicht der Bug
der Brust dich blenden, und im leisen Drehen
der Lenden könnte nicht ein Lächeln gehen
zu jener Mitte, die die Zeugung trug.

Sonst stünde dieser Stein entstellt und kurz
unter der Schultern durchsichtigem Sturz
und flimmerte nicht so wie Raubtierfelle;

und bräche nicht aus allen seinen Rändern
aus wie ein Stern: denn da ist keine Stelle,
die dich nicht sieht. Du mußt dein Leben ändern.

Kretische Artemis

Wind der Vorgebirge: war nicht ihre
Stirne wie ein lichter Gegenstand?
Glatter Gegenwind der leichten Tiere,
formtest du sie: ihr Gewand

bildend an die unbewußten Brüste
wie ein wechselvolles Vorgefühl?

Während sie, als ob sie alles wüßte,
auf das Fernste zu, geschürzt und kühl,

stürmte mit den Nymphen und den Hunden,
ihren Bogen probend, eingebunden
in den harten hohen Gurt;

manchmal nur aus fremden Siedelungen
angerufen und erzürnt bezwungen
von dem Schreien um Geburt.

Leda

Als ihn der Gott in seiner Not betrat,
erschrak er fast, den Schwan so schön zu finden;
er ließ sich ganz verwirrt in ihm verschwinden.
Schon aber trug ihn sein Betrug zur Tat,

bevor er noch des unerprobten Seins
Gefühle prüfte. Und die Aufgetane
erkannte schon den Kommenden im Schwane
und wußte schon: er bat um Eins,

das sie, verwirrt in ihrem Widerstand,
nicht mehr verbergen konnte. Er kam nieder
und halsend durch die immer schwächre Hand

ließ sich der Gott in die Geliebte los.
Dann erst empfand er glücklich sein Gefieder
und wurde wirklich Schwan in ihrem Schooß.

DER NEUEN GEDICHTE ANDERER TEIL

Delphine

Jene Wirklichen, die ihrem Gleichen
überall zu wachsen und zu wohnen
gaben, fühlten an verwandten Zeichen
Gleiche in den aufgelösten Reichen,
die der Gott, mit triefenden Tritonen,
überströmt bisweilen übersteigt;
denn da hatte sich das Tier gezeigt:
anders als die stumme, stumpfgemute
Zucht der Fische, Blut von ihrem Blute
und von fern dem Menschlichen geneigt.

Eine Schar kam, die sich überschlug,
froh, als fühlte sie die Fluten glänzend:
Warme, Zugetane, deren Zug
wie mit Zuversicht die Fahrt bekränzend,
leichtgebunden um den runden Bug
wie um einer Vase Rumpf und Rundung,
selig, sorglos, sicher vor Verwundung,
aufgerichtet, hingerissen, rauschend
und im Tauchen mit den Wellen tauschend
die Trireme heiter weitertrug.

Und der Schiffer nahm den neugewährten
Freund in seine einsame Gefahr
und ersann für ihn, für den Gefährten,
dankbar eine Welt und hielt für wahr,
daß er Töne liebte, Götter, Gärten
und das tiefe, stille Sternenjahr.

Die Insel der Sirenen

WENN ER DENEN, die ihm gastlich waren,
spät, nach ihrem Tage noch, da sie
fragten nach den Fahrten und Gefahren,
still berichtete: er wußte nie,

wie sie schrecken und mit welchem jähen
Wort sie wenden, daß sie so wie er
in dem blau gestillten Inselmeer
die Vergoldung jener Inseln sähen,

deren Anblick macht, daß die Gefahr
umschlägt; denn nun ist sie nicht im Tosen
und im Wüten, wo sie immer war.
Lautlos kommt sie über die Matrosen,

welche wissen, daß es dort auf jenen
goldnen Inseln manchmal singt –,
und sich blindlings in die Ruder lehnen,
wie umringt

von der Stille, die die ganze Weite
in sich hat und an die Ohren weht,
so als wäre ihre andre Seite
der Gesang, dem keiner widersteht.

Klage um Antinous

Keiner begriff mir von euch den bithynischen Knaben
(daß ihr den Strom anfaßtet und von ihm hübt …).
Ich verwöhnte ihn zwar. Und dennoch: wir haben
ihn nur mit Schwere erfüllt und für immer getrübt.

Wer vermag denn zu lieben? Wer kann es? – Noch keiner.
Und so hab ich unendliches Weh getan –.
Nun ist er am Nil der stillenden Götter einer,
und ich weiß kaum welcher und kann ihm nicht nahn.

Und ihr warfet ihn noch, Wahnsinnige, bis in die Sterne,
damit ich euch rufe und dränge: meint ihr den?
Was ist er nicht einfach ein Toter. Er wäre es gerne.
Und vielleicht wäre ihm nichts geschehn.

Der Tod der Geliebten

Er wusste nur vom Tod was alle wissen:
daß er uns nimmt und in das Stumme stößt.
Als aber sie, nicht von ihm fortgerissen,
nein, leis aus seinen Augen ausgelöst,

hinüberglitt zu unbekannten Schatten,
und als er fühlte, daß sie drüben nun
wie einen Mond ihr Mädchenlächeln hatten
und ihre Weise wohlzutun:

da wurden ihm die Toten so bekannt,
als wäre er durch sie mit einem jeden
ganz nah verwandt; er ließ die andern reden

und glaubte nicht und nannte jenes Land
das gutgelegene, das immersüße –
Und tastete es ab für ihre Füße.

Klage um Jonathan

Ach sind auch Könige nicht von Bestand
und dürfen hingehn wie gemeine Dinge,
obwohl ihr Druck wie der der Siegelringe
sich widerbildet in das weiche Land.

Wie aber konntest du, so angefangen
mit deines Herzens Initial,
aufhören plötzlich: Wärme meiner Wangen.
O daß dich einer noch einmal
erzeugte, wenn sein Samen in ihm glänzt.

Irgendein Fremder sollte dich zerstören,
und der dir innig war, ist nichts dabei
und muß sich halten und die Botschaft hören;
wie wunde Tiere auf den Lagern löhren,
möcht ich mich legen mit Geschrei:

denn da und da, an meinen scheusten Orten,
bist du mir ausgerissen wie das Haar,

das in den Achselhöhlen wächst und dorten,
wo ich ein Spiel für Frauen war,

bevor du meine dort verfitzten Sinne
aufsträhntest wie man einen Knaul entflicht;
da sah ich auf und wurde deiner inne: –
Jetzt aber gehst du mir aus dem Gesicht.

Tröstung des Elia

Er hatte das getan und dies, den Bund
wie jenen Altar wieder aufzubauen,
zu dem sein weitgeschleudertes Vertrauen
zurück als Feuer fiel von ferne, und
hatte er dann nicht Hunderte zerhauen,
weil sie ihm stanken mit dem Baal im Mund,
am Bache schlachtend bis ans Abendgrauen,

das mit dem Regengrau sich groß verband.
Doch als ihn von der Königin der Bote
nach solchem Werktag antrat und bedrohte,
da lief er wie ein Irrer in das Land,

so lange bis er unterm Ginsterstrauche
wie weggeworfen aufbrach in Geschrei
das in der Wüste brüllte: Gott, gebrauche
mich länger nicht. Ich bin entzwei.

Doch grade da kam ihn der Engel ätzen
mit einer Speise, die er tief empfing,

so daß er lange dann an Weideplätzen
und Wassern immer zum Gebirge ging,

zu dem der Herr um seinetwillen kam:
Im Sturme nicht und nicht im Sich-Zerspalten
der Erde, der entlang in schweren Falten
ein leeres Feuer ging, fast wie aus Scham
über des Ungeheuren ausgeruhtes
Hinstürzen zu dem angekommnen Alten,
der ihn im sanften Sausen seines Blutes
erschreckt und zugedeckt vernahm.

Saul unter den Propheten

Meinst du denn, daß man sich sinken sieht?
Nein, der König schien sich noch erhaben,
da er seinen starken Harfenknaben
töten wollte bis ins zehnte Glied.

Erst da ihn der Geist auf solchen Wegen
überfiel und auseinanderriß,
sah er sich im Innern ohne Segen,
und sein Blut ging in der Finsternis
abergläubig dem Gericht entgegen.

Wenn sein Mund jetzt troff und prophezeite,
war es nur, damit der Flüchtling weit
flüchten könne. So war dieses zweite
Mal. Doch einst: er hatte prophezeit

fast als Kind, als ob ihm jede Ader
mündete in einen Mund aus Erz;
Alle schritten, doch er schritt gerader.
Alle schrieen, doch ihm schrie das Herz.

Und nun war er nichts als dieser Haufen
umgestürzter Würden, Last auf Last;
und sein Mund war wie der Mund der Traufen,
der die Güsse, die zusammenlaufen,
fallen läßt, eh er sie faßt.

Samuels Erscheinung vor Saul

Da schrie die Frau zu Endor auf: Ich sehe –
Der König packte sie am Arme: Wen?
Und da die Starrende beschrieb, noch ehe,
da war ihm schon, er hätte selbst gesehn:

Den, dessen Stimme ihn noch einmal traf:
Was störst du mich? Ich habe Schlaf.
Willst du, weil dir die Himmel fluchen
und weil der Herr sich vor dir schloß und schwieg,
in meinem Mund nach einem Siege suchen?
Soll ich dir meine Zähne einzeln sagen?
Ich habe nichts als sie ... Es schwand. Da schrie
das Weib, die Hände vors Gesicht geschlagen,
als ob sie's sehen müßte: Unterlieg –

Und er, der in der Zeit, die ihm gelang,
das Volk wie ein Feldzeichen überragte,

fiel hin, bevor er noch zu klagen wagte:
so sicher war sein Untergang.

Die aber, die ihn wider Willen schlug,
hoffte, daß er sich faßte und vergäße;
und als sie hörte, daß er nie mehr äße,
ging sie hinaus und schlachtete und buk

und brachte ihn dazu, daß er sich setzte;
er saß wie einer, der zu viel vergißt:
alles was war, bis auf das Eine, Letzte.
Dann aß er wie ein Knecht zu Abend ißt.

Ein Prophet

Ausgedehnt von riesigen Gesichten,
hell vom Feuerschein aus dem Verlauf
der Gerichte, die ihn nie vernichten, –
sind die Augen, schauend unter dichten
Brauen. Und in seinem Innern richten
sich schon wieder Worte auf,

nicht die seinen (denn was wären seine
und wie schonend wären sie vertan)
andre, harte: Eisenstücke, Steine,
die er schmelzen muß wie ein Vulkan,

um sie in dem Ausbruch seines Mundes
auszuwerfen, welcher flucht und flucht;
während seine Stirne, wie des Hundes
Stirne, das zu tragen sucht,

was der Herr von seiner Stirne nimmt:
Dieser, Dieser, den sie alle fanden,
folgten sie den großen Zeigehänden,
die Ihn weisen wie Er ist: ergrimmt.

Jeremia

Einmal war ich weich wie früher Weizen,
doch, du Rasender, du hast vermocht,
mir das hingehaltne Herz zu reizen,
daß es jetzt wie eines Löwen kocht.

Welchen Mund hast du mir zugemutet,
damals, da ich fast ein Knabe war:
eine Wunde wurde er: nun blutet
aus ihm Unglücksjahr um Unglücksjahr.

Täglich tönte ich von neuen Nöten,
die du, Unersättlicher, ersannst,
und sie konnten mir den Mund nicht töten;
sieh du zu, wie du ihn stillen kannst,

wenn, die wir zerstoßen und zerstören,
erst verloren sind und fernverlaufen
und vergangen sind in der Gefahr:
denn dann will ich in den Trümmerhaufen
endlich meine Stimme wiederhören,
die von Anfang an ein Heulen war.

Eine Sibylle

Einst, vor Zeiten, nannte man sie alt.
Doch sie blieb und kam dieselbe Straße
täglich. Und man änderte die Maße,
und man zählte sie wie einen Wald

nach Jahrhunderten. Sie aber stand
jeden Abend auf derselben Stelle,
schwarz wie eine alte Citadelle
hoch und hohl und ausgebrannt;

von den Worten, die sich unbewacht
wider ihren Willen in ihr mehrten,
immerfort umschrieen und umflogen,
während die schon wieder heimgekehrten
dunkel unter ihren Augenbogen
saßen, fertig für die Nacht.

Absaloms Abfall

Sie hoben sie mit Geblitz:
der Sturm aus den Hörnern schwellte
seidene, breitgewellte
Fahnen. Der herrlich Erhellte
nahm im hochoffenen Zelte,
das jauchzendes Volk umstellte,
zehn Frauen in Besitz,

die (gewohnt an des alternden Fürsten
sparsame Nacht und Tat)
unter seinem Dürsten
wogten wie Sommersaat.

Dann trat er heraus zum Rate,
wie vermindert um nichts,
und jeder, der ihm nahte,
erblindete seines Lichts.

So zog er auch den Heeren
voran wie ein Stern dem Jahr:
über allen Speeren
wehte sein warmes Haar,
das der Helm nicht faßte,
und das er manchmal haßte,
weil es schwerer war
als seine reichsten Kleider.

Der König hatte geboten,
daß man den Schönen schone.
Doch man sah ihn ohne
Helm an den bedrohten
Orten die ärgsten Knoten
zu roten Stücken von Toten
auseinanderhaun.
Dann wußte lange keiner
von ihm, bis plötzlich einer
schrie: Er hängt dort hinten
an den Terebinthen
mit hochgezogenen Braun.

Das war genug des Winks.
Joab, wie ein Jäger,
erspähte das Haar –: ein schräger
gedrehter Ast: da hings.
Er durchrannte den schlanken Kläger,
und seine Waffenträger
durchbohrten ihn rechts und links.

Esther

Die Dienerinnen kämmten sieben Tage
die Asche ihres Grams und ihrer Plage
Neige und Niederschlag aus ihrem Haar,
und trugen es und sonnten es im Freien
und speisten es mit reinen Spezereien
noch diesen Tag und den: dann aber war

die Zeit gekommen, da sie, ungeboten,
zu keiner Frist, wie eine von den Toten
den drohend offenen Palast betrat,
um gleich, gelegt auf ihre Kammerfrauen,
am Ende ihres Weges *Den* zu schauen,
an dem man stirbt, wenn man ihm naht.

Er glänzte so, daß sie die Kronrubine
aufflammen fühlte, die sie an sich trug;
sie füllte sich ganz rasch mit seiner Miene
wie ein Gefäß und war schon voll genug

und floß schon über von des Königs Macht,
bevor sie noch den dritten Saal durchschritt,

der sie mit seiner Wände Malachit
grün überlief. Sie hatte nicht gedacht,

so langen Gang zu tun mit allen Steinen,
die schwerer wurden von des Königs Scheinen
und kalt von ihrer Angst. Sie ging und ging –

Und als sie endlich, fast von nahe, ihn,
aufruhend auf dem Thron von Turmalin,
sich türmen sah, so wirklich wie ein Ding:

empfing die rechte von den Dienerinnen
die Schwindende und hielt sie zu dem Sitze.
Er rührte sie mit seines Szepters Spitze:
... und sie begriff es ohne Sinne, innen.

Der aussätzige König

DA TRAT AUF SEINER Stirn der Aussatz aus
und stand auf einmal unter seiner Krone
als wär er König über allen Graus,
der in die Andern fuhr, die fassungsohne

hinstarrten nach dem furchtbaren Vollzug
an jenem, welcher, schmal wie ein Verschnürter,
erwartete, daß einer nach ihm schlug;
doch noch war keiner Manns genug:
als machte ihn nur immer unberührter
die neue Würde, die sich übertrug.

Legende von den drei Lebendigen und den drei Toten

Drei Herren hatten mit Falken gebeizt
und freuten sich auf das Gelag.
Da nahm sie der Greis in Beschlag
und führte. Die Reiter hielten gespreizt
vor dem dreifachen Sarkophag,

der ihnen dreimal entgegenstank,
in den Mund, in die Nase, ins Sehn;
und sie wußten es gleich: da lagen lang
drei Tote mitten im Untergang
und ließen sich gräßlich gehn.

Und sie hatten nur noch ihr Jägergehör
reinlich hinter dem Sturmbandlör;
doch da zischte der Alte sein: –
Sie gingen nicht durch das Nadelöhr
und gehen niemals – hinein.

Nun blieb ihnen noch ihr klares Getast,
das stark war vom Jagen und heiß;
doch das hatte ein Frost von hinten gefaßt
und trieb ihm Eis in den Schweiß.

Der König von Münster

Der König war geschoren;
nun ging ihm die Krone zu weit
und bog ein wenig die Ohren,
in die von Zeit zu Zeit

gehässiges Gelärme
aus Hungermäulern fand.
Er saß, von wegen der Wärme,
auf seiner rechten Hand,

mürrisch und schwergesäßig.
Er fühlte sich nicht mehr echt:
der Herr in ihm war mäßig,
und der Beischlaf war schlecht.

Toten-Tanz

Sie brauchen kein Tanz-Orchester;
sie hören in sich ein Geheule
als wären sie Eulennester.
Ihr Ängsten näßt wie eine Beule,
und der Vorgeruch ihrer Fäule
ist noch ihr bester Geruch.

Sie fassen den Tänzer fester,
den rippenbetreßten Tänzer,
den Galan, den ächten Ergänzer
zu einem ganzen Paar.

Und er lockert der Ordensschwester
über dem Haar das Tuch;
sie tanzen ja unter Gleichen.
Und er zieht der wachslichtbleichen
leise die Lesezeichen
aus ihrem Stunden-Buch.

Bald wird ihnen allen zu heiß,
sie sind zu reich gekleidet;
beißender Schweiß verleidet
ihnen Stirne und Steiß
und Schauben und Hauben und Steine;
sie wünschen, sie wären nackt
wie ein Kind, ein Verrückter und Eine:
die tanzen noch immer im Takt.

Das Jüngste Gericht

So erschrocken, wie sie nie erschraken,
ohne Ordnung, oft durchlocht und locker,
hocken sie in dem geborstnen Ocker
ihres Ackers, nicht von ihren Laken

abzubringen, die sie liebgewannen.
Aber Engel kommen an, um Öle
einzuträufeln in die trocknen Pfannen
und um jedem in die Achselhöhle

das zu legen, was er in dem Lärme
damals seines Lebens nicht entweihte;
denn dort hat es noch ein wenig Wärme,

daß es nicht des Herren Hand erkälte
oben, wenn er es aus jeder Seite
leise greift, zu fühlen, ob es gälte.

Die Versuchung

Nein, es half nicht, daß er sich die scharfen
Stacheln einhieb in das geile Fleisch;
alle seine trächtigen Sinne warfen
unter kreißendem Gekreisch

Frühgeburten: schiefe, hingeschielte
kriechende und fliegende Gesichte,
Nichte, deren nur auf ihn erpichte
Bosheit sich verband und mit ihm spielte.

Und schon hatten seine Sinne Enkel;
denn das Pack war fruchtbar in der Nacht
und in immer bunterem Gesprenkel
hingehudelt und verhundertfacht.
Aus dem Ganzen ward ein Trank gemacht:
seine Hände griffen lauter Henkel,
und der Schatten schob sich auf wie Schenkel
warm und zu Umarmungen erwacht –

Und da schrie er nach dem Engel, schrie:
Und der Engel kam in seinem Schein
und war da: und jagte sie
wieder in den Heiligen hinein,

daß er mit Geteufel und Getier
in sich weiterringe wie seit Jahren
und sich Gott, den lange noch nicht klaren,
innen aus dem Jäsen destillier.

Der Alchimist

Seltsam verlächelnd schob der Laborant
den Kolben fort, der halbberuhigt rauchte.
Er wußte jetzt, was er noch brauchte,
damit der sehr erlauchte Gegenstand

da drin entstände. Zeiten brauchte er,
Jahrtausende für sich und diese Birne
in der es brodelte; im Hirn Gestirne
und im Bewußtsein mindestens das Meer.

Das Ungeheuere, das er gewollt,
er ließ es los in dieser Nacht. Es kehrte
zurück zu Gott und in sein altes Maß;

er aber, lallend wie ein Trunkenbold,
lag über dem Geheimfach und begehrte
den Brocken Gold, den er besaß.

Der Reliquienschrein

Draussen wartete auf alle Ringe
und auf jedes Kettenglied
Schicksal, das nicht ohne sie geschieht.
Drinnen waren sie nur Dinge, Dinge
die er schmiedete; denn vor dem Schmied
war sogar die Krone, die er bog,
nur ein Ding, ein zitterndes und eines
das er finster wie im Zorn erzog
zu dem Tragen eines reinen Steines.

Seine Augen wurden immer kälter
von dem kalten täglichen Getränk;
aber als der herrliche Behälter
(goldgetrieben, köstlich, vielkarätig)
fertig vor ihm stand, das Weihgeschenk,
daß darin ein kleines Handgelenk
fürder wohne, weiß und wundertätig:

blieb er ohne Ende auf den Knien,
hingeworfen, weinend, nichtmehr wagend,
seine Seele niederschlagend
vor dem ruhigen Rubin,
der ihn zu gewahren schien
und ihn, plötzlich um sein Dasein fragend,
ansah wie aus Dynastien.

Das Gold

Denk es wäre nicht: es hätte müssen
endlich in den Bergen sich gebären
und sich niederschlagen in den Flüssen
aus dem Wollen, aus dem Gären

ihres Willens; aus der Zwang-Idee,
daß ein Erz ist über allen Erzen.
Weithin warfen sie aus ihren Herzen
immer wieder Meroë

an den Rand der Lande, in den Äther,
über das Erfahrene hinaus;
und die Söhne brachten manchmal später
das Verheißene der Väter,
abgehärtet und verhehrt, nachhaus;

wo es anwuchs eine Zeit, um dann
fortzugehn von den an ihm Geschwächten,
die es niemals liebgewann.
Nur (so sagt man) in den letzten Nächten
steht es auf und sieht sie an.

Der Stylit

Völker schlugen über ihm zusammen,
die er küren durfte und verdammen;
und erratend, daß er sich verlor,
klomm er aus dem Volksgeruch mit klammen
Händen einen Säulenschaft empor,

der noch immer stieg und nichts mehr hob,
und begann, allein auf seiner Fläche,
ganz von vorne seine eigne Schwäche
zu vergleichen mit des Herren Lob;

und da war kein Ende: er verglich;
und der Andre wurde immer größer.
Und die Hirten, Ackerbauer, Flößer
sahn ihn klein und außer sich

immer mit dem ganzen Himmel reden,
eingeregnet manchmal, manchmal licht;
und sein Heulen stürzte sich auf jeden,
so als heulte er ihm ins Gesicht.
Doch er sah seit Jahren nicht,

wie der Menge Drängen und Verlauf
unten unaufhörlich sich ergänzte,
und das Blanke an den Fürsten glänzte
lange nicht so hoch hinauf.

Aber wenn er oben, fast verdammt
und von ihrem Widerstand zerschunden,
einsam mit verzweifeltem Geschreie
schüttelte die täglichen Dämonen:
fielen langsam auf die erste Reihe
schwer und ungeschickt aus seinen Wunden
große Würmer in die offnen Kronen
und vermehrten sich im Samt.

Die ägyptische Maria

Seit sie damals, bettheiß, als die Hure
übern Jordan floh und, wie ein Grab
gebend, stark und unvermischt das pure
Herz der Ewigkeit zu trinken gab,

wuchs ihr frühes Hingegebensein
unaufhaltsam an zu solcher Größe,
daß sie endlich, wie die ewige Blöße
Aller, aus vergilbtem Elfenbein

dalag in der dürren Haare Schelfe.
Und ein Löwe kreiste; und ein Alter
rief ihn winkend an, daß er ihm helfe:

(und so gruben sie zu zwein.)

Und der Alte neigte sie hinein.
Und der Löwe, wie ein Wappenhalter,
saß dabei und hielt den Stein.

Kreuzigung

Längst geübt, zum kahlen Galgenplatze
irgendein Gesindel hinzudrängen,
ließen sich die schweren Knechte hängen,
dann und wann nur eine große Fratze

kehrend nach den abgetanen Drein.
Aber oben war das schlechte Henkern
rasch getan; und nach dem Fertigsein
ließen sich die freien Männer schlenkern.

Bis der eine (fleckig wie ein Selcher)
sagte: Hauptmann, dieser hat geschrien.
Und der Hauptmann sah vom Pferde: Welcher?
und es war ihm selbst, er hätte ihn

den Elia rufen hören. Alle
waren zuzuschauen voller Lust,
und sie hielten, daß er nicht verfalle,
gierig ihm die ganze Essiggalle
an sein schwindendes Gehust.

Denn sie hofften noch ein ganzes Spiel
und vielleicht den kommenden Elia.
Aber hinten ferne schrie Maria,
und er selber brüllte und verfiel.

Der Auferstandene

Er vermochte niemals bis zuletzt
ihr zu weigern oder abzuneinen,
daß sie ihrer Liebe sich berühme;
und sie sank ans Kreuz in dem Kostüme
eines Schmerzes, welches ganz besetzt
war mit ihrer Liebe größten Steinen.

Aber da sie dann, um ihn zu salben,
an das Grab kam, Tränen im Gesicht,
war er auferstanden ihrethalben,
daß er seliger ihr sage: Nicht –

Sie begriff es erst in ihrer Höhle,
wie er ihr, gestärkt durch seinen Tod,
endlich das Erleichternde der Öle
und des Rührens Vorgefühl verbot,

um aus ihr die Liebende zu formen
die sich nicht mehr zum Geliebten neigt,
weil sie, hingerissen von enormen
Stürmen, seine Stimme übersteigt.

Magnificat

Sie kam den Hang herauf, schon schwer, fast ohne
an Trost zu glauben, Hoffnung oder Rat;
doch da die hohe tragende Matrone
ihr ernst und stolz entgegentrat

und alles wußte ohne ihr Vertrauen,
da war sie plötzlich an ihr ausgeruht;
vorsichtig hielten sich die vollen Frauen,
bis daß die junge sprach: Mir ist zumut,

als wär ich, Liebe, von nun an für immer.
Gott schüttet in der Reichen Eitelkeit
fast ohne hinzusehen ihren Schimmer;

doch sorgsam sucht er sich ein Frauenzimmer
und füllt sie an mit seiner fernsten Zeit.

Daß er mich fand. Bedenk nur; und Befehle
um meinetwillen gab von Stern zu Stern –.

Verherrliche und hebe, meine Seele,
so hoch du kannst: den HERRN.

Adam

STAUNEND STEHT ER an der Kathedrale
steilem Aufstieg, nah der Fensterrose,
wie erschreckt von der Apotheose,
welche wuchs und ihn mit einem Male

niederstellte über die und die.
Und er ragt und freut sich seiner Dauer
schlicht entschlossen; als der Ackerbauer
der begann, und der nicht wußte, wie

aus dem fertig-vollen Garten Eden
einen Ausweg in die neue Erde
finden. Gott war schwer zu überreden;

und er drohte ihm, statt zu gewähren,
immer wieder, daß er sterben werde.
Doch der Mensch bestand: sie wird gebären.

Eva

Einfach steht sie an der Kathedrale
großem Aufstieg, nah der Fensterrose,
mit dem Apfel in der Apfelpose,
schuldlos-schuldig ein für alle Male

an dem Wachsenden, das sie gebar,
seit sie aus dem Kreis der Ewigkeiten
liebend fortging, um sich durchzustreiten
durch die Erde, wie ein junges Jahr.

Ach, sie hätte gern in jenem Land
noch ein wenig weilen mögen, achtend
auf der Tiere Eintracht und Verstand.

Doch da sie den Mann entschlossen fand,
ging sie mit ihm, nach dem Tode trachtend;
und sie hatte Gott noch kaum gekannt.

Irre im Garten

Dijon

Noch schliesst die aufgegebene Kartause
sich um den Hof, als würde etwas heil.
Auch die sie jetzt bewohnen, haben Pause
und nehmen nicht am Leben draußen teil.

Was irgend kommen konnte, das verlief.
Nun gehn sie gerne mit bekannten Wegen,

und trennen sich und kommen sich entgegen,
als ob sie kreisten, willig, primitiv.

Zwar manche pflegen dort die Frühlingsbeete,
demütig, dürftig, hingekniet;
aber sie haben, wenn es keiner sieht,
eine verheimlichte, verdrehte

Gebärde für das zarte frühe Gras,
ein prüfendes, verschüchtertes Liebkosen:
denn das ist freundlich, und das Rot der Rosen
wird vielleicht drohend sein und Übermaß

und wird vielleicht schon wieder übersteigen,
was ihre Seele wiederkennt und weiß.
Dies aber läßt sich noch verschweigen:
wie gut das Gras ist und wie leis.

Die Irren

Und sie schweigen, weil die Scheidewinde
weggenommen sind aus ihrem Sinn,
und die Stunden, da man sie verstände,
heben an und gehen hin.

Nächtens oft, wenn sie ans Fenster treten:
plötzlich ist es alles gut.
Ihre Hände liegen im Konkreten,
und das Herz ist hoch und könnte beten,
und die Augen schauen ausgeruht

auf den unverhofften, oftentstellten
Garten im beruhigten Geviert,
der im Widerschein der fremden Welten
weiterwächst und niemals sich verliert.

Aus dem Leben eines Heiligen

Er kannte Ängste, deren Eingang schon
wie Sterben war und nicht zu überstehen.
Sein Herz erlernte, langsam durchzugehen;
er zog es groß wie einen Sohn.

Und namenlose Nöte kannte er,
finster und ohne Morgen wie Verschläge;
und seine Seele gab er folgsam her,
da sie erwachsen war, auf daß sie läge

bei ihrem Bräutigam und Herrn; und blieb
allein zurück an einem solchen Orte,
wo das Alleinsein alles übertrieb,
und wohnte weit und wollte niemals Worte.

Aber dafür, nach Zeit und Zeit, erfuhr
er auch das Glück, sich in die eignen Hände,
damit er eine Zärtlichkeit empfände,
zu legen wie die ganze Kreatur.

Die Bettler

Du wusstest nicht, was den Haufen
ausmacht. Ein Fremder fand
Bettler darin. Sie verkaufen
das Hohle aus ihrer Hand.

Sie zeigen dem Hergereisten
ihren Mund voll Mist,
und er darf (er kann es sich leisten)
sehn, wie ihr Aussatz frißt.

Es zergeht in ihren zerrührten
Augen sein fremdes Gesicht;
und sie freuen sich des Verführten
und speien, wenn er spricht.

Fremde Familie

So wie der Staub, der irgendwie beginnt
und nirgends ist, zu unerklärtem Zwecke
an einem leeren Morgen in der Ecke
in die man sieht, ganz rasch zu Grau gerinnt,

so bildeten sie sich, wer weiß aus was,
im letzten Augenblick vor deinen Schritten
und waren etwas Ungewisses mitten
im nassen Niederschlag der Gasse, das

nach dir verlangte. Oder nicht nach dir.
Denn eine Stimme, wie vom vorigen Jahr,
sang dich zwar an und blieb doch ein Geweine;
und eine Hand, die wie geliehen war,
kam zwar hervor und nahm doch nicht die deine.
Wer kommt denn noch? Wen meinen diese vier?

Leichen-Wäsche

SIE HATTEN SICH an ihn gewöhnt. Doch als
die Küchenlampe kam und unruhig brannte
im dunkeln Luftzug, war der Unbekannte
ganz unbekannt. Sie wuschen seinen Hals,

und da sie nichts von seinem Schicksal wußten,
so logen sie ein anderes zusamm,
fortwährend waschend. Eine mußte husten
und ließ solang den schweren Essigschwamm

auf dem Gesicht. Da gab es eine Pause
auch für die zweite. Aus der harten Bürste
klopften die Tropfen; während seine grause
gekrampfte Hand dem ganzen Hause
beweisen wollte, daß ihn nicht mehr dürste.

Und er bewies. Sie nahmen wie betreten
eiliger jetzt mit einem kurzen Huster
die Arbeit auf, so daß an den Tapeten
ihr krummer Schatten in dem stummen Muster

sich wand und wälzte wie in einem Netze,
bis daß die Waschenden zu Ende kamen.
Die Nacht im vorhanglosen Fensterrahmen
war rücksichtslos. Und einer ohne Namen
lag bar und reinlich da und gab Gesetze.

Eine von den Alten

Paris

Abends manchmal (weißt du, wie das tut?)
wenn sie plötzlich stehn und rückwärts nicken
und ein Lächeln, wie aus lauter Flicken,
zeigen unter ihrem halben Hut.

Neben ihnen ist dann ein Gebäude,
endlos, und sie locken dich entlang
mit dem Rätsel ihrer Räude,
mit dem Hut, dem Umhang und dem Gang.

Mit der Hand, die hinten unterm Kragen
heimlich wartet und verlangt nach dir:
wie um deine Hände einzuschlagen
in ein aufgehobenes Papier.

Der Blinde
Paris

Sieh, er geht und unterbricht die Stadt,
die nicht ist auf seiner dunkeln Stelle,
wie ein dunkler Sprung durch eine helle
Tasse geht. Und wie auf einem Blatt

ist auf ihm der Widerschein der Dinge
aufgemalt; er nimmt ihn nicht hinein.
Nur sein Fühlen rührt sich, so als finge
es die Welt in kleinen Wellen ein:

eine Stille, einen Widerstand –,
und dann scheint er wartend wen zu wählen:
hingegeben hebt er seine Hand,
festlich fast, wie um sich zu vermählen.

Eine Welke

Leicht, wie nach ihrem Tode
trägt sie die Handschuh, das Tuch.
Ein Duft aus ihrer Kommode
verdrängte den lieben Geruch,

an dem sie sich früher erkannte.
Jetzt fragte sie lange nicht, wer
sie sei (: eine ferne Verwandte),
und geht in Gedanken umher

und sorgt für ein ängstliches Zimmer,
das sie ordnet und schont,
weil es vielleicht noch immer
dasselbe Mädchen bewohnt.

Abendmahl

Ewiges will zu uns. Wer hat die Wahl
und trennt die großen und geringen Kräfte?
Erkennst du durch das Dämmern der Geschäfte
im klaren Hinterraum das Abendmahl:

wie sie sichs halten und wie sie sichs reichen
und in der Handlung schlicht und schwer beruhn.
Aus ihren Händen heben sich die Zeichen;
sie wissen nicht, daß sie sie tun

und immer neu mit irgendwelchen Worten
einsetzen, was man trinkt und was man teilt.
Denn da ist keiner, der nicht allerorten
heimlich von hinnen geht, indem er weilt.

Und sitzt nicht immer einer unter ihnen,
der seine Eltern, die ihm ängstlich dienen,
wegschenkt an ihre abgetane Zeit?
(Sie zu verkaufen, ist ihm schon zu weit.)

Die Brandstätte

GEMIEDEN VON DEM Frühherbstmorgen, der
mißtrauisch war, lag hinter den versengten
Hauslinden, die das Heidehaus beengten,
ein Neues, Leeres. Eine Stelle mehr,

auf welcher Kinder, von Gott weiß woher,
einander zuschrien und nach Fetzen haschten.
Doch alle wurden stille, sooft er,
der Sohn von hier, aus heißen, halbveraschten

Gebälken Kessel und verbogne Tröge
an einem langen Gabelaste zog,–
um dann mit einem Blick als ob er löge
die andern anzusehn, die er bewog

zu glauben, was an dieser Stelle stand.
Denn seit es nicht mehr war, schien es ihm so
seltsam: phantastischer als Pharao.
Und er war anders. Wie aus fernem Land.

Die Gruppe

Paris

ALS PFLÜCKTE EINER rasch zu einem Strauß:
ordnet der Zufall hastig die Gesichter,
lockert sie auf und drückt sie wieder dichter,
ergreift zwei ferne, läßt ein nahes aus,

tauscht das mit dem, bläst irgendeines frisch,
wirft einen Hund, wie Kraut, aus dem Gemisch
und zieht, was niedrig schaut, wie durch verworrne
Stiele und Blätter, an dem Kopf nach vorne

und bindet es ganz klein am Rande ein;
und streckt sich wieder, ändert und verstellt
und hat nur eben Zeit, zum Augenschein

zurückzuspringen mitten auf die Matte,
auf der im nächsten Augenblick der glatte
Gewichteschwinger seine Schwere schwellt.

Schlangen-Beschwörung

Wenn auf dem Markt, sich wiegend, der Beschwörer
die Kürbisflöte pfeift, die reizt und lullt,
so kann es sein, daß er sich einen Hörer
herüberlockt, der ganz aus dem Tumult

der Buden eintritt in den Kreis der Pfeife,
die will und will und will und die erreicht,
daß das Reptil in seinem Korb sich steife
und die das steife schmeichlerisch erweicht,

abwechselnd immer schwindelnder und blinder
mit dem, was schreckt und streckt, und dem, was löst –
und dann genügt ein Blick: so hat der Inder
dir eine Fremde eingeflößt,

in der du stirbst. Es ist als überstürze
glühender Himmel dich. Es geht ein Sprung
durch dein Gesicht. Es legen sich Gewürze
auf deine nordische Erinnerung,

die dir nichts hilft. Dich feien keine Kräfte,
die Sonne gärt, das Fieber fällt und trifft;
von böser Freude steilen sich die Schäfte,
und in den Schlangen glänzt das Gift.

Schwarze Katze

Ein Gespenst ist noch wie eine Stelle,
dran dein Blick mit einem Klange stößt;
aber da, an diesem schwarzen Felle
wird dein stärkstes Schauen aufgelöst:

wie ein Tobender, wenn er in vollster
Raserei ins Schwarze stampft,
jählings am benehmenden Gepolster
einer Zelle aufhört und verdampft.

Alle Blicke, die sie jemals trafen,
scheint sie also an sich zu verhehlen,
um darüber drohend und verdrossen
zuzuschauern und damit zu schlafen.
Doch auf einmal kehrt sie, wie geweckt,
ihr Gesicht und mitten in das deine:
und da triffst du deinen Blick im geelen
Amber ihrer runden Augensteine

unerwartet wieder: eingeschlossen
wie ein ausgestorbenes Insekt.

Vor-Ostern
Neapel

Morgen wird in diesen tiefgekerbten
Gassen, die sich durch getürmtes Wohnen
unten dunkel nach dem Hafen drängen,
hell das Gold der Prozessionen rollen;
statt der Fetzen werden die ererbten
Bettbezüge, welche wehen wollen,
von den immer höheren Balkonen
(wie in Fließendem gespiegelt) hängen.

Aber heute hämmert an den Klopfern
jeden Augenblick ein voll Bepackter,
und sie schleppen immer neue Käufe;
dennoch stehen strotzend noch die Stände.
An der Ecke zeigt ein aufgehackter
Ochse seine frischen Innenwände,
und in Fähnchen enden alle Läufe.
Und ein Vorrat wie von tausend Opfern

drängt auf Bänken, hängt sich rings um Pflöcke,
zwingt sich, wölbt sich, wälzt sich aus dem Dämmer
aller Türen, und vor dem Gegähne
der Melonen strecken sich die Brote.
Voller Gier und Handlung ist das Tote;
doch viel stiller sind die jungen Hähne

und die abgehängten Ziegenböcke
und am allerleisesten die Lämmer,

die die Knaben um die Schultern nehmen
und die willig von den Schritten nicken;
während in der Mauer der verglasten
spanischen Madonna die Agraffe
und das Silber in den Diademen
von dem Lichter-Vorgefühl beglänzter
schimmert. Aber drüber in dem Fenster
zeigt sich blickverschwenderisch ein Affe
und führt rasch in einer angemaßten
Haltung Gesten aus, die sich nicht schicken.

Der Balkon

Neapel

Von der Enge, oben, des Balkones
angeordnet wie von einem Maler
und gebunden wie zu einem Strauß
alternder Gesichter und ovaler,
klar im Abend, sehn sie idealer,
rührender und wie für immer aus.

Diese aneinander angelehnten
Schwestern, die, als ob sie sich von weit
ohne Aussicht nacheinander sehnten,
lehnen, Einsamkeit an Einsamkeit;

und der Bruder mit dem feierlichen
Schweigen, zugeschlossen, voll Geschick,
doch von einem sanften Augenblick
mit der Mutter unbemerkt verglichen;

und dazwischen, abgelebt und länglich,
längst mit keinem mehr verwandt,
einer Greisin Maske, unzugänglich,
wie im Fallen von der einen Hand

aufgehalten, während eine zweite
welkere, als ob sie weitergleite,
unten vor den Kleidern hängt zur Seite

von dem Kinder-Angesicht,
das das Letzte ist, versucht, verblichen,
von den Stäben wieder durchgestrichen
wie noch unbestimmbar, wie noch nicht.

Auswanderer-Schiff
Neapel

Denk: dass einer heiss und glühend flüchte,
und die Sieger wären hinterher,
und auf einmal machte der
Flüchtende kurz, unerwartet, Kehr
gegen Hunderte –: so sehr
warf sich das Erglühende der Früchte
immer wieder an das blaue Meer:

als das langsame Orangen-Boot
sie vorübertrug bis an das große
graue Schiff, zu dem, von Stoß zu Stoße,
andre Boote Fische hoben, Brot, –
während es, voll Hohn, in seinem Schooße
Kohlen aufnahm, offen wie der Tod.

Landschaft

WIE ZULETZT, in einem Augenblick
aufgehäuft aus Hängen, Häusern, Stücken
alter Himmel und zerbrochnen Brücken,
und von drüben her, wie vom Geschick,
von dem Sonnenuntergang getroffen,
angeschuldigt, aufgerissen, offen
ginge dort die Ortschaft tragisch aus:

fiele nicht auf einmal in das Wunde,
drin zerfließend, aus der nächsten Stunde
jener Tropfen kühlen Blaus,
der die Nacht schon in den Abend mischt,
so daß das von ferne Angefachte
sachte, wie erlöst, erlischt.

Ruhig sind die Tore und die Bogen,
durchsichtige Wolken wogen
über blassen Häuserreihn
die schon Dunkel in sich eingesogen;
aber plötzlich ist vom Mond ein Schein
durchgeglitten, licht, als hätte ein
Erzengel irgendwo sein Schwert gezogen.

Römische Campagna

Aus der vollgestellten Stadt, die lieber
schliefe, träumend von den hohen Thermen,
geht der grade Gräberweg ins Fieber;
und die Fenster in den letzten Fermen

sehn ihm nach mit einem bösen Blick.
Und er hat sie immer im Genick,
wenn er hingeht, rechts und links zerstörend,
bis er draußen atemlos beschwörend

seine Leere zu den Himmeln hebt,
hastig um sich schauend, ob ihn keine
Fenster treffen. Während er den weiten

Aquädukten zuwinkt herzuschreiten,
geben ihm die Himmel für die seine
ihre Leere, die ihn überlebt.

Lied vom Meer

Capri. Piccola Marina

Uraltes Wehn vom Meer,
Meerwind bei Nacht:
du kommst zu keinem her:
wenn einer wacht,
so muß er sehn, wie er
dich übersteht:
uraltes Wehn vom Meer,

welches weht
nur wie für Ur-Gestein,
lauter Raum
reißend von weit herein …

O wie fühlt dich ein
treibender Feigenbaum
oben im Mondschein.

Nächtliche Fahrt
Sankt Petersburg

Damals als wir mit den glatten Trabern
(schwarzen, aus dem Orloff'schen Gestüt) –,
während hinter hohen Kandelabern
Stadtnachtfronten lagen, angefrüht,
stumm und keiner Stunde mehr gemäß –,
fuhren, nein: vergingen oder flogen
und um lastende Paläste bogen
in das Wehn der Newa-Quais,

hingerissen durch das wache Nachten,
das nicht Himmel und nicht Erde hat, –
als das Drängende von unbewachten
Gärten gärend aus dem Ljetnij-Ssad
aufstieg, während seine Steinfiguren
schwindend mit ohnmächtigen Konturen
hinter uns vergingen, wie wir fuhren –:

damals hörte diese Stadt
auf zu sein. Auf einmal gab sie zu,
daß sie niemals war, um nichts als Ruh
flehend; wie ein Irrer, dem das Wirrn
plötzlich sich entwirrt, das ihn verriet,
und der einen jahrelangen kranken
gar nicht zu verwandelnden Gedanken,
den er nie mehr denken muß: Granit –
aus dem leeren schwankenden Gehirn
fallen fühlt, bis man ihn nicht mehr sieht.

Papageien – Park

Jardin Des Plantes, Paris

Unter türkischen Linden, die blühen, an
Rasenrändern,
in leise von ihrem Heimweh geschaukelten Ständern
atmen die Ara und wissen von ihren Ländern,
die sich, auch wenn sie nicht hinsehn, nicht verändern.

Fremd im beschäftigten Grünen wie eine Parade,
zieren sie sich und fühlen sich selber zu schade,
und mit den kostbaren Schnäbeln aus Jaspis und Jade
kauen sie Graues, verschleudern es, finden es fade.

Unten klauben die duffen Tauben, was sie nicht mögen,
während sich oben die höhnischen Vögel verbeugen
zwischen den beiden fast leeren vergeudeten Trögen.

Aber dann wiegen sie wieder und schläfern und äugen,
spielen mit dunkelen Zungen, die gerne lögen,
zerstreut an den Fußfesselringen. Warten auf Zeugen.

Die Parke

I

Unaufhaltsam heben sich die Parke
aus dem sanft zerfallenden Vergehn;
überhäuft mit Himmeln, überstarke
Überlieferte, die überstehn,

um sich auf den klaren Rasenplänen
auszubreiten und zurückzuziehn,
immer mit demselben souveränen
Aufwand, wie beschützt durch ihn,

und den unerschöpflichen Erlös
königlicher Größe noch vermehrend,
aus sich steigend, in sich wiederkehrend:
huldvoll, prunkend, purpurn und pompös.

II

Leise von den Alleen
ergriffen, rechts und links,
folgend dem Weitergehen
irgend eines Winks,

trittst du mit einem Male
in das Beisammensein
einer schattigen Wasserschale
mit vier Bänken aus Stein;

in eine abgetrennte
Zeit, die allein vergeht.
Auf feuchte Postamente,
auf denen nichts mehr steht,

hebst du einen tiefen
erwartenden Atemzug;
während das silberne Triefen
von dem dunkeln Bug

dich schon zu den Seinen
zählt und weiterspricht.
Und du fühlst dich unter Steinen
die hören, und rührst dich nicht.

III

Den Teichen und den eingerahmten Weihern
verheimlicht man noch immer das Verhör
der Könige. Sie warten unter Schleiern,
und jeden Augenblick kann Monseigneur

vorüberkommen; und dann wollen sie
des Königs Laune oder Trauer mildern
und von den Marmorrändern wieder die
Teppiche mit alten Spiegelbildern

hinunterhängen, wie um einen Platz:
auf grünem Grund, mit Silber, Rosa, Grau,
gewährtem Weiß und leicht gerührtem Blau
und einem Könige und einer Frau
und Blumen in dem wellenden Besatz.

IV

Und Natur, erlaucht und als verletze
sie nur unentschloßnes Ungefähr,
nahm von diesen Königen Gesetze,
selber selig, um den Tapis-vert

ihrer Bäume Traum und Übertreibung
aufzutürmen aus gebauschtem Grün
und die Abende nach der Beschreibung
von Verliebten in die Avenün

einzumalen mit dem weichen Pinsel,
der ein firnisklares aufgelöstes
Lächeln glänzend zu enthalten schien:

der Natur ein liebes, nicht ihr größtes,
aber eines, das sie selbst verliehn,
um auf rosenvoller Liebes-Insel
es zu einem größern aufzuziehn.

V

Götter von Alleen und Altanen,
niemals ganzgeglaubte Götter, die
altern in den gradbeschnittnen Bahnen,
höchstens angelächelte Dianen
wenn die königliche Venerie

wie ein Wind die hohen Morgen teilend
aufbrach, übereilt und übereilend –;
höchstens angelächelte, doch nie

angeflehte Götter. Elegante
Pseudonyme, unter denen man
sich verbarg und blühte oder brannte, –
leichtgeneigte, lächelnd angewandte
Götter, die noch manchmal dann und wann

Das gewähren, was sie einst gewährten,
wenn das Blühen der entzückten Gärten
ihnen ihre kalte Haltung nimmt;
wenn sie ganz von ersten Schatten beben
und Versprechen um Versprechen geben,
alle unbegrenzt und unbestimmt.

VI

Fühlst du, wie keiner von allen
Wegen steht und stockt;
von gelassenen Treppen fallen,
durch ein Nichts von Neigung

leise weitergelockt,
über alle Terrassen
die Wege, zwischen den Massen
verlangsamt und gelenkt,
bis zu den weiten Teichen,
wo sie (wie einem Gleichen)
der reiche Park verschenkt

an den reichen Raum: den Einen,
der mit Scheinen und Widerscheinen
seinen Besitz durchdringt,
aus dem er von allen Seiten
Weiten mit sich bringt,
wenn er aus schließenden Weihern
zu wolkigen Abendfeiern
sich in die Himmel schwingt.

VII

ABER SCHALEN SIND, drin der Najaden
Spiegelbilder, die sie nicht mehr baden,
wie ertrunken liegen, sehr verzerrt;
die Alleen sind durch Balustraden
in der Ferne wie versperrt.

Immer geht ein feuchter Blätterfall
durch die Luft hinunter wie auf Stufen,
jeder Vogelruf ist wie verrufen,
wie vergiftet jede Nachtigall.

Selbst der Frühling ist da nicht mehr gebend,
diese Büsche glauben nicht an ihn;
ungern duftet trübe, überlebend
abgestandener Jasmin

alt und mit Zerfallendem vermischt.
Mit dir weiter rückt ein Bündel Mücken,
so als würde hinter deinem Rücken
alles gleich vernichtet und verwischt.

Bildnis

Dass von dem verzichtenden Gesichte
keiner ihrer großen Schmerzen fiele,
trägt sie langsam durch die Trauerspiele
ihrer Züge schönen welken Strauß,
wild gebunden und schon beinah lose;
manchmal fällt, wie eine Tuberose,
ein verlornes Lächeln müd heraus.

Und sie geht gelassen drüber hin,
müde, mit den schönen blinden Händen,
welche wissen, daß sie es nicht fänden, –

und sie sagt Erdichtetes, darin
Schicksal schwankt, gewolltes, irgendeines,
und sie giebt ihm ihrer Seele Sinn,
daß es ausbricht wie ein Ungemeines:
wie das Schreien eines Steines –

und sie läßt, mit hochgehobnem Kinn,
alle diese Worte wieder fallen,
ohne bleibend; denn nicht eins von allen
ist der wehen Wirklichkeit gemäß,
ihrem einzigen Eigentum,
das sie, wie ein fußloses Gefäß,
halten muß, hoch über ihren Ruhm
und den Gang der Abende hinaus.

Venezianischer Morgen

Richard Beer-Hofmann zugeeignet

FÜRSTLICH VERWÖHNTE Fenster sehen immer,
was manchesmal uns zu bemühn geruht:
die Stadt, die immer wieder, wo ein Schimmer
von Himmel trifft auf ein Gefühl von Flut,

sich bildet ohne irgendwann zu sein.
Ein jeder Morgen muß ihr die Opale
erst zeigen, die sie gestern trug, und Reihn
von Spiegelbildern ziehn aus dem Kanale
und sie erinnern an die andern Male:
dann giebt sie sich erst zu und fällt sich ein

wie eine Nymphe, die den Zeus empfing.
Das Ohrgehäng erklingt an ihrem Ohre;
sie aber hebt San Giorgio Maggiore
und lächelt lässig in das schöne Ding.

Spätherbst in Venedig

Nun treibt die Stadt schon nicht mehr wie ein Köder,
der alle aufgetauchten Tage fängt.
Die gläsernen Paläste klingen spröder
an deinen Blick. Und aus den Gärten hängt

der Sommer wie ein Haufen Marionetten
kopfüber, müde, umgebracht.
Aber vom Grund aus alten Waldskeletten
steigt Willen auf: als sollte über Nacht

der General des Meeres die Galeeren
verdoppeln in dem wachen Arsenal,
um schon die nächste Morgenluft zu teeren

mit einer Flotte, welche ruderschlagend
sich drängt und jäh, mit allen Flaggen tagend,
den großen Wind hat, strahlend und fatal.

San Marco
Venedig

In diesem Innern, das wie ausgehöhlt
sich wölbt und wendet in den goldnen Smalten,
rundkantig, glatt, mit Köstlichkeit geölt,
ward dieses Staates Dunkelheit gehalten

und heimlich aufgehäuft, als Gleichgewicht
des Lichtes, das in allen seinen Dingen

sich so vermehrte, daß sie fast vergingen –.
Und plötzlich zweifelst du: vergehn sie nicht?

und drängst zurück die harte Galerie,
die, wie ein Gang im Bergwerk, nah am Glanz
der Wölbung hängt; und du erkennst die heile

Helle des Ausblicks: aber irgendwie
wehmütig messend ihre müde Weile
am nahen Überstehn des Viergespanns.

Ein Doge

Fremde Gesandte sahen, wie sie geizten
mit ihm und allem was er tat;
während sie ihn zu seiner Größe reizten,
umstellten sie das goldene Dogat

mit Spähern und Beschränkern immer mehr,
bange, daß nicht die Macht sie überfällt,
die sie in ihm (so wie man Löwen hält)
vorsichtig nährten. Aber er,

im Schutze seiner halbverhängten Sinne,
ward dessen nicht gewahr und hielt nicht inne,
größer zu werden. Was die Signorie

in seinem Innern zu bezwingen glaubte,
bezwang er selbst. In seinem greisen Haupte
war es besiegt. Sein Antlitz zeigte wie.

Die Laute

Ich bin die Laute. Willst du meinen Leib
beschreiben, seine schön gewölbten Streifen:
sprich so, als sprächest du von einer reifen
gewölbten Feige. Übertreib

das Dunkel, das du in mir siehst. Es war
Tullias Dunkelheit. In ihrer Scham
war nicht so viel, und ihr erhelltes Haar
war wie ein heller Saal. Zuweilen nahm

sie etwas Klang von meiner Oberfläche
in ihr Gesicht und sang zu mir.
Dann spannte ich mich gegen ihre Schwäche,
und endlich war mein Inneres in ihr.

Der Abenteurer

I

Wenn er unter jene welche *waren*
trat: der Plötzliche, der *schien*,
war ein Glanz wie von Gefahren
in dem ausgesparten Raum um ihn,

den er lächelnd überschritt, um einer
Herzogin den Fächer aufzuheben:
diesen warmen Fächer, den er eben
wollte fallen sehen. Und wenn keiner

mit ihm eintrat in die Fensternische
(wo die Parke gleich ins Träumerische
stiegen, wenn er nur nach ihnen wies),
ging er lässig an die Kartentische
und gewann. Und unterließ

nicht, die Blicke alle zu behalten,
die ihn zweifelnd oder zärtlich trafen,
und auch die in Spiegel fielen, galten.
Er beschloß, auch heute nicht zu schlafen

wie die letzte lange Nacht, und bog
einen Blick mit seinem rücksichtslosen
welcher war: als hätte er von Rosen
Kinder, die man irgendwo erzog.

II

IN DEN TAGEN – (nein, es waren keine),
da die Flut sein unterstes Verlies
ihm bestritt, als wär es nicht das seine,
und ihn, steigend, an die Steine
der daran gewöhnten Wölbung stieß,

fiel ihm plötzlich einer von den Namen
wieder ein, die er vor Zeiten trug.
Und er wußte wieder: Leben kamen,
wenn er lockte; wie im Flug

kamen sie: noch warme Leben Toter,
die er, ungeduldiger, bedrohter,

weiterlebte mitten drin;
oder die nicht ausgelebten Leben,
und er wußte sie hinaufzuheben,und sie hatten wieder Sinn.

Oft war keine Stelle an ihm sicher,
und er zitterte: Ich bin – – –
doch im nächsten Augenblicke glich er
dem Geliebten einer Königin.

Immer wieder war ein Sein zu haben:
die Geschicke angefangner Knaben,
die, als hätte man sie nicht gewagt,
abgebrochen waren, abgesagt,
nahm er auf und riß sie in sich hin;
denn er mußte einmal nur die Gruft
solcher Aufgegebener durchschreiten,
und die Düfte ihrer Möglichkeiten
lagen wieder in der Luft.

Falken-Beize

Kaiser sein heisst unverwandelt vieles
überstehen bei geheimer Tat:
wenn der Kanzler nachts den Turm betrat,
fand er *ihn,* des hohen Federspieles
kühnen fürstlichen Traktat

in den eingeneigten Schreiber sagen;
denn er hatte im entlegnen Saale
selber nächtelang und viele Male
das noch ungewohnte Tier getragen,

wenn es fremd war, neu und aufgebräut.
Und er hatte dann sich nie gescheut,
Pläne, welche in ihm aufgesprungen,
oder zärtlicher Erinnerungen
tieftiefinneres Geläut
zu verachten, um des bangen jungen

Falken willen, dessen Blut und Sorgen
zu begreifen er sich nicht erließ.
Dafür war er auch wie mitgehoben,
wenn der Vogel, den die Herren loben,
glänzend von der Hand geworfen, oben
in dem mitgefühlten Frühlingsmorgen
wie ein Engel auf den Reiher stieß.

Corrida

In memoriam Montez, 1830

Seit er, klein beinah, aus dem Toril
ausbrach, aufgescheuchten Augs und Ohrs,
und den Eigensinn des Picadors
und die Bänderhaken wie im Spiel

hinnahm, ist die stürmische Gestalt
angewachsen – sieh: zu welcher Masse,
aufgehäuft aus altem schwarzen Hasse,
und das Haupt zu einer Faust geballt,

nicht mehr spielend gegen irgendwen,
nein: die blutigen Nackenhaken hissend
hinter den gefällten Hörnern, wissend
und von Ewigkeit her gegen Den,

der in Gold und mauver Rosaseide
plötzlich umkehrt und, wie einen Schwarm
Bienen und als ob ers eben leide,
den Bestürzten unter seinem Arm

durchläßt, – während seine Blicke heiß
sich noch einmal heben, leichtgelenkt,
und als schlüge draußen jener Kreis
sich aus ihrem Glanz und Dunkel nieder
und aus jedem Schlagen seiner Lider,

ehe er gleichmütig, ungehässig,
an sich selbst gelehnt, gelassen, lässig
in die wiederhergerollte große
Woge über dem verlornen Stoße
seinen Degen beinah sanft versenkt.

Don Juans Kindheit

In seiner Schlankheit war, schon fast entscheidend,
der Bogen, der an Frauen nicht zerbricht;
und manchmal, seine Stirne nicht mehr meidend,
ging eine Neigung durch sein Angesicht

zu einer die vorüberkam, zu einer
die ihm ein fremdes altes Bild verschloß:
er lächelte. Er war nicht mehr der Weiner,
der sich ins Dunkel trug und sich vergoß.

Und während ein ganz neues Selbstvertrauen
ihn öfter tröstete und fast verzog,
ertrug er ernst den ganzen Blick der Frauen,
der ihn bewunderte und ihn bewog.

Don Juans Auswahl

Und der Engel trat ihn an: Bereite
dich mir ganz. Und da ist mein Gebot.
Denn daß einer jene überschreite,
die die Süßesten an ihrer Seite
bitter machen, tut mir not.
Zwar auch du kannst wenig besser lieben,
(unterbrich mich nicht: du irrst),
doch du glühest, und es steht geschrieben,
daß du viele führen wirst
zu der Einsamkeit, die diesen
tiefen Eingang hat. Laß ein
die, die ich dir zugewiesen,
daß sie wachsend Heloïsen
überstehn und überschrein.

DER NEUEN GEDICHTE ANDERER TEIL

Sankt Georg

Und sie hatte ihn die ganze Nacht
angerufen, hingekniet, die schwache
wache Jungfrau: Siehe, dieser Drache,
und ich weiß es nicht, warum er wacht.

Und da brach er aus dem Morgengraun
auf dem Falben, strahlend Helm und Haubert,
und er sah sie, traurig und verzaubert
aus dem Knieen aufwärtsschaun

zu dem Glanze, der er war.
Und er sprengte glänzend längs der Länder
abwärts mit erhobnem Doppelhänder
in die offene Gefahr,

viel zu furchtbar, aber doch erfleht.
Und sie kniete knieender, die Hände
fester faltend, daß er sie bestände;
denn sie wußte nicht, daß Der besteht,

den ihr Herz, ihr reines und bereites,
aus dem Licht des göttlichen Geleites
niederreißt. Zuseiten seines Streites
stand, wie Türme stehen, ihr Gebet.

Dame auf einem Balkon

Plötzlich tritt sie, in den Wind gehüllt,
licht in Lichtes, wie herausgegriffen,
während jetzt die Stube wie geschliffen
hinter ihr die Türe füllt

dunkel wie der Grund einer Kamee,
die ein Schimmern durchläßt durch die Ränder;
und du meinst der Abend war nicht, ehe
sie heraustrat, um auf das Geländer

noch ein wenig von sich fortzulegen,
noch die Hände, – um ganz leicht zu sein:
wie dem Himmel von den Häuserreihn
hingereicht, von allem zu bewegen.

Begegnung in der Kastanien-Allee

Ihm ward des Eingangs grüne Dunkelheit
kühl wie ein Seidenmantel umgegeben
den er noch nahm und ordnete: als eben
am andern transparenten Ende, weit,

aus grüner Sonne, wie aus grünen Scheiben,
weiß eine einzelne Gestalt
aufleuchtete, um lange fern zu bleiben
und schließlich, von dem Lichterniedertreiben
bei jedem Schritte überwallt,

ein helles Wechseln auf sich herzutragen,
das scheu im Blond nach hinten lief.
Aber auf einmal war der Schatten tief,
und nahe Augen lagen aufgeschlagen

in einem neuen deutlichen Gesicht,
das wie in einem Bildnis verweilte
in dem Moment, da man sich wieder teilte:
erst war es immer, und dann war es nicht.

Die Schwestern

Sieh, wie sie dieselben Möglichkeiten
anders an sich tragen und verstehn,
so als sähe man verschiedne Zeiten
durch zwei gleiche Zimmer gehn.

Jede meint die andere zu stützen,
während sie doch müde an ihr ruht;
und sie können nicht einander nützen,
denn sie legen Blut auf Blut,

wenn sie sich wie früher sanft berühren
und versuchen, die Allee entlang
sich geführt zu fühlen und zu führen:
Ach, sie haben nicht denselben Gang.

Übung am Klavier

Der Sommer summt. Der Nachmittag macht müde;
sie atmete verwirrt ihr frisches Kleid
und legte in die triftige Etüde
die Ungeduld nach einer Wirklichkeit,

die kommen konnte: morgen, heute abend –,
die vielleicht da war, die man nur verbarg;
und vor den Fenstern, hoch und alles habend,
empfand sie plötzlich den verwöhnten Park.

Da brach sie ab; schaute hinaus, verschränkte
die Hände; wünschte sich ein langes Buch –
und schob auf einmal den Jasmingeruch
erzürnt zurück. Sie fand, daß er sie kränkte.

Die Liebende

Das ist mein Fenster. Eben
bin ich so sanft erwacht.
Ich dachte, ich würde schweben.
Bis wohin reicht mein Leben,
und wo beginnt die Nacht?

Ich könnte meinen, alles
wäre noch Ich ringsum;
durchsichtig wie eines Kristalles
Tiefe, verdunkelt, stumm.

Ich könnte auch noch die Sterne
fassen in mir; so groß
scheint mir mein Herz; so gerne
ließ es ihn wieder los

den ich vielleicht zu lieben,
vielleicht zu halten begann.
Fremd, wie niebeschrieben
sieht mich mein Schicksal an.

Was bin ich unter diese
Unendlichkeit gelegt,
duftend wie eine Wiese,
hin und her bewegt,

rufend zugleich und bange,
daß einer den Ruf vernimmt,
und zum Untergange
in einem Andern bestimmt.

Das Rosen-Innere

Wo ist zu diesem Innen
ein Außen? Auf welches Weh
legt man solches Linnen.
Welche Himmel spiegeln sich drinnen
in dem Binnensee
dieser offenen Rosen,
dieser sorglosen, sieh:
wie sie lose im Losen

liegen, als könnte nie
eine zitternde Hand sie verschütten.
Sie können sich selber kaum
halten; viele ließen
sich überfüllen und fließen
über von Innenraum
in die Tage, die immer
voller und voller sich schließen,
bis der ganze Sommer ein Zimmer
wird, ein Zimmer in einem Traum.

Damen-Bildnis aus den Achtziger-Jahren

Wartend stand sie an den schwergerafften
dunklen Atlasdraperien,
die ein Aufwand falscher Leidenschaften
über ihr zu ballen schien;

seit den noch so nahen Mädchenjahren
wie mit einer anderen vertauscht:
müde unter den getürmten Haaren,
in den Rüschen-Roben unerfahren
und von allen Falten wie belauscht

bei dem Heimweh und dem schwachen Planen,
wie das Leben weiter werden soll:
anders, wirklicher, wie in Romanen,
hingerissen und verhängnisvoll, –

daß man etwas erst in die Schatullen
legen dürfte, um sich im Geruch
von Erinnerungen einzulullen;
daß man endlich in dem Tagebuch

einen Anfang fände, der nicht schon
unterm Schreiben sinnlos wird und Lüge,
und ein Blatt von einer Rose trüge
in dem schweren leeren Medaillon,

welches liegt auf jedem Atemzug.
Daß man einmal durch das Fenster winkte;
diese schlanke Hand, die neuberingte,
hätte dran für Monate genug.

Dame vor dem Spiegel

Wie in einem Schlaftrunk Spezerein
löst sie leise in dem flüssigklaren
Spiegel ihr ermüdetes Gebaren;
und sie tut ihr Lächeln ganz hinein.

Und sie wartet, daß die Flüssigkeit
davon steigt; dann gießt sie ihre Haare
in den Spiegel und, die wunderbare
Schulter hebend aus dem Abendkleid,

trinkt sie still aus ihrem Bild. Sie trinkt,
was ein Liebender im Taumel tränke,
prüfend, voller Mißtraun; und sie winkt

erst der Zofe, wenn sie auf dem Grunde
ihres Spiegels Lichter findet, Schränke
und das Trübe einer späten Stunde.

Die Greisin

Weisse Freundinnen mitten im Heute
lachen und horchen und planen für morgen;
abseits erwägen gelassene Leute
langsam ihre besonderen Sorgen,

das Warum und das Wann und das Wie,
und man hört sie sagen: Ich glaube –;
aber in ihrer Spitzenhaube
ist sie sicher, als wüßte sie,

daß sie sich irren, diese und alle.
Und das Kinn, im Niederfalle,
lehnt sich an die weiße Koralle,
die den Schal zur Stirne stimmt.

Einmal aber, bei einem Gelache,
holt sie aus springenden Lidern zwei wache
Blicke und zeigt diese harte Sache,
wie man aus einem geheimen Fache
schöne ererbte Steine nimmt.

Das Bett

LASS SIE MEINEN, daß sich in privater
Wehmut löst, was einer dort bestritt.
Nirgend sonst als da ist ein Theater;
reiß den hohen Vorhang fort –: da tritt

vor den Chor der Nächte, der begann
ein unendlich breites Lied zu sagen,
jene Stunde auf, bei der sie lagen,
und zerreißt ihr Kleid und klagt sich an,

um der andern, um der Stunde willen,
die sich wehrt und wälzt im Hintergrunde;
denn sie konnte sie mit sich nicht stillen.
Aber da sie zu der fremden Stunde

sich gebeugt: da war auf ihr,
was sie am Geliebten einst gefunden,
nur so drohend und so groß verbunden
und entzogen wie in einem Tier.

Der Fremde

OHNE SORGFALT, was die Nächsten dächten,
die er müde nichtmehr fragen hieß,
ging er wieder fort; verlor, verließ –.
Denn er hing an solchen Reisenächten

anders als an jeder Liebesnacht.
Wunderbare hatte er durchwacht,
die mit starken Sternen überzogen
enge Femen auseinanderbogen
und sich wandelten wie eine Schlacht;

andre, die mit in den Mond gestreuten
Dörfern, wie mit hingehaltnen Beuten,
sich ergaben, oder durch geschonte
Parke graue Edelsitze zeigten,
die er gerne in dem hingeneigten
Haupte einen Augenblick bewohnte,
tiefer wissend, daß man nirgends bleibt;
und schon sah er bei dem nächsten Biegen
wieder Wege, Brücken, Länder liegen
bis an Städte, die man übertreibt.

Und dies alles immer unbegehrend
hinzulassen, schien ihm mehr als seines
Lebens Lust, Besitz und Ruhm.
Doch auf fremden Plätzen war ihm eines
täglich ausgetretnen Brunnensteines
Mulde manchmal wie ein Eigentum.

Die Anfahrt

WAR IN DES WAGENS Wendung dieser Schwung?
War er im Blick, mit dem man die barocken
Engelfiguren, die bei blauen Glocken
im Felde standen voll Erinnerung,

annahm und hielt und wieder ließ, bevor
der Schloßpark schließend um die Fahrt sich drängte,
an die er streifte, die er überhängte
und plötzlich freigab: denn da war das Tor,

das nun, als hatte es sie angerufen,
die lange Front zu einer Schwenkung zwang,
nach der sie stand. Aufglänzend ging ein Gleiten

die Glastür abwärts; und ein Windhund drang
aus ihrem Aufgehn, seine nahen Seiten
heruntertragend von den flachen Stufen.

Die Sonnenuhr

Selten reicht ein Schauer feuchter Fäule
aus dem Gartenschatten, wo einander
Tropfen fallen hören und ein Wander-
vogel lautet, zu der Säule,
die in Majoran und Koriander
steht und Sommerstunden zeigt;

nur sobald die Dame (der ein Diener
nachfolgt) in dem hellen Florentiner
über ihren Rand sich neigt,
wird sie schattig und verschweigt –.

Oder wenn ein sommerlicher Regen
aufkommt aus dem wogenden Bewegen
hoher Kronen, hat sie eine Pause;

denn sie weiß die Zeit nicht auszudrücken,
die dann in den Frucht- und Blumenstücken
plötzlich glüht im weißen Gartenhause.

Schlaf-Mohn

Abseits im Garten blüht der böse Schlaf,
in welchem die, die heimlich eingedrungen,
die Liebe fanden junger Spiegelungen,
die willig waren, offen und konkav,

und Träume, die mit aufgeregten Masken
auftraten, riesiger durch die Kothurne –:
das alles stockt in diesen oben flasken
weichlichen Stengeln, die die Samenurne

(nachdem sie lang, die Knospe abwärts tragend,
zu welken meinten) festverschlossen heben:
gefranste Kelche auseinanderschlagend,
die fieberhaft das Mohngefäß umgeben.

Die Flamingos

Jardin des Plantes, Paris

In Spiegelbildern wie von Fragonard
ist doch von ihrem Weiß und ihrer Röte
nicht mehr gegeben, als dir einer böte,
wenn er von seiner Freundin sagt: sie war

noch sanft von Schlaf. Denn steigen sie ins Grüne
und stehn, auf rosa Stielen leicht gedreht,
beisammen, blühend, wie in einem Beet,
verführen sie verführender als Phryne

sich selber; bis sie ihres Auges Bleiche
hinhalsend bergen in der eignen Weiche,
in welcher Schwarz und Fruchtrot sich versteckt.

Auf einmal kreischt ein Neid durch die Volière;
sie aber haben sich erstaunt gestreckt
und schreiten einzeln ins Imaginäre.

Persisches Heliotrop

Es könnte sein, daß dir der Rose Lob
zu laut erscheint für deine Freundin: Nimm
das schön gestickte Kraut und überstimm
mit dringend flüsterndem Heliotrop

den Bülbül, der an ihren Lieblingsplätzen
sie schreiend preist und sie nicht kennt.
Denn sieh: wie süße Worte nachts in Sätzen
beisammenstehn ganz dicht, durch nichts getrennt,
aus der Vokale wachem Violett
hindüftend durch das stille Himmelbett –

so schließen sich vor dem gesteppten Laube
deutliche Sterne zu der seidnen Traube
und mischen, daß sie fast davon verschwimmt,
die Stille mit Vanille und mit Zimmt.

Schlaflied

Einmal wenn ich dich verlier,
wirst du schlafen können, ohne
daß ich wie eine Lindenkrone
mich verflüstre über dir?

Ohne daß ich hier wache und
Worte, beinah wie Augenlider,
auf deine Brüste, auf deine Glieder
niederlege, auf deinen Mund.

Ohne daß ich dich verschließ
und dich allein mit Deinem lasse
wie einen Garten mit einer Masse
von Melissen und Stern-Anis.

Der Pavillon

Aber selbst noch durch die Flügeltüren
mit dem grünen regentrüben Glas
ist ein Spiegeln lächelnder Allüren
und ein Glanz von jenem Glück zu spüren,
das sich dort, wohin sie nicht mehr führen,
einst verbarg, verklärte und vergaß.

Aber selbst noch in den Stein-Guirlanden
über der nicht mehr berührten Tür
ist ein Hang zur Heimlichkeit vorhanden
und ein stilles Mitgefühl dafür –,

und sie schauern manchmal, wie gespiegelt,
wenn ein Wind sie schattig überlief;
auch das Wappen, wie auf einem Brief
viel zu glücklich, überstürzt gesiegelt,

redet noch. Wie wenig man verscheuchte:
alles weiß noch, weint noch, tut noch weh –.
Und im Fortgehn durch die tränenfeuchte
abgelegene Allee

fühlt man lang noch auf dem Rand des Dachs
jene Urnen stehen, kalt, zerspalten:
doch entschlossen, noch zusammzuhalten
um die Asche alter Achs.

Die Entführung

Oft war sie als Kind ihren Dienerinnen
entwichen, um die Nacht und den Wind
(weil sie drinnen so anders sind)
draußen zu sehn an ihrem Beginnen;

doch keine Sturmnacht hatte gewiß
den riesigen Park so in Stücke gerissen,
wie ihn jetzt ihr Gewissen zerriß,

da er sie nahm von der seidenen Leiter
und sie weitertrug, weiter, weiter ...:

bis der Wagen alles war.

Und sie roch ihn, den schwarzen Wagen,
um den verhalten das Jagen stand
und die Gefahr.
Und sie fand ihn mit Kaltem ausgeschlagen;
und das Schwarze und Kalte war auch in ihr.
Sie kroch in ihren Mantelkragen
und befühlte ihr Haar, als bliebe es hier,
und hörte fremd einen Fremden sagen:
Ich bin bei dir.

Rosa Hortensie

Wer nahm das Rosa an? Wer wußte auch,
daß es sich sammelte in diesen Dolden?
Wie Dinge unter Gold, die sich entgolden,
entröten sie sich sanft, wie im Gebrauch.

Daß sie für solches Rosa nichts verlangen.
Bleibt es für sie und lächelt aus der Luft?
Sind Engel da, es zärtlich zu empfangen,
wenn es vergeht, großmütig wie ein Duft?

Oder vielleicht auch geben sie es preis,
damit es nie erführe vom Verblühn.
Doch unter diesem Rosa hat ein Grün
gehorcht, das jetzt verwelkt und alles weiß.

Das Wappen

WIE EIN SPIEGEL, der, von ferne tragend,
lautlos in sich aufnahm, ist der Schild;
offen einstens, dann zusammenschlagend
über einem Spiegelbild

jener Wesen, die in des Geschlechts
Weiten wohnen, nicht mehr zu bestreiten,
seiner Dinge, seiner Wirklichkeiten
(rechte links und linke rechts),

die er eingesteht und sagt und zeigt.
Drauf, mit Ruhm und Dunkel ausgeschlagen,
ruht der Spangenhelm, verkürzt,

den das Flügelkleinod übersteigt,
während seine Decke, wie mit Klagen,
reich und aufgeregt herniederstürzt.

Der Junggeselle

LAMPE AUF DEN verlassenen Papieren,
und ringsum Nacht bis weit hinein ins Holz
der Schränke. Und er konnte sich verlieren
an sein Geschlecht, das nun mit ihm zerschmolz;
ihm schien, je mehr er las, er hätte ihren,
sie aber hatten alle seinen Stolz.

Hochmütig steiften sich die leeren Stühle
die Wand entlang, und lauter Selbstgefühle
machten sich schläfernd in den Möbeln breit;
von oben goß sich Nacht auf die Pendüle,
und zitternd rann aus ihrer goldnen Mühle,
ganz fein gemahlen, seine Zeit.

Er nahm sie nicht. Um fiebernd unter jenen,
als zöge er die Laken ihrer Leiber,
andere Zeiten wegzuzerrn.
Bis er ins Flüstern kam; (was war ihm fern?)
Er lobte einen dieser Briefeschreiber,
als sei der Brief an ihn: Wie du mich kennst;
und klopfte lustig auf die Seitenlehnen.
Der Spiegel aber, innen unbegrenzter,
ließ leise einen Vorhang aus, ein Fenster –:
denn dorten stand, fast fertig, das Gespenst.

Der Einsame

Nein ein Turm soll sein aus meinem Herzen
und ich selbst an seinen Rand gestellt:
wo sonst nichts mehr ist, noch einmal Schmerzen
und Unsäglichkeit, noch einmal Welt.

Noch ein Ding allein im Übergroßen,
welches dunkel wird und wieder licht,
noch ein letztes, sehnendes Gesicht
in das Nie-zu-Stillende verstoßen,

noch ein äußerstes Gesicht aus Stein,
willig seinen inneren Gewichten,
das die Weiten, die es still vernichten,
zwingen, immer seliger zu sein.

Der Leser

Wer kennt ihn, diesen, welcher sein Gesicht
wegsenkte aus dem Sein zu einem zweiten,
das nur das schnelle Wenden voller Seiten
manchmal gewaltsam unterbricht?

Selbst seine Mutter wäre nicht gewiß,
ob er es ist, der da mit seinem Schatten
Getränktes liest. Und wir, die Stunden hatten,
was wissen wir, wieviel ihm hinschwand, bis

er mühsam aufsah: alles auf sich hebend,
was unten in dem Buche sich verhielt,
mit Augen, welche, statt zu nehmen, gebend
anstießen an die fertig-volle Welt:
wie stille Kinder, die allein gespielt,
auf einmal das Vorhandene erfahren;
doch seine Züge, die geordnet waren,
blieben für immer umgestellt.

Der Apfelgarten
Borgeby-Gård

Komm gleich nach dem Sonnenuntergange,
sieh das Abendgrün des Rasengrunds;
ist es nicht, als hätten wir es lange
angesammelt und erspart in uns,

um es jetzt aus Fühlen und Erinnern,
neuer Hoffnung, halbvergeßnem Freun,
noch vermischt mit Dunkel aus dem Innern,
in Gedanken vor uns hinzustreun

unter Bäume wie von Dürer, die
das Gewicht von hundert Arbeitstagen
in den überfüllten Früchten tragen,
dienend, voll Geduld, versuchend, wie

das, was alle Maße übersteigt,
noch zu heben ist und hinzugeben,
wenn man willig, durch ein langes Leben
nur das Eine will und wächst und schweigt.

Mohammeds Berufung

Da aber als in sein Versteck der Hohe,
sofort Erkennbare: der Engel, trat,
aufrecht, der lautere und lichterlohe
da tat er allen Anspruch ab und bat

bleiben zu dürfen der von seinen Reisen
innen verwirrte Kaufmann, der er war;
er hatte nie gelesen – und nun gar
ein *solches* Wort, zu viel für einen Weisen.

Der Engel aber, herrisch, wies und wies
ihm, was geschrieben stand auf seinem Blatte,
und gab nicht nach und wollte wieder: *Lies.*

Da las er: so, daß sich der Engel bog.
Und war schon einer, der gelesen *hatte*
und konnte und gehorchte und vollzog.

Der Berg

SECHSUNDDREISSIG MAL und hundert Mal
hat der Maler jenen Berg geschrieben,
weggerissen, wieder hingetrieben
(sechsunddreißig Mal und hundert Mal)

zu dem unbegreiflichen Vulkane,
selig, voll Versuchung, ohne Rat, –
während der mit Umriß Angetane
seiner Herrlichkeit nicht Einhalt tat:

tausendmal aus allen Tagen tauchend,
Nächte ohne gleichen von sich ab
fallen lassend, alle wie zu knapp;
jedes Bild im Augenblick verbrauchend,
von Gestalt gesteigert zu Gestalt,

teilnahmslos und weit und ohne Meinung –
um auf einmal wissend, wie Erscheinung,
sich zu heben hinter jedem Spalt.

Der Ball

Du Runder, der das Warme aus zwei Händen
im Fliegen, oben, fortgiebt, sorglos wie
sein Eigenes; was in den Gegenständen
nicht bleiben kann, zu unbeschwert für sie,

zu wenig Ding und doch noch Ding genug,
um nicht aus allem draußen Aufgereihten
unsichtbar plötzlich in uns einzugleiten:
das glitt in dich, du zwischen Fall und Flug

noch Unentschlossener: der, wenn er steigt,
als hätte er ihn mit hinaufgehoben,
den Wurf entführt und freiläßt –, und sich neigt
und einhält und den Spielenden von oben
auf einmal eine neue Stelle zeigt,
sie ordnend wie zu einer Tanzfigur,

um dann, erwartet und erwünscht von allen,
rasch, einfach, kunstlos, ganz Natur,
dem Becher hoher Hände zuzufallen.

Das Kind

Unwillkürlich sehn sie seinem Spiel
lange zu; zuweilen tritt das runde
seiende Gesicht aus dem Profil,
klar und ganz wie eine volle Stunde,

welche anhebt und zu Ende schlägt.
Doch die Andern zählen nicht die Schläge,
trüb von Mühsal und vom Leben träge;
und sie merken gar nicht, wie es trägt –,

wie es alles trägt, auch dann, noch immer,
wenn es müde in dem kleinen Kleid
neben ihnen wie im Wartezimmer
sitzt und warten will auf seine Zeit.

Der Hund

Da oben wird das Bild von einer Welt
aus Blicken immerfort erneut und gilt.
Nur manchmal, heimlich, kommt ein Ding und stellt
sich neben ihn, wenn er durch dieses Bild

sich drängt, ganz unten, anders, wie er ist;
nicht ausgestoßen und nicht eingereiht,
und wie im Zweifel seine Wirklichkeit
weggebend an das Bild, das er vergißt,

um dennoch immer wieder sein Gesicht
hineinzuhalten, fast mit einem Flehen,
beinah begreifend, nah am Einverstehen
und doch verzichtend: denn er wäre nicht.

Der Käferstein

Sind nicht Sterne fast in deiner Nähe
und was giebt es, das du nicht umspannst,
da du dieser harten Skarabäe
Karneolkern gar nicht fassen kannst

ohne jenen Raum, der ihre Schilder
niederhält, auf deinem ganzen Blut
mitzutragen; niemals war er milder,
näher, hingegebener. Er ruht

seit Jahrtausenden auf diesen Käfern,
wo ihn keiner braucht und unterbricht;
und die Käfer schließen sich und schläfern
unter seinem wiegenden Gewicht.

Buddha in der Glorie

Mitte aller Mitten, Kern der Kerne,
Mandel, die sich einschließt und versüßt, –
dieses Alles bis an alle Sterne
ist dein Fruchtfleisch: Sei gegrüßt.

Sieh, du fühlst, wie nichts mehr an dir hängt;
im Unendlichen ist deine Schale,
und dort steht der starke Saft und drängt.
Und von außen hilft ihm ein Gestrahle,

denn ganz oben werden deine Sonnen
voll und glühend umgedreht.
Doch in dir ist schon begonnen,
was die Sonnen übersteht.

Requiem

(1908)

Für eine Freundin

Für Wolf Graf Von Kalckreuth

REQUIEM

Für eine Freundin

Geschrieben am 31. Oktober,
1. und 2. November 1908 in Paris

Ich habe Tote, und ich ließ sie hin
und war erstaunt, sie so getrost zu sehn,
so rasch zuhaus im Totsein, so gerecht,
so anders als ihr Ruf. Nur du, du kehrst
zurück; du streifst mich, du gehst um, du willst
an etwas stoßen, daß es klingt von dir
und dich verrät. O nimm mir nicht, was ich
langsam erlern. Ich habe recht; du irrst
wenn du gerührt zu irgend einem Ding
ein Heimweh hast. Wir wandeln dieses um:
es ist nicht hier, wir spiegeln es herein
aus unserm Sein, sobald wir es erkennen.

Ich glaubte dich viel weiter. Mich verwirrts,
daß *du* gerade irrst und kommst, die mehr
verwandelt hat als irgend eine Frau.
Daß wir erschraken, da du starbst, nein, daß
dein starker Tod uns dunkel unterbrach,
das Bisdahin abreißend vom Seither:
das geht uns an; das einzuordnen wird
die Arbeit sein, die wir mit allem tun.
Doch daß du selbst erschrakst und auch noch jetzt

den Schrecken hast, wo Schrecken nicht mehr gilt;
daß du von deiner Ewigkeit ein Stock
verlierst und hier hereintrittst, Freundin, hier,
wo alles noch nicht *ist;* daß du zerstreut,
zum ersten Mal im All zerstreut und halb,
den Aufgang der unendlichen Naturen
nicht so ergriffst wie hier ein jedes Ding;
daß aus dem Kreislauf, der dich schon empfing,
die stumme Schwerkraft irgendeiner Unruh
dich niederzieht zur abgezählten Zeit –
dies weckt mich nachts oft wie ein Dieb, der einbricht.
Und dürft ich sagen, daß du nur geruhst,
daß du aus Großmut kommst, aus Überfülle,
weil du so sicher bist, so in dir selbst,
daß du herumgehst wie ein Kind, nicht bange
vor Örtern, wo man einem etwas tut –:
doch nein: du bittest. Dieses geht mir so
bis ins Gebein und querrt wie eine Säge.
Ein Vorwurf, den du trügest als Gespenst,
nachtrügest mir, wenn ich mich nachts zurückzieh
in meine Lunge, in die Eingeweide,
in meines Herzens letzte ärmste Kammer,
ein solcher Vorwurf wäre nicht so grausam,
wie dieses Bitten ist. Was bittest du?

Sag, soll ich reisen. Hast du irgendwo
ein Ding zurückgelassen, das sich quält
und das dir nachwill? Soll ich in ein Land,
das du nicht sahst, obwohl es dir verwandt
war wie die andre Hälfte deiner Sinne.

Ich will auf seinen Flüssen fahren, will
an Land gehn und nach alten Sitten fragen,
will mit den Frauen in den Türen sprechen
und zusehn, wenn sie ihre Kinder rufen.
Ich will mir merken, wie sie dort die Landschaft
umnehmen draußen bei der alten Arbeit
der Wiesen und der Felder; will begehren,
vor ihren König hingeführt zu sein,
und will die Priester durch Bestechung reizen,
daß sie mich legen vor das stärkste Standbild
und fortgehn und die Tempeltore schließen.
Dann aber will ich, wenn ich vieles weiß,
einfach die Tiere anschaun, daß ein Etwas
von ihrer Wendung mir in die Gelenke
herübergleitet; will ein kurzes Dasein
in ihren Augen haben, die mich halten
und langsam lassen, ruhig, ohne Urteil.
Ich will mir von den Gärtnern viele Blumen
hersagen lassen, daß ich in den Scherben
der schönen Eigennamen einen Rest
herüberbringe von den hundert Düften.
Und Früchte will ich kaufen, Früchte, drin
das Land noch einmal ist, bis an den Himmel.

Denn Das verstandest du: die vollen Früchte.
Die legtest du auf Schalen vor dich hin
und wogst mit Farben ihre Schwere auf.
Und so wie Früchte sahst du auch die Fraun
und sahst die Kinder so, von innen her
getrieben in die Formen ihres Daseins.
Und sahst dich selbst zuletzt wie eine Frucht,
nahmst dich heraus aus deinen Kleidern, trugst

dich vor den Spiegel, ließest dich hinein
bis auf dein Schauen; das blieb groß davor
und sagte nicht: das bin ich; nein: dies ist.
So ohne Neugier war zuletzt dein Schaun
und so besitzlos, von so wahrer Armut,
daß es dich selbst nicht mehr begehrte: heilig.

So will ich dich behalten, wie du dich
hinstelltest in den Spiegel, tief hinein
und fort von allem. Warum kommst du anders.
Was widerrufst du dich. Was willst du mir
einreden, daß in jenen Bernsteinkugeln
um deinen Hals noch etwas Schwere war
von jener Schwere, wie sie nie im Jenseits
beruhigter Bilder ist; was zeigst du mir
in deiner Haltung eine böse Ahnung;
was heißt dich die Konturen deines Leibes
auslegen wie die Linien einer Hand,
daß ich sie nicht mehr sehn kann ohne Schicksal?

Komm her ins Kerzenlicht. Ich bin nicht bang,
die Toten anzuschauen. Wenn sie kommen,
so haben sie ein Recht, in unserm Blick
sich aufzuhalten, wie die andern Dinge.

Komm her; wir wollen eine Weile still sein.
Sieh diese Rose an auf meinem Schreibtisch;
ist nicht das Licht um sie genau so zaghaft
wie über dir: sie dürfte auch nicht hier sein.
Im Garten draußen, unvermischt mit mir,
hätte sie bleiben müssen oder hingehn, –
nun währt sie so: was ist ihr mein Bewußtsein.

Erschrick nicht, wenn ich jetzt begreife, ach,
da steigt es in mir auf: ich kann nicht anders,
ich muß begreifen, und wenn ich dran stürbe.
Begreifen, daß du hier bist. Ich begreife.
Ganz wie ein Blinder rings ein Ding begreift,
fühl ich dein Los und weiß ihm keinen Namen.
Laß uns zusammen klagen, daß dich einer
aus deinem Spiegel nahm. Kannst du noch weinen.
Du kannst nicht. Deiner Tränen Kraft und Andrang
hast du verwandelt in dein reifes Anschaun
und warst dabei, jeglichen Saft in dir
so umzusetzen in ein starkes Dasein,
das steigt und kreist, im Gleichgewicht und blindlings.
Da riß ein Zufall dich, dein letzter Zufall
riß dich zurück aus deinem fernsten Fortschritt
in eine Welt zurück, wo Säfte *wollen.*
Riß dich nicht ganz; riß nur ein Stück zuerst,
doch als um dieses Stück von Tag zu Tag
die Wirklichkeit so zunahm, daß es schwer ward,
da brauchtest du dich ganz: da gingst du hin
und brachst in Brocken dich aus dem Gesetz
mühsam heraus, weil du dich brauchtest. Da
trugst du dich ab und grubst aus deines Herzens
nachtwarmem Erdreich die noch grünen Samen,
daraus dein Tod aufkeimen sollte: deiner,
dein eigner Tod zu deinem eignen Leben.
Und aßest sie, die Körner deines Todes,
wie alle andern, aßest seine Körner,
und hattest Nachgeschmack in dir von Süße,
die du nicht meintest, hattest süße Lippen,
du: die schon innen in den Sinnen süß war.

O laß uns klagen. Weißt du, wie dein Blut
aus einem Kreisen ohnegleichen zögernd
und ungern wiederkam, da du es abriefst?
Wie es verwirrt des Leibes kleinen Kreislauf
noch einmal aufnahm; wie es voller Mißtraun
und Staunen eintrat in den Mutterkuchen
und von dem weiten Rückweg plötzlich müd war.
Du triebst es an, du stießest es nach vorn,
du zerrtest es zur Feuerstelle, wie
man eine Herde Tiere zerrt zum Opfer;
und wolltest noch, es sollte dabei froh sein.
Und du erzwangst es schließlich: es war froh
und lief herbei und gab sich hin. Dir schien,
weil du gewohnt warst an die andern Maße,
es wäre nur für eine Weile; aber
nun warst du in der Zeit, und Zeit ist lang.
Und Zeit geht hin, und Zeit nimmt zu, und Zeit
ist wie ein Rückfall einer langen Krankheit.

Wie war dein Leben kurz, wenn du's vergleichst
mit jenen Stunden, da du saßest und
die vielen Kräfte deiner vielen Zukunft
schweigend herabbogst zu dem neuen Kindkeim,
der wieder Schicksal war. O wehe Arbeit.
O Arbeit über alle Kraft. Du tatest
sie Tag für Tag, du schlepptest dich zu ihr
und zogst den schönen Einschlag aus dem Webstuhl
und brauchtest alle deine Fäden anders.
Und endlich hattest du noch Mut zum Fest.

Denn da's getan war, wolltest du belohnt sein,
wie Kinder, wenn sie bittersüßen Tee
getrunken haben, der vielleicht gesund macht.
So lohntest du dich: denn von jedem andern
warst du zu weit, auch jetzt noch; keiner hätte
ausdenken können, welcher Lohn dir wohltut.
Du wußtest es. Du saßest auf im Kindbett,
und vor dir stand ein Spiegel, der dir alles
ganz wiedergab. Nun war das alles *Du*
und ganz *davor,* und drinnen war nur Täuschung,
die schöne Täuschung jeder Frau, die gern
Schmuck umnimmt und das Haar kämmt und verändert.

So starbst du, wie die Frauen früher starben,
altmodisch starbst du in dem warmen Hause
den Tod der Wöchnerinnen, welche wieder
sich schließen wollen und es nicht mehr können,
weil jenes Dunkel, das sie mitgebaren,
noch einmal wiederkommt und drängt und eintritt.

Ob man nicht dennoch hätte Klagefrauen
auftreiben müssen. Weiber, welche weinen
für Geld, und die man so bezahlen kann,
daß sie die Nacht durch heulen, wenn es still wird.
Gebräuche her! wir haben nicht genug
Gebräuche. Alles geht und wird verredet.
So mußt du kommen, tot, und hier mit mir
Klagen nachholen. Hörst du, daß ich klage?
Ich möchte meine Stimme wie ein Tuch
hinwerfen über deines Todes Scherben

und zerrn an ihr, bis sie in Fetzen geht,
und alles, was ich sage, müßte so
zerlumpt in dieser Stimme gehn und frieren;
blieb es beim Klagen. Doch jetzt klag ich an:
den Einen nicht, der dich aus dir zurückzog,
(ich find ihn nicht heraus, er ist wie alle)
doch alle klag ich in ihm an: den Mann.

Wenn irgendwo ein Kindgewesensein
tief in mir aufsteigt, das ich noch nicht kenne,
vielleicht das reinste Kindsein meiner Kindheit:
ich wills nicht wissen. Einen Engel will
ich daraus bilden ohne hinzusehn
und will ihn werfen in die erste Reihe
schreiender Engel, welche Gott erinnern.

Denn dieses Leiden dauert schon zu lang,
und keiner kanns; es ist zu schwer für uns,
das wirre Leiden von der falschen Liebe,
die, bauend auf Verjährung wie Gewohnheit,
ein Recht sich nennt und wuchert aus dem Unrecht.
Wo ist ein Mann, der Recht hat auf Besitz?
Wer kann besitzen, was sich selbst nicht hält,
was sich von Zeit zu Zeit nur selig auffängt
und wieder hinwirft wie ein Kind den Ball.
Sowenig wie der Feldherr eine Nike
festhalten kann am Vorderbug des Schiffes,
wenn das geheime Leichtsein ihrer Gottheit
sie plötzlich weghebt in den hellen Meerwind:
so wenig kann einer von uns die Frau
anrufen, die uns nicht mehr sieht und die
auf einem schmalen Streifen ihres Daseins

wie durch ein Wunder fortgeht, ohne Unfall:
er hätte denn Beruf und Lust zur Schuld.

Denn *das* ist Schuld, wenn irgendeines Schuld ist:
die Freiheit eines Lieben nicht vermehren
um alle Freiheit, die man in sich aufbringt.
Wir haben, wo wir lieben, ja nur dies:
einander lassen; denn daß wir uns halten,
das fällt uns leicht und ist nicht erst zu lernen.

Bist du noch da? In welcher Ecke bist du?
Du hast so viel gewußt von alledem
und hast so viel gekonnt, da du so hingingst
für alles offen, wie ein Tag, der anbricht.
Die Frauen leiden: lieben heißt allein sein,
und Künstler ahnen manchmal in der Arbeit,
daß sie verwandeln müssen, wo sie lieben.
Beides begannst du; beides ist in Dem,
was jetzt ein Ruhm entstellt, der es dir fortnimmt.
Ach du warst weit von jedem Ruhm. Du warst
unscheinbar; hattest leise deine Schönheit
hineingenommen, wie man eine Fahne
einzieht am grauen Morgen eines Werktags,
und wolltest nichts, als eine lange Arbeit, –
die nicht getan ist: dennoch nicht getan.

Wenn du noch da bist, wenn in diesem Dunkel
noch eine Stelle ist, an der dein Geist
empfindlich mitschwingt auf den flachen Schallwelln,
die eine Stimme, einsam in der Nacht,
aufregt in eines hohen Zimmers Strömung:
So hör mich: Hilf mir. Sieh, wir gleiten so,

nicht wissend wann, zurück aus unserm Fortschritt
in irgendwas, was wir nicht meinen; drin
wir uns verfangen wie in einem Traum
und drin wir sterben, ohne zu erwachen.
Keiner ist weiter. Jedem, der sein Blut
hinaufhob in ein Werk, das lange wird,
kann es geschehen, daß ers nicht mehr hochhält
und daß es geht nach seiner Schwere, wertlos.
Denn irgendwo ist eine alte Feindschaft
zwischen dem Leben und der großen Arbeit.
Daß ich sie einseh und sie sage: hilf mir.

Komm nicht zurück. Wenn du's erträgst, so sei
tot bei den Toten. Tote sind beschäftigt.
Doch hilf mir so, daß es dich nicht zerstreut,
wie mir das Fernste manchmal hilft: in mir.

REQUIEM

Für Wolf Graf von Kalckreuth

Geschrieben am
4. und 5. November 1908
in Paris

Sah ich dich wirklich nie. Mir ist das Herz
so schwer von dir wie von zu schwerem Anfang,
den man hinausschiebt. Daß ich dich begänne
zu sagen, Toter der du bist; du gerne,
du leidenschaftlich Toter. War das so
erleichternd wie du meintest, oder war
das Nichtmehrleben doch noch weit vom Totsein?
Du wähntest, besser zu besitzen dort,
wo keiner Wert legt auf Besitz. Dir schien,
dort drüben wärst du innen in der Landschaft,
die wie ein Bild hier immer vor dir zuging,
und kämst von innen her in die Geliebte
und gingest hin durch alles, stark und schwingend.
O daß du nun die Täuschung nicht zu lang
nachtrügest deinem knabenhaften Irrtum.
Daß du, gelöst in einer Strömung Wehmut
und hingerissen, halb nur bei Bewußtsein,
in der Bewegung um die fernen Sterne
die Freude fändest, die du von hier fort
verlegt hast in das Totsein deiner Träume.
Wie nahe warst du, Lieber, hier an ihr.

Wie war sie hier zuhaus, die, die du meintest,
die ernste Freude deiner strengen Sehnsucht.
Wenn du, enttäuscht von Glücklichsein und Unglück,
dich in dich wühltest und mit einer Einsicht
mühsam heraufkamst, unter dem Gewicht
beinah zerbrechend deines dunkeln Fundes:
da trugst du sie, sie, die du nicht erkannt hast,
die Freude trugst du, deines kleinen Heilands
Last trugst du durch dein Blut und holtest über.

Was hast du nicht gewartet, daß die Schwere
ganz unerträglich wird: da schlägt sie um
und ist so schwer, weil sie so echt ist. Siehst du,
dies war vielleicht dein nächster Augenblick;
er rückte sich vielleicht vor deiner Tür
den Kranz im Haar zurecht, da du sie zuwarfst.

O dieser Schlag, wie geht er durch das Weltall,
wenn irgendwo vom harten scharfen Zugwind
der Ungeduld ein Offenes ins Schloß fällt.
Wer kann beschwören, daß nicht in der Erde
ein Sprung sich hinzieht durch gesunde Samen;
wer hat erforscht, ob in gezähmten Tieren
nicht eine Lust zu töten geilig aufzuckt,
wenn dieser Ruck ein Blitzlicht in ihr Hirn wirft.
Wer kennt den Einfluß, der von unserm Handeln
hinüberspringt in eine nahe Spitze,
und wer begleitet ihn, wo alles leitet?

Daß du zerstört hast. Daß man dies von dir wird
sagen müssen bis in alle Zeiten.
Und wenn ein Held bevorsteht, der den Sinn,
den wir für das Gesicht der Dinge nehmen,
wie eine Maske abreißt und uns rasend
Gesichter aufdeckt, deren Augen längst
uns lautlos durch verstellte Löcher anschaun:
dies ist Gesicht und wird sich nicht verwandeln:
daß du zerstört hast. Blöcke lagen da,
und in der Luft um sie war schon der Rhythmus
von einem Bauwerk, kaum mehr zu verhalten;
du gingst herum und sahst nicht ihre Ordnung,
einer verdeckte dir den andern; jeder
schien dir zu wurzeln, wenn du im Vorbeigehn
an ihm versuchtest, ohne rechtes Zutraun,
daß du ihn hübest. Und du hobst sie alle
in der Verzweiflung, aber nur, um sie
zurückzuschleudern in den klaffen Steinbruch,
in den sie, ausgedehnt von deinem Herzen,
nicht mehr hineingehn. Hätte eine Frau
die leichte Hand gelegt auf dieses Zornes
noch zarten Anfang; wäre einer, der
beschäftigt war, im Innersten beschäftigt,
dir still begegnet, da du stumm hinausgingst,
die Tat zu tun –; ja hätte nur dein Weg
vorbeigeführt an einer wachen Werkstatt,
wo Männer hämmern, wo der Tag sich schlicht
verwirklicht; wär in deinem vollen Blick
nur so viel Raum gewesen, daß das Abbild
von einem Käfer, der sich müht, hineinging,
du hättest jäh bei einem hellen Einsehn
die Schrift gelesen, deren Zeichen du

seit deiner Kindheit langsam in dich eingrubst,
von Zeit zu Zeit versuchend, ob ein Satz
dabei sich bilde: ach, er schien dir sinnlos.
Ich weiß; ich weiß: du lagst davor und griffst
die Rillen ab, wie man auf einem Grabstein
die Inschrift abfühlt. Was dir irgend licht
zu brennen schien, das hieltest du als Leuchte
vor diese Zeile; doch die Flamme losch
eh du begriffst, vielleicht von deinem Atem,
vielleicht vom Zittern deiner Hand; vielleicht
auch ganz von selbst, wie Flammen manchmal ausgehn.
Du lasest's nie. Wir aber wagen nicht,
zu lesen durch den Schmerz und aus der Ferne.
NUR DEN GEDICHTEN sehn wir zu, die noch
über die Neigung deines Fühlens abwärts
die Worte tragen, die du wähltest. Nein,
nicht alle wähltest du; oft ward ein Anfang
dir auferlegt als Ganzes, den du nachsprachst
wie einen Auftrag. Und er schien dir traurig.
Ach hättest du ihn nie von dir gehört.
Dein Engel lautet jetzt noch und betont
denselben Wortlaut anders, und mir bricht
der Jubel aus bei seiner Art zu sagen,
der Jubel über dich: denn dies war dein:
Daß jedes Liebe wieder von dir abfiel,
daß du im Sehendwerden den Verzicht
erkannt hast und im Tode deinen Fortschritt.
Dieses war dein, du, Künstler; diese drei
offenen Formen. Sieh, hier ist der Ausguß
der ersten: Raum um dein Gefühl; und da
aus jener zweiten schlag ich dir das Anschaun
das nichts begehrt, des großen Künstlers Anschaun;

und in der dritten, die du selbst zu früh
zerbrochen hast, da kaum der erste Schuß
bebender Speise aus des Herzens Weißglut
hineinfuhr –, war ein Tod von guter Arbeit
vertieft gebildet, jener eigne Tod,
der uns so nötig hat, weil wir ihn leben,
und dem wir nirgends näher sind als hier.

Dies alles war dein Gut und deine Freundschaft;
du hast es oft geahnt; dann aber hat
das Hohle jener Formen dich geschreckt,
du griffst hinein und schöpftest Leere und
beklagtest dich. – O alter Fluch der Dichter,
die sich beklagen, wo sie sagen sollten,
die immer urteiln über ihr Gefühl
statt es zu bilden; die noch immer meinen,
was traurig ist in ihnen oder froh,
das wüßten sie und dürftens im Gedicht
bedauern oder rühmen. Wie die Kranken
gebrauchen sie die Sprache voller Wehleid,
um zu beschreiben, wo es ihnen wehtut,
statt hart sich in die Worte zu verwandeln,
wie sich der Steinmetz einer Kathedrale
verbissen umsetzt in des Steines Gleichmut.

Dies war die Rettung. Hättest du nur *ein* Mal
gesehn, wie Schicksal in die Verse eingeht
und nicht zurückkommt, wie es drinnen Bild wird
und nichts als Bild, nicht anders als ein Ahnherr,
der dir im Rahmen, wenn du manchmal aufsiehst,
zu gleichen scheint und wieder nicht zu gleichen –
du hättest ausgeharrt.

Doch dies ist kleinlich,
zu denken, was nicht war. Auch ist ein Schein
von Vorwurf im Vergleich, der dich nicht trifft.
Das, was geschieht, hat einen solchen Vorsprung
vor unserm Meinen, daß wirs niemals einholn
und nie erfahren, wie es wirklich aussah.

Sei nicht beschämt, wenn dich die Toten streifen,
die andern Toten, welche bis ans Ende
aushielten. (Was will Ende sagen?) Tausche
den Blick mit ihnen, ruhig, wie es Brauch ist,
und fürchte nicht, daß unser Trauern dich
seltsam belädt, so daß du ihnen auffällst.
Die großen Worte aus den Zeiten, da
Geschehn noch sichtbar war, sind nicht für uns.
Wer spricht von Siegen? Überstehn ist alles.

Das Marien-Leben

Heinrich Vogeler
dankbar
für alten und neuen Anlaß
zu diesen Versen

Duino, Januar 1912

Geburt Mariae

O Was muss es die Engel gekostet haben,
nicht aufzusingen plötzlich, wie man aufweint,
da sie doch wußten: in dieser Nacht wird dem Knaben
die Mutter geboren, dem Einen, der bald erscheint.

Schwingend verschwiegen sie sich und zeigten die
Richtung,
wo, allein, das Gehöft lag des Joachim,
ach, sie fühlten in sich und im Raum die reine Verdichtung,
aber es durfte keiner nieder zu ihm.

Denn die beiden waren schon so außer sich vor Getue.
Eine Nachbarin kam und klugte und wußte nicht wie,
und der Alte, vorsichtig, ging und verhielt das Gemuhe
einer dunkelen Kuh. Denn so war es noch nie.

Die Darstellung Mariae im Tempel

Um zu begreifen, wie sie damals war,
mußt du dich erst an eine Stelle rufen,
wo Säulen in dir wirken; wo du Stufen
nachfühlen kannst; wo Bogen voll Gefahr
den Abgrund eines Raumes überbrücken,
der in dir blieb, weil er aus solchen Stücken
getürmt war, daß du sie nicht mehr aus dir
ausheben kannst: du rissest dich denn ein.
Bist du so weit, ist alles in dir Stein,
Wand, Aufgang, Durchblick, Wölbung –, so probier

den großen Vorhang, den du vor dir hast,
ein wenig wegzuzerrn mit beiden Händen:
da glänzt es von ganz hohen Gegenständen
und übertrifft dir Atem und Getast.
Hinauf, hinab, Palast steht auf Palast,
Geländer strömen breiter aus Geländern
und tauchen oben auf an solchen Rändern,
daß dich, wie du sie siehst, der Schwindel faßt.
Dabei macht ein Gewölk aus Räucherständern
die Nähe trüb; aber das Fernste zielt
in dich hinein mit seinen graden Strahlen
und wenn jetzt Schein aus klaren Flammenschalen
auf langsam nahenden Gewändern spielt
wie hältst du's aus?

Sie aber kam und hob
den Blick, um dieses alles anzuschauen.
(Ein Kind, ein kleines Mädchen zwischen Frauen.)
Dann stieg sie ruhig, voller Selbstvertrauen,
dem Aufwand zu, der sich verwöhnt verschob:
So sehr war alles, was die Menschen bauen,
schon überwogen von dem Lob

in ihrem Herzen. Von der Lust
sich hinzugeben an die innern Zeichen:
Die Eltern meinten, sie hinaufzureichen,
der Drohende mit der Juwelenbrust
empfing sie scheinbar: Doch sie ging durch alle,
klein wie sie war, aus jeder Hand hinaus
und in ihr Los, das, höher als die Halle,
schon fertig war, und schwerer als das Haus.

Mariae Verkündigung

NICHT DASS EIN ENGEL eintrat (das erkenn),
erschreckte sie. Sowenig andre, wenn
ein Sonnenstrahl oder der Mond bei Nacht
in ihrem Zimmer sich zu schaffen macht,
auffahren –, pflegte sie an der Gestalt,
in der ein Engel ging, sich zu entrüsten;
sie ahnte kaum, daß dieser Aufenthalt
mühsam für Engel ist. (O wenn wir wüßten,
wie rein sie war. Hat eine Hirschkuh nicht,
die, liegend, einmal sie im Wald eräugte,
sich so in sie versehn, daß sich in ihr,
ganz ohne Paarigen, das Einhorn zeugte,
das Tier aus Licht, das reine Tier –.)
Nicht, daß er eintrat, aber daß er dicht,
der Engel, eines Jünglings Angesicht
so zu ihr neigte; daß sein Blick und der,
mit dem sie aufsah, so zusammenschlugen
als wäre draußen plötzlich alles leer
und, was Millionen schauten, trieben, trugen,
hineingedrängt in sie: nur sie und er;
Schaun und Geschautes, Aug und Augenweide
sonst nirgends als an dieser Stelle –: sieh,
dieses erschreckt. Und sie erschraken beide.

Dann sang der Engel seine Melodie.

Mariae Heimsuchung

NOCH ERGING SIE's leicht im Anbeginne,
doch im Steigen manchmal ward sie schon
ihres wunderbaren Leibes inne, –
und dann stand sie, atmend, auf den hohn

Judenbergen. Aber nicht das Land,
ihre Fülle war um sie gebreitet;
gehend fühlte sie: man überschreitet
nie die Größe, die sie jetzt empfand.

Und es drängte sie, die Hand zu legen
auf den andern Leib, der weiter war.
Und die Frauen schwankten sich entgegen
und berührten sich Gewand und Haar.

Jede, voll von ihrem Heiligtume,
schützte sich mit der Gevatterin.
Ach der Heiland in ihr war noch Blume,
doch den Täufer in dem Schooß der Muhme
riß die Freude schon zum Hüpfen hin.

Argwohn Josephs

UND DER ENGEL SPRACH und gab sich Müh
an dem Mann, der seine Fäuste ballte:
Aber siehst du nicht an jeder Falte,
daß sie kühl ist wie die Gottesfrüh.

Doch der andre sah ihn finster an,
murmelnd nur: Was hat sie so verwandelt?
Doch da schrie der Engel: Zimmermann,
merkst du's noch nicht, daß der Herrgott handelt?

Weil du Bretter machst, in deinem Stolze,
willst du wirklich *den* zu Rede stelln,
der bescheiden aus dem gleichen Holze
Blätter treiben macht und Knospen schwelln?

Er begriff. Und wie er jetzt die Blicke,
recht erschrocken, zu dem Engel hob,
war der fort. Da schob er seine dicke
Mütze langsam ab. Dann sang er lob.

Verkündigung über den Hirten

SEHT AUF, IHR MÄNNER. Männer dort am Feuer,
die ihr den grenzenlosen Himmel kennt,
Sterndeuter, hierher! Seht, ich bin ein neuer
steigender Stern. Mein ganzes Wesen brennt
und strahlt so stark und ist so ungeheuer
voll Licht, daß mir das tiefe Firmament
nicht mehr genügt. Laßt meinen Glanz hinein
in euer Dasein: Oh, die dunklen Blicke,
die dunklen Herzen, nächtige Geschicke
die euch erfüllen. Hirten, wie allein
bin ich in euch. Auf einmal wird mir Raum.
Stauntet ihr nicht: der große Brotfruchtbaum
warf einen Schatten. Ja, das kam von mir.

Ihr Unerschrockenen, o wüßtet ihr,
wie jetzt auf eurem schauenden Gesichte
die Zukunft scheint. In diesem starken Lichte
wird viel geschehen. Euch vertrau ichs, denn
ihr seid verschwiegen; euch Gradgläubigen
redet hier alles. Glut und Regen spricht,
der Vögel Zug, der Wind und was ihr seid,
keins überwiegt und wächst zur Eitelkeit
sich mästend an. Ihr haltet nicht
die Dinge auf im Zwischenraum der Brust
um sie zu quälen. So wie seine Lust
durch einen Engel strömt, so treibt durch euch
das Irdische. Und wenn ein Dorngesträuch
aufflammte plötzlich, dürfte noch aus ihm
der Ewige euch rufen, Cherubim,
wenn sie geruhten neben eurer Herde
einherzuschreiten, wunderten euch nicht:
ihr stürztet euch auf euer Angesicht,
betetet an und nenntet dies die Erde.

Doch dieses war. Nun soll ein Neues sein,
von dem der Erdkreis ringender sich weitet.
Was ist ein Dörnicht uns: Gott fühlt sich ein
in einer Jungfrau Schooß. Ich bin der Schein
von ihrer Innigkeit, der euch geleitet.

Geburt Christi

Hättest du der Einfalt nicht, wie sollte
dir geschehn, was jetzt die Nacht erhellt?
Sieh, der Gott, der über Völkern grollte,
macht sich mild und kommt in dir zur Welt.

Hast du dir ihn größer vorgestellt?

Was ist Größe? Quer durch alle Maße,
die er durchstreicht, geht sein grades Los.
Selbst ein Stern hat keine solche Straße.
Siehst du, diese Könige sind groß,

und sie schleppen dir vor deinen Schooß

Schätze, die sie für die größten halten,
und du staunst vielleicht bei dieser Gift –:
aber schau in deines Tuches Falten,
wie er jetzt schon alles übertrifft.

Aller Amber, den man weit verschifft,

jeder Goldschmuck und das Luftgewürze,
das sich trübend in die Sinne streut:
alles dieses war von rascher Kürze,
und am Ende hat man es bereut.

Aber (du wirst sehen): Er erfreut.

Rast auf der Flucht in Aegypten

Diese, die noch eben atemlos
flohen mitten aus dem Kindermorden:
o wie waren sie unmerklich groß
über ihrer Wanderschaft geworden.

Kaum noch daß im scheuen Rückwärtsschauen
ihres Schreckens Not zergangen war,
und schon brachten sie auf ihrem grauen
Maultier ganze Städte in Gefahr;

denn so wie sie, klein im großen Land,
– fast ein Nichts – den starken Tempeln nahten,
platzten alle Götzen wie verraten
und verloren völlig den Verstand.

Ist es denkbar, daß von ihrem Gange
alles so verzweifelt sich erbost?
und sie wurden vor sich selber bange,
nur das Kind war namenlos getrost.

Immerhin, sie mußten sich darüber
eine Weile setzen. Doch da ging
sieh: der Baum, der still sie überhing,
wie ein Dienender zu ihnen über:

er verneigte sich. Derselbe Baum,
dessen Kränze toten Pharaonen
für das Ewige die Stirnen schonen,
neigte sich. Er fühlte neue Kronen
blühen. Und sie saßen wie im Traum.

Von der Hochzeit zu Kana

Konnte sie denn anders, als auf ihn
stolz sein, der ihr Schlichtestes verschönte?
War nicht selbst die hohe, großgewöhnte
Nacht wie außer sich, da er erschien?

Ging nicht auch, daß er sich einst verloren,
unerhört zu seiner Glorie aus?
Hatten nicht die Weisesten die Ohren
mit dem Mund vertauscht? Und war das Haus

nicht wie neu von seiner Stimme? Ach
sicher hatte sie zu hundert Malen
ihre Freude an ihm auszustrahlen
sich verwehrt. Sie ging ihm staunend nach.

Aber da bei jenem Hochzeitsfeste,
als es unversehns an Wein gebrach, –
sah sie hin und bat um eine Geste
und begriff nicht, daß er widersprach.

Und dann tat er's. Sie verstand es später,
wie sie ihn in seinen Weg gedrängt:
denn jetzt war er wirklich Wundertäter,
und das ganze Opfer war verhängt,

unaufhaltsam. Ja, es stand geschrieben.
Aber war es damals schon bereit?
Sie: sie hatte es herbeigetrieben
in der Blindheit ihrer Eitelkeit.

An dem Tisch voll Früchten und Gemüsen
freute sie sich mit und sah nicht ein,
daß das Wasser ihrer Tränendrüsen
Blut geworden war mit diesem Wein.

Vor der Passion

O HAST DU DIES GEWOLLT, du hättest nicht
durch eines Weibes Leib entspringen dürfen:
Heilande muß man in den Bergen schürfen,
wo man das Harte aus dem Harten bricht.

Tut dirs nicht selber leid, dein liebes Tal
so zu verwüsten? Siehe meine Schwäche;
ich habe nichts als Milch- und Tränenbäche,
und du warst immer in der Überzahl.

Mit solchem Aufwand wardst du mir verheißen.
Was tratst du nicht gleich wild aus mir hinaus?
Wenn du nur Tiger brauchst, dich zu zerreißen,
warum erzog man mich im Frauenhaus,

ein weiches reines Kleid für dich zu weben,
darin nicht einmal die geringste Spur
von Naht dich drückt –: so war mein ganzes Leben,
und jetzt verkehrst du plötzlich die Natur.

Pietà

Jetzt wird mein Elend voll, und namenlos
erfüllt es mich. Ich starre wie des Steins
Inneres starrt.
Hart wie ich bin, weiß ich nur Eins:
Du wurdest groß –
… und wurdest groß,
um als zu großer Schmerz
ganz über meines Herzens Fassung
hinauszustehn.
Jetzt liegst du quer durch meinen Schooß,
jetzt kann ich dich nicht mehr
gebären.

Stillung Mariae mit dem Auferstandenen

Was sie damals empfanden: ist es nicht
vor allen Geheimnissen süß
und immer noch irdisch:
da er, ein wenig blaß noch vom Grab,
erleichtert zu ihr trat:
an allen Stellen erstanden.
O zu ihr zuerst. Wie waren sie da
unaussprechlich in Heilung.
Ja sie heilten, das war's. Sie hatten nicht nötig,
sich stark zu berühren.
Er legte ihr eine Sekunde
kaum seine nächstens
ewige Hand an die frauliche Schulter.

Und sie begannen
still wie die Bäume im Frühling,
unendlich zugleich,
diese Jahreszeit
ihres äußersten Umgangs.

Vom Tode Mariae

(Drei Stücke)

I

DERSELBE GROSSE ENGEL, welcher einst
ihr der Gebärung Botschaft niederbrachte,
stand da, abwartend daß sie ihn beachte,
und sprach: Jetzt wird es Zeit, daß du erscheinst.

Und sie erschrak wie damals und erwies
sich wieder als die Magd, ihn tief bejahend.
Er aber strahlte und, unendlich nahend,
schwand er wie in ihr Angesicht – und hieß
die weithin ausgegangenen Bekehrer
zusammenkommen in das Haus am Hang,
das Haus des Abendmahls. Sie kamen schwerer
und traten bange ein: Da lag, entlang
die schmale Bettstatt, die in Untergang
und Auserwählung rätselhaft Getauchte,
ganz unversehrt, wie eine Ungebrauchte,
und achtete auf englischen Gesang.
Nun da sie alle hinter ihren Kerzen
abwarten sah, riß sie vom Übermaß

der Stimmen sich und schenkte noch von Herzen
die beiden Kleider fort, die sie besaß,
und hob ihr Antlitz auf zu dem und dem …
(O Ursprung namenloser Tränen-Bäche).

Sie aber legte sich in ihre Schwäche
und zog die Himmel an Jerusalem
so nah heran, daß ihre Seele nur,
austretend, sich ein wenig strecken mußte:
schon hob er sie, der alles von ihr wußte,
hinein in ihre göttliche Natur.

II

Wer hat bedacht, daß bis zu ihrem Kommen
der viele Himmel unvollständig war?
Der Auferstandne hatte Platz genommen,
doch neben ihm, durch vierundzwanzig Jahr,
war leer der Sitz. Und sie begannen schon
sich an die reine Lücke zu gewöhnen,
die wie verheilt war, denn mit seinem schönen
Hinüberscheinen füllte sie der Sohn.

So ging auch sie, die in die Himmel trat,
nicht auf ihn zu, so sehr es sie verlangte;
dort war kein Platz, nur *Er* war dort und prangte
mit einer Strahlung, die ihr wehe tat.
Doch da sie jetzt, die rührende Gestalt,
sich zu den neuen Seligen gesellte
und unauffällig, licht zu licht, sich stellte,
da brach aus ihrem Sein ein Hinterhalt

von solchem Glanz, daß der von ihr erhellte
Engel geblendet aufschrie: Wer ist die?
Ein Staunen war. Dann sahn sie alle, wie
Gott-Vater oben unsern Herrn verhielt,
so daß, von milder Dämmerung umspielt,
die leere Stelle wie ein wenig Leid
sich zeigte, eine Spur von Einsamkeit,
wie etwas, was er noch ertrug, ein Rest
irdischer Zeit, ein trockenes Gebrest –.
Man sah nach ihr; sie schaute ängstlich hin,
weit vorgeneigt, als fühlte sie: *ich* bin
sein längster Schmerz –: und stürzte plötzlich vor.
Die Engel aber nahmen sie zu sich
und stützten sie und sangen seliglich
und trugen sie das letzte Stück empor.

III

Doch vor dem Apostel Thomas, der
kam, da es zu spät war, trat der schnelle
längst darauf gefaßte Engel her
und befahl an der Begräbnisstelle:

Dräng den Stein beiseite. Willst du wissen,
wo die ist, die dir das Herz bewegt:
Sieh: sie ward wie ein Lavendelkissen
eine Weile da hineingelegt,

daß die Erde künftig nach ihr rieche
in den Falten wie ein feines Tuch.
Alles Tote (fühlst du), alles Sieche
ist betäubt von ihrem Wohl-Geruch.

Schau den Leinwand: wo ist eine Bleiche,
wo er blendend wird und geht nicht ein?
Dieses Licht aus dieser reinen Leiche
war ihm klärender als Sonnenschein.

Staunst du nicht, wie sanft sie ihm entging?
Fast als wär sie's noch, nichts ist verschoben.
Doch die Himmel sind erschüttert oben:
Mann, knie hin und sieh mir nach und sing.

Duineser Elegien

Aus dem Besitz der Fürstin
Marie von Thurn und Taxis-Hohenlohe

(1912/1922)

Die Erste Elegie

Wer, wenn ich schriee, hörte mich denn aus der Engel
Ordnungen? und gesetzt selbst, es nähme
einer mich plötzlich ans Herz: ich verginge von seinem
stärkeren Dasein. Denn das Schöne ist nichts
als des Schrecklichen Anfang, den wir noch grade ertragen,
und wir bewundern es so, weil es gelassen verschmäht,
uns zu zerstören. Ein jeder Engel ist schrecklich.
Und so verhalt ich mich denn und verschlucke den Lockruf
dunkelen Schluchzens. Ach, wen vermögen
wir denn zu brauchen? Engel nicht, Menschen nicht,
und die findigen Tiere merken es schon,
daß wir nicht sehr verläßlich zu Haus sind
in der gedeuteten Welt. Es bleibt uns vielleicht
irgend ein Baum an dem Abhang, daß wir ihn täglich
wiedersähen; es bleibt uns die Straße von gestern
und das verzogene Treusein einer Gewohnheit,
der es bei uns gefiel, und so blieb sie und ging nicht.
O und die Nacht, die Nacht, wenn der Wind voller
    Weltraum
uns am Angesicht zehrt –, wem bliebe sie nicht, die
    ersehnte,
sanft enttäuschende, welche dem einzelnen Herzen
mühsam bevorsteht. Ist sie den Liebenden leichter?
Ach, sie verdecken sich nur miteinander ihr Los.
Weißt du's *noch* nicht? Wirf aus den Armen die Leere
zu den Räumen hinzu, die wir atmen; vielleicht daß die
    Vögel
die erweiterte Luft fühlen mit innigerm Flug.

Ja, die Frühlinge brauchten dich wohl. Es muteten manche
Sterne dir zu, daß du sie spürtest. Es hob
sich eine Woge heran im Vergangenen, oder
da du vorüberkamst am geöffneten Fenster,
gab eine Geige sich hin. Das alles war Auftrag.
Aber bewältigtest du's? Warst du nicht immer
noch von Erwartung zerstreut, als kündigte alles
eine Geliebte dir an? (Wo willst du sie bergen,
da doch die großen fremden Gedanken bei dir
aus und ein gehn und öfters bleiben bei Nacht.)
Sehnt es dich aber, so singe die Liebenden; lange
noch nicht unsterblich genug ist ihr berühmtes Gefühl.
Jene, du neidest sie fast, Verlassenen, die du
so viel liebender fandst als die Gestillten. Beginn
immer von neuem die nie zu erreichende Preisung;
denk: es erhält sich der Held, selbst der Untergang war ihm
nur ein Vorwand, zu sein: seine letzte Geburt.
Aber die Liebenden nimmt die erschöpfte Natur
in sich zurück, als wären nicht zweimal die Kräfte,
dieses zu leisten. Hast du der Gaspara Stampa
denn genügend gedacht, daß irgend ein Mädchen,
dem der Geliebte entging, am gesteigerten Beispiel
dieser Liebenden fühlt: daß ich würde wie sie?
Sollen nicht endlich uns diese ältesten Schmerzen
fruchtbarer werden? Ist es nicht Zeit, daß wir liebend
uns vom Geliebten befrein und es bebend bestehn:
wie der Pfeil die Sehne besteht, um gesammelt im Absprung
mehr zu sein als er selbst. Denn Bleiben ist nirgends.

Stimmen, Stimmen. Höre, mein Herz, wie sonst nur
Heilige hörten: daß sie der riesige Ruf
aufhob vom Boden; sie aber knieten,

Unmögliche, weiter und achtetens nicht:
So waren sie hörend. Nicht, daß du *Gottes* ertrügest
die Stimme, bei weitem. Aber das Wehende höre,
die ununterbrochene Nachricht, die aus Stille sich bildet.
Es rauscht jetzt von jenen jungen Toten zu dir.
Wo immer du eintratst, redete nicht in Kirchen
zu Rom und Neapel ruhig ihr Schicksal dich an?
Oder es trug eine Inschrift sich erhaben dir auf,
wie neulich die Tafel in Santa Maria Formosa.
Was sie mir wollen? leise soll ich des Unrechts
Anschein abtun, der ihrer Geister
reine Bewegung manchmal ein wenig behindert.

Freilich ist es seltsam, die Erde nicht mehr zu bewohnen,
kaum erlernte Gebräuche nicht mehr zu üben,
Rosen, und andern eigens versprechenden Dingen
nicht die Bedeutung menschlicher Zukunft zu geben;
das, was man war in unendlich ängstlichen Händen,
nicht mehr zu sein, und selbst den eigenen Namen
wegzulassen wie ein zerbrochenes Spielzeug.
Seltsam, die Wünsche nicht weiterzuwünschen. Seltsam,
alles, was sich bezog, so lose im Raume
flattern zu sehen. Und das Totsein ist mühsam
und voller Nachholn, daß man allmählich ein wenig
Ewigkeit spürt. – Aber Lebendige machen
alle den Fehler, daß sie zu stark unterscheiden.
Engel (sagt man) wüßten oft nicht, ob sie unter
Lebenden gehn oder Toten. Die ewige Strömung
reißt durch beide Bereiche alle Alter
immer mit sich und übertönt sie in beiden.

Schließlich brauchen sie uns nicht mehr, die
Früheentrückten,
man entwöhnt sich des Irdischen sanft, wie man den
Brüsten
milde der Mutter entwächst. Aber wir, die so große
Geheimnisse brauchen, denen aus Trauer so oft
seliger Fortschritt entspringt –: *könnten* wir sein ohne sie?
Ist die Sage umsonst, daß einst in der Klage um Linos
wagende erste Musik dürre Erstarrung durchdrang;
daß erst im erschrockenen Raum, dem ein beinah göttlicher
Jüngling
plötzlich für immer enttrat, das Leere in jene
Schwingung geriet, die uns jetzt hinreißt und tröstet und
hilft.

Die zweite Elegie

JEDER ENGEL IST SCHRECKLICH. Und dennoch, weh mir,
ansing ich euch, fast tödliche Vögel der Seele,
wissend um euch. Wohin sind die Tage Tobiae,
da der Strahlendsten einer stand an der einfachen Haustür,
zur Reise ein wenig verkleidet und schon nicht mehr
furchtbar;
(Jüngling dem Jüngling, wie er neugierig hinaussah).
Träte der Erzengel jetzt, der gefährliche, hinter den Sternen
eines Schrittes nur nieder und herwärts: hochauf-
schlagend erschlüg uns das eigene Herz. Wer seid ihr?

Frühe Geglückte, ihr Verwöhnten der Schöpfung,
Höhenzüge, morgenrötliche Grate
aller Erschaffung, – Pollen der blühenden Gottheit,
Gelenke des Lichtes, Gänge, Treppen, Throne,
Räume aus Wesen, Schilde aus Wonne, Tumulte
stürmisch entzückten Gefühls und plötzlich, einzeln,
Spiegel: die die entströmte eigene Schönheit
wiederschöpfen zurück in das eigene Antlitz.

Denn wir, wo wir fühlen, verflüchtigen; ach wir
atmen uns aus und dahin; von Holzglut zu Holzglut
geben wir schwächern Geruch. Da sagt uns wohl einer:
ja, du gehst mir ins Blut, dieses Zimmer, der Frühling
füllt sich mit dir ... Was hilfts, er kann uns nicht halten,
wir schwinden in ihm und um ihn. Und jene, die schön
 sind,
o wer hält sie zurück? Unaufhörlich steht Anschein
auf in ihrem Gesicht und geht fort. Wie Tau von dem
 Frühgras
hebt sich das Unsre von uns, wie die Hitze von einem
heißen Gericht. O Lächeln, wohin? O Aufschaun:
neue, warme, entgehende Welle des Herzens –;
weh mir: wir *sinds* doch. Schmeckt denn der Weltraum,
in den wir uns lösen, nach uns? Fangen die Engel
wirklich nur Ihriges auf, ihnen Entströmtes,
oder ist manchmal, wie aus Versehen, ein wenig
unseres Wesens dabei? Sind wir in ihre
Züge soviel nur gemischt wie das Vage in die Gesichter
schwangerer Frauen? sie merken es nicht in dem Wirbel
ihrer Rückkehr zu sich. (Wie sollten sie's merken.)

Liebende könnten, verstünden sie's, in der Nachtluft
wunderlich reden. Denn es scheint, daß uns alles
verheimlicht. Siehe, die Bäume *sind;* die Häuser,
die wir bewohnen, bestehn noch. Wir nur
ziehen allem vorbei wie ein luftiger Austausch.
Und alles ist einig, uns zu verschweigen, halb als
Schande vielleicht und halb als unsägliche Hoffnung.

Liebende, euch, ihr in einander Genügten,
frag ich nach uns. Ihr greift euch. Habt ihr Beweise?
Seht, mir geschiehts, daß meine Hände einander
inne werden oder daß mein gebrauchtes
Gesicht in ihnen sich schont. Das giebt mir ein wenig
Empfindung. Doch wer wagte darum schon zu *sein?*
Ihr aber, die ihr im Entzücken des anderen
zunehmt, bis er euch überwältigt
anfleht: nicht *mehr* –; die ihr unter den Händen
euch reichlicher werdet wie Traubenjahre;
die ihr manchmal vergeht, nur weil der andre
ganz überhandnimmt: euch frag ich nach uns. Ich weiß,
ihr berührt euch so selig, weil die Liebkosung verhält,
weil die Stelle nicht schwindet, die ihr, Zärtliche,
zudeckt; weil ihr darunter das reine
Dauern verspürt. So versprecht ihr euch Ewigkeit fast
von der Umarmung. Und doch, wenn ihr der ersten
Blicke Schrecken besteht und die Sehnsucht am Fenster,
und den ersten gemeinsamen Gang, *ein* Mal durch den
Garten:
Liebende, *seid* ihrs dann noch? Wenn ihr einer dem andern
euch an den Mund hebt und ansetzt –: Getränk an Getränk:
o wie entgeht dann der Trinkende seltsam der Handlung.

Erstaunte euch nicht auf attischen Stelen die Vorsicht
menschlicher Geste? war nicht Liebe und Abschied
so leicht auf die Schultern gelegt, als wär es aus anderm
Stoffe gemacht als bei uns? Gedenkt euch der Hände,
wie sie drucklos beruhen, obwohl in den Torsen die Kraft
steht.
Diese Beherrschten wußten damit: so weit sind wirs,
dieses ist unser, uns so zu berühren; stärker
stemmen die Götter uns an. Doch dies ist Sache der Götter.

Fänden auch wir ein reines, verhaltenes, schmales
Menschliches, einen unseren Streifen Fruchtlands
zwischen Strom und Gestein. Denn das eigene Herz
übersteigt uns
noch immer wie jene. Und wir können ihm nicht mehr
nachschaun in Bilder, die es besänftigen, noch in
göttliche Körper, in denen es größer sich mäßigt.

Die dritte Elegie

Eines ist, die Geliebte zu singen. Ein anderes, wehe,
jenen verborgenen schuldigen Fluß-Gott des Bluts.
Den sie von weitem erkennt, ihren Jüngling, was weiß er
selbst von dem Herren der Lust, der aus dem Einsamen
oft,
ehe das Mädchen noch linderte, oft auch als wäre sie nicht,
ach, von welchem Unkenntlichen triefend, das Gotthaupt
aufhob, aufrufend die Nacht zu unendlichem Aufruhr.
O des Blutes Neptun, o sein furchtbarer Dreizack.
O der dunkele Wind seiner Brust aus gewundener Muschel.

Horch, wie die Nacht sich muldet und höhlt. Ihr Sterne,
stammt nicht von euch des Liebenden Lust zu dem Antlitz
seiner Geliebten? Hat er die innige Einsicht
in ihr reines Gesicht nicht aus dem reinen Gestirn?

Du nicht hast ihm, wehe, nicht seine Mutter
hat ihm die Bogen der Braun so zur Erwartung gespannt.
Nicht an dir, ihn fühlendes Mädchen, an dir nicht
bog seine Lippe sich zum fruchtbarem Ausdruck.
Meinst du wirklich, ihn hätte dein leichter Auftritt
also erschüttert, du, die wandelt wie Frühwind?
Zwar du erschrakst ihm das Herz; doch ältere Schrecken
stürzten in ihn bei dem berührenden Anstoß.
Ruf ihn ... du rufst ihn nicht ganz aus dunkelem Umgang.
Freilich, er *will,* er entspringt; erleichtert gewöhnt er
sich in dein heimliches Herz und nimmt und beginnt sich.
Aber begann er sich je?
Mutter, *du* machtest ihn klein, du warsts, die ihn anfing;
dir war er neu, du beugtest über die neuen
Augen die freundliche Welt und wehrtest der fremden.
Wo, ach, hin sind die Jahre, da du ihm einfach
mit der schlanken Gestalt wallendes Chaos vertratst?
Vieles verbargst du ihm so; das nächtlich-verdächtige
Zimmer
machtest du harmlos, aus deinem Herzen voll Zuflucht
mischtest du menschlichern Raum seinem Nacht-Raum
hinzu.
Nicht in die Finsternis, nein, in dein näheres Dasein
hast du das Nachtlicht gestellt, und es schien wie aus
Freundschaft.
Nirgends ein Knistern, das du nicht lächelnd erklärtest,
so als wüßtest du längst, *wann* sich die Diele benimmt ...

Und er horchte und linderte sich. So vieles vermochte
zärtlich dein Aufstehn; hinter den Schrank trat
hoch im Mantel sein Schicksal, und in die Falten des
    Vorhangs
paßte, die leicht sich verschob, seine unruhige Zukunft.

Und er selbst, wie er lag, der Erleichterte, unter
schläfernden Lidern deiner leichten Gestaltung
Süße lösend in den gekosteten Vorschlaf –:
schien ein Gehüteter ... Aber *innen:* wer wehrte,
hinderte innen in ihm die Fluten der Herkunft?
Ach, da *war* keine Vorsicht im Schlafenden; schlafend,
aber träumend, aber in Fiebern: wie er sich ein-ließ.
Er, der Neue, Scheuende, wie er verstrickt war,
mit des innern Geschehns weiterschlagenden Ranken
schon zu Mustern verschlungen, zu würgendem Wachstum,
    zu tierhaft
jagenden Formen. Wie er sich hingab –. Liebte.
Liebte sein Inneres, seines Inneren Wildnis,
diesen Urwald in ihm, auf dessen stummem Gestürztsein
lichtgrün sein Herz stand. Liebte. Verließ es, ging die
eigenen Wurzeln hinaus in gewaltigen Ursprung,
wo seine kleine Geburt schon überlebt war. Liebend
stieg er hinab in das ältere Blut, in die Schluchten,
wo das Furchtbare lag, noch satt von den Vätern. Und jedes
Schreckliche kannte ihn, blinzelte, war wie verständigt.
Ja, das Entsetzliche lächelte ... Selten
hast du so zärtlich gelächelt, Mutter. Wie sollte
er es nicht lieben, da es ihm lächelte. *Vor* dir
hat ers geliebt, denn, da du ihn trugst schon,
war es im Wasser gelöst, das den Keimenden leicht macht.

Siehe, wir lieben nicht, wie die Blumen, aus einem
einzigen Jahr; uns steigt, wo wir lieben,
unvordenklicher Saft in die Arme. O Mädchen,
dies: daß wir liebten *in* uns, nicht Eines, ein Künftiges,
sondern
das zahllos Brauende; nicht ein einzelnes Kind,
sondern die Väter, die wie Trümmer Gebirgs
uns im Grunde beruhn; sondern das trockene Flußbett
einstiger Mütter –; sondern die ganze
lautlose Landschaft unter dem wolkigen oder
reinen Verhängnis –: *dies* kam dir, Mädchen, zuvor.

Und du selber, was weißt du –, du locktest
Vorzeit empor in dem Liebenden. Welche Gefühle
wühlten herauf aus entwandelten Wesen. Welche
Frauen haßten dich da. Was für finstere Männer
regtest du auf im Geäder des Jünglings? Tote
Kinder wollten zu dir ... O leise, leise,
tu ein liebes vor ihm, ein verläßliches Tagwerk, – führ ihn
nah an den Garten heran, gieb ihm der Nächte
Übergewicht ...
Verhalt ihn ...

Die vierte Elegie

O Bäume Lebens, o wann winterlich?
Wir sind nicht einig. Sind nicht wie die Zug-
vögel verständigt. Überholt und spät,
so drängen wir uns plötzlich Winden auf
und fallen ein auf teilnahmslosen Teich.
Blühn und verdorrn ist uns zugleich bewußt.
Und irgendwo gehn Löwen noch und wissen,
solang sie herrlich sind, von keiner Ohnmacht.

Uns aber, wo wir Eines meinen, ganz,
ist schon des andern Aufwand fühlbar. Feindschaft
ist uns das Nächste. Treten Liebende
nicht immerfort an Ränder, eins im andern,
die sich versprachen Weite, Jagd und Heimat.
Da wird für eines Augenblickes Zeichnung
ein Grund von Gegenteil bereitet, mühsam,
daß wir sie sähen; denn man ist sehr deutlich
mit uns. Wir kennen den Kontur
des Fühlens nicht: nur, was ihn formt von außen.
Wer saß nicht bang vor seines Herzens Vorhang?
Der schlug sich auf: die Szenerie war Abschied.
Leicht zu verstehen. Der bekannte Garten,
und schwankte leise: dann erst kam der Tänzer.
Nicht *der.* Genug! Und wenn er auch so leicht tut,
er ist verkleidet und er wird ein Bürger
und geht durch seine Küche in die Wohnung.
Ich will nicht diese halbgefüllten Masken,
lieber die Puppe. Die ist voll. Ich will
den Balg aushalten und den Draht und ihr
Gesicht aus Aussehn. Hier. Ich bin davor.

Wenn auch die Lampen ausgehn, wenn mir auch
gesagt wird: Nichts mehr –, wenn auch von der Bühne
das Leere herkommt mit dem grauen Luftzug,
wenn auch von meinen stillen Vorfahrn keiner
mehr mit mir dasitzt, keine Frau, sogar
der Knabe nicht mehr mit dem braunen Schielaug:
Ich bleibe dennoch. Es giebt immer Zuschaun.

Hab ich nicht recht? Du, der um mich so bitter
das Leben schmeckte, meines kostend, Vater,
den ersten trüben Aufguß meines Müssens,
da ich heranwuchs, immer wieder kostend
und, mit dem Nachgeschmack so fremder Zukunft
beschäftigt, prüftest mein beschlagnes Aufschaun, –
der du, mein Vater, seit du tot bist, oft
in meiner Hoffnung, innen in mir, Angst hast,
und Gleichmut, wie ihn Tote haben, Reiche
von Gleichmut, aufgiebst für mein bißchen Schicksal,
hab ich nicht recht? Und ihr, hab ich nicht recht,
die ihr mich liebtet für den kleinen Anfang
Liebe zu euch, von dem ich immer abkam,
weil mir der Raum in eurem Angesicht,
da ich ihn liebte, überging in Weltraum,
in dem ihr nicht mehr wart ...: wenn mir zumut ist,
zu warten vor der Puppenbühne, nein,
so völlig hinzuschaun, daß, um mein Schauen
am Ende aufzuwiegen, dort als Spieler
ein Engel hinmuß, der die Bälge hochreißt.
Engel und Puppe: dann ist endlich Schauspiel.
Dann kommt zusammen, was wir immerfort
entzwein, indem wir da sind. Dann entsteht
aus unsern Jahreszeiten erst der Umkreis

des ganzen Wandelns. Über uns hinüber
spielt dann der Engel. Sieh, die Sterbenden,
sollten sie nicht vermuten, wie voll Vorwand
das alles ist, was wir hier leisten. Alles
ist nicht es selbst. O Stunden in der Kindheit,
da hinter den Figuren mehr als nur
Vergangnes war und vor uns nicht die Zukunft.
Wir wuchsen freilich und wir drängten manchmal,
bald groß zu werden, denen halb zulieb,
die andres nicht mehr hatten, als das Großsein.
Und waren doch, in unserem Alleingehn,
mit Dauerndem vergnügt und standen da
im Zwischenraume zwischen Welt und Spielzeug,
an einer Stelle, die seit Anbeginn
gegründet war für einen reinen Vorgang.

Wer zeigt ein Kind, so wie es steht? Wer stellt
es ins Gestirn und giebt das Maß des Abstands
ihm in die Hand? Wer macht den Kindertod
aus grauem Brot, das hart wird, – oder läßt
ihn drin im runden Mund, so wie den Gröps
von einem schönen Apfel? ... Mörder sind
leicht einzusehen. Aber dies: den Tod,
den ganzen Tod, noch *vor* dem Leben so
sanft zu enthalten und nicht bös zu sein,
ist unbeschreiblich.

Die fünfte Elegie

Frau Hertha Koenig zugeeignet

Wer aber *sind* sie, sag mir, die Fahrenden, diese ein wenig
Flüchtigern noch als wir selbst, die dringend von früh an
wringt ein *wem, wem* zu Liebe
niemals zufriedener Wille? Sondern er wringt sie,
biegt sie, schlingt sie und schwingt sie,
wirft sie und fängt sie zurück; wie aus geölter,
glatterer Luft kommen sie nieder
auf dem verzehrten, von ihrem ewigen
Aufsprung dünneren Teppich, diesem verlorenen
Teppich im Weltall.
Aufgelegt wie ein Pflaster, als hätte der Vorstadt-
Himmel der Erde dort wehe getan.
Und kaum dort,
aufrecht, da und gezeigt: des Dastehns
großer Anfangsbuchstab ..., schon auch, die stärksten
Männer, rollt sie wieder, zum Scherz, der immer
kommende Griff, wie August der Starke bei Tisch
einen zinnenen Teller.

Ach und um diese
Mitte, die Rose des Zuschauns:
blüht und entblättert. Um diesen
Stampfer, den Stempel, den von dem eignen
blühenden Staub getroffnen, zur Scheinfrucht
wieder der Unlust befruchteten, ihrer
niemals bewußten, – glänzend mit dünnster
Oberfläche leicht scheinlächelnden Unlust.

Da: der welke, faltige Stemmer,
der alte, der nur noch trommelt,
eingegangen in seiner gewaltigen Haut, als hätte sie früher
zwei Männer enthalten, und einer
läge nun schon auf dem Kirchhof, und er überlebte den andern,
taub und manchmal ein wenig
wirr, in der verwitweten Haut.

Aber der junge, der Mann, als wär er der Sohn eines Nackens
und einer Nonne: prall und strammig erfüllt
mit Muskeln und Einfalt.

Oh ihr,
die ein Leid, das noch klein war,
einst als Spielzeug bekam, in einer seiner
langen Genesungen ...

Du, der mit dem Aufschlag,
wie nur Früchte ihn kennen, unreif,
täglich hundertmal abfällt vom Baum der gemeinsam
erbauten Bewegung (der, rascher als Wasser, in wenig
Minuten Lenz, Sommer und Herbst hat) –

abfällt und anprallt ans Grab:
manchmal, in halber Pause, will dir ein liebes
Antlitz entstehn hinüber zu deiner selten
zärtlichen Mutter; doch an deinen Körper verliert sich,
der es flächig verbraucht, das schüchtern
kaum versuchte Gesicht. Und wieder

klatscht der Mann in die Hand zu dem Ansprung, und eh
dir
jemals ein Schmerz deutlicher wird in der Nähe des immer
trabenden Herzens, kommt das Brennen der Fußsohln
ihm, seinem Ursprung, zuvor mit ein paar dir
rasch in die Augen gejagten leiblichen Tränen.
Und dennoch, blindlings,
das Lächeln …

Engel! o nimms, pflücks, das kleinblütige Heilkraut.
Schaff eine Vase, verwahrs! Stells unter jene, uns noch nicht
offenen Freuden; in lieblicher Urne
rühms mit blumiger schwungiger Aufschrift:
›*Subrisio Saltat.*‹.

Du dann, Liebliche,
du, von den reizendsten Freuden
stumm Übersprungne. Vielleicht sind
deine Fransen glücklich für dich –,
oder über den jungen
prallen Brüsten die grüne metallene Seide
fühlt sich unendlich verwöhnt und entbehrt nichts.

Du,
immerfort anders auf alle des Gleichgewichts schwankende
Waagen
hingelegte Marktfrucht des Gleichmuts,
öffentlich unter den Schultern.

Wo, o *wo* ist der Ort – ich trag ihn im Herzen –,
wo sie noch lange nicht *konnten*, noch voneinander
abfieln, wie sich bespringende, nicht recht

  paarige Tiere; –
wo die Gewichte noch schwer sind;
wo noch von ihren vergeblich
wirbelnden Stäben die Teller
torkeln …

Und plötzlich in diesem mühsamen Nirgends, plötzlich
die unsägliche Stelle, wo sich das reine Zuwenig
unbegreiflich verwandelt –, umspringt
in jenes leere Zuviel.
Wo die vielstellige Rechnung
zahlenlos aufgeht.

Plätze, o Platz in Paris, unendlicher Schauplatz,
wo die Modistin, *Madame Lamort*,
die ruhlosen Wege der Erde, endlose Bänder,
schlingt und windet und neue aus ihnen
Schleifen erfindet, Rüschen, Blumen, Kokarden, künstliche
  Früchte –, alle
unwahr gefärbt, – für die billigen
Winterhüte des Schicksals.
– –

Engel!: Es wäre ein Platz, den wir nicht wissen, und dorten,
auf unsäglichem Teppich, zeigten die Liebenden, die's hier
bis zum Können nie bringen, ihre kühnen
hohen Figuren des Herzschwungs,
ihre Türme aus Lust, ihre
längst, wo Boden nie war, nur aneinander
lehnenden Leitern, bebend, – und *könntens*,
vor den Zuschauern rings, unzähligen lautlosen Toten:
Würfen die dann ihre letzten, immer ersparten,

immer verborgenen, die wir nicht kennen, ewig
gültigen Münzen des Glücks vor das endlich
wahrhaft lächelnde Paar auf gestilltem
Teppich?

Die sechste Elegie

Feigenbaum, seit wie lange schon ists mir bedeutend,
wie du die Blüte beinah ganz überschlägst
und hinein in die zeitig entschlossene Frucht,
ungerühmt, drängst dein reines Geheimnis.
Wie der Fontäne Rohr treibt dein gebognes Gezweig
abwärts den Saft und hinan: und er springt aus dem Schlaf,
fast nicht erwachend, ins Glück seiner süßesten Leistung.
Sieh: wie der Gott in den Schwan. ... Wir aber verweilen,
ach, uns rühmt es zu blühn, und ins verspätete Innre
unserer endlichen Frucht gehn wir verraten hinein.
Wenigen steigt so stark der Andrang des Handelns,
daß sie schon anstehn und glühn in der Fülle des Herzens,
wenn die Verführung zum Blühn wie gelinderte Nachtluft
ihnen die Jugend des Munds, ihnen die Lider berührt:
Helden vielleicht und den frühe Hinüberbestimmten,
denen der gärtnernde Tod anders die Adern verbiegt.
Diese stürzen dahin: dem eigenen Lächeln
sind sie voran, wie das Rossegespann in den milden
muldigen Bildern von Karnak dem siegenden König.

Wunderlich nah ist der Held doch den jugendlich Toten.
Dauern
ficht ihn nicht an. Sein Aufgang ist Dasein; beständig
nimmt er sich fort und tritt ins veränderte Sternbild
seiner steten Gefahr. Dort fänden ihn wenige. Aber,
das uns finster verschweigt, das plötzlich begeisterte
Schicksal
singt ihn hinein in den Sturm seiner aufrauschenden Welt.
Hör ich doch keinen wie *ihn.* Auf einmal durchgeht mich
mit der strömenden Luft sein verdunkelter Ton.

Dann, wie verbärg ich mich gern vor der Sehnsucht: O wär
ich,
wär ich ein Knabe und dürft es noch werden und säße
in die künftigen Arme gestützt und läse von Simson,
wie seine Mutter erst nichts und dann alles gebar.

War er nicht Held schon in dir, o Mutter, begann nicht
dort schon, in dir, seine herrische Auswahl?
Tausende brauten im Schooß und wollten er sein,
aber sieh: er ergriff und ließ aus –, wählte und konnte.
Und wenn er Säulen zerstieß, so wars, da er ausbrach
aus der Welt deines Leibs in die engere Welt, wo er weiter
wählte und konnte. O Mütter der Helden, o Ursprung
reißender Ströme! Ihr Schluchten, in die sich
hoch von dem Herzrand, klagend,
schon die Mädchen gestürzt, künftig die Opfer dem Sohn.

Denn hinstürmte der Held durch Aufenthalte der Liebe,
jeder hob ihn hinaus, jeder ihn meinende Herzschlag,
abgewendet schon, stand er am Ende der Lächeln, – anders.

Die siebente Elegie

WERBUNG NICHT MEHR, nicht Werbung, entwachsene Stimme,
sei deines Schreies Natur; zwar schrieest du rein wie der Vogel,
wenn ihn die Jahreszeit aufhebt, die steigende, beinah vergessend,
daß er ein kümmerndes Tier und nicht nur ein einzelnes Herz sei,
das sie ins Heitere wirft, in die innigen Himmel. Wie er, so
würbest du wohl, nicht minder –, daß, noch unsichtbar,
dich die Freundin erführ, die stille, in der eine Antwort
langsam erwacht und über dem Hören sich anwärmt, –
deinem erkühnten Gefühl die erglühte Gefühlin.

O und der Frühling begriffe –, da ist keine Stelle,
die nicht trüge den Ton der Verkündigung. Erst jenen kleinen
fragenden Auflaut, den, mit steigernder Stille,
weithin umschweigt ein reiner bejahender Tag.
Dann die Stufen hinan, Ruf-Stufen hinan, zum geträumten
Tempel der Zukunft –; dann den Triller, Fontäne,
die zu dem drängenden Strahl schon das Fallen zuvornimmt
im versprechlichen Spiel … Und vor sich, den Sommer.

Nicht nur die Morgen alle des Sommers –, nicht nur
wie sie sich wandeln in Tag und strahlen vor Anfang.
Nicht nur die Tage, die zart sind um Blumen, und oben,
um die gestalteten Bäume, stark und gewaltig.
Nicht nur die Andacht dieser entfalteten Kräfte,
nicht nur die Wege, nicht nur die Wiesen im Abend,

nicht nur, nach spätem Gewitter, das atmende Klarsein,
nicht nur der nahende Schlaf und ein Ahnen, abends ...
sondern die Nächte! Sondern die hohen, des Sommers,
Nächte, sondern die Sterne, die Sterne der Erde.
O einst tot sein und sie wissen unendlich,
alle die Sterne: denn wie, wie, wie sie vergessen!

Siehe, da rief ich die Liebende. Aber nicht *sie* nur
käme ... Es kämen aus schwächlichen Gräbern
Mädchen und ständen ... Denn, wie beschränk ich,
wie, den gerufenen Ruf? Die Versunkenen suchen
immer noch Erde. – Ihr Kinder, ein hiesig
einmal ergriffenes Ding gälte für viele.
Glaubt nicht, Schicksal sei mehr, als das Dichte der
Kindheit;
wie überholtet ihr oft den Geliebten, atmend,
atmend nach seligem Lauf, auf nichts zu, ins Freie.

Hiersein ist herrlich. Ihr wußtet es, Mädchen, *ihr* auch,
die ihr scheinbar entbehrtet, versankt –, ihr, in den ärgsten
Gassen der Städte, Schwärende, oder dem Abfall
Offene. Denn eine Stunde war jeder, vielleicht nicht
ganz eine Stunde, ein mit den Maßen der Zeit kaum
Meßliches zwischen zwei Weilen –, da sie ein Dasein
hatte. Alles. Die Adern voll Dasein.
Nur, wir vergessen so leicht, was der lachende Nachbar
uns nicht bestätigt oder beneidet. Sichtbar
wollen wirs heben, wo doch das sichtbarste Glück uns
erst zu erkennen sich giebt, wenn wir es innen verwandeln.

Nirgends, Geliebte, wird Welt sein, als innen. Unser
Leben geht hin mit Verwandlung. Und immer geringer

schwindet das Außen. Wo einmal ein dauerndes Haus war,
schlägt sich erdachtes Gebild vor, quer, zu Erdenklichem
völlig gehörig, als stând es noch ganz im Gehirne.
Weite Speicher der Kraft schafft sich der Zeitgeist, gestaltlos
wie der spannende Drang, den er aus allem gewinnt.
Tempel kennt er nicht mehr. Diese, des Herzens, Verschwendung
sparen wir heimlicher ein. Ja, wo noch eins übersteht,
ein einst gebetetes Ding, ein gedientes, geknietes –,
hält es sich, so wie es ist, schon ins Unsichtbare hin.
Viele gewahrens nicht mehr, doch ohne den Vorteil,
daß sie's nun *innerlich* baun, mit Pfeilern und Statuen, größer!

Jede dumpfe Umkehr der Welt hat solche Enterbte,
denen das Frühere nicht und noch nicht das Nächste gehört.
Denn auch das Nächste ist weit für die Menschen. Uns soll
dies nicht verwirren; es stärke in uns die Bewahrung
der noch erkannten Gestalt. – Dies *stand* einmal unter Menschen,
mitten im Schicksal stands, im vernichtenden, mitten
im Nichtwissen-Wohin stand es, wie seiend, und bog
Sterne zu sich aus gesicherten Himmeln. Engel,
dir noch zeig ich es, *da!* in deinem Anschaun
steh es gerettet zuletzt, nun endlich aufrecht.
Säulen, Pylone, der Sphinx, das strebende Stemmen,
grau aus vergehender Stadt oder aus fremder, des Doms.

War es nicht Wunder? O staune, Engel, denn *wir* sinds,
wir, o du Großer, erzähls, daß wir solches vermochten, mein Atem

reicht für die Rühmung nicht aus. So haben wir dennoch
nicht die Räume versäumt, diese gewährenden, diese
unseren Räume. (Was müssen sie fürchterlich groß sein,
da sie Jahrtausende nicht unseres Fühlns überfülln.)
Aber ein Turm war groß, nicht wahr? O Engel, er war es, –
groß, auch noch neben dir? Chartres war groß –, und Musik
reichte noch weiter hinan und überstieg uns. Doch selbst
nur
eine Liebende –, oh, allein am nächtlichen Fenster …
reichte sie dir nicht ans Knie –? Glaub *nicht,* daß ich werbe.
Engel, und würb ich dich auch! Du kommst nicht. Denn
mein
Anruf ist immer voll Hinweg; wider so starke
Strömung kannst du nicht schreiten. Wie ein gestreckter
Arm ist mein Rufen. Und seine zum Greifen
oben offene Hand bleibt vor dir
offen, wie Abwehr und Warnung,
Unfaßlicher, weitauf.

Die achte Elegie

Rudolf Kassner zugeeignet

Mit allen Augen sieht die Kreatur
das Offene. Nur unsre Augen sind
wie umgekehrt und ganz um sie gestellt
als Fallen, rings um ihren freien Ausgang.
Was draußen *ist,* wir wissens aus des Tiers
Antlitz allein; denn schon das frühe Kind
wenden wir um und zwingens, daß es rückwärts
Gestaltung sehe, nicht das Offne, das

im Tiergesicht so tief ist. Frei von Tod.
Ihn sehen wir allein; das freie Tier
hat seinen Untergang stets hinter sich
und vor sich Gott, und wenn es geht, so gehts
in Ewigkeit, so wie die Brunnen gehen.

Wir haben nie, nicht einen einzigen Tag,
den reinen Raum vor uns, in den die Blumen
unendlich aufgehn. Immer ist es Welt
und niemals Nirgends ohne Nicht: das Reine,
Unüberwachte, das man atmet und
unendlich *weiß* und nicht begehrt. Als Kind
verliert sich eins im Stilln an dies und wird
gerüttelt. Oder jener stirbt und *ists.*
Denn nah am Tod sieht man den Tod nicht mehr
und starrt *hinaus,* vielleicht mit großem Tierblick.
Liebende, wäre nicht der andre, der
die Sicht verstellt, sind nah daran und staunen …
Wie aus Versehn ist ihnen aufgetan
hinter dem andern … Aber über ihn
kommt keiner fort, und wieder wird ihm Welt.
Der Schöpfung immer zugewendet, sehn
wir nur auf ihr die Spiegelung des Frein,
von uns verdunkelt. Oder daß ein Tier,
ein stummes, aufschaut, ruhig durch uns durch.
Dieses heißt Schicksal: gegenüber sein
und nichts als das und immer gegenüber.

Wäre Bewußtheit unsrer Art in dem
sicheren Tier, das uns entgegenzieht
in anderer Richtung –, riß es uns herum
mit seinem Wandel. Doch sein Sein ist ihm

unendlich, ungefaßt und ohne Blick
auf seinen Zustand, rein, so wie sein Ausblick.
Und wo wir Zukunft sehn, dort sieht es Alles
und sich in Allem und geheilt für immer.

Und doch ist in dem wachsam warmen Tier
Gewicht und Sorge einer großen Schwermut.
Denn ihm auch haftet immer an, was uns
oft überwältigt,- die Erinnerung,
als sei schon einmal das, wonach man drängt,
näher gewesen, treuer und sein Anschluß
unendlich zärtlich. Hier ist alles Abstand,
und dort wars Atem. Nach der ersten Heimat
ist ihm die zweite zwitterig und windig.

O Seligkeit der *kleinen* Kreatur,
die immer *bleibt* im Schooße, der sie austrug;
o Glück der Mücke, die noch *innen* hüpft,
selbst wenn sie Hochzeit hat: denn Schooß ist Alles.
Und sieh die halbe Sicherheit des Vogels,
der beinah beides weiß aus seinem Ursprung,
als wär er eine Seele der Etrusker,
aus einem Toten, den ein Raum empfing,
doch mit der ruhenden Figur als Deckel.
Und wie bestürzt ist eins, das fliegen muß
und stammt aus einem Schooß. Wie vor sich selbst
erschreckt, durchzuckts die Luft, wie wenn ein Sprung
durch eine Tasse geht. So reißt die Spur
der Fledermaus durchs Porzellan des Abends.

Und wir: Zuschauer, immer, überall,
dem allen zugewandt und nie hinaus!
Uns überfüllts. Wir ordnens. Es zerfällt.
Wir ordnens wieder und zerfallen selbst.

Wer hat uns also umgedreht, daß wir,
was wir auch tun, in jener Haltung sind
von einem, welcher fortgeht? Wie er auf
dem letzten Hügel, der ihm ganz sein Tal
noch einmal zeigt, sich wendet, anhält, weilt –,
so leben wir und nehmen immer Abschied.

Die neunte Elegie

Warum, wenn es angeht, also die Frist des Daseins
hinzubringen, als Lorbeer, ein wenig dunkler als alles
andere Grün, mit kleinen Wellen an jedem
Blattrand (wie eines Windes Lächeln) –: warum dann
Menschliches müssen –und, Schicksal vermeidend,
sich sehnen nach Schicksal? …

Oh, *nicht*, weil Glück ist,
dieser voreilige Vorteil eines nahen Verlusts.
Nicht aus Neugier, oder zur Übung des Herzens,
das auch im Lorbeer *wäre* …

Aber weil Hiersein viel ist, und weil uns scheinbar
alles das Hiesige braucht, dieses Schwindende, das
seltsam uns angeht. Uns, die Schwindendsten. *Ein* Mal
jedes, nur *ein* Mal. *Ein* Mal und nicht mehr. Und wir auch

ein Mal. Nie wieder. Aber dieses
ein Mal gewesen zu sein, wenn auch nur *ein* Mal:
irdisch gewesen zu sein, scheint nicht widerrufbar.

Und so drängen wir uns und wollen es leisten,
wollens enthalten in unsern einfachen Händen,
im überfüllteren Blick und im sprachlosen Herzen.
Wollen es werden. – Wem es geben? Am liebsten
alles behalten für immer ... Ach, in den andern Bezug,
wehe, was nimmt man hinüber? Nicht das Anschaun, das hier
langsam erlernte, und kein hier Ereignetes. Keins.
Also die Schmerzen. Also vor allem das Schwersein,
also der Liebe lange Erfahrung, – also
lauter Unsägliches. Aber später,
unter den Sternen, was solls: *die* sind *besser* unsäglich.
Bringt doch der Wanderer auch vom Hange des Bergrands
nicht eine Hand voll Erde ins Tal, die Allen unsägliche, sondern
ein erworbenes Wort, reines, den gelben und blaun
Enzian. Sind wir vielleicht *hier,* um zu sagen: Haus,
Brücke, Brunnen, Tor, Krug, Obstbaum, Fenster, –
höchstens: Säule, Turm ... aber zu *sagen,* verstehs,
oh zu sagen so, wie selber die Dinge niemals
innig meinten zu sein. Ist nicht die heimliche List
dieser verschwiegenen Erde, wenn sie die Liebenden drängt,
daß sich in ihrem Gefühl jedes und jedes entzückt?
Schwelle: was ists für zwei
Liebende, daß sie die eigne ältere Schwelle der Tür
ein wenig verbrauchen, auch sie, nach den vielen vorher
und vor den Künftigen ..., leicht.

Hier ist des *Säglichen* Zeit, *hier* seine Heimat.
Sprich und bekenn. Mehr als je
fallen die Dinge dahin, die erlebbaren, denn,
was sie verdrängend ersetzt, ist ein Tun ohne Bild.
Tun unter Krusten, die willig zerspringen, sobald
innen das Handeln entwächst und sich anders begrenzt.
Zwischen den Hämmern besteht
unser Herz, wie die Zunge
zwischen den Zähnen, die doch,
dennoch, die preisende bleibt.

Preise dem Engel die Welt, nicht die unsägliche, *ihm*
kannst du nicht großtun mit herrlich Erfühltem; im Weltall,
wo er fühlender fühlt, bist du ein Neuling. Drum zeig
ihm das Einfache, das, von Geschlecht zu Geschlechtern
gestaltet,
als ein Unsriges lebt, neben der Hand und im Blick.
Sag ihm die Dinge. Er wird staunender stehn; wie du
standest
bei dem Seiler in Rom, oder beim Töpfer am Nil.
Zeig ihm, wie glücklich ein Ding sein kann, wie schuldlos
und unser,
wie selbst das klagende Leid rein zur Gestalt sich
entschließt,
dient als ein Ding, oder stirbt in ein Ding –, und jenseits
selig der Geige entgeht. – Und diese, von Hingang
lebenden Dinge verstehn, daß du sie rühmst; vergänglich,
traun sie ein Rettendes uns, den Vergänglichsten, zu.
Wollen, wir sollen sie ganz im unsichtbarn Herzen
verwandeln
in – o unendlich – in uns! Wer wir am Ende auch seien.

Erde, ist es nicht dies, was du willst: *unsichtbar*
in uns erstehn? – Ist es dein Traum nicht,
einmal unsichtbar zu sein? – Erde! unsichtbar!
Was, wenn Verwandlung nicht, ist dein drängender
    Auftrag?
Erde, du liebe, ich will. Oh glaub, es bedürfte
nicht deiner Frühlinge mehr, mich dir zu gewinnen –, *einer*,
ach, ein einziger ist schon dem Blute zu viel.
Namenlos bin ich zu dir entschlossen, von weit her.
Immer warst du im Recht, und dein heiliger Einfall
ist der vertrauliche Tod.

Siehe, ich lebe. Woraus? Weder Kindheit noch Zukunft
    werden weniger ... Überzähliges Dasein
entspringt mir im Herzen.

Die Zehnte Elegie

DASS ICH DEREINST, an dem Ausgang der grimmigen
    Einsicht,
Jubel und Ruhm aufsinge zustimmenden Engeln.
Daß von den klar geschlagenen Hämmern des Herzens
keiner versage an weichen, zweifelnden oder
reißenden Saiten. Daß mich mein strömendes Antlitz
glänzender mache; daß das unscheinbare Weinen
blühe. O wie werdet ihr dann, Nächte, mir lieb sein,
gehärmte. Daß ich euch knieender nicht, untröstliche
    Schwestern,
hinnahm, nicht in euer gelöstes
Haar mich gelöster ergab. Wir, Vergeuder der Schmerzen

Wie wir sie absehn voraus, in die traurige Dauer,
ob sie nicht enden vielleicht. Sie aber sind ja
unser winterwähriges Laub, unser dunkeles Sinngrün,
eine der Zeiten des heimlichen Jahres –, nicht nur
Zeit –, sind Stelle, Siedelung, Lager, Boden, Wohnort.

Freilich, wehe, wie fremd sind die Gassen der Leid-Stadt,
wo in der falschen, aus Übertönung gemachten
Stille, stark, aus der Gußform des Leeren der Ausguß
prahlt: der vergoldete Lärm, das platzende Denkmal.
O, wie spurlos zerträte ein Engel ihnen den Trostmarkt,
den die Kirche begrenzt, ihre fertig gekaufte:
reinlich und zu und enttäuscht wie ein Postamt am Sonntag.
Draußen aber kräuseln sich immer die Ränder von
  Jahrmarkt.
Schaukeln der Freiheit! Taucher und Gaukler des Eifers!
Und des behübschten Glücks figürliche Schießstatt,
wo es zappelt von Ziel und sich blechern benimmt,
wenn ein Geschickterer trifft. Von Beifall zu Zufall
taumelt er weiter; denn Buden jeglicher Neugier
werben, trommeln und plärrn. Für Erwachsene aber
ist noch besonders zu sehn, wie das Geld sich vermehrt,
  anatomisch,
nicht zur Belustigung nur: der Geschlechtsteil des Gelds,
alles, das Ganze, der Vorgang –, das unterrichtet und macht
fruchtbar ... Oh aber gleich darüber hinaus,
hinter der letzten Planke, beklebt mit Plakaten des ›Todlos‹,
jenes bitteren Biers, das den Trinkenden süß scheint,
wenn sie immer dazu frische Zerstreuungen kaun ...,
gleich im Rücken der Planke, gleich dahinter, ists *wirklich.*
Kinder spielen, und Liebende halten einander,- abseits,
ernst, im ärmlichen Gras, und Hunde haben Natur.

Weiter noch zieht es den Jüngling; vielleicht, daß er eine junge
Klage liebt ... Hinter ihr her kommt er in Wiesen. Sie sagt:

– Weit. Wir wohnen dort draußen ... Wo? Und der Jüngling
folgt. Ihn rührt ihre Haltung. Die Schulter, der Hals –, vielleicht
ist sie von herrlicher Herkunft. Aber er läßt sie, kehrt um,
wendet sich, winkt ... Was solls? Sie ist eine Klage.

Nur die jungen Toten, im ersten Zustand
zeitlosen Gleichmuts, dem der Entwöhnung,
folgen ihr liebend. Mädchen
wartet sie ab und befreundet sie. Zeigt ihnen leise,
was sie an sich hat. Perlen des Leids und die feinen
Schleier der Duldung. – Mit Jünglingen geht sie schweigend.

Aber dort, wo sie wohnen, im Tal, der Älteren eine, der Klagen,
nimmt sich des Jünglinges an, wenn er fragt: – Wir waren,
sagt sie, ein Großes Geschlecht, einmal, wir Klagen. Die Väter
trieben den Bergbau dort in dem großen Gebirg; bei Menschen
findest du manchmal ein Stück geschliffenes Ur-Leid
oder, aus altem Vulkan, schlackig versteinerten Zorn
Ja, das stammte von dort. Einst waren wir reich. –

Und sie leitet ihn leicht durch die weite Landschaft der
Klagen,
zeigt ihm die Säulen der Tempel oder die Trümmer
jener Burgen, von wo Klage-Fürsten das Land
einstens weise beherrscht. Zeigt ihm die hohen
Tränenbäume und Felder blühender Wehmut,
(Lebendige kennen sie nur als sanftes Blattwerk);
zeigt ihm die Tiere der Trauer, weidend, – und manchmal
schreckt ein Vogel und zieht, flach ihnen fliegend durchs
Aufschaun,
weithin das schriftliche Bild seines vereinsamten Schreis. –
Abends führt sie ihn hin zu den Gräbern der Alten
aus dem Klage-Geschlecht, den Sibyllen und Warn-Herrn.
Naht aber Nacht, so wandeln sie leiser, und bald
mondets empor, das über Alles
wachende Grab-Mal. Brüderlich jenem am Nil,
der erhabene Sphinx –: der verschwiegenen Kammer
Antlitz.
Und sie staunen dem krönlichen Haupt, das für immer,
schweigend, der Menschen Gesicht
auf die Waage der Sterne gelegt.

Nicht erfaßt es sein Blick, im Frühtod
schwindelnd. Aber ihr Schaun,
hinter dem Pschent-Rand hervor, scheucht es die Eule. Und
sie,
streifend im langsamen Abstrich die Wange entlang,
jene der reifesten Rundung,
zeichnet weich in das neue
Totengehör, über ein doppelt
aufgeschlagenes Blatt, den unbeschreiblichen Umriß.

Und höher, die Sterne. Neue. Die Sterne des Leidlands.
Langsam nennt sie die Klage: – Hier,
siehe: den *Reiter,* den *Stab,* und das vollere Sternbild
nennen sie: *Fruchtkranz.* Dann, weiter, dem Pol zu:
Wiege; Weg; Des Brennende Buch; Puppe; Fenster.
Aber im südlichen Himmel, rein wie im Innern
einer gesegneten Hand, das klar erglänzende ›*M*‹,
das die Mütter bedeutet … –

Doch der Tote muß fort, und schweigend bringt ihn die
ältere
Klage bis an die Talschlucht,
wo es schimmert im Mondschein:
die Quelle der Freude. In Ehrfurcht
nennt sie sie, sagt: – Bei den Menschen
ist sie ein tragender Strom. –

Stehn am Fuß des Gebirgs.
Und da umarmt sie ihn, weinend.

Einsam steigt er dahin, in die Berge des Ur-Leids.
Und nicht einmal sein Schritt klingt aus dem tonlosen Los.
Aber erweckten sie uns, die unendlich Toten, ein Gleichnis,
siehe, sie zeigten vielleicht auf die Kätzchen der leeren
Hasel, die hängenden, oder
meinten den Regen, der fällt auf dunkles Erdreich im
Frühjahr. –

Und wir, die an *steigendes* Glück
denken, empfänden die Rührung,
die uns beinah bestürzt,
wenn ein Glückliches *fällt.*

Die Sonette an Orpheus

Geschrieben als ein Grab-Mal
für Wera Ouckama Knoop

Château de Muzot im Februar 1922

Erster Teil

I

Da stieg ein Baum. O reine Übersteigung!
O Orpheus singt! O hoher Baum im Ohr!
Und alles schwieg. Doch selbst in der Verschweigung
ging neuer Anfang, Wink und Wandlung vor.

Tiere aus Stille drangen aus dem klaren
gelösten Wald von Lager und Genist;
und da ergab sich, daß sie nicht aus List
und nicht aus Angst in sich so leise waren,

sondern aus Hören. Brüllen, Schrei, Geröhr
schien klein in ihren Herzen. Und wo eben
kaum eine Hütte war, dies zu empfangen,

ein Unterschlupf aus dunkelstem Verlangen
mit einem Zugang, dessen Pfosten beben, –
da schufst du ihnen Tempel im Gehör.

II

Und fast ein Mädchen wars und ging hervor
aus diesem einigen Glück von Sang und Leier
und glänzte klar durch ihre Frühlingsschleier
und machte sich ein Bett in meinem Ohr.

Und schlief in mir. Und alles war ihr Schlaf.
Die Bäume, die ich je bewundert, diese
fühlbare Ferne, die gefühlte Wiese
und jedes Staunen, das mich selbst betraf.
Sie schlief die Welt. Singender Gott, wie hast
du sie vollendet, daß sie nicht begehrte,
erst wach zu sein? Sieh, sie erstand und schlief.

Wo ist ihr Tod? O, wirst du dies Motiv
erfinden noch, eh sich dein Lied verzehrte? –
Wo sinkt sie hin aus mir? ... Ein Mädchen fast ...

III

Ein Gott vermags. Wie aber, sag mir, soll
ein Mann ihm folgen durch die schmale Leier?
Sein Sinn ist Zwiespalt. An der Kreuzung zweier
Herzwege steht kein Tempel für Apoll.

Gesang, wie du ihn lehrst, ist nicht Begehr,
nicht Werbung um ein endlich noch Erreichtes;
Gesang ist Dasein. Für den Gott ein Leichtes.
Wann aber *sind* wir? Und wann wendet *er*

an unser Sein die Erde und die Sterne
Dies *ists* nicht, Jüngling, daß du liebst, wenn auch
die Stimme dann den Mund dir aufstößt, – lerne

vergessen, daß du aufsangst. Das verrinnt.
In Wahrheit singen, ist ein andrer Hauch.
Ein Hauch um nichts. Ein Wehn im Gott. Ein Wind.

IV

O Ihr Zärtlichen, tretet zuweilen
in den Atem, der euch nicht meint,
laßt ihn an eueren Wangen sich teilen,
hinter euch zittert er, wieder vereint.

O ihr Seligen, o ihr Heilen,
die ihr der Anfang der Herzen scheint.
Bogen der Pfeile und Ziele von Pfeilen,
ewiger glänzt euer Lächeln verweint.

Fürchtet euch nicht zu leiden, die Schwere,
gebt sie zurück an der Erde Gewicht;
schwer sind die Berge, schwer sind die Meere.

Selbst die als Kinder ihr pflanztet, die Bäume
wurden zu schwer längst; ihr trüget sie nicht.
Aber die Lüfte ... aber die Räume ...

V

Errichtet keinen Denkstein. Laßt die Rose
nur jedes Jahr zu seinen Gunsten blühn.
Denn Orpheus ists. Seine Metamorphose
in dem und dem. Wir sollen uns nicht mühn

um andre Namen. Ein für alle Male
ists Orpheus, wenn es singt. Er kommt und geht.
Ists nicht schon viel, wenn er die Rosenschale
um ein paar Tage manchmal übersteht?

O wie er schwinden muß, daß ihrs begrifft!
Und wenn ihm selbst auch bangte, daß er schwände.
Indem sein Wort das Hiersein übertrifft,

ist er schon dort, wohin ihrs nicht begleitet.
Der Leier Gitter zwängt ihm nicht die Hände.
Und er gehorcht, indem er überschreitet.

VI

Ist er ein Hiesiger? Nein, aus beiden
Reichen erwuchs seine weite Natur.
Kundiger böge die Zweige der Weiden,
wer die Wurzeln der Weiden erfuhr.

Geht ihr zu Bette, so laßt auf dem Tische
Brot nicht und Milch nicht; die Toten ziehts –.
Aber er, der Beschwörende, mische
unter der Milde des Augenlids

ihre Erscheinung in alles Geschaute;
und der Zauber von Erdrauch und Raute
sei ihm so wahr wie der klarste Bezug.

Nichts kann das gültige Bild ihm verschlimmern;
sei es aus Gräbern, sei es aus Zimmern,
rühme er Fingerring, Spange und Krug.

VII

RÜHMEN, DAS ISTS! Ein zum Rühmen Bestellter,
ging er hervor wie das Erz aus des Steins
Schweigen. Sein Herz, o vergängliche Kelter
eines den Menschen unendlichen Weins.

Nie versagt ihm die Stimme am Staube,
wenn ihn das göttliche Beispiel ergreift.
Alles wird Weinberg, alles wird Traube,
in seinem fühlenden Süden gereift.

Nicht in den Grüften der Könige Moder
straft ihm die Rühmung lügen, oder
daß von den Göttern ein Schatten fällt.

Er ist einer der bleibenden Boten,
der noch weit in die Türen der Toten
Schalen mit rühmlichen Früchten hält.

VIII

NUR IM RAUM der Rühmung darf die Klage
gehn, die Nymphe des geweinten Quells,
wachend über unserm Niederschlage,
daß er klar sei an demselben Fels,

der die Tore trägt und die Altäre. –
Sieh, um ihre stillen Schultern früht
das Gefühl, daß sie die jüngste wäre
unter den Geschwistern im Gemüt.

Jubel *weiß,* und Sehnsucht ist geständig, –
nur die Klage lernt noch; mädchenhändig
zählt sie nächtelang das alte Schlimme.

Aber plötzlich, schräg und ungeübt,
hält sie doch ein Sternbild unsrer Stimme
in den Himmel, den ihr Hauch nicht trübt.

IX

NUR WER DIE Leier schon hob
auch unter Schatten,
darf das unendliche Lob
ahnend erstatten.

Nur wer mit Toten vom Mohn
aß, von dem ihren,
wird nicht den leisesten Ton
wieder verlieren.

Mag auch die Spieglung im Teich
oft uns verschwimmen:
Wisse das Bild.

Erst in dem Doppelbereich
werden die Stimmen
ewig und mild.

X

EUCH, DIE IHR NIE mein Gefühl verließt,
grüß ich, antikische Sarkophage,
die das fröhliche Wasser römischer Tage
als ein wandelndes Lied durchfließt.

Oder jene so offenen, wie das Aug
eines frohen erwachenden Hirten,
– innen voll Stille und Bienensaug –
denen entzückte Falter entschwirrten;

alle, die man dem Zweifel entreißt,
grüß ich, die wiedergeöffneten Munde,
die schon wußten, was schweigen heißt.

Wissen wirs, Freunde, wissen wirs nicht?
Beides bildet die zögernde Stunde
in dem menschlichen Angesicht.

XI

SIEH DEN HIMMEL. Heißt kein Sternbild ›Reiter‹?
Denn dies ist uns seltsam eingeprägt:
dieser Stolz aus Erde. Und ein Zweiter,
der ihn treibt und hält und den er trägt.

Ist nicht so, gejagt und dann gebändigt,
diese sehnige Natur des Seins?
Weg und Wendung. Doch ein Druck verständigt.
Neue Weite. Und die zwei sind eins.

Aber *sind* sie's? Oder meinen beide
nicht den Weg, den sie zusammen tun?
Namenlos schon trennt sie Tisch und Weide.

Auch die sternische Verbindung trügt.
Doch uns freue eine Weile nun
der Figur zu glauben. Das genügt.

XII

Heil dem Geist, der uns verbinden mag;
denn wir leben wahrhaft in Figuren.
Und mit kleinen Schritten gehn die Uhren
neben unserm eigentlichen Tag.

Ohne unsern wahren Platz zu kennen,
handeln wir aus wirklichem Bezug.
Die Antennen fühlen die Antennen,
und die leere Ferne trug …

Reine Spannung. O Musik der Kräfte!
Ist nicht durch die läßlichen Geschäfte
jede Störung von dir abgelenkt?

Selbst wenn sich der Bauer sorgt und handelt,
wo die Saat in Sommer sich verwandelt,
reicht er niemals hin. Die Erde *schenkt.*

XIII

Voller Apfel, Birne und Banane,
Stachelbeere … Alles dieses spricht
Tod und Leben in den Mund … Ich ahne …
Lest es einem Kind vom Angesicht,

wenn es sie erschmeckt. Dies kommt von weit.
Wird euch langsam namenlos im Munde?
Wo sonst Worte waren, fließen Funde,
aus dem Fruchtfleisch überrascht befreit.

Wagt zu sagen, was ihr Apfel nennt.
Diese Süße, die sich erst verdichtet,
um, im Schmecken leise aufgerichtet,

klar zu werden, wach und transparent,
doppeldeutig, sonnig, erdig, hiesig –:
O Erfahrung, Fühlung, Freude –, riesig!

XIV

Wir gehen um mit Blume, Weinblatt, Frucht.
Sie sprechen nicht die Sprache nur des Jahres.
Aus Dunkel steigt ein buntes Offenbares
und hat vielleicht den Glanz der Eifersucht

der Toten an sich, die die Erde stärken.
Was wissen wir von ihrem Teil an dem?
Es ist seit lange ihre Art, den Lehm
mit ihrem freien Marke zu durchmärken.

Nun fragt sich nur: tun sie es gern? ...
Drängt diese Frucht, ein Werk von schweren Sklaven,
geballt zu uns empor, zu ihren Herrn?

Sind *sie* die Herrn, die bei den Wurzeln schlafen,
und gönnen uns aus ihren Überflüssen
dies Zwischending aus stummer Kraft und Küssen?

XV

Wartet ..., das schmeckt ... Schon ists auf der Flucht.
... Wenig Musik nur, ein Stampfen, ein Summen –
Mädchen, ihr warmen, Mädchen, ihr stummen,
tanzt den Geschmack der erfahrenen Frucht!

Tanzt die Orange. Wer kann sie vergessen,
wie sie, ertrinkend in sich, sich wehrt
wider ihr Süßsein. Ihr habt sie besessen.
Sie hat sich köstlich zu euch bekehrt.

Tanzt die Orange. Die wärmere Landschaft,
werft sie aus euch, daß die reife erstrahle
in Lüften der Heimat! Erglühte, enthüllt

Düfte um Düfte. Schafft die Verwandtschaft
mit der reinen, sich weigernden Schale,
mit dem Saft, der die Glückliche füllt!

XVI

Du, mein Freund, bist einsam, weil ...
Wir machen mit Worten und Fingerzeigen
uns allmählich die Welt zu eigen,
vielleicht ihren schwächsten, gefährlichsten Teil.

Wer zeigt mit Fingern auf einen Geruch?
Doch von den Kräften, die uns bedrohten,
fühlst du viele ... Du kennst die Toten,
und du erschrickst vor dem Zauberspruch.

Sieh, nun heißt es zusammen ertragen
Stückwerk und Teile, als sei es das Ganze.
Dir helfen, wird schwer sein. Vor allem: pflanze

mich nicht in dein Herz. Ich wüchse zu schnell.
Doch *meines* Herrn Hand will ich führen und sagen:
Hier. Das ist Esau in seinem Fell.

XVII

Zu unterst der Alte, verworrn,
all der Erbauten
Wurzel, verborgener Born,
den sie nie schauten.

Sturmhelm und Jägerhorn,
Spruch von Ergrauten,
Männer im Bruderzorn,
Frauen wie Lauten ...

Drängender Zweig an Zweig,
nirgends ein freier ...
Einer! O steig ... o steig ...

Aber sie brechen noch.
Dieser erst oben doch
biegt sich zur Leier.

XVIII

Hörst du das Neue, Herr,
dröhnen und beben?
Kommen Verkündiger,
die es erheben.

Zwar ist kein Hören heil
in dem Durchtobtsein,
doch der Maschinenteil
will jetzt gelobt sein.

Sieh, die Maschine:
wie sie sich wälzt und rächt
und uns entstellt und schwächt.

Hat sie aus uns auch Kraft,
sie, ohne Leidenschaft,
treibe und diene.

XIX

Wandelt sich rasch auch die Welt
wie Wolkengestalten,
alles Vollendete fällt
heim zum Uralten.

Über dem Wandel und Gang,
weiter und freier,
währt noch dein Vor-Gesang,
Gott mit der Leier.

Nicht sind die Leiden erkannt,
nicht ist die Liebe gelernt,
und was im Tod uns entfernt,

ist nicht entschleiert.
Einzig das Lied überm Land
heiligt und feiert.

XX

Dir aber, Herr, o was weih ich dir, sag,
der das Ohr den Geschöpfen gelehrt? –
Mein Erinnern an einen Frühlingstag,
seinen Abend, in Rußland –, ein Pferd …

Herüber vom Dorf kam der Schimmel allein,
an der vorderen Fessel den Pflock,
um die Nacht auf den Wiesen allein zu sein;
wie schlug seiner Mähne Gelock

an den Hals im Takte des Übermuts,
bei dem grob gehemmten Galopp.
Wie sprangen die Quellen des Rossebluts!

Der fühlte die Weiten, und ob!
Der sang und der hörte –, dein Sagenkreis
war *in* ihm geschlossen. Sein Bild: ich weih's.

XXI

Frühling ist wiedergekommen. Die Erde
ist wie ein Kind, das Gedichte weiß;
viele, o viele ... Für die Beschwerde
langen Lernens bekommt sie den Preis.

Streng war ihr Lehrer. Wir mochten das Weiße
an dem Barte des alten Manns.
Nun, wie das Grüne, das Blaue heiße,
dürfen wir fragen: sie kanns, sie kanns!

Erde, die frei hat, du glückliche, spiele
nun mit den Kindern. Wir wollen dich fangen,
fröhliche Erde. Dem Frohsten gelingts.

O, was der Lehrer sie lehrte, das Viele,
und was gedruckt steht in Wurzeln und langen
schwierigen Stämmen: sie singts, sie singts!

XXII

Wir sind die Treibenden.
Aber den Schritt der Zeit,
nehmt ihn als Kleinigkeit
im immer Bleibenden.

Alles das Eilende
wird schon vorüber sein;
denn das Verweilende
erst weiht uns ein.

Knaben, o werft den Mut
nicht in die Schnelligkeit,
nicht in den Flugversuch.

Alles ist ausgeruht:
Dunkel und Helligkeit,
Blume und Buch.

XXIII

O Erst dann, wenn der Flug
nicht mehr um seinetwillen
wird in die Himmelstillen
steigen, sich selber genug,

um in lichten Profilen,
als das Gerät, das gelang,
Liebling der Winde zu spielen,
sicher, schwenkend und schlank, –

erst, wenn ein reines Wohin
wachsender Apparate
Knabenstolz überwiegt,

wird, überstürzt von Gewinn,
jener den Fernen Genahte
sein, was er einsam erfliegt.

XXIV

Sollen wir unsere uralte Freundschaft, die großen
niemals werbenden Götter, weil sie der harte
Stahl, den wir streng erzogen, nicht kennt, verstoßen
oder sie plötzlich suchen auf einer Karte?

Diese gewaltigen Freunde, die uns die Toten
nehmen, rühren nirgends an unsere Bäder.
Unsere Gastmähler haben wir weit –, unsere Bäder,
fortgerückt, und ihre uns lang schon zu langsamen Boten

überholen wir immer. Einsamer nun aufeinander
ganz angewiesen, ohne einander zu kennen,
führen wir nicht mehr die Pfade als schöne Mäander,

sondern als Grade. Nur noch in Dampfkesseln brennen
die einstigen Feuer und heben die Hämmer, die immer
größern. Wir aber nehmen an Kraft ab, wie Schwimmer.

XXV

Dich aber will ich nun, *Dich,* die ich kannte
wie eine Blume, von der ich den Namen nicht weiß,
noch *ein* Mal erinnern und ihnen zeigen, Entwandte,
schöne Gespielin des unüberwindlichen Schrei's.

Tänzerin erst, die plötzlich, den Körper voll Zögern,
anhielt, als göß man ihr Jungsein in Erz;
trauernd und lauschend-. Da, von den hohen Vermögern
fiel ihr Musik in das veränderte Herz.

Nah war die Krankheit. Schon von den Schatten bemächtigt,
drängte verdunkelt das Blut, doch, wie flüchtig verdächtigt,
trieb es in seinen natürlichen Frühling hervor.

Wieder und wieder, von Dunkel und Sturz unterbrochen,
glänzte es irdisch. Bis es nach schrecklichem Pochen
trat in das trostlos offene Tor.

XXVI

Du aber, Göttlicher, du, bis zuletzt noch Ertöner,
da ihn der Schwarm der verschmähten Mänaden befiel,
hast ihr Geschrei übertönt mit Ordnung, du Schöner,
aus den Zerstörenden stieg dein erbauendes Spiel.

Keine war da, daß sie Haupt dir und Leier zerstör.
Wie sie auch rangen und rasten, und alle die scharfen
Steine, die sie nach deinem Herzen warfen,
wurden zu Sanftem an dir und begabt mit Gehör.

Schließlich zerschlugen sie dich, von der Rache gehetzt,
während dein Klang noch in Löwen und Felsen verweilte
und in den Bäumen und Vögeln. Dort singst du noch jetzt.

O du verlorener Gott! Du unendliche Spur!
Nur weil dich reißend zuletzt die Feindschaft verteilte,
sind wir die Hörenden jetzt und ein Mund der Natur.

Zweiter Teil

I

ATMEN, DU unsichtbares Gedicht!
Immerfort um das eigne
Sein rein eingetauschter Weltraum. Gegengewicht,
in dem ich mich rhythmisch ereigne.

Einzige Welle, deren
allmähliches Meer ich bin;
sparsamstes du von allen möglichen Meeren, –
Raumgewinn.

Wieviele von diesen Stellen der Räume waren schon
innen in mir. Manche Winde
sind wie mein Sohn.

Erkennst du mich, Luft, du, voll noch einst meiniger Orte?
Du, einmal glatte Rinde,
Rundung und Blatt meiner Worte.

II

SO WIE DEM MEISTER manchmal das eilig
nähere Blatt den *wirklichen* Strich
abnimmt: so nehmen oft Spiegel das heilig
einzige Lächeln der Mädchen in sich,

wenn sie den Morgen erproben, allein, –
oder im Glanze der dienenden Lichter.
Und in das Atmen der echten Gesichter,
später, fällt nur ein Widerschein.

Was haben Augen einst ins umrußte
lange Verglühn der Kamine geschaut:
Blicke des Lebens, für immer verlorne.

Ach, der Erde, wer kennt die Verluste?
Nur, wer mit dennoch preisendem Laut
sänge das Herz, das ins Ganze geborne.

III

Spiegel: noch nie hat man wissend beschrieben,
was ihr in euerem Wesen seid.
Ihr, wie mit lauter Löchern von Sieben
erfüllten Zwischenräume der Zeit.

Ihr, noch des leeren Saales Verschwender –,
wenn es dämmert, wie Wälder weit …
Und der Lüster geht wie ein Sechzehn-Ender
durch eure Unbetretbarkeit.

Manchmal seid ihr voll Malerei.
Einige scheinen *in* euch gegangen
andere schicktet ihr scheu vorbei.

Aber die Schönste wird bleiben –, bis
drüben in ihre enthaltenen Wangen
eindrang der klare gelöste Narziß.

IV

O Dieses ist das Tier, das es nicht giebt.
Sie wußtens nicht und habens jeden Falls
- sein Wandeln, seine Haltung, seinen Hals,
bis in des stillen Blickes Licht – geliebt.

Zwar *war* es nicht. Doch weil sie's liebten, ward
ein reines Tier. Sie ließen immer Raum.
Und in dem Raume, klar und ausgespart,
erhob es leicht sein Haupt und brauchte kaum

zu sein. Sie nährten es mit keinem Korn,
nur immer mit der Möglichkeit, es sei.
Und die gab solche Stärke an das Tier,

daß es aus sich ein Stirnhorn trieb. Ein Horn.
Zu einer Jungfrau kam es weiß herbei –
und war im Silber-Spiegel und in ihr.

V

Blumenmuskel, der der Anemone
Wiesenmorgen nach und nach erschließt,
bis in ihren Schooß das polyphone
Licht der lauten Himmel sich ergießt,

in den stillen Blütenstern gespannter
Muskel des unendlichen Empfangs,
manchmal so von Fülle übermannter,
daß der Ruhewink des Untergangs

kaum vermag die weitzurückgeschnellten
Blätterränder dir zurückzugeben:
du, Entschluß und Kraft von *wie*viel Welten!

Wir, Gewaltsamen, wir währen länger.
Aber *wann*, in welchem aller Leben,
sind wir endlich offen und Empfänger?

VI

Rose, du thronende, denen im Altertume
warst du ein Kelch mit einfachem Rand.
Uns aber bist du die volle zahllose Blume,
der unerschöpfliche Gegenstand.

In deinem Reichtum scheinst du wie Kleidung um Kleidung
um einen Leib aus nichts als Glanz;
aber dein einzelnes Blatt ist zugleich die Vermeidung
und die Verleugnung jedes Gewands.

Seit Jahrhunderten ruft uns dein Duft
seine süßesten Namen herüber;
plötzlich liegt er wie Ruhm in der Luft.

Dennoch, wir wissen ihn nicht zu nennen, wir raten ...
Und Erinnerung geht zu ihm über,
die wir von rufbaren Stunden erbaten.

VII

BLUMEN, IHR SCHLIESSLICH den ordnenden Händen verwandte,
(Händen der Mädchen von einst und jetzt),
die auf dem Gartentisch oft von Kante zu Kante
lagen, ermattet und sanft verletzt,

wartend des Wassers, das sie noch einmal erhole
aus dem begonnenen Tod –, und nun
wieder erhobene zwischen die strömenden Pole
fühlender Finger, die wohlzutun

mehr noch vermögen, als ihr ahntet, ihr leichten,
wenn ihr euch wiederfandet im Krug,
langsam erkühlend und Warmes der Mädchen, wie Beichten,

von euch gebend, wie trübe ermüdende Sünden,
die das Gepflücktsein beging, als Bezug
wieder zu ihnen, die sich euch blühend verbünden.

VIII

Wenige ihr, der einstigen Kindheit Gespielen
in den zerstreuten Gärten der Stadt:
wie wir uns fanden und uns zögernd gefielen
und, wie das Lamm mit dem redenden Blatt,

sprachen als Schweigende. Wenn wir uns einmal freuten,
keinem gehörte es. Wessen wars?
Und wie zergings unter allen den gehenden Leuten
und im Bangen des langen Jahrs.

Wagen umrollten uns fremd, vorübergezogen,
Häuser umstanden uns stark, aber unwahr, – und keines
kannte uns je. *Was* war wirklich im All?

Nichts. Nur die Bälle. Ihre herrlichen Bogen.
Auch nicht die Kinder … Aber manchmal trat eines,
ach ein vergehendes, unter den fallenden Ball.

(In memoriam Egon von Rilke)

IX

Rühmt euch, ihr Richtenden, nicht der entbehrlichen Folter
und daß das Eisen nicht länger an Hälsen sperrt.
Keins ist gesteigert, kein Herz –, weil ein gewollter
Krampf der Milde euch zarter verzerrt.

Was es durch Zeiten bekam, das schenkt das Schafott
wieder zurück, wie Kinder ihr Spielzeug vom vorig
alten Geburtstag. Ins reine, ins hohe, ins thorig
offene Herz träte er anders, der Gott

wirklicher Milde. Er käme gewaltig und griffe
strahlender um sich, wie Göttliche sind.
Mehr als ein Wind für die großen gesicherten Schiffe.

Weniger nicht, als die heimliche leise Gewahrung,
die uns im Innern schweigend gewinnt
wie ein still spielendes Kind aus unendlicher Paarung.

X

ALLES ERWORBNE BEDROHT die Maschine, solange
sie sich erdreistet, im Geist, statt im Gehorchen, zu sein.
Daß nicht der herrlichen Hand schöneres Zögern mehr
prange,
zu dem entschlossenern Bau schneidet sie steifer den Stein.

Nirgends bleibt sie zurück, daß wir ihr *ein* Mal entrönnen
und sie in stiller Fabrik ölend sich selber gehört.
Sie ist das Leben, – sie meint es am besten zu können,
die mit dem gleichen Entschluß ordnet und schafft und
zerstört.

Aber noch ist uns das Dasein verzaubert; an hundert
Stellen ist es noch Ursprung. Ein Spielen von reinen
Kräften, die keiner berührt, der nicht kniet und bewundert.

Worte gehen noch zart am Unsäglichen aus ...
Und die Musik, immer neu, aus den bebendsten Steinen,
baut im unbrauchbaren Raum ihr vergöttlichtes Haus.

XI

Manche, des Todes, entstand ruhig geordnete Regel,
weiterbezwingender Mensch, seit du im Jagen beharrst,
mehr doch als Falle und Netz, weiß ich dich, Streifen von
Segel,
den man hinuntergehängt in den höhligen Karst.

Leise ließ man dich ein, als wärst du ein Zeichen,
Frieden zu feiern. Doch dann: rang dich am Rande der
Knecht,
– und, aus den Höhlen, die Nacht warf eine Handvoll von
bleichen
taumelnden Tauben ins Licht ... Aber auch *das* ist im Recht.

Fern von dem Schauenden sei jeglicher Hauch des
Bedauerns,
nicht nur vom Jäger allein, der, was sich zeitig erweist,
wachsam und handelnd vollzieht.

Töten ist eine Gestalt unseres wandernden Trauerns ...
Rein ist im heiteren Geist,
was an uns selber geschieht.

XII

WOLLE DIE WANDLUNG. O sei für die Flamme begeistert,
drin sich ein Ding dir entzieht, das mit Verwandlungen
prunkt;
jener entwerfende Geist, welcher das Irdische meistert,
liebt in dem Schwung der Figur nichts wie den wendenden
Punkt.

Was sich ins Bleiben verschließt, schon *ists* das Erstarrte;
wähnt es sich sicher im Schutz des unscheinbaren Grau's?
Warte, ein Härtestes warnt aus der Ferne das Harte.
Wehe –: abwesender Hammer holt aus!

Wer sich als Quelle ergießt, den erkennt die Erkennung;
und sie führt ihn entzückt durch das heiter Geschaffne,
das mit Anfang oft schließt und mit Ende beginnt.

Jeder glückliche Raum ist Kind oder Enkel von Trennung,
den sie staunend durchgehn. Und die verwandelte Daphne
will, seit sie lorbeern fühlt, daß du dich wandelst in Wind.

XIII

SEI ALLEM ABSCHIED voran, als wäre er hinter
dir, wie der Winter, der eben geht.
Denn unter Wintern ist einer so endlos Winter,
daß, überwinternd, dein Herz überhaupt übersteht.

Sei immer tot in Eurydike –, singender steige,
preisender steige zurück in den reinen Bezug.
Hier, unter Schwindenden, sei, im Reiche der Neige,
sei ein klingendes Glas, das sich im Klang schon zerschlug.

Sei – und wisse zugleich des Nicht-Seins Bedingung,
den unendlichen Grund deiner innigen Schwingung,
daß du sie völlig vollziehst dieses einzige Mal.

Zu dem gebrauchten sowohl, wie zum dumpfen und
stummen
Vorrat der vollen Natur, den unsäglichen Summen,
zähle dich jubelnd hinzu und vernichte die Zahl.

XIV

Siehe die Blumen, diese dem Irdischen treuen,
denen wir Schicksal vom Rande des Schicksals leihn, –
aber wer weiß es! Wenn sie ihr Welken bereuen,
ist es an uns, ihre Reue zu sein.

Alles will schweben. Da gehn wir umher wie Beschwerer,
legen auf alles uns selbst, vom Gewichte entzückt;
o was sind wir den Dingen für zehrende Lehrer,
weil ihnen ewige Kindheit glückt.

Nähme sie einer ins innige Schlafen und schliefe
tief mit den Dingen –: o wie käme er leicht,
anders zum anderen Tag, aus der gemeinsamen Tiefe.

Oder er bliebe vielleicht; und sie blühten und priesen
ihn, den Bekehrten, der nun den Ihrigen gleicht,
allen den stillen Geschwistern im Winde der Wiesen.

XV

O Brunnen-Mund, du gebender, du Mund,
der unerschöpflich Eines, Reines, spricht, –
du, vor des Wassers fließendem Gesicht,
marmorne Maske. Und im Hintergrund

der Aquädukte Herkunft. Weither an
Gräbern vorbei, vom Hang des Apennins
tragen sie dir dein Sagen zu, das dann
am schwarzen Altern deines Kinns

vorüberfällt in das Gefäß davor.
Dies ist das schlafend hingelegte Ohr,
das Marmorohr, in das du immer sprichst.

Ein Ohr der Erde. Nur mit sich allein
redet sie also. Schiebt ein Krug sich ein,
so scheint es ihr, daß du sie unterbrichst.

XVI

Immer wieder von uns aufgerissen,
ist der Gott die Stelle, welche heilt.
Wir sind Scharfe, denn wir wollen wissen,
aber er ist heiter und verteilt.

Selbst die reine, die geweihte Spende
nimmt er anders nicht in seine Welt,
als indem er sich dem freien Ende
unbewegt entgegenstellt.

Nur der Tote trinkt
aus der hier von uns *gehörten* Quelle,
wenn der Gott ihm schweigend winkt, dem Toten.

Uns wird nur das Lärmen angeboten.
Und das Lamm erbittet seine Schelle
aus dem stilleren Instinkt.

XVII

Wo, in welchen immer selig bewässerten Gärten, an
welchen
Bäumen, aus welchen zärtlich entblätterten Blüten-Kelchen
reifen die fremdartigen Früchte der Tröstung? Diese
köstlichen, deren du eine vielleicht in der zertretenen Wiese

deiner Armut findest. Von einem zum anderen Male
wunderst du dich über die Größe der Frucht,
über ihr Heilsein, über die Sanftheit der Schale,
und daß sie der Leichtsinn des Vogels dir nicht vorwegnahm
und nicht die Eifersucht

unten des Wurms. Giebt es denn Bäume, von Engeln
beflogen,
und von verborgenen langsamen Gärtnern so seltsam
gezogen,
daß sie uns tragen, ohne uns zu gehören?

Haben wir niemals vermocht, wir Schatten und Schemen,
durch unser voreilig reifes und wieder welkes Benehmen
jener gelassenen Sommer Gleichmut zu stören?

XVIII

Tänzerin: o du Verlegung
alles Vergehens in Gang: wie brachtest du's dar.
Und der Wirbel am Schluß, dieser Baum aus Bewegung,
nahm er nicht ganz in Besitz das erschwungene Jahr?

Blühte nicht, daß ihn dein Schwingen von vorhin
umschwärme,
plötzlich sein Wipfel von Stille? Und über ihr,
war sie nicht Sonne, war sie nicht Sommer, die Wärme,
diese unzählige Wärme aus dir?

Aber er trug auch, er trug, dein Baum der Ekstase.
Sind sie nicht seine ruhigen Früchte: der Krug,
reifend gestreift, und die gereiftere Vase?

Und in den Bildern: ist nicht die Zeichnung geblieben,
die deiner Braue dunkler Zug
rasch an die Wandung der eigenen Wendung geschrieben?

XIX

Irgendwo wohnt das Gold in der verwöhnenden Bank
und mit Tausenden tut es vertraulich. Doch jener
Blinde, der Bettler, ist selbst dem kupfernen Zehner
wie ein verlorener Ort, wie das staubige Eck unterm
Schrank.

In den Geschäften entlang ist das Geld wie zuhause
und verkleidet sich scheinbar in Seide, Nelken und Pelz.
Er, der Schweigende, steht in der Atempause
alles des wach oder schlafend atmenden Gelds.

O wie mag sie sich schließen bei Nacht, diese immer offene
Hand.
Morgen holt sie das Schicksal wieder, und täglich
hält es sie hin: hell, elend, unendlich zerstörbar.

Daß doch einer, ein Schauender, endlich ihren langen
Bestand
staunend begriffe und rühmte. Nur dem Aufsingenden
säglich.
Nur dem Göttlichen hörbar.

XX

Zwischen den Sternen, wie weit; und doch, um wievieles
 noch weiter,
was man am Hiesigen lernt.
Einer, zum Beispiel, ein Kind … und ein Nächster, ein
 Zweiter –,
o wie unfaßlich entfernt.

Schicksal, es mißt uns vielleicht mit des Seienden Spanne,
daß es uns fremd erscheint;
denk, wieviel Spannen allein vom Mädchen zum Manne,
wenn es ihn meidet und meint.

Alles ist weit –, und nirgends schließt sich der Kreis.
Sieh in der Schüssel, auf heiter bereitetem Tische,
seltsam der Fische Gesicht.

Fische sind stumm …, meinte man einmal. Wer weiß?
Aber ist nicht am Ende ein Ort, wo man das, was der Fische
Sprache wäre, *ohne* sie spricht?

XXI

Singe die Gärten, mein Herz, die du nicht kennst; wie
 in Glas
eingegossene Gärten, klar, unerreichbar.
Wasser und Rosen von Ispahan oder Schiras,
singe sie selig, preise sie, keinem vergleichbar.

Zeige, mein Herz, daß du sie niemals entbehrst.
Daß sie dich meinen, ihre reifenden Feigen.
Daß du mit ihren, zwischen den blühenden Zweigen
wie zum Gesicht gesteigerten Lüften verkehrst.

Meide den Irrtum, daß es Entbehrungen gebe
für den geschehnen Entschluß, diesen: zu sein!
Seidener Faden, kamst du hinein ins Gewebe.

Welchem der Bilder du auch im Innern geeint bist
(sei es selbst ein Moment aus dem Leben der Pein),
fühl, daß der ganze, der rühmliche Teppich gemeint ist.

XXII

O TROTZ SCHICKSAL: die herrlichen Überflüsse
unseres Daseins, in Parken übergeschäumt, –
oder als steinerne Männer neben die Schlüsse
hoher Portale, unter Balkone gebäumt!

O die eherne Glocke, die ihre Keule
täglich wider den stumpfen Alltag hebt.
Oder die *eine,* in Karnak, die Säule, die Säule,
die fast ewige Tempel überlebt.

Heute stürzen die Überschüsse, dieselben,
nur noch als Eile vorbei, aus dem waagrechten gelben
Tag in die blendend mit Licht übertriebene Nacht.

Aber das Rasen zergeht und läßt keine Spuren.
Kurven des Flugs durch die Luft und die, die sie fuhren,
keine vielleicht ist umsonst. Doch nur wie gedacht.

XXIII

Rufe mich zu jener deiner Stunden,
die dir unaufhörlich widersteht:
flehend nah wie das Gesicht von Hunden,
aber immer wieder weggedreht,

wenn du meinst, sie endlich zu erfassen.
So Entzognes ist am meisten dein.
Wir sind frei. Wir wurden dort entlassen,
wo wir meinten, erst begrüßt zu sein.

Bang verlangen wir nach einem Halte,
wir zu Jungen manchmal für das Alte
und zu alt für das, was niemals war.

Wir, gerecht nur, wo wir dennoch preisen,
weil wir, ach, der Ast sind und das Eisen
und das Süße reifender Gefahr.

XXIV

O diese Lust, immer neu, aus gelockertem Lehm!
Niemand beinah hat den frühesten Wagern geholfen.
Städte entstanden trotzdem an beseligten Golfen,
Wasser und Öl füllten die Krüge trotzdem.

Götter, wir planen sie erst in erkühnten Entwürfen,
die uns das mürrische Schicksal wieder zerstört.
Aber sie sind die Unsterblichen. Sehet, wir dürfen
jenen erhorchen, der uns am Ende erhört.

Wir, ein Geschlecht durch Jahrtausende: Mütter und Väter,
immer erfüllter von dem künftigen Kind,
daß es uns einst, übersteigend, erschüttere, später.

Wir, wir unendlich Gewagten, was haben wir Zeit!
Und nur der schweigsame Tod, der weiß, was wir sind
und was er immer gewinnt, wenn er uns leiht.

XXV

Schon, horch, hörst du der ersten Harken
Arbeit; wieder den menschlichen Takt
in der verhaltenen Stille der starken
Vorfrühlingserde. Unabgeschmackt

scheint dir das Kommende. Jenes so oft
dir schon Gekommene scheint dir zu kommen
wieder wie Neues. Immer erhofft,
nahmst du es niemals. Es hat dich genommen.

Selbst die Blätter durchwinterter Eichen
scheinen im Abend ein künftiges Braun.
Manchmal geben sich Lüfte ein Zeichen.

Schwarz sind die Sträucher. Doch Haufen von Dünger
lagern als satteres Schwarz in den Aun.
Jede Stunde, die hingeht, wird jünger.

XXVI

Wie ergreift uns der Vogelschrei ...
Irgendein einmal erschaffenes Schreien.
Aber die Kinder schon, spielend im Freien,
schreien an wirklichen Schreien vorbei.

Schreien den Zufall. In Zwischenräume
dieses, des Weltraums, (in welchen der heile
Vogelschrei eingeht, wie Menschen in Träume –)
treiben sie ihre, des Kreischens, Keile.

Wehe, wo sind wir? Immer noch freier,
wie die losgerissenen Drachen
jagen wir halbhoch, mit Rändern von Lachen,

windig zerfetzten. – Ordne die Schreier,
singender Gott! daß sie rauschend erwachen,
tragend als Strömung das Haupt und die Leier.

XXVII

Giebt es wirklich die Zeit, die zerstörende?
Wann, auf dem ruhenden Berg, zerbricht sie die Burg?
Dieses Herz, das unendlich den Göttern gehörende,
wann vergewaltigts der Demiurg?

Sind wir wirklich so ängstlich Zerbrechliche,
wie das Schicksal uns wahr machen will?
Ist die Kindheit, die tiefe, versprechliche,
in den Wurzeln – später – still?

Ach, das Gespenst des Vergänglichen,
durch den arglos Empfänglichen
geht es, als wär es ein Rauch.

Als die, die wir sind, als die Treibenden,
gelten wir doch bei bleibenden
Kräften als göttlicher Brauch.

XXVIII

O komm und geh. Du, fast noch Kind, ergänze
für einen Augenblick die Tanzfigur
zum reinen Sternbild einer jener Tänze,
darin wir die dumpf ordnende Natur

vergänglich übertreffen. Denn sie regte
sich völlig hörend nur, da Orpheus sang.
Du warst noch die von damals her Bewegte
und leicht befremdet, wenn ein Baum sich lang

besann, mit dir nach dem Gehör zu gehn.
Du wußtest noch die Stelle, wo die Leier
sich tönend hob –; die unerhörte Mitte.

Für sie versuchtest du die schönen Schritte
und hofftest, einmal zu der heilen Feier
des Freundes Gang und Antlitz hinzudrehn.

XXIX

Stiller Freund der vielen Fernen, fühle,
wie dein Atem noch den Raum vermehrt.
Im Gebälk der finstern Glockenstühle
laß dich läuten. Das, was an dir zehrt,

wird ein Starkes über dieser Nahrung.
Geh in der Verwandlung aus und ein.
Was ist deine leidendste Erfahrung?
Ist dir Trinken bitter, werde Wein.

Sei in dieser Nacht aus Übermaß
Zauberkraft am Kreuzweg deiner Sinne,
ihrer seltsamen Begegnung Sinn.

Und wenn dich das Irdische vergaß,
zu der stillen Erde sag: Ich rinne.
Zu dem raschen Wasser sprich: Ich bin.

Inhaltsverzeichnis

Zweiter Teil: Gedichte in Prosa

Dritter Teil: Kleine Schriften

INHALTSVERZEICHNIS

Vierter Teil: Gedicht-Zyklen

Joachim Ringelnatz
Gedichte

576 Seiten, gebunden
ISBN: 978-3-86820-074-4
Jetzt nur **€ 8,95** | sFr. 16,40

Ein wunderbares Nachschlagewerk und Lesebuch

Das poetische Werk des Dichters Joachim Ringelnatz, der mit den Liedern vom Seemann Kuttel Daddeldu zu einem Klassiker des deutschen Humors wurde.

In Hamburg lebten zwei Ameisen.
Die wollten nach Australien reisen.
Bei Altona auf der Chaussee,
Da taten Ihnen die Beine weh,
Und da verzichteten sie weise
Dann auf den letzten Teil der Reise.

www.nikol-verlag.de

NIKOL
VERLAG

Carl Stephenson (Hrsg.)
Die schönsten Balladen
416 Seiten, gebunden
ISBN: 978-3-86820-075-1
Jetzt nur **€ 6,95** | sFr. 12,80

Die schönsten und wichtigsten Balladen

Die vorliegende Sammlung beinhaltet über 250 der schönsten und bekanntesten Balladen.

Aus dem Inhalt:
Johann Wolfgang Goethe: Erlkönig
Gottfried August Bürger: Lenore
Friedrich Schiller: Der Handschuh
Adelbert von Chamisso: Die Weiber von Winsperg
Heinrich Heine: Die Lorelei
und viele mehr

www.nikol-verlag.de

NIKOL VERLAG

Carl Stephenson (Hrsg.)
Die schönsten deutschen Gedichte aus acht Jahrhunderten
880 Seiten, gebunden
ISBN: 978-3-86820-077-5
Jetzt nur **€ 9,95** | sFr. 18,00

Eine große Sammlung der schönsten deutschen Gedichte

Dieser Band versammelt die Höhepunkte deutscher Lyrik aus acht Jahrhunderten.

Dank der chronologischen Anordnung lässt sich die Entwicklung deutschen Dichtens von den Anfängen über die Blüte mittelalterlicher Dichtung, die Klassik, die Romantik, den Realismus bis in die zeitgebundene Lyrik unserer Tage verfolgen.

Mit Sorgfalt und großer Kompetenz zusammengetragen, überliefert diese Sammlung sowohl die Monumente deutscher Dichtkunst wie auch deren verborgene Kostbarkeiten.

www.nikol-verlag.de

NIKOL VERLAG

Giorgio Vasari
Künstler der Renaissance
608 Seiten, gebunden
ISBN: 978-3-86820-076-8
Jetzt nur **€ 8,95** | sFr. 16,40

Lebensläufe der berühmtesten Maler, Bildhauer und Architekten

Dieser Band enthält eine Auswahl von Lebensbeschreibungen des umfangreichen Werkes von Giorgio Vasari. Das Erstaunliche von Vasaris Konzeption wird umso offenbarer, als es nach ihm noch niemandem wieder gelungen ist, die Geschichte der italienischen Kunst im Zusammenhang und mit solch theoretischer Durchdringung des Stoffes darzustellen.

Ein unschätzbares Dokument des historischen, ästhetischen und kunsttheoretischen Denkens des 16. Jahrhunderts, dessen Wirkung bis in unsere Zeit reicht.

www.nikol-verlag.de

NIKOL VERLAG